国家出版基金项目
NATIONAL PUBLICATION FOUNDATION

中国近代
思想家文库

◎

朱浒编

经元善卷

中国人民大学出版社
·北京·

总　序

　　对于近代的理解，虽不见得所有人都是一致的，但总的说来，对于近代这个词所涵的基本意义，人们还是有共识的。一个国家、一个民族走入近代，就意味着以工业化为主导的经济取代了以地主经济、领主经济或自然经济为主导的中世纪的经济形态，也还意味着，它不再是孤立的或是封闭与半封闭的，而是以某种形式加入到世界总的发展进程。尤其重要的是，它以某种形式的民主制度取代君主专制或其他不同形式的专制制度。中国是个幅员广大、人口众多、历史悠久的多民族国家，由于长期历史发展是自成一体的，与外界的交往比较有限，其生产方式的代谢迟缓了一些。如果说，世界的近代是从 17 世纪开始的，那么中国的近代则是从 19 世纪中期才开始的。现在国内学界比较一致的认识，是把 1840 年到 1949 年视为中国的近代。

　　中国的近代起始的标志是 1840 年的鸦片战争。原来相对封闭的国门被拥有近代种种优势的英帝国以军舰、大炮再加上种种卑鄙的欺诈打开了。从此，中国不情愿地加入到世界秩序中，沦为半殖民地。原来独立的大一统的中央集权的君主专制国家，如今独立已经极大地被限制，大一统也逐渐残缺不全，中央集权因列强的侵夺也不完全名实相符了。后来因太平天国运动，地方军政势力崛起，形成内轻外重的形势，也使中央集权被弱化。经历第二次鸦片战争、中法战争、甲午战争、八国联军入侵的战争以及辛亥革命后的多次内外战争，直至日本全面侵略中国的战争，致使中国的经济、政治、教育、文化，都无法顺利走上近代发展的轨道。古今之间，新旧之间，中外之间，混杂、矛盾、冲突。总之，鸦片战争后的中国，既未能成为近代国家，更不能维持原有的统治秩序。而外患内忧咄咄逼人，人们都有某种程度"国将不国"的忧虑。

　　"天下兴亡，匹夫有责"，读书明理的士大夫，或今所谓知识分子，尤为敏感，在空前的危机与挑战面前，皆思有所献替。于是发生种种救亡图存的思想与主张。有的从所能见及的西方国家发展的经验中借鉴某些东西，形成自己的改革方案；有的从历史回忆中拾取某些智慧，形成某种民族复兴的设想；有的则力图把西方的和中国所固有的一些东西加以调和或结合，形成某种救亡图强的主张。这些方案、设想、主张，从世界上"最先进的"，到"最落后的"，几乎样样都有。就提出这些方案、设想、主张者的初衷而言，绝大多数都含着几分救国的意愿。其先进与落后，是否可行，能否成功，尽可充分讨论，但可不必过为诛心之论。显而易见，既然救国的问题最为紧迫，人们所心营目注者自然是种种与救国的方案直接相关的思想学说，而作为产生这些学说的更基础性的理论，及其他各种知识、思想，则关注者少。

围绕着救国、强国的大议题，知识精英们参考世界上种种思想学说，加以研究、选择，认为其中比较适用的思想学说，拿来向国人宣传，并赢得一部分人的认可。于是互相推引，互相激励，更加发挥，演而成潮。在近代中国，曾经得到比较广泛的传播的思想学说，或者够得上思潮的，主要有以下几种：

（一）进化论。近代西方思想较早被引介到中国，而又发生绝大影响的，要属进化论。中国人逐渐相信，进化是宇宙之铁则，不进化就必遭淘汰。以此思想警醒国人，颇曾有助于振作民族精神。但随后不久，社会达尔文主义伴随而来，不免发生一些负面的影响。人们对进化的了解，也存在某些片面性，有时把进化理解为一条简单的直线。辩证法思想帮助人们形成内容更丰富和更加符合实际的发展观念，减少或避免片面性的进化观念的某些负面影响。

（二）民族主义。中国古代的民族主义思想，其核心是"非我族类，其心必异"，所以最重"华夷之辨"。鸦片战争前后一段时期，中国人的民族思想，大体仍是如此。后来渐渐认识到"今之夷狄，非古之夷狄"，"西人治国有法度，不得以古旧之夷狄视之"。但当时中国正遭受西方列强的侵略和掠夺，追求民族独立是民族主义之第一义。20世纪初，中国知识精英开始有了"中华民族"的概念。于是，渐渐形成以建立近代民族国家为核心的近代民族主义。结束清朝君主专制，创立中华民国，是这一思想的初步实现。第一次世界大战爆发，中国加入"协约国"，第一次以主动的姿态参与世界事务，接着俄国十月革命爆发，这两件事对近代中国的发展历程造成绝大影响。同时也将中国人的民族主义提升到一个新的层次，即与国际主义（或世界主义）发生紧密联系。也可以说，中国人更加自觉地用世界的眼光来观察中国的问题。新生的中国共产党和改组后的国民党都是如此。民族主义成为中国的知识精英用来应对近代中国所面临的种种危机和种种挑战的一个重要的思想武器。

（三）社会主义。社会主义作为一种模糊的理想是早在古代就有的，而且不论东方和西方都曾有过。但作为近代思潮，它是于19世纪在批判近代资本主义的基础上产生的。起初仍带有空想的性质，直到马克思和恩格斯才创立起科学社会主义。20世纪初期，社会主义开始传入中国。当时的传播者不太了解科学社会主义与以往的社会主义学说的本质区别。有一部分人，明显地受到无政府主义的强烈影响，更远离科学社会主义。直到五四新文化运动兴起之后，中国人始较严格地引介、宣传科学社会主义。但有一段时间，无政府主义仍是一股很大的思想潮流。中国共产党的成立，从思想上说，是战胜无政府主义的结果。中国共产党把在中国实现社会主义及至共产主义作为自己的奋斗目标。此后，社会主义者，多次同各种非科学社会主义思想的信仰者进行论争并不断克服种种非科学社会主义思想的影响。

（四）自由主义。自由主义也是从清末就被介绍到中国来，只是信从者一直寥寥。直到五四新文化运动兴起，具有欧美教育背景的知识精英的数量渐渐多起来，自由主义始渐渐形成一股思想潮流。自由主义强调个性解放、意志自由和自己承担责任，在政治上反对一切专制主义。在中国的社会条件下，自由主义缺乏社会基础。在政治激烈动荡的时候，自由主义者很难凝聚成一股有组织的力量；在稍稍平和的时候，他们往往更多沉浸在自己的专业中。所以，在中国近代史上，自由主义不曾有，也不可能有大的作为。

（五）激进主义与保守主义。处于转型期的社会，旧的东西尚未完全退出舞台，新的东西也还未能巩固地树立起来，新旧冲突往往要持续很长的时间，有时甚至达到很激烈的程度。凡助推新东西成长的，人们便视为进步的；凡帮助旧东西排斥新东西的，人们便视为保守的。其实，与保守主义对应的，应是进步主义；与顽固主义相对的则应是激进主义。不过在通常话语环境中人们不太严格加以区分。中国历史悠久，特别是君主专制制度持续两千余年，旧东西积累异常丰富，社会转型极其不易。而世界的发展却进步甚速。中国的一部分精英分子往往特别急切地想改造中国社会，总想找出最厉害的手段，选一条最捷近的路，以最快的速度实现全盘改造。这类思想、主张及其采取的行动，皆属激进主义。在中共党史上，它表现为"左"倾或极左的机会主义。从极端的激进主义到极端的顽固主义，中间有着各种程度的进步与保守的流派。社会的稳定，或社会和平改革的成功，都依赖有一个实力雄厚的中间力量。但因种种原因，中国社会的中间力量一直未能成长到足够的程度。进步主义与保守主义，以及激进主义与顽固主义，不断进行斗争，而实际所获进步不大。

（六）革命与和平改革。中国近代史上，革命运动与和平改革运动交替进行，有时又是平行发展。两者的宗旨都是为改变原有的君主专制制度而代之以某种形式的近代民主制度。有很长一个时期，有两种错误的观念，一是把革命理解为仅仅是指以暴力取得政权的行动，二是与此相关联，把暴力革命与和平改革对立起来，认为革命是推动历史进步的，而改革是维护旧有统治秩序的。这两种论调既无理论根据，也不合历史实际。凡是有助于改变君主专制制度的探索，无论暴力的或和平的改革都是应予肯定的。

中国近代揭幕之时，西方列强正在疯狂地侵略与掠夺殖民地和半殖民地，中国是它们互相争夺的最后一块、也是最大的资源地。而这时的中国，沿袭了两千年的君主专制制度已到了奄奄一息的末日，统治当局腐朽无能，对外不足以御侮，对内不足以言治，其统治的合法性和统治的能力均招致怀疑。革命运动与改革的呼声，以及自发的民变接连不断。国家、民族的命运真的到了千钧一发之际，危机极端紧迫。先觉分子救国之心切，每遇稍具新意义的思想学说便急不可待地学习引介。于是西方思想学说纷纷涌进中国，各阶层、各领域，凡能读书读报者，受其影响，各依其家庭、职业、教育之不同背景而选择自以为不错的一种，接受之，信仰之，传播之。于是西方几百年里相继风行的思想学说，在短时期内纷纷涌进中国。在清末最后的十几年里是这样，五四时期在较高的水准上重复出现这种情况。

这种情况直接造成两个重要的历史现象：一个是中国社会的实际代谢过程（亦即社会转型过程）相对迟缓，而思想的代谢过程却来得格外神速。另一个是在西方原是差不多三百年的历史中渐次出现的各种思想学说，集中在几年或十几年的时间里狂泻而来，人们不及深入研究、审慎抉择，便匆忙引介、传播，引介者、传播者、听闻者，都难免有些消化不良。其实，这种情况在清末，在五四时期，都已有人觉察。我们现在指出这些问题并非苛求前人，而是要引为教训。

同时我们也看到，中国近代思想无比的多样性与复杂性呈现出绚丽多彩的姿态，各种思想持续不断地展开论争，这又构成中国近代思想史的一个突出特点。有些论争为我们留下了非常丰富的思想资料，如兴洋务与反洋务之争，变法与反变法之争，革命与改良之争，共和与立宪之争，东西文化之争，文言与白话之争，新旧伦理之争，科学与人生观之争，中国社会性质的论争，社会史的论争，人权与约法之争，全盘西化与本位文化之争，民主与独裁之争，等等。这些争论都不同程度地关联着一直影响甚至困扰着中国人的几个核心问题，即所谓中西问题、古今问题与心物关系问题。

中国近代思想的光谱虽比较齐全，但各种思想的存在状态及其影响力是很不平衡的。有些思想信从者多，言论著作亦多，且略成系统；有些可能只有很少的人做过介绍或略加研究；有的还可能因种种原因，只存在私人载记中，当时未及面世。然这些思想，其中有很多并不因时间久远而失去其价值。因为就总的情况说，我们还没有完成社会的近代转型，所以先贤们对某些问题的思考，在今天对我们仍有参考借鉴的价值。我们编辑这套《中国近代思想家文库》，希望尽可能全面地、系统地整理出近代中国思想家的思想成果，一则借以保存这份珍贵遗产，再则为研究思想史提供方便，三则为有心于中国思想文化建设者提供参考借鉴的便利。

考虑到中国近代思想的上述诸特点，我们编辑本《文库》时，对于思想家不取太严格的界定，凡在某一学科、某一领域，有其独立思考、提出特别见解和主张者，都尽量收入。虽然其中有些主张与表述有时代和个人的局限，但为反映近代思想发展的轨迹，以供今人参考，我们亦保留其原貌。所以本《文库》实为"中国近代思想集成"。

本《文库》入选的思想家，主要是活跃在 1840 年至 1949 年之间的思想人物。但中共领袖人物，因有较为丰富的研究著述，本《文库》则未收入。

编辑如此规模的《文库》，对象范围的确定，材料的搜集，版本的比勘，体例的斟酌，在在皆非易事。限于我们的水平，容有瑕隙，敬请方家指正。

《中国近代思想家文库》编纂委员会

目　录

文告公启 ···························· 401

导　言

经元善，字莲珊（又作莲山，有时亦作连山、廉山），自号居易子、居易居士，晚年又号剡溪聋叟，笔名有沪滨呆子、汨罗江后学等。生于清道光二十一年（1841 年），卒于光绪二十九年（1903 年）。原籍浙江省绍兴府上虞县（今上虞市），但自幼年起即长期寓居上海，其生平主要活动也都集中在上海。

有关经元善的历史定位，以往学界的认知大体上可以归纳为两条脉络。

第一条脉络是把经元善视为中国资产阶级起源时期的一个代表。最早明确表述这种认识的学者为张国辉先生，他在 1979 年出版的《洋务运动与中国近代企业》一书中指出，产生中国资产阶级的一个重要来源是"旧式商人的上层中带有某种新倾向的人物"，经元善正是这类人物的一个代表。[①] 虞和平先生于 1988 年发表了学界第一篇系统研究经元善的论文，认为其"一生经过了从旧式商人到近代资本主义企业家、从洋务企业商董到资本主义改良活动家的转变"，将之定位为一个"早期资本主义改良实践家"[②]。稍后，马敏先生在论述中国资产阶级的过渡形态即近代绅商时，亦将经元善视为"士人型绅商"的典型代表之一。[③]

---

① 参见张国辉：《洋务运动与中国近代企业》，367 页，北京，中国社会科学出版社，1979。

② 虞和平：《经元善集·前言》，见其编：《经元善集》，武汉，华中师范大学出版社，1988。虞先生在《浙江学刊》1988 年第 2 期上发表的《简论经元善》一文，是该前言的压缩版。

③ 参见马敏：《官商之间：社会剧变中的近代绅商》，114～118 页，武汉，华中师范大学出版社，2003。该书首版由天津人民出版社于 1995 年出版。

　　第二条脉络则将经元善视为具有较强本土经世传统的商人代表。此种看法以刘广京先生为最早，他在 1988 年发表的《商人与经世》一文中，便以郑观应和经元善两人为例，提请学界应注意晚清时期"商人对变法自强的经世思想，甚至对变法运动的推展都有贡献"，并认为"经氏之经世思想有独到处"①。此外持此思路的为王尔敏先生，按其说法，经元善虽为晚清工商界"次要之人物，当时后世未必见重者"，然"亦表露其卓识高见"，且"投身商贾，而以儒为宗"，可谓是中国近代商人中一位不容忽视的"经世小儒"。②

　　毋庸置疑，这两种认知各有其合理性：第一种认知主要反映了经元善向新社会身份转化的一面，第二种认知则强调了其在回应近代社会变局过程中所固持的某种传统特质。毫无疑问，经元善身上同时具有这两个方面并不矛盾，也只有将这两方面的实践活动统合起来，才能完整把握经元善身上所体现的、旧式商人在近代中国社会所经历的新陈代谢之路。

一

　　经元善是以旧式商人的上层人物的面目跃上历史舞台的，而他之所以能够拥有这样的出身，无论如何也离不开其父经纬打下的、大大超出商业范围之外的多方面社会基础。

　　经氏家族的商贾背景始于经纬，经纬亦堪称其家族中第一位获得较高社会地位的商人。经氏一族自定居上虞后，数世皆以耕读为业，至经纬出生后，家境益贫，甚至宗祠基地一度都被族人出卖。在这种状况下，嘉庆二十三年（1818 年），经纬年仅十五岁即"贸迁上海"，因"性勤慎，言笑不苟，戚党交器之，举司会计日赢"，故而"业愈廓"③。其经营最为成功的产业有二，其一为仁元钱庄，其二为经正记沙船行。仁元钱庄是当时上海北市的汇划庄即大钱庄之一④，曾于咸丰六年

---

　　① 刘广京：《商人与经世》，载《近代中国史研究通讯》第 6 期（台北，1988：09）。

　　② 参见王尔敏：《经元善之身世与思想及其上书保皇招祸经过》，见其著：《近代经世小儒》，351～367 页，桂林，广西师范大学出版社，2008。

　　③ 朱兰：《朱久香阁学撰家传》，见经元善编：《趋庭记述》，光绪丁酉（1897 年）刻本，卷 1。

　　④ 参见中国人民银行上海市分行编：《上海钱庄史料》，33 页，上海，上海人民出版社，1960。

(1856年) 发行过清代上海最早的银币。① 经正记沙船行也颇具规模，咸丰五年 (1855年) 的一份资料称"经正记芳洲于药局弄同仁堂"，为当时"船商之最著者"之一。② 经纬之商业经营最盛之时，"积财至四五十万"之多，但因沙船业衰落和其他多方面因素，当经纬去世之时，他所留下的财产数目，"不过二十之一矣"③。也就是说，经元善从父亲那里继承的有形资产是十分有限的。

当然，经纬留下的遗产并不仅限于有形资产。这是因为，经纬作为一名较为成功的商人的同时，还从事了其他许多社会活动，从而形成了相当丰富的无形资产。其中首先值得注意的一笔无形资产，便是经纬在上海长期积极参与的慈善活动。道光二十七年 (1847年)，经纬被推举主持辅元堂，"时经费绌，悉心筹画，出己赀以广劝募"。次年兼办同仁堂事，于开办施医、义学及恤嫠、义冢诸善举外，"并禀办阖邑四乡掩埋"。未几又任育婴堂事，"集赀扩充，收婴至数百口"，且"早暮驻堂，察饥寒饱暖，甚至著有《恤婴刍言》一卷"④。咸丰三年 (1853年)，上海小刀会起事，攻陷县城，经纬因育婴堂内数百婴孩、乳母"急切无可迁避"，竟以"全家作孤注"，誓与共存亡，小刀会众亦"义之，不加害"⑤。同治二年 (1863年)，经纬鉴于同仁、辅元、育婴三堂"无恒产，经久为难"，乃首倡募捐，于华亭、金山两县购田五千余亩，作为永久堂产。⑥ 因此，经纬在慈善方面的名声殊非泛泛，这方面的一个显著表现是，就连当时名动天下的江南善士余治都主动向其表示了结交之意。⑦

经纬所积攒的另一笔重要无形资产，则是其与官府之间的密切关系。中英《南京条约》签订后，苏松太道宫慕久即委托经纬办理善后捐事务，经纬亦"慨助千金为创，款遂集，叙功得太常寺典簿衔"，由此成为一个亦商亦绅的人物。咸丰五年 (1855年) 初，清军收复上海县

---

① 参见 [日] 松浦章：《清代上海沙船航运业史研究》，董科、王亦铮、杨蕾译，220、225页，南京，江苏人民出版社，2012。

② 参见沈宝禾：《忍默恕退之斋日记》，见上海人民出版社编：《清代日记汇抄》，240页，上海，上海人民出版社，1982。

③ 经元善：《五誓斋记》，见其著：《居易初集》，卷2，光绪癸卯 (1903) 增订再版本。

④ 朱兰：《朱久香阁学撰冡传》，见经元善编：《趋庭记述》，卷1。

⑤ 史致晖：《史吉人广文补遗轶事》，见经元善编：《趋庭记述》，卷2。

⑥ 参见应宝时：《应敏斋廉访仓房征信录序》，见经元善编：《趋庭记述》，卷1。

⑦ 参见《事贤友仁录》，见经元善编：《趋庭记述》，卷2。

城后，又受江苏巡抚吉尔杭阿"委办善后事宜"①。是年冬，苏松太道蓝蔚雯等在上海倡建救生栖流局，复以经纬董理其事。② 次年，因海盗劫掠商船，经纬又受命"总董缉捕局"，并作为主要经手人从西商手里购买了"天平号"巡缉船。③ 同治元年（1862 年），经纬曾"募粮数千斛"解送左宗棠在浙江严州、衢州一带的大营。李鸿章克复苏州后，曾有意委派经纬办理"善后局事"，以他故禀辞。左宗棠收复浙江后，以关系江浙两省水利的海宁塘工久废，于同治三年（1864 年）间札委经纬办理。此次工程任重费巨，经纬多方筹捐，亲临办理，次年初竣工。然经纬亦因此役而积劳成疾，不久之后即告病故，经浙江巡抚马新贻"奏请赐恤，赠知府"④。毫无疑问，经纬这种急公好义的精神，对于经元善后来的成长产生了极大影响。

二

经元善虽然在少年时代因战乱而一度颠沛流离，但自从 17 岁开始跟随父亲正式学习经商以后，其生活是相当安稳的。而在经纬去世后的十余年中，经元善的生活之路可谓既平坦又平淡。其平坦之处在于，作为家中长子，他顺理成章地继承了父亲留下的多方面遗产，除仁元钱庄外，也承袭了知府的官衔，以及同仁辅元堂的董事之职，从而顺利跻身上海绅商界的上层之列。说其平淡，则在于他在这一时期始终是一名中规中矩的普通商人和地方善士。直到年满 32 岁的同治十一年（1872 年），他才尝试过一次自独立经商以来的最大手笔，即聚资五万两前往扬州试图购买当时获利丰厚的盐票，最终却是一番徒劳。⑤ 因此，直到年近不惑之际，他身上亦未显露出能够做出超过其父业绩的迹象。

经元善的生活道路发生重大转折的契机，是光绪二年（1876 年）爆发于华北地区的大旱灾即"丁戊奇荒"。这是清代历史上最酷烈的一次灾荒，旱情延续近四年之久，席卷了山西、河南、陕西、直隶、山东以及苏北、皖北、陇东、川北等广大地区，死亡人数在千万以上。面对

---

① 朱兰：《朱久香阁学撰家传》，见经元善编：《趋庭记述》，卷 1。
② 参见蓝蔚雯：《蓝子青京卿救生栖流局记》，见经元善编：《趋庭记述》，卷 2。
③ 参见史致晖：《史吉人广文补遗轶事》，见经元善编：《趋庭记述》，卷 2。
④ 朱兰：《朱久香阁学撰家传》，见经元善编：《趋庭记述》，卷 1。
⑤ 参见经元善：《富贵在天说》，见其著：《居易初集》，卷 1。

如此奇荒，清政府因其财政能力的不足和传统官赈机制的限制，以致"竭全国之力而不能救其十一"①。在这种情况下，民间助赈活动纷纷兴起，其中表现最活跃的便是江南地区的绅商社会。在无锡绅商李金镛于光绪二年底率先聚资前往苏北灾区开展救灾活动后，苏州绅士谢家福、扬州绅士严作霖和上海果育堂董事瞿世仁等人又与李金镛联合，继续举办了赈济山东灾民的行动，由此逐渐形成了一种以江南社会力量为主体的、很快具有重大影响的新型民间赈灾机制——近代义赈活动。②

光绪三年（1877 年）底是义赈活动发展的一个重要阶段，更是经元善生命历程中的一个关键时刻。是时，刚刚结束山东赈务的苏州义赈同人率先发起了助赈河南的行动，并联合上海同人在报刊上展开了广泛的募捐宣传。经元善正是在这个时候通过报刊开始注意到这场灾荒，遂主动协助果育堂开办助赈活动。③ 而借助于自己长期从事慈善事业的背景，他很快适应了义赈活动的要求，从而在步入义赈行列不久便迅速成为一个重要人物。

光绪四年（1878 年）初到六年（1880 年）中，是经元善办理义赈的名声急剧上升的时期。四年春间，瞿世仁病故，经元善因此前活动中的突出表现，被上海同人一致推举主持收解赈款事务。四月（5 月）间，上海同人又聚议添办秦赈（按：实为赈济河南接壤陕西地区的饥民），"公举元善总司后路赈务"。经元善以"喻义喻利，二者不可兼得"，乃毅然将仁元钱庄暂时停业，"专设公所，壹志筹赈"。④ 这是上海地区出现的第一个协赈公所，更是一个非凡举动，经元善亦因此成为上海义赈最重要的主持人之一。继豫赈之后，他又和郑观应等人一起先后主持了上海助赈山西、直隶的活动。到"丁戊奇荒"时期的义赈活动告一段落时，他和郑观应业已成为整个义赈活动中可与谢家福、严作霖比肩的人物。

从光绪九年（1883 年）起，随着义赈活动的中心从苏州转移到上海，经元善作为整个义赈活动的领袖人物之一的地位亦稳固下来。从此直至甲午战争爆发前，经元善积极了多次大型义赈活动，在先后设立的许多重要赈所中都担任了重要角色，其参与的助赈活动区域覆盖了从东

---

① 夏明方：《清季"丁戊奇荒"的赈济及善后问题初探》，载《近代史研究》，1993 (2)。
② 有关近代义赈活动兴起的详情论述，可参见朱浒：《地方性流动及其超越——晚清义赈与近代中国的新陈代谢》，第一章，北京，中国人民大学出版社，2006。
③④ 参见经元善：《沪上协赈公所记》，见其著：《居易初集》，卷 2。

北到广东的广大地区，募捐地域范围则遍及国内大部分地区以及欧美、日本和南洋等地。据时人称，其前后历办各省赈捐，"募款达数百万，传旨嘉奖者十有一次"①。就此而言，在义赈活动从兴起到发展为一项极具影响的社会事业的过程中，经元善所起到的重要作用是毋庸置疑的。而从另一方面来说，也正是有赖于义赈作为"第一桶金"的作用，他才得以在超越地方善士和普通商人的道路上迈出第一步。

三

事实上，义赈对于经元善发挥"第一桶金"的作用，在"丁戊奇荒"后期就已开始展现。简而言之，正是通过义赈活动提供的机会和渠道，经元善才得以跻身于另外一项具有超越意义的新事业，即洋务企业。

众所周知，以轮船招商局的创办为标志，洋务运动从 19 世纪 70 年代初进入了一个新阶段，即民用洋务企业的建设。然而，到 70 年代末，由于人员和资金等方面出现了诸多困境，民用洋务企业的建设陷入了一个瓶颈期，尤其是李鸿章主导下的许多计划项目都进展甚微。② 通过义赈活动而名声大噪的李金镛、谢家福、郑观应和经元善等人，既以实心实力的精神赢得了广泛的社会信任，也显示出了非凡的社会融资能力，这无疑为洋务企业建设克服其瓶颈提供了非常急需的资源。此外，也恰恰是通过赈务，他们又很快得到了加入洋务企业的机会。

光绪五年（1879 年）夏，在上海广肇公所举行的一次义赈筹赈聚会上，经元善遇到了当时已经成为李鸿章手下洋务干将的盛宣怀。这是经元善初次结识盛宣怀，后来证明也是他得以进入洋务企业的最初机缘。次年春，经元善受其他义赈同人委托，亲自携款前往直隶办理散赈事务，与当时总办直隶筹赈局事宜的盛宣怀进一步结交，并得到了晋见李鸿章的机会。③ 此时，业已筹办数年的上海机器织布局正陷于进退维谷的窘境。在郑观应、李金镛等人的举荐下，到此次赈务告竣之际，李鸿章决定委派经元善进入织布局。经元善经过慎重考虑，接受了这项任

---

① 民国《上海县续志》，卷 21，《游寓》，15 页。

② 参见朱浒：《从赈务到洋务——江南绅商在洋务企业中的崛起》，载《清史研究》，2009 (1)。

③ 参见经元善：《致郑、杨、董三君论办女公学书》，见其著：《居易初集》，卷 1。

命，从而在自己的不惑之年转变为一位新兴工商业的经理人。①

　　不过，经元善的纺织业生涯可谓是高调开局，黯然收场。先是，他返沪后即被机器织布局同人公举主办向社会招商事宜，随即便创造性地提出了一套公开集股办法，即"以筹赈平实宗旨，变而通之，凡所招股本，户名银数，及收款存放何庄，每月清单，登报广告"。这套办法的效果是十分显著的，因为该局"初拟章程招四十万，后竟多至五十万，尚有退还不收"。②正如张国辉先生所说，这是近代企业在资本筹措方面实现重大突破的一个标志。③也正是以这次集股活动为发端，上海地区第一次形成了投资近代企业的热潮。可是，该局官方代表戴恒和龚照屿以"此系商务，非办赈，收款何必登报"为由，对这套办法以及经元善本人都表示不满和妒忌。在郑观应苦心调停无果后，经元善出于道不同不相为谋的态度，于光绪七年（1881年）春借故退出了机器织布局。其后，他又有两次涉足纺织业的机会，但仍然基于其中"官气太浓"的氛围而浅尝辄止。④

　　正所谓"失之东隅，收之桑榆"。就在经元善被迫退出机器织布局时，恰逢盛宣怀主办的电报局刚刚上马，从而使经元善终于得到了大展身手的机会。对此情况，经元善多年后依然有着深刻的记忆：

　　　　光绪辛巳孟夏，电务正在开办之际，陶翁（即郑观应）为总办，谢绥之为会办。适谢君病危，举元善自代，承郑君推心置腹，畀以全权，受任以后，励精图治。事属创举，用人极少，而南北同时兴工，运料运木，络绎于道，以一身而兼仆役之事，其劳众所共知。……嗣郑君专务纺织，兼会办轮船，应接不暇，改委善总办沪局……诸君子固皆推诚布公，善亦公而忘私。⑤

　　确实，参与电报局的经营是经元善洋务生涯中最成功的一笔。直到被迫逃亡的光绪二十五年底（1900年初），他始终担任上海电报局总办之职，而且，在他的多方努力下，该局亦始终是中国电报局中效益最好的一个分局。⑥可以说，正是依靠在电报局中的地位和业绩，经元善才得以成为名声卓著的洋务企业经理人和新兴商人群体的重要代表之一。

————————

　　①② 参见经元善：《中国创兴纺织记》，见其著：《居易初集》，卷1。
　　③ 参见张国辉：《洋务运动与中国近代企业》，368～369页。
　　④ 参见经元善：《中国创兴纺织记》，见其著：《居易初集》，卷1。
　　⑤ 经元善：《致郑、杨、董三君论办女公学书》，见其著：《居易初集》，卷1。
　　⑥ 参见虞和平：《经元善集·前言》，见其编：《经元善集》。

四

甲午前后，虽然经元善的洋务生涯还在继续，与盛宣怀、张之洞等洋务要员的关系依然密切，但是其社会意识和社会角色又发生了一次重大转变。

这次转变的第一个契机，是他开始尝试着在义赈活动之外开辟新的社会公益事业。自光绪九年（1883 年）之后，义赈活动已处于"风气大开"的局面，成为上海绅商界一项具有重大公共影响的社会事业，许多绅商都积极投身其中。特别是施善昌、李朝觐、陈竹坪等人，对于义赈活动的专注程度，在某种程度上都超过了经元善。在这种情况下，经元善"因思宇内愿力，只有此数，沪上滨海一隅，似不必务名而多树帜，人取我弃，渐渐退舍"①。的确，大约从他作为主持人之一的最后一家赈所即文报局赈所于光绪十七年（1891 年）宣告撤止后②，经元善即渐渐退居义赈活动的二线。而他尝试新事业的重要标志，则是光绪十九年（1893 年）在上海县城南高昌庙附近创办经正书院，"延请名师，招致俊秀，分授中西各学"③，这也成为他后来大力兴办新式学堂的预演。

这次转变的另一个契机，则源自于他在甲午战争期间的际遇。光绪二十年（1894 年）冬，因清军节节失利，盛宣怀委托钟天纬拟订了一个"募义兵义饷"的计划，"请沪上协赈同人相助为理"。经元善接到这个消息后，基于"为国家振士气"的意愿，随即"跃然而兴，不避出位之嫌，驰书各处义赈旧侣"。尽管由于"和之者寡"以致这一活动不了了之，但因其中"默寓加重民权之意"，从而促使经元善在甲午战争结束之际便形成了"或从此仿泰西立议院，君民之气脉贯通"的认识。由此也就不难理解，在这次筹商义兵义饷的过程中，他通过友人介绍而接触到康有为的一些著作后，不仅明确表达了钦佩之意，而且衷心欢迎康有为拟派梁启超担任经正书院教习之举了。④

---

① 经元善：《沪上协赈公所记》，见其著：《居易初集》，卷 2。
② 参见《上海文报局停收赈捐改归各公所收解启》，载《申报》，光绪十七年七月二十八日（1891 年 9 月 1 日）。引自 1983 年上海书店影印本，第 39 册，382 页。
③ 经元善：《上海重开经正书院启》，见其著：《居易初集》，卷 3。
④ 参见经元善：《拟筹甲午义兵义饷始末记》及附录函稿，见其著：《居易初集》，卷 1。

基于上述两个契机，再加上对洋务运动内部弊端的深刻了解，以及甲午战败的刺激，经元善在战后积极参与维新改良活动也就不足为奇了。然而，他在加入上海强学会不久便旋即告退，从而与康有为主导的维新运动拉开了距离。根据经元善自己的说法，这主要是因为两个方面：

其一是认为康有为的个人品行存在不足。在给康有为的信中，经元善直言不讳地指出，由于"吾公尚少阅历"、"又不免偏重好名"，方致"清浊两途，皆有大不满意于吾公之处"，故劝其"亟须内省自讼，不必尤人"①。

其二则认为康有为领导的维新活动不够踏实。在经元善看来，"新政发轫方张，澄观默察，觉维新气势太骤，虽未悉都门措施机宜，而在外谈新学者，不免才高意广，不求平实"②，从而担忧"虽新学日兴，吾恐终无以振吾国"③。

当然，经元善并未因为上述原因而反对维新变法。然而正如虞和平先生指出的那样，经元善一方面对康有为等人的活动表示肯定，另一方面又试图自行发展一套改良活动，即一条渐进式的基层社会改良之路。④

经元善的这种渐进改良道路的首要表现，是他更加着力于以育人才为宗旨的创设新式学堂的活动。前述他在光绪十九年（1893年）开办的经正书院，至二十二年（1896年）因经费不支而并入了盛宣怀创办的南洋公学。退出强学会之后，经元善再次把目光转向学堂事业，策动了新一轮的也更具社会影响的学堂建设活动。二十三年（1897年）冬，经元善联合上海绅商界的许多头面人物以及梁启超、谭嗣同等多位维新人士和林乐知等西方人士，发起了创办中国第一家新式女学堂即中国女学之举，"以翼中国自强本计"⑤。该学堂实开中国近代女子教育之先河，也是中国近代教育史上的一个创举。⑥ 二十四年（1898年）夏，经元善在罗振玉等人的支持下，以响应朝廷"兴农劝工"的维新谕旨为号

---

① 经元善：《复南海康君书》，见其著：《居易初集》，卷1。
② 经元善：《答原口闻一君问》，见其著：《居易初集》，卷1。
③ 经元善：《募修陈公祠启》，见其著：《居易初集》，卷2。
④ 参见虞和平：《经元善集·前言》，见其编：《经元善集》。
⑤ 经元善：《缘起》，见其编：《中国女学集议初编》，光绪间刻本。
⑥ 有关中国女学的具体活动内容及意义，虞和平先生的《经元善集·前言》和王尔敏先生的《经元善之身世与思想及其上书保皇招祸经过》两文已言之甚详，此不赘述。

召，纠合寓沪同乡多人，提出在家乡余姚、上虞两县创办农工学堂之议，以期"改良农事，振兴工艺"，从而达到"为贫民力谋生计，即为国家渐图富强"① 的目的。二十五年（1899 年）秋，因原设于桂墅里的中国女学迁往城内之分塾，经元善于其地又重设以"经正"为名的书院。该书院"名虽由旧，实则更新"，除"策论、算数、舆图"等科目外，更"旁及西文、西学，皆其节目之大者，尤在在关切时势"，尤其是"一洗向者计晷课功，迫束拘牵之病"，故而"最为有道者称赏，而学者亦多便之"②。

经元善渐进改良道路的另一个重要表现，是力行以正人心为目的的教化类活动。这方面的第一个突出事例，是他在光绪二十四年（1898年）秋倡行的一项绅商集会活动——经正集。其时，经元善希望通过募款重修陈公祠（陈公即鸦片战争中阵亡的陈化成，谥忠愍）之举，"为天下慕义强仁者劝，而即为讲求新学者进也"，并借此"招集同志，岁春秋一聚公祠，课忠责孝，讲道论德，尚躬行而求实践，挽薄俗而息浇风"、"于以扶圣教而正人心"③。经元善后来明确指出，他之所以有经正集一举，正是试图对康、梁等人的维新活动"暗中维系而挽救之"④。经元善力行正人心活动的另一个事例，则是在余姚、上虞两邑创设"劝善看报会"。他在章程中称，"惟是致力时务，而不从根柢之学入手，非特寸木岑楼，并恐其本质易坏"，故欲以劝善看报会之举使人"识时势亦明义理"，而最终宗旨仍"专为开风气、正人心起见"⑤。

对于自己的改良思路与维新派道路的关系，经元善曾用医学措辞做了一番生动比喻。在他看来，维新派的活动好比外科手术，即"此时中国垂危久病，正如七窍闭塞，外患痈疽，内蕴热毒，却非侧重外科不可。维新志士，舍生取义，大声疾呼，的是刀针妙手"；自己则宁愿偏重内科办法疗治："仆仅读《灵枢》、《素问》，略识本原，只能办女学、商务、教务等事，开调理清补之方。且从事筹赈年久，救生意念，先入为主，一闻流血，不觉心悸，宁用王道，不事近功"⑥。因此，正如他本人所说，这两者之间乃是一种"不同而和"的态势。

---

① 经元善：《拟办余上两邑农工学启》，见其著：《居易初集》，卷 2。
② 经元善：《上海重开经正书院启》，见其著：《居易初集》，卷 3。
③ 经元善：《募修陈公祠启》，见其著：《居易初集》，卷 2。
④ 经元善：《答原口闻一君问》，见其著：《居易初集》，卷 1。
⑤ 经元善：《余上劝善看报会说略章程》，见其著：《居易初集》，卷 2。
⑥ 经元善：《答原口闻一君问》，见其著：《居易初集》，卷 1。

五

可以说，在维新运动时期，经元善与康、梁等人固然算是同道，却不是声应气求的同志。大概也因为这样的情况，在康、梁等人被通缉之后，经元善并未受到牵连。然而，在戊戌变法失败后仅过了将近一年半时间，经元善便因一场名播中外的惹祸之举，终于与康、梁等人堪为同志了。这个惹祸之举就是他领衔通电反对"己亥建储"一事。

光绪二十五年十二月二十四日（1900 年 1 月 24 日），清廷颁布谕旨，封端郡王载漪之子溥儁为大阿哥，承同治帝之嗣。是举史称"己亥建储"，据传拟于光绪庚子年行废立，改元"保庆"。① 作为上海电报局总办的经元善，于二十五日（25 日）下午"接到立储电诏后，顿觉风云惨淡"，遂于夜半致电时在京师的盛宣怀，"请其联合朝士力诤"。次日晨，盛复电称，"大厦将倾，非竹头木屑所能支"②。元善以为大局垂危，乃于二十六日（26 日）领衔与在沪绅商士民共 1 231 人联名向总理衙门发出公电，声请王大臣等"奏请圣上，力疾临御，勿存退位之思"③。正如很多学者指出的那样，这种以市井小民身份谏言帝位废立之举，是中国历史上从来未有之事。

当然，由于这是一次前所未有的犯禁之举，所以不难想象其招致祸患的严重性。二十八日（28 日）晨，盛宣怀密电郑观应、杨廷杲，告以"深宫震怒，恐有不测"，请其力劝元善"辞差远离"④。次日，元善乘英国公司轮船离沪，于新正初二日（2 月 1 日）抵香港，继而又于初八日（7 日）避至澳门。⑤ 清廷闻知元善远遁后，于初九日（8 日）发布谕旨，以其系盛宣怀"多年任用之人，自必熟其踪迹，著勒限一个月将经元善交出治罪"，否则"定惟盛宣怀是问"⑥。显然，朝廷怀疑盛宣

① 参见郭廷以：《近代中国史事日志》，下册，1062～1063 页，北京，中华书局，1987。
② 经元善：《答原口闻一君问》，见其著：《居易初集》，卷 1。经元善在此仅言致电"北京某大臣"而未提其名字，当时与经元善交接甚密的赵凤昌则指明此人就是盛宣怀（参见赵凤昌：《经元善通电收回立大阿哥成命经过》，见庄建平编：《近代史资料》，第 1 卷，303～305 页，上海，上海书店出版社，2009）。
③ 经元善：《公吁总署转奏电禀》，见其著：《居易初集》，卷 1。
④ 经元善：《答原口闻一君问》，见其著：《居易初集》，卷 1。
⑤ 参见经元善：《上前摄澳督葡主教嘉若瑟君书》，见其著：《居易初集》，卷 1。
⑥ 参见《清实录》，第 58 册，《德宗景皇帝实录（七）》，第 458 卷，5～6 页，北京，中华书局，1987 年影印本。

怀与经元善逃亡之举脱不了干系。盛宣怀为自身卸责起见，不得不捏称元善"亏空逃走，电请粤督宪备文移提"，向澳门葡萄牙当局提出引渡事宜之交涉。① 而在葡萄牙当局于正月底逮捕经元善后，沪、港各埠许多中外人士"咸抱义愤，力主公论，致函电于葡衙者，纷至沓来"。有鉴于此，葡萄牙总督一面将经元善拘禁于澳门大炮台，一面拖延审理时间，从而使引渡之举未得实现。② 其后因义和团运动及八国联军侵华战争爆发，清廷无暇过问此事，葡萄牙当局遂将经元善长期幽禁于炮台，直至光绪二十七年（1901 年）仲夏。

经元善虽因此次谏言废立而招致莫大祸患，却也由此与当时已经变为保皇派的康党人士终成莫逆之交。在争取让澳门当局还经元善自由并拒绝引渡内地的活动中，都有许多保皇人士的活跃身影。梁启超更从檀香山特地致书经元善表达慰问之意，甚至称："今年之仍得为光绪二十六年者，皆先生之力也。一言重于九鼎，先生之所以报君国者，所造实多矣。"③ 经元善则于光绪二十六年六月（1900 年 7 月）在《知新报》上发表了一份致李鸿章的上书，称"保皇会之兴，一意宣扬孔教，鼓励气节，尊君亲上，名正言顺"，故"今宜速解党禁"并"罗致保皇会中各埠之彦，以储药笼"，则"此后外交政策已思过半矣"④。其中的投桃报李意味，可谓不言而喻。

除了与保皇派的结交外，经元善在这段幽禁时期的另一个收获，是得到了一个潜心整理自己生平著述的机会，这就是他在光绪二十七年（1901 年）春纂成的两卷本《居易初集》。借助编纂此书，他也对自己的生涯和思想认识进行了一番反思，尤其是对他本人参与了二十多年的洋务运动进行了更为深刻的批判。其中首先值得注意的是他对官督商办体制的批评，即"官真能保商诚善，无如今之官督，实侵占商业而为官办。吴门某君曾讥之曰：挟官以凌商，挟商以朦官。真情如此"⑤。其次则是对洋务外交的批评："窃慨近数十年来，吾国家柔怀远人，与富国强兵之计，均目之曰洋务，其称名已不正。办理外交政策，不根底心术，专以敷衍为因应秘钥，愈巧愈拙。"⑥ 可以说，与同时代郑观应等

---

① 参见经元善：《上前摄澳督葡主教嘉若瑟君书》，见其著：《居易初集》，卷 1。
② 参见经元善：《答原口闻一君问》，见其著：《居易初集》，卷 1。
③ 《梁君来书》，见经元善：《居易初集》，卷 2。
④ 《经太守上李傅相书》，载《知新报》，第 125 册。转引自虞和平编：《经元善集》，323 页。
⑤ 经元善：《中国创兴纺织记》附记，见其著：《居易初集》，卷 1。
⑥ 经元善：《挽救中国探源迂言》，见其著：《居易初集》，卷 1。

思想家相比，经元善的这种认识水平毫不逊色。

光绪二十七年（1901 年）仲夏，在许多中外人士特别是香港总督卜礼克的援助下，经元善终于被澳门当局释放。次年夏，经元善终于得以返回上海，此后绝大部分时间"闭门谢人事"①。光绪二十九年（1903 年）夏，经元善大概在完成对三卷本《居易初集》的增订再版后病故。

六

诚如刘广京先生所言，近代中国商人中，著书立说者已颇少见，较具思想者更为罕见，而经元善恰恰"留下一些具有理想的文禀、函稿、公启等"，"殊值得进一步研究"②。事实上，就在刘先生说这番话时，虞和平先生主编的《经元善集》（以下简称虞《集》）已经出版，这是学界首次对相关资料的系统整理。王尔敏先生见到该书后，称赞其内容"大致丰富齐全"，故"建议学者多看《经元善集》"③。确实，该书出版后也成为研究义赈活动和近代工商业的重要参考书，嘉惠学林实多。不过，格于当年条件的限制，该书在内容编排和文字编辑方面都存在一些缺憾，并且在其出版后的二十多年中也有不少新资料相继面世。而修订虞《集》和整理相关新资料这两项工作的结合，也正是编纂《中国近代思想家文库·经元善卷》（以下简称《经元善卷》）一书的主要用意。

《经元善卷》共分为三个部分，有关每部分内容及其与虞《集》之间的异同之处，简要说明如下：

第一部分为经元善的"著述文集"，收入内容为经元善本人编纂的三部作品，即《趋庭记述》、《中国女学集议初编》和《居易初集》。《趋庭记述》刊行于光绪二十三年（1897 年），主要反映的是经元善之父经纬的生平事迹。《中国女学集议初编》记录了中国女学创办初期的情况，该书原无出版日期，笔者根据经元善函稿和该书文稿显示的信息，断定其刊行时间应为光绪二十四年（1898 年）春间。《居易初集》是经元善本人生平重要文稿的汇编，其情况较为复杂。该书初版为辛丑（1901

---

① 贺良朴：《居易初集·贺序》，见经元善编：《居易初集》。

② 刘广京：《商人与经世》，载《近代中国史研究通讯》第 6 期（台北，1988：09）。

③ 王尔敏：《经元善之身世与思想及其上书保皇招祸经过》，见其著：《近代经世小儒》，367 页。

年）两卷本，经元善于壬寅年（1902 年）重编为三卷本刊行，较辛丑本篇幅多出近一倍，癸卯年（1903 年）又对壬寅本进行增订后发行，故此书共有三个版本存世。

虞《集》对《趋庭记述》仅摘录了三篇文稿，基本全部收入了《中国女学集议初编》和《居易初集》壬寅本。为体现经元善思想发展过程起见，虞《集》又将三书全部拆散，按照各篇文稿出现时间加以编排。《经元善卷》则为了有助于读者方便查找、核对原文，将三书各按原貌分别收录。其中，因《趋庭记述》对于深入了解经元善家世背景和思想渊源极具参考作用，故将之全文收入。《居易初集》则因癸卯增订再版本之内容完全覆盖了前两个版本，且有不少文字修订及新增按语，故以之为底本收录。

第二部分为"朋僚函稿"，收入内容为经元善在《居易初集》之外发出及收到的各类信件、电报和禀文等。这也是《经元善卷》较虞《集》增加内容最多的部分，其最重要的来源则是盛宣怀的私家档案。盛宣怀档案中留存了大量与经元善有关的函稿，就目前所见，又可以分为已刊和未刊两部分。所谓已刊者，一见于王尔敏先生所编《近代名人手札真迹》和《盛宣怀实业函电稿》，二见于陈旭麓、顾廷龙和汪熙主编《上海机器织布局——盛宣怀档案资料选辑之六》，共计 50 余通。所谓未刊者，全部来自于上海图书馆所藏未刊档案，得该馆大力协助，从中挑得部分可以利用者。另有少量他人致经元善信函，因对了解其活动颇有助益，亦酌情一并收入。其中除《盛宣怀实业函电稿》外，皆为首次加以点校。

第三部分为"文告公启"，系《申报》上刊登的与经元善关联密切的论议、告白、公函及公启等文字。这是与虞《集》重合最多的部分。本书与虞《集》做法的不同之处是，虞《集》将不少文稿分别系于某类专题之下，故而在时间上有些参差不齐，本书则完全按照报纸发表时间排列，并注明出自《申报》影印本册数及页数，或可使读者方便查找。此外，编者还对虞《集》中的一些编辑、排版失误进行了纠正。

另外一些需要说明的编辑事项是：

一、"朋僚函稿"中所收文稿，大部分原无时间标注，由编者根据各类信息综合判定。判明时间者，按时间顺序排列，无法判断写作时间者置于最末。

二、有些文稿原无标题，编者视需要酌加，并为注明。有些文稿在原书目录中的标题与文中不一致，亦由编者划一，并加说明。此外，《中国女学集议初编》原无目录，现目录系本书编者所整理。

　　三、本书所收文稿中原注或行中所夹小字，皆作宋体小字；凡属明显错字，以〔〕内之字改正之；明显脱字，以〈〉内之字补充之；原文中残缺、漫漶及无法辨认的文字，以□标出；残破过甚者另加注明。

　　四、本书从《上海机器织布局》一书中选录的资料，因无法找到盛档原件，故文字上只得一仍其旧，但明显属句读错误及文稿编排不妥之处，则径为订正。

　　五、为读者核对方便起见，"朋僚函稿"和"文告公启"两部分所有各件原始出处，皆置于该件右下。

趋庭记述

卷　一[*]

上谕二道^{**}

同治四年闰五月二十六日，内阁奉上谕：马奏绅民捐修堤工完竣，可否将出力绅董量予鼓励一折。浙江仁和海宁境内土备塘堤年久未修，经该抚委令前浙江按察使段光清等劝捐修理，一律告成，勘验均臻坚固，尚属著有微劳。所有在工出力官绅，着马择尤保奏，毋稍冒滥，余着照所议办理。钦此。

同治四年十一月二十五日，内阁奉上谕：马奏遵保督办土备塘工出力官绅开单请奖一折。浙江仁和海宁境内土备塘堤，年久坍塌，潮水内灌，为害民田，经该抚饬令该官绅等劝捐督办，修筑坚固，尚属著有微劳，自应量予奖励。员外郎衔候选主事经纬，始终奋勉出力，积劳病故，着照军营立功后身故例议恤。所有单开之同知赵立诚，着俟选缺后以知府用；拣选知县裴澄宗，着以知县本班不论双单月尽先选用；知县冯珪，着以知县遇缺尽先选用；捐职同知张斯臧，着赏加运同衔；通判金兰，着不论双单月选用；光禄寺署正衔方肇修等三员，均着赏加五品衔；同知何元亨等六员，均着交部从优议叙；生员经元智、史致晖，均着以训导不论双单月尽先选用；守备何国桢，着赏加都司衔。另片奏前任按察使段光清居官廉正，德泽在人，此次亲督工程，绅民愈形踊跃，著照所

---

　　* 原书封扉题字为：光绪丁酉仲秋，王承基敬题，时年八十有七。此书上谕暨卷面序文、遗像两图用石印，余镌梨木板存沪上寓庐。另，因原书中的"资政公遗像"、"蟠桃还奉图"、"资政公坟山图"和"敬修义塾图"价值不大，且图多阙失，故略去。

　　** 原书此处无标题。——编者注

请，以道员留于浙江补用，仍留原品顶戴。该部知道，单片并发。钦此。

褚子耘封翁序 *

咸丰十年六月，粤匪逼杭州，余仓卒携家往依故人上虞令荫庭胡公，为避寇计。胡公为余僦屋储粟，经画井井，几不知有流徙之苦。居半载，胡公谓余曰：君旅居无赀，何以卒岁？上虞驿亭有经君芳洲者，乐善不倦，家置义塾，延师课子弟，余为君谋一席，可藉馆谷以充旅费。时余方将为子女谋婚嫁事，未能远离，因请以弟子方代行。十一年春，遣弟先之驿亭授读。五月婚嫁毕，赵居赵乔，始往谒。公善气迎人，辞意慷爽，推至诚待人，遂订交焉，自此衡宇相望，晨夕过从。公知余粗习医学，其家人有微疾，俱属余诊治，率多奏效，自此情谊益相得，杯酒纵谭，几忘寇乱。九月匪陷绍兴，万室仓皇，穷于窜匿。余与弟家属繁多，朝夕筹思，束手无策。公曰：吾家有旧业在上海，举室将迁，君盍偕往乎？余感极而泣，遂由宁波附舟，渡海达沪。细弱重累，风涛千里，旅舍衣粮，不侍而备，羁栖异地，客至如归。公之为德于余家也益厚，余益难以虚言酬矣。居沪两年，时相周恤。同治二年，子方办理苏属饷捐，余同往襄理，家属迁松江，自此踪迹稍疏。三年，官军复杭州，大吏檄公往办海宁塘工。四年，余长子成宪办理常州布捐，遣人迎养，自此与公音问益间隔矣。迨余旋里，而公已归道山，不获再见颜色。每忆旧事，时伤图报之无从，今喆嗣莲山，综公诸善举，并及图像、坟茔，缕绘刊印，诒书索余叙。余无文，乌足为公重，然承公厚德，复忝葭莩之亲，何敢固辞，爰详述订交始末，纪诸简端。至公行谊之可传者，则已具载沈吉士叙中，无烦赘述。莲山宅心敦朴，克承先志，凡遇善事，悉秉公之遗规，实力举行，足征公之遗泽久而勿替矣。余四子成博，初谒公时才七岁，蒙公赏爱，许为国器。今幸获策名朝列，不负公知，因将此叙命敬录一通，以慰公九原之期望云。光绪二十三年丁酉天中节，诰封通奉大夫姻愚弟褚维培拜撰，时年七十有八。赐进士出身诰授中宪大夫礼科掌印给事中京察一等记名前翰林院编修姻愚侄褚成博拜书。

---

* 原书标题为"《趋庭记述》叙"。——编者注

沈谷人太史序 *

光绪辛巳，余客上海，襄赈务，获交莲山经君，知其为芳洲先生长子也，相与追溯世交。道光甲辰、乙巳间，海禁初开，特设松江海防同知，先祖晓沧公首膺斯任，大府亟图善后，先祖为物色人才，识芳洲先生于阛阓中，奇其行，订忘年交，辄称扬于当道，寻与共事垂十余年，略载日记，固余所熟闻。迨余识莲山，而先生归道山已十六年矣。迩年余久病，莲山亦病聋习静，函寄所编《趋庭记述》，索余序。虽呻吟病榻，余何能嘿然无言乎？人情，钱财与性命同爱也，贫贱与劳苦同恶也。先生独不然，其为人所难能者，约有数端。同贾还金不足奇，乃必畜十余载，教成遗孤而后还，谤讟不顾，惟知我尽我心，其难一。戮力善堂，殚心育婴不足奇，乃以全家性命为孤注，与劫数争，陷围城中年余，卒保全妇女节操数百余人，掩埋尸骸千余具，收藏故家先世遗像书籍，积数万轴、十万卷有余，尽归故主，刀兵不顾，惟知见义勇为，其难二。少贫贱，长而善贾，拥资巨万，壮而从公，为当轴所推重，犹不足奇，乃毁家行善，殁后田产悉归义塾，尽辞保奖，对客谈官长，从不作平等称，是既富而不厌贫，既贵而不讳贱，其难三。岁甲子，吾浙海宁塘工，众避独趋，亦不足奇，乃五千数百丈要工，督成于半载，六十有一岁衰翁，更勇于壮者，冒风雪，涉波涛，积劳疾革，犹诫其子以藏事，数万工役，不惮劳而欢呼，数月疲犇，不觉苦而瞑目，其难四。余事具详记述，且更有笔不胜记、人不及知者。呜呼！先生果何如人乎？卒至寇盗称善人，入其境而相诫勿犯，殊俗推义士、重其议而相得益彰，其古所谓独行君子者非耶？诚使在朝在野，人人能如先生之惕厉自强，孔门仁义忠信、《周官》睦渊任恤之教，庶未坠于地，而国家二百数十年厚泽深仁，以养士民，亦犹有知恩而感激兴起者欤？莲山克绍箕裘，人所共知，余故乐为厘订，附列上下公牍，撮叙行略，以谂当世知德君子，固不独为一家之私言也。是为序。光绪二十三年丁酉清明日，桐乡沈善登谨撰。

---

* 原书标题为"《趋庭记述》序"。——编者注

资政公自序义塾碑记[*]

纬家旧有宗祠而无义塾，幼时读书石堰，日过其地，见已毁，辄叹息归告府君，府君曰：族不能守，独力难支，俟汝成立复建耳。敬识之，不敢忘。府君殁，纬服贾申江，矢勤矢俭，不浪费分毫，盖遵遗命，时以宗祠为念也。至道光乙巳岁旋里，谋诸亲族。或曰：作光前计，当以高大门间为先；为裕后计，宜以置买田产为急。而纬之耿耿莫释者不在此。尝观大家巨室，营华屋，置良田，有不数世而萧索者矣，有仅一世而荡焉者矣，有近止及身而消亡者矣。纬深鉴乎此，兢兢焉以父命为念，以报本为先务之急，而敢有他念乎！宗祠久毁，不图建复，安用子孙为？乃商之族弟艺庵曰：固知兄必践初志也，宗祠虽毁，遗址犹存，仍基以造，未始不可。于是鸠工庀材，皆艺庵任也。既落成，纬追念邻村附读时，风雨寒暑，艰苦备尝，又从旁隙地添构数椽，颜曰卷石山房，为族中子弟无力延师者课读其中。然屋小如舟，仅堪容膝，尝谓艺庵曰：若得购祠后田作义塾，纬愿庶慰耳。未几，艺庵书来，云田已购矣，纬不胜欣喜。会癸丑、甲寅，上海匪扰，纬濒死者屡屡，身且不保，尚何他望！幸天佑之，祖宗默相之，城复得无恙，是殆欲纬之如愿以偿也。旋接艺庵书曰：弟年虽未老而已就衰，义塾之建，及此尚堪任劳，宜早图。纬欣诺之，即择丙辰六月兴工，凡经营版筑、填基立向、购材觅料以及监督工匠，艺庵悉心经理之。不图天不假年，竟于丁巳六月七日溘逝。呜呼！艺庵殁，纬大惧斯志之坠于垂成也，乃亟循艺庵所规画者，建正楼五间，上供文帝，下作讲堂，东南建奎星阁、应文象阁，后建船亭作游息所。正楼迤西增建平房，俾坐卧其中，潜心学业。正厅后建屋七间，以为藏修之地、文会之所，径曲廊回，有无尽藏之趣。就初建卷石山房处改设住屋，又筹田数百亩，岁租所入，为修葺费，为塾师修膳费，为子弟肄业纸笔等费。给有羡厘，明定章程，另立簿书，阅三载始告成功。艺庵有知，当亦欣然于泉壤矣。嗟乎！创业固难，守成亦难，不怠于始基，不废于半途，不荒于末路，凡所欲为，惟在为之者坚持而不敝也。而艺庵以纬之心为心，故纬得遂报本之初心，遵遗命而不坠。若后之人亦能以艺庵之心及纬之心为心，则继继承承，

---

[*] 原书标题为"敬修主人自序义塾碑记"。——编者注

靡有终极，是经费之不敷于今日者，何患不扩充于将来哉？

咸丰十年岁次庚申六月朔日，芳洲氏经纬拜识。

义塾规条碑记 *

一、本塾延请塾师，必须庠士也，非庠士不得擅拥皋比，本宗庠士亦不准权充塾师。盖必有亲男弟侄，功课或有偏袒。外请庠士不得附带子弟来塾肄业，永以为例。塾师无故不得轻易，其或必须另请，当邀同轮值者秉公酌议，不准独自擅专，须众意佥同。如敢故违，作不孝论。

一、二月初三日为文昌帝君圣诞，应申虔祝，以斤通香烛、茶酒、五干果、五水果、五牲敬谨致祭，并供瓶花，并祭奎星以三牲，大门香烛、茶酒、果品如之。塾师衣冠率生徒，诣文帝前拈香，行三跪九叩礼，奎星前二跪六叩。礼毕，于天井各以纸炉焚纸二节、元宝八对，干水果分给生徒，牲醴司事经办，添备几品，共成十肴，加四插角作两席，费用公帐支销。本年司事邀同轮值者，并族中之人品端方而知礼义者酌请一二，奉陪塾师，申刻叙饮，傍晚散席，不继烛。

一、本塾延师课读，冀子弟多读诗书，变化气质。然师不在座，徒焉肯来，故延师以课读日子之多寡，按月敬送，脩膳之厚薄，如师课徒仅六个月，敬送脩膳钱六六三十六千；六个月以外，照六个月按日计算，至七个月，敬送脩膳钱七七四十九千；七个月以外，照七个月按日计算，八九仿此；课徒至十个月者，当敬送脩膳钱一百千文。塾师均自雇爨夫，以昭画一。尊师敬传之道，固不当计论短长，而望子弟课读情殷，不得不明定章程，尚祈鉴原。

一、请师训教子弟，定额十六名为率。惟每逢开馆之时，子弟似乎拥挤，迨至稻时麦熟及河水干涸之际，则到馆者寥寥，幸各谅之。

一、生徒上学，各备香烛一副，无论大小，但昭诚敬。拜师贽见仪，每生七十文，塾中预备。下年如易新师，仍须塾备贽仪，旧师则无需。或旧师而生徒新易，则亦须贽仪。生徒家无费分文。

一、塾中应备纸墨笔砚及应读各书，立簿查核，司事逐月检点，勿致狼藉，反干罪戾。

一、以晤言一室，北边间作账房，司事憩息于此。床帐桌、钱柜、

椅凳，塾中置备，其帐子被席，均须自置，所延塾师亦然。塾师课徒日子有多寡，以敬送脩膳有厚薄，第正月开馆，毋逾中旬。凡逢赴试，塾师延请权馆，亦须庠士，司事宜预为关白。

一、值年司事，专司册籍，完纳钱粮收并稍田价，交殷实典铺收存立折，按用支取，不得浮冒移用。并监察塾中器皿、书籍、什物，及督率管丁，洒扫整洁。并随时留心房屋有无损漏，如应修葺之处，须邀集轮流值事者，公同酌议，估计修理，不得以我为值年，擅专独行。其赡嫠恤老田亩钱粮稍价，并按月给发嫠老粮钱，另立簿册，一并承管。议给辛俸膳资钱八十四千文，按季支销。

一、本支或有入学者，须佐理塾中肄业规矩，兼管焚化字纸，朔望考察学生优劣。优者邀同轮值者酌筹栽培之道，劣者姑置不论，实心佐理，年终酬给辛劳钱二十四千文。至汇议公事，读书明理者是当应秉公持正，可毋赘嘱。

一、司事交接承管，以八月初一日为期，汇集轮流各人，祖祠敬点香烛，公同交代，并点明塾中器皿、杂物、书籍等类，必须逐项帐目清楚，并现在零钱若干，对簿查明，并查核通年之帐。五日为度，每日饭菜钱六百文，计钱三千文，公帐出销盈绌。前司事承办帐，有浮冒或开销不公，接管者查出，轮值各人秉公持议，以浮冒不公之数，照数罚出，归入公帐，再罚其半以赏接管者。如轮值各人查出，而接管者漫无觉察，议以前管者将浮冒不公之数，如数罚出归公，仍罚其半，即赏轮值查出之人，接管者罚令祖祠全堂香烛，跪香一炷，毋视为具文。

一、塾中桌椅、板凳及器皿、家伙、香炉、烛扦一切杂物，不准移用。虽公众迎神赛会，亦不得擅动，并不准暂借与人寄顿器具各物。屋檐明堂，不准挂晒稻麦，墙旁种植瓜果，不准沿上屋瓦。如敢徇情移借，故违所议，司事管丁分别议罚。或有朽损，司事察看，随时修整。交接承管，按籍查明，如有缺少，司事管丁分别赔补。

一、和尚桥先父母坟前后之田，原欲为祀产，因义塾田额不敷，一并归入义塾，且能世守。议以每年三月十三日作为清明祭扫之期，盖十四日社庙演戏，所领胙肉，为待客之需，以昭节俭。公帐支钱一十二千文，值年者领去，致祭三代坟茔。曾祖讳尚德公，妣茅氏太宜人，墓在撇脚湾山腰，丑未兼艮坤向。祖讳士玉公，妣陈氏太宜人，墓在望峰山麓，卯西兼甲庚向。先考讳翰文公，妣何氏太宜人，墓在和尚桥太平庵对岸田穴，子午兼壬丙向。先妣叶太宜人墓亦在撇脚湾，其祭祀规则另立簿书。

一、族中有杰出公正之人，念及义塾为阖族风教所关，慨然出身佐理，不费塾中分文，并或捐资入塾，扩充经费，不妨酌增规模，岂惟现在族人欣感，始祖而下，无不含笑九原，幸有此佳子弟也。

一、管丁专司照看门户，随时启闭，毋得怠惰；料理师生茶水，勿致缺乏；洒扫各处地场，揩抹桌椅，务须洁净。塾内隙地，不准栽种瓜果等物。塾前之山柴草，令其砍斫，为茶薪之需。塾旁之田地，准其播种。堰下永兴房租，给其收用，灰料由其自卖。外再总给勤劳辛工钱二十四千文。如有偷懒懈怠，不听司事指使，集轮值者公同酌议，逐出另招。

一、塾中共置田三百六十余亩，每亩扯稍价钱二千七百文，约计钱九百七八十千文。完纳钱粮、馆师脩膳、司事辛资、管丁工食、纸墨笔砚、书籍花红、收买字纸、恤嫠赡老、杂用开销、酌量岁修，及大水雇备渡船，共约需钱八百八九十千文，约应余钱八九十千文，逐年存积，为大修之计。数至百千，当择殷实之家存放，长年六厘生息。如轮值各人因利轻而欲自存，必须将田抵押，田由义塾稍管外，存之家数至二百千，亦须将田抵押，否则添置田产亦可。

一、创业固难，守成不易，所谓有治法而在有治人。凡我子孙，轮年值祭司塾，务须一秉至诚，仰体先志，和衷共济，毋执己见，尽心竭力。事宜预筹，如约计大修有资，汇集轮值，公同酌议，推广恤嫠赡老，津贴族中有志读书而乏膏火者，以及赴考舟盘、公车路费。总之事在人为，能恒以天地祖宗之心为心，是必去人欲、绝私意，凡事应为者则为之，当任者则任之，毋辞劳，毋矜功，世世相承，遵循勿替，是则予之厚望也。

咸丰十一年岁次辛酉七月吉旦，纬识。

义塾田亩碑记

戾字三百七十八号，田一亩六分六厘九毫；

六百七十七号，田一亩九分七厘一毫九丝；

六百八十五号，田三亩八分四厘；

六百八十七号，田一亩四分一厘三毫；

六百九十六号，田九分一厘；

六百九十八号，田一亩六分九毫；

七百号，田一亩五分；

七百一号，田二亩五分；

七百二号，田六亩六分；

昃字七百九号，田一亩九分；

七百七十八号，田一亩二厘；

七百八十四号，田九分一厘；

七百八十五号，田一亩四分七厘二毫五丝；

七百八十九号，田一亩四分九厘六毫；

七百九十九号，田三亩二分七厘八毫；

八百号，田三亩二分七厘八毫；

八百一、二号，田三亩六分九厘五毫二丝；

八百四、六号，田三亩；

八百二十号，田二亩八毫；

昃字八百二十四号，田八分；

八百二十六号，田一亩七分九厘；

八百二十八号，田二亩七分；

八百二十九号，田四亩三分四厘；

八百三十九号，田三亩七分九厘三毫三丝；

八百四十一号，田五亩八分八毫四丝；

八百四十二号，田一亩六分三厘八毫；

八百四十三号，田四亩七分六厘；

八百四十八号，田二亩三分二厘一毫；

八百五十号，田一亩四分；

昃字八百五十一号，田一分六厘；

八百七十一号，田一亩七分七厘九毫五丝；

八百七十四、五号，田三亩六分七厘；

八百七十五号，田二亩四分二厘五毫；

九百十六号，田九分五厘；

九百十八号，田三亩九厘七毫九丝；

九百二十二号，田四亩九分七厘八毫；

九百二十三号，田四亩一分九厘一毫；

一千八号，田二亩四厘三毫；

一千一百五号，田四分；

昃字一千一百二十号，田二亩八厘二毫；

一千一百二十一号，田三亩五分六厘；

一千一百二十二号，田九分九厘二毫；

一千一百五十三号，田七分四厘；

一千一百八十一号，田二亩四分；

一千三百五、六号，田二亩八分九厘二毫；

一千三百八号，田一亩一分四厘一毫；

一千三百十二号，田五分一厘四毫二丝；

一千三百十五号，田八分二厘一毫；

一千三百三十六号，田一亩五分六厘六毫；

昃字一千三百五十一号，田一亩二分七厘九毫；

一千三百九十号，田三亩八分九厘七毫五丝；

一千四百三十三号，田一亩二厘；

一千四百六十九号，田一亩一分一毫一丝；

辰字五百五十一号，田九分六厘；

五百五十九号，田一亩二分五毫；

五百六十号，田五分九厘二毫；

五百六十一号，田七分七厘三毫；

五百六十二号，田九分九厘三毫；

五百六十三号，田八分九厘一毫；

辰字六百三十号，田一亩一厘一毫；

九百号，田二亩；

九百二十三号，田二亩；

日字二千八十号，田八分二厘八毫；

二千二百二十三号，田四亩八厘六毫；

二千二百五十三、四号，田二亩三分六厘八毫；

皁字五百五十八号，田四亩六分一厘二毫五丝；

五百五十九号，田七分；

荒字四百六十八号，田二亩八分一厘九毫；

四百八十四、五号，田一亩七分。

入二都五里茅家庄经敬修义塾户承粮。

昃字六百九十号，田二亩六厘；

六百九十二号，田一亩七分四厘；

六百九十四号，田一亩三厘；

七百六号，田四亩六分四厘；

七百六、七号，田二亩三分四厘六毫；

七百九、十号，田五分一厘；

七百十二号，田一亩三分；

八百三十号，田一亩二分三厘九毫；

八百三十二号，田九分五厘；

昃字八百五十六号，田二亩；

一千十号，田六分四厘；

一千一百十六号，田三亩一厘五毫五丝；

一千一百六十号，田二亩一分六厘八毫；

一千一百七十六号，田一亩七分一厘八毫七丝；

一千一百八十七号，田八分八厘六毫；

一千一百九十四号，田二分九厘一毫五丝；

一千二百十五号，田九分三厘四毫二丝；

一千二百三十一号，田一亩一分七毫六丝二忽；

一千二百三十二号，田九分四厘五毫；

昃字一千二百三十六号，田一亩七厘三毫一丝；

一千二百三十八号，田一亩四分七厘四毫；

一千二百三十九号，田一亩四毫；

一千二百四十七号，田四分九厘；

一千三百三十七号，田一亩八厘七毫七丝；

一千四百二十七号，田一亩七厘二毫八丝；

一千四百三十一号，田一亩九分二厘五毫五丝；

一千四百四十九号，田二亩四分五厘五毫四丝；

一千四百六十四号，田一亩五分七厘二毫六丝；

一千五百二十五号，田四分；

昃字一千五百二十六号，田三分四厘；

一千五百二十七号，田五分五厘；

一千五百六十号，田二分三厘二毫；

一千五百六十七号，田三分八毫；

一千五百七十一号，田一亩六分九厘四丝；

一千五百八十一号，田八分九厘七毫五丝；

一千五百八十五号，田二亩六分五厘；

一千五百九十号，田一亩二分；

一千六百十五号，田五分；

一千六百十六号，田八分三厘；

昃字一千六百十七号，田一亩七分一厘五毫；

一千六百十八号，田八分一厘五毫；

二千四百四十号，田九分七厘六毫；

辰字八十三号，山二亩八分一厘；

八十八、九号，山十四亩五分；

九十一号，山十一亩；

一百二十九号，田六分六厘二毫五丝；

三百三十九号，田二亩六分六厘三毫；

五百七十五号，田一亩九分三厘一毫；

五百九十四号，田一亩四分一厘；

辰字五百九十九号，田三亩八分四厘五毫五丝；

六百二号，田一分四厘；

六百七号，田一亩四分五厘四毫；

六百二十六号，田五分五厘；

六百三十一号，田一亩二厘四毫；

六百三十三号，田三亩；

六百五十一号，田九分一厘八毫一丝；

六百五十二、四号，田一亩五分六厘七丝；

六百五十四、五号，田八分七厘一毫；

六百五十五号，田三分；

辰字六百五十六号，田二分三厘四毫；

六百五十八号，田一亩二分三厘；

六百五十九号，田五分九厘六毫；

六百六十一号，田一亩二分八厘三毫；

六百六十二、三号，田一亩六分八厘二毫；

六百六十八号，田二亩二分七厘九毫；

六百六十九号，田三亩三分五厘；

六百七十一号，田三亩三分六厘；

六百七十二号，田二亩七分；

六百七十五号，田一亩九分八厘八毫；

辰字七百四十五号，地六分；

七百五十四号，地二分六厘二毫；

七百六十三号，地六分六厘二毫；

七百六十四号，地二亩三分七厘二毫；

七百八十五、六号，池七分三厘六毫；

七百八十七号，池一分四厘；

七百九十六号，池四分三厘七毫；

八百九十六号，田一亩；

九百二号，田一亩四分五厘一毫；

九百三十一号，田一亩一分二厘四毫三丝；

辰字九百三十二号，田九分九厘九毫；

九百五十一号，田五亩一分八厘；

九百七十二号，田二亩一分六厘；

九百七十三号，田一亩二分八丝；

九百七十四号，田五分八厘五毫；

一千九十四号，田五亩三分四厘；

一千九十九号，田二亩一分五厘八毫；

一千六百十七号，田五分五厘；

守字一千一百四十九号，田一亩；

一千一百六十二号，田九分二厘四丝一忽；

守字一千一百六十三号，田八分九厘八毫四丝三忽；

一千一百六十四号，田一亩三分一厘二毫五丝；

一千一百六十五号，田二亩四分九厘五毫八丝三忽；

往字一千五百六十号，田九分六厘；

一千六百二十三号，田二亩七分；

一千六百六十六号，田一亩六厘五毫；

一千六百七十九号，田一亩七分九厘五毫；

一千七百五十一号，田二亩二分；

法字五百六十七号，田二亩七分三厘五毫；

六百四十号，田五亩；

法字六百四十三号，田八分八厘三毫；

六百五十五号，田四亩一分六厘四毫六丝；

六百七十二号，田五分三厘三毫九丝；

六百七十五号，田四亩二厘九毫一丝六忽；

六百九十三号，田一分三厘八毫三丝九忽；

六百九十四号，田一亩八分五厘八毫七丝五忽；

六百九十五号，田一亩九分四厘六毫七丝；

七百十三号，田二亩八分三厘一丝；

七百十四号，田五分七厘三毫三丝；

七百二十四号，田三亩二分四厘四毫；

法字七百三十一号，田二亩八分九厘五毫；

七百五十二号，田二亩八分二厘七毫。

入三都一里驿亭庄经敬修义塾户承粮。

昃字一百五十六号，田二分六厘一毫；

四百号，田一亩四分一厘九毫；

四百一号，田八分二厘七毫；

四百十号，田八分七厘二毫五丝；

四百十一号，田二厘一毫；

四百二十三号，田二亩；

六百四十六号，田一亩八分八厘六毫；

昃字六百四十七号，田三亩一分六毫一丝；

六百四十八号，田四亩二分七厘七毫；

六百四十九号，田一亩四分八厘四毫四丝；

八百三十一号，田八亩九分五毫；

八百三十七号，田二亩一分九厘一毫九丝；

一千一百五十九号，田六亩一厘七毫；

一千三百五十号，田一亩；

一千四百四十九号，田八分；

一千六百七十九号，田一亩六厘；

辰字四百九十七号，田二亩三分三厘三毫三丝；

辰字四百九十八号，田二亩八厘四毫；

五百十七号，田一亩八分；

六百二十五号，田三亩九厘二毫；

六百二十七号，田一亩二分；

六百四十八号，田一亩七厘三毫；

六百六十一号，田一亩二厘五毫；

一千九百十八号，田二亩九分。

入三都一里驿亭庄经敬修恤嫠赡老户承粮。

同治五年岁次丙寅六月　日立。

急公好义捐山碑记[*]

义学前山有大松树数十株，相沿为元房之产，由来久矣，而汝房则有粮号为凭。上年风雪摧残，压倒大树三棵，元房人争为元房之物，汝房人执为汝房之产，互相争论，几肇讼端。纬适旋里，同弟纶恭请族房尊长文通、文国、佛宝、永潮、秉燮，并元、汝两房支长炳心、喜廷、喜胡、德忠、三连、三友等，劝念一本之亲，岂可同室操戈？元、汝房长文通、秉燮、喜廷、三连等慨念同宗，情愿将山捐入义学。惟山腰有汝房祖坟一冢，坟前有樟树者，准其子孙祭扫，概不准添葬。其树木公禁留养，不得砍斫，如有风摧雪压，以及每年柴薪，均归义学收管，粮由义学承完。永息争端，和好如初，具见急公好义，爰为之记。

石邻、雨时公户下捐辰字八十九号山一亩五分、二亩。

咸丰十年五月　日，芳洲氏纬拜题。

续捐义山碑记

塾前元、汝两房之山，慨然捐助，已详前记矣。山左为予家之山，十三亩有奇，欲并捐义塾。中间隔安山一带，向系元房河头支派承管，兹支长圣富等愿将山捐入义塾，庶无间隔。山右为新房公山十一亩有奇，支长春贵等亦愿将此山公捐义塾，为生徒茶薪之资。而塾右之地为耀房之业，光照公长子梦来向承一半，首倡捐助，永仁、天生等亦踊跃乐输，除立界收号、永为义塾公产外，而吾宗人敦本睦族、急公好义之意，不可没也。故再记之，以为将来者劝。

咸丰十一年仲春之月　日吉旦，纬又识。

---

* 原书标题为"急公好义捐山启碑记"。——编者注

义渡俚言碑记

庚申九月，大雨连旬，早禾虽获，晚禾未登，一望汪洋，田岸无形。侧闻五夫有尸浮沉，遂访局董致堂罗君，舟至长坝，棺已收盛，人之好善，比我情深。呜呼！风雨大水，浸淫艰难，行旅失足。河滨驿亭迤东马慢桥，横七八里间，浩荡无垠，往返局中，船从田行，鱼鱼途人，杖以路寻，跬步寸举，进退难能。坐我片舟，代彼寒心，呼之以渡，义由此生，急雇三舟，往来梭巡，人逢便渡，道载欢声，极目瞭望，亦为心庆。五日水落，费数千文，留此题目，为我独承。聊记俚言，叮嘱后人，设遇水年，效法宜勤，何须烧香，礼拜神明。

咸丰十年十月谷旦，纬识。

晤言一室碑记 *

窃我族尚无大宗祠，留以待后。而族中烟户颇繁，每有雀角之争，邀请族房长议处，汇集社庙，亵渎神明，间就茶肆，亦非雅道，嗣后当于义学前晤言一室处集议公事，商之义学董事，忻然乐从，爰为之记。

咸丰十年五月　日立，族房长经文通、元房长文国、耀房长永
　　　　　　　　潮、汝房长秉燹、新房长物宝全具。

义塾图题辞 **

略得为山趣，驱来石一拳。人情轻覆篑，吾道若登天。
来日非今日，前贤待后贤。好将千仞意，常视讲筵前。
芳洲大兄属同里愚弟平翰题。

舟向驿亭过，峭然书塾新。同行曾告我，是处有高人。
沪上征尘拂，堂中道范亲。出图欣展玩，如到鉴湖滨。
题奉芳洲尊丈大人正句。粹甫赵有淳。

玲珑一卷石，幽绝此山房。永继诗书泽，长增俎豆光。

---

* 原书标题为"晤言一室缘启碑记"。——编者注
** 原书标题为"敬修义塾图题辞"。——编者注

墙遮芦雪远，门引稻花香。清福谁消受，君归老是乡。
道光丁未上元后二日题应芳洲大兄先生雅属，即希正之。

晓沧沈炳垣手稿。

越人谭山水，自夸域中绝。背越趋东吴，贾区兢踮蹑。
肉好苦模范，吉锁矜鉴别。卓哉开径行，由利入善域。
百万轻泉刀，宝此一卷石。环山起栌栱，引渌沉阡陌。
中有读书声，蒙如泉出穴。不待扣君腹，道气已充溢。
肤使昔累属，抚拍万蛰集。天宠锡牟尼，容容映山泽。
德邻探所与，奚慕蝾螈宅。矧彼摩镕徒，希风庶敛息。

丁未且月题奉芳洲仁兄大雅是属。乡愚弟周沐润草。

诗礼承先泽，蒸尝永孝思。苦心韩子屋，祖德谢家诗。
树为盘根大，源还饮水知。希文良法在，收族裕仁施。

芳洲仁兄先生雅正。二如王寿康初稿。

燕翼贻谋笃孝思，肯堂肯构绍鸿基。
况今更选林泉胜，藉存蒸尝固本支。
芒鞋觅得地清幽，本是乡邦旧钓游。
从此馨香绵俎豆，云礽世业足千秋。

芳洲仁兄大人雅属即正。弟罗嘉福拜稿。

饮水须思源，植树须培根。先志有未慰，孝子他何论。
山邱本华屋，盛衰俄朝昏。一水与片石，乃以方寸存。
我来访畏友，沪城掩竹樊。谦引三儿拜，善捧群书尊。
年来陋巷中，颜乐无车喧。入座契兰蕙，披图想蘋蘩。
卫室鲜完美，范庄乃高轩。推君广厦愿，将以千万言。
却从根源始，拳石成昆仑。山阴骑鹤侣，影落申江痕。
谁廑敦睦念，昌大先宗门。他时访戴舟，风雪瞻名园。

戊申八月朔题奉芳洲大兄先生雅正。愚弟叶珪。

芳洲先生具拔俗之资，抗希古之志，仙才市隐，穆行家修。好义轻财，土木培本原之地；捐金劝学，诗书育宗党之英。此卷石山房者，乃其倡建祖庙，成于西偏，更置精舍，为经氏群子弟肄业处也。拓地数弓，围墙四面，湖光收其虚白，山色挹其浓青。春雨打门，秧针万亩，秋风拂槛，芦絮一帘。松籁腾空，惊苍龙之顿吼；橹声到耳，恍征雁之偶鸣。万绿丛而尘不能飞，双扉闭而天疑别有。于以展卷帙，务唫哦，洵足傲花屿之幽区，敌柳堂之胜概焉。规制既完，画图斯托名流遍赏，好句争投，祺亦偶客此邦，得披佳幅，真形目想，盛举心仪，既以慕先生忱悃之肠，即以卜诸子飞腾之兆。读破万卷，应渐蒸吉第之门才；对此一拳，永无忘丈人之硕德。

道光己酉年二月，心柏周寿祺跋于申江客舍。

有水不深山不高，一拳突兀堂林皋。
寻源何必武陵桃，黄河之来天上水。
宫室将营宗庙始，从此姓经压姓李。
况复明德生达人，领袖桂兰荐蘩蘋。
丈人一峰万古新，幻作生公貌崎嵚。
讲台点转顽石心，书声远出松桷阴。
卓哉有志不少待，千金买定珊瑚海。
歌楼舞榭今安在？卷石命名良有以。
参天玉笋昂头起，触处生云龙跃鲤。
君不见，三槐驷马唯德馨，
他年万笏森亭亭，经家宝树盈阶庭。
韵用桃李新阴在鲤庭之句，似芳洲大兄先生大雅正之。

诗舟弟田俊千稿。

卷石山房者，经君芳洲仁兄营祖庙，西偏附筑家塾也。谨按《礼·学记》曰：古之教者，家有塾。孔颖达疏云：《周礼》百里之内，二十五家为闾，同共一巷，巷首有门，门边有塾，谓民在家之时，朝夕出入，恒就教于塾。《尔雅·释宫》曰：门侧之堂谓之塾。故《说文新附》注谓塾为门侧堂，《毛诗·丝衣传》谓基为门塾之基，《考工记·匠人》注谓门堂为门侧之堂，皆此义也。《尚书大传》云：上老平明坐于右塾，庶老坐于左塾。《汉书·食货志》亦曰：春将出民，里胥平旦坐于右塾，邻长坐于左塾。《书·顾命》有左右塾，士冠礼有东西塾，然则塾之为教，由来久矣。经君仿古家塾遗制，于宗庙之旁，筑卷石山房，其于《易》取象诸艮，艮为宗庙、为山、为小石。卦辞曰：艮其背者止。于止之方也，得家塾而止之，知止得止，道在是矣。故周子曰背非见也，程传曰止于所不见，此《大传》所谓退藏于密，《中庸》所谓未发之中，而周、程得之为主静定性之学也。凡天下之动，以静为本，静之道，以验于动，为至静亦定，动亦定，然后为静之至。故方其静也，廓然而大公，及其动也，物来而顺应。是以象传曰：时止则止，时行则行。动静不失其时，其道光明，皆圣贤之学也。经君素喜刘蕺山先生《人谱》诸书，留心圣贤之道，以是教塾中子弟，知止得止，为天地立心，为生民立命，为国家立功，为闾里立德。《白虎通》所称有塾因取其名明，必熟思其事者，其斯之谓与？《诗序》云：菁菁者莪，乐育才也。君子能长育人才，则天下都乐之矣。请以是移赠经君，经君其益宜合临之教、思蒙之育，德与塾中子弟熏陶优游不置也。

    咸丰二年太岁在元默困敦窈窱月，念庭陈金城手识。

经芳洲居士卷石山房图歌

越中山色谁最好？尺咫经营入灵窍。

周官门塾近里闾，鲁国碑题立家庙。

君家种泽宜子孙，一箦端可成昆仑。

人言阴德耳鸣似，我识古怀眉宇存。

阴德古怀难品目，丰年玉与荒年谷。

子将金粟济孤茕，天以诗书流福禄。

君不见，轩辕访道来崆峒，勾漏丹砂付葛洪。

他年终偕赤松子，此日权作陶朱公。

噫吁嚱！人生多财岂非福？天上岁星桃正熟。

            娄姚椿。

《记》有之，君子将营宫室，宗庙为先。又尝闻诸古人云，至乐莫如读书，至要莫如教子。此三美者，往往难兼，兼之而又得佳山水，以位置其间，以奉蒸尝，以广弦诵，则其人本卓越恒流，而天之所以待之者为独厚也。芳洲先生生长于越，永嘉山水冠绝寰区，爰择吉壤作家庙，并构数椽于退息之地，俾弟子读书，其中即此图中所谓卷石山房者也。室不必大，取其洁；境不必幽，取其静。举凡稻畦之秀色，荻港之长风，田夫牧竖之讴吟，茂树疏花之点缀，悉是宙合清气，蟠结而成。书声琅琅，时流闻于苍烟高树之表，其情景为何如，其享此清福者为何如，而其所以得致此清福者又何如也！迩来先生寄迹申江，值阳九之阨，而作诸善举以弭其灾，又广设义塾一十八处，信乎仁心仁术不择地而施，与图中之指互相发明者乎！暇日出示此图，因乐得而序其后。言之不足，系以长言。

烟痕落纸收鸿濛，余清洒洒生长风。

云飞川泳谁能穷？中有儒者一亩宫。

兰亭禹穴迹已空，天将妙境归经翁。

神皋奥区基址崇，声灵胼蠡昭丰融。

旁筑丙舍环西东，界以粉垣眠长虹。
夏弦春诵日课功，义取山下出泉蒙。
谢兰燕桂将毋同，书声参以吟声工。
晨曦直到斜阳红，修途外亘周遭通。
行歌牧竖兼溪童，稻花芦雪波沖瀜。
一奁水镜磨青铜，天机活泼心目中。
动处则啬静则丰，名理悟彻无始终。
诒谋绳武福祉隆，斯图为券非梦梦。

味薑弟许耀拜稿。

道光丙午年间，芳洲仁兄先生于其故乡构建宗祠，旁设义塾，以妥先灵而嘉来学，敬宗收族，善莫大焉。君若犹歉然于规画之小也，退而以卷石名。余按《中庸》疏，卷石与昭昭撮土，皆以发明由其不贰不息，以至盛大而能生物之意。不贰诚，不息尤诚，及其广大，何莫非诚？君之为此，一诚而已矣，何嫌于小？且窃计君生平在沪三十载，持筹握算，人服其才，然性不喜封殖，为人排难解纷而无所取，节衣啬食以佐善堂功，虽履危险，艰难摒挡，略无倦心。《诗》云：我心匪石，不可转也。君实有焉。是役也，端本亲亲，当务为急，尤君所宜不靳于直，第以视夫拥厚资、广田宅，雄视乡里者，力固不逮也，其小之也则宜。胡彼力能逮者，未闻汲汲于为，而君独为之也？惟其小而不厌，余是以愈叹君之诚也。抑义塾之并乎宗祠，尤有深意焉。朱柏庐先生训曰：祖宗虽远，祭祀不可不诚；子孙虽愚，经书不可不读。夫惟子孙能读经书，乃知祖宗当诚祭祀，苟子孙之于祖宗，皆本经书以承祭祀，则由不贰不息，以至盛大而能生，皆卷石之所积也。余知君之族姓子弟入是塾者，念父生师教之由来，他日得所藉手，必有法君之所为，而不惟听君以自为者，谓即小见大可也，谓无小非大亦可也，则是卷石也，磐石之宗，将于是乎系。是图之作垂十年矣，君比以余患难知交，昕夕聚首，授简属文，爰缀数语，并系以诗请政云。

扶舆郁积气，磊砢而英多。莫谓一卷小，南山势峨峨。
构堂奉俎豆，旁舍流弦歌。聪听祖考训，其理永不颇。
封庭有嘉树，秀色含婆娑。凤皇朝阳集，请为赓卷阿。

岁甲寅孟夏朔旦
沪城云阶弟贾履上敬观于桃花源中夕阳明处并志。

莫将卷石视山房，名号虽微意味长。

万世云礽归祖德，千秋事业在书香。

鱼龙从此看腾跃，莊牡依然祝寿康。

培养本根兼乐育，渊怀深远正难量。

购得良材聚百工，规模宏敞制玲珑。

山回水抱钟灵秀，几净窗明辟晦蒙。

兄弟雁行同到此，杯盘狼藉兴无穷。

春风桃李它年盛，不负当时教养功。

戊午春分前一日，同弟小野谒芳洲大叔大人于敬修书塾，席间出此图索题，展阅一过，诸君珠玉在前，本不敢滥竽其中，致贻大方之诮，然景慕之情，自不能已，率成二律，聊伸仰企，幸不计工拙也。

世愚侄俞坦未是草。

翼叶诗书泽，千秋俎豆香。高明看驷马，小隐辟沧浪。

直绍希文志，休论处士庄。至今遥仰止，犹自挹清芳。

驿亭亭畔路，楼阁画图中。旧墅临千嶂，新祠拓数弓。

箕裘绵上德，弦诵遍春风。吾亦吾庐爱，披图歆寸衷。昔年返里，曾置义庄田数百亩，义塾至今力有未逮，睹此益觉歆然。

莲珊仁兄大人以敬修义塾图属题，率成二律，用志景仰，尚乞教正。

辛巳季春上弦，仲人弟龚寿图初稿。

驿亭西去，有雕甍飞阁，临江如翼。道是荥阳祠宇好，旁舍学堂洞辟。几上尊罍，窗前书策，花木都清绝。当年缔造，艰难几费心力。　　此际乔木成阴，阶兰擢秀，俊乂联翩出。堂构规模重式廓，祖德谢家应述。画卷流传，诗篇题咏，留与云礽说。为山九仞，托基端自卷石。调寄百字念。

凤君尊兄学长以先德芳洲世丈大人敬修义塾图征题，帅忝倚一声，藉乞词坛正拍。

岁戊子首夏，会稽王继香拜稿。

舜江当日共论文，转眼沧桑劫火焚。

千里慈乌空有梦，三生精卫已离群。

孤城海角余知己，芳草天涯又夕曛。

强作欢颜还破涕，笑人邓禹寂无闻。

旧梦还从隔世寻，余生甫脱尚惊心。

楼兰捷报驰中外，郑侠流民恨古今。

海内纪群交有几，人生管鲍贵知音。

出门一洒忧时泪，涌作江涛恐不禁。

同治壬戌，侨寓沪滨旅馆，述怀率成二律，录呈芳洲先生大人大雅正之。

　　　　　　　　　　　金福曾苕人甫未是草。

先学士尝训兆蕃兄弟曰：咸丰辛酉，余避兵上虞，纳交经芳洲先生，古卓行君子也。先生少为计然家，言有共事者殁，先生经纪其丧，教习嗣子，至成立乃尽还其遗金，义声大起。癸丑、甲寅间，陷上海围城中，全贞节，收图籍，掩骼埋胔，出入金革，所济甚巨。事既平，益斥家财，务为博施。其最著者，于所居驿亭建祠祀其宗，旁为义塾，命之曰敬修，收奖族子弟，规模闳备。同治甲子，大府议筑海宁土备塘，属先生总其事，风雪泥途，勇往勿少却，积劳致疾，工成而先生逝。大府上其事，得温旨进秩视知府，恩逮厥嗣。先生行谊昭著，此尤卓卓者，小子其识之。兆蕃生晚，不获见先生，乃得奉教于莲山丈昆季，不鄙愚谫，相与奖进，益闻先生遗教甚备。莲山丈书抵兆蕃，并示义塾图记，命为书后，以证两家凤契。弟应蕃进曰：往岁莲山丈延舅氏张忻木先生教其二子，应蕃负笈往，得与后秀共笔砚，尝拜祠下，入其塾，讲堂斋舍庖厨、井湢修饬备具，塾外禾稼弥望，桑柘阴蔼，清流绕其左，烟波平远，沘溮委迤，风景一一如图中。其族子弟咸恂恂驯谨，黾勉弦诵，奉先生教毋或渝。兆蕃乃益向往，展卷三四，勿能置也。先学士尝赠先生诗，其二章曰：海内纪群交有几，人生管鲍贵知音。兆蕃自幸不为大雅鄙弃，使得奉扬先德，附名于兹卷，纪群之交，自此而益永，乌可以无言？乃谨录先学士遗诗寄莲山丈，并敬书卷末而归之。

　　　　　光绪乙未暮春之月，通家子秀水金兆蕃谨跋。

义塾匾额楹联*

义塾正厅楼上联额

文昌阁 玉真庆宫 诞敷交德俞坦敬书。海天一览辕下驹终朝局促，眼光直似豆，时一舒啸，临高广心，遂觉有昂首九霄，海阔天空光景。余于斯阁亦云。咸丰辛酉仲秋，余杭褚维垣跋。

天文焕处人文萃，心术端时学术宏。咸丰辛酉七月日，袁炘照沐手敬书。

文星南丽，奎宿东躔，卜一门升秀，宾贤南金东箭；谢傅山青，曹娥水绿，兴千载经纶，名教山高水长。上虞罗宝森题，山阴李国琅书。

度宏规而大起，殿阁天成，灵秀钟凤凰山下；辅雅化以作人，星辰帝简，将相聚龙虎榜中。咸丰辛酉八月吉立，禹航褚成宪撰并书。

前象麓后凤冈，迭翠连云，顿起文光万丈；左珠河右金井，清流涌月，淘成诗思千寻。咸丰辛酉孟秋上浣，稼芗曹乃斌撰并书。

正厅楼下联额

惠周泽国兵部侍郎兼右都御史巡抚浙江等处地方节制水陆各镇兼两浙盐政马为督理土备塘工员外郎衔候选主事经纬立。敬修义塾邵维城书。

保卫梓邦沿海之有土备塘，所以防外塘之倾溃，藉以资保护者也。贼扰后，外塘土石各工，决口林立，土备塘更荡然无存矣。同治甲子夏，经芳洲部郎暨诸绅士出资劝捐，会督鸠工，不半年而土塘成。吾部郎之谊切梓乡，恩周海澨，功莫伟焉，爰颜额语，以志钦佩不忘云。钦命浙江等处承宣布政使司布政使总统马步水陆兵勇额哲尔克克巴图鲁世袭骑都尉蒋益澧题并跋，同治乙丑闰五月日立。

栽者培之咸丰十年岁次庚申八月上浣吉旦，提举衔知上虞县事胡尧戴立并书。

敬德无方取箴师友，修身有道励志圣贤。

经世尚矣，只诗书礼乐陶淑一乡，亦是圣贤雅化；文艺末也，能忠孝节廉卓越千古，方为宇宙完人。辛酉仲秋之月，钱邦华撰并书。

有本乃能文，舍忠孝节廉别无学问；为人必明理，合士农工贾都要读书。禹航褚维垣撰，上虞万士周书。

农耕野，商课廛，须入学先培根本；父诏子，兄勉弟，但读书不为功名。咸丰辛酉仲秋上澣，杭州顾恩来竹贤书。

---

* 此标题原书无，据原书目录加。——编者注。

后书厅联额

人往风存余与芳翁驻海塘时，每对雪月，促膝倾谈，久知其独建义学。客秋芳翁作古，恤照军营，余于今春始往观焉。墙外义井水清，门前危峰树碧，方以不见芳翁为憾，然观其诸郎秀立，善举条陈，又羡其人虽往，其风犹存。窃笑世之坐厚赀以贻子孙者，徒叹宝山恐回也，芳翁真死而不朽云。同治五年四月谷旦，皖松段光清拜题。

譬如芳洲大兄大人以心应物，不以物扰心，自颜其居曰"譬如"，其即素位而行之意也夫。味董弟许耀书并识。

桐荫馆光绪甲午桃月，少逸施昌燮书。

晓读云水静，夜吟山月高。戊午春日书赠卷石山房主人，蓬莱居士山阴罗嘉福撰并识。

竹月松风蕉雨，茶烟琴韵书声。

羡尔广行阴骘事，知君原是谪仙才。上虞味园罗宝林题，山阴夏珍李国琅书。

温故知新，可以为师矣；化民成俗，其必由学乎。辛酉仲秋，倪丙森书。

醴泉无根，芝草无源，人贵自立；流水不腐，户枢不蠹，民生在勤。癸巳仲冬之月，山阴万同伦书。

深院钞书桐叶雨，曲栏联句藕花风。甲午季春之月，余姚施昌燮书。

奎星阁联额

文明有象，鳌峰迭翠，更上一层，文光射斗。曹乃斌书。

龙文光日月，射斗光千丈，置身丹桂窟，图书珍璧府。

鳌步起风云，凌云笔一枝，翘首白榆躔，翰墨焕珠垣。

邮亭四达通云路，姓氏尽人题蕊榜。

杰阁三升近日边，英雄随我步瀛洲。

书体象形灵有赫，放眼湖山呈秀色。

榜头鳌占宿增光，罗胸星斗焕文章。

读卷已邀青眼赏，漫言彩笔轻挥手。

轮元应借彩毫题，定有朱衣暗点头。

愿一榜尽赐及第，彩笔昔曾干气象。

想几生自有真修，文昌新入有光辉。

蟾宫聚宿奎联五，雁塔题名佛记千。咸丰辛酉仲秋，吉夫俞坦敬书。

船亭联额

仁月一轮升霄，纤毫刻露。主人之意，常在月先。眠琴石上，若有凝思，看万象竦息，以待方来之大光明也。周沐润。

听松万籁惟松最妙，天风海涛，若赴弦节。《礼》曰松柏有心，主人听松，若用心而不用耳。知寥寥澎湃中，尤有无声之审谛也一。芳洲仁兄正之。文之敬题并跋。

秋水长天李祖莲书。

卷石山房芳洲自题。

净几明窗留客话，竹雨松风窗子坐；看花听鸟助诗情，水光山色舵楼眠。咸丰辛酉仲秋，杏农万士周书。

刘邑侯撰宗祠义塾碑记[*]

夫孝友之行，诗书之泽，朝廷致治之原也。因而利导之，使人知敦本务学，有司之责也。故予每治一邑，摄一篆，凡闾阎有孝义可风，足为四民劝者，辄乐为称道之。驿亭经君芳洲，少孤苦，性孝友，未弱冠即学负贩于苏之上洋，垂四十年，获有余资，不置生产，为衣食计，即先以买祭田、建祠堂、立义塾为首务。予闻而喜曰：如经君者，真所谓孝义可风，足为四民劝者乎！予尝观一乡一邑之中，有善举为人所乐道者，世不乏人。然大抵蒙祖父之业，席丰履厚，间稍出其余资，以润及于族党。至于手创门楣，发迹异乡，备历艰辛，视生产衣食为身外物，矻矻也以敦宗睦族、育才养士为己任如经君者，殊不数数觏。苟非孝友之性蕴于中、发于外，以行吾一心之所安，不牵夫流俗所为者，曷能若是！虽然，经君以孝义行于族中，而经氏族人不能体而行之，吾知经君必戚戚然不乐。予更进经氏族人而告之曰：族人者，当其始皆同父同母之人也。至于亲尽服降，遂若视为路人。夫以同父同母之人，视为路人可乎？凡经氏之子若孙，登斯堂者，当必思同父同母之义，相亲相爱，相敬相睦，于升降拜跪之际，油然生其孝悌之心，庶不负经君创始之志也已。若夫塾以学为本，学以师为要，苟为之师者，诱掖讲劝，以磨砺后进，彼秀而文者，固可以博科目、膺显宦，为国家名臣，以高大经氏之门；即鲁而钝者，亦得知孝悌、友恭、廉让、勤俭，不失为一乡善士。此经君之所望于族人，而予乐为其族人告者。然予于听政受词之际，每见有以盗稍祠租讼者，有以盗卖祠产讼者，更有以终年不延师，

---

[*] 原书标题为"经氏祭田祠堂义塾碑记"。——编者注

义塾经费为司事干没而恝者，由此以观，则祠堂义塾之废兴，更以祭产之经理得人与否为关键耳。吾愿经氏子子孙孙戒之警之，毋蹈此衰风恶习，则经君孝义之行，庶永垂不朽焉，此尤有司淳淳告诫之意也。至于祭田若干亩，堂室若干间，木石砖瓦若干件，匠作若干工，经君自能记载之，予无俟琐琐言之也。是为记。

诰授奉政大夫钦加同知衔浙江绍兴府南塘通判代理上虞县事中州刘书田撰。咸丰七年岁次丁巳六月吉旦，吉夫俞坦书。

姚春木先生撰义塾记[*]

《周礼》以九两系邦国，曰宗以族得民。古者族必有宗，宗子主祭，邕承世禄，大功以上无异财，门闾之塾无异教，为天子敦农劝学相巩固，垂裕于无穷者，宗法修也。三代以还，井田不复，聚族而居者，江浙间尤鲜。即有一二望著其姓，材秀其邦，为世称羡，而未闻传保宗保家之法。水源木本，特未尝深思耳。上虞经氏世力农，其先迁自他郡，迄今繁衍，号其地为经家坝。族之秀者曰纬，字芳洲，少孤露，能以其才逐什一，侨居沪城垂三十年，慨然念故乡，出资就闾左建宗祠，设屋于祠左为家塾，更置产以垂经久计。君之言曰：吾家隶上虞久，而族鲜闻人，盖力田以生者半，其藉坝以谋生者尤嗜利，是不可无以援挽，而使宗党终远诗书之训也，是不宜罕循规范，而使子孙不克臻仁让之风也。自祠成启塾后越十载，乃得新第宅，挈妻孥返上虞。《礼》曰：宗庙为先，居室为后。又曰：不独亲其亲，不独子其子。凡此君皆有焉。居在沪，梓里族戚及凡隶绍籍、就业于沪者，咸提携迪训之，俾底于成。即不然，亦必资之归，以慰其家。其他沪邑善举，如同仁、育婴、辅元诸善堂，与松郡矜孤、恤寡两堂，不特资助，并以身先，平生如一日。余与君甫一面，其详得之于叶君珪。叶君曾携卷石山房图属余，余善而为之歌，今复介以征祠记，故叙君之言，以法来嗣，俾知承先启后，所以昌大其宗者为不易云。

咸丰二年壬子夏六月，茸城七六老人姚椿撰。

六年丙辰重九节，沪上七十愚弟刘枢书。

劝买荒田捐助善堂说

凡当几经患难之后，而不知悔悟，必有余殃。处易于为善之时，而不知乘机，实为可惜。近者松太各属土地荒芜，业田者皆思贱鬻其产之什一，收其值以资垦种。诚有好善君子，念时世如斯，知我财之不常保，捐薄值以易良田，不私其利，归其业于沪上各善堂，使益推行其善举，种福田于浩劫之余，垦荒者得藉其赀，以尽地力而裕民食，此一举而备数善者。江浙两省迭遭兵燹，惟上海一隅独完，天固特留上海以为灾民托足之区，全生灵旦夕之命。幸身家之饱暖，当念有析骸易子、冻饿颠踣者；幸骨肉之瓦全，当念有父哭儿啼、妻孥离散者，宜何如感泣涕零，及时行善，忏吾身未尽之罪，回上天好生之心。窃查上海善举，以辅元堂为各善堂之总汇，上年收养难民、施棺、保节、育婴、舍药、埋槥等事，善繁费巨，无过于斯，经办则实心实力，款项则共见共闻，凭善气以召天和，必藉众力以襄善举。盖有上海，所以全斯人一线之生；有善堂，所以绵上海无穷之福。他人尽破其室家，而我独拥其赀财，其果能必保焉否乎？与其尽举所有，以供一切劫耗之资，何如酌分一二，以助培养元气之用。况乎费一而利十者，智士所劝也；事半而功倍者，豪杰所乘也。顷大宪下浦东西各县垦荒之令，吾民垦本无措，思分售其田以集事，而骤减其价以求售，向之膏腴、亩值二三十缗者，今以数缗脱之。假如家有田百亩，去其十亩，藉以备籽种农具之资，而此九十亩之留于家者治矣，此十亩之售于人者亦治矣。夫以此贱售之田，办全善之事，然且有卖而无买者，何哉？其惰不习农，或谓时未可知，石田无用，诚愚矣。而有识者又以乘人之难而贱得之，于理不顺，于心未安，则莫若各量其力，各捐其赀，购荒田以助之善堂，既不贪利以长子孙，庶几务实以培阴骘，所费少而所关甚巨。种福田于浩劫之余，守此遇灾而惧之一念，为善堂增永远之基，为地方迓祥和之泽，而目前垦种有本，辟草莱而告屡丰，其有功于吾民，尤大且伟。时哉不可失也！谨为说以劝。

同治二年四月　日。

应敏斋廉访仓房征信录序 *

昔田紫梁氏序《句释感应篇》曰：与其勤于此，何如专心于六经诸史？体诸身，发挥于日用，以示人当为，而使其必为，行见群天下之人，皆归于善之一途。张嵩庵氏《辨了凡立命说》曰：六经语孟，何语不教人为善，何语不堪立命？如袁氏之所谓立命，陷人于私伪之途，而曰诱人为善，可乎？之两言也，余谓可以律士林而不可以诏庸众，可以告上智而不可以语中人以下之材。若夫博施济众，尧舜犹病，而文王发政施仁，必先鳏寡孤独，诚以无告穷民，寒莫为之衣，饥莫为之食，疾病死亡莫为之医药，丧葬困苦情形，实有耳不忍闻、目不忍睹者，文王于此，讵能已乎？读《周官》大司徒施十有二教，八曰以誓教恤，郑君注曰，谓灾危相忧；以保息六养万民，三曰振穷，郑君注曰，拯救民之穷者；四曰恤贫，郑君注曰，贫无财业禀贷之。盖古之人虽不屑以小惠市恩，而民胞物与之心，未尝一日去诸怀，故不惮委曲详重如此也。上海商贾辐辏，素称饶富，于是寒者、饥者争趋之，趋之而仍寒不得衣，饥不得食，流离颠沛，遂至疾病死亡，而不能以自赡。邑之仁人君子悯焉，向设同仁、辅元、育婴诸堂于城内，为之谋衣食、医药、丧葬之费，咏仁蹈德，里巷成碑，无俟余之赘言矣。经君芳洲以堂无恒产，经久为难，于癸亥岁续置华、金两邑上则田五千三百亩有奇，计费钱二万四千八百缗有奇，刊刻征信录，以昭示来许司其事者，请余一言弁诸首。余谓立人达人，为仁之方，亲亲仁民，圣贤之量。自今以往，凡上邑之无告穷民，益有恃无恐，而流寓之寒者、饥者、疾病而死亡者，亦以是而无失所之虞。经君往矣，其遗惠之远且大为何如耶！魏冰叔有言，天不生善人，天道绝；人不行善事，人性灭。观于斯举，益信魏氏所见之不谬也。虽然，寒者、饥者、疾病者、死亡者，有以任恤之矣，而林林总总，皆具可与为善之资，能以紫梁、嵩庵诸先生为法，而进求淑身淑世之道，斯又余之所厚期也夫。

同治六年四月，分巡苏松太兵备道永康应宝时撰。

---

* 原书标题为"上海同仁、辅元、育婴三堂仓房征信录序"。——编者注

王竹鸥方伯仓房征信录序 *

吾邑善堂，以育婴为最古，而同仁继之，辅元又继之。余未通籍时，尝从诸老辈历理诸堂，见夫百余年来率由旧章，有举莫废，盖善气之滋培者厚，而善功之蟠结者深矣。然诸堂经费，只赖捐资，素无恒产。从前海舶盛时，商贾辐辏，一经董劝，靡不乐从。今者商业日衰，市肆因之减色，捐资渐微，经费渐绌。上虞经君芳洲方总理三堂善事，深以左支右绌为忧。会发逆犯松郡，四乡蹂躏，万户流亡，克复之后，累陌连阡，芜秽不治，相率求售，自愿贱其值以拯饥寒者，情堪悯恻。君乃与同乡赵君朴斋、冯君泽夫，极力商劝于乡亲中及本地巨室，慨然解囊，乃置华亭、金山两县田若干顷，治田具，发种籽，秋成刈获，虑乏盖藏，乃建仓廒于后冈华氏昆仲所捐高阜上，榜曰同仁、辅元、育婴堂仓房，通详立案，常年租入输纳正供之外，以时变粜，足以济众善而植恒业。虽兵燹以后，水旱频仍，目前计之，势难量入为出，仿古法之余一余三，然经理得人，元气渐复，将来三堂根本之固，未始不于是乎在。善哉！经君于此为大已！顾经君劝买荒田之意，初不仅为上海三善堂也。观其捐启曰，假如家有田百亩，去其十亩，以备籽种农具，而九十亩之留于家者治矣，此十亩之售于人者亦治矣。乌虖！君之轸恤时艰，无分畛域，哑哑以劝农重谷为念若此。彼为原业、为力佃者，幸分勺水以苏涸辙，当时非不相与感而泣下，迨事过情迁，遽忘灾祸，或藉口从前举事，乃乘人之难而贱得之，逞刁图抗，事势所有，此则人心自绝于善，与经君劝买之初心，大相剌谬，而司其事者不能苟容者也。余陈枭关中，十年蓬转，去岁归田，旧雨重逢，经君已赴道山，堂中诸君出仓房征信录示余，余嘉其规模整饬，异日有基弗坏，必能扩而大之也，爰乐得而为之序。

同治丙寅四月　日，上海王承基撰并书。

朱久香阁学撰家传 **

君讳纬，字庆桂，芳洲其号也，浙之上虞人。与余家为邻邑，耳君

---

* 原书标题为"上海同仁、辅元、育婴三堂仓房征信录序"。——编者注
** 原书标题为"经君芳洲先生家传"。——编者注

名久矣。同治壬戌春，余避兵上海，日思所以舒浙东之难者，约吾姚谢绅起义旅、筹兵饷，始与君交，聆其謦欬，心窃仪之。迨余赋遂初回里，则君已归道山矣，哲嗣元善持行状丐余言，乃得识其大略。经氏先世，由金陵迁虞之三都驿亭村。曾祖讳尚德，祖讳士玉，父讳翰文，皆累赠资政大夫。母何太夫人实生君，君生而颖异。幼孤读书石堰，日过湖闸，旧有祠基，为族人所卖。太翁赎回，既殁，族人索券图再售，君甫十龄，侍母亲侧，不允，曰：吾家留此待用。族人愠曰：尔幼，安用是。曰：吾将仍建宗祠，且立义塾也。族人吞声去。盖其皇皇为仁义，于此见端矣。以贫故，贸迁上海，性勤慎，言笑不苟，戚党交器之，举司会计日赢，非道义不取一介，或疑难争竞，片语纷息，兼提挈孤贫，由是名愈宏，业愈廓。道光戊戌，母患痈，驰归，屡吮患处，衣不解带者五旬，居忧毁甚，逾年合葬先人于和尚桥南。辛丑，挈眷至上海。明年和议成，观察宫公知君忠信，委办善后捐事，辞不获，慨助千金为创，款遂集，叙功得太常寺典簿衔。丁未，上海绅士公举主辅元善堂事，时经费绌，悉心筹画，出己赀以广劝募。戊申，兼办同仁堂施医药、设义学、毁淫书，及恤嫠、赡老、赊棺、义冢诸善举，并禀办阖邑四乡掩埋。未几又任育婴堂事，集赀扩充，收婴至数百口，乳母漠视，婴多致疾，君早暮驻堂，察饥寒饱暖，甚至著有《恤婴刍言》一卷。得间归省墓，即就湖闸旧基勉建本房英七公宗祠，旁构卷石山房，设义塾，俾族中子弟弦歌其中。己酉，上海大水成灾，创设粥厂二，绅富争效，全活无算。当是时，犹多抛弃幼孩者，复立局于南门外，自冬徂春，代养千八百余口，岁熟均听领回。庚戌，江北亦水，集同志收赎妇女，不令堕尘，有夫者资送还家。癸丑，红巾贼起，上海城陷，因婴堂孩众难徙，困危城中十有八月，贼呼为经善人，不加害，年少妇女求庇，藏诸密室，寒士留堂教读。甲寅，粮绝，煮糜食乳妇，而家人草根充饥。乙卯元旦，邑城复，贼突围出，焚民居，君督众扑灭。苏抚吉勇烈公贤之，委办善后事宜，建文庙，修衙浚濠，事竣，大府欲保官阶，力辞。时海盗劫掠商船，请于观察赵公，立捕盗局，买轮船一艘巡缉，付价清而西人将食言，邀其酋质成，卒如约。是年回籍，与同邑罗致堂、陈楚江创归安局于北乡王牌下，收葬暴露棺椁以万计。余姚魏慎斋兴修狮山桥，亦赖君力助成之。复于英七公祠后辟敬修义塾，分四馆，置田产三百数十亩，族中鳏寡月给升斗，设义渡便行旅，勒石于塾。君念厥考艰苦，未竟行善志，更体母氏施茶救渴之意，凿井广汲，人享其利，置公山葬，族得免久厝之患。上海奸盗命案，苦胥吏横索，君请刘令限尸场役费，由辅元堂捐给，不扰乡里。黄浦风涛险恶，于隆德桥设救生、栖流二所。又奉委监督护城河去淤筑碣工程，两地辛劳，冒暑致病兼月。工未竟，粤匪大至，挈眷还上虞。大宗祭产，族人缘讼出典，君赎归如旧。辛酉，贼扰两浙，先命家人避上海，虑族大难迁，散所储谷，户给之，益以米菜，备舟楫雨具，以防不虞，仓卒中几罹虎口。渡海至沪，目睹哀鸿无数，加以疫作，乃除荤酒之御。同治元年，闻常属人相食，约同志劝筹往赈。又募粮数千斛，运送严衢大营，左帅善之。复偕魏肯堂、戚鲁山、宋静斋籴米，由甬达余、上两邑，减价平粜，民食顿苏。官兵进剿两浙，难民就食于沪者众，多方设厂拯济，卒资遣回籍。李帅复苏郡，委办善后局事，沪绅留君续筹养孩经费，缴札禀辞。癸亥，君年六旬，念己虽不求荣，亲不可不显，遂由留养难民奖案捐升主事加员外郎衔，为先人邀请五品封典。亲友称觞者赠寿仪，积二千余金，悉捐善堂为倡，更劝募殷富收买松属荒田五千余亩，建仓房于华亭后冈镇，招佃垦种，以所入为同仁、辅元、育婴三堂恒久经费。浙省克复后，左帅以海宁塘工关系江浙两省水利，库款绌，委廉访段公之上海，谋诸各绅，无敢任者，君谓我辈仰天佑获全，正宜激发天良，事在人为而已。甲子六月谒左帅受札，八月开工，捐款未集，仍赴上海。十月抵工所阅视，筑塘尚坚，惟取土太近，雨渍潮冲，恐不足恃，饬汛弁牌示，离塘十丈外取土，采软茅柴填新掘之陷者，复益土以护塘基。十一月筑至西咸仓池，地洼，潮易入。初，监工司事省费，仅镶柴二尺，君饬重筑，谓柴宜加高数尺，众尼之，君曰：毋惜小费而贻大悔。明年，君言始验，自是镶柴下桩必亲勘。腊月筑至翁家埠，大雪工停，虑夫头亏折，出己资赒众。时严寒河冻，解款未至，将沂江之省求借拨，或以风大阻之，君曰：不闻忠信涉波涛乎？越宿抵杭，方伯蒋公嘉其诚，允借洋银二万，君督工益奋，谕众虽除夕元旦不停工，土价倍给，众心欢动，不半月筑至范家埠。度地卑湿，施工不易，若退半里，土稍坚而外多民居，君不忍弃，姑于低处多用柴桩夹土填筑。逾年二月，土备塘成，计五千四百余丈，复躬亲丈勘，缺者责补如式，始与同事诣省告竣，中丞马公慰劳再三。东渡归家甫二日，上海有事，促君至，则诸务旁午，时君年衰，积劳成疾。五月霉汛，忽报范家埠塘脚被雨淋损，君欲行，戚友争阻，谕子元善曰：吾不忍迁居民，汝代吾往，与史君吉人酌行之，必策两全。元善赴工，遵指授合龙，史君曰：若翁可谓有先见之明。迨元善星奔回沪，君已逝矣。嗟嗟今世士大夫之在位者，孰不愿有所建树，乃事变迫之，法令束之，权势复胁之，终日救过之不暇，遑问兴利除弊乎？君隐居不仕，独能力行善举，始终如一，非子舆氏所谓仁义忠信、乐善不倦，备天爵者耶？嗟乎！在位者若彼，在野者若此，在位者反借在野者之助以成其事，厥功岂不伟哉！大吏综君劳绩，核与死王事等，奏请赐恤，赠知府，荫一子入监读书，期满以州判用。然则不求名而名实存，天之报施善人为何如哉！君生于嘉庆九年甲子六月初一日，卒于同治四年乙丑八月十三日，享年六十有二，授奉直大夫，例赠朝议大夫，以子元善加级恩晋赠资政大夫。配氏姜氏、杨氏，毕子五：元善、元仁、元智、元勇、元佑，元勇早殇；女三：长适同邑陈，次适江苏宝山周，三字；余孙干基。余与君义旅共事仅数面，不图今日已有宿草之感已。

同治七年岁次戊辰孟冬之月日，余姚朱兰拜撰。

上海县志传

经纬字芳洲，浙江上虞人。幼孤寒，在沪习业起家。初，艰于子嗣，孳孳为善，于邑同仁堂后倡为辅元堂，补同仁所未及，兼司育婴堂。癸丑之乱，各堂董星散，纬不忍听乳妇诸婴之陷，誓与堂存，复竭力措米薪，凡十有八月。而城复委办善后，与邑绅悉心筹画，纤悉钩稽。时各堂缺费，适娄、金两邑兵扰荒芜，力筹巨捐买田，后冈建仓收租，作三堂公产，以垂久远。其为本籍置公所、义冢如之。后以浙宁海塘工，上游委办，积劳卒，得旨优赠。

卷 二

蓝子青京卿救生栖流局记*

有求生而不能者，其呼吸之濒危乎！有欲死而不得者，其颠连之无告乎！求生而脱其死，欲死而遂其生，博施济众，难矣哉！松江府属之上海县，塩粥之利薮，辐辏之陕区。惟利薮也，趋之若鹜，有涉波涛而占灭顶者矣。惟陕区也，归之如市，有因羁旅而怨琐尾者矣。昔萧振设拯溺之策，郑侠绘流民之图，前事之不忘，后事之师也。邑之慷慨尚义者，设救生局于城东，设栖流局于城北，具舟楫，储糗粮，董事者尽心力为之，岁活人无算。癸丑之秋，土匪踞城，两局毁于火。乙卯正月，城始克复。是年冬，余署理上海道事，偕司马蔡君映斗、邑令黄君芳，捐廉置地，合救生栖流为一局，揆日庀材、筹费雇役，董事经君纬任之。呜呼！己溺己饥，抱隐忧于古圣；同胞同与，垂格言于先儒。余幼读经世之书，长为天子之吏，服官斯土十余年矣。古人有言，久宦之地，如其家人，诚慨乎其言之也！泛泛如凫，目不忍睹；嗷嗷如鸿，耳不忍闻。今者两局并建，亦惟尽心力为之，敢谓博施而济众哉！有其举之莫敢废也。爰于鸠工之始，濡笔为记，以验后之官斯土者、董斯事者。

时在咸丰七年岁次丁巳秋七月，
权苏松太兵备道定海蓝蔚雯撰并书。

---

* 原书标题为"重建救生栖流局记"。——编者注

重建救生栖流局捐银碑记

夫心存恻隐，乐善靡不好施；念切痌瘝，有备乃能无患。江苏松江属之上海县，名推利薮，实处海疆，偶扬风伯之威，帆樯失利，遽受波臣之阨，昏暮无援，好义者所以有救生局之建也。复念偶然痁作，泪洒穷途，未免饥啼，人悲失路，睹茕茕之在疚，怜怅怅之无依，设局栖流，由来亦久。乃太岁适逢乎癸丑，而小劫尽付诸丙丁，当路者以不忍心行不忍政，仍救生局旧址，捐廉扩充，倡两局并建之议，属寓公古虞芳洲经君董厥事，使无告者而咸庆重生，是大功德，舍有心人而莫宏再造，佥同询谋。然而难矣，既无一瓦一坺之可恃，又非一手一足之能支，元气未舒，大工何藉？而经君毅然任之，倒挽狂澜，不辞赤手，大开广厦，必使欢颜，一身担荷，抱己饥己溺之隐忧，五夜图维，立吾与吾胞之宏愿，幸逢旧雨，雅播惠风。其时有山阴墨香刘君者，丁水扬帆，申江泊棹，侧闻丙舍重建辛工，亟商于陈君又村、蒋君云坪，拨老中秋会存款，捐助纹银一千两，以资倡始，作有开必先之举，结无入不得之缘，由是慕义者争先，乐输者恐后，兴起闻风，差藉众擎之力，经营不日，卒成独任之功。伏念经君旦暮勤劬，暑寒况瘁，工皆目睹，事必躬亲，因旧制于前人，订良规于后日，克臻完善，备极贤劳，是能以补天术制因地宜者也。於戏！值风波之险恶，普度赖有慈航；免途路之凄凉，得所胥归乐土。是为记。

咸丰己未小春月吉旦，绍郡仕商公立。

招抚解散胁从公禀[*]

窃自粤匪窜扰浙江以来，杭、宁、绍相继沦陷，各属居民被掳者，不下数十万，计其乘隙逃出者，又为饥寒所苦。仰蒙大宪好生之德，就上海设厂收养外，并准同乡在沪绅商捐资设局，各抚各郡，举办迄今，投无虚日。惟据就抚难民声称，由松江至黄浦东南一带，杭、嘉、湖、宁、绍之人，被贼掳胁者尤众，虽无从贼之心，苦无拒贼之力，羁囚驱役，冲锋陷阵，日思开诚投抚，奈深堑重围，藩笼难脱。其有冒险而

---

[*] 原书标题为"招抚解散被胁难民禀稿"。——编者注

逃，被贼知觉，枭首刺字。即使逸出，或遭官兵拴擒，或被百姓杀害，因日久发长，难以分辨。此中幸而得生者，百不及一。其不敢潜逃者，未有不思乡念切，饮恨无穷，言之殊堪悯恻。查仁、钱首创设局，绍兴仿照办理，闻嘉、湖、宁三府有曾经鸠资而未定局之说，其余各郡尚乏举行，可否仰乞恩施谕劝一体速为举办，并出示晓谕，遍贴近贼地方，俾被胁难民咸知各郡设局，均得就抚。一面知照各大营将弁，一面谕饬就地乡董百姓，随时招收薙发，询系某籍，即送至某局，毋得搜诈，藉词阻滞。当兹统宪大兵进剿之际，得乘机解散，贼势自必穷蹙，可以一鼓荡平。不揣冒昧，谨陈管见，是否有当，伏乞垂鉴施行。

同治元年三月二十三日呈藩宪暨厅、县两署。

招徕被掳乡民公启[*]

为招抚归诚以全乡谊事。窃自上年浙省失守，宁、绍各属沦陷，湖郡四乡无存，凡我同乡遭贼掳胁者，不堪胜算。闻有由松江调至黄浦东南一带甚多，仰蒙大宪谕饬全浙在沪绅商捐资，分设公局，各就各郡，抚恤脱逃来沪之难民。举办以来迄今，就抚者均日给钱米，一体收养，如愿回籍则给其川资，欲贸易则予其资本，病则医之，寒则衣之。每念逸出者已得其所，而在陷者羁囚驱役，攖刃冲锋，性命呼吸，欲逃则深堑重围，藩笼难脱，或因发长，恐遭官兵擒获，百姓伤戕，以致欲散不能，终朝饮恨，言念及此，能不矜怜。现将尔等苦衷禀明大宪恩准，咨照各路大营，并谕令各乡绅董，如有吾浙被掳逃出之难民，即随时招收薙发，送局分别留养，资遣回籍。凡我同乡，务须闻风传信，相率来归，幸勿畏葸不前，致贻自误。现在李总统大兵云集，外国兵丁协同助剿，该逆自可一鼓荡平，尔等若不早自为计，大兵到日，玉石不分，悔将焉及！为此布告同乡知之。谨白。

同治元年五月　日。

劝捐尸场经费启^{**}

谨启者：地方积弊，全赖善政以剔除，经费有恒，庶永善功于不

坠。上海善堂林立，百废具举，其间犹有病民至急而不可或缓者，莫如尸场之扰累。当夫停尸之待验也，在城则市廛招殃，每藉端以需索；在乡更村民被害，辄派费而倾家，波连无辜。往往因一案而破数户之产，因一命而追数里之人。棚规厂费，逼勒穷檐，甚到鬻女卖男，难盈欲壑，惨何如之，困可知已。咸丰己未之秋，幸逢升任藩宪刘来宰是邦，谓诸绅董曰，此弊当自我而除，遂仿照奉贤简便章程，援案勒石。惟恒久经费尚未筹集，虽有仁施惠泽，恐难垂诸久远。升宪复于移节省垣、留别部民之际，顾瞻旧治，虑斯事之难以图终，厪念民艰，议捐廉而亟以创始，分清俸于名世之数，俾集腋以成裘，衰巨款于慨助之功，拟存典而孳息，庶几有开必先者，斯有基勿坏。但须筹五千金之本，子母相生，方可历数百年而遥，黎民永戴。伏望贵官绅士、好善殷商，鹤俸分来，种福而福星常照，蚨钱飞至，助善而善果咸培，从此比户可封，胥免株连之苦，闾阎相庆，永无鸡犬之惊。此启。

同治二年仲秋之月　日。

土备塘工案卷

闽浙总督兼署浙江巡抚札文*

钦命督办军务闽浙总督部堂兼署浙江巡抚部院左为札饬事。照得现因海塘坍圮，咸潮内灌，滨海农民，尽行废业，拟先行鸠工购料，修筑备塘。查有浙绅经纬等，向于地方一切善事，靡不倡先捐办，此次塘工，尤非广集众腋，不克有成。合行札饬，札到，该绅等务宜竭力输转，广为劝办，为两省造无穷之福，即为一家卜余庆之基，各宜勉之。切切。此札。

同治三年三月二十四日。

闽浙总督部堂兼署浙江巡抚部院左会奏劝办海宁土备塘保护民田片稿（同治三年四月十三日）

再，浙江海塘，惟仁和、海宁、海盐所辖地段，险工最多，而海宁地形尤高于他处，势若建瓴。海宁之塘一决，不独杭、嘉滨海一带将尽变为斥卤，即苏、松各属亦有波及之虞。向来于石塘之外修筑柴塘，石塘之内修筑土塘，每岁修补，以御潮汐。近因海宁、杭州久被贼踞，石

---

*　该处原无标题，系编者添加。

塘要工，无人过问，柴塘土塘亦皆任其冲刷。自上年以来，坍卸地段愈多，咸水内灌田畴，桑枯稻萎，沿海农民失业。正委员勘估兴修，并咨江苏抚臣李鸿章劝谕苏、松绅民通力合作间，旋准李鸿章咨，据署松江府钱德承禀称，上海向系淡水，现在水味忽咸，查系海宁塘工坍卸，潮水灌入所致，于下游各郡民田大有关碍，请派员勘修前来。臣查海塘工程，关系苏、浙两省农田水利，最为紧要，亟应设法兴修。惟石塘工繁费巨，无从筹此巨款，即将土塘稍为修葺，而约略估算，亦需银二三十万两。现在饷需支绌，库款荡然，非劝捐办理不可。臣当会同江苏抚臣，饬令苏、浙各属绅富一体捐输，并一面派员前赴桐庐、建德一带，收买塘柴，俾得早为集事。至此项工程，现拟民捐民办，将来应请免其造册报销。谨会同江苏抚臣李鸿章合词附片具奏，伏乞皇上圣鉴训示。谨奏。同治三年五月初四日奉旨：着照所请，该部知道。钦此。

浙江巡抚部院马会奏绅民捐修土备塘堤工竣拟请量予奖励折稿（同治四年闰五月十六日）

奏为绅民捐修仁和、海宁境内土备塘堤一律完竣，请将出力绅董量予奖励以昭激劝，恭折奏闻仰祈圣鉴事。窃照浙省海塘工程，自遭逆扰以来，岁久失修。上年省城克复，因石塘工费浩繁，无从筹此巨款，经前兼署抚臣左议将石塘以内旧有之土备塘堤，先行修葺，免至潮水内灌。当即会同江苏抚臣李奏明，饬令苏、浙各属绅民捐输兴办，并委前任浙江臬司段光清，会同藩司、杭道劝捐督办。旋据绅士二品顶戴前江苏粮道杨坊、员外郎衔候选主事经纬、四品衔候选主事蔡庆地、知府衔江西候补同知冯祖宪、知府衔江苏候补同知赵立诚、同知衔广东尽先补用知县冯珪、同知衔举人裘澄宗等倡捐筹办，计自同治三年八月初八日开工起，至四年二月初三日止，一律完竣。经杭防道苏式敬等亲往周历履勘，该工自戴家汛积字号起，至翁家汛文字号止，计长二千六百九十丈，面宽二丈四尺，底宽五丈。又翁家汛文字号起，至西宙字号止，计长一千六百六十八丈，面宽三丈，底宽五丈。统计工长四千三百五十八丈，塘身均高一丈二尺，外用枪柴扦钉桩木，里用茅柴垫筑，其沟渠深处，底宽七八丈不等，多用枪柴钉桩，以资巩固。又勘得东塘戴镇念三汛一带，土备老塘多有低窄之处，亦经加高培厚，间用茅柴填补，计工长一千二百余丈，如式完整，足资捍御。共用工料钱二十五万串有零，均系该绅董经理出纳，所用捐项，不敢邀奖，请免造册报销。惟该绅董栉风沐雨，驻工督办，始终其事，未便没其向义，可否量予鼓励，由该司道等会详请奏前来。臣查翁家汛一带旧有土备塘堤，自乾隆年间改筑石塘之后，外御有资，土塘年久失修，日损月削，已成平陆，加以近年潮水冲刷，沟渠纵横，施工尤难，费用甚巨。前据报工竣，经臣两次便道勘验，所筑之工均属坚固，不独数郡膏腴不为咸水浸灌，即此时兴办外塘柴埽，亦得藉资其力。此次绅民捐修土塘，工至四五千丈，费至二十余万，而时仅半年，一律告成，皆由前臬司段光清平日循声感动，又复不辞劳瘁，躬亲督率所致，而该绅等齐心协力，筹办妥速，当隆冬冱寒之际，穷民就工以食，全活甚多，于国计民生两有裨益，实属著有微劳。惟捐资本由凑集，不愿邀奖，应如所请，其在工出力官绅，可否量予鼓励之处，出自圣主鸿慈。如蒙俞允，容臣择其尤为出力者酌量请奖，不敢稍涉冒滥。至此案工程，为数虽多，系属民捐民办，应请仍照前兼署抚臣左原奏，免其造册报销。所有绅民捐修土备塘堤一律工竣缘由，谨会同闽浙督臣左、署两江总督江苏巡抚臣李合词恭折具奏，伏乞太后、皇上圣鉴，训示施行。再，现办堵筑石塘决口之柴埽工程，系另开捐输及动用米捐银两，将来自应照例报销保固，以昭核实，合并声明。谨奏。

浙江巡抚部院马会奏谨将土备塘工出力官绅另缮清单请奖折稿（同治四年十一月十六日）

奏为遵旨查明督办土备塘工尤为出力之官绅，开单吁恳天恩给予奖励以昭激劝，恭折仰祈圣鉴事。窃臣前以绅民捐修土备塘堤一律完竣，请将出力绅董量予奖励缘由具奏。同治四年闰五月二十六日内阁奉上谕：马奏绅民捐修塘堤完竣，可否将出力绅董量予鼓励一折。浙江仁和、海宁境内土备塘堤，年久失修，经该抚委令前浙江按察使段光清等劝捐督办，一律告成，勘验均臻坚固，尚属著有微劳，所有在工出力官绅，著马择尤保奏，毋稍冒滥，余著照所议办理，该部知道。钦此。臣查海塘工程，自乾隆年间改建石塘之后，其旧有之土备塘堤，久经坍卸，不复修筑，下游数郡，全赖石塘为之保障。迨逆匪扰及江、浙，踞守多年，石塘亦复失修，坍塌甚多，潮水内灌，嘉、松等府均遭卤浸，为害实深。直至克复省城以后，督臣左因石塘费巨难办，议就从前之土备塘基，先行修筑，以救目前，饬令苏、浙各绅富捐输兴办，克期告竣，以御潮汐。本年两汛平稳，农民耕作如常，咸歌乐利，实新筑土塘之力也。所有前次在工督办官绅，不无微劳足录，除出力稍次者，由臣分别酌奖外，谨将尤为出力各员，另缮清单，恭呈御览，合无仰恳天恩俯准给奖，以示鼓励。至首倡捐输之二品顶戴前江苏粮道杨坊、员外郎衔候选主事经纬，慷慨乐施，勇于为善，督工数月，辛苦备尝。杨坊一员，衔职较大，未便再请奖叙。经纬一员，于全塘工竣之后，仍复驻塘保护，随时抢修，夏秋两汛，幸免疏虞，实属始终奋勉，异常出力，乃因积劳成疾，于八月间病故，地方绅民同深惋惜，可否恩施逾格赏给匾额，抑或援照军营立功后身故之例，量予议恤之处，臣未敢擅便，谨会同闽浙督臣左恭折具奏，伏乞太后、皇上圣鉴训示。谨奏。

同治四年十二月初六日准兵部火票递回原折后开：军机大臣奉旨：另有旨。钦此。又同日会衔附奏署杭防段道劝办捐修土备塘堤，督工最为出力，吁恳天恩请以道员留于浙江补用，仍留原品顶戴，以示鼓励缘由，今同日递回原片后开：军机大臣奉旨：另有旨。钦此。

吏部复奏钞单

员外郎衔候选主事经纬，该员因劝捐督办塘工，辛苦备尝，积劳成疾病故，经浙江巡抚马奏请议恤，奉上谕著照军营立功后身故议恤等因。钦此。应将员外郎衔候选主事经纬，照员外郎军营病故例，加赠知府衔，并照实职主事，荫一子入监读书，期满以州判注册候铨。

同治五年十二月十三日具奏，奉旨：依议。钦此。

海宁州知州详文*

钦加四品衔杭州府海宁州为据情详请附祀事。据卑州绅士翰林院检讨吴浚宣、高书培，贡生程熙，训导查元复，贡生管廷芬，生员沈颔云，举人陈德辉、钱朗，游击衔前海防守备周金标，举人潘典学，江苏候补知县许廷桢，岁贡徐棻，附贡陈庆瑞，举人许仁杰、徐联辉、蒋学浦，候选通判陈人骥，训导高济川，岁贡盛炳奎，贡生陈桂芬，举人邹秉绶，候选同知羊晋祺，四品封职羊宝荣，训导潘诵先，刑部司狱曹桂墀，举人马枚，职监苏元炯、徐廷栋，生员许谦光，廪贡周景瑗禀称：窃维微功必录，朝廷所以励勤能，而大德不酬，草野何以伸爱戴。绅等世居海宁，南濒大海，朝潮夕汐，冲决堪虞，全赖塘堤巩固，以资保障，而下游诸郡亦得安享其成。伏维我朝拯溺为怀，不惜巨帑，内筑石塘，外护柴坦，专员修理，无使有损，小民感激皇仁，久已沦浃肌髓。

* 该处原无标题，系编者添加。

溯自咸丰十一年分，粤匪窜浙，堤工失修，决口不少，咸水灌入内河，困苦情形，莫可言状。迨恢复后，下游苏、松诸郡，水味尽咸，奉李爵相于苏抚院任内委员来浙探勘，始悉全塘坍卸所致，即经咨浙筹修。时有前海防营守备何国桢，绘图贴说，条陈治标之法，请先筑中西两防土备塘，并海宁绕城塘各决口，则咸潮渐可堵绝，然后再筑石塘柴坦。缘柴石需款甚巨，兼鸠工庀材，非宽以岁月不办。旋奉左爵相于抚浙时，饬委前臬宪段讳光清、前道宪苏讳式敬履勘，慨切详请，并蒙劝谕宁、绍绅士经纬、赵立诚等广筹捐项，至二十余万缗之多，声明工归捐办，不敢仰邀议叙。计自戴家桥汛积字号起，至翁家埠汛西宙字号止，于向无备塘处，修筑土备塘四千余丈，其波回溜急、湍冲成巨浸之所，加以柴桩，于同治三年初冬兴工，至四年夏如式完竣，并将海宁绕城塘西二等号决口，修筑柴坝三百九十余丈，又东防境内残损土备塘五百余丈，一律加填。从此潮不内灌，七郡得以耕作，而吾州首享其利。且时值兵燹之后，以工代赈，全活又多。非守备何创议于前，绅士经、赵等慨捐于后，暨前臬宪段、前道宪苏尽心督办，则迫不及待，其鱼之叹，何堪设想！此实大有造于吾宁者也。嗣后叠奉各任抚宪奏请，循照旧章，精益求精，固益求固，加用箫笋，全塘现将葳事，均属戴德难忘。至于先后在工各员，栉风沐雨，劳苦备尝，并有因之身故者，如西防总办知府黎锦翰、东防总办知府靳芝亭、马新佑、前衢州府知府江允康，会办同知唐勋、监工委员候选布经历周廷选、府经历杨建秦、县丞金振声、从九品陶福溥、县丞潘浚府、经历余芳、驿丞郑汝梅等，其功亦不可泯也。伏念朝廷昔年既允绅士陆齐寿等吁请奉旨建立马端敏公专祠，春秋致祭，钦遵在案。夫事必有开其端，而后可以集其成，秩有尊卑，劳无区别，揆诸以死勤事，能御大灾、能捍大患则祀之，载在礼经，千古不易，理合吁恳将前臬宪段、前道宪苏、绅士经纬、赵立诚、守备何国桢、知府黎锦翰、靳芝亭、马新佑、江允康、同知唐勋，及监工委员候补布经历周廷选、府经历杨建秦、县丞金振声、从九品陶福溥、县丞潘浚、府经历余芳、驿丞郑汝梅等，在于前建马端敏公祠宇，分别配飨附祀，稍伸州民爱戴之忱，联名吁求转详请奏，以慰舆情，并声明应需龛牌牲醴等项目愿捐办等情到州。据此卑职伏查捍患御灾，永赖官绅捐修之力，附祀祭享，实出士民爱戴之忱。其事其人，确核无异，此功此德，图报弥诚，理合据情详请，仰祈宪台鉴察，核示祗遵。除详抚宪暨藩、巡宪外，为此备由具申，伏乞照详施行。

浙江布政使札文*

浙江布政使司德为札饬事。查接管卷内，本年十月二十八日奉前抚宪梅批海宁州详请前办海塘各工已故官绅附祀马端敏公祠宇由。奉批敕建专祠，春秋致祭，乃朝廷异数，未可滥邀。所请附祀各员中，如当时创议开办，赞成其事，实有功德于民者，允宜俯顺舆情，隆以俎豆，仰布政司使查取事实册给〔结〕，详候核明奏办，其余各员应毋庸议，并饬遵照缴等因。并据该州具详到司。据此查前办塘工已故官绅，究竟何员创议开办、赞成其事，来详既未声叙明晰，本司衙门亦无全案可稽，自应查造事实册结，并详塘工总局核明会详，以期允当。除详批示并移会塘工总局查明外，合行札饬，札到，该府即便转饬遵照，查取事实册结，详候会核详办毋违。特札。

署海宁州知州照会**

署海宁州李为奉批照会事。准前州移交光绪六年二月初五日奉本府宪龚札开，光绪五年十二月初八日奉藩宪德札开，查接管卷内，本年十月二十八日奉前抚宪梅批海宁州详请前办海塘各工已故官绅附祀马端敏公祠宇由。奉批敕建专祠，春秋致祭，乃朝廷异数，未可滥邀。所请附祀各员中，如当时创议开办，赞成其事，实有功德于民者，允宜俯顺舆情，隆以俎豆，仰布政司使查取事实册结，详候核明奏办，其余各员应毋庸议，并饬遵照缴等因。并据该州具详到司。据此查前办塘工已故官绅，究竟何员创议开办、赞成其事，来详既未声叙明晰，本司衙门亦无全案可稽，自应查造事实册结，并详塘工总局核明会详，以期允当。除详批示并移会塘工总局查明外，合行札府即便转饬遵照，查取事实册结，详候会核详办。又奉藩宪批该州详同前由。奉批此案已据该州详奉前抚宪批司另札行知矣，仰杭州府查照转饬遵办，仍候巡道批示缴各等因。奉此合行转饬，札到，该州即便遵照，查取事实册结，分详各宪，听候会核详办等因到州。奉此查此案前准贵绅公禀，当经前州据情转详在案。兹奉前因，拟合照会贵绅，查照宪批事理，分晰造具事实册结各八套，克日送州，以凭分详各宪，会核详办，望速望速。须至照会者。

海宁州绅士禀文***

具禀绅士翰林院检讨吴浚宣、高书培，贡生程熙，训导查元复，贡

生管廷芬，生员沈颉云，举人陈德辉、钱朗，游击衔前海防守备周金标，举人潘典学，江苏候补知县许廷桢，岁贡徐芬，附贡陈庆瑞，举人许仁杰、徐联辉、蒋学溥，候选通判陈人骥，训导高济川，岁贡盛炳奎，贡生陈桂芬，举人邹秉绶，候选同知羊晋祺，四品封职羊宝荣，训导潘涌先，刑部司狱曹桂墀，举人马枚，职监苏元炯，廪贡徐庭栋，生员许谦光，廪贡周景瑗等呈为遵批造送事。窃照创议捐办海塘各工已故官绅，前臬宪段，前道宪苏，宁、绍绅士经纬、赵立诚，海防守备何国桢，并总理监工、在塘身故、以死勤事之知府江允康、黎锦翰、靳芝亭等十三员，实有功德在民，于上年经绅等备呈前因，吁请在于前建马端敏公祠宇，分别配享附祀，俾伸州民爱戴之情，业荷转详请奏在案。兹奉照会，转奉宪札批查造事实册结等因，遵饬之下，理合查明，分晰造具各故官绅事实清册八套，并绅等出具切结八纸，环同禀送，伏乞公祖大人电鉴察核，俯赐钤印，分详请奏，以隆祀典而顺舆情。再，事实册内候补知县廖士斌一员，前年原案禀时，因在海盐帮办石塘，现既在工病故，应请列入，俾昭平允，合又声明上具。今呈送事实清册八套、切结八纸。

结底

衔　等　今于　与切结。为遵批造送事实，结得已故官绅前臬司段光清等五员并勤事以死之知府江允康等十三员，实有功德在民，应请准予一律附祀，俾隆俎豆而顺舆情，不致扶同，合具切结是实。

杭州府海宁州绅士吴浚宣等为遵批造送事。谨将修办海塘官绅功德及民并勤事以死各员事实，开列清册呈送察核转详，须至册者。

今开：

一、前浙江按察使段光清；

一、杭嘉湖海防道苏式敬，于同治三年奉巡抚部院左札委，会同劝办海塘工程。维时发逆甫经击退，沿海各塘被匪蹂躏，坍口林立，咸水内灌，直达苏省，咨请筹修。正杭州海宁初复，满目疮痍，无从措手，但工关七郡保障，先行设筹堵塞，虽救目前，终非久计。然全塘大工，需费甚巨，军饷告竭，不能兼顾。当经段公广为设法，力劝宁、绍绅士经纬、赵立诚等慷慨承认，募集巨资，筑成土备塘四千余丈，以卫于内，修补坍口，以防于外，柴塘缺处，间以修齐。绅自筹办，官为督察，驻扎工次，调度其间，费不虚靡，事得实济，俾杭、嘉、湖、苏、松、常、太七郡之民，得以安居耕作，无斥卤之患，实出段、苏二公创议开办之功，民到于今受其赐矣。

一、绍兴绅士员外衔候选主事经纬；

一、宁波绅士道衔江苏候补知府赵立诚，于同治三年，共认捐凑承办戴家桥汛积字号起，至翁家埠汛西宙字号止，填筑土备塘四千余丈，又修补东塘残缺土备塘五百余丈，并于海宁绕城塘西决口堵筑石塘三百九十余丈，统计费用二十余万缗。任劳任怨，不避艰险，一年有余，工皆告竣。经纬奔走塘堤，积劳病故，蒙巡抚部院马奏请照军营立功后病故例议恤，奉旨著赠知府衔，照实缺主事例，荫一子入监读书；赵立诚亦蒙保奏，奉上谕，同知赵立诚著俟补缺后以知府用。钦此。各在案。是朝廷已酬其庸，惟闾里莫伸其感，吁求附祀，予以蒸尝。

一、海防营守备何国桢，于同治三年，当发逆初退之后，石塘坍卸，决口林立，斥卤内灌，条陈急则治标之法，量决口之大小，分地势之夷险，或堵以木柜，或筑以草塘，使潮汐顺轨，不致旁溢，然后土备塘得以施工。督兵料理，昼夜不辍，复以地段情形绘图贴说，分晰详道，费不虚耗，工又速成，规画驰驱，实创议赞成之首著者也。

一、开复原衔之前衢州府知府江允康，于同治五年总办海宁绕城石塘工程。

一、候补同知唐勋，于同治五年督办海宁绕城石塘，七年帮办中防石塘，十一年帮办中防东段石塘各工程。

一、补用同知候补知县廖士斌，于同治五年帮办海宁绕城石塘，七年帮办西防石塘，九年帮办中防石塘，十年帮办戴镇二汛坦水，于光绪元年帮办海盐石塘，殁于工次。

一、补用知府黎锦翰，于同治七年总办西防石塘，九年总办中防石塘，十一年总办中防东段石塘各工程。

一、候补知府马新佑，于光绪二年会办东防念汛大口门初限石塘工程。

以上各员，历办塘工，悉心讲求，不遗余力，桩皆深稳，石亦整齐，灰浆满用，抵缝无隙，叠被大潮冲波，屹立如山，已历有年，沿塘居民安堵无恐。追沂经理之辛劳，虽为建复，难于创办。兵燹之后，熟手甚稀，稽古推求，煞费苦心，临水工作，在潮退后，虽寒暑昏夜不能休息。积劳成病，殁于工次者有之，其人虽没，其功尚不可忘也。

一、补用道候补知府靳芝亭，于同治十二年在东防念汛东西两头会办石塘工程，该处工皆临水，必须抢筑以时，候潮之消涨，为工之兴辍，虽遇昏夜风雪，莫不以身先之，执烛催趱，未尝有倦容，一年之中，工皆告竣。旋于光绪元年署理东塘同知，循分供职，辛苦倍笃。三年夏间，风击潮猛，泼卸实字等号柴塘六百余丈，当时石塘未砌，仅存沙土一线，岌岌可危，于是先筑草塘以御浸灌，日夜提防，目不交睫，竟得转危为安，沿塘居民同声感颂。从此心力交瘁，口不言劳而劳力伤心，积劳成病，殁于任内。前牧海宁九年，民情本极爱戴，即此保全危堤，是大有功于民者也。

一、候补布经历周廷选，于同治三年修筑土备塘及柴塘各工案内监工病故。

一、候补府经历杨建秦，于同治五年监修海宁绕城塘决口，九年建筑戴镇两汛石塘各案监工病故。

一、候补县丞金振声，于同治十一、十二两年建筑尖念二汛石塘案内监工病故。

一、候补从九品陶福溥，于同治十二年在念汛西龙头石塘监工病故。

一、候补驿丞郑汝梅，于同治十一、十二两年在尖汛念汛东龙头各石塘案内监工病故。

一、候补县丞潘浚，于同治十二年在念汛东龙头石塘案内监工病故。

一、候补府经历余芳，于光绪三年在东防念汛大口门二限石塘案内监工病故。

以上各员，先后在塘，或司监桩，或管安砌，夙夜在工，寒暑无间，奔走之苦，劳于指挥。缘夫匠专以偷工减料为能，非委员眼同监察，易滋弊窦，难期巩固。海滨风湿，中之辄病，兼以劳乏，每被其害。念生者勤劳，尚应奖叙，岂死者捐躯，转令湮没，揆诸以死勤事，亦不忝于可祭之义矣。

光绪七年三月初二日浙抚谭札

藩司批本司会详前办塘工已故官绅请附祀马端敏公祠请奏由。奉批既曰专祠，则非昭忠祠之类，可随便附祀。且十余年办塘工者甚多，将来援案声请入祀，伊于何底。所请应无庸议，仍候督部堂批示，缴册结并发。

光绪七年十二月十八日藩宪德札

杭州府批该州详前办塘工已故官绅附祀由。奉批既曰专祠，非昭忠祠之类，可随便附祀。前奉抚宪批示，业已明晰，所请应勿庸再议，仰杭州府转饬遵照，仍候塘工局批示。缴。

史吉人广文补遗轶事*

公随邑老辈罗君振裕同贾沪上，订忘年交。某年正月初八日，罗骤病，殁于沪，家属在籍，以积赀万金托孤，公念罗诸孤尚幼，宜知艰难，岁济家用，勖以读书，不使知先人有巨金也。罗戚党窃窃私议之，公不顾，越十余载，孤致堂辈成立，始出所托畀之子母，计赢六万余金，纤屑籍记，闻者莫不叹服。

公质直好义，勉人为善，不惮婆心苦口。沪南有陈有德沙船字号，与公所设元记钱庄往来久，创业者无后，继侄为嗣。道光某年，海上飓风恶，坏沙船不少，陈号亦不免。时陈号揭欠各庄会票银十余万两，元记亦有五千金，届转票之期，因与元记计息不合，骤将欠款退还，公深讶之，继探悉号东误听人唆，拟讲折倒帐，畏公中鲠，特借端以还之，他庄尚未知也。公乃密往陈号，号东辞他出，公危坐厅事，至晚终不面，连往三日，号东不得已，延公入晤，细察座客多沪上好事者，公慨然晓之曰：我与尊甫久交，不敢不尽言。胜负乃懋迁常事，各庄并未催逼，何故自损志气，且坠先世令名耶？如听我言，我庄仍可通款，誓勿稍泄于人。侃侃而谈，旁若无人，众客均色变，号东亦幡然感悟，后果获利如常。各庄徐闻此事，莫不颂公之仁，既教人以善，又顾全大局，一举而兼善备焉。

上海浦东西多植棉花，乡民赖纺织为生，有"清明布，铺街路"之谚。道光壬寅春，西事起，阛阓迁徙一空，乡民抱布入市，无收买者，群哄至县署，声势汹汹。公时以钱肆为粮台，司出纳，念室有窖金，城陷同归于尽，请于当道，设庄收布，积至数十万匹之多，民心乃安。此事得同乡杨莼庵县尉庆恩襄佐，杨公殉难后，邀恩恤赠附陈公祠，皆公合词吁请也。款成，布价大起，名实兼收。

公一生强毅不阿遇，事论是非，不计利害。道光丙午、丁未间，荐里人李庭兰为广潮帮土行司帐，行主同乡某伙窃金遁，数甚巨，行主误听县役袁关春之唆，诬李某监守自盗，呈控押追。公为之保出待讯，讵

---

* 原书标题为"资政公补遗轶事"。——编者注

李恇怯潜回乡，匿不出，原告以逼公，势汹汹。时厅县官皆与公同乡契好，因案证未集，爱莫能助，公被讼累，已越岁余，沪绅郁泰峰、沈晚香、奚亭华、郭畅庵等均愿代赔息事，公力阻曰：诸君出资加惠，我不美名，可乎？公等姑俟之，终有水落石出之日也。未几，某伙事发，在本籍人赃并获，行主商诸袁，袁密函请秘之，谓此事若泄，君必坐诬，不如到底咬定云。时土行设租界，公与郭君畅庵暨山阴张君朴亭合股办茶寄番茶栈，亦设在租界，土行主名企堂，茶栈经手杨君号憩棠，送书人以名号音同，误投杨处，杨阅竟，知案已破，即伪云，为我上复袁管班县署差总之称，当照办，不写回信，念汝辈效劳久，我先给赏洋数十元，勿为他人道。送书人既去，杨君袖函入城访公，公阅之曰：此天道也，倘问官究函所从来，何以答之？杨凝眸筹思云，竟说由某交来，且云愿陪公备质作证。迨到堂，公首呈此函，问官互相传览，讯袁，袁以非亲笔抵赖，厅县均拍案勃然曰：汝辈胸无墨水，安得有亲笔书耶？不实供，用严刑。袁惧，乃吐实，问官深恨差役舞弊，科袁以充军罪，袁发配后，家日渐迫饥寒，公不念旧恶，仍周恤之，其识力坚定、宅心仁厚如此。

公思深虑远，凡遇事应物，烛照机先。道光癸卯、甲辰间，上海款议成，设局开捐，公奉上宪檄委，会同筹劝。总董为邑绅某司马，虎而冠者也，出入公门，武断乡曲，凡遇新任邑令，与其气味不合、介不易昵者，能善用孔方兄力，使之离任调开，势焰张甚。公虽与共事，泾渭分流，各行其是。迨告葳撤局，某司马暗馈公兼金，谓此是君名下照派余润所应得者，公初闻而骇然，继转念若骤却之，或触其差愧之忿，且遭下石，因与婉商云，某平素虽细微出纳，庄友必登记帐籍，今忽有不明来由之巨款，虑众伙生惑，吠影吠声，必致关碍全局，不如仍存尊处，俟有需用，或返里时领取运归，庶泯然无迹。司马韪其言而不疑，公退自省曰，揆诸天理，终有发覆之祸，将经手捐款，赶为议叙核奖。越数载，某司马事发。先是，邑侯江夏某公被某司马设法提空，至是，重来摄篆，下车之日，首先出示招告。同时有邑老名士某上舍，与司马各树一帜，旗鼓相当，而赫赫之名稍亚，至是，怂司马亲戚沈某出名具控，底里尽露，邑侯科某司马军罪，出口后即殁于戍所。沪市因此案而被株连者不少，有顾君某者，与公同里姻戚，亦为捐局散董，案发远避，幸其子鹤峰，少年老成，在阛阓中颇著令誉，代父赴苏羁质，得以化解。独公案发后，开呈四柱帐折，罗罗清楚，苏沪大吏莫不洒然异之，从此声望愈隆，阖邑清正绅耆皆欲获交于公矣。至咸丰癸丑，上海失陷，某上舍父子陷贼中不得出，城复后亦为人所控，逮系苏狱，几有覆巢破卵之惨，公邀诸绅合词吁求，得蒙宪恩，将其幼子超免摘释。

公生平任事实心，不辞劳瘁。道光戊申、己酉间，在上海辅元堂兴办阖邑掩埋，戴笠骑驴，躬往督率。如检拾遗骸等极秽之事，亦必身先倡导，淘洗凑合，然后瘗之，司事工役等莫不感奋。自始事迄告藏，几及一载，掌臂黝粘如漆，日久始退。嗣是见尸骨，辄能辨新旧、别男女，并全副之多寡，虽老于刑件，咸叹勿及。又自制五齿木扒、独脚小凳，常携以自随，后在上虞归安局、海宁塘工局先后办理掩埋，即以此指授，司事皆取法焉。

咸丰癸丑八月初五日，上海土匪潘小禁子等以红巾帕首，陷邑城，县尹袁公祖德死之。公适经理育婴堂，收孩多至数百口，急切无可迁避，因慰留乳母等曰：我全家在此，汝等勿过虑。后贼势渐炽，有劝移眷者，公曰：何以对乳母与赤子？死生有命，我以全家作孤注矣。族戚乘公外出，私挟长、次、三三子出城，送归里，公闻之不悦，谓杨夫人曰：三子出城，气机被泄，我与汝暨二子转恐不免耳，然听之天而已。公在城中广行善举，贼义之，不加害。尝收养年轻妇女，保全节操者百余人，收藏世家书籍十余万卷、遗容神像数万轴，贼退后均访还其家，掩埋被戕弁勇尸骸千余具。初，贼招童子当兵，号孩儿军，临阵奋勇，官兵患之。公虑城中贫孩，将尽被贼诱，乃于四城设义塾隐化之，弭患无形，保全甚众。克复后，公弟艺庵上舍赠额曰愚不可及。

咸丰乙卯元旦，沪城克复，苏抚吉勇烈公多公善行，遂委总办上海善后局事。时伏莽未靖，留两营兵驻防，授公令箭，有事可与巡道会同调遣。公承大府宠任，与当道往还，仍谦讹逊抑，不肯分庭抗礼，谓应守素位之义。生平静穆寡言，发必当理。虽私室燕居，必正襟危坐，从无箕踞踦倚之时，其威仪如此。

咸丰丙辰，公总董缉捕局，购置轮船一艘巡洋，价银九万圆，与西商订六期付价，价楚交船。付五期而船未至，诸董请扣第六期缓付，公曰：弗付是我先失信也，必付之。既而居间西人李太国果将食言，公邀集中西官商与之评论，西人知理曲，始如约交船。事后译洋文券中，有价银一期迟付作为罢论之语，群始服公明决。西国教士闻之，亦加钦敬，逢令节辄来拜访，曰此中国之刚正君子也。船名天平轮，为上海姚君晓岩管带。公归道山后，是年冬即在长江触矶沉溺。

公深恶鸦片，亲友顾访，携有烟具者，必婉辞拒之。尝谓壬寅之役，我国家受此大亏，嗜此物者，非丈夫也。生平服御所需，凡钟表、呢羽、洋布，均不购用，曰中国之民，能人人如我存心，则彼族互市之局，将不战而自屈矣。同治纪元，西兵助剿发逆，公时以留养各路难民，与各国兵官往来，与攻贼阵亡之法提督卜罗德君尤相契，灼知泰西政教兵刑非吾华所及，遂喟然曰：中国不可不购求西学，师其所长。公亦稍稍佩用钟表等物，惟嫉鸦片如故，公之不拘成见类如此。

公因家贫，年十五即弃儒之沪，习计然术，一帆风顺，白手致富数十万金。生平疏财仗义，见善必为。及其殁也，故乡田产尽拨归义塾，外只余屋基地七亩有奇，沪上遗赀不满二万缗。尝谓我不使身后儿辈即无饭吃，亦不愿为子孙作马牛也。惟为善堂筹备久远，经费铢积寸累，余力不遗，就实避名，无一额一联以邀虚誉。所有购置田产一节，详见《劝买荒田说》暨应、王二公《仓房征信录序》。其始事之经手交易，善后之悉心综核，得华亭顾小野、上海梅再春二君之力为多。现查三堂田赋房租，岁入颇丰，上海善堂之有恒产，自同仁、辅元、育婴始也。

咸丰辛酉十一月，浙东失守，踞甬贼酋伪燕天义者，即上海红巾漏网之潘小禁子也。众过上虞驿亭，见敬修义塾碑记，谓群贼曰：此地是经善人乡里，吾党慎勿侵犯。虽陷贼两载，义塾室庐均无恙，里人亦鲜被掳掠。公在沪奉办留养难民，知浦东一带浙人之被胁陷于贼中颇多，遂公禀当道，设招抚局，刊印公启，储腊丸内，遣人密往散布，其后自拔来归者甚众。

浙江海塘屏蔽苏、浙两省，为东南水利要工。从杭垣螺蛳门起，至尖山鳖子亹止，绵长百四十里。海宁城西戴翁范三汛，土质松浮，遇上游山水冲刷，塘脚木桩斜陷，石塘即倒塌，故于塘外包柴埽，以护塘根。潮势汹猛，柴土非耐久物，部例保固两年，由杭嘉湖道专政，归中军守备暨三防同知分任修理。宪庙时，浙江总督李敏达公又于石塘内离里许加筑土塘，塘里面浚备塘河，通杭、嘉两府水道。塘身间十里，砌霤洞、设津梁，逢久雨开放，俾夹塘之中市镇居民无水潦患。遇外塘溃决，立将霤洞加插，使潮水不直注，口门不冲深，施工较易，均详《南巡盛典》一书。嘉、道两朝，柴石塘屡决屡修，取土愈远，暂将翁戴范三汛备塘之土取以济急，事后未曾筑复。辛酉陷贼，至癸亥克复，时越三载，柴石塘坍塌殆尽，咸潮内灌，杭、嘉、湖、苏、松、常、镇七郡民田胥受其害。浙抚左侯相初复省城，度支绌，委段镜湖廉访至沪劝捐，先筑土备塘以障潮患。时公方募购华、娄、金三邑荒田，为上海善堂恒产，正以遍地斥卤、不能栽秧为憾。段公闻之往劝，公遂力任塘工。时苏藩刘松岩方伯奉江督曾文正公檄，筹劝金陵善后经费，恐窒碍捐务，与公约，苏省帮银五万两，不准在沪另募，公诺之，先向各钱庄券贷五万金，又劝丝商每包加捐两元四角，亦以五万金为度，浙绅杨憩棠观察认捐五万元，此外只募浙省殷富。筹款稍集，拟八月兴工，以事不获遽往，嘱孝廉裘君先赴海宁开办。裘过于谨慎节省，司事夫役俱不悦，又泥不假手官吏之文，与厅备工员多隔膜，时逾两月，工成仅廿丈，费用已四千余金。迨十月中旬，公始抵工次，谓裘君曰：图大事者不惜小费，况此举专以迅速为功，倘迟至春水盛涨，堵口门时，倘走埽失事，将奈何？遂改章，司事重给月薪，并唤长子元善到工，任以劳苦之役，又嘱庖人，伙食从丰，以致饱腾。夫头包揽工程，初索价奢，先包数十丈，克日告藏，包者大获，闻风趋鹜，跌价争揽，减至每丈二十四千文，公曰可矣，不宜再减。选夫头之诚朴者，分作四路，各包五百丈，均限匝月工竣，一切机宜，虚衷博访，期月以后，舆论翕然。时左侯相援师入闽，方伯蒋果敏公护院，莅塘勘视，见工速而坚，大加称赏。至十二月，工抵范家埠，三处极大口门，深一二丈、宽二三十丈者，已一律合龙。向例进占口门，彻夜不停，如遇雨雪，督工大员不撑伞盖，夫役不能弃械走避。每次堵口，公必通宵达旦，躬亲监督。腊月下旬，因沪局转运，中途河冰胶舟，致乏接济，公亲赴省垣，向蒋方伯借洋二万元，回局示众，虽除夕元旦不停工，土方倍给，汛弁夫役皆犒赏，群情踊跃。公每日五更起，焚香告天，虔求晴霁，幸冬令无雨，同治乙丑二月中旬，全功告竣。计创筑新塘四千三百余丈，修补旧塘一千余丈，公复亲自丈量，缺者责令培补如式。是役也，共用制钱二十五万缗有奇，悉募绅富，捐不请奖，并将苏省帮贴五万金，拨归官工柴埽之用。公见沿塘白骨盈野，购高原地数十亩，雇工拾骨掩埋，以数万计。海宁向有火葬之俗，请州牧出示严禁，海滨恶习为之一变。

浙抚马端敏公念塘工款不请奖，欲叙庸列保，因公函禀固辞，延未入告。迨公归道山，始奏请照军营立功后身故例赐恤，并入祀省城金衙庄昭忠祠。溯公自道光壬寅上海和议办捐起，至同治乙丑浙江土备塘工止，二十余年历办公事善举，例可邀奖而辞不开保者十余次。蓝公子青、吴公晓帆先后备兵海上，咸钦公体用，谆劝出山，公谓一行作吏，恐难守在山本清之志，并告诫后人，非通籍后学优则仕，切勿趋捷径，幸致功名。其澹泊宁静如此。

咸丰辛酉冬，致晖避兵之沪，托公宇下，承委佐理善堂，又襄办海塘文案，昕夕追随，时聆謦欬。公归道山后，得附骥列保司训，知遇之感，中心藏之。嗣为公卜牛眠地，遂移家上虞，年久又闻乡评啧啧，故悉公行谊，无如致晖者。顷见朱阁学家传已具梗概，爰就耳目所及，辑为轶事十四则，以备补遗，字字征实，固非阿私溢美也。

光绪戊寅仲冬之月，后学余杭史致晖吉人甫谨志。

上虞县志传

经纬字庆桂，号芳洲，幼孤寒辍读，贾于沪，勤慎起家，见义勇为，不事封殖。道光甲辰后，即创建本支祖祠，旁盖卷石山房，课族子弟。丁未，沪绅邀董同仁、辅元、育婴诸善堂，堂事具举，廓于旧规。咸丰癸丑，红巾踞城，沪董星散，纬不忍弃乳妇诸婴，坐危城十有八月，竭力维护，贼呼为经善人，不加害。大吏闻而多之，城复檄总善后事，偕邑绅振残起废，民气顿苏，事具《上海县志》。丙辰，回里置义田，赡族嫠老，复推广学堂于祠后，大启敬修义塾，其他善举如筹办归安局、兴修狮山桥等，不可殚述。同治癸亥，松境贼退，劝同志购娄、金两邑荒田五千余亩，捐助三堂，给资开垦，造仓收租，至今永赖之。闻湘军统师入浙，衢、严洊饥，募米数千斛解大营，左帅善之。贼踞余、上两邑，约同乡冒险运米入各镇平粜，接济民食。甲子，浙垣复，左帅谋修海塘，委前臬司段光清之沪劝募，纬慨然任之，集赀筑修海宁土备塘五千四百余丈，未半载工竣，用款至二十五万缗有奇，皆民捐也。时纬年已六十有二，奔走塘堤，不避艰险，积劳遂病，旋沪遽殁，大吏上其事，诏依军营立功后身故例赐恤，赠知府衔，入祀省城昭忠祠，荫一子入监读书，期满以州判注册铨选。光绪六年，海宁绅民合词请附海宁马端敏公专祠，格于例，不果行。

事贤友仁录

桐乡沈晓沧司马书此数函，道光甲辰任松海防同知后。

芳洲仁兄大人阁下：前月把晤后，适又冒风。嗣知阁下业已回府，伏维起居协吉，潭第安和为颂。弟定于十六日回家，不及晤别为歉。兹有恳者：前因同仁堂襄事友缺出，曾以敝相好金听泉兄奉荐，蒙阁下面谕，已有其人，可无庸议。兹复知同仁、育婴两处均有襄事缺出，可否酌留一席，为听泉地步。听泉年已六十余，老成可靠，亦能办事勤谨，不至有负谬委也。弟本欲面陈而急欲回家，阁下大约过二十后来上，因留此函为推毂，是否可以允诺，乞即裁定，转告听泉为要。专函奉恳，即候文安，诸祈垂照不宣。愚弟沈炳垣顿首。

龙神庙地已丈明，现在应如何划界之处，须议定后与冶山说明，然后由捕厅一详了事，不必牵率至新任为妙。乞驾邀同鸿甫、子聘两君过敝寓一谈，何如？专此奉启，即候芳洲大兄大人刻安。弟期沈炳垣顿首。

迳启者：所有董事中之冯承昌、叶云帆、王吉士、奚亭华四君，其大名乞问明开单示知，将来办案时，不能列入别号也。即候芳洲大兄早安。弟炳垣顿首。

适有小事奉商，明日下午，足下在府，或在号中，乞示知以便走候也，专此先订。宁波事闻已平复，未知日上有宁信来否？乞示知以慰。即请台安。芳洲仁兄足下。弟沈炳垣顿首。

前蒙慨假，得以应酬过去，感甚。兹有恳者：弟所存翕斋处一项，前恳渠代为转运，翕兄以无处生发为辞。然银洋断无空搁之理，翕兄于弟之苦况，未经悉知，故视为不甚要紧耳。吾兄与弟交好有年，亦蒙见爱，弟之苦况，较翕兄更为洞鉴，如有可转运之处，乞为代作主意，亦无不可也。专此致恳，即请芳洲仁兄大人午安。弟制沈炳垣顿首。八月十九日。

山阴平樾峰太守书此道光庚戌任上海县时。

芳洲仁兄乡台：新年如意为颂。今晨为财星吉临，知德第发旺如春，皆大欢喜也。周叔云孝廉公车北上，来沪取道，意在旧好处一助膏秣，想足下必有将意。渠今晚欲解维，不便多留。手此，即询台禧不尽。弟翰手泐。

定海蓝子青大司膳书此咸丰丁巳交卸上海道篆后。

客秋一别，忽忽经年，虽尺素间通而清谈罕接。比闻重临沪上，惜未把晤言欢，怅也奚如。遥维吉祉咸绥，兴居恬适，定符颂慰。弟养疴吴下，渐次复元，差抒锦系。昨接大小儿来禀，知一切诸承关爱，不以今昔异殊，足征古道热肠，尤深感佩。交算一事，业已为山九仞，只此一篑功亏，务希鼎力玉成，代为谋画，俾早日了结，后任即可详请开复。想知好有素，定能克期速筹也。余令大小儿面陈。专肃，藉候台安不具。乡愚弟蓝蔚雯顿首。初七日。

芳洲仁兄大人阁下：前小儿在沪，诸承阁下竭力张罗，得将巨款完缴清楚，令人感激五中，非寻常交情可比，亦无可报称也。但弟总以为可以开复，不意详文咨司，又被驳饬，因书欠未了，须要交代一律清楚，后任结报，始能详院，而弟罗掘一空，无可设法，真所谓水尽山穷，只好听其自然而已。阁下闻之，当亦为之慨叹。兹有恳者：阁下如有天中茶，乞惠数十包，便时寄下为祷。此请台安，并鸣谢忱不具。乡愚弟蓝蔚雯顿首。初五日。

上海刘鸿甫刺史书此两函大约在咸丰癸丑以前。

芳洲仁兄大人阁下：自暌芝宇，靡日不思，每于桐翁处询问兴居，欣稔顺时纳祉，善量弥宏，可胜额颂。弟满拟中秋节间扁舟来沪，藉罄阔衷，无如入夏以来，跛聋益甚，不能如愿。顷间忽于桐翁处交来所赐治聋酒一坛，酒两坛，桐翁留其一，来条云以治预先聋亦佳。并尊翰及方，不禁狂舞，谨藏贮静室，遵示于廿三日开饮。惟贱量太窄，初饮只好丸药钟内一钟，逐渐加增。一瓮十觔，三冬自已足用。此方纯常而灵妙，洵属神方，况重以良友垂爱之深，亲自监制，倘得服之无间，奏效自速，不特两耳可以复聪，即腰脚亦臻强健。明春桃花涨暖，鼓枻申江，得以携杖趋前，畅聆清麈，皆出自知己再造之恩，维时登堂抠谢，再乞驻颜佳酿，当共抚掌一笑也。浙西地方安谧，宝眷想在珂乡，抑亦暂携上城？弟适得嘉兴缦云阁阔幅笺，辄欲书近作几首奉正，先此布谢，顺请道安。余俟续陈不一。愚弟刘枢顿首。八月十九日。

芳洲先生仁兄大人阁下：前奉还云，备蒙垂注，藉稔兴居佳胜，善量愈宏，翘企吉晖，曷胜忭颂。启者：新贵沈日初兄小孙，至健之妻兄，其尊人菊庐先生与桐翁至好，阁下亦所熟识。兹来拜谒，所有应送朱卷之处，务祈开单指引，加以鼎言嘘拂，倘得即于辅元堂信宿，尤感雅谊于无既。肃笺，布请时安，诸惟亮鉴不备。愚弟刘枢顿首。十二月十一日。

祥符周文之太守书此在道光丁未，卸上海篆任首县时。

芳洲仁兄大人阁下：自违芝宇，倏已旬余。比稔履祉绥和，诸凡迪吉为慰。弟于二十六日受篆视事，一切叨庇循恒，前款时刻萦心，惟履新之始，诸事丛集，而进项毫无，不得不暂缓归赵。俟稍可从容设法，即当陆续奉缴，断不过延。素承雅爱殷拳，定荷见原于格外也。专此，布请时安,统祈蔼照不宣。乡愚弟周沐润顿首。

云间叶桐君广文书此道光己酉年水灾以后。

芳洲大兄大人足下:前接尊札嘱侍事,诚恐盼望,泐复回函,谅邀照及。雅卿缘连日做周岁忙,关照不来,小野兄阻风,于十一晚上到堂,十二竟日请示。今抄录呈读,其中疑窦,一阅了然,照此兴工,可无遗憾矣。鄙见亦以为后留空地,宜算到后日,可添靠河一带水阁,与船屋天井相曲折通连,种花叠石,居然小有天园,岂不大妙,幸心存之而徐图之。来年三月底,老兄若在府上督工,弟当于四月初买棹娥江,作几日畅叙,然后返舟,同到荻港,颇为两便。若仍在上城,当先荻港而后造府,亦无不可,特未知弟有此福气否?承惠娄门,已与小野兄浮白大嚼,并嘱谢谢,卷石山房图宜郑重,当附雅卿送还也。即请日安不既。愚弟瑁湖莲隐叶珪顿首。一阳十三日。

芳洲大兄大人足下:久不致函记室,昨雅卿回松,藉稔起居迪吉,阖潭上下平安。辅元得老警而善功宏远,中正得领袖而不致同志参商,为上邑庆,尤足为我育婴幸也。堂中自水荒告警后,饭婴来者纷纷,安插堂邻舍,顾复不下五六十个。其各接局均不照顾送到者,挤在内育。现虽水减路通,分投发出,而一番啁唧,石溪、友堂两兄亦大费周张矣。自六月十六为始,以存本不多,钱米搭放,每牌白米四升,每升斤六两,合钱四十四文,计钱一百七十六,划钱一百七十四文。乳家以米好价廉,颇形感激,目前尚可过去。惟杭捐库虚停发,年内无望矣。其余各邑漕银扣款、粮船帮丁漕捐,俱化子虚,令人辄唤奈何。素稔我兄十分关切,故缕述之。沙船捐数目,三月初至六月望,可得六七百千文否?翕翁虽奉讳旋里,敢烦大雅关照慨付,实所切祷。今特嘱帐房沈雯谷、表侄婿暨韩敬亭姻侄来上造府叩安,并倾积愫,尽可交付行李归作,暂济燃眉。其春间顺泰所划之洋,静候尊裁核算,想局务匆忙,尚须按后也。松城地瘠民穷,今又奇荒,明知此中有无边功德,而两手空空,如何置买?还祈仁人君子进而教之,深为幸甚。弟此次又身充总董,捐难集,赈难查,日夜焦劳,骤发大寒盛热,去年好死不死,今年恶活难捱,唯有椎膺悼叹而已。余不尽言。顺请日安不备。愚弟叶珪顿首。六月廿三。

介休孙兰溪明府书此在咸丰乙卯丁艰卸上海县篆后。

芳翁仁兄大人阁下:日前子多处交到期票三千千,业已收明,即嘱顾少梅在沪分办矣。此皆阁下情深念旧,急人之急,感泐匪可言宣。惟弟前有函恳抵借四数，今尚缺一数，作何核计，未奉复音，殊深盼切。缘弟在沪廿二月钱漕未征，当会未请，商富未曾累及分文，而己累迄今，难以摆布。上邑尚欠捐摊二千八百余两，昨准黄任册开，亦须解司，能否代为俯筹？第弟非现任，而又值奉讳，则事在极难，即如沪上除泰翁，千缗之外，竟不得再有将伯。世情市井，原当如是，而视弟当另眼为是，不识智者以为何如？金陵消息甚佳，陆路营盘，北抵观音门，南至雨花台，江面尚有师船，而城中仅留老弱，不日即可戡定也。常玉山亦已击退矣，此系昨接许信翁来信，确而无疑，藉以奉慰耳。手此，再颂台禧不具。制弟丰顿首。廿八日毗陵舟次泐。

长沙黄芙汀观察书此在咸丰丙辰任上海县篆时。

芳洲仁兄大人阁下：日前以盍酒相邀，未蒙下贲，歉甚。然闻家人郑福传悉尊谕，又感甚。弟今年新漕之无可筹垫，实因上海百姓旧漕尚欠六千七八百石，合钱四万四千零。值此时势，又万不敢操之过急，凡在城厢绅士，应当共鉴苦衷，务祈阁下广为吹嘘，俾弟暂将新漕敷衍出去，来年五月照数归还，决不食言。惟目前要预定白粮，必求早为说项，是所至恳。即请台安，伏维荃照不尽。愚弟黄芳顿首。十二月初十日。

上海郁泰峰都转书此在咸丰庚申资政公旋里后。

芳洲仁兄大人阁下：别后悉锦旋安吉，履祉绥和，深慰鄙怀。昨馨山兄示及尊函，深承垂注，心感之至。此间自常无不守，十三日苏城陷后，一直至今，苟延残喘，不但毫无结局，且亦不知死所。然弟等立定脚根，堂中一切公事，馨山诸公照常经理，弟亦苦守不移，得过且过，到了实在过不去时，总期可对天地，可对君父，以求无愧我心而已。吉凶祸福，此时不能前知，亦安能逆料耶？浙东亦难保安，天下竟无乐土矣。手布候起居千万，为善卫爱不宣。期仲愚顿首。四月二十七日。

无锡余莲村先生书此在同治癸亥，函中序冯君书，未曾见过，稿亦遗失，付诸阙如。

芳洲先生道长大人阁下：去年拜别，瞬易星霜，只以俗冗萦身，不克时亲坛席，每怀叔度，恒切寤思。迩维道体吉康，化宏时雨，善缘广被，定符颂私。前于友人处得读贵相好冯君所刻讲道一书，并先生大序一篇，再三展诵，字字金针，具见学有渊源，热肠度世，以此发聋振聩，指示迷途，定能普觉有情，同登道岸，焚香肃对，钦佩奚如。异日当惠我数卷，以便分劝。兹启者：敝郡自克复之初，满目疮痍，尚无起色。今秋又逢大雨，田禾被伤，刻下白露之交，又逢苦雨，秋成大歉，势所必然。欲概为抚恤，圣人犹病，因思灾歉之年，惟产妇婴孩为尤苦，家无余蓄，往往枵腹临盆，乞借无门，产后多操劳成病，产妇既病，婴孩必多遭塌而死，不仅淹弃之可伤也。况近年贫户无衣无被者，十有五六，若产妇虚体，婴孩弱质，而无衣被，即不饿死，亦必冻死。此情此景，想在大仁人洞照之中，无容多述。惟此举只就无锡、江阴各乡图，已查得怀孕贫妇五千三百余名，即给以两月口粮，并棉衣裤各一件、絮被一条、小棉胎一个，经费殊难筹措。省垣抚恤局难民日众，兼顾未遑，弟目击情形，不忍坐视，诚以贫户产育，事关两命，救则生，不救则死，实有一刻难安之势，为敢不嫌冒渎，将伯四呼，知先生菩萨存心，必当闻而恻之也。附呈《恤产保婴说》数纸，又近刻《江南铁泪图》二本，奉求大教，另一本烦转致冯君，统祈正是。肃此布悃，敬请道安，伏惟慈照不尽。愚小弟余治顿首。

太康刘松岩中丞书此数函在同治癸亥后，任苏藩司及护院之时。

来示聆悉。尸场经费一事，有则累民，无则累官，二者皆非中道。前议按田每亩出钱一文，附于钱粮收纳，在小民必不争此区区，而公事即可凑得巨款。既经县尹批示未便准行，只可作为罢论。弟曾任上海，拟倡首捐廉五百千，不敷之数，望足下即于道、县两处及各绅富敦劝，似可集腋成裘。俟汇有岜款数千金，惟当发典生息，以备随时支用，庶可冀其垂久也。尚希斟酌行之。一俟捐数集成，弟款即当送上。专泐奉复，即颂近安，惟冀亮察不具。愚弟刘郁膏顿首。九月十三日。

日前奉布一函。顷间接奉手书，知前笺尚未达览。尸场经费一款，前托蒋蔚斋面致之语，因蔚斋传述不明，致与弟处函致两歧。除弟倡捐五百千外，不敷之款，尚望阁下查照前书，于道、县两处及地方绅富，劝令量力出资，分别凑集。若责令王明府独力捐钱一千五百串，窃虑为数较多，际此钱漕裁除浮费之时，恐其力难胜任也。劝捐启稿略为僭易，仍候酌夺。专此奉复，即颂近祺不具。愚弟刘郁膏顿首。

芳洲大兄先生阁下：昨奉手书，藉悉勤劳懋著，督修海塘，即景延和，慰如心颂。承示翁家埠险工业已告成，土塘已筑者，几及得半之道，欣佩殊深。尊论年内聚工，正当农民闲暇，诚属确论。惟经费不继，未免代为踌躇。现在赶催各属捐款，俟汇集成数，即当委员解赴浙省转发。惟年前为日无多，能否于岁内起解，亦殊不可必也。先此奉复，即颂迓安不一。愚弟刘郇膏顿首。

竹爆一声，又逢饯腊；梅缄三复，先荷宜春。就维芳洲仁兄大人履绪凝绥，鼎祉集吉。裕鸿筹于水利，欣回紫海之澜；邀螭陛于云章，渥荷彤廷之宠。引詹乔采，曷既揄荣。弟从事会垣，愧薪劳之依旧；俄催年矢，随笑序以怀新。泐复敬贺年禧，附缴谦版不具。愚弟刘郇膏顿首。

承示另笺，具悉海塘经费，前经札饬松江各属赶筹批解，迄至岁底，尚无一处解到，当再饬催。一俟解有成数，即行移交浙省，以资补苴。弟于湘泉方伯处，已将催集情形缕函布达，种种倍荷茂劳，勖勷大举，不特两省士民感颂已也。泐复，载请勋安。弟又顿首。

皖江苏介堂廉访书此在同治甲子任杭嘉湖道时。

顷奉兰缄，备承藻饰，引瞻芝霭，曷馨芬铺。藉谂芳洲仁兄大人履端延庆，晋福孔佳。督丁役以躬亲，功成九仞；忘辛劳于岁暮，美媲三过。讵仅利赖于梓乡，定获褒嘉于枫陛。泰阶允吉，豫颂良殷。弟鲂劳自愧，风籥倏更，厪念春潮，深虞夏大。幸先藏之蚁垤土功，悉咏夫子来，又有事于鸠工成法，尚资夫申告。肃修丹简，覆贺鸿禧，敬璧芳版，诸惟朗照不宣。愚弟苏式敬顿首。

桐城吴春泉观察书此在同治乙丑任中防同知时。

芳翁仁兄大人阁下：自违麈教，频结鸥思。两奉手书，备叨心注。临风三复，篆竹五中。敬维起居迪吉，谭第凝祥，引企卿云，良深颂祷。弟中防匏系，倏已经年，瓜代无期，徒劳心力。工程浩大，修筑维艰，又且东做西坍，似此如何了结？土备塘工程巩固，功德无量。本年柴坝未能堵完，所有七郡农田得能耕种，皆出自阁下与诸君子之赐。七月以前，潮水尚平，土备塘为大雨淋卸沟洞，现在廉山世兄与史先生将次修完。惟本月望汛，风潮大作，漫过石塘数尺，迎潮处泼起数丈，高过塘上树杪，土人金云数年来曾未见过，致将范家埠后身土备塘冲卸二十余丈，幸塘身宽厚，尚未漏水。弟已转致局中，拨借柴料桩木，一俟小汛，即可赶做也。萧鹿笙司马人极精明正派，所谓端人，取友必端，惜弟不能常在省垣，时叨教益耳。谨此奉复，叩请福安，诸希心照不一。愚弟吴世荣顿首。

上虞许霁生先生书此在咸丰辛酉湖州府教授卸篆回里后。

芳翁大兄大人阁下：久耳大名，无缘良晤，叨同乡里，竟作数十年神交。友朋遇合，亦非偶然。幼时或会过，然记不起矣。阁下久在申江，不特为经营中领袖，凡公事善举，见义必为，颂声遍于遐迩，诚可为吾邑光也。弟今年六十有三，老境日增，家境日窘，无能为也已。兹有钱选青兄，系大小儿竹安之堂妻舅。旧家子弟，向在衙门馆谷，今赋闲家居，极慕阁下盛德，屡致书弟处，嘱弟介绍，欲至申谋馆。弟日前曾函致申友，始知珂旋已久，今致书钱君，令其携书踵府，面聆教言。倘可代觅枝栖，钱君与弟俱感佩靡涯矣。专此布臆，顺候近安，惟鉴不备。乡愚弟许正绶顿首。

资政公祭产号亩

洪字五百五十一号，并山二十八亩七分五厘。

　　五百六十二号，山一亩正。

　　五百七十七号，山一亩五分。

　　六百号，山十亩七分七厘五毫。

　　六百八号，山一亩正。

　　六百九十八号，山四亩正。洪字号山均是资政公与杨太夫人坟山，坐落湖登村萝岩发脉铁帽山下。

　　一千四十四五号，地九分正。此是湖登坟庄屋基。

辰字四号，山十四亩三分。

　　五号，山十亩正。

辰字六号，山二十二亩五分。

　　四、五、六号，山十九亩正。

　　七十八号，山三亩七分。辰字号山均是姜太夫人坟山，坐落西斗门大路迤南。

　　二百二十八号，田二分五厘。

　　七百八十五、六、七号，并池九分三厘六毫。

　　七百九十六号，池四分三厘七毫。辰字号田池是镪底池及同盛木行屋基。

昃字三百三十号，山六亩六分。此凰峰山头士玉公坟山。

　　三百七十九号，并山八亩正。撒脚湾连黄西尚德公之坟山。

　　一千二百六十一、二号，并地七分三厘。

　　一千五百四十四、五号，并田三分三厘此是大乔别墅屋基。

昃字一千五百六十四号，田一亩二分六厘。毕太夫人坟田在白马湖。

阜字五百二号，田十一亩三分。

　　　五百四号，田二亩六分八厘。

　　　五百五十号，田八亩四分四厘二毫四丝。

　　　五百五十一号，田十五亩七分五厘七毫四丝五忽。

　　　五百五十三号，田十亩八分五厘。

　　　五百五十四号，田一亩六分三厘一毫五丝九忽。

　　　五百六十号，田二亩六分三毫。

　　　五百六十二号，并田八亩八分。

　　　五百六十四号，田二亩七分三厘六毫。

阜字五百七十九号，田九分八厘。

附阜字四百十六号，田三亩四分九厘三毫七丝。

　　　四百四十六号，田二亩三毫七丝六忽。

　　　四百八十五号，田九分六厘二毫五丝。

守字九百二十二号，并田十一亩正。

　　　一千四百八十九号，田一亩三分四厘四丝。

　　　一千四百九十号，田四亩九分六毫二丝五忽。

　　　一千四百九十一号，田五亩四分五厘四毫二丝。

　　　一千四百九十八号，田二亩二分三厘七毫。

法字五百六十二号，田九分二厘一毫九丝。

法字六百二号，田三亩三分。

　　　六百十九号，田三亩一分四厘八毫四丝。

李字一千六十四、五号，田二亩四分九厘四毫。

　　　一千二百四十七号，田三亩九分七厘五毫。

附时字四百四十二号，田五分四厘六毫四丝。

　　　四百四十八号，田四分八厘。

海字二百一号，山二亩正。此山坐落外严地方。

　　　入五都三里厚生庄经芳洲公祭户承粮。

守字一千五百七十七号，田十四亩九分八厘。

阜字二百七十一号，田二亩八厘。

阜字四百十九号，田三亩四分。

　　　四百九十六号，田二亩七分。

　　　五百二十八号，田十一亩六分四厘三毫。

五百八十一号，田一亩七分七厘四毫一丝。

五百八十三号，田三亩五分二厘。

附阜字四百五十六号，田四分二厘。

入三都一里驿亭庄经芳洲公祭户承粮。

协赈局绅禀稿*

具禀江浙绅士凌淦、熊其英、严作霖、金福曾、姚岳钟、熊祖诒、赵翰、李麟策谨禀：窃绅等自江苏筹备赈款，陆续赴豫，禀明宪案，分赴各处协办助赈代赎等事。兹有灵宝协赈局绅经元仁、元佑，于前月接到家信，丁母经杨氏艰，函中传述母命，必待赈务完竣，方许奔丧，毋误善举。伏念经绅此行，本奉母命而来，绅等均关友谊，每晤该绅，必述母训，谆谆以克继先人，勉襄善举为勖。且该绅胞兄元善，亦奉母命，在沪偕同各绅董，悉心筹募接济。独第三子元智，在家侍奉。盖缘经绅故父经纬自少孤寒，勤业笃行，孜孜积善，于本族立义塾宗祠，久寓沪上，创立善堂，远近推服，后以本省大宪委办海塘，积劳病故，奏蒙荫恤。该绅兄弟平日奉母训命，称述先德，自闻豫省旱灾，屡变衣饰，捐资助赈。惟年逾六旬，夙患风痹，初秋感受暑湿，症成瘫痪。每闻元仁、元佑在灵宝办赈，来信切戒勿遽思归，临殁遗命长子元善另捐豫赈银一千两，告诫子孙始终以勿忘先训、勉行善事为嘱。绅等读其家书，每共称叹，综核言行，有古贤母之风。查定例捐银一千两准予奏请建坊，经母乐善好施，数十年如一日，即现在民捐义赈中，亦已屡次捐资，其分命诸子在沪、在豫，各竭心力，于协赈事宜，实有裨益，与寻常捐资助赈，似稍有间。除将捐银千两，解由灵宝县核收，具禀请奏外，查经绅之母经杨氏，义方训子，遗命捐资，且曾膺二品封典，可否于常例建坊外，量请恩褒，以旌善行而孚舆论，用敢合词吁请，伏乞宪裁。谨禀。

光绪四年十一月　日。

豫抚涂中丞片稿**

河南巡抚臣涂宗瀛片：再，据江浙来豫助赈绅士凌淦等联名呈称，

浙江上虞县二品命妇经杨氏，前因闻豫省旱荒，命其子候选主事经元善、候选詹事府主簿经元仁、荫袭州判经元佑等捐资助赈，并在上海筹集银四万两，由元仁、元佑邀同好善各绅来豫，在灵宝县一带设局散赈。本年秋间，经杨氏偶患暑湿，元仁等即欲南旋，经杨氏驰书谕止，以活命事大，不准擅归，病中复捃当衣饰，凑集银一千两，以助冬赈。该氏旋于九月间身故，元仁等星奔回籍。该绅以上虞经氏家世好善，经元善之父经纬，于本族建立义塾宗祠，在上海创立善堂，远近推服，奉委办理海塘，积劳身故，曾蒙恩旨荫恤。今经杨氏复能教子有方，捐资助赈，乐善之诚，始终不倦，呈恳具奏请旌等情，并据署灵宝县知县王鸿图禀报前来。臣查定例士民捐银一千者准其建坊，给予乐善好施字样，历经办理有案。今经杨氏所捐冬赈银数相符，自应照例请奖。至其义方训子，远道助赈，且一门好善，行谊可风，与寻常捐赈有间，合无仰恳天恩俯准建坊，并将事迹列入志乘，以敦风尚而昭激劝。为此附片具陈，伏乞圣鉴训示。谨奏。光绪五年二月二十三日。

军机大臣奉旨：著照所请。该部知道。钦此。

杨太夫人祭文

光绪四年，岁在著雍摄提格，十二月丙子朔，越旬有七日，具官方德骥等谨以清酌庶羞之奠，致祭于皇清诰封太夫人经母杨太夫人之灵曰：呜呼！德骥自来海上，获交令子莲珊，有年于兹矣。莲珊守先训，率群季，敦善不息，窃证之侪辈而同辞。暇日过从，乐闻母训，间请观夫梱史，然未尝躬习而灼知也。值天灾之流行，唷晋豫为尤酷。诏伯子以劝分，毋赵简之空读。于是越币南金，泉流云属，求嘤鸣于苏扬，急倒悬于河朔。或量恤夫秦饥，或远输于绛粟。惟夫洛水以西，虎牢函谷，无流民之可图，有饿鬼之夜哭。嗟河润之难周，匪莫此之肯谷。矧炎威之正张，孰同患于厄暴？太夫人于是分遣仲季，治装戒途，脱簪珥而斥纨绮，俾资用于舟车。时则贞疾未损，聚顺是娱，眷庭闱而视日，咸嗳嚅而趑趄。太夫人乃申命之曰：在昔先公之殁，仓皇旅次，粜汝曹兮成行，曾莫及于在视。纵风烛之余虞，曰惟伯氏与叔氏，倘后时而悔滋，岂先德之足继？何所见之詹詹而不善体夫亲志也。诸子乃憬然承命，悄然以思，念永命而祈年，当趋功而先意。即训词之不祥，亦常谈所弗忌。何图昊天不吊，不自后先。昔告行而依恋，今星奔而涕涟，岂膏肓之痼，果不可为耶？将命数有定，非修德所获延。呜呼！尚闻仲秋之月，北雁南旋，诵家书于病榻，听倚枕而欢然。谓此行良劳苦兮，乃触暑而行遄。幸惠施于当厄兮，慰老怀其庶几焉。更寄语而谆命兮，勿遽策夫归鞭。乃复戏挽篴舆，门庭闲瞩，流连景光，顾眺耕牧。忘疲痌之在身，游神明于寥廓。却药饵与膳羞，若沉冥而罔觉。方令闻之益归，俄慈荫之去速。此闻者所以呼天欲问，错愕累欷，而非徒诸子之告哀，爰同声于一哭。虽然，惠迪福善，垂教之旨一也，而达人未尝泥其说。极五福之所归，必统宗于好德。彼积庆之克开，亦厚畀于阴骘。苟负荷之弗堪，恒角张而相失。假令善果示坚，庭萱先折，或需而瞠，或骤而蹶，徒蓄愿之甚宏，讵全功之竟集，而乃心与神谋，福由理得。若为孑遗而请命，愿须臾之假息，迨鸿嗷之既绥，乃返真于元宅，毕吾事而遗安兮，想魂愉而志适。呜呼！尘网环转，飙轮迅驱，津梁者已返，沟壑者已苏。怆鸾軿之不复，哀待泽之犹都。聊一征于彤管，庶用代夫生刍。呜呼哀哉！尚飨！

诰授通议大夫三品衔江苏补用道候补知府前署苏州府事侍生仁和方德骥顿首拜撰。诰授资政大夫布政使衔前陕西按察司使署布政司使侍生上海王承基顿首拜书。

侍生钱宝传、张斯臧、褚维垲、褚维培，愚侄张福谦、林瑞岗、郑官应、张灿、葛绳孝、王震元、徐树兰、徐树蓤、朱其莼、沈嵩龄、朱征镕、张韦承、汤桂彰、范广堉、周绍贤、王邦宪、胡培基、陆焜、干云、瞿炳莹、江振声、李宗功、郁熙绳、张荃、沈善经顿首拜。

书 后

先考资政公，见义勇为，乐善不倦，生平精力，毕瘁于此，行谊彰彰，在人耳目，朝野共闻，邑乘具载，外人服其刚正，贼党呼为善人。自吾虞迄于上海，两省之间，识与不识，无不共信。先考好行其德，出于至诚者。同治乙丑仲春，自海塘告蒇回沪，积劳成疾，谓元善曰：吾生平志切利人，乡邑井里间，凡遇善举，务尽我心力，特还念驿亭族人贫苦尚众，藉车坝以资生，甘供下役，礼义不兴，遗憾犹多，欲谋所以去此役者而未能也。且大宗祠之创，有志未逮，今耄矣！小子其无忘汝父之志。元善谨志之不敢忘，嗣又奉命赴浙，培修海塘，迨工竣遄返，而先考捐馆舍已三日矣。闻先妣述弥留时，遗训殷殷，以坝务未革、宗祠未建为念。吾先妣杨太夫人秉性慈祥，阴德及人，受者或无得而称，临终亦谆谆以善继善述相告诫。盖自束发受书，趋庭禀训，以至属纩之际，先考妣所以提命子孙者，无非利物济人之事。今者风木怀悲，马齿加长，距先考之没已三十三载，先妣之卒亦十有九年矣。先考懿行略具，太姻长朱久香阁学兰所撰家传，及上海、上虞县志，史吉人广文补遗轶事，所有在日经营一切诸善举，元善侍记特详。年来耳聋多疾，颓唐日甚，大惧勿克负荷，而致先人遗泽湮没不彰，无以使后世子孙观法也。爰检辑趋庭时所记述事实、公牍、碑记之类，汇成一编，付之梨枣，厘为上下二卷，恭录上谕二道，敬摹资政公遗像暨坟山、家塾图，冠诸卷首，其家传、志略、轶事、家塾规条、联额、题辞等，并先妣好施事实，亦附见焉。驿亭坝车拔一役，后于同治庚午，得乘机因势利导，劝族人退坝归农，元善告于邑侯余公廷训除之。大宗祠幸堂兄湛偕诸昆弟一德一心，并力集赀，亦于光绪丁丑缔造落成。此二事，或可告慰先灵于地下者。谢家述德，欧公表阡，愧无此才，窃取其义，后嗣子孙其世世敬承勿替。时光绪二十三年岁次疆圉作噩仲秋月之中澣，刊既成，谨书其后于沪上寓庐，长男元善敬述，孙亨沐全曾孙利晋恭校。

中国女学集议初编

世祖章皇帝圣训圣孝一则

顺治十三年丙申八月壬寅，上仰承皇太后慈训，制为《内则》，衍义成书，并为序文，恭呈圣览。序曰：臣闻致治之道，有大经大法，以仪型乎邦国，必有内治内教，以模楷乎宫闱。故《关雎》为王化之端，乾坤居《大易》之首。圣人垂训，未有不以门内为兢兢者也。三代以前，圣后贤妃，肇修内治，以致化行俗美，具载典册。自非天佑至德，孰能集贞淑之大成，振古今之懿化哉！恭惟圣母皇太后佐我皇考，兴道致治，徽音雍穆，慈海周详，有典有则，兴仁兴让，允为万世壸教之轨范。臣敬遵慈旨，蒐辑古来嘉言美行，统成一编，上备披阅，下示来兹。谨按《内则》所载，皆闺门之内起敬起孝，兴让兴仁之事，而首曰后王命冢宰降德于众兆民，谓此乃王后世子所躬行心得，而可为民法者，故不言布教而言降德也。夫圣人言欲治其国者先齐其家，又言家正而天下定。齐之正之，其惟《内则》乎！世传《后妃纪》、《列女传》、《家范》、《内训》诸书，著作不少，然未尝原本《内则》而发明之，岂所以尊经立教与？今是书一本经旨而推衍之，微而声气容色，显而言动仪文，精而乐心养志，粗而中馈女工，所以操其心而检其身者，施诸一家无不宜，放乎四海无不准。究其指归，有八要焉。孝者顺亲之要，其类有二，事舅姑、事父母是也。敬者内助之要，其类有五，事夫、劝学、佐忠、赞廉、重贤是也。教者昌后之要，其类有三，教子、勉学、训忠是也。礼者持己之要，其类有九，敬祭祀、肃家政、定变、守贞、殉节、端好、尚俭约、谨言、慎仪是也。让者睦戚之要，其类有四，崇谦退、和姒娣、睦宗族、待外戚是也。慈者推恩之要，其类有五，逮下、慈幼、敦仁、爱民、宥过是也。勤者修业之要，其类有二，女工、饮食是也。学者取法之要，其类有二，好学、著书是也。每举一类，必证以圣贤经传之言，实以古今淑顺之行。所采事迹，贵贱不同，而其道则同。所引文辞，深浅不一，而其理则一。阐明本旨，诠释微文，名曰《内则衍义》，自禁壸达乎闾巷，咸于斯取则焉，必皆感发其性情，渐摩乎理义，广教化而美风俗，宫闱之嘉言懿行，直与邦国之大经大法并垂不朽，圣母皇太后休声盛德，炳若日星，永作则于万世矣。

五品衔广东即补盐大使臣袁梅、记名总兵留闽尽先补用副将臣陈季同、二品顶戴尽先选用道臣郑官应、三品衔道员用即选知府臣经元善、二品顶戴遇缺即选道臣严信厚、二品顶戴道员用留直补用知府臣施则敬、候选通判臣康广仁、举人臣梁启超等恭刊。

缘　起*

光绪丁酉十月，上海有中国女学堂之设，臣元善、臣信厚、臣官应、臣则敬、臣季同、臣广仁、臣梅、臣启超等皆与议，既联名公禀南洋大臣刘批准开办，有该绅等苦心孤诣，创设女学堂，以为自强之图，具见关心时局，深堪嘉许之褒。一时在事集议者，若刑部主事吴保初，湖北候补道薛华培，降调前浙江候补道王松森，浙江候补知府翁熙孙，候选知府盛昌颐、何恭寿，进士汪康年，候选同知沈毓桂、周廷弼，候选通判钟天纬，广东试用知县胡琪，候选知县赵元益、狄葆贤，分省知县张镜濂，州同衔严攸庆等，奠不询谋佥同。其先后助资助力者，则有若江苏补用知府谭嗣同，吏部主事陈三立，江苏候补道蒋德钧，礼部右侍郎志锐，前翰林院侍读学士文廷式，候选员外郎徐恭宏，湖南候补同知文炜，翰林院编修曾广钧，内阁中书文廷楷，西儒美国林乐知，候选同知张焕纶、屠成杰，分省同知吴熙麟，江苏候补同知顾寿乔，翰林院修撰张謇，西儒英国斐理思，江苏候补知县汪炳，分省补用知府何嗣焜，前湖北候补知县赵凤昌，举人麦孟华，西儒英国李提摩太，候选州判王维泰，候选训导桂蒅，江苏候选道沈敦和，江苏候补知县郑清濂，候选知县沈敦元，试用县丞伊立勋，盐大使衔朱德坤，前浦江县训导凌赓飏，补用参将何心川，候选县丞周万鹏，海宁州知州李圭，试用县丞姚张澍，直隶候补知府朱宝奎，候选县丞唐元湛，光禄寺署正钱铭铨，江苏候补知州蒋金生，浙江西安县知县吴德潇，直隶候补知县吴广霈，四等宝星电局洋总管丹国麦拉，附生徐勤，贡生邵章，廪生李宝嘉，旌表孝子曾宝光，江西候补知县曾传泗，湖南辰州训导沈克刚，湖北候补府经历沈克诚，候选道王修植，候补郎中罗运陟，广西雒容县教谕罗宏锴，湖南盐法道黄遵宪，前湖南学政江标，分省补用道朱恩绂，分部郎中罗贞意，直隶候补道佘昌宇，江苏候补道沈瑜庆，四川候补知县龙泽厚等，赞助为多，女学之议遂定。明年二月，臣元善详考方册，敬搜掌故，见右所恭录圣训一则，北面长跽稽首顿首作而曰：此我圣清开国制

---

* 此处原无标题，亦编者所加。——编者注

作，大圣人世祖章皇帝垂教女学之至文也。又恭读《钦定四库全书提要》云，顺治十三年，仿真德秀《大学衍义》之例，御定《内则衍义》十六卷，分八大纲、三十二子目。于是叹曰，女之有学，此我祖宗之家法也。敬告中国四万万人，幸共闻之。

谨案女学一事，古先哲王兴道致治，莫不以此为要图，见之载籍。秦火而后，虽书缺有间，然寸鳞片甲，亦已班班可考，信而有征。若夫孔圣之教，详著礼经七十，后学述为传记，则《内则》一册，尤为总会而大观。魁儒时彦，发愤著书，痌瘝生民，感切世变，每以今日中国不振，归咎于二千年女学不开。三代以下，君相师儒，推本穷原，无所逃罪。我世祖大圣笃生，聪明天亶，定鼎以后，变更前制，新政实繁。建元之岁，圣寿十龄，《内则衍义》成书，亲洒宸翰制序文，圣年方二十有三，深观致治清浊之原，发明阴阳平等之理，重妇学，平阴教，先于宫阃端厥仪型，教家教国，有条有序。顾书辑既成编，恭呈圣母慈览，未尝降诏颁行。臣等至愚，莫能窥测，既而思之，窃有以见大圣人用心之万一矣。《御制序》曰：谨案《内则》所载，皆闺门之内起敬起孝、兴仁兴让之事，而首曰后王命冢宰降德于众兆民，谓此乃王后世子所躬行心得，而可为民法者，故不言布教而言降德。夫圣人言，欲治其国，先齐其家。又言家正而天下定。齐之正之，其惟《内则》乎！臣等仰见圣人敦崇实学，以身教不以言教，《传》所谓有诸己而后求诸人，忠恕违道不远，则《衍义》书成，未即颁天下、立学官之故也。《御序》又曰：世传《后妃纪》、《列女传》、《家范》、《内训》诸书，著作不少，未尝原本《内则》而发明之，岂所以尊经立教欤？臣等仰窥圣学至赜极博，无书不观，凡古今一技一才之长，无不节取，而必归重儒教，上崇六经。汉武帝罢黜百家，独尊孔子，不是过也。《御序》又曰：今是书一本经旨而推衍之，微而声气容色，显而言动仪文，精而乐心养志，粗而中馈女工，所以操其心而检其身者，施诸一家无不宜，放乎四海无不准。究其指归，有八要焉。臣等仰观圣人精贯群经，博通大义，洞彻微言，深达教本。孔子之学，有精有粗，有微有显，自经沉晦，知者盖希，以万几毕集、日昃不遑之圣人，而能通贯及此，斯亦绝无而仅有矣。近世言女学，不越中馈、女工二事，其少进者，能及言动仪文，束缚人才，桎梏天下，男学且尔，何论妇人。彼乌知所谓声气容色？乌知所谓乐心养志？又乌知大圣人所以实而别之，曰粗曰显之外，又有所谓曰精曰微者，复如是之详哉！六经六纬，无所不包，苟一一悉本经旨而推衍之，则今日所谓声光气化心灵全体诸学，东西各邦所以兴养立教，与民同乐，致广大而尽精微者，何一不旁通曲畅，左右逢源？女学不过其一端而已，大圣人施诸一家无不宜，二百年矣。臣等涵濡圣泽，与四万万之众，世托骈襪。值兹时事多艰，不能仰体皇仁，兴女学以成放乎四海而皆准之化，得无内愧于心乎？《衍义》全书中，分门类大纲八条，一孝、二敬、三教、四礼、五让、六慈、七勤，美备详明，何一非学中之事？躬行心得，有一于此，虽曰未学，人必谓之学矣。乃大圣人复于终篇，特标一纲曰学，又特标目曰好学、曰著书，郑而重之，切而指之，明而示之，总而结之。呜呼！何其深切著明，与孔子教弟子入孝、出弟、谨行、信言、泛爱、亲仁、学文，如出一辙也。统观子目，盖于学凡三致意，敬之类曰事夫劝学，教之类曰教子勉学，纲举目张，重规叠矩，使妇而无学，何以为劝勉之资乎？况推之于佐忠训忠，责之以赞廉重贤，极之于敦仁爱民，统之于好学著书，大义彰彰，有出传记之外者，《内则》所已及者衍之，《内则》所未及者亦重衍之。圣为天口，吐辞为经，义岂一端，言各有当，自经圣人揭其蕴奥，而经旨愈益光晶，以孝、敬、教、礼、让、慈、勤之德，求之妇女，以佐忠、训忠、赞廉、重贤、敦仁、爱民、好学、著书之事，望之闺闱，非深有见于致治清浊之原，非深有得于教家教国之准，乌能若是？是岂拘守旧说、泥观经训者所及知哉！放诸四海，由是道矣，女之宜学，诚亟亟哉！甲午后，创巨痛深，朝野之间，竞言兴学，今议开办女学，以翼中国自强本计，区区之心仰尊教旨，列祖在天之灵当默鉴之。天章巍焕，宏深肃括，永足楷范万世子孙臣民。他日学堂工成，敬当恭录此圣训一通，悬之正中，用昭法守。全书珍藏内府三百年，草茅伏处，无由得见。方今圣母慈诲，圣上大孝，法祖制焕新猷，诏天下特开经济之科，将必有大贤入告，请颁全书，列之学官者。兹特先恭录御制序文，付之石印，遍告同人。自始事迄今，群议既集，言论遂多，谨撮其略，附载于后。女学议起，海内贤士哲女，闻风嘉许，不乏其人，多乐以论说诗歌赐教者，积已成帙，亦择其雅驯及有实用者录出，并附入焉。庶几阅者知此事颠末，为下不倍，得主有常，感发益多，观成有日。排印计得文若干，录为初编，后有来者，再俟续录。今辑初集，目次如左：

沪上创办中国女学一品香会议第一集光绪丁酉十月二十一日

论上海创设女学堂之善录《苏海汇报》

沪南桂墅里池上草堂会议第二集十月二十七日

女学堂内董事接桂林魏恭人书

敬启者：近阅日报，知上海有女学堂之设，堂内董事皆以妇人为之，条理详密，法制良善，循诵再三，钦佩无量。女之废学二千年，今何幸有此盛举乎！保种强国之道，兴家乐善之方，其在是矣。伏在下风，曷胜仰望。窃尝谓世有非常之变，天必早储有非常之人，非识微不能知也，然皆非学不为功。咸丰庚申、辛酉间，外患侵逼，内寇蔓延，大势岌岌，淀园、热河事起仓卒，可谓非常之变矣。我圣母皇太后从容镇静，不动声色，除大奸慝，廓清朝野，垂帘之际，虚衷博采，兼听并观，一时行政用人，随材器使，抉破常格，用能济变扶危，以成中兴之盛治。人第知四方风动，钦圣化之崇隆，而不知惟日孳孳圣学之精勤，其基之母家、积之幼年者，为不可及也。忆氏十二三岁时，皇太后在母家，随承恩公游宦桂林，寓居城西之武圣宫，左近某宅，氏侍先大夫亦寓其地，比邻而居，朝夕相见，即闻其天亶聪明，日诵万余言，经史诸书，莫不通贯，博学多才，钦服无已。后数年，闻其入都，又数年，传闻已入宫，骤贵。同治以还，削平大难，重光前烈，天下翕然，母仪是奉。虽天生圣母，佑我今皇，然非典学功深，谟谋素裕，亦何能建树功德如此之巍巍也。日月不居，去而不觉，回首当年，有如昨日。至于今年，圣寿已六十有三，而氏马齿已六十四矣。中国危弱不振，日本之役，割地偿款，创巨痛深，喘汗未息，今胶州又有事矣。圣后轸念民生，不知其若何切挚，北望抑郁，莫罄寸丹。时事孔迫，人才不足，皆由于幼学之失教，内训之无人，天下之所共闻也。诸内董事创兴女学，先于沪上，此埠轮帆辐辏，风气易开，极为得地。然仅设一塾，而各省未能多开，仍不足以转移振兴，于人心终觉未快。方今皇太后颐养天和，关心民事，诸贤媛早承宠诰，渥受国恩，何不竟入都门，伏阙上书，仰恳慈恩，特降懿旨，饬天下同开女学。将见诏书一下，四海之内云气雾涌，向日从风，女学遍兴，风同道一，有必然者。兹因次婿龙子泽厚有沪上之行，特修芜函，畀以洋蚨十员〔元〕，顺达左右，藉申钦仰倾慕之忱。瞻望雅德，不尽翘企，专肃奉布，敬请坤安。适谁国郡魏氏裣衽上言。

　　桂林魏恭人为五品卿衔翰林院编修曹谨堂先生德配，来书娓娓长言，能见其大，语多沉挚，诚有心世道之作也。皇太后幼年在母家绩学，世少知者，女学之当开，于兹益信。函到，《集议》已排成，以其发人之所未发也，亟录之，即以冠于简首，用志葵倾。同人等附识。

沪上创办中国女学一品香会议第一集
（光绪丁酉十月二十一日）

　　一、议今日惠临诸同志，量力慨输，足征器识。然斯事体大，非三数人所能成事。如千镒之裘，非一狐之白；江河之大，非一水之源。故必转相告语，彼此激劝。夫达官巨商，坐拥厚资者，所在不乏，彼其居处饮食，备极丰美，甚至博弈小数，花月冶游，无不挥金如土，靡所顾惜，岂于强种保教，亘古未有之大善举，乃反吝不肯助耶？盖人之欲善，谁不如我，我能忠告牖启，发其良心，引以大义，自无不输将恐后，而此举乃可大为扩充，持之久远。孔教昌明，黄种仁寿，咸基此矣。故劝捐为第一要事，愿与诸同志共任之。

一、凡银钱事，公议悉与兴仁里寿康庄往来，而倩泥城桥不缠足会代司出纳。其有所需，必由不缠足会帐房请经莲山、康幼博、梁卓如三人签名条字，送与寿康庄阅看支取，然后照付，以期三面可稽，罗罗清楚。若三人中有因事他往者，可选托一人兼理代行签名，惟必先致函不缠足会帐房，并咨照寿康庄存记为凭，以昭慎重。其收捐用款，按月刊登《时务报》并各日报，收捐凭票亦钤盖中国女学堂图章，昭信实焉。

一、议堂宇既公定沪南桂墅里，赶紧绘就屋图一幅，遍呈公鉴。外盖华房，内用西式装饰，庶几中西合璧。照此图大小多寡，可先开三斋，收徒六十人，寝馈于斯，不致拥挤。拟择吉本月二十六日庀材鸠工，限明春三月完竣。缓事当急办，敏则有功也。堂宇局面须工坚料实，不宜太俭，太俭恐不足以壮观瞻，太窳更恐难以持久。屋之东隅再辟草园一区，凿池种树，为诸生游息之地。估计工程，至省约须八九千金，捐款未集，先行筹垫。此屋拟归学堂租地自造，较为合算。照目前桂墅里地价，急欲觅此相宜基址，每亩出七八百金，尚难即得，非千金不办。去岁高昌庙前、老君堂后，仅一二亩不成片段者，已卖过每亩四五百金。是地系善之己产，今为公事，愿贬租息，作地价五百两，长年一分生子，每亩岁收地租五十两，钱粮漕米归地主完纳，需用多少，量见计数，以十年为期，期满之后，涨跌再行公评，请诸同志公议，今日定夺。

一、议此堂之设，章程第一条，堂中一切皆用妇女为之。拟此次叙议后，过旬日半月，订期邀集已书捐之命妇、太太、少太太暨小姐，假座清静幽雅之处，会叙一次，并添请西国各女塾教习、提调为外客，博采师法，择善而从，以便开手办理。是否有当，候同志今日公议定夺。

一、议今日绅商大会后，理应敬告地方官长，一俟蔡权使节旋，躬亲往拜，并谒厅县儒学。此次请酒柬帖具名八人，除梁因公他出，赵室人有恙难离家，汪《时务报》、农学会事冗不克分身外，公举张季直殿撰、曾重伯太史、陈敬如军门，仍合周家八士之数，如不愿往者听。

一、议女学现虽创于沪上，亟宜造就师范人才，三数载后，得可以觉后觉者若干人，即当勉力推广，先就助捐最多之处设起，循序渐进，毋始勤而终怠。苟得诸同志守愚公之定识定力，同心并胆，坚忍不挠，期以十稔，中国女学可遍寰宇。其机甚微，其效甚捷，事在人为，有志竟成。《中庸》有言曰：诚者物之终始，不诚无物。欲求自强之源头，舍一诚之外，无他道也。

光降诸公台篆书左：

沈赘翁先生、邹君瀚飞《苏报》主笔、何丹书太守、陈敬如军门、钟鹤笙通守、吴仁甫司马、章君淦丞《苏海汇报》主笔、胡二梅明府、王心如观察、狄楚青明府、蒋寿林明府、林乐知中西书院教习、张季直殿撰、袁春洲鹾尹、曾重伯太史、《新闻报》馆斐礼思、张静斋明府、钟受伯明府、林稚梅观察、严筱舫观察、赵静涵明府、周翼云二尹、汪穰卿进士、张元邑观察、翁缉甫太守、凌佩卿孝廉、杨子萱太守、《文汇西报》馆主人、吴君遂主政、许春荣太守、吴芳伯二尹、孙实甫司马、康幼博通守、周舜卿司马、朱森庭明府、顾勉夫太守、王惕斋司马、严少庭司马、郑景溪明府、施子英太守、《字林西报》馆主人、罗叔韫明经、朱幼鸿太守、葛蕃甫明府、金和仲茂才、经莲山太守、经阆仙学博、经伯涤典籍。

论上海创设女学堂之善（录《苏海汇报》）

客有见女学堂章程而论之者曰：泰西之俗，女重于男。筵宴行坐一切，俱以女为上，故女可以操男政，必使之读书焉、游艺焉。中国则不然，男正位乎外，女正位乎内，外言不入，内言不出。生女稍长，即训以谨守闺门不逾阃阈之义。世俗又言女子无才便是德，古来若薛涛、李易安辈，大半以多才累其大节。故明理之父母，教女针黹，教女织纴，而独不教女诗书，盖限其才者，正以完其节，识字且不可，何论其他。甚矣！巾帼之无取乎多能也。鄙人蓄此疑久矣，质之高明，谅不河汉。余曰：唯唯否否，子未尝读礼乎，何以有此论也？按《昏义》云，妇人先嫁三月，教以妇德、妇言、妇容、妇工。工者何？妇女之业也，使谓妇女之业可略，凡嫁女者，只教以德、言、容三项足矣，何必终筹及此。此以见古之妇女，未有饱食终日无所用心者也。至谓妇女不宜有才，故妇女不宜识字，则尤不可。欧母之贤也，不识字何以画荻？缇萦之孝也，不识字何以上书？他若通经学者有人，著论说者有人，奉诏续书、隔帷受业者有人，凡兹诸姝，分见史传，类皆树绛纱之望，标彤管之芬，至今仰清才、钦令德，其足为巾帼中人扬眉而吐气矣，识字曾何损于妇女哉！自世俗泥于地道无成之说，复拘于酒食是议之训，于是视妇女如瘤赘无用之废物，未出阁前，既闲之防之，不使妄行一步，既适人后，复禁之锢之，不使与闻诸端。间有聪慧负才思者，竞谓此非妇人事，父若夫将诫其弗为，否则且目之为不祥。呜呼！民劳则思，思则善心生；逸则淫，淫则忘善，忘善则恶心生。今男子饱暖无业，动辄呼朋引类，征逐酒食，渐至为其所不当为。妇女独非人情乎哉？既无经营以劳其形，并无琐屑以劳其心，其免于匪僻之念也几何？且夫妇女之中，有贫有富，厥类至不一矣。近世风气，争务奢靡，始于冠履之侉，沿于闺阁之地。吾观绳枢瓮牖中，其蓬首椎髻、荆钗布裙者，尚能操井臼，习缝纫，分任家务，以补日用之不足。或且受廛列肆，躬亲交易，孜孜焉无失朝作夜息之常。独至巨族大家，由礼者鲜，闺门以内，恣为奢乐，所求工者衣饰，语以纺织之劳而不知也；所求精者饔飧，语以稼穑之艰而不知也。日则评珠论翠，夜则别旨分甘，此外若一切不干己事。不识字者无论已，略识字者，又莫不取盲词曲本为排闷计，致琴挑瑟逗、求凤赚凤之说，有以感其逸志，助其淫思。故富室之女不如贫贱，富室女之读书，每不如不读书。虽然，此非读书之咎也，不善读书故也。苟知循分，则主中馈、勤内则，处蓬户可，处华腴亦可。苟知好学，则茂漪簪花之格，卫母周官之义，藉此以自给可，非藉此以自给亦可。总以一言断之曰，不可无业而已。今沪上诸君子女学堂之设，正欲女子之有业也。或曰：妇功之与德、言、容并重，固已顾谓之为业，毋乃未可。应之曰：在昔敬姜有言，男女效绩，愆则有辟，妇工可以绩称，何独不可以业称。或无词而退，余遂书其语如右，不独为天下之妇女说法，抑告天下之男子云尔。

沪南桂墅里池上草堂会议第二集（十月二十七日）

本日到者，曾重伯太史，陈敬如军门，严小舫、郑陶斋两观察，施子英、经莲山两太守，康幼博通守。兹节录问答于左。

郑陶斋观察云，泰西女义学颇多，绅商捐助，有数万至数十万者。今公等拟先倡于沪上，以朝各省闻风兴起，嘱弟追随襄佐，义不容辞。惟自顾精力日疲，肆应难周，恐不足以副诸君雅意。至公禀联名，除南洋大臣、苏抚宪外，弟相熟者少，恐列贱名无甚裨益，然亦不敢固辞。若能各省官绅筹款广设义塾，仿西例，男女六岁以上，俱得入塾读书，则民智开矣。从前同人王介眉太守，何不邀入？请酌之。经对曰：公所论极远大，但公仍宜奋戊寅创办义赈之勇，为萱桂之性，老而弥笃，自然病愈乾健。至公禀联名，或具或不具，当随时仰体斟酌。王君介眉入都未返。

陈敬如军门云，弟内子外国女学堂出身，现嘱拟日课章程，日内可脱稿呈鉴。他们之意，第一年先习语言、女红，第二年起察看材质，再进习他种学问，如医学、算学、史学、舆地、乐律等学是也。放学之期，西例每礼拜二日，今中国女学堂应如何办理，请公会商示遵。经对曰：嫂夫人所拟，大约全是西国学派。今中国创设女学，不能不中西合参者，地势然也。放学之期，俟开堂后酌定。陈又云，课章拟出，再送呈参酌。现堂中华洋文字并行，教导自不宜全用西法。泰西女学亦有烹饪一门，中国女子似亦宜习此，方能洗手作羹也。

严小舫观察云，弟承公雅意，当勉助开创置办家具银五百元，常年经费容极力另筹。经对曰：感甚，吾当为二百兆裙钗先代鸣谢。

施子英太守云，现在既创办不缠足会，则女学堂亟应开办，二者不可偏废，以开风气。

曾重伯太史云，严小翁意重在医学，所见极是，且易下手。下次印单中，于此条似更应切实详细声明。经对曰：此举所见略同，必当遵办。

曾又云，忠襄公次媳刘氏，系权之相国孙女，深通六艺，于经学及现在译西书各种学问擅长者多，将来女学堂课卷可寄长沙，评骘等第，以资鼓舞。众皆曰：此真求之不得者也，何幸如之。词至此止，众俱散。

内董事桂墅里会商公宴驻沪中西官绅女客第三集（十一月初八日）

本日到者，归颍川巴黎赖夫人率女陈槎仙、班仙两位小姐，南海康文娴小姐，归荥阳余姚魏淑人率媳慈溪葛孺人，归乐安无锡华宜人，归天水无锡孙宜人，归安定贵筑李孺人，归清和余姚吴宜人，归乐安蜀东彭宜人，华提调归巨鹿时明州和卿女史沈孺人，归汝南上虞经宜人，归侍吴兴吴县王孺人，归侍荥阳宝山朱孺人也。

据提调沈女史函称，席散已晏，诸位太太小姐均不及发议，允俟十三大会各抒所见。惟康小姐文才敏捷，援笔立论。古人男女并重，其学为人之道一也，是以《诗》首《国风》，《礼》繁《内则》，保师之教，宫庙之训，见诸经义。古今之势不同，为学之道无异，惠班垂范千古，两宋自立一时，盖所以能建树之故，非独词藻已也。我中国以圣教之宏深，山川之毓秀，四百兆之人，二万里之地，女子半之，而未曾立学，故西人视为半教，良有以也。西国则不然，女子六岁必入学，不则罪其父母。教之之道，自写读、算画、女范、天地、医艺，无所不具，故明大义、能树立，此外国男女所以平等也。日本新开塾，而女子生徒二百二十万三千五人，教习一千八百六十人，女子工艺学校二百四十所，高等师范学校十所。而瑞典、挪威小国，女子百人之中，不识字者一人耳。西人通商我华，所到之处，多开女学，以辱我国。以堂堂之中国，而无一女学堂，耻孰甚焉。诸贤媛素蕴闺学，久著才名，力兴女学，他日者，弦歌雅化遍于中国，将颂诸贤媛等首善之功也。

吴宜人蓬仙女史，长于医学，亦挥毫云，事亲之道，贵乎知医。故有人子，须知一书，但医莫重于切脉，次及望闻问，尤须先明乎内外表里各经之寒热虚实，确知药石品味，温凉燥湿之相反，因病投剂，方不致贻误。医者意也，决死生于俄顷。今者西医盛行，奏效甚速，竟有药到回春之妙，自不可不兼习所长。大凡中医精于辩气分，西医优于治血分，中西合参，神而明之，思过半矣。

赖夫人命女槎仙小姐操华文笔谈云，家母敬允承乏洋提调之席，十三准赴张园陪座，先会同魏太太布置一切请客事宜。词毕而散。

中国女学会大会中西女客启

谨启者：本学会邀请女客，专为讲求女学，师范西法，开风气之先，并非如优婆夷等设筵以图香积也。吾华男女，向有阃内外之限，请女客须择清静轩爽之地。前日接味莼园主人张君手笺，愿以安垲第全座捐免园租，为本会请客，照西人茶会跳舞例，亦用巡捕两名，周流巡察，不准游客从檐外经过。并允内主人匡勷陪宾，照料一切。同人闻之，莫名纫佩。昨晨往勘，式式均臻妥善，现择十三日礼拜一午后二点钟，先迓华女客鱼轩早降，三点钟再邀西女客美轮莅止。惟此次请客，有具柬往邀而坚辞者，有失于备帖而愿来者，难免挂一漏万。同人公议，此系宇内大公之局，并非承乏者一己私宴，凡诸贤淑均是客、均是主也。查安垲第可请客三百位，现允来者，西国尊贵女客约有四五十位，华女客倍之。并敬请道宪与有司官太太亲莅，率诸命妇以陪外宾，用昭中西辑睦、教化大同之谊，不可谓非坤道难得之雅集。用特登报布告，凡吾华寓沪官绅士商名门良家太太、小姐，未曾具柬而欲恭逢其盛者，均可一律光临，请于初十起至十二日午刻止，开明姓氏名条、公馆住址，遣纪纲送电报沪局，随即送奉酒帖，到日司阍者凭此帖恭迓引进，以三百客坐满为止。至于不克遍送请帖之处，尚祈诸贤淑慧鉴曲谅。倘因尚未输捐而先赴席，心中不免踌躇，此则有心勿为迟。况此次之叙，专为联中西、开风气起见，章程刊载，捐助愿者量力，即不捐亦属不妨。或十分过意不去，席终多寡贴还酒资，亦可勉为收受，以仰副诸闺秀心安理得之至意，幸勿误会本学会晰及锱铢。再，所需酒资，概由同仁设法另筹，不縻费捐款分文，理合陈明。中国女学会公启。

曾重伯太史来书（十一月初十日）

昨得莲翁订初九日同谒蔡権使之缄，钧不获与诸大君子联袂偕往，是以稍迟于西初进见。据蔡使言，此事极应办，诸绅董任劳任谤，可敬可佩，渠必极力保护辅助，以后有事可随时商量。钧因问督劝南北市捐助之事若何？答称诸公今日并未谈及此事。忆在一品香议事，以此举为最要关键，何以今日并不提起？或有他故，亦未可知，钧遂不往下谈，问各项禀件已全见否？答未全见。蔡问桂墅里太远否？钧答以经费不充，未能就近购地，且藏修之地忌嚣忌闹，稍僻远尚无碍，且已动工，不能改图。蔡亦首肯。又谈胶州事、洋务局购屋事。戌正，兴辞而归。

内董事张园安垲第公宴中西官绅
女客会议第四集（十一月十三日）

三点钟入席，座中西女客李德夫人、卢医女士与范娘娘三位，起而宣言曰：贵国诸位贤淑夫人，创此教化坤道极大善举，不特中国女人之幸，即西国妇女亦深为欣幸。盖天下五大洲妇人，原属同体姊妹也，以后我辈必竭力帮助，如有咨询之事，愿尽诚相告，以表中西声应气求之谊。今日躬逢盛会，永志不忘，敬谢诸位女董事、提调、太太相邀美意。遂有洋提调侯官陈太太、赖夫人亦操西语诵答之。继有西班牙领事夫人、瑞典国领事夫人、江海关税务司夫人等，愿慨助捐款，并乐为本堂董事，助成善举。内董事经太太、梁太太暨提调诸位，皆欣然同声鸣谢，华提调沈和卿女史将建造堂宇图样，并与侄媳章恭人所拟内办章程七则，遍呈中西女客传观，众皆韪之。

其章程云：沪上诸寓公创兴中国女学堂，他日学成，上可相夫，下可教子，真使妇道昌明，千室良善，想亦同会诸夫人小姐所乐观厥成者也。瑛略识之无谬，膺内外诸董事命，忝为本堂华提调一席，无如久居乡曲，中西时务新闻未得寓目，于西国教育之法，见闻甚寡，恐无以仰赞高深，莫名惶悚。舍侄仲理，历充南洋各学堂教习提调，垂二十载，侄妇章恭人稍通文义，于西国学堂教法，侍其夫子既久，略知一二，兹全酌议规条数则，呈求海政，以佐集思广益之助。前者鱼轩会，叙于沪南桂墅里，未蒙赐教，允俟十三张园大会时各抒己见。今日中西名媛毕集，诸位夫人小姐如有崇论闳议，手书赐示，固所感盼，倘不欲对客挥毫，亦不敢固请，但乞不吝珠玉，切实见教，斟酌尽善，以垂久远，瑛当率侄妇磨墨搦管，愿为抄胥之役也。先将妄拟各条，抛砖引玉，勿哂浅陋为幸。

一、中国女学风气初开，能习中文，已非易事，遑论西学。要知中国启蒙书籍实未大备，若文义深奥，以教女子，尤非所宜。常见西国初学入门等书，或言物质，或言古事，有图有说，文显义新，童稚读之，不肯释手。且年年新书新义，层出不穷。烹饪刺绣之书，加以五色彩绘；持家度日之书，列作出入简表。譬如其夫月进十元，夫妇二人加子女各一，每日应用柴米几文、油盐几文、衣服几文、子女读书之资几文，暨新闻纸费、往来信赀，渐至月进百元、千元，均有列表可以推查，操纵有道，无不丰俭得中。中国既无译本，似不可不识西文也明矣。或者曰：华教习一位，授徒二十人，恐于功课难以周匝。若仿西法，以天资相等者六七人合为一班，同读一样书籍，虽二十人亦止分作三起，一师仅教三起，游刃有余矣。

二、照西国学校中，学生逐日各项功课，归教习各记分数多寡，列为甲乙，或榜示给奖，或以书斋坐位列为一二三四等第，分数最多坐第一位，余依次类推。家人偶来探望，一望而知。其从学之女，日进有功，此亦惩劝之一法也。再加三月一小课，一年一大考，教习专就学生所习各书中，命题数十条面试，即可视其学业之进境，似不必如中国男学命题作文也。

三、如学生随带使女仆妇者，亦听其便，但须自贴饭食，亦归堂中提调管束。不服使令者，嘱学生更换。惟不准主仆同眠一室。

四、学生须年略长者与幼者同卧一房，藉以照应，并可互相讨论，以收教学相长之益，庶不致孤寂无友矣。

五、学堂功课繁密，昕夕诵读外，必设小花园一所，藉习灌溉培种诸法，以资息游而舒畅其志气。再设体操之课，以祛单弱，西国女子体操，亦专有图书，上海别发洋行可购之。东西洋学校无不有体操厂者，此培体却病之要义，未可忽也。

六、闻广方言馆房屋图样甚好，似可向制造局索绘一图，以便参酌。盖造学生与女仆房，均需靠近，以便呼唤。

七、华文教习、华提调、学生须设饭厅一所，中列一席为教习、提调同餐，两旁设桌椅若干，每六人合坐一桌，早中晚三餐皆如是。饭菜四簋，二荤二素。每餐教习、提调举箸，然后学生亦举箸。饭菜或不适口，提调立唤女庖至厅前谕话，学生不准喧嚣，亦不准换菜。

以上管见七条，与侄妇归吴兴章兰妄参末议，呈候公鉴。归姚江巨鹿明州沈瑛谨识。

章恭人复有赞美云：寓沪诸大善士慨念吾华轻女重男，视二百兆裙钗如废人，国日以疲，未始不由于此。当今之世，欲力挽颓风，必令女子识字始。爰仿泰西女学法，设女学堂于沪上，诚千古未有之创格，中国切要之远图，从此男女并重，转弱为强，如操左券。兰欣闻是举，钦羡莫名。今日中西大会，因家姑母承乏学堂提调，兰得侍左右，躬逢旷典，畅聆中西诸夫人闺秀宏议雅论，茅塞顿开。以兰见识浅陋，何敢妄参末议，第因外子向办江南同文馆教习、水师学堂提调事宜，常侍巾帨，学堂办法，偶有所闻，一得之愚，未敢终秘，谨陈管见，以佐家姑母条陈数则，伏乞诸夫人闺秀指正。归吴兴皖江章兰拜启。

继有归乐安彭宜人叙女学堂记曰：今上御极之二十三年，秉承尧母之德，以孝养治天下。天下之子妇，敦内则，饬闺箴，鼓钟之章宣于上，江汉之化应于下，洵极一时之盛欤！申江五洲聚处，风气最先，而女学阙如，非所以维护坤教也。寓沪诸官绅贤内助，约同仁创办中国女学，十一月初八日邀海上名媛于沪南桂墅里为璇闺第一集，十三日假座张氏味莼园为中西大会第二集。是日也，天朗气清，惠风和畅，香车宝马，联袂而来，清谈永昼，详考中西女学之利益，并拜读提调沈太太同侄媳章恭人条规论议，均尽美尽善。至议散后，已夕阳西下矣。众善交征，共襄旷举。开历朝未有之风，惠及巾帼；培他年勃兴之气，芽萌海上。惟事属创办，经费浩繁，章程虽议妥叶，慎始方可图终。鄙见以筹经费为第一要义，自愧略知涂画，愿助微劳，拟仿各善堂劝捐成法，画图贴说，石印成册，随《申》、《新闻》各日报附送，由一县推及各县，一省推及各省，想普天之下不乏贤媛，亦闻风兴起耳。集腋成裘，聚沙成塔，质诸同志，以为何如？异日佳话流传，书不胜书，容再拈豪濡墨记之。十三日凡与集共百二十二人，座中博学妙才，首推南海康文娴小姐，而侯官陈槎仙、班仙两闺秀亦堪媲美焉。是为记。光绪丁酉仲冬，归乐安郡彭氏识于安垲第之南窗。

又有蒋畹芳女史即席赋七绝两首云：
转移风气苦心殚，巾帼须眉一例看。
此日开基诚不易，他年踵起自何难。

经营缔造辟新基，不栉英才吐气时。
学贯中西臻美备，四方闺秀萃于斯。

厥后归清河吴蓬仙女史长于医理，其立论侧重医学一道，正与严筱舫观察所见略同，大旨已详桂别墅里第三集问答，不重赘。至此时，词毕席散，中西女客各整归鞭，安垲第已火树银花，璀璨一室矣。是日洋提调陈夫人巴黎赖太太，华提调魏孺人沈瑛暨内董经淑人魏媄，梁孺人李瑞蕙及诸位董事、陪宾太太，午后先到肆筵设席，恭候嘉宾。越点余钟，中西女客鱼轩先后莅止。兹将光降衔名备列于左：

担文夫人、安德生夫人、瑞典国领事夫人、白堪南夫人、道达夫人、艾约瑟夫人、哈哲士夫人、李德夫人、渤理丁夫人、卢医生、孙来夫人、福尔来夫人、日斯巴尼亚领事夫人、威金生夫人、文先生夫人、白小姐、戴玛德太太、雷税务司夫人、礼医生太太、海淑德先生、华德思小姐、山安文小姐、魏小姐、郑娘娘、伊娘娘、金娘娘、汤娘娘、傅先生、博先生、台娘娘、万娘娘、斐礼思太太、孙先生、贝先生、文先生、罗医生、甘医生、慕师母、林乐知娘娘、安德生师母、文娘娘、万娘娘、潘师母、刘娘娘、赫娘娘、古娘娘、卜娘娘、金娘娘、曹娘娘、薛太太、海娘娘、赫小姐、文先生、明小姐、孙先生、费小姐、部小姐、渭小姐、三小姐、华小姐、薛小姐、朴小姐、甘医生、伊小姐、锡罗华太太、洋提调陈夫人巴黎赖太太、沈仲礼观察两位夫人、盛京卿夫人小姐、揆臣观察夫人小姐、杨子萱太守夫人小官官、施子英太守夫人、王心如观察夫人小姐、孙镜湖司马太太小姐、张叔和观察二位夫人小姐、沈善伯明府两位太太、何心川副戎夫人小姐、袁春洲薲尹太太小姐、赵静涵明府太太舅太太、蒋君安荣之太太、云骑尉伊二尹太太奶奶小姐、汪君海帆太太婶太太、马友梅二尹太太奶奶小姐、刘太太蒋畹芳女史、曹君吉甫之太太小姐、洪余庆堂二位太太、冯宅太太、张太太、吴蓬仙女史、康文娴小姐、孙蕊仙小姐、朱筠青小姐、张紫云小姐、谢赛姬赛娟赛鸾三位小姐、朱秀姬小姐、陈槎仙班仙两位小姐、梁卓如孝廉太太、经太太少太太小姐、华提调魏太太、沈和卿女史等，连幼小婴孩，总计一百二十二人，襜帷荟萃，懿欤休哉。

附录十四日《新闻报》一则

　　昨日中国女学会假座张园安垲第，大会中西女客，到者一百二十二人。先将学堂章程翻译洋文，遍送西国诸女客阅看，即有西班牙领事太太、瑞典国领事太太、江海关税务司太太皆愿乐助捐款，问应交与何人手收。学堂华洋提调暨女董事太太等答云，稍迟一日，即当送洋文捐簿来，呈求德惠。三位西太太又问，我等愿为贵学堂董事，来助此开创善举，是否中西人无分畛域，抑只要中国人办理？华洋提调、女董事太太等告以西国上等尊贵太太肯来指示匡助，不敢请耳，固所愿也，容转商外董事，再行送册，请列芳名。华提调沈和卿女史全内侄沈仲礼观察之夫人章恭人，撰就学堂内办章程七条，分呈中西诸女客太太公鉴，并将建造堂宇图样，亦请公同观看。中西诸女客待饮馔过半时，缮具英、法、华文谢词各一纸，同声道谢。华洋提调、女董事太太等答请随时见教，如蒙赐函，请寄电报沪局，或王家库侯官陈寓均可。时有英国人立德太太，于将散时起告于众曰：今日此会，中外一家，诚为欢畅。中国欲创此未有之举，如欲我等众西妇女襄办一切，当效微劳，且不敢稍存私意。又有美国人范太太言，今日我代诸西姊妹致谢诸华姊妹，惟愿学堂一事即日奏功，且其间如有我西人可为进言筹议之处，不特我一人颇愿襄助，即诸西姊妹当亦无不乐从云云。直至掌灯以后，始各席散，中西女客皆兴辞而归。此大略情形也。

女学堂张园大会诸闺秀词藻补遗

开创女学堂论

吾中国人材辈出，而学问艺术之出自巾帼者绝少，岂男多智而女多愚，男尽巧而女尽拙哉？亦由于不学故耳。考之母仪，载于《礼经》，胎教传于《戴记》，宫中宗室，古经序其纲，德言容工，昏义详其目，可知女学之重，自古为然。至后世古义浸湮，壶教阙略，流俗浅见，每泥于扶阳抑阴之积习，一若女不必学，即学之而亦无用者。于是普天下女子，几不知学问艺术为何事。都邑且然，无论乡间；大家且然，无论比户。即间有学者，不过略识几字而已，何足云学哉。今海内通人集众倡议，创设女学于沪上，为当今开风气之先，采泰西之美制，复往古之遗规，中西并习，学艺兼参，一切章程，美善无憾。斯则创千百年未有之盛举，育二百兆久弃之人才，于提倡风化之中，立扶持阴教之法。将来推而愈广，成效彰著，使普天下女子莫不知学，不至终废于无用，诚千古绝大之美举，而裨益时局之一助也。岂不善哉！岂不善哉！

归彭城蒋畹芳女史谨识。

步蒋畹芳女史原韵

多公虑竭且精殚，平地楼台拭目看。
如许旋乾高手段，区区何患转坤难。
九仞为山此始基，女流无复下人时。
中原一半裙钗辈，吐气扬眉肇在斯。

侯官槎仙女史陈骞贡拙。

再步原韵

中西萃荟此堂中，姊妹花开朵朵红。
为惜天涯有凡卉，欲教到处遍春风。
古人内助谈何易，教子匡夫两要兼。
儿女能谙天下事，岂徒知识阃油盐。

侯官班仙女史陈超初稿。

附和蒋畹芳女史原韵

诲人不倦力心殚，百兆裙钗另眼看。
但愿中西同一志，风行海内更何难。

女学堂堂幸有基，申江风气挽回时。

不将半教嗤邻境他国以吾华妇女不学，为半教之国，巾帼多才盛在斯。

归乐安彭氏初稿。

中国女学堂禀北南洋大臣稿

三品衔道员用候选知府经元善、二品顶戴遇缺即选道严信厚、二品顶戴尽先选用道郑官应、二品顶戴道员用留直补用知府施则敬、记名总兵留闽尽先补用副将陈季同、候选通判康广仁、五品衔广东即补盐大使袁梅、举人梁启超禀报创设中国女学堂，请在备赈生息项下岁拨规银三千两，津贴常年经费，乞赐批准咨明盛京堂由。

敬禀者：窃卑府等见我中国旁习西学，渐图自强，各省大宪设立中西学堂，先于本原之地培其根柢，薄海士民同深钦仰。伏维治国之要，必本齐家，事理之繁，尤资内助，但我国人心蔽锢，咸以为妇女不必读书。然以经义求之，《白虎通》曰：妇人所以有师，何学事人之道也。然则不学不可以事人，明矣。《诗》又云，言告师氏通德论，国君取大夫之妾、士之妻老无子者而明于妇道，禄之使教宗室五属之女，此即女教师、女学徒也。至于烈烈贞节，刘子政已著竹书，蔼蔼善言，曹大姑能为《女诫》，斯又其学成者矣。用此观之，我中国岂无女学？岂无道德之女士哉？徒以积习已久，无人振起之耳。夫以泰西而论，则十家之堡，三十家之城，无不男女并设学堂。堂中女士之多者数百人，少亦数十，或习医，习格致，习商工，习学政，无不专门讲求，以致其极。以故欧洲诸国，学校之费，岁支数百万金，而英美尤甚，学费几与兵费等。故今泰西妇女多有知学，而国亦由是强矣。卑府等深图我国自强，女学真不能不急急兴起，然此事朝野上下无不异口同声，而或者以风气之先，最难开创，故迟迟不果行耳。卑府等不自度量，仰体宪意，拟邀集同志出而筹办，先从上海设起，以次逐渐推广。曾于上月二十一日会叙寓沪中西绅商，到者四五十人，群情踊跃，舆论翕然，定议拓地庀材鸠工，期于必成。惟此举费款巨大，卑府等深悉目前商务百废俱举，库藏未裕，不敢请拨官款，拟仿筹赈之法，四出劝募。虽诚求必有诚应，赈捐已有明效，但缓不济急，犹恐在陈堪虞。前本拟请宪台咨商督办铁路大臣盛京堂，于轮电两局捐助北南洋公学经费内，每岁借拨二三千金。举人启超曾接奉盛京堂函谕，谓款本不多，公学尚不敷用，似不便复行干渎。再四思维，尚有卑府元善从前承乏筹劝赈款时，曾随盛京堂商募招商局，于官款息余项下拨银十万两，存于银行，以备各省偏灾急赈之需，名曰备赈生息，禀请前北洋大臣李奏明在案。现在此款亦归盛京堂经理，拟在此中岁拨三千金，以应开办女学堂各项用款，一俟募捐绰有余裕，即行停止。亚圣有云，分人以财谓之惠，教人以善谓之忠。女学堂之教人以善，与赈济之分人以财，可同日而论，且并行不悖。惟念卑府元善与盛京堂同办电报商局，又系相辅办赈之人，倘竟私相授受，拨用前款，未免贻人口实，为特缕晰禀陈，伏候宪台俯赐批准，一面恳咨请盛京堂照发施行，实为德便。再，中国之患，在上下不通。泰西国家，君行一政，民即知之，民举一事，君亦知之，所以上下一心而无所隔阂。虽不敢谓此举为国家大政，然创办千古未有之局，以开风气之先，亦非寻常细故，应否奏明立案之处，出自宪裁。谨将拟议捐启章程一册，另录禀盛京堂稿一折，会同刑部主事吴保初、湖北候补道薛华培、降调前浙江候补道王松森、浙江候补知府翁熙孙、候选知府盛昌颐、候选知府何恭寿、进士汪康年、候选同知沈毓桂、候选同知周廷弼、候选通判钟天纬、广东试用知县胡琪、遇缺即选知县赵元益、候选知县狄葆贤、分省补用知县张镜濂、州同衔严攸庆合词禀陈，伏乞宪台鉴核，批示祗遵，实为公便。专肃寸禀，恭叩钧安。

禀总署、楚、湘、皖、浙、苏各督抚宪稿

禀报创设中国女学堂，并另禀请盛京堂在备赈生息项下岁拨规银三千两，津贴常年经费由。

敬禀者：窃卑府等见我中国旁习西学，渐图自强同前，四出劝募，想诚求必有诚应，从前赈捐已有明效。现在沪上绅商乐捐者已数十人，其中或统捐开堂之赀，或认捐常年之费，各处能照此乐输，即易集事。但卑府等鳃鳃过虑，常年之捐，人事或有变迁，恐不足以尽恃，必宜岁有的款若干，以辅各户常捐之短绌，方为妥善。追忆从前卑府元善承乏筹劝赈款时，曾随盛京堂商募招商局，于官款息余项下拨银十万两，存诸银行，以备各省偏灾急赈之需，名曰备赈生息，禀请前北洋大臣李奏明在案。现在此款亦归盛京堂经理，拟在此中岁拨三千金，以应开办女学堂各项用款，一俟募捐绰有余裕，即行停止。亚圣有云，分人以财谓之惠，教人以善谓之忠。女学堂之教人以善，与赈济之分人以财，可同

日而论，且并行不悖。刻已具禀盛京堂，俟奉批准后，禀请北南洋大臣立案。再，中国之患，在上下不通。泰西国家，君行一政，民即知之，民举一事，君亦知之，所以上下一心而无所隔阂。虽不敢谓此举为国家大政，然创办千古未有之局，以开风气之先，似亦非寻常细事，应否奏明立案之处，出自恩裁。谨将拟议捐启章程一册，另录禀盛京堂稿一折，会同刑部主事吴保初等同前合词禀陈，伏乞恩赐鉴核，批示祗遵，实为公便。专肃寸禀，恭叩钧安。

又上总署、北南洋各督抚宪夹单禀

敬再禀者：我中国欲图自强，莫亟于广兴学校，而学校本原之本原，尤莫亟于创兴女学。人自胚胎赋形，即禀母之胎教，自孩提成立，依依恃母，饮食教诲，触处皆关学问。在昔魁奇伟彦，得贤母之教而显名于世者，史不胜书。是欲妇女通知大义，不得不先兴女学明矣。窃考泰西各国，施教之道列为百分，母教自胎息始，派得七十一分，友教得二十分，师教仅派九分，缘师道尊严，未必沦浃入微，所以得力少也。卑府元善等深鉴于此，拟欲内地广兴女学，而人情难与虑始，惟沪上通商既久，渐习西法，即就沪先创设一总堂，以开风气之先，徐图逐渐推广。但元善等力小图大，仅恃募捐集事，势必耽延岁月，且于常年经费，持久为难。伏思从前历办赈济，偶有偏灾，皇太后不惜什伯万帑金以拯恤之。养与教同为仁政，谓惠谓忠，似教更重于养，可否仰求王爷、宪台援恩赐助赈例，据情入告。倘蒙圣恩高厚，颁赏内帑，垂母仪天下之型，则德之流行，速于置邮，各省人民自必闻风兴起。元善等亦绝不专顾沪上一堂，必谨奉恩颁之帑，分济各省，俾地方公正绅士藉以接踵而兴，同沐皇仁，咸涵宪德，斯元善等夙夜祷祝以俟者耳。冒渎禀陈，无任悚惕。虔请钧安，伏祈慈鉴。

女学堂上盛京堂禀

禀为中国创兴女学，请在备赈息余项下岁拨规银三千两，以助常年经费由。

敬禀者：前月上旬，旌节赴鄂，卑府因病不获诣江干恭送，歉甚。先曾两上函禀，迄今未奉钧示，昕宵企望，无任悚惶。中国兴女学，为当务之急，中西人士异口同声，亦蒙宪台笔示嘉许，此举甚有益，似亦可开风气等因。本拟附丽于南洋公学，仍隶骈蠓，庶几人惟求旧，众志成城，而仰聆宪台意旨，似须界划鸿沟，不获已，只得另树一帜。因有鉴我华举事，委靡悠忽，贻讥外人。先哲云，缓事当急赶，敏则有功。遂于前月二十一日邀集寓沪中西绅商会议，到者四十七人，卑府先与严道信厚、施守则敬、杨守廷杲娓娓言之，又遍质询来集诸君，言不尽意，乃笔之于书，名曰娓娓药言，以示同志，群情欢欣感动，否者竟无一人。即定议六条，涓吉于前月二十六日鸠工庀材，建造堂宇，限明年暮春落成开馆，以期一鼓作气，逐渐推广。但巧妇难为无米之炊，虽分册号召，诚求自必诚应，而缓不济急，难免庚癸之虞。昨接梁举人启超函称，在鄂一再吁恳钧座，欲在南北洋公学轮电捐助款内，每岁暂拨数千金，以应要需，久则以三年为度，如女学募捐大集，即可停止归还，或行有余力，竟可挹注男学，分道推广，亦未可知，奈宪台未允所请等因。窃思中国之不振，即病在外孔内杨，但知为我，今既悉宪意为难，何忍一再纾臂强求而甘蹈故辙。伏思备赈生息一款，当时北洋大臣奏案有归协赈公所施善昌、谢家福、严作霖及卑府四人轮管之议。施、谢往矣，卑府与严助教因向由宪台综核，以致疏于匡襄，幸沪上赈所收捐绵绵不绝，此款得以渐滋暗长，屈指十余载，卑府聋聩，毫无所闻，不知现存子母若干。前岁为兴办公济堂，蒙提息余规银一千两拨捐，以此类推，谅必子大于母，为数已巨，合无仰恳宪仁，即在此款内，每岁拨济规银三千两，苟女学助捐大旺，卑府是筹赈发端之人，岂不愿备赈之资日积月赢，有备无患，即当立请停止。倘或女学尚赖将伯，即常以此款移助，亦名正言顺。子舆氏曰，分人以财谓之惠，教人以善谓之忠。况女学尤为教善中本原之本原，欲图中国转弱为强，莫亟乎此。质诸同志，谁曰不宜。夙谂宪台公溥同仁，必能大公无我，俯允所请也。发言由衷，乞恕狂愚，无任战慄屏营之至。再，备赈存款，以情理势论之，据卑府之愚，似亦应刊刻帐略征信，以明不愧屋漏而昭大公。是否有当，仍候采择，合并陈明。附呈女学堂捐簿章程一册、议事印单一纸，伏候宪台俯赐鉴核，批示祗遵，功德无量。除禀总理衙门、北南洋大臣、湖广总督部堂、湖南、安徽、浙江、江苏巡抚部院外，专肃寸禀，恭叩钧安。计呈章程一册、印单一纸。

同人公禀请在备赈生息项下岁拨银两津贴常年经费一节，十二月十六日奉南洋大臣刘批：该绅等苦心孤诣，创设女学堂，以为自强之图，具见关心时局，深堪嘉许。惟所请咨拨从前招商局捐助备赈生息款项之处，现准盛京堂来电，此项捐款，历年垫办顺直、山西、山东、奉天等处义赈，迄未收回等因，是此项银两已无可咨拨云云。谨注于此。同人等附识。

女学堂答杭桓友人书

本月十六接到一函，外书杭桓丰乐桥寄，启缄展诵，上款某某仁兄大人阁下，久不面晤云云，下款同乡友人顿首鸥，十四日发。细味语气，好似上虞同乡在省所递，因无姓名住址，无可削答，只得登报肃复，乞谅之。

同乡友人先生阁下：辱承大教，勤勤于女学堂之设，以申地诸局女工为前车。又谓妇人以主中馈，不宜就学，恐为风俗之忧。大君子之爱风俗与爱弟也周矣，然窃有所见，欲达一二于左右者，想不以为忤也。君以为沪俗妇人之坏，其曾就学乎，抑未耶？以未就学之故，故不知礼义廉耻为何物，日即于淫。若其学也，岂复如是乎？弟所为发愤而欲急兴学堂者，本为移风易俗之助云耳。夫人之所以异于禽兽者，以其有学能识事理也。使君不识一字，又何能明辨今日之事哉？必囿于妇人而已矣。中国人数号为四万万，而妇女因不读书，遂不能明天下之事，凡言论事功，皆依靠男子，则中国人去其一半矣。西人谓吾为半教之国，乍闻之必愤惊，然细思之，非半教而何耶？读南皮张尚书《不缠足会序》，稽考中国人数，亦谓不识字者又去其几，盖亦可哀也矣。且女之有学，吾三代时已然。《葛覃》言告师氏，女之师也。《内则》姆教婉娩听从，女之教也。《白虎通》嫁娶篇，妇人所以有师者，何学事人之道也。《繁露》爵国，王后置一太傅，太母、夫人、四姬、三良人，各有师傅。《列女传》所载贤母节妇，若庄姜、宋伯姬之数人者，莫不有傅。盖古圣人以夫妇为生人之原，妇人上相夫、下教子，故立学堂以教之。国风之什，大都女子之作，圣人之重女学也如此。后世此义不明，视妇人为无足轻重之物，只欲其不淫而不先教之礼义。夫不教之礼义，而欲其不淫也得乎？且彼不知礼义，则室家之内、夫妇之间，其能相敬如宾，无距详诟诼者几何？曹大家曰，教男而不教女，暗于彼此之数。诸君子何不深长思也。今法斯义，故亟亟以兴学堂，果其学有成就，则事姑嫜教子女，将为国家造就人材之基础，所以报圣恩万一者，将在于是。故忻然愿随诸君子之后，力主其事，虽或非之，亦不能自爱一时之虚誉，而废天地之大道也。尊论以附和此事者，非有他故，惟欲图利，则未免逆忆过甚，以小人之心度人。足下未尝办事乎？办事时亦欲图利乎？而谓天下必无足下之人乎？吾知其必不然矣，吾亦知足下必自悔其言之不及审择也。至谓堂中贫贱之女，每易为役夫引诱，殊不知学堂定例不用男子，此无过虑。不过足下偶尔为人欲所蔽，习俗移人，苟清夜静思，天地所生，原属一体，若以男女形骸之分，力抑老母、妻子等于异类，然后快然，恐未必然也。今外国环逼，智学大开，吾华地大物众，丧师割地，赔款求和，而昏昏者尚不知变计，后之人必不解其故，即今之人亦索之而莫得。盖亦数千年抑制妇女，等若禽兽之戾气有以致之者欤？故欲保吾国，保吾类，必自此始，冀得悔罪于天。使上知变计，下知学术，则子孙不第，固亦乐而从事焉。孔孟何科？欧苏何嗣？明其利者不计其功，窃愿天下共鉴此苦衷也。如荷不弃，明惠教言，是所愿也。若知天理之当顺，绝学之宜兴，而犹拘迂不化，不思有弊即革，有善即为，则非善之所敢闻命矣。另示上虞积善堂一节，容将尊指即函告梓乡同人，以副仁廑。专此敬复，诸惟亮鉴。善顿首。十一月二十一日。

女学堂接寓聚兴栈黄君书

女学堂诸位先生台阅：伏读日报所载女学章程及论议一切事宜，具见悉心救世，一片热肠，佩服之至。窃谓华人于女学一事，风气未开，能得如此迅速举办最妙。惟医学一门，尤为卫生要务。康教习既系专门，凡学生之习此科者，不必并习他科，未习此科者，亦须略知本末，与师范科并列，庶学成之后，益宏救世之心。法学似不必专习。学费现定每月一元，此为经费起见，但有力者固易措置，贫户未免向隅，俟捐款既裕，宜即减收。又捐款至五百元以上，常年捐款五十元以上，准遣一生入堂，免其脩金膳费。然此堂既为造就人材，不宜转有歧视，应令入学者无论贫富，各收学费若干，一例相视。堂中饮食，总以洁俭为主，凡沾染豪侈习气者，即行禁止。学生年限虽不得过长，然成人以后，志学者众，倘以年限已过，致令终身废弃，殊违同仁之意，拟以八岁至十三岁为小学生，十四岁至十八岁为大学生。堂中或有女仆煽诱，阴坏悃训者，由教习及提调等随时指明斥逐。学生尤不宜轻出。堂中凡《女论语》及《教女遗规》等书，宜多购庋置，暇时由教习演说，以示昌明女学之旨。学堂中宜设报馆一区，首论说，务使通国知女学之有益，冀以渐开风气，由教习、董事主稿；次如医学、算学、史学、格致学及各种艺事，《湘学报》条例颇善，宜仿之；次各学生功课。或嫌创办时无可登载，旬日报、半月报俱可。除派数分送公家外，余即出售。不缠足一会，将来必能通行，现借《时务报》馆，恐不足垂久远，拟由堂中另建房屋，一气呵成，会中人姓氏暨收支各节，即入女学报中。漱六伏见西人于女学一事，极为认真，竭天下之智，合天下之力，数年之后，蔚然而兴。先生既能为二百兆人造此莫大事业，成此无量功德，用敢赣其愚见，效献芹负曝之忱，广益集思，或亦先生之志欤？是否有当，伏希裁定，临颍不胜盼切之至。专此肃布，敬请钧安，诸惟朗照不备。后学黄漱六顿首。一阳月初十日。

寓沪晋安薛女士上女学堂董条议并叙摘录

丁酉冬十有一月朔，敬如兄钟以海上绅董创立女学堂章程来商，余乃裣袖而起曰：大哉旨乎！夫中国妇女，数虽二万万，岂尽无用哉？特以先王内言外言之戒，操守弥坚，贞洁其心，柔顺其道，故于中馈内助而外若无能为也者。然其间岂无聪明难阃，发而为道辒之才，灵芸之艺，自古迄今，可指而屈者凡几？西国虽男女并重，余不知其自古迄今，名媛贤女，成才者几何人，成艺者几何人，其数果能昌盛于中国否耶？以余所闻，惟有法国若安一人而已。若安者，收拾余烬，攘臂一呼，英军披靡，退避数十里。迨至关门紧闭，功坠身焚，西史犹大书特书，令人缅想其风徽不置。然以较之六代之木兰，唐之四姑，明之秦良玉，讵得曰妇人在军，兵气不扬哉！若安能以武勇闻一时，闻千古，闻四国者，非一弱女子也耶？要其所造而不必果出于才艺也。方今中国圣明在上，士大夫之具才艺者，几如米粟布帛，充布人间，所以报答升平者亦至矣，虽有若安其人，且无以用其武，况在区区若才与艺乎？然而才之与艺，是曰妇言，是曰妇工，固四德不能外。余也少承母训，长适通儒，虽知才艺之微，藉弥妇道之隙，无如米盐累之，儿女扰之，疾病忧患又间断之，井臼之职，时有抛荒，遑论所学乎？今者女学堂之设，深嘉诸君子惠及阴教，将使二万万弁钗缟髻者各得所学，而后出其才艺，以备国家有用之选，何快如之！余幸躬逢其盛，不揣固陋，谨如兄钟命而择女教所宜者，凡若干条，著为议，惟诸君子采纳焉可。晋安女士男姒薛绍徽叙于海上琴瑟寄庐。

一、女学堂之设，注意既以中西合参，西学若何，非余所谙，故但言中国之学而宜于妇女者，先由浅近，亦不必求其深且奥也。惟中国妇女能学者，不过才与艺而已，而妇道所重，实在妇德。妇德虽非学之而后能，而当为学之时，亦宜使其耳目濡染，以定心志，庶将来出为人妇，相夫课子，攸往咸宜。

一、原议堂中崇祀孔圣，是为道统计。然孔圣之道，譬如日星在上，虽愚夫愚妇莫不瞻敬，祀与不祀，孔道之尊严自在。且各省书院之设，多半但祀程朱，而孔道尤为尊贵也。溯女教之始，实由于文王后妃，次即孟母，然有辅圣诞贤之德，实无专书以贻后学。惟汉之曹大家续成汉史，教授六宫，其德其学，足为千古表率，又有《女诫》一书，上继《内则》，古今贤媛无出其右，祀于堂中，以为妇女模楷，犹之书院但祀程朱，隐寓尊孔之意。

一、堂中课程，西国最好既有西学女教习，必能选择精善，勿容参喙。惟为中国妇女计，所学良非一端，四子六经，乃相夫课子张本，已属不得不学。此外若班氏之《女诫》、《女训》，刘更生之《列女传》，蓝鹿洲之《女学》，皆为妇女启蒙入门，庶可毕生率循妇道，无忝妇功也。

一、学律固非妇女之事，然朝廷设律，实以匡正人心，非无故好行刑罚也。世之愚妇，荡检逾闲，皆因不知官律之误，是宜节取《大清律例》以开导之。吾学录一书，所择尤善，卷帙亦无多，或即借资是书，较为易事。

一、女红乃妇女本分，而专书特少。今学堂之中，似宜于中西教习以外，另延绣师以课授之。闻此节虽属西国学堂亦所不废。再，蚕桑纺织亦系妇女应有之学，尤为近时关系之大，亦宜设法讲求而课之。

一、西国女子亦喜学医，此道尤为至善，尤妙者宜学其妇幼两科。惟闻西医善于外科割剥之法，而于内科中之寒热虚实颇不分别。且西药之性，制成精质，其气较烈，若与病宜，收功固易，第中国妇幼体气多虚，不免有可用不可用之处。鄙意以为欲学西医，务宜先读中国之《内经》、《难经》、《脉学》、《病原》、《伤寒论》、《本草纲目》等书，而后参学西法，庶有交济之妙而无误人之事。

一、中国地博民稠，五方语音，清浊高下，迥不相侔，而妇女尤甚。今堂中之中文教习，尤宜择其善操官音者，固不仅以才艺擅长也。使女子能知中国正音，似较有用。

女士潘道芳论中国宜创设女义学
（录香港《循环日报》十月二十四日）

中国男女并重，《易经》象首乾坤，夫妇礼称敌体。唐安禄山对元宗言，胡人先母而后父，殆异俗也。至于母教，中国素娴女师之设。如《后汉书》班彪之女，名昭，博学高才，其夫曹世叔早卒，昭守节行法度。其兄固，著《汉书》未成，诏昭就东观藏书阁踵成之，帝数召入宫，令皇后、诸贵人师事焉，号曰曹大家。又《晋书》韦逞，母宋氏，父世儒，就家立讲堂，置生徒百二十人，隔纱幔讲学，世号宣文君。若才女，如牛应贞，年十三，凡诵佛经二百余卷，儒书子史又数百余卷，自著文章百余首，学穷三教，博涉千家。又如伏生之女，教晁错得《尚书》二十九篇。古史具在，斑斑可考也。降及后世，世衰道微，虽以中国土地二万余里，人民四万万之众，林总藩庶，甲于地球，不敢求其能文章，但解书函、识字义者，百人中不过十人，穷乡僻壤则千人中亦不过十人。

夫国家之盛衰，系乎人才，人所知也。变新法，图富强，人之所亟也，而人才如此，知识如此。张南皮尚书云，以四万万人仅得二千万人，裁足当日本之半，其危不已甚耶！吾谓欲救中国之衰弱，必自广中国之人才始；欲广中国之人才，必自蒙养始；蒙养之本，必自母教始；母教之本，必自女学校始。推女学校之源，国家之兴衰存亡实系焉。何则？夫襁褓之婴、孩提之童，亲母之日多，亲父之日少也；亲母之性狎，亲父之性畏也。由六七岁有知识，以迄十二三岁，天性未漓，私欲未开，母之教迪，如种花莳果，灌溉栽培，先养其根本，凡衣服、饮食、嬉戏、步趋，皆母得而引导焉、指授焉、勉励焉、节制焉。则凡有生人以来，其学成于母也，如是其久，如是其重。使母之教善，则其子之成立也易；母之教不善，则其子成立也难。孟母三迁厥居，以训其子，孟子遂成大贤。欧阳文忠公一代文章，其母以画荻教其识字。求之古人，是其明证矣。

今泰西学校之兴，都城郡县，学校如林，远地荒乡，义塾遍设，国中无论男女贵贱，其有七岁不入塾诵读者，则罪其父母。至婴儿各塾，教习且多用妇人，盖以其闲静细密，易于抚养，最能得孩童之心。而通文理之妇人，国家可延为师，亦属奖励妇人之一道，此诚能讲求富强之本源者。乃中国之妇，只知教女缠足，余外不过仅及刺绣女红。是以为人母者，文字不识，大义不明，孔、颜、曾、孟之名，终身所未闻，《诗》、《礼》、《春秋》之经，毕世所未睹，教子无术，训女无方，其本来未学，安能望其教人哉。孟子云，逸居而无教，则近于禽兽。今中国二万万之女子，能免于不近禽兽者，盖亦鲜矣。窍其耳，纤其足，日处深闺暗室之中，惨受剕刑尪跛之毒，一物不可见，一步不可行，本国之沿革不知，本乡之南北不辨，尚望其博古今、通天人、穷五洲、著论说，为国家成人材哉？子女不能自保，亦不智之甚矣。夫妇女之不智如是，岂天生若是耶？西国之女，为婢为佣，亦能歌诗作札。吾见吾乡之妇女，其夫及子有一信寄归，必须央人读听，并求详解，而欲寄复一函，竟有迟之又久，始觅得一人代书，虽有密事要言，亦必为人所悉。噫！此岂非被无才便是德一语所累哉！今为善法以救之，惟望乡之君子仁人，合望筹款，设立女义学，由少而多，由近而远，渐次行之乡间邑县焉，则同体之伦勃然而兴，国家之人材有赖矣。

曾若渝茂才论女学堂（录十一月十六日《新闻报》）

尝读《国语》至敬姜论劳逸一篇，而叹古之妇女固无人而不操作也。古者养民之道，首重耕织，耕之事男任之，织之事女任之。故《礼》之《月令》，《诗》之《邠风》，于农桑诸务皆三致意。汉诏犹谓雕文刻镂为伤农事，锦绣篡组为害女红。知古人以耕织为重，而不偏重夫男者，并不轻视乎女若。夫入学讽诵，博览图书，则固男女之所同习，而未尝独摈夫巾帼也。是以《诗》三百篇，妇女女子之作遂居其半。沿及两汉而唐，山夫人手定雅乐，曹大家续成《汉书》，盖其时中国女学犹未废耳。后世女学既废，彼不学无术之辈，遂谓妇女之职仅在酒浆丝枲，此外非所当预。而为妇女者，亦习闻其说，信为固然，于是苟免操劳，即安处淫佚，稍知翰墨便共诧通才，迁流至于今日，而中国之妇女已大半成为废弃矣。盖妇女无所事事，而徒知食粟，则几与罢癃残疾者等。

今者寓沪诸君鉴于泰西女学堂造就人材之盛，欲仿西法创立中西女学堂，为中国二百兆坐食无能之妇女特开风气，诚善举也。然鄙人虽身居局外，有不能已于言者焉。窃谓西学分门别类，至繁且赜；中学旨远，词文实缓而迂。为今之计，彼绿窗贫户之妇女，汲汲操作，无暇入学，并无力入学者，固无论已。若夫大家闺秀，阀阅名媛，其有志附学者，于中学似宜仅教以训诂，俾收大义而已。彼经史百家、词章考据之学可不必讲，而亦无暇于讲也。至于西学，则凡算学、格致、光学、电气学、化学、重学、声学，以及测量、图绘、医理、蚕织，凡妇女可以安坐一室以行其所学者，皆宜各就其性之所近，使造为专门名家，以为他日见诸实用之地。他如兵法、刑律、轮船、铁轨、风涛、沙线诸学，可无庸议。何则？中国男女之别甚严，非泰西诸国可比之，数者皆非妇女所得与也。顾其尤要者，莫如各种工艺。试思西国之所以强者，由商务之盛也；商务之盛，由工艺之精也。中国之病，既坐视二百兆妇女之坐食无能，不能广辟利源，则为中国广辟利源者，舍工艺其谁属耶？或谓蚕织之事，于女子尤为重，奈何忽近而图远？殊不知蚕织之利，本吾华所固有，不过参以西法，使之精益求精焉斯已耳。若夫工艺，则凡土不宜桑之所，候不当蚕之时，皆得勤其四体而居为恒业者也，不是之学而奚学哉？或又谓妇女之学，既重在工艺，则凡算学、格致及光、电、气、化诸学可以无事，独致力于工艺焉斯可矣。曰：是不然。西人工艺之学，莫不由算学、格致、光、电、气、化诸学而来也，饮水而不穷源，其可乎？而况算学、格致、光、电、气、化诸学，若能专精一事，其利益固自无穷，而奈何其概置之也。查今年西报所载，美国女子学成卒业而为工程首事者二十五人，善绘画者一千二百人，精测绘者一百十一人，工乐律者三万四千五百十八人，司会计者二万七千七百七十七人，甚至制造厂之教习亦用妇人，可想见该国女学，大抵以工艺为首务。客岁厦门女子郑绮梅亦有中国宜振兴女塾以造就人材之说，其间议论亦以工艺一端为不可废。要之，西人女学，舍读书识字而外，概以工艺为重，且不特女学为然，即其国男子之学，亦何独不然。吾中国诚欲大兴女学，使此二百兆之裙钗慨焉奋发，以为今日自强之计，以为他日争雄竞爽之图，则莫如首重工艺，而后更习其余。特不知鄙人之言，有当于诸君之意否耶？

劝金陵都人士创开女学堂启
（录十二月二十一日《新闻报》）

客有问于余曰：盖闻天道扶阳而抑阴，人道贵男而贱女。孔子系《易》，于坤之文内有曰：地道也，妻道也，臣道也，地道无成而代有终。子今以创开戒缠足会，谆谆为我金陵都人士劝，子岂不知夫弊随法立，害并利生乎？夫吾华阴教闺训失传久矣，为妇女者，惰若游民，蛮如番族。幸赖有缠足一牢不可破之旧习束其身，即以约其心，子一举而决其防，溃其堤，解其束缚而从之，是奚啻傅胭脂虎以翼，而助猪婆龙以云雨也。借妇箕帚，虑有德色，抱哺其子，与翁诟语，勃谿之声闻于庭，脱辐之嫌占于室。而今而后，率天下妇女而为祸衽席，子之肉其足食乎？余曰：唯唯否否。若客所言，知其一不睹其二，见其外不识其内也。仆尝倦谈，不能一一其详，请略举其凡，而客自览其切焉。邃古之初，元黄肇判，氤氤氲氲，人皇九头，伏羲蛇身，修己背坼而生禹，简狄胸剖而诞契，此殆天地异禀，孕育神圣三古，而后罕有闻者。后圣继起，太任以胎教而育西伯，太姒以能嗣徽音而庆百男。宣王中兴，姜后进谏；齐威创霸，无盐佐成。是知阴助阳，女佐男，阳施而阴受，夫倡而妇随，天地之经，刚柔之义，固亘万古而不可须臾废者。倘阳陷而阴荡，男女不正，父子无亲，则乾坤或几乎息矣。仆之创戒缠足会也，非以抑阳而扶阴，非以贱男而贵女，乃将以强吾之赤子而智吾华之丈夫也。强之维何？在不缠足。智之维何？则在开女学堂。且夫行远必自迩，登高必自卑。妻贤者家兴，母善者子贵。反是则恶妇破家，其母不贤，其子不肖。故妻之黠如鼠、蠢如豕、悍如虎、愚钝如木石麋鹿，虽其夫为圣贤、为豪杰，终无以神其化而格其顽。所生子女禀其胎气，习惯自然，虽其父义方有训，亦终以怙过恃爱而流于不才。以今日吾华四万万人计之，妇女居其半，此两万万人中，咸不读书识字，其有绣阁娇娃略娴翰墨，又不过伤春惜别，藉美人香草为寄托，甚则因此而招浮言于阃外。求其读书明理，以相夫训子为事者，盖万中不获其一。而又多狃于旧俗，深藏邃室，与之谈国门以外五洲教化，如闻海客谈瀛洲，心疑神骇，掩耳而不欲闻。然则欲强吾华赤子，固非去缠足恶习不可；欲智吾华丈夫，又非开女学堂亦万万不可。矧今强敌环伺，视耽耽而欲逐逐，瓜分中土之谋，见诸中西报纸者，昌言不讳，蔑弃公法，弁髦公理，咸诋我中华为无教化之国。脱令我华民既强且智，彼族虽强，敢萌是心乎？至若中土顽民会匪，俗号为可恃之人心者，彼族竟欲待之以阿非利加黑奴故智，始则以炮火慑之，继则以奴隶蓄之，固未尝震于若曹而稍存忌惮之意。异日彼族因利乘便之举，变夏为夷之谋，鱼肉我华，牛马我华，四百兆神明之胄，日弱一日，日愚一日，尚复有重见天日时耶？七年之病，三年之艾，不及今早骈良图，强女以强男，智女以智男，后将噬脐，嗟何及乎！嗟何及乎！客乃目眙口噤，逡巡良久，言曰：鄙哉蒙乎！蒙今闻君正论，若梦初觉，愿君急取是论，为吾乡明理识时诸君子倡，可乎？客既退，余乃比次问答，登诸报端，敬告金陵有志之士，赞成此举，盼切祷切。一切章程，则上海女学堂所订，极有条理，仿而行之，自足收萧规曹随之益，而成强种保族之图。西望钟云，悲愤交作，书不尽言，伏维察纳。

丹徒茅子贞孝廉来书

敬启者：谦居常痛念吾国女子有苦无学，国人废者一半。不特废也，其受苦者，女子终身在痛楚之中；其无学也，男子终身受女子之累。是凡物之废，废之外，无余事也。人之废，废之外，正多后灾也。浏阳谭复生太守予我以不缠足籍一本，以劝戚友，应者甚鲜。继畀以女学歌二十本，转以畀人，但受之而已，回皇无策可挽积非胜是之习。谦家有两女两媳，媳皆识字，而足不甚小。余女缠足时，尝谓其母曰：我家女子能识字，世族争求焉。长女已受聘，彼非以吾家足小也。吾之聘媳也，亦以其粗知文义，能作清通说帖，遂委媒妁，亦未问其足小也。然则女子能识字，可免缠足之苦矣。其母曰：然。某家女子识字而足不小，早受聘矣，某某家女子足甚小，至今无问名者，皆吾旧姻也。子之说，或可信哉！遂不尽力于缠。谦所习于家者如此，揣合亲党之情又如此，而后乃得以识字易缠足一说。又虑塾师之狠毒也，更引伸而著明学究情状及女学功课，条叠其词，为浅说一篇，以示女媳，虽小女亦朗朗成诵，无语不解。问之曰：此较女学歌何如？长女曰：较为切实。问以切实何在？女曰：爱体面三字，乃缠足真正病根。今父能明揭于前，更教以有体面于缠足百倍者，人亦何乐不为？又问媳曰：今有两小女子，一足小，一识字，外间娶媳者何所聘？曰：聘识字者。又以询之族姻诸母，皆曰：识字有真体面，缠足之体面不大。谦最服膺严小舫观察女学堂首在医学一说，以为深入人心，而又恐女学堂规模太大，一时难于推广，因于吾说之末，劝从能医之师，且继以算。更劝老儒习此二者，以扶植吾人类。涔蹄虽细，或亦河海所不弃乎？倘能俯采刍议，或刻一单行小本，广布人间，庶足助慈航一楫也。又阅新闻纸，有陈君致书女学堂，而诸君子未识其人，无从致复。今请援唐人书例，附详于末。茅谦，字子贞，丹徒县人，年五十，由优廪生中甲午江南乡试。有三子两女两孙子，长子乃登、次子乃封皆县学生，三子乃经肄业储材学堂，侨寓江宁南门新桥口钓鱼台。

女学堂接友人书并女史周远香诗

日前快领教言为慰。顷接制造局周仲玉兄来函，荐其女兄周远香女史愿充女学堂教习之任，并有原函及诗稿一本，兹一并奉阅，应如何可否之处，俟诸君核酌示复，再转致前途可也。此等闻风而来气象甚好，代为愉快。专此，敬请台安。述祖顿首。十二月十六日。

仲玉弟览：潮来黄浦，书剖碧鳞，藉悉吟怀畅适，慰甚慰甚。诸大善长创设女塾，曾于日报中览其规条，宏谋硕画，具见婆心，是不仅巾帼蒙麻，其弃无益而学有益，即士风亦当为之一振也。来书谓塾中女师尚在需贤，怂恿鄙人应选。自惟固陋，何敢妄为人师，虽未心盲深渐，腹负鸠藏，自笑鹤舞贻羞。惟医学一门，窃愿从事，望商之洪大善长，乞为先容。倘能忝附三千之末，幸甚幸甚！匆匆布答，即问近佳。远香寄言。腊八日。

闻沪上设中西女学馆，企慕殊殷，并细有医学一科，尤愿执卷从事，偶成俚句，用志倾心

班家女诫幼曾谙，韦母传经化久覃。
此日未应芳躅渺，秘书新向异方探。
绛帷青绫慕古徽，儒宗又见出闺闱。
更闻师氏来重译，问字无烦载酒随。
礼经姆训喜重兴，教育英才美共称。
未许裙钗让冠屐，也夸游艺竞多能。
不为良相比良医，寿世宏慈道未歧。
愿乞鲍姑仙术在，顿教大地起疮痍。

附闻各善长立放足会，喜而有赋
蠙首蛾眉美自真，未堪贻笑学西颦。
何烦艳说纤纤履，恨杀当年作俑人。
深闺无数步姗姗，虐例传来竟不刊。
纵有阿弥最慈绝，续凫断鹤未嫌残。
昔日缇萦一上书，九阍也许肉刑除。
那知闺阁千秋弊，直待而今始返初。

欣看恶俗一朝湔，善政犹如解倒悬。
始信仁言真利溥，后贤何必让前贤。

女学堂接友人书并女史张蕴华诗

顷张梅航观察交来伊令亲张蕴华女史诗稿一纸、履历一张，女史寡居无依，堪充贵学堂教习。现尚在沪，今晚赴苏，如承许可，欲赶先到内董处一晤，订定明年初夏再来云云。兹将女史亲笔稿件两纸奉阅，应如何复答之处，祈速示以便照复，或请迳复后马路山东赈捐局王省卿处张梅翁可也。张君偕女史今日赴苏，候示即欲成行。此叩台安，伫盼环云。述祖顿首。附原稿二纸。

张静仪，字蕴华，行四，道光壬寅年十月廿二日吉时生，山东兖州府峄县儒籍。自夫亡后，即寄居外家曲阜县孔宅老五府。父讳伯墉，字崇如，河南候补知县，随僧王前营办理粮台事务。母孔氏，例封宜人，慈侍下归武定李。夫讳锷，字隽锋，以监生两入乡闱，未第。故翁父讳执中，字少庐，道光丁酉科拔贡，直隶候补知县，历署定州知州、柏乡、内邱等县。外祖孔菊农公、舅父霭邻公，咸丰三年交河县同日殉难，奉旨建立专祠，祀昭忠祠、名宦祠，国史馆有传。表弟名祥霖，字璘轩，准补邳州知州。又名祥霖，字少霭，前任湖北学政。

观女学堂启恭纪二绝
海上传闻广厦开，纷纷红袖问经来。
听他欧美人争论，中国新添一半才。

女儿从此幸何之，物理人情尽可知。
教化阴阳罔偏废，蛾眉愿不让须眉。

和畹芳女士即席原韵
寄语诸君力要殚，此图休作等闲看。
关雎化自闺闱始，振起中原定不难。
二千年已废坤基，极力修培趁此时。
莫道钗裙关系小，自强根本在于斯。

和班仙女士原韵
由来内则礼经中，妇道原非尽女红。
从此阐扬遍天下，一时兴起古流风。

我辈聪明人尽有，怜他才德鲜能兼。

诵君教子匡夫语，惭愧侬知咏絮盐。

女学歌

天地生斯人，阴阳原并制。男耕而女织，各有谋生事。

性情既相同，血肉亦无异。所以古圣人，教化不偏弃。

导法虽湮没，内则留遗义。后代此风衰，天下女人废。

仰食于男子，见闻日以鄙。一人供妻女，其力安得继。

骄小日相仍，纵成阴陋辈。遂觉妇人侪，难与天下事。

不教而弃之，试问谁之罪。假使男易女，缚束闺闱内。

不使其读书，依然巾帼类。六洲未通时，男才原足治。

梯航万国开，人才已不备。况彼妇女侪，与男学并贵。

人一抵我百，相形日见累。二万万废人，其家安不坠。

卓哉当世贤，亟创女学议。建堂于海上，学问中西萃。

从此不栉侪，畅其天生志。知识日渐开，巾帼有奇器。

夫惟创肇难，天下变不易。敢告同辈中，遐迩须相系。

有志救世者，请各兴其地。庶几我辈流，群得吐其气。

勉哉襄善举，芳名亿万世。

丁酉冬暮，游海上，得阅创建女学堂议，欣跃之下，恭纪五古一章，兼以勖我同类。词章本不足邀大雅之观，若诸君子鉴其用意之不尽鄙伏而教之，静仪幸甚，我辈幸甚！山东兰陵女史张静仪蕴华未是草。

江右文海和孝廉来书（十二月初八日）

在沪得接光仪，侧闻高论，令人钦佩无既。女学堂事，诸君子力赞其成，鄙人当尽其愿力，承委募捐劝学各节，回江后已一一照行，见在输资来会者颇不乏人，容俟汇齐当奉寄。豫章僻在西隅，几同化外，归后外间消息毫无见闻，不知学堂房屋已兴工否？康、石二女士已到沪否？开学究在何时？华文教习，闻尚未聘定，弟到处恒物色其人，适归王氏姊由安福来，闻之欣然愿承其乏，弟固不揣梼昧，援内举不避之义，藉以略陈其梗概。姊行二，字芸英，幼随先大夫读书，泛览文史，兼通小学，现年四十五岁，在家读书二十年，二十六适鄱阳王学博，名庆康，现官安福训导。弟幼读萧选，多从其口授，且素性闲静，善诱循循，教女孩极耐烦，吾家弟妹小时读书，多受其教。如能聘充华文教习，必有可观，尚望高明与诸公酌之，从速赐复，以便定议。德事如何了局？近日有无新闻，能乘邮政之便寄我一二，感甚。弟明春或当赴沪，晤时再图畅谈。手上，敬候起居。廷楷顿首。

论中国女学（译十二月初八日《益新西报》）

中国将设女学堂于上海，闻之实为可喜。此学堂系中国上等妇女，因自己不学无术，所以力矫锢习，专为开其女孩智识而设。中国富贵人家，男孩渐多竞尚西学，惟女孩则从未设有学堂。前日倡议诸女董，延请西国女士商办一切，西女多乐为相助。嗣后西班牙领事夫人特备盛筵，回请诸女董，并延李提摩太为舌人，堂中凡百制度，悉遵儒教，恐稍涉异端，中女即不乐于从事。盖中国女学堂系创举，若不尊重儒教，势必招人訾议。现虽有许多中国大员皆以为然，然腹非者亦复不少。至前日请客之举，原为妥议章程，公举文案帐房并劝捐等事，西班牙领事夫人已俟捐册办好，即代向各西人处劝募。似此中西妇女互相倡提，将来集有成款，当可实事求是，不致官样文章，利归中饱，即我西人亦乐观厥成。惟望中女之父若夫，一意向前，勿更阻挠，致成画饼，而贻笑于西女也。

西儒林乐知助兴女学论
（录《万国公报》丁酉十二月分一百零八册）

振兴女学，此为中国万不可缓之要著。本广学会同人每当著书立说之际，恒剀切以道之，惜乎华人褎如充耳，幸有诸君者起，毅然决然，独为其创，先就上海闺阁中著想，并为之筹措资斧，厘订章程试办略章三十一条，暨创议设立女学堂启，均刊十一月本报，日夕不遑，苦心若揭。他日办有成效，各行省闻风兴起，十年乃字，女学大成。相夫以齐家，则贤妻而良友；训子以明德，则慈母而严师。上之佐国家以育英才，下之式闺阃以端风化。凡此明效大验，悉原本于片念之肫诚，诸君之功垂不朽矣。然诸君仍不自足也，余友居易居士，聋于耳而不聋于心，尤志在必成，商诸本会同人，冀集思而广益。复属开列泰西寓沪诸女士之足以匡扶女学者，择日邀集味莼园。其夫人复约同中华各女董共为主人，殷勤请益。于是大律师担文君之夫人，先设茶筵，答请中华女客。西历十一月三十号华十一月七日，西班牙即日斯巴尼亚驻沪总领事夫人继之。是日也，天气晴暖，中西女士各二十余人，毕集于虹口西领事署，华筵甫张，妙论徐发，余因之有感焉。中国圣经贤传，俱以止于至善为纲领，然但知本国之善，无以旁推曲证，恐未能知至善之所归。华人又恒言博古通今，然但知东方之今事，无以周谘博访，恐未能成大通之美。男子有然，女子亦何莫不然。今上海不栉诸进士，不但欲知华事，更欲知西方各国之善事，我辈闻之，喜而不寐矣。夫孟母、曹大家、班姬、欧母及《列女传》有名人物，皆古之贤妇也。其时海道未通，见闻较隘，然其媚学不厌，即同此心。慈禧皇太后垂帘听政二十余年，惟是终始典于学，厥德修罔觉，用能安内和外，庶绩咸熙。若论他国，如埃及、希腊、罗马之属，皆古名大国也，间有能读书之女子，而不甚多。亦越宋明之世，正西班牙全盛之时，欧美两大半洲咸归掌握，国中之宦家妻女，类多习礼明诗。迨至上周西人以救主降世后百年为一周，上周者，一千七百年至八百年也，西方诸国才女迭兴，商富家之娇娃，亦各从师受业，然仅自为道地，非有法令之昭垂也。四五十年来，大小各书塾定为男女并教之章，于是男子所获之赀财，所操之事业，试问萧娘谢女，莫不优为。既而传至亚洲，印度、日本之裙钗，不第显颂椒赋茗之才，亦能擅质玉相金之誉。良由在上者知端闺范，斯在下者喜作门楣其风，托始于贵阀之侄媌其盛，遂逮于穷檐之婑婿。试与隔绿窗而共语，聪明净雪，谈辨蒸云，既通本国之心传，复识他邦之掌故，家业日裕，国运即随之而日兴。今上海具林下风者，闻诸君言，当仁不让，将于明岁始和之日，宏开女学，行见与东西开化诸国后先辉映。而或者以不急之务讥之，庸讵知昔圣先贤生于今日，亦必欲周知四国之事，以求至善之所止乎？并闻是日席间肴核既撤，西班牙领事夫人举觞属客，且言侧闻女学之兴，不觉喜溢眉宇。中国某夫人对曰，我辈虽怀此意，深惭孤陋寡闻，所愿各国贤媛同匡不逮。西夫人曰，苟有所知，无不明告，且愿代贵国诸姑伯姊遍谒泰西女博士，请协力以成此举也。又言拙夫应官听鼓，走马转蓬，不知明年又在何处，然于诸姑伯姊创办此绝大关系之事，铭心刻骨，永不能忘。今朝奉迓鱼轩，光临敝署，盖贺之也，所愿葆此初基，日新月盛，俾闺阁中千金之体，不受尪羸之苦隐指缠足之害，而兰心蕙质，不但知一家事，知一国事，更知五洲万国之事，于以大有造于中国，则尤愚妇之所默祷者也。众咸称谢而散。按此节为李提摩太先生所译。

女学集说附

中国宜开女学之议，吾友香山郑陶斋观察已于《盛世危言》发之极透，元善服膺非一日矣。新会梁卓如孝廉，《时务报》第二十三册、二十五册刊登女学论，有未经人道之处，读者咸服其精详，沪上女学之设，导源实肇于此。且撰公启、定章程、倡捐助，皆出孝廉大手笔，文理密察，学有本原，岭海多才，益深宗仰。元和江建霞太史督学楚南，取裕朗西星使所译日本《华族女学校规则》，序而刊之，其文渊懿，引经据训，言之有物，亦自来论女学者所未有。今正莅沪，数议学舍规条，慨然许为主持提倡，洵吾道中之同调也。集编既排成，爰取三君之文，录殿卷后。公启、章程、学校规则，已具专册，故不复赘云。光绪二十四年岁次戊戌仲春月之上浣，上虞经元善谨识。

郑陶斋观察论女教（录《盛世危言》）

中古女学诸书，失传已久，自片语单文散见六经诸子外，以班昭《女诫》为最先，刘向《列女传》，郑氏《女孝经》、《女训》、《阃范》、《女范》，各有发明。近世蓝鹿洲采辑经史子集中为妇人法式者，谓之女学，颇称详赡。所惜者，朝野上下，间拘于无才便是德之俗谚，女子独不就学，妇功亦无专师，其贤者稍讲求女红中馈之间而已，于古人所谓妇德、妇言、妇容、妇工者，有其名无其实。礼教之不讲，政化之所由日衰也。

泰西女学与男丁并重，人生六岁，无分男女，皆须入塾，训以读书、识字、算数等事，塾规与男塾略同。有学实学者，有学师道者学成准在女塾教授女徒，有学仕学者，有入太学院肄业以广其闻见者。虽平民妇女，不必如男子之博雅淹通，亦必能通书文、明道理、守规矩、达事情，参以书数、绘画、纺织、烹调之事，而女工中馈附之，乃能佐子相夫，为贤内助矣。瑞士国有大书院，准女子入内习医，如果精通，亦可给凭行道。而收生一端，关系尤重。俄国特设教女收生院，凡胎前产后一切要症，必须明白透澈，体恤入微，既讲求妇科，即内外各科亦可兼习也。中国之人，生齿繁昌，心思灵巧，女范虽肃，女学多疏，诚能广筹经费，增设女塾，参仿西法，译以华文，仍将中国诸经列传训诫女子之书，别类分门，因材施教，而女红、纺织、书数各事继之，富者出资，贫者就学，由地方官吏命妇岁月稽查，奖其勤而惩其惰，美而贤者，官吏妥为择配，以示褒嘉。至于女塾章程，必须参仿泰西，整齐严肃，庶他日为贤女、为贤妇、为贤母，三从四德，童而习之，久而化之，纺绣精妙，书算通明，复能相子佐夫，不致虚糜坐食。愚贱皆知礼义，教化具有本原，此文武之所以化行俗美也。

至妇女裹足，合地球五大洲万国九万余里，仅有中国而已。国朝功令已加禁革，而相沿既久，俗尚未移。夫父母之爱子也，无所不至，而钟爱女子尤甚于男儿，独此事酷虐残忍，殆无人理，或四五岁，或七八岁，严词厉色，陵逼百端，必使骨断筋摧，其心乃快，以为如此而后，他日适人，可矜可贵。苟肤圆六寸，则戚里咸以为羞，此种浇风，城市倍于乡曲，世家巨室尤而效之。人生不幸作女子身，更不幸而为中国之女子，戕贼肢体，迫束筋骸，血肉淋漓，如膺大戮，如负重疾，如觏沉灾。稚年罹剥肤之凶，毕世婴刖足之罪。气质虚弱者因以伤生，虽父母爱怜，而死者不可复生，断者不可复续矣。即倖全性命，而终日需人扶掖，并曰安克操持？偶有水火盗贼之灾，则步履艰难，坐以待毙。戕伐生质，以为美观，作无益以为有益，是为诲淫之尤。苟易裹足之功，改而就学，罄十年之力，率以读书，则天下女子之才力聪明，岂果出男子下哉？所望有转移风化之责者，重申禁令，立限一年，已裹足者姑仍其旧，而书裹足二字表其额，悬其门楣，嗣后一律禁止，故违者罪其家长，富贵者停给诰封。通饬各省广立女塾，使女子皆入塾读书。其美而才者，地方官吏赠物赠匾以奖荣之。各塾女师如能教化贤才，卓有成效，咨请旌奖，以劝将来。一转移间，而道一风同，利兴弊去，成周之雅化，关雎麟趾之休风，无难复见于今日矣。

梁卓如孝廉论女学（录《时务报》第二十三、二十五册）

孟子曰：逸居而无教，则近于禽兽。痛哉斯言乎！执一人而目之曰禽兽，未有不色然怒者，然信如子舆氏之言也，则今日之近于禽兽者，何其多也。海内之大，员其首、方其足之种，盖四万万，其名之为农、为工、为商、为兵，终身未尝读书者，殆一万九千万有奇；其名之为官、为士，号称读书而实未尝读书者，殆数百万；其员其首而纤其足，不官不士、不农不工、不商不兵，而自古迄今未尝一读书者，凡二万万。不宁惟是，彼之官焉、士焉、农焉、工焉、商焉而近于禽兽者，犹或以禽兽为耻也，此之不官不士、不农不工、不商不兵而近于禽兽者，岂直不耻？乃群天下之人以为是，固宜然耳。呜呼！岂不痛哉！岂不痛哉！梁启超曰：居今日之中国，而与人言妇学，闻者必曰，天下之事，其更急于是者，不知凡几，百举未兴，而汲汲论此，非知本之言也。然吾推极天下积弱之本，则必自妇人不学始。请备陈其义，以告天下。

一义曰：公理家之言曰，凡一国之人，必当使之人人各有职业，各能自养，则国大治。其不能如是者，则以无业之民之多寡，为强弱比例差。何以故？无业之人必待养于有业之人，不养之则无业者殆，养之则有业者殆。斯义也，西人译者谓之生利分利，即吾《大学》生之者众、食之者寡之义南皮先生曰，食训蚀，谓耗蚀也。管子曰：一夫不耕，或受之饥；一女不织，或受之寒。此非空言也。盖合一国之人民物产，而以决疑数术盈虚消息之，其所得之率实如此也。中国即以男子而论，分利之人将及生利之半余近著《说群》中详言其故，自公理家视之，已不可为国矣。况女子二万万，全属分利而无一生利者，惟其不能自养而待养于他人也，故男子以犬马奴隶蓄之，于是妇人极苦。惟妇人待养而男人不能不养之也，故终岁勤动之所入，不足以赡其妻孥，于是男子亦极苦。以予所见，上而官，中而士，下而农工商兵，无论为何等人，则无时不皇然愀然，若重忧贫者，其受冻饿转死沟壑者，更不知凡几也。其实以比例浅理论之，苟人人以一身所作之业，为一身衣食计，必无可以贫之理。今中国之无人不忧贫也，则以一人须养数人也。所以酿成此一人养数人之世界者，其根原非一端，而妇人无业，实为最初之起点。虽然，等是人也，何以或有业或无业？盖凡天下任取一业，则必有此业中所以然之理，及其所当行之事，非经学问不能达也。故即以男子而论，大率明达事理之人，谋业甚易，反是者谋业较难。然则学也者，业之母也。妇人之无业也，非天理宜然也。其始拒乱之世，专尚力争，彼男子之所欲有事者，固非妇人之所能也，于是以妇人为不足轻重而不复教之。既不教矣，其无从执业，有固然也。积之既久，渐忘其本来，则以为是固当生而不事事，而嗷然待哺于人者也，是以男子贵而妇人贱，妇人逸而男子劳。逸而贱非人情所乐也，贵而劳亦非人情所乐也，则何如均其贱、亦均其劳逸之为得也？论公理则如此，考事势则如彼，故曰国何以强？民富，斯国强矣。民何以富？使人人足以自养，而不必以一人养数人，斯民富矣。夫使一国之内，执业之人骤增一倍，则其国所出土产作物，亦必骤增一倍。凡所增之数，皆昔日弃地之货也，取弃地之货而藏之民间，其事甚顺而其益甚宏。若此者，舍学末由也。

二义曰：人有恒言曰，妇人无才便是德。此谮言也，世之瞽儒执此言也。务欲令天下女子不识一字，不读一书，然后为贤淑之正宗，此实祸天下之道也。古之号称才女者，则批风抹月，拈花弄草，能为伤春惜别之语，成诗词集数卷，斯为至矣。若此等事，本不能目之为学。其为男子，苟无他所学，而专欲以此鸣者，则亦可指为浮浪之子，靡论妇人也。吾之所谓学者，内之以拓其心胸，外之以助其生计，一举而获数善，未见其于妇德之能为害也。如曰无才即是德云尔，则夫乡僻妇姬，不识一字者，不啻千百万亿，未尝闻坐此之故而贤淑有加，而惟闻取帚之诟、反唇之稽，视宦学家之妇人，殆益甚焉，则又何也？凡人之鄙吝也，忿争也，必其所见极小，目光心力，尽日营营于此极小之圈限中，以生此蔽也。使其人而知有万古、有五洲，与夫生人所以相处之道，万国所以弱强之理，则其心也方忧天下、怜众生之不暇，而必无余力以计较于家人妇子之事也。今夫妇人之所以多蔽于彼者，则以其于天地间之事物一无所闻，而竭其终身之精神，以争强弱，讲交涉于筐箧之间，故其丑习不学，而皆能不约而尽同也。是以海内之大，为人数万万，为户数千万，求其家庭内外相处熙睦，形迹言语，终身无间然者，万不得一焉。而其发端，罔不起于姑嫜姒娣之间，愤时者至谓妇人为尽可杀。夫妇人岂性恶耶？群块然未经教化之躯壳若干具，而键之于一室，欲其能相处焉，不可得也。彼妇人之累男子也，其不能自养而仰人之给其求也，是犹累其形骸也。若夫家庭之间，终日不安，入室则愀，静居斯叹，此其损人灵魂，短人志气，有非可以常率推者。故虽有豪杰倜傥之士，苟终日引而置之床笫筐箧之侧，更历数岁，则必志量局琐，才气消磨，若是乎妇人之果为鸩而不可近也。夫与其饮鸩而甘之，则盍于疗鸩之术少留意矣。

三义曰：西人分教学童之事为百课，而由母教者居七十焉。孩提之童，母亲于父，其性情嗜好，惟妇人能因势而利导之，以故母教善者，其子之成立也易；不善者，其子之成立也难。《颜氏家训》曰：教儿，婴孩就傅以前，性质志量皆已略定，少成若性，长则因之。此实言教言学一切之始基也。苟为人母者，通于学本，达于教法，则孩童十岁以前，于一切学问之浅理，与夫立志立身之道，皆可以有粗有所知矣。今中国小学未兴，出就外傅以后，其所以为教者，亦既猥陋灭裂，无所取材。若其髫龀嬉戏之时，习安房闼之中，不离阿保之手，耳目之间所日与为缘者，舍床笫筐箧至猥极琐之事，概乎无所闻见。其上焉者，歆之以得科第、保禄利，诲之以嗣产业、长子孙，斯为至矣。故其长也，心目中以为天下之事，更无有大于此者。万方亿室，同病相怜，冥冥之中，遂以酿成今日营私趋利、苟且无耻、固陋蛮野之天下，而莫知所自始。岂惟莫知所自始而已，且恬然不以为怪。故试取西人幼塾乳臭之子，与吾此间庞壮硕老之士大夫，相挈其志趋学识，必有非吾此间此辈之所能望者。岂其种之特异哉，无亦少而习焉者之不得其道也。故治天下之大本二，曰正人心、广人才，而二者之本必自蒙养始，蒙养之本必自母教始，母教之本必自妇学始，故妇学实天下存亡强弱之大原也。

四义曰：胎教之道，《大戴礼》、《论衡》详哉言之，后世此义不讲盖久，今之西人则断断留意焉。西国公理家考物种人种递嬗递进之理，以为凡有官之物人禽虫介草木为有官之物，金石水土为无官之物，一体之中，有其死者焉，有其不死者焉。如一草木，根荄、支干、果实、花叶，其死者也。而常有不死者，离母而附于其子，绵绵延延，相续不断，是曰传种，惟人亦然。虽然，两种化合之间，有浸淫而变者，可以使其种日进于善，由猩猴而进为人也，由野番贱族而进为文明贵种也，其作始甚微，而将毕至巨也。故西人言种族之学者，以胎教为第一义。其思所以自进其种者，不一而足，而各国之以强兵为意者，亦令国中妇人一律习体操，以为必如是，然后所生之子肤革充盈，筋力强壮也，此亦女学堂中一大义也。今之前识之士，忧天下者，则有三大事，曰保国、曰保种、曰保教。国乌乎保？必使其国强而后能保也。种乌乎保？必使其种进而后能保也。进诈而为忠，进私而为公，进涣而为群，进愚而为智，进野而为文，此其道也。教男子居其半，教妇人居其半，而男子之半，其导原亦出于妇人，故妇学为保种之权舆也。今与人言此义，鲜不谓以耕救饥，掘井消渴，迂远而无当也，而不知此盖古先哲王与泰西通儒所讲之极熟，推之至尽，而汲汲焉以为要图者也。《胎教篇》曰：《易》曰正其本，万事理失之毫厘，差以千里，故君子慎始谨为。子孙昏妻嫁女，必择世有行义者，如是则其子孙慈孝，不敢淫暴。党无不善，三族辅之，故凤凰生而有仁义之意，虎狼生而有贪戾之心，两者不等，各以其母。其言极深切著明。又曰胎教之道，书之玉版，藏之金匮，置之宗庙，以为后世戒。盖古人之重之如此，必非无故也。侯官严君又陵译《天演论》云，无官者不死，以其未尝有生也。而有官者，一体之中，有其死者焉，有其不死者焉，而不死者又非精灵魂魄之谓也。可死者甲，不死者乙，判然两物。如草木之根荄、支干等，甲之事也，而乙则离母附子，代可微变，而不可以死，或可分其少、分以死，而不可以尽死，此动植所莫不然者也。是故一人之身，常有物焉，乃祖父之所有而托生于其身。盖自得生受形以来，递嬗迤降，以至于今，此胎教所以然之公理。严君与余书又云，生学公例言，一人之生，其心思材力、形体气习，前则本数十百代祖父母之形神阅历积委而成，后则依乎见闻师友与所遭之时与地而化。其论极精，欲言保种者，非措意于此二义不可。欲措意于前一义，则胎教为之根原；欲措意于后一义，则胎教尤为根原之根原。此学数十年后，必大明于天下，今日则鲜不以为迂远无用矣。

西人格致家之言曰，言算学、格致等虚理，妇人恒不如男子。由此等虚理而施诸实事，以成为医学、制造等专门之业，则男子恒不如妇人。然则男女之于学，各有所长，非有轩轾。论者或疑数千年来，男子之成绝学、立大功者，方策不绝，而妇人无闻焉，若是乎虽兴妇学，其所成亦仅矣。抑吾又闻生学家之言公理矣，凡含生负气之物，倒生者最愚，横生者次愚，若夫躯体峙立、首函清阳者，其聪明必不甚远。所以生差别者，在智慧之开与不开耳。昔乾嘉间，汉学彬彬于江浙，而吾粤靡一人焉，咸同以后，口马郑手，说文者如鲫矣，非粤民愚于乾嘉而智于咸同也。日本明治以前，民智偬塞，工艺窳劣，翻然维新，遂有今日，非日人拙于曩而巧于今也。其脑筋伏而未动，其灵髓塞而未通，从而导之，机捩一拨，万线俱动矣。彼妇人之数千年莫或以学名也，未有以导之也。妇人苟从事于学，有过于男子者二事，一曰少应酬之繁，二曰免考试之难。其居静，其心细，故往往有男子所不能穷之理而妇人穷之，男子所不能创之法而妇人创之。西史所载，若摩哈默德之母，以伯南之女侯，失勒约翰之姑，其学业成就，视男子未或让。而吾中国之女子，游学异国，成学而归者，若吾向者所闻，康爱德氏、石美玉氏，虽西域耆宿犹歆誉之，然则妇人岂生而不能学耶？夫以二万万戴天履地、首函清阳之人类，而必夷而弃之，谓与倒生横生之物相等，欲不谓为不仁，不可得也。

善夫诸教之言平等也南海先生有孔教平等义，不平等恶乎起？起于尚力。平等恶乎起？起于尚仁。等是人也，命之曰民，则为君者从而臣妾之；命之曰女，则为男者从而奴隶之。臣妾奴隶之不已，而又必封其耳目，缚其手足，冻其脑筋，塞其学问之途，绝其治生之路，使之不能不俯首帖耳于此强有力者之手，久而久之，安于臣妾，安于奴隶，习为固然而不自知。于其中有人焉，稍稍自疑于为臣妾、为奴隶之不当者，反群起而哗之，以故数千年来之男子，无或以妇学为治天下所当有事，而数千年之妇人，益无有奋然自张其军，以提倡其同类者也。非不才也，压力使然也。

今语人曰，欲强国必由学校，人多信之。语人曰，欲强国必由女学，人多疑之。其受蔽之原，尚有在焉。今日之攘臂奋舌以谭强国，震惊于西人,而思效其长者,则惟是船舰之雄也,枪炮之利也,铁路之速也,矿务之盛也。若此者,皆非妇人所能有事也。故谋国者曰,教妇人非所急也。而不知西人之强在此,其所以强者,不在此农业也,工作也,医学也,商理也,格致也,律例也,教授也谓教授之法,男子所共能,抑妇人所共能也,其学焉而可成为有用之材一也。今夫言治国而必推本于学校,岂不以人才者,国之所与立哉,岂不以中国自有之才,必待教而始成哉!夫必谓彼二万万为人才,而谓此二万万为非人才,此何说也?

西方全盛之国莫美若,东方新兴之国莫日本若。男女平权之论,大倡于美,而渐行于日本。日本之女学,约分十三科:一修身,二教育言教授及蒙养之法,三国语谓日本语,四汉文,五历史兼外国史,六地理,七教学,八理科谓格致,九家事,十习字,十一图画,十二音乐,十三体操。其与男学相出入者,不过数事而已,此数事者,大率与兵政相关,亦尚力之世所当有事者也。彼西人之立国,犹未能至太平世也。太平之世,天下远近大小,若一无国界、无种界,故无兵事,无兵器,无兵制,国中所宜讲者,惟农商、医律、格致、制造等事,国人无男无女,皆可各执一业以自养,而无或能或不能之别,故女学与男学必相合。今之美国,殆将近之矣。是故女学最盛者,其国最强,不战而屈人之兵,美是也。女学次盛者,其国次强,英、法、德、日本是也。女学衰,母教失,无业众,智民少,国之所存者幸矣,印度、波斯、土耳其是也。

若是夫中国之宜兴妇学如此其急也,虽然,今日之中国乌足以言妇学。学也者,匪直晨夕伏案,对卷伊吾而已。师友讲习以开其智,中外游历以增其才,数者相辅,然后学乃成。今中国之妇女,深居闺阁,足不出户,终身未尝见一通人,履一都会,独学无友,孤陋寡闻,以此从事于批风抹月、拈花弄草之学,犹未见其可,况于讲求实学,以期致用,虽有异质,吾犹知其难矣。不宁惟是,彼方毁人肢体,溃人血肉,一以人为废疾,一以人为刑僇,以快其一己耳目之玩好,而安知有学,而安能使人从事于学?是故缠足一日不变,则女学一日不立。嗟夫!国家定鼎之始,下令薙发,率土底定,顺治末叶,悬禁缠足,而奉行未久,积习依然。一王之力,不改群盲之心,强男之头,不如弱女之足,遂留此谬种,孳乳流衍,历数百年,日盛一日,内违圣明之制,外遗异族之笑,显罹楚毒之苦,阴贻种族之伤。呜呼!岂苍苍者天,故厄我四万万生灵,而留此孽业以为之窒欤?抑亦治天下者,未或厝意于是也?

日本《华族女学校规则》叙

《周官》九嫔掌妇学，德容言工，以序御王所；内宰掌以阴礼，教六宫。九嫔以妇职教九御，以逮女史女御，典妇功之属，皆内职辅后教者也。礼，今文家言颇殊异。天子后立六宫，三夫人、九嫔、二十七世妇、八十一御妻，听天下之内治，平阴教，明妇顺。六宫者，内命妇也。三夫人以下，皆外命妇，公卿大夫元士之妻也。言内治则有政，言阴教则有学。盖古者女子有大学小学，《内则》言，十年不出习姆教，观于祭祀相助奠。盖闺门之内，有内塾焉，即小学也。先嫁三月，有公宫宗室蘋鱼之祭，采蘋、季女、葛覃，师氏推本教成之法焉，即大学也。内塾学政，当以御妻治之；公宫宗室学政，当以卿大夫妻治之；而后夫人总其政要教之，则有女师老大夫妻为之。以经义推之，天子元子与卿大夫元士之适子同入学，女公子得与卿大夫元士之女子同入学。《豳诗》言“采蘩祁祁”及“公子同归，我朱孔扬，为公子裳”，言邠女无贵贱，会治蚕桑，学而以情语相感发者也。其服命之数，宾享丧祭之仪法，纮綖织纴赋事课功之宪典，则女史典功之属分掌其成式，授之于学。七十子后学者，独传谨嫁娶、重胎教之法，所以纲纪闺阁之教，秩序阴阳之和，以事其天祖者也。故曰“惠于宗宫，神罔怨恫，刑于寡妻，御于家邦”，言妇学之极也。妇学之绝，不知始于何时。后夫人不德，渎乱纪序，监谤之螯，滥及幨帷，斥彤管竞，妍争蛊盖始息也。阳教放散，而师儒之权、史氏之职，足以系教法、存学统。阴教放散，而女史女师不能甄综坠绪，传之其人，抑其孱也。然春秋之世，大夫内子称诗习礼柔仪令，则见于传说，彬彬雍雍，可咏可宗。自秦汉以降，学统益散，独有曹世叔之妻、韦逞之母，彪然为当世大师。末流以还，则有资雅材，细眇思，便娟术，蓺以写其要，眇袭心之灵慧。陵迟至今，环江河瀛海，生人之逼弱，植之性中，分种族之半，或乃蔽锢耳目，髡囚首足，虐于奴虏，冥于木石。与天下以妇学，戆者愚而黠者疑，匪证经训，曷解群蒙？且夫二千年天地文明之运，自昆仑之首，循高加索以入欧达美。近百年来，泰西尤重妇学，传种之义公，牖智之轨通，愈进愈上。而山川之灵运而益东，日本急起而承之，规模条教，灿然明白，天将复兴女学于亚土，以福我支那黄帝、尧、舜之裔胄，昭然可见也。标奉命督学湖南之三年，校刊有用之书，以与湘人论朴学，乃以公牍告驻日本裕朗西星使，取东瀛学校各课程，星使寄示五种，其末曰《华族女学校规则》，已属使署译官写录成卷。星使其知人哉！华族者，彼都士女生长阀阅，与庶民分贵贱，犹我国之门第。按其目分十六科，曰修身，曰教育，曰家事，曰体操，则妇德、妇容之事也；曰国语，曰汉文，曰西文西语，曰史学，曰地理，曰算学，曰物名，曰格致，曰习字，曰绘画，曰裁缝，曰音乐，则妇言、妇功之事也。歌曲筝琴，有房中之乐焉。抚婴、看病、御下一切琐事，授之矩则有正位之体焉。学务辖之宫内省，有阴教之修焉。动应经义，根本儒术，不其善欤！又有甚美者，西国学堂必列教学一门，不出彼法宗旨，东方学级，首知研究修身之道，又以见彼都人士之表章孔学，自立帜志，不惑异说也。圣提绝微，还归自西，撙择王道，不自我前。此邦山川，郁盘灵秀，阻深汉南，樛木芬芳，简篇闺门，时髦必有，殊尤序诏楚崇，穀贻士女。光绪二十三年七月，元和江标撰于长沙使院。

跋

女学之设，发于人心之同然。南洋大臣批词褒嘉，数月以来，四方风动，但荷一言之助，无不永矢弗谖，所有衔名，元善已于缘起中备书之矣。盛杏荪京卿，廿年共事之友也，迩肩巨任，以求才为亟，奏设津沪大学堂，筹款于商电二局，经营惨澹，不遗余力。去岁秋冬之交，女学议起，京卿闻之称善者再，许为有益之举，可开风气之先，曾致书严筱舫观察，施子英、杨子萱二太守，代为劝办，又嘱多立捐簿，各省劝捐，并愿自以捐簿一册号召群贤。十一月十三日，安垲第大会中西名媛，京卿女公子及少夫人咸至会。十二月十七日，复由汉口局五百四十四号电示，有女学堂经费亦当另筹之谕。不分畛域，具仰大公。蔡和甫榷使亦极许此为应办之事，属以后有事，可随时商量，必极力保护辅助，相与有成，见之曾重伯太史来书，读之感奋。中国官绅士庶，上下不通，人各异心，久矣，今何幸二公之体恤周至，如此其盛乎？二公爵位优崇，一为督办大臣，一为地方长吏，厚意殷拳，元善于集议缘起铺叙不及，惧亵也，因发凡起例，以二公从南洋刘大臣之后，均不列衔名，附记于此，读者鉴之。上虞经元善谨志。

居易初集

王　序*

　　昔者左邱失明，爰成《国语》；虞卿亡命，厥有《春秋》。于是太史公自悲其遇，而成一家之言。其传屈子也，以为忧愁幽思而作《离骚》，后之儒者，大率窃附斯义，穷愁著书，大抵然矣。究其所由，义未襮著，上天予我以才力，师友迪我以聪明，而我自有其精神志气，磅礴郁积，必有所发，不发于此，即发于彼。以文士称，已非门左设弧之始愿，不得已而垂空文自见，岂所谓吉祥善事耶？瞀儒寡识，辄以著作鸿名，若不胜欣慕，而恶知夫当局者之涕洟自慰也乎！或曰：文以载道，古称立言三不朽矣，何病焉？曰：伊圣不云乎，我岂若使是君为尧舜之君哉！我岂若使是民为尧舜之民哉！我岂若于吾身亲见之哉！之言也，可谓畅发无余思矣。是故伊圣无书，不必有也。孟子欲尧舜其君民，而不获亲见，此七篇所为作也。自世教衰，民不兴行，于是有所谓文士者，相交以诈伪，而相尚以浮华。夫人之才力聪明，精神志气，同具者也。譬之地，虽一撮土，无不能甲坼句萌，就令芜秽不治，其蓬蓬者自若。奈何舍嘉禾而惟芳菲之采乎？则当世之过也。斯人不自知也，然而苍生受其祸矣。乡〔向〕使挟其才力聪明，精神志气，用之身心焉，用之家国焉，用之天下万世焉，为道德，为政事，为技艺，岂遂一无表见，仅以浮华老此生乎？甚矣！当世之过也。莲山先生少学为贾，而进于文，因文而进于道，自言得力于四子书及其乡先生阳明氏之学，存心行事，悉本一诚。盖尝综核先生为人，其机警则春秋之弦高也，其旷达则战国之少伯也，其清介绝俗、有道是亲，则唐之宋清也。至于博参宗教，约守腔子，上窥造化，下验人情，则惟明之卖油陈先生，庶几似之，余无征焉。陈先生名真晟，字剩夫，泉州人，卖油养父，两上书阙下，公卿交称布衣陈先生。事载《明儒学案》及《李二曲集》。若乃处纷华而不移，席丰厚而不淫，历艰险困穷而不丧所守，钟鸣而起，漏尽而息，视其终日所以，则惟黜扬子之拔毛，进墨氏之摩顶，效野人之献曝，为愚公之移山，是故施济概于乡邑而推于行省，忠贞著于朝野而震于远人。嗟乎！贾人中有是人乎！文人中有是人乎！古有几人乎！今有几人乎！然而考其平生所建白，仅见此区区文集，而犹空文为多。今且放废无聊，自侪

---

　　* 光绪壬寅上海同文社，癸卯再版增订。

于左邱、虞卿、屈子、史公之列，不可谓非先生之不幸矣。呜呼！岂果先生之不幸耶？吾非谓一手一足，即可大有为也。人尽先生，则祸者福矣。先生而以文见，则祸者无时福矣。吾愿先生之终弃其文也，吾愿先生奉其聪明才力，精神志气，而益为苍生福也。即吾侪谬名文士，亦不难知效一官，能效一职，以其余力，歌咏升平，固不屑以浮华老，亦岂乐乎名山之藏，为传之其人计乎？而况于美人香草，自赏孤芳乎？圣明在上，馨香祝之，旦暮遇之矣。时维光绪二十有七年辛丑暮春之月，常熟王庆长敬安甫拜撰。

蔡 序

古今言道德学者，大别为二派。一曰直觉派，求其端于良知良能，而要其归于正谊不谋利，明道不计功。一曰经验派，求其端于见赜观通，见动象仪，而要其归于以美利利天下。二派之中又有多歧，互相讨辨，尚未见极，此理论界之情状也。求之实践家，则主直觉者，无不以道济天下为志愿。而主经验者，亦未尝无行心所安，不顾利害之时。盖道德家之实际，往往折二派之衷而兼之，故理论之歧，不为世病。乌呼！世变亟矣，吾国承词章选士之弊，言行相缪，已成结习。今者风气诚不开，民知诚不进，而开之通之者，仅仅恃言论之力，结习所限，其效果及言论之风潮而止。是非得愊愊怪怪、言信行果之士，律度而仪表之，决不足以振吾国。以吾所见，如上虞经君莲山者，庶者人欤！君素为乡先贤王阳明致知之学，近于直觉派，而每举一事，原始要终，针缕细密，非不事经验者。其所为荦荦大者四，曰复石堰，曰筹义赈，曰兴女学，曰请皇上亲政。石堰者，乡里之事，君以是继先志，兴宗族实业，化民成俗，可为世法，是为君黾勉公利之起点。义赈者，补苴之术，然其事至迫，而君为之十余年，风动四方，其效已广。女学为国民教育普及之基本，皇上亲政则变法强国，尤吾四百兆人生死之关系，岂非经验派所谓最多数之最大利与？君所为或不尽遂，然君固尝尽心力、掷身家以为之，在君可谓无负。君生平得力，尤在阳明氏知行合一之旨，故见义勇为，不受牵帅。吾国圣人孔子，以言顾行、行顾言为君子，希腊圣人苏格拉底，亦言智德同点。东海西海，心同理同，道德家之势力，全在乎是。乌呼！如君者，庶足语于是矣。君生平六十一年以前之历史，颇具是集，凡吾所以称君者，皆有证据。君及今尚孜孜为善，不知老之将至，他日所历，必更有足以证吾言者，吾愿君益为之而不已也。抑尝读君所为《趋庭记述》，知赠公芳洲先生，抱道自高，潜德弗耀，然则欧阳氏所谓其来有自者，信不诬矣。爰为之序，以谂读者。光绪二十八年八月，山阴蔡元培序。

贺 序

壬寅秋，始识莲山先生于上海。先生方归自濠镜，形槁心灰，闭门谢人事。然每与论及国家安危大计，今上亲政无期，辄欷歔涕洟不能止。先生曰：吾君圣明，甲午中东之役，面谕大臣，愿殉社稷，海内闻之，莫不痛心，余于是倡议勤王，誓愿筹义兵义饷。已而和议成，吾君锐意求新，然以疑谤，不能安其位。戊戌之秋，奸人离间两宫，而吾君遂以疾闻，几罹不测。至己亥冬，而立储之议起，事益亟，读电旨，心皇然，余于是有电请力疾临御之举，然率因此获咎，待罪澳门。未几而拳匪之难作，九国联兵，乘舆西幸。余以聋聩废人，逊荒异域，日夜忧煎，泪尽继之以血，而一目亦瞽矣。余年逾六十，幸逢盛朝宽大，以其余生，优游林下，家人之乐，朋旧之欢，可以葆此岁暮。然圣主一日不亲政，小臣一日不敢爱其死。苏安恒之上疏，犹愿与诸君子勉之。於虖！先生以草莽疏逖之臣，惓怀君国，披沥上言，使其志得伸，则权奸之谋可戢，义和之患可除，列强之衅可泯，奚至蒙尘数千里，豆粥难充，素衣将敝耶？且今日之祸变，亦愈烈矣。慈闱既已倦勤，黼座依然韬晦，四邻生心，万姓解体。愤世忧时之士，乃激而行汉儒反经合道之说，或且为走险不择之谋。然苟得圣主当阳，犹可及止也。否则燎原之火，溃堤之水，谁能御之？先生尝曰：士各有志，岂能相强？纣之不仁，尚有西山饿夫，况今上潜龙之圣明乎！闻者太息。於虖！先生此言，可以动鬼神之泣，而增风雨之悲，九庙在天，共鉴此诚矣。乃朝臣希旨求荣，既恶闻归政之请，而陷先生于维新，党人变本加厉，又别求爱国之方，而排先生于守旧。为旧为新，两无所容，蹴踖高厚，奈之何哉！然先生一意孤行，不知为旧，亦不知有新，而惟以崇圣遵王为学，以吾君亲政为望，以复辟必能变法自强为占。建言此心，蒙难此心，匿迹亦犹此心。明夷坚贞，盘错不改，居易之君子，庶几于先生遇之。先生好学深思，老而愈笃，论时事犹明著。不佞以电争之役，亦尝闻风从先生后，神交有素。今复亲承謦欬，因叙先生大集，举其重者昌言之，俾海内外知先生志事所在，即以激厉末俗，并以风今日之人心云。光绪二十有九年，岁次癸卯闰五月，蒲圻贺良朴履之甫撰。

自 序

咸丰癸丑仲秋，土匪潘小禁子作乱，沪城陷，邑令袁公死难。时先府君资政公董理育婴、同仁、辅元三善堂，收养婴孩数百，乳姬称之，仓皇遇变，不忍弃去，乃誓与共存亡，以全家不避难为孤注之博。于是戚友等私掖元善、两弟一妹出虎口，余一姊两弟留。元善年仅舞勺，流离转徙，抵余姚，乃得依外父魏君。卧病经年，及起入塾，仅温熟四子书而已。乙卯春，城既复，全家回故里，竟得无恙。适府君兴建敬修家塾，命元善监视工役，越三载始竣，仍随侍至沪。未几府君弃养，遂席先业，习计然术，不复能读书矣。壮岁以还，稍知自励，喜阅先哲格言，尤信乡先贤阳明之学，益奋勉求自立。惟是腹笥空空，未敢操不律与学人往还也。光绪戊寅，随苏、扬同人创办义赈，绘印灾民图册，风励激劝，类需文牍。沪上高才博学，实繁有徒，胥愿相助发挥，顾念中人以下，非浅显莫喻，仰而思之，夜以继日，忽见清光一缕，朗若白昼，墙壁字画皆现，一刹那昏黑如故，时仅夜过半也。自觉机缄大启，急燃烛录腹稿，出以示同人，佥曰此真可以喻俗矣。嗣是每有所感，笔之于书，以纾其胸中所欲言。自承乏上海电报，君子至斯，未尝不得见，讲道论德之余，每及时事，元善粗鄙之性，辄多愤激。前岁之腊接京电，知有十二月廿四日谕旨，惊骇欲绝，彻夜不能眠，涕涟洏交颐。次日见诸日报，人情鼎沸，无可为计，已而志士云集，以元善职电务，迫令发纛，遂撄执政之怒，几罹文网。幸得督办电报盛公密电，促令避祸，遂远来海外。夫君父之难，焉敢避之，而当日中外诸友，无不力劝他适，以为此时皇上且不能自保，谁鉴尔之苦衷，盍越境以俟乱定乎？然固未知廷臣必欲置之死地，而以新党二字为一网打尽之谋也。迨浮海之次日，疆吏果下搜捕令矣，未几并籍其家产矣。自维少未读书，长而服贾，其后虽究心典籍，亦复不求甚解，聊自怡悦，曷敢与文章经济之士抗行，顾得以建言获罪，去国投荒，而圣主不深求，相臣不大索，以其余年，纵观山海，卒业简编，其为荣幸，较之掇科第，纡青紫，奚啻倍蓰！元善德薄，何足至此，毋亦先人为善不报所积之余庆然乎？今元善待罪濠台逾一载，友邦以客卿礼之，兵士卫之，有宾朋文酒之娱，有妻孥仆从之适，转念吾君瀛台之厄，高不胜寒，今则西狩蒙尘，曾不得少享玉食，伸威福，怅望秦云，恨不能排阊阖而诉真宰也。兹将平日载笔，关于时局者，汇为一编，以示蝼蚁之忱，于是东西人士之索观者有日矣。适旧雨虞山北市王君，航海过余，曰：盍付梓人，以省传钞？我为子订之。元善曰：固所愿也。乃明其不文，与非所以垂著作之意，书之简端，海内外通人见之者，倘不至嗑然笑不止也。大清光绪二十有七年，岁次辛丑春王正月，逋臣上虞经元善自序于濠镜葡萄牙之大炮台海阔天空处，时年六十有一。

卷 一

公吁总署转奏电禀（己亥腊月二十六日）

王爷中堂大人钧鉴：昨日卑局奉到二十四日电旨，沪上人心沸腾。探闻各国有调兵干预之说，务求王爷中堂大人公忠体国，奏请圣上，力疾临御，勿存退位之思，上以慰太后之忧勤，下以弭中外之反侧。宗社幸甚！天下幸甚！卑府经元善暨寓沪各省绅商士民一千二百三十一人合词电奏。

草莽微臣元善谨案：当日诸君子牵率微臣，昧死而为此者，为我皇上也，而尤为我太后。盖天既笃生令辟，殷忧启圣，自有天眷。迂愚之意，盖以两宫垂帘，蔚成中兴之治，而慈圣于毅皇帝升遐之后，独能以英明仁德之君入承大统。御极以来，自国民以讫邻邦，无不爱戴瞻慕，蒸蒸焉日进于维新之治。不有太后，曷克致此！是皇上之盛德，即太后之盛德，皇上之丰功，即太后之丰功，后海先河，畴敢曰否。只以误国罪臣，妄分新旧，盈廷水火，致有戊戌八月之事。而或一误再误，变出非常，为九庙之罪人，受环球之指摘，前功尽堕，岂不痛欤！至是而始悔之，已无及矣。然则诸君子与微臣，所以不避斧钺，不俟终日，以贡蝼蚁之忧者，保皇上即以保太后，亦即以保四百兆同胞之民也。新党云乎哉，夫群而不党，圣人之训，何新何旧，求我心之所安，与其力所得为者，如是而已，明理之士必能辨之。至于不幸言而中，此则伤心之事，出于误国罪臣之阻力，固有豺虎不食者。然犹幸当日太后虽未明言，而实俯鉴愚忧，不致今日绝无可补苴，微臣虽待罪，有余欣矣。而诸君子拭目以俟转机者，其情抑可知已。庚子中秋上浣，元善敬附识。

上南洋大臣刘电禀（庚子六月十一日）

拳匪扰京畿，害友邦，国家存亡，在于呼吸。日报登宪台同楚、湘、鄂、苏、皖诸帅电奏，以四应剿入告，老臣擘画，中外同钦。但朝廷政柄旁落，都门兵匪合一，南北音书隔绝，居常守经，临变达权，周公大义东征，李沆不奉诏旨，往迹可循，不烦审慎。伏乞仰体累朝缔造之难，下念万姓涂炭之苦，电联各帅，并约李相合兵入卫，或竟率所部先行，力请皇上亲政，一面痛剿拳匪，以靖内乱而格外人，迟则殆矣。诚如宪电，宗社安危，间不容发也。职虽待罪异域，此心不敢忘君国。倘蒙俯采，大清幸甚！

按：本月十四日，香港《中外新报》弁言，称江、鄂两督有误国之罪。《春秋》责备贤者，义应尔也。惟当谣诼纷纭之际，长江上下，草木皆兵，疆臣有守土之责，立约安内，未为过也。所最难解者，节相六月廿四莅沪，至七月廿一京师沦陷，相距有二十七日之久。身为辅臣，且分茅胙土，与国同休戚，又夙以知兵称，吴楚良将多其旧部，倘号召各行省，调集数十营，疾趋勤王，先清君侧，痛剿拳匪，一面保使馆、拒联军，各国素与浃洽，亦自欣愿，行成之易，事半功倍，何至乘舆震惊，生民涂炭，坐失事机，至于今日如是之棘手哉！虽款议得就，功勒景钟，名垂国史，而天下人之指摘，后世文人学士之讥评，未必皆唯阿取悦，而为中堂威望所震慑也。元善承节相优待数十载，故敢援忠海之义，而不觉其言之激烈。适读日本《酸鼻录》，为之失声痛哭，而因以念我节相迟迟我行，实无以对此被戮被辱之诸大臣，与夫命妇闺秀，泛于比屋齐民。至若君父之难，社稷之危，从可知已。腊月上浣，元善自识。

答原口闻一君问（庚子九月）

问云：近由敝友松冈君处，得见先生致葡主教书。春间拜读大著迂言，知与维新诸君各行其是，何亦肯上此电禀？

仆承乏电报沪局，去腊二十五日下午，接到立储电诏后，顿觉风云惨淡。又闻西人得信，有元旦改元保庆之说。中外人心惶然，来局问讯者，户限为穿。仆见情事已亟，宗社可危，行乎其所不得不行，然尚不敢位卑言高也。夜半先电北京，吁请某大臣，联合朝士力诤。次晨复云，大厦将倾，非竹头木屑所能支。夫大臣不言，则小臣言之。况仆仰邀十一次传旨嘉奖，受恩深厚，奚忍默置。适寓沪维新志士，开名单亦来发电，不期而合，并作一气。仓猝急遽，不遑瞻顾。仆若不在电局，谅未必有此举也。

问云：先生触怒政府，见机而作，何以如是之速？既航海南来，何以居澳而不居港？

仆初意所上公电，词气和婉，以慈圣之仁明，自必俯鉴嘉纳。讵二十八晨，督办盛京卿由北京密电郑、杨二君云，深宫震怒，恐有不测。嘱邀我家属亲戚，力劝辞差远离。仆无古贤气节，妻孥环绕，涕泣吁求，亲朋云集，百端譬喻，引证经义，反复说劝，心志稍一转移，即不自持。岭南向未来过，香海更乏故旧，承郑君陶斋笃金兰谊，属其同乡刘小涛兄伴送，并函托濠镜何君穗田、招商澳局叶君侣珊照拂，所以居此。

问云：据敝友言，先生本欲正月二十五回沪，何忽又逗留而被捕逮？

得家书，悉鹿制军有垂怜意，亟欲遄返，赴秣投案。二十四下午，叶侣珊来云，有远友欲访公，将到，务请稍缓行旌。并云陶斋是伊侄婿，与何先生亦至亲。何君在座，称叶姑丈。仆不得已，允迟两天。岂知二十六被逮时，途遇叶押送入狱。与叶素昧平生，今诳言计诱而下此毒手者，想必奉命，不得不尔。《鲁论》曰：一言而可以终身行之者，其恕乎？按：当日郑君但就其所识者托之，初无成见。岂知薰莸迥别，仆羁此将一载，幸承何君以全力相庇，纳馆之谊，高若云霄。其余大都何君之侣，亦皆郑重相待。在诸君子为保皇会友，原非有私于仆，而仆之身受者，故不能不感佩也。

问云：盛京卿在北京，自然信息甚灵，告先生出避，是好友也。何以又设此阴谋，必欲致先生于死地？

自戊寅创办义赈，始与盛公遇，道义订交，共事电务，有盛公亲笔手书可证三札附录于后，情意交孚，已逾二十载。仆处处剖心相示，不因盛公位尊多金，学苏季子嫂氏也。想此次心有所恐惧，则不得其正。若知仆欲赴秣投案，盖亦不忍出此也。闻盛公因我被参，甚抱不安，曾于二月望日函致沪上，转达北京盛公，此讼如因未清交代，事后可秉公结算，倘是借题发挥，徒贻外人口实。釜底抽薪，莫如令我回沪，共商投案之法，则公即可卸责。此书千数百言，去后无复。嗣闻天威已霁，寸衷稍慰。又闻枢府告盛公云，经某既聋聩，免议罢了，于是系铃者即可望其解铃矣。忽于三月下旬，周翼云万鹏、张绍莲思仁诸君来澳，递呈投质，周系出洋学生，初入沪局，充正领班，历届学堂年考，余优加考语，升华总管。张系海盐廪生，其尊甫子简先生，道义订交，以喆嗣相托，延为书启。盛督办委周代原告杨提调，委张作见证，庾公之斯追子濯孺子，不得不尔。惟王君守之向隶总局，杨先委王，竟坚辞，至以去就争，无异宋之安民不肯署名党人碑，其行谊高人一等也。再四思维，莫明其故。然因此类推，旧党之与新党，其始本无深仇，只以但顾自己利害，遂至萌恶念，动杀机，忍于危君倾国。观今日顽固结局，可知也。仆正月二十六日，逮禁时已将晚。廿七、八、九三天，葡人国庆不理事，此三日在监中，内外不通只字。而沪、港各埠，中外绅商、教士、报馆，得信后咸抱义愤，力主公论，致函电于葡衙者，纷至沓来。澳督以四人肩舆，送仆上此炮台居住。因思来提之刘观察学询，仆与其尊甫述庭封翁旧交，必能为之周旋，愿解粤省就质。中西友人金云，刘封翁在日，父子曾涉讼公门，何有于乃父之友！惜当时未悉。同乡徐次舟观察偕来，此君虽未识面，前张丹叔中丞称其鲠直，心仪已久，若早知之，邀与晤商，省却无数葛藤矣。如无此三天国庆，二十七早堂讯，问有电局之款项否，定误会未清交代，不肯违心不认。又来提之委员，财势熏天，网罗密张，藉此一言，断章取义，要挟澳督交解，立即押赴省城，迅雷不及掩耳。政府盛怒之下，正欲藉以示威，仆必步于少保后尘，中堂虽爱之，欲其生，亦不能矣。冥冥中若或使之，想仆意念之诚，专为祈求皇上亲政，更为保全慈圣令名，未萌丝毫机械。《太上》曰：祸福无门，惟人自召。或者彼苍不使之遇难成名，尚欲其仰窥我圣主成维新开化之治焉。

问云：敝友言，暮春盛京卿派诸位来澳时，仍与先生殷殷要好，曷勿于此际和衷商确〔榷〕了事？

三月下旬周、张诸位到后，承其念旧，先来顾访，传述盛公所谆嘱，力劝仆自请解省，但认追款细故，即使从严议处，不过交地方管束而已。又云并不计较款项，更允筹干薪为娱老之计。又电仆家属亲友谆劝云，如肯到省，渠可保险，断不肯作马扁，务使其感而信我等云。仆对曰：盛公厚意深情，安有不感不信，惜爱之近姑息，未深知区区者也。此次获咎，为冒昧上言，盛公先密电导之出疆，尚合有过而去、大杖则逃之义。今教之违心罔上，避重就轻，则是自欺欺君，其过甚大。仆已日入崦嵫，岂可不定静安虑？且环球耳目瞻瞩，必被中外齿冷，嗤为反复小人。若出于公理公法，使澳门亦如厦门，将简大狮获交，尚有人悲壮痛惜。赣抚李勉林中丞，道义旧交，有小印篆文曰：十年投笔，依旧书生。仆亦仿镌八字曰：廿载北洋，依然市隐。不思跻高位为大臣者，正恐出山泉水浊耳。《鲁论》曰：朝闻道，夕死可矣。张子曰：存吾顺，没我宁焉。况西官甚重清议，决不任尔起灭自由，谨铭德惠，敬谢不敏。周、张等不俟堂讯，即返沪。

问云：周、张诸位回去后，曾否通过音问？想以先生之委曲衷情，详告盛京卿，必已自悔孟浪。

周、张去后，亦少鲤来雁往。仆料还语盛公，其忮求之心，尚难自反融化也。盛公保险之说，自属饰词。试观崇、徐两尚书，立、许两侍郎，联、袁两京卿，势位均出盛右，尚且不能自保，盛岂能保人？以盛之智，岂有见不及此，安肯自悔哉！仆赴南洋伏法，毙于正也。若矫揉造作，仍不免于死，必结来生不解冤。我两人遇合，以善始，不当以恶终。前因后果，种瓜得瓜，或者大造亦寓苦心也。我因思诸大臣之死，不可谓非泰山之重，所惜者犹嫌未能曲当耳。若在去腊立储前后，同德同心，批鳞犯颜，六人并成韩魏公。殿上聚此一群虎，未有不能回天者，何致肇拳匪之祸，生民涂炭，国破君危，曲突徙薪，自胜焦头烂额也。且斯时政府顽固尚未深迷拳匪妖气，不敢一朝诛六大臣，极至如长、汪二公放归，或转可不至于死。虽然，论国事之关系，微嫌诸公死之太迟，而诸公之矢忠，自较然矣，岂若诸罪魁之死，轻于鸿毛哉！因又思兼圻疆臣，绾兵符，拥大权，当津沽失守后，揆诸天地人三者，此时此际，断非野蛮亲藩、刚愎近臣所能劫夺。顾如此敬畏小心，不敢披肝露胆，致其身而事君。假如联军未入京前，各疆臣同心戮力，效唐肃宗拜回纥马前，为民请命，痛切上陈，一面照会各国政府，则乘舆可以不西狩，宫阙可以不蹂躏。想环球列强，讲公法，尚信义，必不至如宋之女真、明之也先也。乃学贯古今者有人，而诚贯金石者无有，文胜积重之病，一至此哉！即以此次盛经自扰，举一反三，吾中国内政外交，种种败坏，皆此虚矫之气充塞，逆憶不诚所由来。其实欲转弱为强，并非挟山超海之难。但得圣主回銮亲政，访求岩穴隐逸，天生汤、武，岂无伊、吕？上以诚求，下必诚应。远如昭烈之三顾，自有伏龙、凤雏出。近如曾、胡之礼贤，必有罗、李、左、彭。至在八股跻通显中求人才，仍如换汤不换药也。将秦汉后杂霸政教，一扫而空，师法唐虞三代，以先立乎其体，培才尤重女学，养民先计考工，期以卅年，吾皇上花甲万寿庆典时，必能明效大著矣。倘无今上仁德明君，徒托空言无补也。中国居赤道温带，所毓先天禀赋，已极虚灵，再得母教以裕后天，格致以裕财源，虽未敢高己卑人，而黄种不逊于白种，断断然也。而惜乎秉国钧者，至今犹长睡也。

问云：港中颇多猜测葡国之隐衷者，谓李中堂虽去粤，而拜全权大臣之命，所以虚与委蛇，先生之稽释，或由于此？

仆不肯逆忆人，果尔吾中国相臣，他邦如此敬重，不禁距跃三百矣。溯戊戌政变后，黄公度京卿在沪租界被逮，虽羁禁洋务局中，欲提解赴京则难。刘岘帅烛照机先，恐酿交涉之案，密电总署请释放。当时闻之浩叹，京卿诚抱屈，各国按公法，然非政府失当，何至主权全失，不能自行境内哉！去秋刚相驻沪时，忽有谣诼，某道在秣，面聆恩方伯之言，女学有京官参奏，将交刚查办等云。诸同人异常惊惶，强邀仆往商盛公。窃思刚亦同类之一耳。子舆氏曰：说大人则藐之。《阴骘文》云：人能如我存心，天必锡汝以福。仆作一转语，自问如我存心，天必不加之祸。以黄京卿事隔反，因办女学而获谴，各国更不肯坐视。然此实非心安理得，故去腊发电时，意谓如果获咎，愿恪守臣节，俾振吾国主权。讵料为盛公迫劝出奔，嗣见鹿制军电谕，仍拟自赴金陵，束身司败，而盛公已电请上相移提，遂阻于澳门。又有叶君诱缓行期，反长外人阻力。前后种种机缄，竟似造化暗中播弄，不容仆成千古大名，而张支那之威。仆于是自信暂虽蛰伏，不致久于沉沦也。

问云：据敝友言，先生初被逮时，自愿解赴粤省，嗣为大众劝阻。既已出奔远避，何必再入网罗？请问意旨。

正月间见秣电，欣悉鹿制军具吐哺雅量，必能公忠体国，曲意成全，亟思遄返投案，吁求据情入告。倘仰邀圣明洞鉴，得蒙召见，拟携妻孥与样入都，伏阙竭摅愚悃，将中外大臣所未敢上达者，号泣于旻天，或竟能振残局，遏乱萌，不致有今日之祸。讵料造化弄人，两次为魔所阻，不得一伸蝼蚁之忱，固非元善一人之不幸矣。

问云：先生办电报局廿余载，中外商情必然洞澈，肯不吝雅诲乎？闻盛京卿总揽公司不少，想为贵国绅商推许。其商务如何明白？先生谅知详细。此次因电禀弃差，先生有内顾之虑否？

仆自办电报后，始与各国绅商接迹。默察外人商务扼要，虽近垄断，而实归重信字。且联同业合群，并非各顾其私，先人后己，先公后私。至于人之至，公之至，而己与私即在其中。贵国当仁不让，愈研愈精，莫名钦佩。吾华未明此秘，贪小利，图近功，先己后人，先私后公，杨氏为我之学偏胜。子舆氏曰：利国利家利身，不肯拔一毛利天下。此不能敌西商之病根也。否则华人工食廉，又耐劳苦，凡效西法各公司，岂有不操奇计赢之理！至盛京卿经济，仆与初交甚契。二十年来升沉迥判，渐致和而不同，如张太岳与海中介矣。平心而论，此公凤根不凡，有霸佐之才，惜生于富贵家，质美寡学，若得在曾文正洪炉中熔炼之，成大器矣。譬如行船操柁，善观风色，不看罗盘，而未遇拦江石尤，不遭倾覆者，乃祖德之深厚也。至其仕优则学，不师中堂前半截勋业，但效中堂后半截世故，亦步亦趋，神形逼肖。有同乡某中丞问中堂于盛公者曰：北洋公冗甲各省，何术而措置裕如？盛公答曰：中堂宗旨，未来之事不思，既往之事不追，当境因物付物，故能寓烦于简。某中丞大钦佩，谓可奉为圭臬。仆反复三思，此佛老出世之学，非孔孟用世之学。若大臣以此为南针，周公仰思达旦，武侯并日而食，皆是不学无术矣。若论商务一道，就目前宦途中，如盛公已独出冠时。然仅可与共学，未可与适道。西法兵农工商等学，其智巧从笨工夫中来，是圣门传道于鲁宗旨，非憶则屡中也。且盛公官气太浓，即是商情之障，又务博不专，躬蹈广种薄收之弊。官督商办，实系两事，不辞劳瘁，只手支持，用人喜阿谀唯诺，奚能专精壹志？只有将就局面，亦情势使然。盛公之摹仿西法，似其常州土产扎彩绒花，像生充真，颇动人目，而无生气。若欲救药斯病，只要先公后私，自然人存政举矣。且默察公私先后主义，亦未能众皆醉而我独醒，此天下人皆知之，实非忮求之苛论。仆虽幽羁于炮台，家事早已看淡，到处容膝易安。寸心虽殷君国，人皆恕我力违。今中原鼎沸，生灵涂炭，何处寻此桃源，得优游岁月？编辑生平言行事实，俾使移山之愚，存留天壤，为我一己私计，可遇而不可求，方且感盛公之不暇，所以求全责备者，冀其见仆言而生忿，力图自反，鞭辟入里，此中国之大幸，亦盛氏之幸也。吾华无真是非，能见舆薪者甚鲜。仆不为中国大局计，专顾友朋交谊，亦愿为之称扬，悠悠之口，不足凭也。仆但在电言电，若盛公肯虚衷博采，何至经营已逾廿载，远不逮贵国线道之通畅，如卫公子居室，仅始有时情形哉！盛公以一身兼统轮船、电报、铁路、银行、煤矿、铁政，与南、北洋公学，照西人之专精，一人办成一事，已属当行出色。此七大政，实为立国之大要。今吾华国脉恹恹一息，倘再事粉饰敷衍，一旦精神耗竭，则命根绝矣。仆曾于戊戌之夏致书盛公，劝其从事阳明心学，以端用舍之本函稿附呈亮鉴，诚为大局计也。至于仆之一身，忆庚辰岁，直赈毕，辞别李傅相，奉面谕，佐郑道兴办机器纺织，因同人意见未合，旋即知难而退。复承盛公之邀，并奉相委帮办创设电线，总理沪局。沪有转运之繁，然其始用人极少，一身兼充数役。照西例，凡购材料，可得九五回用，仆从未向取，为数颇巨。又先入织布局二百股，三年无息，仅收回二成票价。旋入电报局二百六十股，法岅起而沪市塞，又急有所用，四折售去二百股。半生戀迁积累，从此而空。捐大八成道员，无如此巨也。甲午议派花红起，以后五届，照盛公手定初章，沪局实少取七万六千余元议派花红全卷附呈亮鉴。岂真俗所云背财生耶？只为吾华商务着想，力顾大局，沪为各路领袖，思以本身作则，先人后己，强自操持而已，以致形旺神衰，清风两袖，藉此局薪而资津贴。因学邦有道之愚，以致毁家。今则差已撤矣，本籍家产已查抄矣，瓶罄尽罄，后顾茫茫。但彼苍既欲玉成，俾之空乏其身，仆何敢不修身以俟。况去腊盛公密电中，更嘱郑、杨邀仆之亲戚，即盛公同乡某君相劝，谓局员他人为之，而事仍阴属于仆。督办古道照人，必不使垂老故人，饥饿于其土地也。按：盛荔荪太守在沪办纺织有年矣，而两广电差至今尚在。子舆氏曰：有故而去，三年不反，然后收其田里。想见古君臣交谊之隆，为臣下者，安得不感！况以协力同心创兴旧侣，廿余载总办局员，公论在口碑，交情在昔日，乃两弟在绍、姚局店，无故牵累，同遭困厄，想将来盛公亦必有以处之。然而穷通由天，因某君实有是语，故推类及之，非恋栈作呻吟语也。

问云：知先生曾在沪上竭力创办女学，可谓苦心孤诣，能见其远。此事现在情形如何，可望有举莫废否？

久钦贵国女学蒸蒸日上，已并驾欧美，不胜欣羡。国之强弱，系乎人才，欲求人才辈出，女学实为开天羲画。此吾华上古所固有，非泰西之新法。《关雎》为王化之原，淑女非无学之人，万物生于坤土，沃壤始产嘉禾，蒙养全赖母教，寡学岂能课子？从乳哺、饮食、学语起，无一处不须教诲。及至六七岁出就外傅，先入为主，其体已端，绘事后素，师教易施，何患贤哲之不勃兴哉！故对父言，曰易子而教；对母言，曰相夫教子。此两句极浅显之常谈，皆人人所共知。闻西儒论教育，责任派作一百分，母教得七十分，友教得二十分，师教仅得十分。因师道尊严，尊而难亲也。仆梦寐之间不忘女学者，因有鉴于吾华太后，若圣学亦如英君主，宫中有曹大家其人辅弼之，何至小人道长，铸成此次大错！又如李中堂太夫人，虽气度甚宏，而躬亲畎亩，未攻诗书，不能如欧母之画荻，故虽中堂天纵英武，而无母教以植始基，其勋业仅止于是。即如不才，禀质尚优，而母氏劬劳，不忍督责，迨中年后始知向学，晚矣！昔苏老泉长而始学，然其夫人能以范母自居，故卒成二子之贤。乃不佞并无内助，俾诸子能如轼、辙？以此君、相、民三者，推类至于通国，人才何由出？富强安可期？故于丁酉夏秋，久病初愈，念此后余生，更宜分阴是惜，欲为国家稍尽心力，有补于生民，有关于名教，而人弃我取者，厥惟女学。适维新诸君子亦有此议，一触即发。其始和之者众，舆论翕然，继闻总署不合，皆避之若浼矣。仆认定真宰，一意孤行，去秋诸同人因市虎之讹，公议将总塾停止，另禀南洋，留城内分塾，以存硕果。今岁仆出奔后，幸蒋畹芳、周远香、丁明玉诸女史，苦心坚守两节之久，而力乏难支，中秋后亦暂停有待，未审将来尚能规复否？且看天意如何。附呈《集议初编》一册，以后一切禀牍及续有集议，笔墨繁多，容另编辑印出呈鉴，先将致郑、杨、董三君子一书附奉亮察。

问云：前读大著迂言，知与逋臣康工部群而不党，其故可得而闻乎？

庚寅夏，两湖制府南皮张公电召赴鄂，欲委仆织布局提调，因意旨未能吻合，恐蹈北洋前辙，不敢奉檄，但竭愚虑，上条陈而退。迨乙未，张制府署两江，助康主事兴强学会，电委仆为董事，揆诸情义，不容再辞。后因与主事见解稍异，又因病甚，旋即禀退。至今不同而和者，一则康主事本心，实欲保种强国。康、梁如药中生军麝脐，功效在开通闭塞关窍，原非参苓平和之品，全在良相良医用之得当耳。吾华民气未醇，偏重效法东邻，日后恐滋流弊，谓其越中和位育笃恭而天下平宗旨，以此责备，众皆诚服。然亦须为大臣者，能以道事君，忠纯不二，无暇方可戮人。今阅两湖奏疏，条教不先内省自反，务欲诬为叛逆无君，文致周内，反蹈虚隙。《鲁论》曰：道政齐刑，民免无耻。今不化以德礼，专尚智术，焉能服人？自古权势压力，莫过吕秦曹魏，种因结果，可为殷鉴，川壅必溃，理有固然也。二则不忘制府知遇，仰体联群开化雅怀，故不稍存伐异之心，但尽辅仁规过之义。丙申春，有答康主事忠告一书。录后附呈亮鉴。戊戌夏，新政发轫方张，澄观默察，觉维新气势太骤，虽未悉都门措施机宜，而在外谈新学者，不免才高意广，不求平实，殊抱杞人之尤。建旋乾转坤功业，其道在不息有序。因假募修陈忠愍祠，拟兴经正劝勉一集，暗中维系而挽救之。经正集启、规则附录于后。何期政变以后，张制府忽改初衷。今二南嫌隙已成，愧未能如展喜说孝公，化解齐鲁之衅，此仆寸衷耿耿难安者也。但戊戌制府内召过沪，曾上书未蒙批答。更有友人相告，谓向不喜闻逆耳直言，故未敢作再三之渎。庚寅赴鄂，初见制府，即知其祖述桓文，年来宗旨更远，为天下人诟病，廿载盛名，一旦坠地，晚节不终，可痛惜也。

问云：先生虽与新党和而不同，而与凡百维新志士无间，然否？

仆十室下士，煦煦孑子，气魄毅力，均不逮维新诸君。齿暮血衰，不能有所振作。然医国无异医病，有外科施刀针收速效者，有内科用汤药无近功者。此时中国垂危久病，正如七窍闭塞，外患痈疽，内蕴热毒，却非侧重外科不可。维新志士，舍生取义，大声疾呼，的是刀针妙手。仆仅读《灵枢》、《素问》，略识本原，只能办女学、商务、教务等事，开调理清补之方。且从事筹赈年久，救生意念，先入为主，一闻流血，不觉心悸，宁用王道，不事近功。前之俚鄙迂言，已承《天南新报》、《中国旬报》指教，老女势难学绣。友人谓仆师袁了凡之学，此可为知己，只好各行其是，异流同源，葵向之忱，实无二致。况夫事君致身，圣贤大节，然而暴虎冯河，亦圣贤所戒。管见师诸葛公之一生谨慎，不肯侥幸出子午谷，勿效凤雏先生，冒险图功。贵国与敝邦，地隔重溟，人情风俗，未必全合。譬诸医南北省人疾病，必须因地制宜，岂可拘执成方，高明以为然否？

问云：秋间汉皋之役，维新人才摧折不少。吾邻邦闻之，悯恻同种，亦深叹惜。贵国之政教，何日趋于下也？

此次汉皋事变，观各日报所载，唐、林诸君视死如归，可谓烈矣，环球应有公论，后世自有定评。若其株连而死者数百人，怨气凝结，将来冤冤相报，亦必有人当之。惟自信有岳武穆忠勇德威，方可望河北众山响应，庶不致力与心违，否则一发难收，即不能学贵国覆幕攘外。此非以成败论人也，略其迹而原其心，既种流血因，必结成仁果。天怜义士，玉汝于成，以显吾华尚有气节，未始非中国之光也。至于川、鄂、湘各学生均遭骈戮，更可痛惜。此如初春卉木，尚未开葩结实，一旦芟伐殆尽，不特老圃灌溉綦难，即造物生才亦不易，岂非大拂天地好生？三省学堂诸生，沐教诲裁成，而均肯听命于远人，其罪果有可议，其情亦自可疑也。可疑之病有二：吾华当路巨公，皆从时文出身。沈君谷人曰：时文无非巧言，中国此根不拔，永无振兴之日。即显背祖制，大拂民心之事，工巧言者，亦能演出极情理之语，但施诸学新学之学生，未免凿枘。其病一。孔孟垂训，名存实亡，师道久已不立，更乏蒙养，骤欲效法邻邦政教，此如绘事未素，即使各邑遍设学堂，所造就者不过华服洋人。其病二。总之欲求富强，须端蒙养，而万不能不从女学起点，否则再教三十年，非特依然如故，更恐变本加厉矣。溯曾文正派容观察率幼童出洋肄业，阅时已逾一世，而其成效仅如此，后之视今，亦犹今之视昔耳。《书》曰：罪疑惟轻，胁从罔治。化导、哀矜、儆戒，三者不闻有一，不可不谓之虐矣。道德齐礼，有耻且格。倘此时三省督抚，为曾文正、胡文忠、岑襄勤，断不忍施以极刑，而各学生亦必戴德铭恩，如岳家军之难憾矣。

附录：

盛杏荪观察亲笔函（庚辰四月二十六日在津发）

顷谈甚畅。招商局定舱之事，明早先宜预定，特致局员一信，望明早先遣人送往，即可取客票。弟所谈公司一节，属意我兄甚诚，勿疑交浅言深也。到沪后如能俯就，或有不能，均祈速示。目前千万勿为第二人道及，至祷至祷。弟宣怀顿首。

又（癸未春季在沪书）

承示敬悉。台从今日动身，局事即请凤翁代庖。绥翁亦在此，可以放心。惟南线须妥商大局，望公早日回沪，缘商务同人中，眼光无人能及台端。金州一局，奉屈阁下为董事，未知可允行否？唐心存所请，颇有条理，弟拟悉准照办，容即面商陶翁再复。弟即刻赴早安里。

又（乙酉五月二十八日在津发）

久未通讯，常深驰系。阁下两次因目恙假旋，沪局正虑乏人主持。苕翁回津，述及台驾因□□、□□二事，心绪颇觉不宁。嗣奉电商暂假清厘，幸有静翁观察暂代。瞬又两月，沪局来函，总未提及前事。吾侪数人以赈务始，相期并不仅以电务终，道义之交，甘苦与共。□□过由自取，布局终难结束。至阁下只因□□、□□，被人拖累，身在局中，恐他人之责望愈严，故弟不敢强。现闻□□回沪，会商□□，谅易结束。□□既有□□出头，似不如责成二人了结。阁下抱匡时之略，须留干净身子，为国办事。如有为难，祈密示端倪，苟弟力所能助，无不为之。电务日渐扩充，而资本短缺，公款转瞬即须归还，马干口粮亦须自备。阁下与绥翁、陶翁数年研究，而力任劳怨，公尤足多。惟是经手之事，早日清结，仍赖勋勤。丹科语言吞吐，至今并无办法。总之此事成败，在伊一人手中。闹得后来，拍卖了账而已。商局收回在即，亦有乏才之叹，公能惠然助我否？轮局月薪倍于电，每岁所入津贴，可抵电局六届花红，礼尚酬应可开支公项。仆不欲兼任婉辞者，因电务研究方有崖岸，不肯蹈分心之弊，愿专勤一事也。手请台安。弟宣怀顿首。

再，电线保案，出月初即当详请入奏，惟阁下与望炊尤为出力。若照二公之意，竟无可列保，弟问心断不能安。现拟阁下请保直隶州，留于直隶补用，此间易州、遵化，皆系数万金之缺，尽可备而不用。目前办理商务，若不愿为他人下，仍可列主事之衔。望炊则更无法想，日夕祷祝此公今年中举，闻其俗念忽生，亦鉴于我辈被人欺甚耳。再颂升祺。弟又顿首。

此三缄亲笔原函，庚子华历四月初十日，葡按察莅大炮台淑问取阅，连沪上各日报刊登、女学月结报销清帐，裁粘于册，一并携去，曾声明完案后请发还。中文翻译徐华舫君，操管代按察答曰：一定发还。俟异日领回，再石印呈鉴。

上前摄澳督葡主教嘉若瑟君书（庚子九月）

元善羁留澳门，于今九阅月矣，想未蒙释放之故。葡廷自有公道法律，不用我之多言，但念大主教操持教务，我所言设有未合，必肯教而正之。即因此获愆尤，尚可蒙原宥，是以敢于陈词，一白我之衷曲。我昔年奉李中堂檄委，总办上海电报商局，已逾二十载。昨岁华历十二月廿六日，为保救我国大皇帝，联名电禀总理衙门，吁恳转奏谏阻废立。明知旧党执政，此电必致逢彼之恶，但读圣贤书，所学何事？行乎其所不得不行。我本不畏死也，乃二十八日之晨，承督办盛京卿电致郑陶斋、杨子萱诸君，劝我辞差离局，并怂恿我家属，迫之远避。二十九日趁英公司轮南行，正月初二抵香港，初八日到澳门。二十之后得家书，知大除夕接南洋院报房电称：奉署两江督宪鹿制军谕，请经观察正月上旬来辕面商。大府如此虚衷礼下，深悔多此一行。正拟二十七日返沪，遄赴江宁，束身司败，讵料二十六日晚，即被此间葡衙逮禁矣。探悉京中有侍御余诚格奏参，谓盛某系督办，何以不能制经某？于是政府责成盛将我交出。盛知电争废立，乃是义举，为文明公法所应保护，若说明实情，各国必不允拏。于是因我倥偬出亡，局务未及报销，遂诬以亏空逃走，电请粤督李公行文移提。我初念李公是旧上司，且宽仁大度，不妨听其解省就质。而中西友人同声留阻。有一位何君劝云：倘到省竟遭不测，岂不凋零皇上枝叶？公虽杀身成仁，独不为急君难地乎？又一位刘君劝云：现在案到葡衙，应听西宫裁夺，亦不能由公自主也。因亦听之，而澳督与各官均能一秉公法，又适逢大主教摄督篆，酌理衡情，不偏不倚，五月中旬审判后，乃原告律师上控按察，将案卷提往葡京复核，本案遂为所牵制。初云约两个月可批回，迨至华历七月望后，澳督宪复来莅任，意谓此案当可结释矣，询之律师，则答云：仍应候葡京回文，须再等过一月余。此后屡询则屡约，廷宕至今，又逾两月矣。慨我中国自拳匪扰乱以来，谣言极多，甚至上谕亦可伪造。有邮局交来匿名书信云：葡官受原告之贿赂，欲作两面周旋。又云拳匪党魁、王大臣等尚有权势，葡国畏其声威，所以不敢释汝云云。此等谣言不知何意，我素慕欧美各大邦，崇天道，讲真理，断无此鄙陋之事，旋有人传葡律师言，葡国近接英廷电称，清朝恣戮新党，辣手更无人理，特商葡廷，勿遽令某回内地，仍暂行保护等语，则我之不遽蒙释，原在于是，其为感激，应复何如。但我离家已久，极想早得言旋。今承两国高谊隆情，奈齿衰多病，思家念切，必须接取眷属来，庶得侍奉不患苦寂。敢乞大主教体天心仁爱，转商于大澳督，如能即赐释归，上也，否则准予担保下台，侨寓澳港，潜隐待时，以仰副庇荫之仁。设均不允，即饬台上兵总，逾格照拂，添拨房屋数间，约须八九人可住。抑更有请者，既洞鉴我无罪，即应准我下台游行，俾可舒散胸襟，不致郁闷成病。贱如畜生，尚放林野，况人为万物之灵，岂可久窒生机，不使畅适？若恐我出门私逸，我遵守孔孟之诫，一生忠信笃敬，晚节岂肯堕名，况有家眷住居台上，聋聩废人，逸将安往？此而不许，则是保护人不及豢养畜生，文明之政，岂其如此也。先哲云：士可杀不可辱。待之如囚，是辱我也。与其忍辱，不如仍解我去，而听凭拳党诛戮，我身虽死，我魂不死。我年逾花甲，有子有孙，此生已无未了，大可归返太虚，并不依恋桑榆，宝此一具顽躯壳也。

致郑、杨、董三君论办女公学书（己交〔亥〕五月）

女学一事，深荷诸君子关垂。四月初三日，一品香之叙，陶翁笔谈云：公将从前力辞花红，寡取之款，移归女学善举，弟等当竭诚言之，督办好善宽仁，谅无不允者。长翁董君长卿，电总局材料所。笔谈云：执事与督办廿余载道义交情，此事据鄙见，总可婉商，且仅提沪局收数之九五，为数尚轻，如蒙宪允，女学受惠无尽，中国益觉增光。惟萱翁职掌电局度支，得其一言，足当九鼎，我公必须与彼商妥耳。萱翁杨君子萱，电总局支应所。笔谈云：弟仝长翁在督办前，总必尽力言之，请尊处致弟等一函，将女学势成骑虎，实在为难情形，缕晰详示，或再将南、北洋两公学拨款比引，俟弟由苏回后，再切实婉商。督办善善从长，必能维护成全也云云。夫女学一事，实偪处此，赵五娘剪下头发，只好卖与张太公。既承诸君子谆嘱，再行肃笺，弟将女学导源、电报原始、盛经交谊，实理实情，分作三段，畅衍其义，伏候详察。

按：花红一节，系甲午年盛督办所定。维时元善顾全大局，力辞不敢多取。嗣以电利渐丰，不妨酌提，创办善举，以开风气，非欲自私自利。且集股公司，以众商之可否为取舍，故曾商诸各股东，无不称善，佥愿竭力赞成。商董中如郑、杨、董三君既允，则并元善计之，商董之允者已居大半。其余三位，盛君荔孙是督办介弟，王君伯敏是督办文案，朱君子文是督办翻译，则皆门下之士也。刊登日报一年有余，股东无一人异言，安得谓之擅挪。即如督办一人之身，兼营无数大事，显违商例，东移西补，亦可谓之侵挪乎？返躬自讼，应自恶然。

一曰女学导源。中国体用兼优，明乎富国强兵之至计，能如东瀛伊藤博文、大隈、陆奥一流人物，何其少也。溯曾文正派容观察率头批学生赴美肄业，所招荜门子弟居多，因思绘事后素之义，取质既非上等，成就恐难超伦。迨光绪辛巳岁，诸生卒业回华，果然软群者鲜，所造诣亦不过备翻译之选而已。转思若得世家裔教育之，或可望人才辈出。癸巳、甲午间，集同志创设经正书院，中西并课，定章脩膳较丰，殷阜者方能从学，一二载后细察情形，富厚家郎习染更甚，反复推求所以，实因断乳以后，至胜衣就傅前，溺爱放纵已惯，此由失母教，未端蒙养耳。因思必有握其源者，仅出洋学习，无补也。师道日衰，挽救不易，闻泰西教育一门，派作百分，母教得七十分，友教得二十分，师教仅得十分。可见孩提之童，一段诱掖工夫，全赖母教之先入为主。但欲得母教，势不能不先讲女学。自古王业之隆，断推周室，然无太妊、太姒，何来文王、武王？由二后之母教，以推二后之女学，其美善可知也。故夫有淑女而后有贤母，有贤母而后有贤子，揆诸历史，昭昭不爽。即如英国女王与吾华太后，同秉国钧，何以强弱显判？假令中国女学大兴，宫中妃嫔，公卿命妇，皆为匡时之彦，何至内外间隔，致吾君一人焦劳于上哉！关系如此郑重，岂非今日成就人才，以图自强之导源乎？

二曰电报原始。光绪辛巳孟夏，电务正在开办之际，陶翁郑君陶斋，今会办轮船局。为总办，谢绥之为会办。适谢君病危，举元善自代，承郑君推心置腹，畀以全权，受任以后，励精图治。事属创举，用人极少，而南北同时兴工，运料运木，络绎于道，以一身而兼仆役之事，其劳众所共知。迨壬午春改归商办，先集股湘平银八万两，督办盛公派善出一万两。当时电利茫无把握，实以同德同心，力顾大局，不得不勉而行之。是电局商办开首股东，善固八分之一也。嗣郑君专务纺织，兼会办轮船，应接不暇，改委善总办沪局，添本扩充，又公议创始入股者为商董，共支商董月薪五百元，盛得二，郑、谢、经各得一。是电局商董职任仔肩，善又五分之一也。诸君子固皆推诚布公，善亦公而忘私，所有手购材料，与大北、瑞生订合同而签名者，约计数十万金，照西例可得九五回用，从未取过丝毫。第二次股本改洋款，添招廿四万元时，善一往无前，共入两百六十股。甲申法衅后，各股大跌，银根大紧，不得不售，亏耗一万六七千元。凡此皆可矢诸天日者也。甲午腊月十二届，第一次分派花红，督办所拟沪局可得总数四分之一，且以后比较定章，十二届溢收若干，准加提双九五为花红。善以报费非轮船水脚，广藉招徕者可比，若定此比较章程，恐不足以服人心，一再力辞，案牍俱在。故第十三至十七五届，照善沪局所得花红，比较收数加提双九五，则少取洋七万六千三百三十三元九角七分六厘。夫好货根于性天，利者人之所同欲，今乃弃丰就啬，实冀挽救中国杨氏为我之通弊，商务不振之病根。今以提助女学单九五，商务善举，两面兼权，以期持久。花红乃名正言顺可以入己之款，而以移助女学，不逾半数，以私济公，且归功于督办，创此未有之善举，揆之天理人情，安有过当？想深明大义之君子，必能鉴其苦衷而怜其无咎焉。

三曰盛经交谊。元善阛阓凡庸耳，光绪己卯夏间，在广肇公所集议义赈，初遇盛公，颇承垂顾。庚辰春，赴雄县放赈，往返两过津门，更蒙虚己下人，逾于常格，不禁心动。当时盛公声望未隆，且誉者半而毁者亦半，善因知己之感，曲为周旋。壬午、癸未间，盛公驻沪，招办金州煤矿，并欲收赍开平股票，购至二百五六十股，价涨二百四五十两，善力劝其勿存此票，言之再四，盛公从之，即托善跌价售出，耗折一万余金。未几该票大跌，至每股四十余两，则尚便宜少亏将及四万两。所以盛公致善书中，有商务当推公为吾党首屈之语。嗣因轮船股票亦渐蹉跌，盛公藏票不少，势将不支，密商于绥之及善，谓若久在沪地，恐一蹶而难振，只得舍此赴津，但电局正在吃紧之际，萧静山人地生疏，沪上情形之熟，无逾公者，务望竭力支持，交出鄂票三张，属售银备抵要款，彼此相对气沮。因思朋友居五伦之一，所贵者能患难相共耳，遂一诺无辞。当时市景冷淡，盐票更不易售，乃为往来邗江、汉口，仆仆道途。且盐伙龙姓，盛封翁门下士也，有意梗阻，颇费委曲调停。其时局中出款期迫，情形岌岌，乃竭力设法借垫，为数不少。中法衅后，市景益衰，维持保护，十倍为难。于斯时也，盛公盖亦惴惴。此际共事者，苟有翔而后集之心，斯盛公立刻可败。善惟内断于心，外衡于义，认定论是非不计利害宗旨，更不谋及家人，一听危疑震撼，坚忍自持，越一载余，然后转险为夷。此皆谢、萧二君所目击，虽二君均已作古，可质诸鬼神而无疑也。犹忆乙酉夏，善清理织布局事，赴津销差回沪，适盛公亦南下，同乘保大轮船，篷顶纳凉时，知善为弟赔累，盛公曰：如公缺少数千金，当为代筹。善曰：友道贵直、贵谅、贵恕，公方出重围，未充裕，岂忍相累？盛公坚言之，有共患难、共安乐之语，善虽未领其情，固亦铭诸心版不敢忘。此两人之交谊也。

　　以上三节，皆从性分中流出，苟有虚饰，天必厌之，然亦仅能述其大略耳。至于女学之办，实与盛公并非水火，亦可略为及之，以见善之非敢独断。丁酉十月初，在广福里郑公馆与盛公席遇，时盛公正办南北洋公学，因将男女并重之意质之。奉盛公笔谈，女学堂之举甚有益，可付捐簿一本，必得巨款。又承亲笔致函与严小舫观察，施子英、杨子萱两太守云，女学堂可开风气，敬祈阁下代为劝办，未始非有益之举云云。然此时善未敢遽张旗鼓也。十月二十一日，在一品香遍邀沪上中西俊彦集议，金称此是吾华回春良方之药引，一唱百和，欢声雷动，诸君子各有笔谈，历历可按。十一月十三日，又在张园大会中西官商命妇、闺秀集议，盛氏闺人到者数辈，无一人非之者。善见人心如此大顺，虽肝脑涂地亦所不悔，是今日女学之兴，皆盛公及诸君子、众贤淑导我跨登虎背者也。讵料一闻朝局不以为然，即视为不时，相率仰承意旨，噤若寒蝉，避如黯鼠。惟南洋刘大臣批准刊用关防，不可谓非庸中佼佼，然盛公当时犹不敢遽然以为非也。同列中惟长卿董君热心，肯为援手。吾华君权压力过大，积威已久，绝无公是公非，上以为是则群焉是之，上以为非则群焉非之。但女学二字声闻中外，东西洋各国咸谓支那独此一举差强人意，若并此区区者亦成画饼，岂不更目我为野蛮？善一人之声名不足惜也，其如国体何？中夜彷徨，熟思审处，年将花甲，又何所恋？只得学墨氏摩顶放踵以利天下，大雄氏舍身饲虎亦无所难。惟电局前届帐略，除去一切开支外，尚提存公积二十万元，是女学所求者，不过九牛之一毛。董君云：督办所虑，恐别局效尤，后难为继。试问合京外廿二行省之商电局员，曾有宪定花红派数，辞多就少者乎？如欲效尤，从何措辞？要之，盛公如肯不分畛域，女公学与男公学，一律督率，力底于成，俾善得以附骥，是生我者父母，而成我者盛公也。尚求诸君一言九鼎，元善敬为二百兆裙钗馨香顶礼，将来丝绣之报，首在诸君，非元善所得据以为功也。敬请钧安。

附录：

盛京卿笔谈并致严、施、杨三董函稿

女学堂之举甚有益，且筹款亦必易，因命妇中肯出钱耳。

此事较男学堂劝捐稍易，一人一百，百人一万，千人十万，或我出名，或小儿出名，如何有益则照办。似乎弟出名较易劝。

给我抄簿，必须将已捐者列入，方可劝捐。

多立捐簿，各省劝捐必易事。可付捐簿一本，必得巨款。

以上丁酉十月初二日在广福里郑公馆笔谈。

筱舫、子英、子萱仁兄大人阁下：

昨莲山、卓如诸君创办女学堂，似亦可开风气，敬祈阁下代为劝办，亦未始非有益之举也。细情可询莲山，能娓娓言之。倚装匆布，敬请勋安。弟宣怀顿首。丁酉十月初七日。

以上笔谈及致三君函，亲笔原笺，华历庚子四月初十日，葡按察莅炮台，淑问取去，声明完案后请发还。中文翻译徐君华舫，操管代按察答曰一定发还。俟日后领回，照出石印，再呈公鉴。

按：戊戌四月，女公学开塾，盛公莅止，与某君言及，元善从前和平圆通，不似现在意必固我。溯遇合订交之始，彼此皆办义赈，各勉当仁不让，故能声应气求。嗣盛公利涉大川，风顺帆高，渐趋温带，元善仍安市隐，退思补过，复见天心。先哲云三日不见即刮目，况已逾一二十载。纬线既度分南北，学术难合志同方。至谓固必云者，昔未能执宏信笃，何敢自满不虚？今稍明理欲向背，岂可再迷方针耶？庚子葭月附识。

电报商局第一次议派花红电函（甲午十二月）

致谢绥之

昨由收支所交到督办所定派花红扎册，善细细拜读，似有不甚妥帖之处。查全册共派五千七百二十二元七角八分六厘，而沪局所得则有一千四百八元三角二分二厘。受宠若惊，恐无以折服他人之心，且恐司事、报生之钻谋沪局者，因此纷至沓来，局中堂中，必有号令不行，种种窒碍之处。且查册内除短收报费扣给外，如派烟台四元三角二分、建宁一元三角五分八厘之类，虽短收报费，未必不因局员滥做人情，将应行收费之报，代发二等所致。然亦未必尽然，盖报费之衰旺，地势使然，不恃人力，非如轮船水脚，重在揽载。沪局收费虽多，劳则有之，善从不敢居招徕之功。统中国各行省杆线，如周身血脉，苟一处不通，则通者亦滞。即如转报之局，别局所收报费，此局亦须打报，并且一收一接，劳更倍于收报之局。又如管辖线道艰远之局，其辛劳均与费旺之局同，不宜过为偏枯，使之向隅。电局派红而比较报费收数，如南辕北辙，断不足以昭公允也。善本拮据如涸鲋，承督办派红独厚，于私计岂不甚便？但临财戒苟得，取之当有道。真能言人之所不肯言，公之立品，其在虞夏商周之间哉！剑华子注。况此举与取，系中外观瞻，全局兴衰，不敢不慎之又慎。据鄙见将商线大小各局店，仿《缙绅录》中州县佐贰各缺，分别简、繁、极繁三班，于三班之中再分三等，余如收支、材料、稽核、文案各所，及电学堂各路总管，亦分别繁简，归入三班三等之内，一体分红而昭公溥。拟禀督办，请再饬总董、提调、洋参赞暨华洋总管，会同秉公悉心复议，止于至善，作为定额。内中倘有收费应旺，实系发公报侵占商报之局，及转报之局未能当日转出，统年滞至十分之几分，修线之局时常坏线，停报至若干日者均扣给，似亦寓惩于劝之意也。又探闻大东北分派花红章程，除支官利外，提公积若干，以备大修之需，其余照数派给，电事诸人亦分繁简，再于繁简各局之中，分别生意及人手之多寡，均匀酌派。此外洋电报公司办法也。今中国按年提大修公积一成，及应付一分官利外，似应以一半归股东余利，按股照派，以一半归在局花红，均平酌给。如是既足以慰股东之愿，将来添线招股必易，又足以励任事之气，和衷共济矣。是否有当？伏候环示。十二月十八日，元善顿首。绥之名家福，吴县人，商董，办电报学堂。

致杨子萱

昨由陈沁翁交示，督办定派花红扎册。以下云云与谢函同。肃此布臆，敬请勋安，伫候环云。十二月十八日，元善顿首。子萱名廷杲，吴县人，商董，办总局收支所。

子萱复函

奉示敬悉。分红尊论极是，弟前已禀督办，不过无阁下之透澈，故未蒙允准。今贵局派多而辞让，具见一秉至公，力顾大局，钦佩无既。一体分红而示公溥，庶足以昭平允。总局非弟一人，会同禀请，弟所愿也。绥翁处请转致。惟册奉督办饬，务于年内刊发，若函禀恐迟，宜先电禀。请吾兄大才主稿，弟于午后如暇，当趋前面谈一切。手此，敬请升安。十二月二十日。

子萱又复

奉示敬悉。弟适值明日为与盛氏、姚氏作代媒，兼之三奉香帅电饬，添设川沙至金山、乍浦、通州至扬州，清江至海州线。须分三路赶造，线道甚长，用人用料较多，现在集料、派人等事，万分粟碌。会禀一节，俟绥翁复到，即请附列贱名可也。一切偏劳，不安之至。手叩升安。十二月二十日。

绥之来电

莲翁：尊议极公极确，请即单禀移知为佩。因病卧缓日函复。福。十二月二十日。

公发津关二等急电

杏宪鉴：分红册细细拜读，有窒碍未妥之处，姑缓排印，详细具牍禀陈。善、福、杲。十二月二十日，时盛公任津海关道。

津关复电

经、杨：沪局人多事忙，花红理应多派。兄等如有条陈，下届另议，此届已办年结，未便再改，幸勿固执。宣印。宣，盛公名也。印，一等官报。

再发津关二等急电

杏宪鉴：示悉。电非轮，旺绌不关招揽。沪虽忙，与受要求惬当。此册出，必贻中外讥讪，全局解体，利害所系至巨。值此危疑板荡之秋，公后必悔，休戚共之，不敢唯阿，详细仍由电续陈。善、杲。十二月二十一日晨。

接津关复电

经、杨守：旺绌亦关迟速，公等既有成见，何不早寄条陈？年近岁逼，盈收各局望眼将穿。再速详禀，再候核定。宣。十二月二十一日午。

三发津关二等急电

杏宪鉴：电本密示悉。派花红未奉饬议，何敢越言？十七杨守交阅扎册，始悉总数五千七百二十二元七角八分六厘，沪近四之一。各局相形，因羡生忌，其害一。报生向慕沪，以后学堂调远，势将不灵，其害二。就沪十余载、辛勤极优者，合全局人数平等普惠，不及三十元，失望解体，其害三。乙比甲盈有，丙比乙绌无，人情由奢入俭难，以后驾驭饥军乏术，其害四。局员奉传赴津，旅资馈阍均须费，派红至微如建宁局，一元三角五分八厘，大失所望，难免无疾视长上之愠，其害五。

此尤能言人之不敢言，拜服无地。剑华子注。烟台等局地处危邦，派红四元三角二分，谁不灰心解体，而肯舍死效忠？其害六。转报线长等局，收费虽少，劳同而赏异，向隅生怨，其害七。中日交争，各夸富强，此册或采登日报，更启外人轻视之心，加损国威，其害八。工程未征信，伺隙蹈瑕者众，难免无搜根指摘，其害九。泰西通电久，公司派红无比较例，列邦素轻我国，此册一出，必寰瀛讥讪，其害十。不仅此也，公处要津，久握利权，侧目者众，一旦自腐溃于内，下石乘于外，其害有不可胜言者。效西法如电局之隆隆日上，再遭丛谤，则自强之机殆矣。管见将商线总分各局店、报房总管、学堂、收支、材料、稽核各所，文案处，仿《缙绅录》州县、佐贰、城守各缺，酌分简、繁、极繁三班，于各班再分三等，饬洋参赞、商董、提调、洋总管悉心秉公，详议复核，止于至善，作为定额，一体分红而昭公溥。从中再参以劝惩之条，则思过半矣。数不宜菲，若仅戋戋，恐惠不遍而怨丛生。如照前册派沪独厚，元善拮据，于私计甚得，其如大局何？伏乞亮鉴施行。善。十二月二十一日夜。

绥之复函

奉十八示谨悉。尊议至公至明，力顾大局，敬佩无量。内中惟文案不宜从删，将来无兼差之时为难也。及按年提一成，已日积月累云云，逐年大修，开销亦不菲也。似可不说，余均无懈可击。恐即拟禀稿，力疾奉复，以备采择。十二月二十日。

绥之又复

展读廿一夜手谕电悉。立论极是极是，惟措辞尚有欠酌处。最好照前次十八日赐示叙禀，不必将一也至十也全叙，因内中不免有说得太重之处。兹将十八日函中极佩服语夹圈出，其次则单圈出，又将电中过头之语角出，以备采酌刍荛。力疾布复，诸惟垂鉴。

再启者：就弟看来，此次只能五千七百元先行分派，惟将此五千七百元，分得均匀便了，所谓不患寡而患不均也。否则缓不济急，怨谤丛生，不能不兼顾也。九等如何分别，公亦宜赶紧与总管商之，一面具禀，一面即将九等开送。弟意以报生多寡，为九等之次序，以速为贵矣。十二月廿三日。

绥之来电

莲翁：廿一信已复，禀稿极妥。廿三信，协源云无。福。十二月廿五日。

发苏州电

绥翁：阅后改密码转津关。二十二电禀，谅恕狂愚。窃思奉饬详议，年内不及，风声已播，望眼者众。管见本届只派报生，查商线大小局店九十九处，生额四百八十六人，薪洋七千一百零四元一角四分、银三十一两四钱，提一厘股息八千元，名曰酬酬，电谕收支学堂，照薪多寡，分别核派，两日可竣事，年结册不致迟延。局员司事，下届定章后优给。当否？仍候钧裁。十二月廿六日。次日仍迳电津海关。

绥之来电

莲：哥电悉，二十三信亦到。风声既播，断难缓酌，亦难专派报生。请照原札分派后，细议妥章，将来可以扣算。电未转津。福。十二月廿六日。

发苏州电

绥翁：示悉。尊议与鄙见难合，员司绝不必派。昨电迳发津关，已先请学堂华洋总管，赶查局烦简、生久暂，以候上命。乞恕两歧。善今日骤患手足不仁，心绪恶劣，坐言不能起行矣。善。十二月廿七日。

津关来电

经守：已照所拟，饬杨守速即办理。宣。十二月廿七日夜。

绥之来信

奉二十二日手谕，细读拟稿，极妥极妥。凡弟所虑碍者，一句均无，所极佩服者，全在其中矣。惟二十三日来信，询诸协源，并未寄到，不解何故。十二月廿五日。

绥之来电

莲翁：电悉。弟因未见札，摸不出头路，故议论不同。由堂先行查明甚好。尊体保重。福。十二月廿七日。

发苏州电

绥翁：一百八十号示悉。昨晚奉津复：经守：已照所拟，饬杨守速即办理。宣。立刻遵办，约年内可以派竣。善病系由幼弟廿六晨急病身故，悲不能已。善。十二月廿八日。

发津关电十二月廿九日

杏宪鉴：奉谕先派报生酬劳，与经守、学堂华洋总管会议，金谓分等第，岁内不及，统俟下届定章，暂照平等分。计九十三局店，四百八十二生额，给一月薪，共洋七千零四十八元二角八分，余洋九百五十一元七角二分，加给沪、镇、津极烦三局，照薪多七成，合足八千元。昨夜遍电派讫，款归正月册报，恐远局急不及汇，帐略后启遵照刊。惟常年惠润，不特所友早抵的款，即谢、经两董亦望泽毂，可否乞恩循旧？速赐示给，以时为岁。杲、枢禀。十二月廿九日。枢，学堂委员王星枢。

绥之来电

莲翁：电悉。甚妥甚佩。福。十二月三十日。

计开五届沪局少取花红数目

光绪二十年甲午十二月下旬，电报局第一次派花红，奉督办亲手拟定章程，照第十二届帐略为基础，共提派花红洋五千七百二十二元七角八分六厘。是届沪局收数十三万九千九百五十八元六角五分，得派洋一千四百八元三角二分二厘，约计得全数四分之一。定章以后报费收数增多，再加提一个九五扣为局员酬劳，一个九五扣为襄帮办、司事、报生等酬劳。元善以电局派花红，断不宜照收数盈绌而分轩轾，顾全大局，一再力辞，详见以上电函。兹再将寡取之数，逐年分晰列左：

第十三届乙未收数二十八万五千七百八元二角五厘，比较十二届多收十四万五千七百四十九元五角五分五厘，加提双九五洋一万四千五百七十四元九角五分六厘，连前十二届原派洋一千四百八元三角二分二厘，共应派花红洋一万五千九百八十三元二角七分八厘。是届局员、司事、报生共派洋三千三百九十一元八角五分，少派洋一万二千五百九十一元四角二分八厘。

第十四届丙申收数二十七万四千八十三元五角六分五厘，比较十二届多收十三万四千八百五十四元九角一分二厘，加提双九五洋一万三千四百八十五元四角九分二厘，连前十二届原派之数，共应派花红洋一万四千八百九十三元八角一分四厘。是届派局员、司事、报生计共洋三千八百十六元，少派洋一万一千七十七元八角一分四厘。

第十五届丁酉收数二十万八千四百十二元七角三分，是届出洋往还报费，与大东、大北三公司订立齐价合同，内东、北水线公司应派作一百分之六十六分半，本局旱线应派作一百分之三十三分半，共收报费十八万三千六百八十九元三角七分，本局应有旱线报费六万一千五百三十五元九角三分九厘。内有香港局收转应派作一百分之二十七分半，本局应派作一百分之七十二分半，应有四万七千五百六十三元五角五分六厘。现在此款帐略未列收沪局名下。连前共收数二十五万五千九百七十六元二角八分六厘，比较十二届多收十一万六千零十七元六角三分六厘，加提双九五洋一万一千六百一元七角六分四厘，连前十二届原派，共应派花红洋一万三千十元八分六厘。是届派员司报生共洋三千七百三十三元五角，少派洋九千二百七十六元五角八分六厘。

第十六届戊戌收数三十万六千一百六十九元八角四分七厘，凡金矿、银行、铁政等减半之数尚不在内。是届收三公司齐价合同出洋往还报费三十一万四千四百九十元二角三分，内本局旱线应派作一百分之三十三分半，应得报费十万五千三百五十四元二角二分七厘。内除香港局收转应派作一百分之二十七分半，本局应派得七十二分半，计洋七万六千三百八十一元八角一分五厘。现在帐略尚未列入沪局收数名下。本届连前总共收数三十八万二千五百五十一元六角六分二厘，比较第十二届多收二十四万二千五百九十三元一分二厘，加提双九五洋二万四千二百五十九元三角一厘，连前十二届原派，共应派花红洋二万五千六百六十七元六角三分二厘。是届已派报生一千三百四十九元七角五分，员司等约作二千四百九十元，少派二万一千八百二十九元八角七分三厘。

第十七届己亥收数三十万八千七百五十二元七角五分五厘，凡银行、铁政等减半之数尚不在内。是届收三公司齐价合同出洋往还报费三十二万一千五十一元六角九分，内本局旱线应派作一百分之三十三分半，应得报费十万七千五百五十二元三角一分二厘。内除香港局收转应派一百分之二十七分半，本局应得一百分之七十二分半，计洋七万七千九百七十五元四角二分九厘。本届连前总共收数三十八万六千七百二十八元一角八分四厘，比较第十二届多收二十四万六千七百六十九元五角三分四厘，加提双九五洋二万四千六百七十六元九角五分四厘，连前十二届原派，共应派花红洋二万六千八百八十五元二角七分五厘。是届已派局员司事等三千三十元，若报生照旧宽派，约作一千五百元，则少派洋二万一千五百五十五元二角七分五厘。

综计乙、丙、丁、戊、己五届，沪局照督办定章，除已派外，实寡取花红洋七万六千三百三十元九角七分六厘。此皆元善力顾全局，弃丰就啬，一再坚辞，而请酌拨以辨善举者也。

再，照督办亲手定章，第十二届帐略总共收数七十二万三千六百六十六元五角五分九厘，派花红洋五千七百廿二元七角八分六厘，以后报费收数增多，再加提双九五为花红。第十三届帐略总共收数一百十四万三千六百六十六元三角七分一厘，照十二届增多四十一万九千五百九十九元八角一分二厘，加提双九五洋四万一千九百五十九元九角八分一厘，连前十二届原派五千七百廿二元七角八分六厘，共应派花红洋四万七千六百八十二元七角六分七厘。是届仅派三万七千元，为公司节省一万六百八十二元七角六分七厘。第十四届帐略总共收数一百十五万五千八百廿四元九角四分六厘，照十二届增多四十三万二千一百五十八元三角八分七厘，加提双九五洋四万三千二百十五元八角三分九厘，连前十二届原派五千七百二十二元七角八分六厘，共应派花红洋四万八千九百三十八元六角二分五厘。是届仅派三万七千元，为公司节省一万一千九百三十八元六角二分五厘。第十五届帐略总共收数一百十四万六千六百七十一元二分五厘，照十二届增多四十二万三千四元四角六分六厘，加提双九五洋四万二千三百四元四角四分七厘，连前十二届原派五千七百廿二元七角八分六厘，共应派花红洋四万八千二十三元二角三分三厘。是届仅派三万七千元，为公司节省一万一千二十三元二角三分三厘。第十六届帐略总共收数一百六十万七千六百一元六角七分七厘，照十二届增多八十八万三千九百三十五元一角一分九厘，加提双九五洋八万八千三百九十三元五角一分二厘，连前十二届原派五千七百二十二元七角八分六厘，共应派花红洋九万四千一百一十六元二角九分八厘。是届仅派四万元，为公司节省五万四千一百一十六元二角九分八厘。第十七届帐略总共收数一百八十五万三千七百五十六元六角一分五厘，照十二届增多一百十三万九十元五分六厘，加提双九五洋十一万三千九元六厘，连前十二届原派五千七百二十二元七角八分六厘，共应派花红洋十一万八千七百三十一元七角九分二厘。是届仅派四万五百元，为公司节省七万八千二百三十一元七角九分二厘。综计乙、丙、丁、戊、己五届，照督办定章公司总数，实少派出花红洋一十六万五千九百九十二元七角一分五厘。此又元善统筹全局，为总公司节省者也。不必言将来报费之大旺，即照第十七届为比例，以后十年，综计总公司少派出各局花红洋七十八万二千三百十七元九角二分。连前已派过五届，十五年中，总公司共计可节省洋九十四万八千三百十六元六角三分五厘。沪局亦照此比例计算，十五年中少派进花红洋二十九万一千八百八十三元七角六分二厘，以半归众友，半归局员，元善自己于花红一项，应取而不取者，计洋十四万五千九百四十一元八角六分三厘。财非苟得，取不伤廉，强欲推开，何异原思辞粟？移为他用，并殊管宁挥金。于己无情，于人有情。惟众皆醉，惟我不醉，宜乎见收于清议，而见投于浊流也。呜呼嘻嘻！

拟筹甲午义兵饷始末记（乙未三月）

中东唇齿，追溯鼻祖，同种同文，乃因外交失宜，遂致乡邻有斗。其始环球逆忆，东非中敌，独有同乡某公，澄观世变，谓吾国家是非混淆，黑白变色，宫廷枢府，暮夜成市，近数十年来，放关道等优缺，大半由票号担保，寺人通线，讲定贿赂数目，票号派友随往，到任监收，汇交辇毂之下，昌言不讳。所以小人道长，朝多倖位。国之强弱，不在大小，苻坚淝水之败，此前车也。厥后北洋海陆诸军，果皆望风披靡。丁亥冬，偕马、徐二君访某権使于东海关，烟台招商局员设筵洗尘，有北地胭脂侍席。局友指告马君曰：此丁雨亭所眷者。余问：丁为统领，亦冶游乎？曰：各埠批〔枇〕杷门巷，皆有丁君泥印。因思将帅岂可好色，海军提督，关系至巨，回署拟密陈傅相，金云丁仪表出众，北洋方庆得人，请公学金人三缄也。又摧〔権〕使云：昔署津关时，正任官眷仍住内衙，一日出尺方黄布数百幅，请盖印，云是包金条者。众皆垂涎欣慕，善不觉如骨鲠喉，正告之曰：悖人者必悖出。马云：此言真质直，但京外大小各官，谁非攘利而往？公实少见多怪耳。闻斯言，默然自省，吾辈寡学，倘一染京雒风尘，亦不免素衣化缁矣，遂不敢作出山之泉矣。迨甲午中日衅成，追悔当时未学汲长儒也。日师渡鸦〔鸭〕绿江，金、复、旅、大，要隘尽失，陵寝震惊，大沽戒严。时钟鹤笙别驾在津戎幕，寄示义饷义兵募启，称奉盛権使委撰，并言曾面商傅相，盛公军事倥偬，命其代陈一是，请沪上协赈同人相助为理，情词迫切。先是，善卧病床褥，预谋保护线道，密请南洋添设通海南沙支线，俾沿海边防信息灵捷。比得钟函，跃然而兴，不避出位之嫌，驰书各处义赈旧侣，一面编辑电本暗码，并发宏愿，成则为国家振士气，或从此仿泰西立议院，君民之气脉贯通，不成则赴东海而死，不致如草亡木卒。讵料和之者寡，只有严君佑之复云，求无愧忠孝，甘共死。谢君绥之往还商确〔権〕，惧事好谋。沈君谷人引经义，痛辟力阻。吾华中杨氏学毒已久，舍生取义，风气未开。时署两江制府南皮张公闻之，电饬驻沪委员，怂恿具禀，专折入告，谓事之成否尽心力，此际不可无是言。余思言必顾行，行如此艰，岂可大言？一木难支，正深孤愤，嗣闻廷旨，已简首辅，行成遂止。兹将各稿录后，明知无用，聊以志鸿雪云尔。

钟君鹤笙来函

飞启者：前严佑之先生在津，吞公曾与筹商募义饷义兵之议，凡属志士，群以为然，并有隐名股户任垫款。今命纬撰一公启，已陈明傅相，杏公公冗嘱纬专函驰寄，请先生约严佑之、谢绥之诸君，合志并力，布告宇内，共筹义饷，兴义兵。今旅顺已失，大沽戒严，辽阳、榆关，处处吃紧。佑翁南返，久无眉目，大约少一领袖之人。未知先生能投袂而起，肩任此艰巨否？今将妄拟启稿章程，寄呈亮鉴，伏乞为支那一抒荩画，无任祷祝。稿列于后。

募义饷兴义兵公启

敬启者：自东邻称兵入犯，侵劫朝鲜，我皇上奋雷霆之威，张挞伐之师，原期绥靖藩封，保其疆土，兵以义动，环地皆知。乃承平日久，将不知兵，一败于牙山，再溃于平壤，三北于九连城，遂使日人渡鸭绿江，毁凤凰城，长驱直入。刻下破我金州，陷我旅顺，业已断北洋之右臂，扼渤海之咽喉。兵连祸结，财殚力疲，度支告匮。司农则仰屋而嗟，专阃乏才。朝廷有抚髀之叹，下勤王之诏，征各道之兵。无奈事未预筹，缓不济急，时局之危，亦可见已。我等生居草野，具有天良，际国是之阽危，岂秦越之膜视！昔年各省灾荒，筹办赈济，集款至数千万金，活人至千百万命，称为义赈，上荷天褒。今刀兵之劫，更深于水旱；外寇之祸，更迫于饥馑。若不通力合作，共谋济师，上何以抒九重宵旰之忧，下何以伸薄海忠义之气？况东邻窥伺京畿，计图要挟，苟任其得志，而为城下之盟，则割地陪〔赔〕饷之祸，均在意中。夫所割之地何在乎？一尺一寸，莫非中国之土也。所赔之饷何出乎？一丝一粟，莫非吾民之膏也。一日款敌，百世噬脐；一事吃亏，万姓受累。在今日拱手让之而无难，将异日喋血之争而不得。又况四徼强邻，共耽虎视，一国得志，群起效尤。若不急图挽救，窃恐五千年文物之邦，沦为异俗；廿三省衣冠之族，胥变胡风。非特小民之生机将绝，抑且孔孟之道统骤衰。兴言及此，能不寒心，凡我同胞，亟应早计。与其势迫而举义旗，民生涂炭；孰若先事而修矛戟，气壮风云。故特奉告天下，忠义杰士、好善仁人，共筹义捐以助义饷，纠集义旅以兴义师，务使富者捐其财，贫者捐其躯，智者捐其谋，勇者捐其力。合众志以成城，练为铁骑；驱强邻以出镜，完我金瓯。上以报国，原非贪慕乎功名；下以救民，实仍阴行其赈济。呜呼！人谓食毛践土，所当如子弟于父兄；我言众志成城，应自卫神明之种族。共筹大局，布告同人。所有章程条列于左：

一曰设局。查义师之举，关系大局，应合通国贤士大夫以共谋，合四百兆人之心为一心，合四百兆人之力为全力，人人共矢安内攘外之义，方克有济。今事急矣，只能先就沿海各省向办义赈之区办起，如苏、浙、赣、皖、闽、粤，各设一局于省，再设分局于通商大埠，延请地方志士仁人，联络商民，共相劝募。务使家喻户晓，知此举为救中国之急起见，比赈济功德尤巨，凡属中国子民，谊难袖手旁观。

二曰举绅。凡地方绅士，务取公正好善、忠信廉洁、为舆论所推许者，不计官阶，只重德望。惟京都设一总局，应公举林下德爵兼尊之巨绅为领袖，须奏请朝廷，畀以大臣名目，许专折奏事，庶各省各局绅士，均有所禀承，若网在纲，不至互分畛域。

三曰选将。湘军之兴，最重选将。能驭百人者，方许管带百人，能驭千人者，方许管辖千人。其统领尤极一时之选，必须智勇俱备，方准其招募数营。营官由统将自选，哨官由营官自选，什长、亲兵即由哨官自选，有指臂相使之势，遂成中兴底定之功。今义师统帅，亦宜由各省局绅公议推举，不论官阶，只论才具。或曾入行伍，真有战功，或涸迹屠沽，未亲军旅，苟才具超轶，干略众著，即可入选，由总局大臣开列人名事实，恭请简派。如将来打仗不力，公议黜退，并请治罪。

四曰筹饷。凡海内忠义之士，肯毁家抒〔纾〕难者，固不乏人，而欲乘时以取功名，谅亦必多。凡捐助义饷，拟照海防四成例银给奖，应按时势酌量伸缩，则捐款必可踊跃。每月能捐三千金，即可募兵一营，如月捐十万金，即募兵三十营。一面请大善士先筹垫款，即行开招，凡枪炮、子药、船械、帐篷、号衣、马匹，均准报效，一体核数给奖。凡收到捐数，逐批起解，仍按旬登诸各处日报，以昭信实。凡捐千金者，详请总局大臣专折请奖。

五曰募兵。北方风气刚劲，饮食粗糙，能耐劳苦，故募兵以北方为宜。今天津愿当兵者，均已募尽，无可再招，只得在关外及山东，募兵一万为前敌，在徐州募兵一万为后劲。每兵须身长五尺，年在三十以内，能日行百里，力举百斤，身无宿疾者，方可入选。每百人派一洋教习，教以洋操，练成枪炮队，不用藤牌戈矛等旧器。

六曰造船。俄土之役，英袓土阻俄，俄商皆捐赀助国家，造成快船数十艘，欲扰英国东方商务。我华亦未尝无急公好义之人，窃料同胞之流寓外洋者，一闻中国被他邦所困，必群起愤激之心，如派善士往南洋各埠，及新旧金山、古巴、秘鲁、息力、槟榔屿等处劝捐，即由该处凑集巨款，买成铁舰快船若干艘，添配华人充水手炮手，再募洋将驾驶东来，围魏救赵，亦天外奇兵也。

七曰制械。中国不少聪明才智之士，有能自造机器者，有能自造枪炮者，有能制造子药者，有能以化学造成炸药，为水雷地雷之用者，如能出示招徕，许以破格重赏，则沿海各省，岂乏智巧之才？如广东、香港、宁波、上海，凡开设机器铺者，实繁有徒，均能承造机器轮船等械。即无机器，亦可借用官厂机器，听其以母生子，造成后奖以官阶，或给以重赏，或准其专利若干年。重赏之下而无勇夫，我不信也。

八曰抚恤。语云：大兵之后，必有凶年。即兵燹余生，已不堪言状。义军一面平戎，一面即随营抚恤，或收育子女，或借给牛种，病者施以医药，死者为之掩埋，米贵则为之平粜，屋毁则为之盖蓬。仿照外国红十字会例，多请善士，随营分头，专办抚恤事宜。营中受伤兵卒，照格给赏，阵亡者奏请恤荫，将家眷送入恤嫠、清节各堂，所遗子女，为之抚养教诲而成室家。

九曰招贤。宇内人才，不在上则在下。在上而天下治平，在下而天下变乱，此其一定之理也。自衮衮诸公蔽塞贤路，而识时俊杰绝少登庸，所以数十年来，文玩武嬉，酿成兵祸。今举义师，一切当破除资格，凡有才堪济变，识略冠时，或奇才异能，擅长西学者，均准自行投效。便服相见，吐哺握发，试与畅谈，苟有一才一艺之长，即延入招贤馆，隆以礼貌，优加款待，谘访时务，匡助军谋，以收群策群力、众志成城之效。

十曰公议。西人尝论中国，地大民众为环球之冠，而反易受制于人者，正坐君民隔阂，不能联为一气，朝廷势成孤立耳。故虽有四百兆人民，不啻散分为百千万国，每与外人生衅，苟用兵力挟制，即可无求不遂。凡割地赔饷，明明朘削中国之举，百姓受官势之压制，不得不忍气勉从，此固西人传为笑谈之事也。如果朝廷一旦翻然悔悟，宽假文网，许各局绅董，参议和战大局，苟众志皆欲战，即责成通力合作，筹兵筹饷，不得徒托空言。苟众志皆愿和，亦责成急公输将，饷赔兵费，不得稍存退缩。若果此法一行，民心国脉，必固结于不解。廿三省联成一气，国势自然日强，外人皆不轻启衅端矣。

此启作于光绪甲午十月望日。其时中东之战正亟，北洋旦夕莫保。天纬适客天津榷署，奉毗陵观察命，代撰此启，面禀极峰，迅寄上海经莲山太守，请其联约义赈同志，创兴举办。因支那中杨氏之学毒甚深，一时积重难返，虽太守劳心焦思，而和之者殊寡。不久和局渐成，因而中止，此亦幸而日廷从伊藤侯之策耳。若如日本众志，必破京师，为城下之盟而后快，则大局奚堪设想，不亦贻噬脐之悔哉！窃闻伊藤侯当日，谓中国三品官以上，绝无人才，三品官以下，人才林立，倘都畿失守，则英豪并起，中国反可转祸为福，国势顿强，为日本之害矣。不若适可而止，留其京城，以保守旧之局，则中国必无崛兴之望。伊侯此言，为大清宗社计，不啻再造之施；为中国大局计，实贻饮鸩之毒。倘中国将来竟难自保，而易一强大之邻，在日本亦安见有利无害哉！伊侯此策，亦非忠于日本者也。今闻伊侯已归田，安得造东瀛而一质之。丁酉小春，云间钟天纬自识。

此启责成各省绅民，同德同心，练兵筹饷，默寓加重民权之意。迨民权之基础已定，将来不患不立议院，君、臣、民气脉贯通，共商国是，力矫壅蔽积重之弊，何难致富强而入公法，此则作者之深心也。在中东一役之前，不得不如此婉转，今已言路大开，何妨明目张胆，为当轴言之哉！时戊戌仲夏，杞忧生跋。

致各路义赈同志公函（甲午十一月十四日）

驰启者：中东构衅，吾华士不用命，师徒挠败，望风披靡，日军节节进逼。现在旅顺失守，大沽戒严，辽阳、榆关，处处告急。凡有血气者，无不共抱义愤，而同仇敌忾也。一昨接津关幕府钟君来书，并募义饷兴义兵公启，特照录附呈荩鉴。前承气求声应，仝筹义赈，为救民也，今者创筹义师，为忠君也。想好义行仁者，必肯致身效忠，披发缨冠，不待劝勉。惟此举机缄须速，除先驰陈大略外，一面编辑义字号密码，倘荷见义勇为，合志同方，仁盼德音，即将密码电本寄呈，并咨照各处敝局，凡有筹商机要，准列公报转递。一是已详钟函启章，倥偬不尽欲言。经元善顿首。

沈谷成太史来函（十一月望日）

松雪翁沆爽明练，的未易才。承嘱携归细阅之件，读之不禁大惧，照此情形，竟似明末气象。无论所议必难成，成必乌合无用，即有用而如何善后？从此内讧不已，更不可支，奈何！总之一切已迟误事机，吾侪小人，只可自谋生路。阁下纵有长才，无赤手孤立能办之理。兄衰朽已甚，尤不能妄有论列，敢劝高明且安顿家室，宁甘赍志入地。古贤于此等时势，从无强出头犯难者，非贪生苟避也，诚知其无益而有后患。兄来此间，图苟安旦夕，不欲与闻世事，病已不堪，断难应世，何可再行自扰？若此间亦不能保全，则亦无地可避，听之天命而已。一切乞谅恕之。尊耳如是，奚能应世，正好谢事静候转机。敢以直言奉劝，想不责偷懦无气也。

松雪君来函（十一月十七日）

承示沈书，展诵一过。鄙见亦有可虑处，与沈书大惧情形稍异。章程中捐款准照四成海防请奖，即与部饷无异，恐计臣恶侵其权，此层必多窒碍。至成败利钝，谋事在人，成事在天，诸葛公尚难逆料。谷老道心甚坚，佛学甚深，似与公之一腔热血，有出世用世之判，见智见仁，固不能同轨合辙，只好各行其是，和而不同。所说三君子，无非为当事得人助理，节钺莅时，必为面达，以慰望治之切也。

严佑之助教复函（十一月十九日）

顷奉手示并抄示钟君来稿章程，拜悉一一。弟历年办工办赈，无非因人成事。义兵义饷，虽有此议，而人微言轻，岂能成此义举？非我公及在沪诸君子，熟商如何筹饷之法，筹成解归何人，先请何人入奏，俟奏定奉旨后，方可举办。弟思督抚之中，洁己奉公、认真办事者，东省李鉴帅可以当之，不爱财，不惜命，又能破除情面，此弟廿年中所罕睹也。诸公如肯倡率，弟岂甘自外生成？人生斯世，总有一死，只要死得其所，无愧忠孝二字而已。我公以为何如？立候回示。

李鉴帅甲午以后，有志之士仰如嵩岱，惜乎得失之念尚难融化，因胶州一役，抱屈去立〔位〕，心有所忿懥，则不得其正。此次拳匪之祸，譬诸病体热势炽盛，投以参术，反足助邪，而内陷心包络也。人心惟危，道心惟微，差之毫厘，谬以千里。想鉴帅九原有知，必不以此言为晢。庚子冬，元善附识。

谢绥之学正复函（十一月廿一日）

奉十四日手示并抄件，谨悉。庚申英法之事，犹可以经事之臣办理未善自解，若今中东一役，竟是甘冒天下之不韪，有意与我无理取闹，凡有血气，畴不义愤填胸。福虽病躯不足任事，然一息尚存，此志不容稍懈。即明知事难攸济，而成败利钝，岂能逆料？所难者，宫廷之和战未定，勤王之明诏未下，奋一时之义愤，徒成筑室道谋，为天下笑，尚不如留以有待之为愈也。

致谢绥之书（十一月廿三日）

昨奉环云，顷接电示，均已祗悉照办，即有复电筹商。苏沪咽喉要线，拟每两段添派好手工头一名，多储材料于巡房，以便随损急修，谅已达览。一面托南洋驻沪侦员，禀商香帅，悬极重赏罚，严札经过线道营汛，责成日夙协同巡护，并赶设南川、通海支线，闻宪意均已俯允照行。钟函一节，接严佑翁所复，并沈谷兄、松雪君书，附呈茇鉴。示中留以有待一语，临事而惧，主义极佩。惟舍亲褚敦伯广文甫从京津南旋云，两地官眷搬避一空，种种气象不成局面。闻款事出于慈圣，而恭邸赞成。东邻要索割台湾，东三省开铁路，划分鸿沟，十年内我华不准制械购船，赔兵费犹余事耳，支那已不成其为国矣。思东学党为韩之莠民，犯上作乱，致劳王师，及他人据国辱君，即动忠愤，外御其侮，我华若无义旗之举，诚韩民不若矣。哥老会与盐枭等伏莽，皆民上者不为之谋足食，饥寒逼人，铤而走险。假使叩其良知，必谓我朝厚泽深仁，贤圣之君六七作，决无独夫之怨。该会枭等遍布各省，声势如常山之蛇，此中必有英奇，如周孝侯其人者，甲申刘省三爵帅在台湾战退法军，其麾下兵勇，大半哥老会党居多，此其明证也。能激之投袂而起，河北众山响应，可成直抵黄龙之功也。佑翁立盼回音，三占从二，然后可答。谷兄志道不同，诚如松雪君云，有出世用世之判。沈函称，古贤遇此，无强出头犯难云云，管见不甚惬心佩服。不必远溯上古，姑就近者而论，明末郑成功，一庠士耳，目前刘黑旗，一侨民耳，何以能振臂一呼，竟与吾朝龙兴全盛、欧洲法国雄强，周旋抗衡哉！事在人谋，有为若是，化内患而为干城，一举两善，无逾于此。苟得至诚开金石者，如宋之张齐贤，搜访魁彦，感以正气，其本体未息之灵明，必能涤旧染而更新。但急而用之，若藉长官传檄，不及义士说法，果能风声所播，东邻闻我民气坚劲，或者尚有戒心，行成亦易为力。至欲待颁诏勤王，此际盈廷衮衮，筑室道谋，甚于我辈，宋人群议未定，金兵业已渡河矣。兄新识一友，临桂人，热心好善，近接函称，有问学友某君渊博通才，附来保鲜攻日两策，及罪言三篇，一并呈鉴，即可以觇其抱负。此二君连沪上梅溪张君，已托人上陈南皮制府。至于开手饷糈，钟云津门有人肯筹垫，拟先拨借三十万，一面筹募后继，似可周转矣。伏望智士统筹全局，用舍行藏，以定进止。至祷至盼。

又致谢绥之书（十二月廿四日）

昨寄一缄，谅已达览。今又附某君所著《尊小学斋书后》一篇，请察阅。义旅事，谷兄竭力阻止。窃思居高位者，皆专顾身家，不问国是。兄素性恬退，本非出岫之云，况病驱〔躯〕如陈仲子，何苦不自度量。顷同局陈君沁泉，接其戚金部郎京函云，翁、李两师傅，仝文学士奏请西幸，奉面谕，朕甫亲政，方期极力整顿，岂料东邻无端生衅，据我藩服，扰我边疆，今将不可恃，兵不用命，此皆朕藐躬德薄，用人不当所致。倘果都畿有变，朕惟有守国君死社稷之义，卿等奉太后西幸，另立贤君等因。闻之五内如焚，不禁失声痛哭。伏念我君如此仁圣，皆为臣下所误，以至于此，痛心疾首，愤莫能泄，故愿奋螳臂，随诸君子之末，如昨函所陈。或侥幸于万一，即可开通堂廉，不致遮隔，君民卧薪尝胆，渐期变法自强。事如不济，继之以死，行年已逾知命，诚如严君佑之所云，人生斯世，总有一死，只要死得其所，不愧忠孝二字而已。溯戊寅筹赈，得遇足下，我服君明慧机警，君服我愚等移山，而佑之笃实真诚，我两人均深钦佩。同心同德，金石能开，佑与兄譬诸关张，君卧龙也，三人合志，如鱼得水，再秉愚诚，广求同志，一粒粟可遍大千世界。此举端赖阁下，如戊寅筹豫赈，未识面通讯共事，彼此皆鼓动祖炁，绝不参后天杂念，有进无退，生死系之，敏则有功，切忌迂徐濡滞，庶不致远水救近火也。

谢绥之复函（十一月廿五日）

展读廿三日赐书，附佑翁信、某君策，忠义之气，顽廉懦立，无论能否见诸行事，即此可卜我国家景运方隆，杞忧为之少慰。某君学问议论，香帅督粤时谅已早知，香帅此时澄观有待，盖知行必践言之难也。佑翁于时事，似尚隔一膜，此举度非我辈所能发端，而欲待在沪诸君，熟商倡率，不其难哉！曾文正奉团练大臣之命，治兵本省，谋始之难，载籍具在，试问我辈中，德爵、学问、声望能如曾公者何人？而欲振臂一呼，仗义报国，窃谓难之又难。今请与老兄约，天下声望卓卓之督抚，尚有数位，如张香帅、李鉴帅、唐薇帅、吴恪帅，此几人中，苟有一人，荷蒙圣上畀以大权，且定有战无和之至计，并邀言听计从之恩眷，则凡怀抱忠义之伦，自当投袂而起。若此数公犹未能大有展布，则无所因依，断难着手，云固弗灵于龙也。梅溪鞭劈近里，素甚佩服，某君福未深知，吴越士大夫皆以狂士目之。此时且望南洋一路着想，如香帅能奏准借款三千万，会同唐薇帅、刘渊帅，另起南洋海军，并练陆军，若无海军，陆军不甚大益。则阁下筹劝义饷之说，犹或庶几近之。若向津借三十万，则不值四十营一饱也。幸再与未还老人质证之。未还，沈谷人谱兄别号也。

又接谢复函（十一月廿六日）

接廿四日手谕及抄稿等件，读至面谕云云，不禁放声大哭，文字之感人，竟若是哉！有君至圣，而不思发奋效忠，实非人类所应出。惟有君至圣，必当勉求实效，以报圣明。钟、康、严所议，虽其说难行，然此即未死之人心，蓄以待用，必有得当报国之一日。若明知事不可行，拼送一命，在国家不贵有此等忠臣，在自己亦未可谓死得其所。盖未到事无可为，只有一死之日，总宜自惜，留以有待，为真能报国之用也。现在所议，就弟看来，竟是事不可行，则泰山鸿毛，不可不审矣。尊意必以鄙议远水不救近火，诚哉是言，然所目为近水者，亦如杯水救车薪，且如藏醢之在邻，断断无济。适或到练军未成之日，款议已定，而所已用之资，既无裨于国事，尤难原璧以归赵，而所已练之人，既无饷之可筹，又无赀以遣散，则后患孔长，此不可不虑者也。务祈蓄此报效之心，切勿灰丧，以期异日之用。弟虽年较轻而身更衰，然一息尚存，决不昧良，即或溘先朝露，而神明不散也。

致津关督办盛电（十一月廿五日）

此次奉禁明码论战，彼此不敢通只字。洋报传电无禁，每多抑中扬日，各日报采登，军民见之易惑，恐匪枭渐蠢，可否请相示，通饬近营各局，开仗后实情电沪，负稍略，胜宜详，以宁民心，暗销反侧，关系非细。

致沈君谷人书（十一月廿七日）

近日接望炊即谢绥之。函，附呈台览。弟自戊寅豫灾筹赈，始与望炊遇合，先通讯后识面，服其见地议论，烛照机先，往还商确〔榷〕，无不开门见山，彼此推诚布公，和衷共济。此次接钟书，怦怦心动，此直是出位之思，妄极矣。吾兄指教，明哲潜影，宁可赍志而殁，弟犹疑此言可谓质直已极，尽明白矣。子舆氏舍身取义，与大雄氏五蕴皆空，儒释由干分枝，功用不同。今得望炊两书，读之明白呈露，恍然于乘势待时之宗旨矣。味谢之词气，居然以山中宰相自命。敝友龙君书来，有梁孝廉奉师命，愿来助成经正书院，在沪遍访不获遇，正拟函讯龙君，而望炊初次复函，有吴越士夫目康狂生一语，若论学问，谢为康门生尚不配，并未相识，何得轻议，可谓妄矣。弟续附去《尊小学斋书后》各稿，望炊复函不着一字。谢与康未曾晤面，或所闻不善者恶之口吻，而先入为主也。谢岂能知此中消息，正是惯使乖巧。梁应邀约与否，乞兄酌之。梁肯来，真求之不得，兄实病废，远不如夏间矣。伫盼示复。此函谷兄加注，仍以寄示。

又致沈君书（十一月廿八日）

昨奉注复原函，雒诵数过，质直痛快，极佩极感。细绎老兄词意，似有不愉色然，高年病躯，岂堪遇此，冒昧琐渎，罪甚罪甚！千万怡情安养，譬如未见未闻，庶不致触动肝阳，至叩至祷。弟幼而寡学，年来事多拂逆，常遇懊恼境界，尚乞知己鉴而恕之。从者近数年来学问德业之进，真是绝尘而奔，盖由事多不如意，磨练而反本也，可为嘉佩之至。此次每闻北边惊耗，病体如是，无端触发，一若痛切肌肤，弟亦不能自解，或系先君子秉彝赋畀，无学术以制之故也。此真生质之美，尤见先德培养之深，正当以学术琢磨扩充，岂可反制？未免失言矣。忠义血性本天生，人人皆有，而往往草野能率其真，士夫转多萎靡者，身家重、世故熟、巧见多也。病根在以时文取士，子弟一解文艺，便工巧言，时文无非巧言，从古无此文体，故一临利害，便生出许多见解，无非为自开脱。此根不拔，不可救也。近自拟座右铭几句，藉以警惕，既承吾兄称许，敢乞得暇推敲斧削，俾书绅以滋圭臬，座右铭稿极好，当遵改上，亦不过迟。读来示"好善之诚，溢于言表"一句，不加饰，极为心折，敢不倾怀相告，望恕狂愚，写列别纸，时时留意为祷。无甚感幸。此函谷兄加注，仍以寄示。

沈太史笔谈

《论语》笃信好学，全章集注请细读。孟子曰：可以死，可以无死；死伤勇，可以取，可以无取；取伤廉，可以与，可以无与，与伤惠。集注浑括大意，试申言之。伤勇者，见在未死之人也。伤廉者，见在非己之物也。伤惠者，见在是己之物也。止言死、取、与之为伤，不更言不死、不取、不与之何所伤，可见止论见在便是道，只要素位而行，苟非其位，一步行不得。阁下请添川南、通海电线，请北电勿秘军情，是当位而行，合道也，余皆背道出位矣。从前庚申之事，幸公等年轻，尚未出头，真国家之福，否则竟可闯穷祸，枉死人无数矣。国初，我浙江上之师，翁洲之役，在事后善善从长，自不失为义举。要之圣贤必不肯为，亦不忍也。只要看伯夷、太公，后汉如郑康成，何等声望力量，而安居不轻出。国初如孙夏峰、王船山两先生，岂无志节哉，何以只如此自处？必自问能有多少本领，何者擅长，即用其长，忠信以行之，便不失为君子，农工商贾皆可，不专在士夫也。衮衮诸公纵极庸陋，吾辈之识议要亦有之，皆为时文锢蔽耳，所愿望炊藏拙为是。康先生闻名已久，前读《伪经考》，颇有卓见，意必其人高不可攀，今夏曾邂逅晤面，始知仁心仁术，真积学有道君子，佩服之至。惟《长兴学记》一卷，或系年轻时手笔，将来必然后悔。望炊无识，人云亦云，论学术相去甚远。梁孝廉学承渊源，能来总持经正书院最妙，此下走所馨香祷祝者也。未还上。廿九晨。

致龙积之明府书（十二月初一日）

手示洋洋数千言，仁心仁术，流露于字里行间。贵友大著，两策三言，及《尊小学斋书后》，盥薇三复，钦佩莫名。经正书院，沈谷成太史高年多病，诚如明见，难以专秉铎政，今蒙梁孝廉肯莅止掌教，同人闻之，感激靡涯。商诸谷翁，亦极佩师承渊源，谆嘱勿失交臂。当访问岭表贵同乡，及遍查各客栈，均未悉停骖行踪，不审是否言旋，敢请转询驰示，俾可洁诚恭邀。书藏心仪已久，弟系门外汉，此间鲜合志，正苦措手不易，今荷录赐书目，指示端倪，倘梁孝廉来主讲书院，肯期以岁月，或可望有志竟成也。中日构衅，彼则蓄谋已久，我未思患预防。近闻寇氛甚恶，总统师干者，著著落后，有岌岌可危之势，薄海臣民，能不为之太息。幸今上圣明，民心未去，所虑四肢不仁，外感易乘，近有南北友人不自度量，妄思兴举义旅，除公启驰告义赈旧侣外，照录启章集议往还函稿，另笺二十纸，附呈彦览。吾兄能否转商南服东西两省贵同志，谓此举有当与否？倘获合志响应助成，速赐南针，至为盼祷。

致谢绥之书（十二月初一日）

承先后指示论议，具仰忠义血性，及筹画待时乘势情形，兄恍然自知卤莽，躬蹈暴虎冯河，无补于事，三占从二，遵就正未还老人，兹将其注复原函及另笺笔谈，一并附览。语气中言及执事，其辞若有憾焉，其实乃深喜之，彼此皆通谱，情同手足，谅吾弟决不因字里行间，稍寓抑扬而含愠也。

松雪君笔谈问答（十二月初三日）

近接南洋帅电，谓义饷义旅之议，尊处何妨先联名公禀，即当据以出奏，登高而呼，众山响应，事则办到那里是那里。若先有此一言，亦足以振动国民脑气也。答云：先行其言而后从之，三占从二，孤掌难鸣，行事全无把握，何敢炎炎大言。鄙人迂愚，宁可脚踏实地也。善。

接谢绥之复函（十二月初五日）

未还注答尊笺及笔谈，足为药石箴铭，不特弟毫无芥蒂，即老兄亦宜书绅。至某君狂士一语，并非人云亦云，惟狂克念作圣，是善善从长之辞。弟亦读过《伪经考》、《学记》，未尝不深佩其博学强毅，并世杰出人才，必非池中之物。然默窥中藏自是不虚，此君养到未深，而得时太早，恐难免步荆公后尘。苟先遇盘根错节，动心忍性，则家国之幸，亦正是造物之玉成，他日所就未可限量也。今不与未还争辨，姑徐徐俟诸异日，以验弟言之妄与否耳。

全卷伏读一过，忠肝义胆，跃然纸上，真令人五体投地。此愿现虽未偿，然气冲霄汉，贯斗牛，必历劫而不磨，人心未死，中国不亡，即可于此卜之。愿为执鞭，所欣慕焉。拜倒拜倒。乙未仲夏，王恭寿。

按：今秋汉皋之变，于鄙人此役异曲同工。当时若能相遇，或有裨于中东款局。议院之基础已立，君民之情意已通，何至酿成此次大祸？夙昔鹤鸣寡和，今则志士云屯，观于明之气节，愈磨折，则愈多亦愈烈。至于小儿嬉戏，互相受杖，豫为异日作忠臣地步，虽忠义生于性天，亦风气使然哉。若今海外风同道一，闻之能无增慨。所异者，张制府前则勖勉冀其有成，后则芟除惟恐不尽，前后竟成两截。然疆臣中岂无怀忠之彦？顾皆瞻顾旁〔彷〕徨，于训政、立储两事，绝无起而力诤者，殆即子舆氏为高必因丘陵，为下必因川泽，虽有智慧，不如乘势，虽有镃基，不如待时之意也。而吾更为逝者从长计之，假如东南既立互保约后，潜赴秣陵节署，痛哭陈言，以力扶吾君，安内联外为请，且与订约，其济则归功于大帅，不济则独执其咎。以刘公之忠，断不至漠然无动于中，即南皮于己无损，亦不至故意挠之，但得江鄂同心，义旗所指，云集响应，所谓堂堂之陈，正正之师也。以清君侧而救赤子，何必以流血为宗旨哉！然此非真具胞与度量，精诚格豚鱼者不为功。戊戌八月政变，仲夏已露端倪，于《时务报》主笔戈操同室见之。今秋汉皋事变，暮春已现朕兆，于省港澳保、革两党雀角见之。倾盖合志、同里共井者，稍歧意见，尚难融化，何能联四百兆之群乎？申包胥之哭，苟非诚中形外，焉能感动秦庭？盖不如此，即不得为谋事之臧也。按：关壮缪伐魏，杀身成仁，名留万古。然武侯之意，专在东和孙氏，故杜工部诗云"遗恨失吞吴"，可谓能见武侯之心事者。卒之汉祚不长，回天乏术，论世者不能不慨惜于当日人事之亦难以辞咎也。五月间，曾托同乡某君寄语唐君，向未见过，去腊电禀，到者人众，无暇寒温，迨散后见稿内列名，仍不识其面也。请预约熊太史，此君亦未识荆，见其戊戌上陈佑帅书，虽未藏锋敛锷，而侠骨热肠，跃然纸上。俟鄙人返沪，恭办万寿庆典，藉为起点，循乎天理，竭其至诚，计效忠阙下，讵不转瞬而北变作矣，又未几而汉皋流血矣。嗟乎唐君！设遇鄙人，或不至此。此非唐君之不幸，乃吾华之大不幸也。庚子葭月，元善附识。

书莲山先生拟筹甲午义兵饷始末记后

昔者汉室将倾，海内扰攘，诸葛君躬天下之才，草庐坐啸，尝曰"苟全性命于乱世，不求闻达于诸侯"。迨其后出师上表，则曰"鞠躬尽瘁，死而后已"。何前后不侔若是哉？隐见之殊，遇不遇之别，即孟子所称禹、稷、颜子，易地皆然之义也。其在《易》，曰"潜龙勿用"，又曰"利见大人"。杨子云曰：时可为则为，时不可为不为。东方先生曰：彼一时也，此一时也。故震川归氏以为丈夫得志则龙蛇，不得志则蚯蚓耳。然其间有圣贤豪杰之不同，手无斧柯，龟山奈何？孔子所以老于行也。骓不逝兮可奈何，项氏所以悲也。太史公于《伯夷传》则垂涕道之，于《刺客传》亦动色陈之，诚以圣贤不多见，豪杰亦非数数观，即纯驳不一，皆所当郑重爱惜者也。若今之执政，得罪于今人，不更得罪于古人乎？诸君子或为圣贤俟命之学，或为豪杰舍命之学，他日者采薇仗钺，各有千秋，即不幸而易箦结缨，但求一是。先生汇而记之，意深哉！意深哉！光绪辛丑之春，虞山北市老佣校读竟附识。

中国创兴纺织记[*]（己亥十月）

庚辰春，余往直隶雄县放赈，适李君秋亭筑任邱千里堤，承顾访，谈及此次赈毕，傅相拟以纺织委公。余云：向未留心西法，恐不克胜任。李曰：此举是戴子挐太史补救乃侄之累，纠合龚仲仁观察，欲邀郑君陶斋为之图成。郑在新太古，未能专注于此，因谓戴云，如得经某同局，合志任事，我方敢预闻。故戴特赴津吁恳傅相，且谓余曰，但欲郑来，非公允不可。知公无意仕进，此系提倡商务，何妨尽其心力，为民兴利云云。后见傅相，果有是谕，并出示洋人华脱尔斯译呈泰西纺织事略，余携回反复约计，通盘出入不即不离。若照每机每天出布两匹，其利甚溥，勉遵相命。抵沪与戴子挐、龚仲仁、蔡嵋青、李韵亭、郑陶斋六人订立合同，戴、龚、蔡、郑各认集股五万两，公议郑总持大纲，余驻局专办，秋间在济阳里开局招股。余自忖虽未谙西法，然忠信可行蛮

---

[*] 原书标题为"中国创兴纺织原始记"。——编者注

貊，何惮焉。此事上峰属望，在收回通国利权，宜开门见山，使商富坚信，即以筹赈平实宗旨，变而通之，凡所招股本，户名银数，及收款存放何庄，每月清单，登报广告，亲友之附股者，已有六七万金，颇有近悦远来气象。是年九、十月间，曾登《申报》两期。讵戴、龚见之不悦，谓我等认股未来，被经先占面子，且此系商务，非办赈，收款何必登报。又因余议论中，有欲集创公司，先贵得人，勿着意在股，譬诸开设戏园，有陈长庚、俞三胜演唱，不患顾曲乏人，戴、龚闻而滋不悦，遂加嫉忌。虽郑君苦心调停，终难水乳。

辛巳春返里，至沪后藉此退舍，又未忍损动大局，故仍隐忍。嗣郑出太古，入招商，兼营布局，虑其孤立非易，余改办电局后，因荐谢绥之佐郑，又同沈味畬设策，重订合同，载明一切用人措施，全权归郑。定议时，戴不在沪，后戴见蔡、李、经均已签字，勉从附和，恐龚因此减色，单禀举龚为官总，郑为商总。龚于是予智自雄，而郑颇多为难之处，谢亦请将存款登报，未允，遂不愿入局。法衅起，郑奉彭大司马檄调从戎，将布事禀交盛公接办。盛署津海关道，禀北洋委余会同前沪道邵小村中丞结束前帐。查阅帐上招集股银，所存者各项押款股票，时票价大跌，莫肯来赎，因思欲结前帐，以减轻原本为要义，告明各押户，如无现银，准以本局布股抵赎，众颇乐从，而龚乃怀恨砌控，奉批饬榷使查办，余受同流含污之冤。迨水落石出，其诬始雪，乃渐将股本收销。理清后，在外本股，只剩二十二万数千矣，合之定购已到之机器，及基地造栈房一切实用，综核数目不相上下，遂据实禀复，并筹议善后，请拨借官款十万两，再请通饬十处关道，各借存款三万两，分作十年拔还，另举颠扑不破之员，谨慎办理，以保全各老商之股本官利，藉孚信义。吾华商务兴衰关键，即在此一举也。此禀未蒙批示。乙酉因事赴津见傅相，大骂轮局总办跋扈飞扬，布局总办假仁假义，并顾余曰：你亦布局董事，难辞咎。余对以与戴、龚意见不合，早经告退，此次之愤〔偾〕事，多由龚、郑龃龉所致。龚之无理取闹，同人共知。龚恃官总可掣肘，由戴单衔所禀准，穷源竟委戴为祸首。相曰：戴恒是个翰林，你如何同他计较。余闻言深讶之。

溯招商、开平股份，皆唐、徐诸公，因友及友，转辗邀集。今之登报招徕，自愿送入者，从此次始。初拟章程招四十万，后竟多至五十万，尚有退还不收。商务联群机械，已将萌芽勃发，若当时通商大臣，明乎保商宗旨，视民事即国事，视国事如家事，分别是非诚伪，得行余之始意，事事登报，悬为成例，则癸未、甲申年间，各项公司招股，何致鱼目混珠？是闭塞中国商务孔窍，实种毒于此，相言如此，真可为太息者也。或曰：戀迁市道，难免生意经络，岂能处处登报？余曰：凡公司起点，招股存银，创建缔造，无一不可登报昭大信。至落成开办后，有可登不可登者。若纺织，以银购花，以花成布，以布易银，平实无奇，不必讳莫如深。其运用在心，事机须密者，独银行一业耳。所以中国银行，欲全归华人专政，吾华信义久漓，集数百千万资本，事权归于一人，能令众人不滋惑者，此必无之事也。能自信数百千万之资，归我一人独断独行，不必虑众人之疑者，亦必无其人也。故中国仿设银行，只有化钱庄、票号成合众公司，方能历久不敝。譬诸俄、美两国政治，各行其是，不能从同，亦因地制宜而已。今俄专重君权，不逮美合众之富，即与吾华古圣贤"民富则君不至独贫"暗合也。次年龚仲仁禀请接办，即遵札移交。后闻龚仍不能成，幸得马、杨两观察通力告蒇，旋遭火厄。后又由盛公接办，频年亏耗。尝得盛公函云：如公不聋，有五年前精神，布事借重主持，必有济。余复曰：从前同舟六人，招收股本百金，今折减仅只十余两，不顾汗颜，只好龚君优为之。余不特无此气魄，且提起织布二字，愧对同人，心常恶劣，不敢多往杨树浦。此沪上创兴纺织之始末情形也。事后有友人劝余，将历来卷宗刊印，以明共事泾渭。因思我欲炫己长，即不免形人短，任怨分过，朋友之义，止谤莫如勿辩，方寸间已融化无渣滓矣。

南皮张香帅亦创纺织于鄂，庚寅夏，奉电召。谢绥之怂恿曰：公费一番研究苦心，未遂志于沪上，或展布于汉皋。从其言，往武昌。已派两观察总办，又现任司道会办。迨谒帅，论及棉花必购土产，余曰：须合织机，核市价，不能拘泥。帅曰：吾为楚督，在楚言楚，鄂花稍粗，然可勉用。余思欲收回利权者，是塞出洋漏卮，非湖北与各省争利也。默然而退，后欲委以提调，幕友传言云：某为知府派提调，公直牧亦得提调，宪恩高厚不可却。余思大名鼎鼎之香帅，欲振兴商务，犹在官阶班次中求才，其余可知矣。且官气之浓甚于沪，最是商情所大忌，余若迁就奉檄，不胜脚靴手版之劳，必无实事求是精力，未敢冒昧轻诺，仅上条陈八则，婉辞而返。今日支那朝野，竞言兴利，人人所仰望者，咸推李、张，顾其所讲求者仅如此，欲望富而后教，足食足兵，不亦难哉！张香帅仅此一见，李中堂则久隶牛下，凡得诸传闻，非亲聆，不敢妄述。甲申岁，宪节莅沪，议法款，当电务开创方始，谢绥之同办沪局，因思日本电线材料，各种均自能制造，吾局无不仰给他邦，时徐仲虎观察赋闲在沪，共筹另设制造电料厂，因初办势必亏耗，欲求中堂贴助万金。先商之盛公，公辞曰：诸君何妨亲自上陈。遂同谢进谒，相曰：电归商办，官不能帮，如欲借，何人具领？何人认还？余未敢渎陈，谢微有愠色，详言日本商务急起直追，泰西进境如是之速，各公司皆国家包股息，所以能民情风动也。相曰：日本果有可取，但诸位如此称扬，要被众人骂死耳。退后，谢对余云：秉钧者尚怕人骂耶？曾文正必无此语。吾华欲望富强，如涉大海，茫无涯际，此后之杞尤未艾也。余本不应讥议大臣，目击时局败坏至此，病根在是非不明，故宁冒天下之不违〔韪〕，忘其身之陷于罪戮，为同胞正告，知我罪我，听之而已。又思中外衮衮，岂皆智出不才下者？只以利害太明，物欲所蔽，遂至昏昏耳。苟执政大臣皆肯公忠体国，以天下为念，不以一己为念，去伪存诚，知人善任，则转弱为强犹反手，岂仅商务云乎哉！

此己亥作也。按吾华商务之不振，其浅近病根有三。凡各公司章程，入股之较巨者，许荐司事，隐若监军，此先不能自信，预伏卸责地步，何能使人共信，其病一。又坏于官督商办，官真能保商诚善，无如今之官督，实侵占商业而为官办。吴门某君曾讥之曰：挟官以凌商，挟商以朦官。真情如此，其病二。又创兴大公司，皆以乞灵宦成大富贵之人，若可依为长城者。不知做官发财，非其能洞明商务也。季氏能富于周公，不过罔利聚敛，积累功深耳。今再出其故智，俾得有挟而放利，是特为长袖善舞者，继长增高，其病三。两言以决之，有治人无治法，民无信不立也。然又须参酌中西，因地制宜，若一概则效西法，如强俄以成合众，强美以专君权，必难同轨合辙。中国开设银行而合外股，则权操西人，无异多添一外国银行。盖外国银行中，亦多华人宦成之存项也。然果权操于己，即不能信义交孚。就现在通商银行而论，创业已将四载，今欲偿联军兵费，能如普法行成后，法国银行自卖股票集国债否？而于向设钱庄之暗损，无异有轮船而沙船败也。故中国商务呆仿西法，欲望开辟利源，收回利权，戛戛乎难之。今各省设商务局，兴商务报，虽不无小补，然如胜衣就傅，师严道尊，不逮母教蒙养之功远甚，其故在灌园不问老圃也。仆辛巳春辞退织局后，拟作一篇《商务本原论》，内寓合众银行议，句句须坐而言，即可起而行，不欲凭空臆说，为斐然之观者，约须数万言，至今藏之胸中，尚未了此夙愿。再，沙船之不能变轮船，而日就澌灭者，天也。若以钱庄成合众银行，如将乡团编营制，参酌中西兵法训练之，此则人力所能为者。先将此业设法图存，使上下讲求信义两字，中国自春秋后，相尚变诈，积重难返。今欲挽回信义两字，王道无近功，河清难俟，惟有用针砭一法，庶沉疴可望速疗，信义伏脉渐现，然此必三折肱始知之，非读汤头歌诀者所能胜任也。庶商务之南针定，基础立，余可循序渐进矣。否则虽孤诣苦心，仍是婢学夫人，升寸木于岑楼之上，即小有所获益，于利国利民宗旨，仍隔靴搔痒也。

又按：沪上始创纺织之挫蹶也，盛公曾受人重托，乃前帐清结后，并不力为扶持，保全老股。市道无信不立，商务机缄遂窒，民贫则君岂能独富？总之欲开利源，扼要首在民信，非沾沾焉专图一家一人之私利，为冉子请粟之谋也。即如招商与怡和、太古订立三家合同，但能压抑华商，不能止遏外人，西人决无如此措施，自锄同类，背道而驰，病在深中"为我"二字之毒。若朝廷设立商部，仍循此轨辙为宗旨，再过花甲一周，依然是贫弱中国，可胜叹哉。庚子葭月，元善附识。

挽救中国探源迂言[*]（庚子三月）

元善寡学不文，惟一部四子书，幼读颇熟。壮岁以后，私淑乡先贤阳明心学，渐能淡于荣利，论是非不计利害。窃慨近数十年来，吾国家柔怀远人，与富国强兵之计，均目之曰洋务，其称名已不正。办理外交政策，不根底心术，专以敷衍为因应秘钥，愈巧愈拙。此与研究兔园册子、作时文者，同一揣摩工夫，聊以博高官厚禄而已，乌睹所谓经济哉！吾中国治平之道，自有真传，其宗旨不能越得天下有道，得其民也，民之所好好之，民之所恶恶之，保民而王，不辱君命，言忠、信行、笃敬，足食、足兵、民信数语。舍本逐末，以图富强，何异缘木求鱼哉！孔子，圣之时者也，生于今日，不特早驾乎东瀛，并可超乎西国，为司寇摄相，而齐人已惧，归我侵地，岂空谈性理哉！然而治术必根于心术，专事治术，霸且不可，何论于王？小康且不可，何论大同？此吾所以急急于探原也。乡〔向〕之所言者，治术也。心术之要，不外一诚，诚者天之道也。诚可格昊苍，诚能开金石，至诚而不动者，未之有也。不勉而中，不思而得，是尧舜诚到极至处也。《中庸》言政事详矣，而归狱则惟诚字，诚者真实无妄之谓也。吾观西国政教之源，深合吾古昔管子、墨子、商君三家学派，惟其仁心仁术过之，又能躬行实

---

[*] 原书标题为"挽救中国本原迂言"。——编者注

践，精益求精，已能称雄欧洲，而况于行孔子之道者哉！今中国孔子之教，名存实亡，杨氏为我之学，积重难返，正如病入膏肓，恹恹一息，欲与神完气足者，角力争胜，可谓不度德、不量力矣。盍亦亟思自反乎？虞廷十六字，乃尧舜以来，圣圣相传之心法也，苟能致力于帝德王谟之正轨，士大夫皆肯致功心学，以危微为界限，一正君而国定矣，何洋务之足言？如元善肤浅，稍能识得一诚字，此次来游岭南，已承中西人士刮目相待，此其明证。衮衮诸巨公，欲成蟠天际地之勋业，亦惟于心术治术间办之而已，勿沾沾焉以明白洋务自多也。

　　按：此论脱稿后，承《天南新报》、《中国旬报》不吝指教，自知肤浅之失，已将拟不于伦者，删削之矣。惟是欲望吾华转弱为强，必朝野先从探其源始，平胸中之贼最难也。去伪存诚，有体有用，庶几则效友邦，可无舍本逐末之病。基础已立，即不幸而舍生取义，亦不致滋流弊而隐贻国家之患矣。葭月附识。

富贵在天说

　　祸兮福所倚，福兮祸所伏，此古贤之精论。盈虚消长，天之道也。余年三十一，至沪席世业仁元钱庄，锱铢必较，实非本性所近，且所觅蝇头，皆是末中之末。次年因事至邗江，知两淮盐务，实为利薮，适逢曾文正公劝淮商助直赈，添西、鄂、湘岸四万引，计大票八十张，先尽老商验资掣签。余附溧阳史宦旗名挂号，一面返沪运资，临行与戚属魏君约，如报名至八百号截止，请代挂西、鄂两岸各十票，万一号数过多，宁放息以期现获。迨余携资抵扬，已挂至一千五百余号，有人借款，每千输息八十两，携资五万，可权子金四千两，除水脚、保险、炮艇护送、寓扬费用综千金外，溢利尚可三千两。讵客邸遇同乡阮君序庭，老于盐务者，由汉皋挟四千金，来挂鄂票两号，余凤敬老成，竭诚请益，渠云：聆君措置，计出万全，试问出八十两息，借君款者何为？岂人皆愚而君独智耶？君之成本拆息，较他人已省四分之三，若侥幸拔十得三，则万金稳获矣。细味其言，确有至理，遂辞借户，仍自验资。时扬城宏裕钱庄主人何莲舫都转卧病，有皖票三十张愿售，市价每票九百金，由同乡汤君衣谷说项，议至八百五十两成交。余先细访皖岸票盐，十个月可轮销一挡，每票备足运本约千金，除开缴可净余七百金，照三十张票本运本，综计五万五千五百两，岁获两万一千两，除长年一分官息外，实可溢利一万五千余两。此文正公之定章，恤商周至，五洲未尝有也。先订草议，验资后乃立合同，讵掣签竟无着，半月奔驰劳乏，心灰意懒，因而得疾，回沪就医。胞弟仲氏同贾于沪，闻而力阻，竟以不听当求析箸为要约，因思钱财与手足孰重，转辗多日，正欲作函复扬，而何君未能久待，已求制府借领藩库银十万，此票可以不售矣。越三载，票价涨至三千外，合每岁盈余，不下十余万。诡得仍失，懊恼备至。谚云：晦气相逢有情人。设无阮君，自行其意而放息，三千已到手，志气焕发，或不至生病，仲氏知兄先已获利，欢欣鼓舞，亦无后言矣。久之乃恍然大悟，富贵在天，非人力所可强也。抑又思余以不学无术之人，年方少壮，假使骤得大富，声色沉迷，即不至死，亦或成废，安知非祖功宗德，有以阴阻之而故折其气耶？塞翁失马，何尝非福，从此安分守己，虽在市中，不敢争利。戊戌仲夏，志于海上电局之五誓斋。

致盛京卿书（戊戌六月）

闻今晚台旌荣行入都，下午专诚诣送，稔知公务大忙，不敢求见，兹送呈《王文成全书》二十四册、《希夷梦小说》二十册，以佐舟中遣暑消遣。此两种皆可医中国目前中杨氏学之流毒，实为对症良药，明知公未必愿观，然弟不愿公为巧取富贵之能臣，深望公为继轨曾、胡之名臣。太史公谓颜子附骥尾而名益显，元善亦有是情，故不觉其言之直而望之切。诸维亮鉴。

顷上寸缄，意有未尽，特再摅诚渎陈。夫好货好色，根于先天，所谓大欲存焉，庸人纵之，圣人能制之耳。公刘古公，原未尝好，孟子不过借以明虽好亦无所害，只为与民同之。夫既与民同之，即不得谓之真好矣。《中庸》言远色贱货，《尚书》言不迩声色、不殖货利，安有为人上者，可以有此好乎？惟愚以为君上好色之害，甚于好货。好货如隋文帝、宋艺祖，犹觉俭德可风。好色驯至智昏，如桀、纣、幽、厉，未有不覆亡其国者矣。臣下好货之害，甚于好色。好色如谢太傅、裴晋公，无伤于风雅。好货驯至智昏，如严嵩、和珅，未有不覆亡其家者矣。质诸高明，以为当否？王文成封君海日翁，晚年自撰一联云：凭老子婆娑风月，看儿曹整顿乾坤。敬为大公祖老伯大人善颂善祷，文成学问，全在不自欺其良知，而能泯人我之见。公能媲美前贤，垂名后世，俾海内外羡之者曰：幸哉有子，可为大孝矣。

又致盛京卿书（己亥四月）

春仲假旋，蒙枉送感甚。嗣于前月二十三来沪，曾投刺踵访，稔知公冗，故未请见，亦无要事。近思订期晋谒，又悉政躬稍有违和，惟祝吉人天相，早占勿药。因念公平日遇事，好整以暇，不可几及，此由担荷根于先天。然窃观公初督办轮电两事，措置裕如，迨益以铁政、铁路、纺织、银行数大端，即有不支之患。此虽事愈多而愈繁，责愈重而愈慎，亦由徒恃天资，不加学力，苟仔肩之逾量，即艰巨之难胜，以休休有容之古大臣拟之，似尚未逮。盖生质虽美，终有止境，学问精进，实无穷期。圣人生而知之，犹必好古敏求；贤人学而知之，全赖日就月将；常人困而学之，更须人一己百。古训昭昭，非弟一人之私见也。弟自丙申一病几殆，自知余生有几，亟须勤学励志，乃以《王文成全书》回环三复，知先贤得力，全在物我无间四字，乃能成就盖世勋业。然必先堪破生死一关，因思欲泯物我之见，忘生死之机，从何处入手？惟将妻孥室家渐渐看淡，欲退则理进，由是亲亲仁民之意，渐渐加浓，久之益明乎夭寿不贰，修身以俟。存顺则没宁，朝闻可夕死，颜子三十二终，无异乎重华百有十岁。此关既破，自然富贵不淫，贫贱不移，威武不屈，心志湛然莹澈，安有忿懥、恐惧、好乐、忧患之偏乎？迨至由勉几安，物来顺应，如镜照空，影虽多而不疲，如衡御平，数不齐而可一。是以古之成大功、定大业者，无不出此。其不然者，则倖成耳。所谓内多欲而外施仁义，生荣没已，有断然者，且亦决无大成就也。弟此次遄返故乡，里居仅二十五天，为化者营窆岁外，凡有益于邻里乡党，兴利除弊之事，不避劳怨，力任艰难，竟无片刻暇逸，而心君泰然，眠食增胜。大凡心欲其养，苟得其养，纵极事机丛脞，而作德日休焉。养者何？循乎天理，不参人欲也。然所谓人欲者，非特声色货利，贪黩无厌，即旂常钟鼎声施烂然，而苟有急功近名，违道强求之情，皆可谓之人欲。董子有云：正其谊，不谋其利；明其道，不计其功。此心学之最上乘禅乎？明乎此，而事虽万，心自一矣。去夏台从北上，弟以食芹而美，曾将王文成集敬赠，并劝公每日必省寸晷，看书析理，与古为友，必能凝静致远，百体从令也。倘蒙俯采刍荛，修齐治平，一以贯之，即富贵功名，亦非二本。新建伯之崇衔，岂幸致哉！与公游者，大率做悦耳郑声，若元善则公之道义交也，不忍知而不言，且不敢作违心语，是以贡其狂愚。

复南海康君书（丙申正月）

既望接奉赐函，敬悉。去冬两次辱承顾谈，始知强学会事，吾公孤立，岌岌可危，弟又久病，如将熄残灯，不克相助为理，故函复台端，有宜速招汪穰卿来沪夹辅之语。弟一面据实禀辞南皮，冀或垂念，准待鹤诸君勖襄，不致功败垂成。今闻为言路所劾，此虽关乎气数，然细思之，亦由吾公未能应天以实，感召麻祥所致。弟初读《长兴学记》及《伪经考》诸书，深佩足下之学。去冬忽承南皮先生作介，幸接光仪，良用欣慕。惟采诸舆论，清浊两途，皆有大不满意于吾公之处。静观默察，方知吾公尚少阅历，且于谦、恕、慎三字，未能真切体验躬行，又不免偏重好名。夫名乃造物最忌，鬼神害盈，宜乎触处皆生荆棘也。亟须内省自讼，不必尤人。文中子曰：止谤莫如自修。尚希阎然日彰，卒光吾道，敷天事业，定于此日矣。弟本寡学，近且病废，百事不能与闻，拨款一节，已由敝局同人代拟电禀，旋奉南皮复电，均录呈鉴。

按：原稿谦、恕下本是诚字，诚则能开金石。今海外立会保皇，四方风动，不为不诚矣，乃易之以慎。《鲁论》：子之所慎斋战疾。《集注》：战则众之死生、国之存亡系焉。诸葛公生平，只行得此一字耳。于南海，亦可谓对症药也。庚子八月自记。

致龙积之明府书（丙申八月）

前日踵访，面聆麈谈甚凷。《趋庭记述》后跋之作，盖因复堰一节，实为先君子未竟之志，由不佞成之，可以上慰九原，故补述于跋中也。兹附上驿亭改复石堰卷一宗，请合前所呈之《义塾记》参观，可以知此堰车拔一业，实为敝族之大害。惟当日办理情形，记所未及，请为兄详细陈之。驿亭堰系自甬至绍，直径近便之孔道，舟楫之所必经。从前运货之船，较此时尚轻小，嗣后造船渐大，装载愈重，族人旋将此堰之石槛，潜行拆去，用柳枝捆扎，填泥为坝，随水涨落，以泥加减，水高高之，水低低之，由是车船过坝，轻而易举。自被西乡绅士公禀照旧用石筑高，凡遇过坝船只，须用实力车拔。下河车上，虽力势沉重，船身过半，挽入上河，去势不急，犹易为力。若上河车下，船身过半，去势如激湍直奔，船梢所系篾缆，常至脱卸不及，车关倒退，力猛非常，遂将车船之人，打落河中溺毙，或压入船底而死。族人均有戒心，然不敢拆石以与官抗，于是明理者愿退此业。弟乃因势利导，代族人公呈，往见邑侯余公允之，而其幕友俞君，谓此河此坝通行故道，岂可凭一人之言，而梗阻堵塞？余公乃约其与弟面商，弟谓之曰：余公莅治虞封，升迁有日。弟本籍人，此坝又在舍下门前，若出事端，追溯往事，某先受其累，何敢冒昧出此？俞以为然，始得批准立案给示。余公亲临履勘，族人持香跪接，面聆宪谕，均欢呼应诺。方弟之代族人赴县投呈也，驿亭往县旱道卅里。戚友闻之，咸来劝止，谓贵族数百户贫苦者，此后何以处之？兼有与弟不合者，议其谬妄，胥吏等亦以为言。弟乃率诸弟禀于先慈，谕曰：汝父有言，凡事只要认一个理，理既得，余皆听之天命。此事汝父欲办而未成，谅汝父认理已确，不必惶惑。弟谨受命，遂得果行。然族中妇女无知，犹多怨咨，时闻啼哭，或至诅咒，只好学仲子之无闻，随时随处，为族人谋生计，或推荐行业，或携其子弟到沪，习学商贾，久之渐渐皆务恒业，非若前此偷惰矣。自此坝堵塞后，舟经小越、河清两坝，从松厦一路过江，不复若前时走百官过江，百官行家，利源大窒，忝愚族中之黠者，思复旧业，并有各行愿还敬修义塾借给之种本，百官又有厘卡，亦密为设策。幸赖先君子于族中数十年以养以教，德泽入人，莫不思念，始终未敢发复。屈指至今，已越二十八年，族之老者逝世，后辈渐忘，亦无人再提及此事矣。此为弟生平可遇不可求之事，关系宗族乡党之性命，且寓移风易俗之微意，不欲人徒事醉饱嬉游也。然而办成已非容易，幸值壮岁，血气方刚，兼有得慈闱提命，否则瞻顾既多，所谓三则私意起而惑，一念之间，或〔成〕败判矣。此事系先君子所最注念，而《趋庭记述》中未之详，故欲求大雅代为详之，祈察酌。

卷 二

畿辅水利专事堤工似利实害说（庚辰四月）

以堤卫民，卫民则利，何有害？不知有似利而实害者，今昔异宜，高下异势也。水性就下，夫人而知。直隶之水，源派繁多，宣泄不畅，乃不事疏导，专事阻遏。其需土也，势必掘就近田土，迨至明年，而堤土渐坍入河，又必掘田土以修之。似此年复一年，堤身既高，河身与之俱高，田地因之益低。加以浑水灌清，浊沙淤塞，势必河变为田，田变为河。由是论之，非筑堤也，实填河也。迨至河既高于田数倍，水性之就下者，安得不氾滥妄行乎？访诸舆情，咸以为小民之困于水者十之三，困于堤者十之七。当决口之后，望洋而叹，不得不另谋生理，竭一夫之筋力，延数口之残喘。无何而派集民夫，分办堤工矣。少壮既胼胝从公，老弱则枵腹待毙。即使刑驱势迫，幸而竣工，新培之泥土未能胶固，而小民无知，一若堤防告成，足资保障，涸出之处，百计张罗，多方平垫，始得耕种。乃未及收成而秋水涨决，万姓脂膏，仍付汪洋。低下之十数州县，被水已十有三年矣。虽蒙大宪赈抚，而得不偿失，堤差仍难获免。某等查户来雄，周历赵王河北岸、大清河南岸下游一带，闻当道请拨漕米，津贴村民，令其修筑，体恤民隐，不谓不至。但堤长八千余丈，其间平险各工，水旱土方，为数甚巨，虽有津贴，不能不资民力。沿河二十八村，无非惙惙一息，垂毙之民，求能自食其力者，百不得一，而欲强供斯役，不亦难乎？且闻收工之际，工房随役，在在需费，一不遂欲，责其丈尺不符，缧绁加之，鞭扑及之。一邑如此，他邑可知。是以小民一闻筑堤，惶恐觳觫，甚于水火，流离逃徙，宛转图脱。呜呼！闾阎之财力丧于堤，田庐破于堤，家室散于堤。卫民之政，适以殃民，有意斯民者，忍乎不忍？即如现筑之任邱千里堤，发帑官办，似可不病民矣。而安州为九河之汇，接连任邱西淀，当上游盛涨之时，清河之水，又因东淀淤塞，倒漾而西，水并堤高，其势甚猛，小民急救燃眉，势必聚众挖掘，以邻为壑，铤而走险，有官法之所难禁者。年年耗此巨款，仍于大局无补，非谓似利有害者乎？总之，夹河之隄，既填河而掘地，护淀之堤，实蓄患而防用〔川〕。从前河深流畅，堤工一筑，可保数年。今既河淤流闭，而岁岁修堤，反致层层阻水，各处减河，亦复有名无实。旧涝难消，新水易满，明知堤之难恃，而不敢不修。乡村良懦，驱策难堪，加以此疆彼界，难免争端。而不肖绅董，则又借此夤缘，视为利薮。凡此种种，笔不胜书。良由未清其来源，未畅其去委，而徒于众水之潴，横加堵截，又何殊恶儿啼而塞其口耶？然则居今日而筹水患，惟有广开新河，宣泄积涝，排决归路。堤则筑而永固，水虽大而易消，脉络贯通，害除则利自兴也。至于如何可以分水之势，如何可以泄水之流，新河应作何等宽深，则非履勘精详，未能拟议。夫为政之道，最恶夫名为利而实则害，堤其一端耳。九载汨陈，禹兴而尚疏瀹，遂奏平成，此中国治河之祖，不足为法耶？为民上者盍念诸。

祸福倚伏说（戊寅五月）

盈天地间之物，有成必有败，有聚必有散。即至清至贵，如文房雅玩，珍藏既久，亦必为造物所忌。远者不必论，近如钱虞山宗伯之绛云楼书籍，阮仪征相国之金石书画，皆推东南巨擘，而及身即毁于火。天道恶盈，凡百皆然。然则金银财帛之不宜积贮，可知也。夫钱者，泉也，既贵其有源，亦取其能流，流则通，通则久。愚者不察，耗费毕生心血，不求其流，求其止，不欲其通，欲其塞。仗此六十三颗走盘珠，算进算出，不遗余力，愈算愈有味。不知人有千算，天只一算，迨算到妙手无双，则天之大算盘出矣。悟彻之言。倚剑生注。闻之故老，明太祖之建国金陵也，北困于陈友谅，南制于张士诚，地仅弹丸，饷糈不给。有皖人深明奇货可居之秘钥，竭力输将，太祖深德之。迨混一海内，论功行赏，皖人辞曰：我辈戆迁中人，不可以治民。太祖乃以天下盐筴之利归之，故皖人应乡举，至今犹有商籍。有明一代，皖人日积月累，天下之财几为算尽，富埒王侯。商人三年一回乡，仿古人乡饮酒礼，演戏酬神，名曰黄山会，坐次以富为序，金多者居首，下至奔走捧盘盂者，类各拥厚赀，以数万计，声名震宇内。于是天之大算盘珠遂一拨，魏珰出而皖人之祸烈矣。魏珰欲籍其财而无策，乃加以拜盟结党之罪，缇骑四出，被逮入都，锻炼周纳，凡挟重赀者，无不毙。魏阉得此巨款，以数百万为一起，藏之秘室，室成即诛杀匠人，以灭其迹。迨思宗御极，民穷财尽，不知宫内反有此大宗金银。甲申之变，宫阙既焚，窖藏乃出，闯贼欲辇回陕西，行至九宫山身死，遂为晋人所有。晋人得此，复善于算，数百年来，各省商贾，无不推尊西帮，海内无其匹，至咸同间称极盛。于是天之大算盘珠又一拨，奇荒出而晋人之灾酷矣。仆因之有感焉。计自中外通商，数十年进口之洋元，每岁千百万计。问此洋元销归何处，曰买湖丝也。问中外互市货物，何者为大宗，曰湖丝也。丝不尽湖产，而湖产最著，是以湖人富名，不特遍中外，抑且闻于天。窃恐天之大算盘珠跃跃欲动，所愿湖人于大算盘珠未动之前，扩充其盘珠，而代天先拨，急急散财施粟，无使老天动手。夫湖郡为水乡，水以流通为德，是故得之易者，失之亦易，此乃天理地理，曷不参以人理，而自为流通？庶几善用其算盘者哉！

消息盈虚，乃天行自然之至理。近来西国名理家论天演之理，亦不外斯旨。可见悟到真原，无分彼此也。倚剑生注。

书莲山先生《祸福倚伏说》后

此篇为多藏厚亡者作生公说法，可谓舌妙生莲，目炯如烛，是翁可与持筹老人对酌矣。今天下何地不积财，要以官场为最。督抚也，关道也，运使也，多者数百万，少亦数十万。即小小百里侯，挂冠回，挟资数万。若而人者，乃至不胜车载。外此武官及京官之权贵，盖亦莫能为之握算焉。合肥之李，毗陵之盛，其著者不具论。余昔奉檄黑龙江，议由齐齐哈尔经巴特哈，通道至漠河，以作矿道。偶与穆大帅谈及，帅变色曰：此断不可。遂梗其议。后知巴特哈乃穆帅之梓里，数十年中，辇回金帛不可数计，自恃荒僻，人迹罕到，一经通道，则其事襮矣。帅盖取窖金之意，以无人闻见，为能长有其富也。嗟乎！郭家金穴，今属何人？邓氏铜山，未闻世守。庄生所谓大惑不解者，抑何多哉！然则富者非欤，曰何为其然也？季氏富于周公，周公之富是也，季氏之富非也，故孔子只责季氏，不责周公，其义则朱子已明之矣。然周公之富，亦不闻传于伯禽，厥后鲁富犹不及其邻，此可为明证。盖公必有道以善处其富，决不为子孙计也。且富为五福之一，鸿范之休征，《经》言"善人是富"，则富固天人并重，非具大福命者不能得。惟得之一如不得，乃为真得耳，此即先生流通之说也。至于不能得而以非义强得之，如季氏者，恐不得援流通之例。然苟能流，总愈于止，苟能通，总愈于塞。譬之犯罪自首，必可减等，此则先生言外之意。拥赀者以先生之言，书一通以作座铭可也。辛丑暮春，北市老佣拜读十数过，并校字竟附识。

募修陈公祠启附经正集规条（戊戌七月）

沪城之有陈忠愍公祠也，在五口通商之初，于今五十有七年矣。道光庚子，公由厦门提督调任江南，时西兵内犯，沿海戒严，抵任甫六日，即督兵驻吴淞口。廿二年乍浦失守，江浙骚动，总督牛鉴驻师上海，问计于公，公谓鉴第坐镇，无轻出入，必无虑。五月三日，火轮兵船由外洋探水驶入，烟焰蔽天，炮声隆隆不绝。公麾令燃炮，沉其二艘，又折其二艘之桅，毙西兵三百余。鉴闻之喜，出宝山南门，登塘观战，为一飞炮惊退，所部勇遂哗溃，西兵即由小沙背登岸，公前后受敌，中炮死。武进士刘国标，负公尸匿芦苇中，越十日求得之，殡于嘭城，民争诣哭奠，绘像祀之。事闻，赐祭葬，谥忠愍。翼日西兵陷上海，典史绍兴杨公庆恩投浦死之，今附祀公祠，塑像皆如生。越十年癸丑八月，粤人刘丽川与土贼潘小禁子作乱，戕官据城，上海令仁和袁公祖德死焉。城中庙宇皆为贼馆，独公祠不敢入。相传贼居公祠，晚闻金戈铁马声达旦，且有无端自毙者。呜呼！非公忠魂赫濯，何以至此？今虽海宇宁谧，而过祠下者，犹令人兴感也。公死而款议成矣，一蹶不振，委靡恬嬉，至于此极。使鉴用公言不轻出，则公可不死。公不死，即通商不至受制于人。中原糜烂，神州陆沉，于公之死兆之矣，岂不痛哉！公祠后有时化堂，元善借设女学分塾，爰拜公像，起瞻栋宇，则梁柱朽蠹，榱桷剥蚀，似已岁久不修。嗟嗟公功若此，都人士忍或忽之？每谒公祠，辄低徊不能去。不揣冒昧，拟合同志撤而新之，度材三千金。以沪上商旅之繁盛，感公忠诚，是区区者，当不难解囊焉。余因之有感焉。甲午之役，诸军帅丧师失律，至今犹靦颜人世，其尚有闻公之风而起者乎？仿效西法，智乃日开，利禄之途广，则讲习者自众。若夫利害不顾，生死不渝，基之夙夜而无惭，质之鬼神而可信，此非智取术驭所可为力矣。本根不固，虽新学日兴，吾恐终无以振吾国，而反重贻世道之忧焉。然则新公祠，表公节，所以为天下慕义强仁者劝，而即为讲求新学者进也。集千腋而成裘，汇众材而作室，谨陈短启，用代长言，志士仁人，必有乐观厥成而慷慨一诺者。光绪二十四年七月既望，寓沪古虞经元善莲山甫谨启。

此启除告当道外，惟刊登沪上日报，并未立簿劝捐。上海虽为仕商辐辏之区，然多在租界，入城游览者盖寡。祠地又僻，行人不常过，公之死事，非掌故家罕知其详，故登日报，广告同人。或谓公与西人为敌，今国家怀柔远人，交涉日烦，公虽情殷报国，而趋时者所不乐闻，宜不登报。予谓不然。闻公死后，西兵官至上海犒军，酒酣起而大言曰：昨战至危，使有两陈公，吾辈安能至此！是西人且敬公矣。表扬忠义，乃士大夫分内之事也。抑又闻之，沪上人才荟萃，文章经济，各擅其长，而敬业乐群之义尚阙焉。今拟公祠更新后，招集同志，岁春秋一聚公祠，课忠责孝，讲道论德，尚躬行而求实践，挽薄俗而息浇风，名曰经正集。约规如左。慕义好学之士，其有乐观厥成，而幸逢其盛者，解囊相助，集腋成裘，即饬送四马路外滩电报沪局经收，擎还收据。元善又启。

一、陈忠愍公祠在城内淘沙场，供奉公塑像。予家亦藏有公绘像，每一展谒，觉生气勃勃，令人起敬起畏，与今祠中塑像惟肖，惜遭兵燹无存。兹拟本集每期，同人先至神前，仰瞻遗像，在祠小聚一永日。

二、公祠已列春秋祀典，每岁由地方官致祭，似不用吾辈再肃明禋。每集期定春秋分两日，但备香烛，致敬行礼。同志相见一揖，到祠迟早听便不拘。

三、第一次到者，题民〔名〕于册，姓氏、籍贯、仕履皆详之。

四、此集当仰体公之忠烈，常怀国耻，毋便身图。惟是君子素位，亦不可位卑言高，总期鞭辟入里，以正谊明道为事，方合经正民兴宗旨。

五、良时不易，暇日无多。凡到集，可谈时事，勿谈风月。

六、每集只备茶点，或便饭一餐，切勿太费，每人输分洋三角，不敷则值理者认补。

七、每岁以一人值理集事，或每一朔望轮集中一人，入祠拈香，兼省视庙宇，有不洁及渎神处纠正之。

八、凡同志无论文武，官绅士商，均可入集。每岁遇公难日，预登报端，论赞数语，以张其事，俾五尺童子皆能道之，方合表忠之义。其集中应言之事，同志岁有所益，亦于是日详录报中。

九、此集之举，必有不谓其然者，种种讥议，均可不计。所谓礼义不愆，何恤人言也。惟谓中国办事，有初鲜终，此诚不可不虑。人生酬应至繁，亲朋休戚至切，势必遇有事故不到，久之渐无人命驾矣。凡我同志，既入此集，必须委曲抽出此日工夫，譬如做官者，上司见召，应试者，考期已临，总看公之面上，不能爽约，以负初心。

十、辅元堂昔年曾立中正坛，屡有神降劝导世人，公亦与焉。公尝自言生平忠诚永矢，殁后已受上天褒嘉，职隶雷部云。沪上男妇女多持雷斋，凡同志及眷属，如有愿立陈公雷斋社者，亦自相得益彰。即有入祠展谒者，亦无所碍，以懿德人所同具，方宜引而进之，且藉聆女学弦歌。

右十条粗具大略。缘昔创经正书塾于桂墅里，今已改为三等学堂，经正二字，无所附丽，恒若歉然，故特移于此集。法可变，道不可变。不变者，经之谓也。表章先贤，联合同志，其事甚微，其系甚大。名曰经正，于以扶圣教而正人心，忠孝节廉，庶几弗泯，凡百君子，愿共勉之。

窃中国不变人心，安能变俗，更安能变政？此举见及探本微窈，使人心皆合经正之义，使之商则国富，使之守则民强，使之工则机利，使之农则获倍。陈侯威灵，必不以此言为瞽。湘乡曾广钧。

犹有是人，犹有是言。此祠此集，为维新者诰，正不独为维新者诰。无任熹骥，遐观厥成。山阴汤寿潜。

法变矣，而人心不变，恐一旦有事，终将为甲午之续。今公议葺忠慇祠宇，将藉以激发人心，甚盛举也。新昌童琦。

表忠褒节，绝大义举，而为之于今日，尤征绝大见识。凡我同人，应共赞成是举也。会稽陶浚宣。

临阵捐躯之人，西人敬重，尤过于中人。中人谈忠说孝，率浮文无实，遇西人尤不敢启齿，以为非所乐闻。此士大夫婀媕之见，无识甚矣。此启痛驳不登报之谬，识见高人一等。梁溪裘廷梁。

此举看似不急之务，然报国死上，有此志者，方许立学立身。否则崇圣爱类中，仍各便其私而已，于时艰奚裨耶？此事宜亟辨为是。仁和叶瀚。

此举于时局大有裨益，自宜急办。但约集同志，宜严勿宽，庶能久远，是在先生斟酌。凡事慎之于始，乃不至贻误后悔也。临桂李鼎星。

泰西主耶争教最烈，一挥手麕战，血肉死伤千万。卒后有杜文教师，起而言曰：所争者法，所信者道，勿便〔使〕法戕道也。苟天上有知，不亦两曹俱败哉！国人闻其说，即化干戈为玉帛，乃和好如初。杜文教师之功，岂浅鲜哉！今读莲老有句，不可变者经也，仁义礼智不可变也。莲老立此集于上海，别有至心，亦杜文之流亚欤？吴县沈学。

忠孝乃立身之本，今公拟重修陈忠愍公祠，使吾人观感，殊深钦佩。惟望先与诸当道妥商，庶登高一呼而众山皆应也。香山郑官应。

国家极力振兴新学，淫祠悉改为学堂，无知男女，往往不知所以然之故，以为庙堂祠宇，岂可悉改无存。今得公重修陈忠愍公祠，使国人拜瞻香火日盛，愚民敬爱之诚有所寄托，正此时最好之事也。溧阳狄平。

此事甚好，但募捐不易。何不请拨他祠庙之产，供祠中费用，当较易也。上虞罗振玉。

岳武穆谓文官不要钱，武官不怕死，天下太平矣。今日国家多难，正坐怕死者多耳。甲午一役，邓壮节死事最烈，若能作一配享，则见闻较近，当尤能激发人心。上虞徐智光。

今日中国人，顽懦无勇，已成痼疾。公表先烈以讽将来，实最妥之务。仁和汪康年。

经正则庶民兴，亚圣一言，懔然千古。以友辅仁，上可以妥忠愍公之灵，下可以复亿兆人之性，其有关于世道人心，岂浅鲜哉！振兴世教，可以此祠决之。余姚何联恩。

以忠愍公之荩忠，曾不几时，而祠宇颓废至此。公议重为修葺，非第为崇德报功起见，所以激劝来者，可为切矣。宜速竟其功，乐观厥成。衡山陈彝范。

于举世委靡不振时，而激之以致命遂志，无不闻风兴起者，此举诚为当务之急。上虞徐氏，拟合祀邓公，与鄙意相合。后先辉映，尤易观感，似宜呈请大吏上闻，拨款修复，再捐资以济其成。经正之旨深远，能集众劝勉，比顽廉懦立，知耻近乎勇矣。阳湖汪洵。

今世人心，贪生畏死，委靡极矣。陈忠愍公为国捐躯，大节懔然，过其祠下，每念昔年故老传闻之说，为之神往。今若集议重修，并在祠中立经正劝勉集，此举甚美，必于人心有裨，宜速成之。新阳赵元益。

天心人心，感应一理。忠愍距今数十载，乡老田父犹能道之，士大夫转鲜有述者。今公偶一瞻拜，忽动善机，人心乎？天心也。此集能不坠，即人心不死，后有达者能继武忠愍，公之泽远矣。侈言保种，自当扼要。上海王维泰。

增辉陈忠愍公庙貌，原为激发忠义，补救时局之弊，甚盛举也。抑更有请者，凡我同志，当追念昔年忠愍公，效死勿去之诚，同心并胆，为保安御侮之备，实行保甲专练。此乃急则治标之要务，公以为然否？青浦卫家寿。

请拨租界淫祠为女塾，募葺陈忠愍公祠，用意良苦。乃庸耳俗目，能见及此者甚寡。人心不古，世道可忧，安得黜邪崇正之疆吏，如汤、曾两文正者，起而整饬之，以维持风化，而告陈公之灵，俾后之来者，知所奋勉哉！阳湖程诒。

变法维新，为今日之急务，惟必根本忠孝，方无流弊。今之君子，不患无应变之才，所患心术稍或不醇，遂有毫厘千里之差。往事已矣，可为浩叹。公议葺忠愍祠，设经正集，正所以救当前之病，而起今日之衰，一举数善，无过于此。愿观厥成，钦佩钦佩。仪征李智俦。

募资修理，邦人士求之不得，何敢有异议？惟据张某说，欲请邓公附祀，恐与专祠未合，杨少尉既可塑像祠内，若配享邓公，揆诸情理，窃料忠愍公必深喜之也。元善谨注。嘱侄为之代达也。上海曹基善。

陈忠愍公事去今未远，而祠已冷落。公瞻仰之下，遽拟修葺，所以为世道人心计者大矣。夫亦由血性正气，若合符节，故一触即发，不能自已。至集名经正，为新学告，尤能从事本原，挽救流弊，此册出而不为贤豪同声叹赏、乐观厥成者，吾不信也。余姚周藻。

此举蔡和甫榷使首捐二百金，元善又筹垫，先购西南隅民房一所，将祠前旧有果育堂合槽工作场移开，以清门外出入行路。惟系敕建专祠，应由有司主持，同乡王欣甫观察时来作邑宰，愿俟新正商办。己亥元月下旬，元善约同严筱舫、郑陶斋、沈仲礼、杨子萱、施子英诸君，在徐园公治春卮，官绅商到者颇众。与新令尹订定，席间开议集资，而施君宴客谈捐为嫌，遂止。嗣是蔡公卸道篆矣，代者五日京兆，无可置喙。迨余晋珊中丞莅任，而元善又逊荒矣，有志未逮，书以待之。庚子十二月又附记。

续录沪上龙君来书并跋其尾

昨有友人见尊著经正集启，以为得未曾有，因约以春分日，就延绪山庄大厅，暂设陈忠愍公神位，拈香小集，用示劝勉之意。次日王敬安兄到，承示所撰袁爽秋先生祠堂楹联，并见敬安弟子袁纯熙，即袁公族人也，于是经正集中拟增入许、袁二公。及见日报，载有虎口余生五君咏，即许、袁、徐、联、立五君子也，于是拟并邓公世昌，共书七公神位。山庄地属宝山，忠愍死事实在此。番禺潘飞声《说剑堂集》有邓壮节公传一篇，纪载甚详，文亦豪迈，友人并五君咏，敬录一通，悬之壁上，亦经正集中所有事也。是日到者十七人。经正书院已停办，而蜀中仿其章程。陈祠此集未一行，而山庄窃取其义。天下事但合乎天理，终不泯于斯世矣云云。

此今春二月初旬来书也。龙君与其友，既已先行其言矣，元善虽羁旅异域，曷敢一日忘情于斯哉！盖元善之意。总以用力于根本，为第一要义，胸中初无新旧之见。敬安尝有泯新旧说，其略曰：若以改易政治为新，尊崇德性为旧，则如我夫子者，乃一身而兼新旧之党魁矣。行夏时，乘殷辂，服周冕，此诏颜子之言也。以文王、周公之大圣，累朝制作之精心，行之数百年，如是之祖宗，如是之成法，而谓其美犹有憾，其人非愚即狂。乃孔子竟欲毅然改易，其见于他者不必论，可不谓之新党魁乎？非先王之法，服不敢服，非先王之法，言不敢言，非先王之德，行不敢行，此诏曾子之言也。服法服者，遵王也，何至言行亦不能自由？其雅言者不必论，可不谓之旧党魁乎？然后知学无所谓新旧也。天不变，道亦不变，此守旧之说也。穷则变，变则通，此维新之说也。自古有百年不弊之政治乎？以文王、周公为祖宗，其成法不能尽用，而况于汉祖、唐宗欤？虽然，孔子不又以"一日克己复礼，天下归仁"诏颜子乎？新学乎？旧学乎？王君此说，可谓深切著明，足以息两家谬妄之争矣。顾元善以为尤有一言以蔽者，人人亲其亲，长其长，而天下平是也。苟不于此致力，无论不成为旧，并恐不成为新。今者有志之士，大半注意维新矣。其随人脚跟者不足论，春秋之义，责备贤者，既以拨乱反正自负，言满天下，行满天下，而于根本之地，不先顾及，一若稍涉旧话，即恐人议其不新，不亦惑之甚哉？然则元善之为书院也，命之曰经正。书院不成，又设经正集，而必在公之祠中。当世君子，岂无明其故者？元善老矣，此后之能否再集，不可知矣。有能闻风兴起，如今日延绪者乎？予日望之矣。辛丑仲春下浣，元善再识。

急劝四省赈捐启（戊寅四月）

直豫秦晋四省奇灾，为旷古所未有。天旱两三载，地赤数千里，死

亡枕藉，人已相食。目击者固属伤心，耳闻者亦必挥泪。虽曰气运使
然，实乃人心浇薄有以酿成之也。然荒者已荒矣，其余未荒各省之人，
无不惴惴焉默祝苍天，勿如直豫秦晋。试问有何所恃而无恐乎？兴修水
利，则仓卒恐不及也；祈祝时和，则诚敬恐难必也。再三思维，实无妙
法，无已则有一焉，曰救人之荒，必可免己之荒，即子舆氏所谓出乎尔
者反乎尔者也，天道好还，一定之理。现在通都大邑之人，耳濡目染，
见闻已深，挥手千金而助者有之，质衣典产而助者有之，变卖古玩而助
者有之，甚至妇女脱簪珥而助者有之，好义者实繁有徒，不可谓不多
矣。然此不过通商口岸，信息灵便之区耳。他如离省较远之州县，山乡
僻壤之编氓，非特目未曾睹，抑且耳未曾闻，一旦执途人而语之，必曰
断无此事也。言之不足信，于是乎有《铁泪图》之作。顾者或曰：据此
图说，果有其事，杯水车薪，何能救得许多？则请举一数以算之。中国
舆图二十余行省，今即以十八省计算，各处偏灾折作两省，尚有未荒者
十二省，每省扯六十州县，每县扯人十万，每人每日省钱一文，每日可
得钱七万二千千文，通年可省钱二千五百九十二万千文。国家之发帑不
计也，殷富之输将不计也，邻国之移粟不计也，果能滴滴归公，有何不
可救？或又曰：人世吃惯用惯，骤然何能减省？不知九重尚且减膳，则
降而下之，王侯可减至卿贰，卿贰可减至士夫，士夫可减至庶民，断断
乎减不到四省灾民景况。夫举趾向前，每形不足，回头退后，即见有
余，何不可减省之有？更有迎神、赛会、演戏、烧香、寄库之资，核计
消耗物力不少，均可停省一年，移作赈济。曰：迎神、赛会、演戏、烧
香，亦所以保年丰而期民安也，一传众咻，岂不大难？则请首事者，焚
疏庙中，卜之于神，聪明正直者，必欣欣然首肯。至寄库一事，请为细
道其详。夫阴间之费用有限，一年只吃三节羹饭，无后嗣者，鬼且馁
而，其不日日吃饭也明矣。衣服亦全资乎阳世，纸制焚送，既无衣食之
需，不知要钱何用？且人世三节焚化锭帛，源源而来，已觉取之不尽，
用之不竭，何必再藉寄库，以作阴间之财主？更恐早投人世，又带不到
阳间，岂做守钱虏者，死活不肯看空乎？夫劝人出钱，如杀父母，欲其
减省，诚非容易。然每见故家孤露，穷苦无聊，向人借钱乞钱，嗻蹴之
所不避，唾骂之所不辞。问其为何肯受此委曲，到手而后已，必曰实因
别无门路，其心专也。倘人人存一个不救荒不能保不荒、不能弭祸患，
舍此别无门路之心，你劝我，我劝你，结成一团善气，蓬蓬勃勃，充塞
宇宙之间，必能感召祥和，五风十雨。夫然后已荒者可救其不荒，未荒
者可保其不荒，作一世太平百姓，安安逸逸，免得担惊受怕，诸君何苦

而不肯为哉！

复修线保固非善策公牍（乙未十二月）

窃职局于光绪二十一年十月二十四日，准电报总局移开，案奉宪台札开，案查赣州电局桂委员，上年在申具领大修经费银一千两，半年有余，始见列收月报册上。自去年十二月册开支修线木价起，至今年七月分止，究竟修理何处电杆，及如何修法，亦未申报。近来各局纷纷禀请大修，总以危词耸听，希冀批准。如果刻不可缓，何以赣州局四月分领款，而缓至十二月分始行兴修，且不一气呵成，其非真坏难以缓修，已可概见。前者郑委员在赣时，并不常修，何以桂县丞到差后，月报册上，几乎月月开支修费？今南昌、吉安亦相承效尤，并禀请大修矣。各局禀请修线，名为郑重报务，实则藉为利薮。以后凡某局大修后，无论系局员承办，或另派员经手，均立保固限若干年，限期之内，如有损坏，惟该员等是问，断不准再开支分文。似此严定章程，庶有实际。为此札仰该守，即便通移各局一体遵照，切切。此札等因，奉此相应备文移知等因到职局。奉此窃查工程保固，系我国家相沿旧例。职昔随先君子奉浙抚宪左文襄公委修海宁土备塘工，系苏浙绅富集捐兴修，用款二十五万有奇，免其造册报销，并免保固。职驻工半载，深知柴石工程，钦定保固限期，石塘十年，柴塘二年，律载科条，窃取桩木斩监候，窃取塘柴绞监候，立法不为不严。讵知沿塘居民烹茶烧饭，皆取给塘上桩柴，无人过问。推原其故，高庙南巡，发帑二百万存盐商，岁生息二十万，专为柴塘修费，归三防同知、专汛守备，四人分任办工，各领银五万两，上台各衙署须花费用一成，承办之心平利淡者，每届工程用去二万五千，以二万生息抵赔修，限满则以所余入囊，而又望坍塌，再报开工领银矣。是以听民私拆，不拆则使塘兵授意，必拆毁而后快。即有廉洁者，亦未能免俗也。浙省三厅一备，因有保固认赔，反为通省优缺。试问修线委员，其将选殷商富户来当此差，预备赔修乎？抑亦以巨款存商，预备侵蚀乎？势必用少报多，与不保同一舞弊而已。不第此也，塘工修理与保守，事权归一，尚可责成一人。今电线修者一人，守者又一人，既有推诿之病，且迁调不定，又或因仇私损，屡毁不止，将如之何？凡此种种，实属窒碍难行。查电报风气初开，宜师西法，如何杜弊，不应仿效吾华官场习气。职十余年来，研究西人办事弊少之原，盖深合吾华古圣贤有治人无治法、人存政举宗旨。窃谓欲电局之少弊，全在为地以择人，不可为人而择地。若以八行书为选政，以亲族交好为人才，而沾沾焉讲求防弊，此无异流连枇杷门巷，而考察花柳败毒之方，以为护身也，亦可谓计之左矣。抑职更有说焉，为治之道，莫急于正本清源。子舆氏曰：一正君而国定。《鲁论》：季康子问政，孔子对曰：子帅以正，孰敢不正？问患盗，对曰：苟子之不欲，虽赏之不窃，草上之风必偃。此数言者，实为治法大要，防弊之道，莫善于此。否则防弊之严，必不胜其作弊之巧，多一防，增一弊，未见其能杜绝也。至于求人才之道，贵虚衷鉴衡，又必出以至公之心，果贤也则礼之，而不可存贱士之见。如是则天下之贤者，皆奔走于吾左右，而不可胜用矣。中日交绥，一蹶不振，岂非平日所谓人才者？不过官场习气最深之人，号为奉公，而实则一味营私，至于临大节，则全不可恃。宪台方以开风气、讲富强自任，自以得人为第一要义，故职以为宜先除官场习气，而后致力于本源，不必用心于细小之末务。辄因夙昔倾盖，不觉言出由衷，不作唯阿粉饰之语，意固不在区区之修线也。一俟奉到批答，再当馨献刍荛。除移复总局外，肃禀云云。

　　督办电报事宜津海关道盛批

　　贵治人不贵治法，洵为不刊名论。电报推行愈广，用人愈多，应如何用一人，便得一人之益？本督办肩斯重任，时虑无以善其后。该守系始终共事之人，才大心细，讲求本源，倘肯不避嫌怨，将各〈分〉局才不胜任者，指名陈核，以便酌夺，实为幸甚。此复。

　　按：此牍原稿，归沪局卷宗，仓猝未及录出。今特追忆大概，存之以见愚诚，其文则不尽合也。惟批语一字不讹，并存之，以见中国官场习气，牢不可破，虽以盛公之贤，平日至契之苦口，亦未能尽受，余可知矣。书以志慨。庚子葭月，元善自记。

　　按：不避嫌怨，将各分局才不胜任者，指名陈核，以便酌夺云云，仍是治其末非治其本。盛公一生学问，具见此数语中矣。既虑无以善其后，仅区区不避嫌怨，便足为善后之方乎？况曰酌夺，则非能尽信可知。虽日求善后，而迄无止善之时也。北市老佣校读竟附识。

上楚督张创办纺织局条陈* （庚寅六月）

　　一曰一事权。中国商务，自秦兼并以来，通工易事，都在一国境

---

* 原书标题为"上楚督张制府创办纺织局条陈"。——编者注

内，此盈彼绌，无非一国之人。于是官不为之经理，习而久焉，官商两途，判若天渊，以致情意隔阂而不相通。若泰西各国，官商一气，不惮越国鄙远，国家又复悉力保护，是以所向有功，无往不利。今中国海禁大开，外人商舶麇集，载货而来，易银以去，漏卮之巨，每岁何止亿万。即洋布一项，已有三千余万之多。倘再安常蹈故，必致日渐困穷，亟宜仿效西法，收回利权。查织布一局，全属商务，开宗明义，首以求通商情为贵，举凡官场繁文缛节，宜实力删除净尽。惟是既借支官款兴创，自不得不形诸奏牍。除派现任监司大员一位，会同督办，以崇体制外，只须委洞达事理、明白商情、才能驭众者一员为总办，统管全局事务，以专责成。再由总办自择贤能，禀请帮办，以期和衷共济。此外则设银钱帐房，专司收支款目也；花栈帐房，专司采买棉花也；布栈帐房，专司销售布匹也；料栈帐房，专司购储煤油、浆粉及修理机器等物也；杂务帐房，专司稽察男女工人，照料一切，及逢星期给发工资也；书启帐房，专司往来函札及偶须缮发禀牍也。惟翻译则开厂后华洋交涉甚少，且各栈帐房均须有稍通西语之司事，似不必专设。以上六项席面，均应由总帮办慎选延聘，尤宜于各项本业中求之，务使各当其才。盖耕当问奴，织当问婢，苟非素习，虽勤无功。至各帐房事有烦简，有非一手一足之烈所能济者，则由各帐房正执事，自行斟酌添用司事，庶几情意交孚，得收臂指之效。溯从前湘淮各军，凡总统只选举营官，阃营哨官什长，皆由营官召募，故能休戚相关，同心戮力，蔚成中兴伟业。若事权不专，意见参差，最足为患。沈文肃公有言曰：一人兼办数事，数人合办一事，皆无当也。旨哉斯言，可三复焉。

一曰厚禄糈。中国官场办理局务，最足动上游之听者，曰裁减，曰节省。殊不知明者愈节省，暗者愈掊克，盖天下未有枵腹从公之人。况开源与节流，情形不同。今创非常之大业，欲责任事之人专心一致，必使之内顾无忧，否则必另营他务，何能收效？即各帐房执事，亦须慎选通晓市情、识见开拓之才。此等人充其心思智慧，自能致富，断非微薄辛资所能招致。谚云"三年出一个状元易，三年出一个经纪难"，明于货殖者曰经纪。诚未可轻量也。但目前借支官款开办，若所定薪水过厚，恐群情因羡生忌，必致腾縻费之谤，众口铄金，不得不长虑却顾。除洋工师、华洋工匠薪俸，及男女工人辛饭，逢星期按名支给外，凡局员与各执事薪水伙食，心红纸张一切局用，从宽约计额定数目，每月一总开支，尤为简便，万不可有挂名薪水干俸之类。查外洋各项公司，所延执事人等，无不量才授事，凡不合用者，虽微赀必惜，能胜任者，虽巨款不吝，用能鼓舞人心，殚精竭虑，克臻富强之效。不第此也，虽常年薪水所入，足以养家，迨年力就衰，老之将至，或举贤自代后，回家不能自食，亦非人情。拟请所获之利，除缴付官息外，尚有盈余，就十成中酌提二成，以为局员各执事等花红酬劳，藉作旨蓄之谋。如是断无不力图振作，存公私两利之见，行见不待督率而群情自奋。抑更有请者，举凡兴办西法商务各局，总、会、帮办人员，无论如何大征明效，但水涨则船高，获利丰必花红厚，专注其心于谋利，自然愈研愈精，愈推愈广，收回利权，庶乎有豸。如或勤劳卓著、有待奖赏者，只可保以崇衔，荣以虚名，或告退仍支给半薪，及身而止，闻广东陈李济堂开张二百余年，历久不敝，其用人之法，得力于此。以小喻大，可为则效。似不必以实官期许。盖一萌名利双收之念，见异思迁，则心志纷而会计必疏，华而不实，万难两全。况效法初办，追步后尘，即使全神贯注，犹恐未必能与西国公司齐驱争胜。商务重在获利，非做成局面即可了事也。至督办大员应否开支薪水之处，候宪裁可已。

一曰建局厂。鄂省机器各局开创缔造，本地土木工匠，不特未窥全豹，且未略见一斑。闻局中所雇监工洋匠，又系初次来华，人情语言尚未接洽，况房屋之榱栋墙垣、门窗户牖各项名目，尤难融会贯通。以人地两疏之洋人，督未谙工程之匠役，斧斤从事，深虞扞格，经年累月，苦于难成。若自行办料雇工，尤为琐屑繁杂，必至照原估浮出倍蓰。俗谚有"与人不睦，劝人造屋"之语也。查上海建设各局厂，多系包造，匠头中颇有殷实之人，按照图样，决不偷改，且曾经阅历，一切间架结构，无难举一反三。又有一种打样西人，专门绘图估价，经手工程，兼明格致重学，何等马力机器，应需何等坚固房屋，日后运动震撼，决无胚蛰塌陷之患。凡匠头包定工程，悉由打样西人居间作中，提取九五中用，款即出匠头包价之内。向例立承揽时，先付定银若干，以后工程做到几成，再付几成造价，均归打样者开单领取，且可克期藏事。该西人常川到工监视，倘或工程与承揽图样稍有不符之处，立即饬令匠人拆造，必如式而后已。虽极大工程，照所包数目，可以算准厘毫，全功告竣，不溢分文。本局织布厂屋，宜招上海匠头包造，并用打样西人作中，再由所雇监工洋匠与打样西人详细交接，必能得心应手，悉臻妥善。至于水木石料，或本省所出不敷所用，该匠头亦能核加船钞水脚，远至邻省购运。如是则提纲挈领，不劳而理矣。谚云"图大事者不惜小费"，按之似费而实省也。再，官场中土木工程，每因工竣后，七折八扣，领价维艰，承造匠头，不得不格外浮开，预备亏耗。今用打样西人作中，可无领价折扣之虞，则开价实而施工速，又付价凭诸洋单，局员管办工程之精白乃心者，更可昭然共信。再，布局设在省垣城外，滨临江边，左近无大行栈，所有花布两栈房，宜格外宽建，约计出布六十万匹，捆作四万包，布栈须可储布三万包，花栈可储子花十五万担，方足敷用。尤须离炉厂稍远，以免不测。

一曰购棉花。查木棉出产，以海门、崇通、上海、余姚为著名，而长江数千里沙洲，尤为大宗，每年所出，何止数千万！本局织机千张，所需子花约廿余万担，计花价多不满百万金，采办尚非难事。若必拘定用鄂花，出示定价，令卖者自行赴局，势必纷至沓来，琐屑繁难。且初开局时，少用人手，尤恐顾此失彼。大凡物价，买者多而卖者少则贵，买者少而卖者多则贱，随时移步换形，即早晚市价不同，岂能朝令暮改？所以出示定价一节，断不相宜。至于用花不拘何产，总以织出精美，比较价值，核算便宜为准。若湖北之花，少销于织局，必多销于远处，否则下游数省棉花，何以轮舶满载来鄂？则汉镇棉花，销路之广可想而知。此因帅谕有拘用鄂花之意，故详晰陈之。开手办法，可责成两三家殷实子花庄号包买，尤在花栈帐房执事，留心访察各处年成丰歉，如上年底价高昂，本年出产较旺，则宜少买，只须存一月之用，以待市价之疲，陆续采办。倘上年底价低平，本年出产不丰，宜乎尽力广收，多备数月半载存货，宜随时斟酌，难以预定成见也。如酌察年成市价，应广收棉花，倘资本不足，须暂添借官款，俾资周转而免竭蹶。俟开局日久，人手纯熟，再于合用产花地方，派友前往，开庄收买，自更精核。但肇端伊始，不能不寓繁于简，使办事精神绰有余裕，俾可研究全局大旨也。

一曰计销售。本局织机千张，日夜工每机成布两匹，统年除停星期外，作三百天计算，可出布六十万匹，约值价银一百六七十万两，尚不敌外洋来布二十分之一。查洋布销路，以川、汉、天津为大宗，烟台、牛庄次之。今鄂省织布，宜合于川、陕等处销场，比外洋来者，省去由沪至汉水脚，最为合算，断无下运至沪，转销天津、牛庄之理。查有英商泰和洋行，外洋所出之顶高洋标布，牌号曰泰和双叉，载运求〔来〕华，专销上海大丰洋布庄一家，迄今二三十年，洋商获利不赀，大丰亦发财至数十万。盖专销一家，运售之地认定牌子，设遇他种洋布价跌，别家无此牌子，不为牵动，且可关住不售，待价而沽，所谓独行生意也。本局出布后，宜仿此意，择汉市销路极大之庄号，专销一家，或分销两家，出布派定数目，一年讲一行情，务使庄号得占利益，则局中以售出布价，核算收进花价，权自我操，获利自有把握。进花、出布两事，看似平淡，实关紧要。倘花价每担买贵二钱，即多出银四万余两，布价每匹卖贱一钱，即少入银六万余两。所系如此之巨，全在各执事集思广益，尤贵总帮办明于货殖，而运用一心，商务譬诸军务，有知兵之将，然后有必胜之军也。

一曰练佣工。鄂省机器各局，皆系创办之举，人情少见多怪，不免疑信参半。本局所需各项人工，正宜就地取才，俾资小民生计。除修理机器等华匠，非旦夕所能学步，不得不向沪上雇用外，一切机厂男女小工，皆易造就。但本省非产布之区，猝然招之从事，恐难应手，宜招集男女工人各三十名，又稍知西语、能通外情者，本省尚难其选，只得暂由沪地募雇男女工各十名，一并令沪关道转送上海布局习练，其辛工饭食，归鄂支给。因沪厂仅开织机三四十张，人多莫能容也。大约三个月后可以习成，再各招三十名送去替换。计算一年之内，可教出各一百二十名，如开局设机时，有此一百二十名熟手，以一传二，不逾三月，可各得三百六十名，即可试行开织，一年以后，全局已足敷用，庶不致耽延旷工，而兹二三千家，亦可藉此赡养。再于工人中，择其机警明敏、笃实朴诚者，随时加以奖励，俾得造诣功深，渐可裁减洋匠，节省薪资。惟逢星期，自宜休息，人无贫富，总有家庭私事，七日一歇，则此六日中，可以专心致志。若无此一日之停，则终岁皆存偷闲之念矣。华人办事松懈，不逮西人，职是之故，所得小而所失大也。

一曰轻税厘。中国仿效西法，兴办公司，如轮船、电报等局，皆求利无捐税之条，独于织布一项，须纳税抽捐，似乎向隅。但中国所出各种货物，定例均有捐税，若于织布全数豁免，大部必谓损上益下，亦势有所不能。查布局初创，最宜减轻成本，方可敌洋产而广销路。现在官款开办，利息所入，亦归官中，此盈彼绌，尚可不计。惟俟二三年后，成效已著，归商承办之后，拟请奏明立案，援淮纲先盐后课之例，以常年结帐余利，二十而取一，作为厘税并征，由局一总报解，无论运销各行省，概不再抽捐税。商贩贪此简便，庶几不胫而走，是亦收回利权之一助。至恐洋商贻为口实，此系我国家保护商务自主之权，不必虑其阻梗者也。

一曰招商股。查泰西各国，兴办各项公司，无不招集股本，群策群力，积微成巨，故能长袖善舞，所向有功。乃光绪九、十两年间，上海仿效集股，树帜招徕者不少，奈办理不得其人，除轮船、电报、开平煤矿外，余均一败涂地，致令集股二字，为人所厌闻，望而生畏，因噎废食。但轮、电、开平，得以通商情而持久者，亦赖有商股也。此时如欲创兴一业，开手先藉招股，则议论多而难成，不得不借支官款开办，然竟永为官局，必致日久弊生。拟俟告成后，所有购机、建厂，一切缔造经费，以及筹备采办花本，总共若干，一并作为成本项下，仿轮船招商局例，以长年六厘作为官息。至开织以后，日常所需，作为局用开销，截清界限，三年以内照付官息后，如尚有盈余，除提给二成花红外，即以拔还官款，渐轻存本。苟一二年后大著明效，利息已有把握，然后招商入股，自必闻风响应。缴还官款后，仍存官督商办名目，仍统于肇造之大宪始终节制。如是则商气盛、官样少，官商相维，而商为尤重，自可持久不敝。至官款得以早还，此后遇有他务，奏请借拨，亦足昭信大部，浥注无穷，则商务自渐推广矣。

以上章程八条，均属一知半解，且仅言其大略。至于详细局规，应由驻局总办试而后定，庶几因应咸宜，抑更有进焉。自古有治人然后有治法，乡〔向〕之所言者，法也，非人也。得其人则天下可得而治，不得其人而但求之法，即区区工艺，亦必弊不胜利，盖弊即生于法之中也。惟是治人之有，非从天降，非从地出，全赖上之人有以栽培而鼓舞之。慨自明季以来，禁止讲学，士大夫起家八股，功利之外无他志，由是举国之人，耳不闻圣贤绪论，目不睹古处衣冠，黑白可以变色，东西可以易位，斥励志奋兴为喜功，目忠信笃敬为迂阔，上下相蒙，安于恬熙。此时欲图富强实效，舍正人心奚由？而其机在于学。学之盛衰，上以诚求，下以诚应，衡门之下，岂无孙夏峰、张考夫、李二曲其人？若果大开鹅湖白鹿之院，风行草偃，速于置邮。人心正而朝野上下无一不出于正，则持源以往，利无勿兴，害无勿除，以驯至足食足兵、内安外攘，而所谓治人者，将取之不尽，大用大效，小用小效矣。织布一厂虽仅商务，岂可以有才无德者主持之乎？下至奔走之人，亦岂可有一不肖者杂其间乎？仰蒙宪台恩礼有加，虚衷下询，是以忘其狂瞽，罄献刍荛。

再，布局基地，遵奉面谕，亲往履勘。两边稍窄，中间宽广，直抵江滨。堪舆家言"眠倒星体竖起看"，其形如席帽峰，甚吉。见城河岸傍所筑墙脚，石驳仅高于地盈尺，沿江墙脚高至三四尺，谅必里高外低，已测量一律平准矣。惟询诸土人，金云偶逢襄水并发，江流盛涨，水竟有上坡七八尺之时。管见地址愈高愈好，极少填土与墙脚，石驳齐平，想左近江滩，取土尚易，或挑浚城河，更属一举两得。至建造机厂、栈房，下层须再离地六尺，既可免淹浸之患，且花、布两项最宜高燥，必使之内外透风，庶不虞潮霉湿变。慎厥初基，推求不厌其精详也。但行人绕道江边，路径纡回，地势卑下，一经涨水，恐致病涉，必易启小民之咨嗟，不如就城河一面，收进三四丈，以通文昌门至平湖门，行旅之往来为便。如虑局地编小，在文昌门外临江一角，民地尚可开拓推广。况机厂、栈房均须盖造楼房，势极高耸，似不宜与雉堞太近。至布局大门，宜朝城垣南向开设，河边砌筑照墙，觉得气象光昌。后面石岸，竟可驳出江滨，只筑上下货物码头，毋庸留路，以昭慎密。围墙宜改用铁杆栅栏，设遇水涨，庶免澎湃激射之患。如是则面郭背江，坐空朝满，于形势正合水绕元武，尤为聚气成局。是否有当，仅掳下忱，以备采择。

上盛督办利国矿条陈（庚寅二月）

一曰建炉厂。查外洋安设镕铁炉，每择产煤富旺之区，以便运铁就煤。今利国铁矿，南距青山泉煤窑三十五里，北距峄县枣庄煤窑九十里，而利国为适中之地。虽青山泉比枣庄较近，且已见煤，惟煤质稍松，必须搀和峄煤三成，方能煅烧焦炭，供镕铁之用。而镕炉日夜无休，需水甚多，青山泉、枣庄均在陆地，不若变通办法，改为运煤就铁。煤经烧煅焦炭，质仅六成，运脚已可减轻，兼之利国产铁矿山，均滨临微山湖，由湖口闸入运河，一水可通。即由韩庄落船入运河，亦只陆路八里，建设铁路，所费无多。相度地势，在总局之西北，西马山麓最为合宜。是山伸入湖中，三面临水，建厂设炉，吸水永远不竭，且空气凉爽，便于工作，地址又高，可永免湖水淹灌之患。如建筑马头，安置铁轨起重绳架，将来提取机器入厂，运送铁料落船，大省人工搬运之费。照此布置，则与前盖之总局房屋毗连，不致置诸空旷矣。

一曰验煤层。夫天生煤铁，本属相连，以供镕化之用。即使相距百里，在造物视之，犹咫尺间耳。利国铁矿，从来只知有峄县之煤，宋时三十六冶，想皆取资于此。但开采至今，已千有余载，民间广挖煤窑，近地浅层之煤，渐已掘尽，以致废井积水甚多，提吸需费不赀，于此置机大举，恐有峒老之虞，似无把握。惟青山泉之煤为创开生地，可期取用无穷。现在所开各井，深仅二十丈，煤质较松，尚非惬心之选。此次沿途相度，见该处地方，居山之阳，平畴数十里，三面群山环抱，山背皆系青石。而山之西南、东南，相距数里之地，均有黄石显露。谚云：青石山，黄石岭，不出金银便出汞。此言虽俚，而合诸西国矿学，石层之理，不谋而合。正可就彼两处，用钻地机器扞深五六十丈，如果探得确有厚层佳煤，方照西法大办，设机开采，作一劳永逸之计。则目前试验煤层，为入手第一要义也。

一曰疏水道。凡创办煤铁诸矿，以筹运道为先务，而陆运尤不如水运之廉。若运道艰滞，则虽有精铁佳煤，亦无从措手。查青山泉地方，距煤井西南半里许，有泉河一道，曰屯河头，即所谓青山泉也。如将煤井渐移而南，则煤层愈佳，离水愈近。此次往勘，正届严冬，见水深盈尺，涓涓不竭，河面阔有二三丈，向东南更阔。经泉河圩十八里，流入荆山桥正河。此河上流即蔺家坝，为微山河之尾闾，水有源头。自荆山桥以下，可通舟楫，河面阔七八丈、十余丈，深至七八尺、丈余不等。夏秋之间，虽千石大艘亦可往来，惟冬令水浅时，恒有两岸居民垒石为渡，故中流间有淤成浅渚者。再向东北迤逦过宿羊山，至老龙潭口，流入邳州运河，计程二百里。此青山泉抵运河水道之情形也。如果大办煤铁，需用大宗机器锅炉，断非陆运所能致，必须将荆山桥正河，用挖泥机船逐段捞浅，再将由泉河圩口至屯河头十八里旧河，开浚深通，将来机器由此河运入，煤铁由此河运出，获利方有把握。盖既经大举，除供镕铁外，余煤正多，若不筹定运销之路，何能占搁巨本？利国镕成之铁，虽可由韩庄绕道下驶，但间有粮艘过运，湖口堵闸蓄水，冬令浅涸之时，诸多窒碍。况由青山泉至利国三十五里，已建铁路一道，则两地煤铁循环转运，庶几水陆均便。即下游清淮一路，粮食杂货，向从陆运至徐州者，亦可改由此河水运，沿河民田年年苦旱者，亦可藉资灌溉。是此河一开，匪独为煤铁两矿疏通咽喉，且关徐郡农田商务，国计民生之命脉也。估计从屯河头至泉河圩口，开深八尺，面底扯宽四丈，每里土方五千七百六十方，十八里共计土方十万三千六百八十方，每方约挑夫工食一百五十文，连筑坝约需规银一万二千两。再将荆山桥正河酌量捞浅，而于泉河口、老龙潭等处，仿照西法添设双闸三座，以束水势，约需规银一万八千两。两共计银三万两。如果开浚之后，可以议抽两岸民田亩捐，或征收过闸船钞，则目前只须筹垫，日后仍可归偿也。

一曰建铁路。凡外洋办理矿务，无论运铁就煤、运煤就铁，皆须建造铁路以利转运。然煤矿之铁路，与驿站大路不同，只须轻便简省。查欧洲铁路，其式不一，轨度自二尺至七尺，宽窄亦各不同，而煤矿之轨，只须宽三尺，与从前吴淞之铁路相似。近来泰西更有新式高脚铁路，为军营转运饷械之需，在空中行走，不占地面，随处布置，随时可以拆卸，大省购地筑基之烦。倘遇地形凹凸，山路崎岖，以铁柱之短长，配地形之高下，如过河渡涧，即用长脚，不啻代桥柱之用，故其经费较平常铁路，不过十之三四。青山泉造至利国，计程三十五里，大约六七万金足敷开办，而每年节省运价于无形者甚巨。查青山泉每辆牛车运煤一吨至利国，价一千五百文，每日煤铁往还仅各运一百吨，须费三百千文，以一年计算，已须十万八千千文。且利国驿系五省入都孔道，星轺冠盖，络绎往来，如建于正站之傍，则官商行旅无不目睹其利便，大足开内地风气之先。将来本厂自制铁轨既成，即可由徐州造支路至开封，南北分驰，接建干路，似亦盈科而进之办法也。抑更有请者，我中国建造铁路，重在巩固边防，转运天庾为首要。窃惟边防以东三省为至急，漕运以浦口为最便，若能先由浦口达徐州，循中大道驿站造至京都，路既宽平，施工较易。又道出利国驿，即以自制铁轨，随造随运，则不劳而理，事半功倍矣。不揣愚鲁，姑妄言之。

一曰造船只。查外洋机器体大质重，如运入内河，断非寻常船只所能驳载。闻昔年东省之创设制造局也，所购机器亦由运河转运，当时皆雇湖广、江西之船，吃水四五尺，沿途节节阻浅，自隔岁秋冬开行，至次年五月，迄未到局。船户水脚用尽，典质俱穷，甚至有弃船而遁者，更有凿破船底，沉机器于河而逃者。不得已携带起重工匠，由济宁沿途迎提，至窑湾、泇口、猫儿窝等处，始遇诸途，在河滨装搭起重架子多座，用绞车铁链提上，以一船分作两船，始能出险。非特水脚糜费数倍，即工程亦旷废经年。其误皆由无合式驳船，又不早为自造之失着耳。夫前车之鉴，即后事之师。诚能在湖南工料、油麻便宜之处，订造驳船十艘，可载十吨至三十吨不等，仿宁波乌山船式，底宽而平，首尾尖锐，长五六丈，阔二丈，载重时吃水不逾二尺，舱底多加低槛，使重心常在水线之下，则任重而稳，首尾外包铜皮，虽冬天亦能破冰而行。再造线〔浅〕水小轮船两艘，逆流拖〔拖〕带，庶不致旷日迟延。将来机器运毕，仍可常年自运煤铁，往来上下游行销。核计经费，每船连篷锚桨橹约须六百金，连两号小轮，大约至多万金足矣。此转运机器之紧要关键也。

一曰浚运河。南粮之由河运者，全恃运河为命脉，名为年年捞浅，其实徒有具文。推原其故，皆因运河帆樯如织，不能中流筑坝，而水势剽疾，凡闸口洞口，尤易致淤。盖山洞之水多挟粗砂砾石，或两水争流，或坐湾阻闸，瀁洄而积成浅渚，凝结甚坚，旋挖旋淤。且在水中，亦非畚锸人力所能施工，非用外洋挖泥机船不可。但此种船只亦分数种，有用小铁斗十余只，绕轴循环升降者，有用长柄大铁斗一具，入水挖泥，倾置岸上者。近来新出一种，其式似长柄大铁钳，钳端有大畲抓取砂石，如农器之罱泥然，一罱可取泥数吨，以之开挖砂石坚结之处，最为相宜。其旧式长柄大铁斗之船，用以挖取淤泥甚速。另有一种木机器船，一人撑驾，一人摇动机柄，淤泥即随机而上，一日亦能挖数吨之泥，以之疏浚小河，亦甚灵便。以上三种挖泥机船，须各购一艘，约共需费万金。并于老龙潭闸口设船坞一所，以为修理庇藏之处。遇水小之际，在运河及微山湖、荆山河、青山泉等处轮流开挖，则运河上下游可以一律深通，即荆山河及屯河头，为本局转运咽喉者，亦可不忧浅阻。兼之微山河为漕运之水柜，近年日形淤浅，渐失灌溉之利，如用铁斗机船挖取淤泥，以浇灌地亩，以代粪壅之用，则瘠土可变为沃壤，而运河两岸，当因培堤取土占废之田地，亦可填凹使平。一举而于漕务、农务、矿务、商务均大有裨益，似可禀请漕帅，咨商徐道，不分畛域，通力合作者也。抑更有请者，访闻徐属丰、沛、砀山等邑，近来出产土药，每年值价银二百余万两，皆以府城为总汇之区，商贩大都绕道灵、宿，由浦口偷越出江。岂甘心漏税，多费运脚耶？其故一因厘卡之太密，一因水道之阻滞。今既将离郡十八里之荆山河开掘深通，诚能援照洋货三联单例，在徐州设局并征，总完税厘一道，即从荆山河装船下驶，沿途关卡不再抽收，仅照值百抽五，已可得银十余万两。除酌提一二成，为常年疏浚河工经费外，其余仍匀解各关卡，以抵旧额，必能有盈无绌，则官商两利，而挖河之役亦可川流不息矣。

一曰通电报。凡外洋矿务商务，首重信息灵通，转运便捷，故能操纵自如，独擅其利也。今水陆运道业已兼筹，而利国矿厂僻处山陬，若督办大宪远在他省，倘有要务，驻局总办函牍请示，动辄经旬累月。即运销各埠煤铁，市面亦有畅滞，何处宜增，何处宜减，亦觉音问维艰，事机迟钝。且铁路与电线相辅而行，如上年天津至唐山，两车碰撞，致蹈危险，即是无电之弊。今利国至青山泉建造铁路，则必设电线，随时以报平安，两端亦必派学生司报。既有此费，不如迳连经线，与各处四通八达。查韩庄运河沿岸本有电线，距利国驿只有八里，应由局前立杆至韩庄，加线接通台儿庄转报，则数千里外信息，可朝发夕至矣。

一曰免税厘。天下钱漕之额，莫重于江苏，此固人人能言之。而天下关卡之税，莫苛于淮徐，尚未尽人而知也。今试由瓜洲至济宁数之，关卡林立，其中有为常镇道所辖者，有为淮关监督所榷者，有为漕运总督所管者，有为淮扬道设立者，有为徐州道征收者，亦由为山东所榷税者。沿途闸官，更有需索，每船货物，综计其关税厘金、胥役饭食、闸员私费等项，较本价且逾数倍，宜运河之商贩裹足，致土货不能出，外货不能入，而民生日困也。若洋货洋票，则又不敢过问，岂非真不平之事乎？今利国青山泉煤铁两矿，本为海军衙门奏开铁路之需，照例应当免税。即所余之煤铁，运往四方销售，亦藉以夺洋铁洋煤之利。若论西律，在国家亟应保护，况创办之始，成效难期，应禀请海军衙门奏明，此项煤铁暂免关卡税厘十年。俟十年之后，如果办有成效，再援照北洋大臣批准峄县枣庄官煤局之例，每吨煤税厘并完银一钱，不论行销何处，只完税厘一道。其利国之铁亦可援此比例，每吨完银三钱，任其运至各埠，概不重征税厘及落地等捐，似与外洋保护商务之道，庶乎近之。

一曰开钱庄。将来煤铁两矿并举，夫役每日给发辛工，需钱何止万缗。查徐属地瘠民贫，商贩稀少，又离通商埠头窎远，市面不用本洋英洋，向以纹银制钱为正宗，而尤以店铺所出之钱帖，为通行之券。因其载明字号，较纹银易于辨别，较制钱便于取携也。是以钱庄有资本万金，即可出数万缗之钱帖，虽民间均信用流通，按其实，究难免虚巧之弊。凡银钱市价，故意低昂，每遇丰、沛、砀山土药收成之际，则钱价骤短，纹银十两，不过换钱十四五缗；过此以往，当征收田丁之时，则又银价顿涨，每十两可换至十五六缗，钱贾皆视此居奇获利。将来本局需用钱文，倘捆载现银至徐，随时以银兑钱，则常年占搁银利，暗亏钱水，积少成多。且取彼钱帖，则有倒闭之患；易取现钱，则有转运之费。不如酌提股本万金，在徐州自开一庄，自印极精钱帖，以代钞票之用。既免意外之虞，又省运钱之劳，且于沪上往来汇兑，较为利便，似亦收回利权之一法也。

一曰买客煤。夫开煤本与镕铁并重，铁之需煤，犹兵之需饷、马之需料也。一日缺煤，即一日不能举火。若停炉待料，则镕铁即虞其亏本。今青山泉之煤，虽拟自行设机大办，特恐扦深试探，煤质如故，仍须搀和峄煤。一旦开炉镕化，每月出铁二千吨，即需焦炭四千吨。照煤质六成烧焦，应购峄煤三成，已须二千吨。倘该局居奇抬价，或故意留难，再向民窑收买，零星凑集，何能济事？此节应俟青山泉探验后，必须先与枣庄官煤局联为一气，预立合同，订明所出之焦炭，先尽本局之用，有余方可售出，或该局包送到韩庄交卸，或本局赴山自运，并言明价值不得涨落。每月需煤若干吨，亦可约定确数，不能短缺。倘枣庄煤质变劣，或煤峒已空，及本局自行开出佳煤，均准随时注销合同。再闻濒近微山湖东北滕、邹等邑亦多煤窑，与利国驿一水可通，转运更便，将来亦可分头开办也。

以上十条，不过粗陈大略，将来开办后，尚须详细酌度，不拘成见。至于化分铁质，探验煤层，购买机炉，盖造厂屋，以及置炉镕炼，开井设机各办法，均系矿师职任，某等不敢妄参末议。

别弟赠言

光绪戊寅五月二十二日，吴郡袁子鹏、姚江胡小松赴豫秦办赈，璞山、耕阳两弟从焉。执手江干，乞余赠言，爰书管见，为两弟勖。同人见之，谬加称赏，谓可广赠交游，然益增余惭色矣。

救灾恤邻，固不可不尽心力，然亦非可徒恃心力，但求上不愧天，下不怍人可已。诸葛武侯云，谋事在人，成事在天，斯言实中肯綮。

救灾如救焚，原不宜退缩，然亦不可躁进。上海此次随行赈款，除收各善姓乐助外，诸同人已筹垫万余金。倘到灾区后，遇有断难坐视、必须扩充之事，如在数千金之款，尽可便宜行事。倘或为数较巨，必待后路续信，款项可集，然后开手。我辈民捐民办，无非以不忍人之心，行不忍人之事，有九分力，行十分事，尚无勉强，五分力行十分事，则竭蹶矣。

昔年曾文正公受任两江，驻扎祁门，坐视江浙沦陷而不能救，岂得谓之忍乎？必也先筹大局，临事而惧，好谋而成。此行也，于能救之处尽我心力，万难救之处听之天命。

诸同事一到灾区，须先审察情势，揆度携带银两，可以自己开放，急宜联络有司，设局举办。倘细思熟虑，或有万难开手之势，而地方官尚可任事，不妨托其代行，而暗中察之。此因地制宜，不可固执者也。至于地方绅士，蝇趋蚁附者，安有端人，其言难信。招之而不轻出，斯敦品之士矣。然亦有故为谦让、以退为进，亦有才短不能作事者。诚以访之，礼以待之，集思广益，不为无补。

民捐民办，原不必受制于官吏，而听其指挥。说大人则藐之，子舆氏之言，不我欺也，然亦不可有倨傲之意。虽曰当仁不让，总宜和衷共济，以免掣肘。其有万难周旋者，切不可意气相加，敬而远之可也。至于晋谒大吏，指陈情事，凡地方如何惨状，办事如何棘手，募捐如何支绌，不厌详告，不可自诩干练而稍涉矜张。在局量宽宏者，只哂我之妄，在心地狭窄者，更忌我之能，势必至动遭疑忌，此当慎之又慎。

同事中不可互相标榜，君子之道，阇然而日章，实至者名自归。况此次办赈，岂因求名而往哉？

世间有君子，即有小人。上智者真君子，下愚者真小人。若中人，则可为君子，可为小人。酬酢交接之际，上智者或隐或现不易识，下愚者一目了然容易知，惟中人有时沾染小人之行，有时激发君子之心。其遇我也，如因一言之不合，即目为小人而摈却之，是逼成其为小人，世间多一小人，即少一君子矣。当窥其稍有不善，我以十分君子之心待之，掩其恶，扬其善，彼必耻居小人，勉为君子。由勉而安，化成其为君子，则世间多一君子，即少一小人矣。与其能防，不如能化也。抑防之一字甚难，我欲防小人，必先事事揣摩小人之意，处处留心，刻刻在念，岂不大苦？且我欲防小人，而先设一小人之心，倘逢真君子，有不哂我虚假而避之远去哉？设遇有更胜于我者，即以其道还治其身，我不知不觉入其彀中，则明明小人也，我转敬之爱之，而水乳交融矣。处世何奇，但贵率真，天真烂漫，毫无罣碍，是即一生受用处。况返躬自省，我果上智乎？抑中材乎？然则君子与小人，其大关键在何处？曰但看事事肯吃亏，而局量宽宏者，必是君子；事事要占便宜，而胸襟狭隘者，必是小人。以此观人，虽不可谓十不一爽，然已庶几矣。

心为一身之主宰，心以接物，宜虚而谦，愈虚则愈好；心以任事，宜坚而定，愈坚则愈好。时时炼得此心，如珠之圆，如玉之润，即置身荆棘丛中，亦无罣无碍。一切吉凶祸福，凭天吩咐，皆可勿计。夫精诚所至，金石能开，只要道理拿得定，断无过不去事也。

《中庸》言：喜怒哀乐之未发谓之中，发而皆中节谓之和。能处处再思，久而久之，自得中和之道。喜不至于过喜，怒不至于过怒，哀不至于伤，乐不至于淫，则心志必凝固，健饭安眠，百病不侵，方可留精神以办事。凡事固宜反复讨论，不厌精详，愈讲求则愈妥帖，然亦不可过于辩驳。遇有意见不合处，反求诸己，一再审思。人之理长，我之理绌，亟当幡然从之。己之理正，人之理偏，亦必婉言导之。如是则从者既喜我谏行言听，违者亦服我无适无莫。譬如行逆风船，转舵回篷，无往而不顺矣。苟人人能反求诸己，更何有龃龉之事？总之心平气和四字，固无往而不自得也。

昼明夜晦，天道也；早作暮息，人道也。《易》曰：天行健，君子以自强不息。此进德之功，亦养身之道，粗言之则为办事之根本。

《格言联璧》十册、《老学究语》廿册、《聪训斋语》十册，为诸君途中之消遣。又四子书一部、余莲村先生《得一录》一部，此数种不特可养身心，即是办赈扼要秘诀，遇万分为难处，但取此数书详味，必能得一定办法。赵韩王半部《论语》治天下，是在心得。

募捐不尽心，居者罪也。办赈不尽力，行者过也。然居行两两比较，终觉居者之安，不敌行者奔驰劳苦。某等素食减膳，亦聊尽甘苦与共之意，但愿共矢恪诚，诚能格天，天或使之转歉为丰，所愿早日南旋，相与快饮于桑麻之间。

以上十二则，随笔挥洒，乃持身涉世之大略，不仅为赈务，而赈务亦不外乎是。今与两弟暨诸君远别，谨献刍荛，以代折柳。

沪上协赈公所记（庚子九月）

从前未兴义赈，初闻海、沐、青州饥，赠阁学秋亭李君，集江浙殷富赍往赈。光绪三、四年间，豫晋大祲。时元善在沪仁元庄，丁丑冬，与友人李玉书见日报刊登豫灾，赤地千里，人相食，不觉相对凄然，谓李曰：君如肯任劳往赈，当奋勉勷助。李云：容我思之。次日来曰：昨夜商之瞿绍衣丈，亦颇忿悶，并允由果育堂司收解。遂拟募启，立捐册，先向本庄诸友集千金。同乡曹君远亭踊跃代募，开春后，曹处已得规银五千八百两，此外各处附从，综计约及万金。同时有吴门谢绥之，刊印《铁泪图》寄示，并谓已约定凌砺生、熊纯叔诸君赴豫，欲纠沪上合志联镖，同人公议趖之。戊寅二月上旬，李玉书携万金往苏，会同凌、熊诸君登程。讵瞿绍翁作古，豫赈收解，果育难于主持，同人王介眉、方兰槎、郑陶斋、林璧岩、陈雨亭、张宝楚、王琴生、徐蓓之、葛蕃甫诸君，坚欲元善承乏，义无可辞，即在仁元庄带办。后冯竹儒观察从陇西回，言陕省灾亦重。冯病殁，遗言创捐千金，托张君牧九为秦民请命。父执王竹鸥方伯，曾任陕西藩臬，立意添办秦赈，欲元善兼营并顾。扬州严佑之未识面，亦有书来商，另树帜专拯豫灾。四月十四日，在果育堂祝吕祖诞，诸同仁大会，聚议秦赈，签定倡捐一万三千五百金，公举元善总司后路赈务。元善在神前默祝，任事必尽愚诚，惟年将不惑，乏嗣息，日后可望得子否？至巳刻，吕祖乩谕：某生默禀已悉，果能精进不怠，他年必不负尔今日所祷。庚辰春，余在直隶放雄县赈，得家书，长男生，亦四月十四日也。天人交感，可谓神矣。是日议定兼办秦赈后，募捐收解，事益繁重，因思赈务贵心精力果，方能诚开金石，喻义喻利，二者不可兼得，毅然将先业仁元庄收歇，专设公所，壹志筹赈。其时风气初开，当道目为越分，而忌阻者亦颇不乏，惟有动心忍性而已。沪之有协赈公所，自此始也。除胡君小松往办秦赈外，又添办收赎中州妇女，请赠阁学金君苕人专政，并由沈小园、张雪堂诸君，派友往汴办保婴，兼分解直隶、山西协赈。是岁自春仲起，至冬季急赈毕，公所共集捐银二十八万有奇，曾刻印四省灾赈征信录。嗣后历年接踵各省赈务，元善皆任筹募之役，其赴灾区躬亲散放，仅办过直隶一次，灼知查户之难。盖劝捐收解，尽我苦口，涓滴归公，可告不愧屋漏矣。若放赈，骤莅生地，急遽编查，欲惬心贵当，岂易言哉？实未能自信，不敢再从事。厥后风气大开，有李君秋坪、陈君竹坪暨施少钦封翁，相继而起。因思宇内愿力，只有此数，沪上滨海一隅，似不必务名而多树帜，人取我弃，渐渐退舍。今严筱舫、施子英、杨子萱诸公，声望尤著，更冰寒于水矣。此次北直兵灾，同乡君子陆纯伯、潘赤文诸公，创设救济会，尤为施当其厄。以人心卜之，想不致支那一蹶不复振也。

驿亭坝改复石堰记（庚辰葭月）

吾族自始祖琦八公，迁居上虞驿亭村，已历二十余世。虞之北乡，有夏盖湖焉，南抵兰芎诸山，西滨曹娥江，北极于海，中间沟渠纵横，灌溉民田一千三百余顷。驿亭处夏盖湖东，为泄水之汇中有石堰，唐长庆年间所筑，界上下河以资潴蓄，舟抵堰，易而复济。迨本朝乾隆间，族人替石累泥为坝，两岸设辘轳，系巨绠，以挽舟楫，行旅称便。此坝为族人按户挨日轮值，不预他姓，当改坝时，非有官司令甲也，相沿已久，遂视为业。嗣后涉者与挽者争值，屡构讼，有司患苦之，于是设法防制，列瓦十二章，钤以印，置坝上，客过需索，准碎裂之，朔望持瓦呈验。胥吏有费，似乎化私为官，核计一岁入赀，实数千贯，族之人赖以举火者数百家。虽然，利之所在，害即因之。百余年来，户口繁衍，每家岁轮一二日，所获实微。而农家子弟，岁时不作苦，浸成游惰，且群焉以陵竞嚣争为能，风俗因之日坏。先府君资政公悯之，慨然曰：是不可无以援挽，而使宗党胥及于溺也。爰出资建造义塾，延师训迪，并给发赡老恤嫠月粮，以教以养，冀有以潜移默化之。而丁口既众，欲其尽舍坝务而安耕读则实难。资政公弥留之际，深以此志未竟为憾。咸丰年间，乡人因湖水不敷灌溉，于曹娥江塘开挖窑洞，导江水入济，江水挟泥沙以进，不十余年，湖槽愈浅，而驿亭一坝，又日久失修，更形低陷，夏盖湖水一泄莫遏，每逢旱岁，常患干涸。同治庚午，湖内四十八村公禀有司，将坝身加高，重筑石梁，族人以舟难车拔，商之于余，思聚众拆毁。余曰：此国家水利攸关，官宪政令所定，谁敢擅毁？族人不得已，则皆欲禀请退坝。余曰：此举若行，吾族一姓之福也。乃遍询族中耆老，佥曰愿弃，于是为之具词有司。邑侯余公庭训嘉叹，重其事，即日亲临，遍召列呈十六人，谆谆勉以孝弟力田，各赏银牌一面奖励之，遂宣示勒石，永禁车拔。余犹恐族人之猝难谋生也，禀命太夫人，商之诸昆弟，族人逐户给籽种，其不能耕者，复出资于旁近小越、横塘两镇，捐纳牙帖，使可贸易，各得其所。是举也，共糜制钱数千贯，与族人订约，日后倘仍业坝，则此款不论年代近远，概须计息偿还。越二载，王公晋玉宰是邦，以舟楫绕道小越、河清，相安无事，更为通详督抚各大宪批示立案。迄今距庚午已十稔矣，族之老弱者大半凋谢，少壮者为农为工，渐务正业。窃计更十年后，休养日茂，前事日忘，我宗族彼此相安，颓风尽革，资政公在天之灵，亦庶几稍慰矣。爰详次其事，勒之石，俾后之人考信焉。

五誓斋记（戊戌五月）

余以乙未、丙申间，病几殆，自分不起，而鬼伯竟不见召。以后余年不知有几，仰维先人一生事绩，大惧失坠，已集为《趋庭记述》刊之矣。生平抗心希古，于王文成、熊襄愍、张杨园、曾文正诸公，最所倾服，意其生平为学，发大誓愿，必有出于寻常者。今老矣，虚愿徒存矣。病起从事电局，楼下小斋窗几明净，每日居处其间，稍加休茸〔憩〕，颜之曰五誓斋，暇日记之，以明所誓，用示儿辈。

一誓曰：不背儒宗非他教也。余年十七，即奉严命服贾于沪，从未应过试，惟四子书幼读颇熟。三十岁前，从大学之道起，至无有乎尔，经注均能默诵，故终身立志行事，愿学圣贤，不敢背儒门宗旨。府君因购置捕盗轮船一事，见信于外人，凡西儒教士，朋自远来，府君无不推诚布公，同仁一视，而始终坚信儒佛两教。今元善顿悟之性，远不逮先人，惟有笃守四子一书，以期不致纷志。至他教虽各有门径，而劝人为善之心则一，惟愿彼此实践，不尚空言，庶几不同而和，各行其是。

二誓曰：不徇世俗乖直道也。余仰承先府君明训，万事只论是非，不计利害。阅历数十载，见夫求名求利者，无不枉道徇人，媚世投时，渐至黑白变色，东西易位，中国之不振，实基于此。元善毕生不合时宜，皆由不肯稍乖直谅，亦自根于先天。至于与人交接，无不以君子之心度人，有欺之以其方者，甘受之。尝谓郑侨岂不智者，顾愿受人欺，何也？

三誓曰：不掠众美邀虚誉也。名为造物所忌，此先哲之精言，一定不易之理也，故生平以掠美邀誉，为鸩毒之戒。忆我先君在辅元堂二十载，孤诣苦心，继绝举废，无一匾一碑以纪事实，盖深明此理，故避之若浼耳。元善谨师庭训，终身不敢忘。

四誓曰：不戴珊顶晋监司也。余年十五，先府君回里，族邻贡谀者，皆曰后起象贤矣。府君正色曰：谚有之，爷做厨司儿妙〔炒〕糟，观诸子之愚，恐未必能步武也。其后屡言之，元善愧忿交至，因发愤立志，誓不敢坠家声。弱冠后，合肥傅相统师至沪，乃与金茗人学士、褚纪常太守，相约从戎立功名，请于府君，大怒曰：汝等处尚未可称良民，岂出即可为良吏耶？凡我子孙，除正途出身受职外，以捷径幸得功名者，即为不孝，戒之戒之。嗣浙省海塘工竣，府君积劳病故，段镜湖廉访以元善与有劳绩，谕之曰：监生仅得保佐贰，我无以对尊甫，宜加捐双月府经县丞，我当保汝知县到省。时以一坏〔抔〕未干，遗命在耳，辞之。次年，浙藩蒋果敏公升粤抚，道出沪滨，遣材官传往舟次，曰：我与令尊交最笃，故人往矣，今幸有子，倘欲出山，可随我往粤。元善对以遗训命守世业，且自顾无学，不敢问世，蒋公嘉之。然身居阛阓之中，每见仕宦烜赫，未尝不艳之。后三十八岁在沪上，合苏扬全人创办义赈，亦曾在神前立誓，不敢藉此媒富贵，以办赈为终南捷径。故办赈十余年，从未一列荐牍，然已叠邀传旨嘉奖，至十一次之多，实不副名，恒用内疚。及襄事电务，承督办盛公由主事保直隶州，并荷再四怂劝，谓君若仅以电务终事，将来名利两空，殊为可惜。况子抱匡时略，岂可肥遯自高，而不为国家效力乎？更蒙假以千金，援例指分湖北。庚寅岁，奉南皮制帅电传赴鄂，诸大宪见手版衔名，料不久到省，皆以寅僚相待。元善自病未尝学官样，谙官腔，回沪改知府待铨，实永不能得缺也，聊以冠带荣身而已。尝谓相不当侯，无可力争，方寸中澄如止水。溯府君身后始得封二品，赠知府衔，元善不逮府君百一，而已得三品衔知府，补缺后以道员用，位列中大夫，贾人至此为荣矣。根基浅薄，深惧忝叨逾分，故自誓此生决不再晋监司，戴珊顶，亦所以承先志也。

五誓曰：不遗儿孙金满籯也。先府君有自书楹帖云：莫管儿孙后来事业，且积自己现在阴功。尝谓诸子曰：国宝贵乎流通，钱财身外之物，宜为其主，不当为其奴。多藏厚亡，古有明训，善人是富，尤不易之理。府君白手起家，而持论如此，计生平积财至四五十万，见义勇为，至属纩之辰，所留不过二十之一矣。同治甲子，先府君将往修海宁塘，谕元善曰：此项钦工，民捐民办，倘遇工程险，筹款难，或竟至倾家，更多后累，汝等怨乎？对曰：苟有济于苍赤，虽杀身亦无所悔，况身外物乎！府君颔之。府君五子，元善最长，诸弟皆勤俭持躬，亦可温饱终身。目击亲故子弟，坐拥遗金，转瞬烟销火灭。假使积德以贻子孙，而令子孙学为善人，何至如此？抑更有说焉，事封殖以贻后人者，不但以马牛自待，且以犬豕待儿孙，一若吾子孙必无可用于世，故须豫为豢养之地，此真不慈之大者。泰西人才之盛，首在女学，守胎教，端蒙养，致富强之始基，则在家业传贤不必传子，此即尧舜公天下之意。王伯厚先生训蒙《三字经》云：人遗子，金满籯；我教子，惟一经。吾族经氏不知命于何代，以金易经，是吾家所本有。一经可以衍宗，万金或致斩嗣，可不慎欤！

余上劝善看报会说略章程（戊戌腊月）

呜呼！士君子蜷伏一室，足不出里闬，所对惟妻孥，所接惟乡邻，见闻日陋，志量日隘。习俗移人，贤者不免。我余上两邑，居者安耕凿，行者习懋迁，大都恂恂自守，无甚远志，于当世之务，鲜所究心。今者强邻环逼，海宇震惊，栋折榱崩，将遭覆压。若犹封其耳目，局其步趋，自安固陋，虽欲保田园、长子孙，恐不可得矣。夫西人志趣之超迈，见闻之博洽，非从天降也，非从地出也，得力于阅报而已。故阅报愈多者，其人愈智。闻英国有咖啡馆，备设各报，任人阅视。去年新政初颁，江浙两湖诸省之士，亦尝醵金设看报等会，不出户庭，可知天下，所费甚廉，所益甚大。想有志之士，无不乐于从事也。惟是致力时务，而不从根柢之学入手，非特寸木岑楼，并恐其本质易坏，同人惧焉。爰以劝善看报，合成一会，一扩其识，一葆其真，庶几识时势亦明义理，除僻陋并革浇漓，无使外邦之人讥为顽物，亦不使古道之士病其时趋，是则区区之意云尔。

章程十则

一、此举专为开风气、正人心起见。所有本年购书购报诸费，由会中同志筹垫。阅报诸君，愿出费者作捐款论，不愿者悉听其便。俟风气既开，或一年之后，再定恒久章程。

二、善书汗牛充栋，报馆佳者亦复林立，事系草创，集资不易，拟先酌购《御制劝善要言》、《圣谕广训》、《太上宝筏》、《阴骘文说证》、《万国公报》、《农学报》、《东亚时报》等各十二分，《新闻报》六十分，《中外日报》一百二十分，余报皆大同小异，似暂可从省。余俟经费扩充，再议广购。照此约计，每年至少须筹经费洋六七百元，开首不能就小试，如沪上筹费有余，再当扩充。

三、书报作六处分派，每处派《御制劝善要言》、《圣谕广训》、《太上宝筏》、《阴骘文说证》、《万国公报》、《农学报》、《东亚时报》等各二册，《新闻报》十张，《中外日报》二十张。托同志诸君妥为经理，姚城拟归电报局、继善公所，虞城拟归积善堂、算学馆，上塘泗门拟归杨君卣香、谢君楚珍，百官等处拟归徐君舜山、糜君新甫，前江崧厦拟归金君卧云、何君蕙芬，驿亭小越拟归经君阆仙、袁君和卿。

四、两邑诸同志，欲阅书报者，可向经理诸君处取阅。惟善书册报所购不多，只能轮流挨看，看毕仍将原册缴存经理处。

五、阅报以先睹为快，惟邮局寄费不赀，不得不酌量变通。兹拟七日一寄，逢礼拜六由江天轮船寄甬转递，虽稍需时日，然较之累月经旬不知消息者尚速。

六、报中所载，紧要之文不过数处，所费目力有限，不可草草读过，能用笔识记，或另录出，庶不致日久遗忘。

七、看书以期扩充善念，身体力行也。然阅报岂徒撷拾新闻，聊资谈助乎？如见我华之被人侵削，土宇日蹙，则当思发愤自强，誓雪国耻。见泰西各国之日进文明，国富兵强，则当思振刷精神，急起直追。见五大洲中人物之富庶，制造之新奇，则又当皇然自失，不敢挟虚矫之气，而以咫见尺闻为已足，夫而后始能收阅报之实益。但有体方能有用，不可不藉善书灌溉，以植其基。虽似陈义太高，然有识者当不河汉斯言。

八、两邑乡间，凡平日赛会、演戏等事，所费甚巨，若能每次节省数金，留购书报，则实惠无穷。娱宾、送舅、嫁女、娶妇，能裁减糜费，移作购书购报之用，分给族中子弟阅看，如此则家世以隆，通人达士，接踵而起，虽蕞尔小邑，可以称雄各省矣。

九、上海翼化堂，系梁溪余莲村先生创设，印售善书，多至二三百种。现在拟请其分寄余姚城内书坊代售，喜看善书者，另有善书价目单可以查阅，就近购置也。

十、如各处欲看报者渐多，就本乡亦可筹资挹注，一俟有费汇来，即便增益购寄。

驿亭建设义仓公呈（乙未四月）

为兴建义仓，积谷济农，叩赐立案示谕，以垂久远事。窃绅等住居北乡驿亭村，以经、李两族为大宗，其余附居者亦有数姓，综计烟户不下千余家，世以耕渔为业，间有贸贩者。其中惟佃农为最苦，每值青黄不接之际，除典质已罄外，所藉可告贷者，名曰生谷、曰夏米，不特轻出重入，且计息倍蓰。贫佃春耕夏耘，迨望秋成，除应解正租外，又须还此重息债项，势必百孔千创，负累愈甚，其何以堪！绅等居同里闬，目睹情形，不忍坐视，爰仿余姚兰风乡魏氏义仓规制，于本村永丰净修庵内，建设仓厫一座，捐集双扇燥谷三百石，积储于中，出陈易新，立董经理。查明业佃者，按照田数多寡，酌量借给，春放秋收。凡附居同村，不论何姓，均得一律出借，以抒农困，以仰副宪台重农务本之至意。惟事属创始，诚恐就近棍徒藉端阻扰，抑或疲玩佃农，领借不还，更虑年久，地方陋劣绅衿妄生觊觎，为此拟呈章程六则，公叩公祖大人恩准立案。再，此谷系民捐民办，专为本村济农起见，与通省备荒积谷有间，嗣后设遇邻省灾歉，不能提动，并赐出示勒石，俾得杜渐防微而垂久远，实为德便。沾仁上禀。

章程六则

一、义仓专为济农起见。春借定期二月花朝日，查佃田二亩以上者，准借谷一石，五亩以上者二石，十亩以上者三石，十五亩以上者四石，二十亩以上者五石，廿五亩以上者六石，以此为止。凡欲借者，按章借给，必须于灯节后，自挽中保，赴值年仓董处，报明种某家租田若干亩，于借券上连中保当面画押，仓董即擎发领票一纸，俟开仓日凭票斛兑。

一、秋还定于新谷初登之日。值年仓董预出知单，限期催缴，除还原数外，每石加耗谷八升，仍须双扇燥谷，以原斛眼同量见归仓，随即涂销借券，此外并无帐伙仓丁厘毫私费。

一、中保归经、李两姓诸位大房长承乏。除本房内佃户，应归其专保外，其余他姓之欲借者，中保亦须或经或李房长，惟各随借保情分，听凭自挽自愿。新谷还仓之后，所收耗谷，分给中保，每石四升，酬其辛劳。此外两姓族长，每位每年各赠谷三石，以崇尊养之谊。

一、秋收日，倘有拖欠不还之户，如经、李两姓，除禀官追欠外，凡本房各户，明年一概停止不借，并扣给房长酬劳。若他姓，则须责成中保照数赔足。

一、耗谷既分给中保酬劳，并赠族长，再须开支斛扇佣工，及纸墨等费，恐致不敷。公议凡经、李两姓，及附居本村殷户之有田产者，每岁收进租谷一石，提捐积谷一升，输助归仓，以期积累丰盈，可久可大。惟祭会户及业田不满二十亩者免。

一、农佃既得借领仓谷，不应再借重息生谷、夏米，以致累上加累。倘秋成时，有放生谷、夏米之帐船，入村索逋，准大众驱逐。

此举同列名具公呈者：经元智、李品芳、经文、李金、李祖莲、经镛、李志昉、李拱辰、经有常、经亨豫也。元善识。

拟办余上两邑农工学启（戊戌仲夏）

子舆氏曰：凶岁子弟多暴。又曰：无恒产者无恒心。今年米价翔贵，吾浙宁波、温州、绍兴诸郡，饥民蜂起，几生变端，岂吾民天性好蠢动哉？穷极故也。迩来兴农劝工，历奉谕旨，朝廷轸念民依，无微不至。吾侪食毛践土，亦当仰体圣心，为贫民力谋生计，即为国家渐图富强。今拟于余上两邑，创兴农工学堂，以改良农事，振兴工艺，俾贫民俯仰有赀，自不至铤而走险。尚冀同乡达官长者、殷富绅商，慨助兼金，裘成集腋，襄此盛举，起点桑梓，推广四方。顾亭林曰：天下安危，匹夫之贱，与有责焉。窃愿与同乡诸君子勉守此义。立学大旨，别具说帖如左。

二十年来，水旱偏灾，几遍行省，而能晏然无事者，固由国家发政施仁，无微不至，而海内之奉扬仁风、解衣推食者，不可谓非与有力焉。然而民生困穷，日甚一日，丰年啼饥，况于歉岁！灾患无穷，赀力有穷，荒年之饥民有限，丰年之饥民无限。语云"救急不救贫"，不知不救贫，则贫亦变急。譬之元神不培，而恃敷药，则敷无已时，而医者与病者，必至相为终始，则善后之法，所宜亟讲矣。其法若何？一曰兴农开荒，一曰课工教艺。兴农之事大而费巨，今拟由工而农，先其急者。

为善之事，当以贸易之法行之。贸易须顾赀本，善举亦然。应为之善事甚多，而赀款有限，不得不于行善中，求生财惜费之法，则创设工艺院是矣。工艺院之费，一聘工帅〔师〕，二购材料。购料之费，俟制成器物，售出仍可收回，其所赢之利，可津贴用费。所实费者，不过工师薪水耳。

工师薪水，实费不过一年，以后便可省。所教工艺，大小难易不等，然至远者不逾一年，近者两三月间耳。学徒成业以后，令充教习，以成业之时日多寡，为充教习之时日多寡，如三个月学成，即充教习三个月。来学艺者不出脩金，充教习后亦不给薪水。院中既可以学徒充教习，则一年之后，并教习之费亦可省矣。

作他善举，皆须筹募常年经费，独工艺院恤贫善举，仅须筹第一年经费，其第二年售出之物价足供用度。若能于筹赈项下，拨出数万金，则此事举矣。

善举以博施济众为极功。养老、育婴、恤嫠非不善也，然惠仅一身，不能及一家也。施粥、施衣、施药非不善也，然惠仅一时，不能及永久也。况各行省善堂，有名无实者甚多，即名实相副，其功德所被亦殊不广耳。工艺院教成一艺，则一身一家永可温饱，况更可以技教人，功德尤无限量。若工艺院者，可谓施约而济众者矣。

院中所教工艺凡二，一曰推广中国已有之工艺，二曰创兴中国未有之工艺。苏州之绣，南京之缎，杭州之绸，台州、嘉定之竹器，扬州、福州之漆器，广东之雕牙，到处可为，而仅见于各本处，此所当推广者也。日本之洋伞、木钟，压洋铁片各种器具，制手巾、绒布之机器，皆本轻而学易成，此所当效法而创兴者也。

事有难易，宜分寻常、高等二级。寻常略仿徐家汇工艺，教制鞋、做帽、制草帽鞭、织手巾、纺纱、织布、刻书之类。高等教织绸、顾绣、刻竹、制洋伞之类。寻常艺徒，三四月至半年卒业。高等艺徒，七八月至一年卒业。

此举不但恤贫，且以保富，不仅可变通赈济，亦可变通一切善堂。贫民既少，盗贼不作，不致扰及富户。故富厚之家，苟明乎利人自利之道，急宜助成此举矣。

若一切善堂能改为此院固妙，否则略师此意，于育婴堂、恤嫠院内，各设小工艺所，俾孤儿长成，可谋生成家，孀妇得资，可赡育后嗣。其功德尤宏也。

英吉利善堂甚多，识远者讥为弊政，盖恶其导民惰也。此理甚精确，非常人能见得到。惟工艺院，不特不导民惰，且勉人勤矣。

以上所述，即《鲁论》足食宗旨，为保民要法也。而荒政善后为尤亟，否则徒恃办赈，免于凶岁者，恐将死于丰年。譬诸为父母者，将子女艰苦抚育，幸而长成，一旦盗至，委而弃之锋刃，慈母不忍出此也，吾愿诸善士为贫民之慈母矣。

右说帖系同乡罗叔韫茂才著。茂才原籍上虞，迁淮城已将百年，应试仍回本邑。昨夕晤于张园安垲第，瀹茗纳凉，以此怂恿。余曰：亲亲而仁民，似宜从梓里做起，竟就余上两邑筹款，工农并办，由近及远。适邂逅何君丹书，欣然愿助千金，三人成众，意遂定焉。

往商盛京卿笔谈

农工两学，仰承德意，拟起点于桑梓，以开风气之先。同乡寓沪巨公，如尧夫不到犹可，惟商业中屠云峰旋里，推陈笙郊为客长，渠又为银行华大班，声闻卓著，若诿卸不到，或到而不踊跃，则局势涣散，难以鼓励矣。全仗佛光普照，兴衰机缄，在此一举，无任祷祝。

盛京卿致陈君笙郊书

顷得莲翁笔谈奉览，农工学确是有益。阁下桑梓情殷，谅必欣然乐从。今日闻系贵同乡集议之期，祈拨冗到会为盼。五月二十八日午后。

起始办法大略六则

一、立会宜鼓励众志也。邵筱村乡先达，位高望重，应推为提纲挈领，先托张君经甫说项，据张云，中丞内召不起，近来谢绝世务，此等大举，恐与辞官养病人不合。旋接中丞复张亲笔书云：问龚以手书见示，具悉。振兴农工，实富强之本，莲翁有志开办，钦仰之至。惟吾乡风气，捐资独办则可，劝募共举则难。弟目前万不敢预闻，倘日后办有成效，当竭力相助，决不食言也。再举齿德兼隆者为总董。在籍者，余姚韩君勉夫、杨君卣香、张君益斋、叶君湘塘、谢君庚仙、戚君延祥、胡君梅山、王君耆卿，上虞屠君云峰、金君卧云、王君蒳塘、陈君春澜、连君撷香、徐君舜山、糜君新甫、徐君焕庭；在沪者，余姚陈君笙郊、何君丹书、陈君乐庭、沈君启渭、谢君纶辉，上虞田君桐圭、刘君杏林、俞君小坡、罗君叔韫与不佞。此外凡在籍、在沪同乡中肯出心力者，以及余上两域继善公所、积善堂诸君子，均一概举为董事，以期众志成城。

二、办事宜先专责成也。本公会募集捐款，在沪拟存元甡庄，归沈君启渭专司出纳，在籍择姚城稳妥钱庄，两家来往，以期汇兑灵便。再，此举是开创之局，非熟悉此中门径者，不能为先路之导。今幸罗叔韫同乡，已在沪上办理农学会两载，驾轻就熟，应请罗君回籍布置，并公举在籍之实心任事者，与罗君同为本会总理。一俟办有端倪，在籍者亦既熟谙，罗君但每岁回里一二次可矣。如有须博采众论者，就近请屠云峰、杨卣香，暨两邑在籍各董事会议，集思广益，择善而从。沪上应办各事，则由电报沪局邀集寓沪各董斟酌办理。其购置东西两洋农工新法机器，拟由何董丹书经手采办。

三、堂厂须应地制宜也。余上两邑懋迁于外者，乡多于城，宜在虞之三四五都及毗连姚之兰风乡，适中相宜之地设局，不取热闹市镇。其房舍不妨租典，以期费省效速。倘此一段地界内，竟无现成相宜者可赁，只得分设两处，虽经费较多，而易于推广。

四、助资宜余力不遗也。此项善举，为国家图富强，即为桑梓谋庶富，利人自利，犹异泛舟邻国。倡议之经、罗二人，寄籍他省，不回故里，绝无为己之心在内，谅可邀诸父老俯鉴。尚冀转向告语，彼此激劝。今日荟萃于斯者，均应当仁不让，且此款非如黄河之水一去不回。三数年后，不过马齿加长而已，人之欲善，谁不如我，是以不惮烦言，竭尽忠告。此捐书后须即缴付，俾权子母而资挹注。收捐应归何处，收票由何人掣给，公议定夺。

五、列名宜序长幼也。艺业虽分四民，亲情原无二致。将来具公禀、记载籍，均以尚齿为序，请现在到会同人，于邀单下，将本身年岁、官印、籍贯，及公禀愿列衔与否，各自注明。今日定议之后，即联名禀报本省三大宪、本道、郡守暨两邑令君立案外，刊登日报，布告寄寓各省同乡，并在沪之漏未单邀者。凡此次聚会同人，如有亲友远处他方，务望各自裁笺驰劝，亦可交会中代为缮发。再，开办学会学堂后，添设农工学报，以期风动四方。所有捐款至百金以上者，不取报费。

六、此举宜辨明宗旨也。《大学》言生财之道，曰生之者众，曰为之者疾。生之者众，即农也；为之者疾，即工也。可知劝农课工，实古圣之遗规，非西人独得之秘，亦不可例以用夷变夏。昔者卫文中兴，其宗旨不离农工商三者。今外人以机器制各货，易我金银而去，国安得不贫？国者，民之积也，民必先受其病。及今图之，犹未为晚。彼族事事出于算化各学，故以农言，其收成亦倍于我华，或竟不止于倍，工可知矣。吾虞上则田每亩刈谷四石，以低价计之，售钱四千文，每亩纳粮银一钱二分零，连年终册费合钱二百数十文，约费百分之七。阖邑赋额五万余两，以百分之九十三分核加，每年出产约银八十万两。若能学东西洋新理新法，姑就少者加一倍言之，每年可多八十万两。州县者，天下之积也，倘各州县皆如是，其庶富岂竟不能逮东西各国哉。

农事不易举行，而不妨先明其理与其法，拟设一农事讲学演说所，取农会所译农书，择要为老农演说。更购外洋农事影灯，案图细讲，俾易领悟。又购瑞士石油发动取水器，偏〔遍〕示众知。此机燃火油，每日所费不过二三元，七匹马力者可扬水高一丈，每分钟得二十石，十二时间扬水二万八千石。干旱之年，由下河吸水至上河，水潦之年，即分道卸水以拯溺，功用甚广。人人目击其利益，自然鼓舞讲求，无复阻畏。再设学堂以启民智，择士民之秀者，肄业其中，聘东洋农师为教习。其有不待设学，便可改良者，如选种、播种、治地等事。吾邑缫丝，粗黑如麻，改用新法，价可加半。今年各处夏茧歉收，而杭州茧学馆甚优，此新法之效也。

五月二十八日下午在张园安垲第集议

是日到者：余姚陈笙郊、何丹书、沈启渭、蒋履斋、胡友芗、陈乐庭、张泽如；上虞罗叔韫、吴顺昌、刘杏林、陈广恩、经阆仙、袁春洲、余与子渊侄，暨长男伯涤。又有局外听议者，新会陈子褒、桂林龙积之、阳湖程皎嘉、元和沈菊庄，及《时务日报》主笔武林汪仲虞、《新闻报》主人英国斐礼斯。元善又拟质言三则，遍告同人。

不佞与罗叔翁，将永为他省之人矣，若仅为己谋，何必还顾宗邦？

惟是亲亲仁民，不忍不于桑梓起点，究竟此事是否可行，自应询谋佥同，亦不妨知难而退。请单上注示，以定从违。是日所到诸君皆以为是，签字单内。

邦人果同德同心，当仁不让，事之易集，所不待言。惟忆同治初年，先君子奉左文襄公檄委，修筑海宁土备塘，款由民捐，曾向沪上南北市各钱庄借垫，诸老辈所知也。今拟凡余上人经手之钱庄，每家借垫规银一百五十两，不入汇划者半之。至于执事身家殷阜，与经营各业者，理应踊跃乐输，其余自愿捐助者不在此例，勉尽心力可也。

或言家乡苦旱，米珠薪桂，人心惶惶，何暇创斯义举；或以沪上有外衅，无暇赴约为辞。不知农工之学不讲，无以为荒歉之备，饥寒之民愈多，更足以召外侮。譬诸病人危笃，愈宜千方百计以挽回之，坐视不救，于心何忍，有远虑斯无近忧矣。

陈君笙郊云：此事极好，无不力为帮忙，但家乡现有水利、育婴、县志几件公事经手，需款浩大，尚未告竣。此次捐款，愿附骥尾，遵当量力输助，不敢率先首倡。家乡公事，莫大于水利，以当前见效故也。惟欲办农学会，宜先从禁游民、兴水利下手，官商合办，由渐而推，然后再设农工学堂。盖兴水利为农学始基，若开学堂，勇则勇矣，然必好谋而成，欲速则不达也。目下梓乡荒旱，俟稍安静，图之未晚，非无意义举也。

元善答云：今日承吾兄践约，实深欣幸，此乃桑梓之福。弟所以娓娓上言者，因吾兄系掌握五百万，中国通商银行华大班，与敫历中外之邵中丞，皆为吾郡大人物也。

何君丹书云：余上两县要事，以先办水利为第一。因近来各处河道淤塞，荒旱可虞。若先用机器开通，并禁止烟赌，官督绅办，先写常年亩捐，每亩或四五十文，使次等之田咸成上则。孔方兄一物，生不带来，死不带去，如办有成效，即出巨款，亦所乐从，不仅以区区千金塞责也。

陈君笙郊又云：钱业会馆会谈甚好，惟天热，馆中无凉篷，俟天凉再行聚商如何？各庄派垫捐款一端，总肯极力帮忙。

吴君顺昌云：今日聚会，在座诸君子，皆以为然，惟农工两学办法未有细章。众议以先兴水利、禁烟赌为当务之急，陈乐翁、沈启翁、胡友翁皆以此说为第一要义。

刘君杏林云：昨奉邀帖，即向南市余上各同行谈过，均以家乡亢旱，人心惶惶，兼之各处俱办平粜，正在无从筹款。此事虽大有益于桑梓，一时恐难猝办，请徐徐云尔。至弟名下应助垫若干，无不遵命。各同行且稍缓启齿，俟秋成后再行劝捐何如？

元善答云：农学会所包者广，不仅水利一端，众议以水利为急，自应三占从二。惟办善举，全在一鼓作气，劝人先须自劝，所谓有诸己而后求诸人也。目前必有数人提倡，首先允助款项，笔之简端。何丹翁既允助千金，似宜先列冰衔，以为坊表。

张君泽如云：何丹翁既慷慨好义，一诺无辞，顾此事由莲翁倡议，宜先列名，次则何丹翁与蒋履翁，如是挨次列名如何？

元善答云：泽兄所说极是，弟捐款当竭力勉步丹翁后尘。

罗君叔韫云：今日诸君子佥谓，水利为当今急务，当从此事办起，可谓扼要之论，钦佩之至。农田以水利为第一要义，水利修则农田已整顿十之四五。但水利以外，仍有当振兴之事，如土宜、虫害、选种等法，在在均须讲求。以水利为起点，再振兴其余，或兼营并务，亦无不可。若穷年无效，不但不能开风气，反窒风气，亦非鄙等初意也。又农田修，仅益有田之人，无田者仍无生机，故工业亦为要端。诸君子谓故乡穷瘠，今日之举，正为治穷而发。振玉北徙淮浦，已将百年，故乡山水未曾游钓，然桑梓敬恭，不敢忘。故敬抒鄙见，惟诸乡先生教之。

元善答云：笙翁、丹翁皆欲先兴水利，极是。东西洋农学亦首重水利，丹翁盍勿先觅此种图说，译成华文，集思广益乎？善现办女学，逢星期聚议，择善而从，无适无莫也。

是日倡捐者，元善助规元一千两，余姚何丹翁助规元一千两，余姚蒋三径堂助规元一千两，上虞学稼楼罗助规元三百两。

自张园集议后，颇有油然作云气势，公禀浙省抚藩臬道府，暨余上两邑侯，均无只字批回。后元善卧病两月，迨稍愈而政变之祸作矣。孟子引齐人之言曰：虽有镃基，不如待时。意者时犹未至，故未能以人力争乎？虽然，天不弃我民，必有河清之一日。吾宗邦不乏识时豪杰，倘遇其时，幸毋失也。元善虽衰老，犹拭目俟之。

元济堂求雨纪事（戊戌六月）

迩来江浙一带天久亢旱，雨泽稀少，米价腾贵，沿及各郡，人情惶惶，莫知所措。若再十日不雨，将有不堪设想者。方今圣天子，振兴农学，勤求水利，准开农会，广译农书，复以雨泽未普，亲诣大高殿拈香，用申虔祷，应天以实，文亦兼尽。敝会同志等仰体圣意，聊尽愚忧，拟于六月初五日，在虹口元济堂设坛，敬诵钦定大云轮请雨经，虔求甘霖。自初二起斋戒三日，届期请寓沪各省同人，秉诚到坛拈香，期集众诚，庶昭感格。特启。

六月初二日，元善同龙君积之、陈君子褒，先至元济堂，邀商农学会同志诸君，议办此举。笔谈如左。

现讲新学者，多不信感应之理，恐被轻薄子所笑，闻已改由元济堂出告白矣。因知此事之难，昨已与公说过，果不出吾所料。罗、蒋允来甚好，此举总当由农学会出名为佳，或由农学别开生面亦好。罗、蒋二位是农会首事，求雨专为济农而设，他二人之诚，尤足以昭感格。不用农会之钱，料会中人亦不能生议论。二君来时，可以此义摅诚说之。龙积之。

我辈作事，虽不为名、不信命，亦不为因果。然因果是一定，易一先生以算学证之更无疑。我辈办事宗旨一定，则名号面目，无所不可。或释或道，此名号面目也。求雨事情，若不是莲先生吸〔极〕力提倡，农学会人不来矣。陈子褒。

天国天爵，自有着落，无论红蓝顶，即极品之顶亦泥沙也。跟先生走，总是不错，还须急脚急脚。又。

顷子褒见某公略谈，即谓其无实心、务虚名，去公不可以道里计。陈注云：他之眼光心力俱不是。粤人耳食颇钦佩，疑其为有心人也，所求乎朋友先施之。今拟去《时务日报》馆，约农学会侣来，何如？或得多约一二人亦佳，或即同往《蒙学报》馆就商。龙积之。

刊发印启之前，曾否与农会议定，可否请公声明，改为元济堂办理，所印公启，或另加元济堂小印于旁，何如？如此亦可省却改印也。今晨闻蒋伯翁急欲赴公处，适为宁帮事稽迟。汪甘卿。

小印尽可加，不必元济堂。因与该堂各董亦未商过，且更生疏。农会同人尚如此，而况其他，不如竟加盖经莲山首事五字。元善答。

此事甚佳，所谓尽心力而为之，与斧等创农会之意，其揆一也。昨晚所以敢将下款擅改者，因会中并有洋人，敝馆又有日本农学师，洋人素不信祈雨之事，恐其起而辨驳，故为权宜之计。昨晚回馆后，方奉到尊示，匆匆作数条，关照各报馆，维时将十点半钟，恐公已卧，故未奉告，拟今早面陈一切，而又久候工头，遂致延迟至此时。且未知公登报外，尚有此单，实属失于检点，罪甚罪甚。蒋伯斧。

此一层弟未告知，亦须认欠周到之过。元善答。

凡此等事，皆有信有不信，不能相强，如鬼神风水等皆然。大约维新中人不信者居多，罗、蒋二人似皆在不信之列。罗、蒋自云信因果而不信经忏。汪穰卿。

究竟穰翁多阅历，直捷了当。罗、蒋此意与管见暗合，仆不信亦不辟，因念彼教衣钵相传，亦无非藉此糊口，故不忍扼其生机。舍间逢先世阴寿忌辰，亦从未延僧道念佛做道场也。元善答。

仁言敬佩。弟等不甚信此事。大约初五日恐皆不到也。汪穰卿。

公致《时务日报》馆之函，罗、蒋二君未得见。天下事各行其是最好。新学讲格致，不信有求雨事，此厚私意揣测，诸君未必如是。公遽列入规过之条，或不然乎？龙积之。

昨《时务日报》既改正，又关照《游戏报》馆，离敝局不满一箭路，而绝不关照，似不得竟谓之是也。元善答。

何易一种核之说，以为用泥盖住，用草盖住，时时恐人见、恐人动，翦彩为花，与种核大不相同矣。然能翦彩为花，亦衰世少见之人欤？《感应篇》等善书，童子须一律读，与读经无殊。读经难解，《感应篇》易解，褒以为比读经尤要也。陈子褒。

六月初三日在电局笔谈。

此事实是斧等与公相交日浅，尚不免有后天客气，昨所笔谈乃饰词。盖斧等与世人周旋日久，故不免俗套也。此后与公言当从实，然与他人言，则未可一概论。蒋伯斧。

执事如赵清献对老仆语，即能改过不吝。在今日文胜质时势，已出人头地矣。元善答。

六月初五日晨在元济堂笔谈。

有风不似降雨，山东祈雨之法，不用释道用儒者，公可与星杉家叔商之。盛京卿。

是日午前云起，午正倾盆大雨，至申时雨止，四野既沾既足。

今日天果大雨，足见首事者诚能格天，即施甘霖以救农民。否则前昨两日，城内亦曾求雨，何以未能立刻见效？徐焕庭。

昨日接到元济堂公启，悉此举实系阁下主政，仰见痌瘝在抱，仁以己任。今日诸君子赴坛祈祷，不旋踵即大沛甘霖，谓非诚可格天，而能若是之如响斯应乎？苍生受福，无以尚焉。弟奉启后已斋戒两日，惟碌碌殊甚，不克随同拈香，良深歉仄。附上香金两元，即请饬存，无任主臣。蔡二源。

是晚接吴淞电，今日午后得微雨。

昨果大雨时行，广学会前水深没胫，行人皆负戴而走，诚勇猛精进，救济众生哉。农工会事，不知如何矣。念念。程皎嘉。

是日接杭局来电，午后接电示悉，昨无雨，今午得小雨。

又接甬局电，今午得雨寸许。

又接绍局来电，绍属各邑，昨今已得大雨。

六月初七夕在铁路公司笔谈。

甘霖大沛，不止雨金雨珠，我公诚贯天日，可喜之至。自应择日恭诣元济堂，谢降以答神庥，谨候尊处定期，再当斋戒前往。照向来祈晴祈雨灵应，数日内必有此举，穿吉服。盛京卿。

昨前两日，本埠电局接淞杭甬绍四处电音，吴淞初五午后得微雨，杭州初六午后得小雨，宁波同日下午得雨寸许，绍属初五六得大雨。未始非余上两邑欲兴农工学会，气机有以感召之也。况是日学会中人，在元济堂虔诚设坛祷告，上天立沛甘霖，感应之机，捷于影响，于此益信矣。六月初六日《沪报》。

书莲山先生求雨纪事后

中国之弊，在于实者虚之，虚者实之。农田河工，实事也，而姑舍之，一若可置缓图者。祈祷拜跪，虚事也，而奉行之，一若真足有用者。是以治河求龙王，祈雨亦求龙王，上自王公，下至士庶，众口一词，牢不可破，以为不可思议。夫思之思之，鬼神通之。愚者思而不通，则智者通之矣；一人思而不通，则众人通之矣；一时思而不通，则历时通之矣。至千百年，竭众人之灵明而莫能通之，则其事之无理，已可概见。然而中人不问也，相哗以为不可思议而已矣。请先以龙辨之。西人竭格致之力，合各国之博闻者，从未见有龙，意者西土无之，中国独有之，然今世从未见有龙者，仅见之小说传闻。孔圣枕中丸方，有龙骨龟板，解之者曰"龙为阳之灵，龟为阴之灵，合二灵以益人身之灵"，是亦明指真龙矣。顾安得有骨，且如许之多，可以供天下用哉？及考其物，乃鹿角之沥去胶者耳。互相欺饰，中国之人大都如是。或曰：左氏言古有豢龙氏、御龙氏，能豢能御，如此其彰彰也。不知左氏之失诬，彼既称古，则亦荒唐之词耳。惟《大易》乾卦，历著龙德，曰潜、曰见、曰飞，一若真有其物者。余尝深思之，马七尺曰龙，龙者马也，故曰龙马。孔子释乾之象曰"天行健"，是则乾以健为义，故有取于马，正以马者健行者也。其不曰马而曰龙者，取其贵者言之，龙马负图，伏羲氏出，而孔子曰"河不出图"，则知龙马生于水中，犹之象虽居陆而喜水，后人因附会，以龙为水族。又因《大易》有可潜、可见、可飞之文，遂幻出夭矫之象，不知《大易》一书，无非借象数以明义理，非西人格物之书也，亦非中土博物之志也。可知龙者，中西皆无。而所谓龙马者，亦如麟凤之不轻见。今人不重麟凤，而独瓣香于龙。即使确乎是龙非马，则亦但隶于四灵之中，不能为人效力。六经具在，非可诬也。而乃以河工之重，农田之要，委之于不知谁何之物，不亦可笑而可哀也哉！吾请再以龙王辨之。所谓龙王者，与人并生于两间耶？抑既死而与鬼为邻耶？与人并生，是活物也，何以广居奉之，明禋享之？与鬼为邻，是死物也，礼有功德于民者则祀之，龙有功德，祀之而祷之，原无不可。但所谓有功德者，原指人之生者而言，生有功德，死故不忘。龙之功德，据俗所称，亦在生时。相传河工有蜿蜒者自来自去，其行雨也，有吸水之情，有掉尾之态，则固非死龙也，何为以既死之礼待之也？忽以为生，忽以为死，则非龙之灵也，直人灵之耳。有与无不可知，生与死未能定，而可以为政教、致太平耶？抑何纵横颠倒，无适而可也。自古有祷雨之处，有祈雨之文，而从无及于龙者。桑林之祷，六事自责，岂对龙言？至《尚书》、《史记》、《路史》，皆详言禹之治河，亦未及于龙。后世不学禹，而学其乃父，装妖捏怪，以图卸罪。奈何上下一心，无人肯发其覆也哉！然则如先生之求雨，而竟应验，何也？曰：人之肉，非所以治病也，而孝子割以进，病立疗，起死回生，无异仙丹。盖既为孝子，则其平日之奉事必周，侍疾之调摄必力，不幸而情日益迫，回肠结气，无可如何，乃至舍其身以救其亲，于是鬼神亦为怜悯。虽坐以待之，亦或不死，而孝子固不忍为也。今有人也，平日之奉事，敷衍而已，侍疾之调摄，粉饰而已，迨至病不可为，始以割股掩人耳目。其割也，照例奉行，敷衍如故，粉饰如故，即使事在危急，竟出至诚，吾知鬼神亦不怜悯，断不以其祷媚之工，而遂宽其人事之失也。今之事亲者，孝子耶，割股可也；其敷衍粉饰者耶，则割如不割，抑且不割犹胜于割。盖不割则于人子之道显然未尽，人皆见之，既割矣，无论验否，众共原之，己亦安之，乃听命于杳冥恍惚，而实者无不虚矣，此中国之大患也。《传》不云乎，惟仁人为能飨帝，孝子为能飨亲。世有如先生者乎！求于神可也，非然者。我之所叹惜痛恨，非特不愿媚神，抑亦不敢阿世也。辛丑暮春，北市老佣校读一过，附识。

读老佣氏书后一篇，晰理精确，实获我心。鄙人不敢自信时时事事可以对越神祇，必提足先天纯一祖炁，如握晶镜照旭日离火，方可冀诚求诚应。屈指廿余年来，亦仅有戊寅作四省募赈启、戊戌在元济堂求雨，与己亥上总署电禀三次而已。因慨叹我华积弱，至于此极者，坏在照例割股之孝子多耳。元善自识。

扪心孽镜序（戊戌七月）

天堂地狱，儒者不道，惟国朝魏叔子信之独深。鄙人从诸君子之后，创办中国女学，间尝尚论古之贤淑，见宁都魏叔子一门妯娌之贤，曰是皆可以为女师矣。叔子以康熙庚子，赴扬州故人约，卒于仪征，年五十七。妻谢氏，绝食十三日，以身殉。彭躬庵先生仕望，年长于叔子，及谢氏未死时，执贽拜床下，奉为女师，时躬庵年已七十一矣。又叔子尝称其嫂之贤，伯子在外，嫂持斋奉佛，一日伯子归，见之怒，嫂立命撤佛座，其顺也如此。以叔子地狱之说律两贤妇，其必登天堂而不入地狱显然矣。今西国基督之学不信佛，而用其天堂地狱之说，叔子固可赓同调矣。惟耶教男女平权，亦不重节烈，不知两妇之贤，能见与于基督否。上海租界，淫妄邪僻，不可枚举，非雷霆斧钺之威所能怵，则地狱之说不可少。虽基督氏演之甚力，然西教日昌，西学亦日辟，鬼神地狱之事，教中信之，教外将不信，缘格致之新说长，则旧学必至渐废。余恶夫人欲肆而天理灭，无有可为苦口之药也。因将叔子地狱论三篇，又补遗一篇，刊而传之。适蒋子履斋，以官天福附乩，自述生平淫报事见示，颇足警觉迷津，而可以为叔子地狱四论作证，乃并付之剞劂氏，题曰扪心孽镜。既无背于基督，亦无背于释道，当头棒喝，盖所以截其流者甚猛。至欲探源星海，断不能外余女学之说，初非以是为昌明正教之用也，明理君子自能辨之，兹不多及。

致经正书院肄业三生书（己亥十月）

士子负笈，断不可蹈放纵恣肆之坏习。世兄首称家姨丈某某翁，后又有看来人之谊二语，时挟势自恃、背道而驰之病根，凡事遵约、未敢大违二语，然则小违不遵，已露言外。后汉昭烈帝云"勿以恶小而为之"，积小即可成大也。又称向来肄业各学堂，见中西师长，以奉揖为极尊数语。试问执贽名帖，写顿首拜乎，抑仅写长揖乎？礼节中西虽有不同，但诸生皆中人之裔，而专学西礼，是为忘本。况本书院之中学，尤非具文者可比，载在章程，岂可昧之？至学西学不师其精义，而但袭其皮毛，中国又曷贵此略沾西气之人也？至谓照得切切等字样是官礼，夫官为民之父母，天地君亲师五者并尊，礼称民生于三，事之如一。父生之，君食之，师教之，父可以此训子，师独不可以此诫弟乎？扩充江海之量一语，尤为谬妄。师严然后道尊，若为师者姑息养痈，何以对诸生父兄，更何以自盟幽独？书院总理、监院均师也，弟之于师，安可言伪而辩，出词不逊若是乎？卫大夫石蜡云：小加大，少陵长，此为六逆。去顺效逆，所以速祸，不可不深自警惕也。诸世兄不知从前受业何处，违道日远，一至于此。承见告，用敢质直言之，倘荷幡然改变，出以至诚，为师者亦无不宽以既往也。圣狂之判，只争一念，区区苦心，尚希共谅。若不以余言为然，未肯尽受，执而不悟，吾未知如之何也，已矣。

双鳞志感（壬寅三月）

元善去国逃荒，不幸又为奸人所陷，作异域之南冠。乃虚名所播，承中西义士存问，殆无虚日。惟是内地亲朋，多援明哲保身之义，罕与往还，情之常也。若乃轻万里而枉顾，贻尺素以通情，而又兼是二者，则必其人不畏艰险，别具性情，呜呼！难之矣！于桂林得一人焉，曰龙君积之；于虞山得一人焉，曰王君敬安；于西泠得一人焉，曰叶君浩吾。龙君以尊王、法祖、敬天为学，与余有神契，其最所拳拳者，乃圣祖《庭训格言》一书，每对人言，能以圣祖为法，于治天下何有。又言今上圣明，译刊世庙劝善要言，颁行臣庶，此治法必根心法，即二帝三王奚以过。若其庚子拜经等事，时贤或非笑之，而以余之嗜好酸盐，则重有取焉。王君湛深经术，崇尚理道，师古为事，与龙君宗旨区别。盖所谓学人，能兼汉宋之长，不染时俗之习，而有真性情则同，要皆今之古人也。叶君则最喜开学堂，植人才，屡开屡罢，驯至倾家不少悔。电争之役，名列余之次，是亦可以见其为人。王君闻余渡海，时犹未即于难，书来慰藉，深深款款，求之古大家集中，亦不数觏。其继者为新会梁君，大名鼎鼎，无庸论列，其师亦有书来。然以身在海外，本可言论自由，惟夫三君子之请，乃可谓加人一等耳。容君纯甫，学贯中西，曾文正最所赏识，卒以直躬热血，不作鄙夫乡愿，忤于时，未能有为，观其致书港督，为鄙人而损鳞，其衷怀恳挚，已自显然。惜龙、叶二君不尚藻采，其函多随笔挥洒，今皆不存。至若海外邮筒，乃至不胜计。兹故仅录三君书，专以志感，余惟心藏弗谖，不在语言文字间矣，知我者亮之。

王君来书

献岁发春十有一日，自籍来沪，知有去腊廿有六日之举。孔曰成仁，孟曰取义，公之心事，昭然大白，此行无异勒燕然矣。或曰：不有衮衮诸公在乎，何为不自量也？不知大臣不言，则小臣言之，彼扣马之义士，非西山一野人乎？或又曰：既为其难，则虽肝脑涂地，亦无足悔，又何为去之速也？不知可以死，可以无死，其事在毫厘之间。果以批鳞撄咎，臣罪当诛，死之可也。若乃天地闭塞，呼吁不闻，则非死于君父，而死于奸邪，愚忠者为之，明哲者不为，此朱子所以自号为遁翁也。公虽未必迟徊审慎，而实合乎古贤行事，此殆鬼神阴相，祖宗余庆，得以出昆岗之焰，成溟渤之游。惜不佞来暮，不能乘桴以从，自伤祜薄也。祸莫大于心死，彼唯阿取容，但知全躯保妻子者，虽视息人世，不转瞬而草亡木卒，岂若我公，千载下犹有生气，自非忍人，谁不泣数行下？然苟有所利而为之，则名存实亡，亦不足动当世之慕，发远人之悲。行乎心之所安，求乎理之所得，此其所以为纯臣，为孤忠欤？今者天命未改，正朔依然，敷天志士，欢呼万岁，思为我皇进无疆之祝，痛定思痛，惟公一电，实发其凡。盖自瓜尔佳氏后，有沈编修鹏，得公而成鼎足之三人者，虽为说不同，其忠于君，一也；其不忍见中土瓜分豆剖，神明之胄，夷为奴隶，一也。然而二世建言，未获上达，公志竟伸，若雷之震于昼冥，闻者惊心，当者褫魄，谁谓我朝必无气节哉？抑不佞更有说焉，自古忠臣义士，天无不故厄之，以磨厉其才思，激发其志气，往往流离荒徼之中，颠沛岸狱之下。旁观方代不平，而当局者安之若素。盖逆知天之有意玉成，而不可不善承之。然则东海北海之滨，乃古贤人君子所以濡迹待时，而非以为苟全性命之计。生于忧患，大任将降，理之自然，无庸谦让，此区区愚忱，所为馨香祷祀者也。不宣。长顿首。庚子元宵沪馆。

梁君来书

从报纸中得悉先生近事，气贯云霄，声振天地，岁寒松柏，岿然独存。国家养士数百年，得一先生，可以不恨矣。虽为权奸所忌，流离播越，一生九死，然操莽之谋，卒因之而暂沮，今年之仍得为光绪二十六年者，皆先生之力也。一言重于九鼎，先生之所以报君国者，所造实多矣。今者薄海侨民，乃至碧眼红髯之异族，无不敬慕先生，尸祝而歌泣之。先生内之既不负初心，外之复不负舆望，此正孔子所谓求仁而得仁，又何怨者。虽复被嫉妒、被构陷，颠沛况瘁，转徙惊辱，吾窃意先生必有甘之如饴，而绝不以动其心者。大贤豪杰之举动，固不可及也。伏乞先生将息道履，善自摄任，留此参天两地之心力，以为他日旋乾转坤之用，不胜大望。名心叩。圣皇在位二十六年二月廿八日，由檀香山泐寄。

容君来书

昨得大著，捧读一过，先生诚有心人哉。保君大节，竟出一电局总办之手，异哉奇乎！衮衮冠裳，能不愧煞，然后知公养之素、蓄之裕也。他时青史昭垂，传播中外，必谓中国不亡，先生一电之力居多矣，曷胜叹佩。仆本庸材，齿逾古稀，致君乏术，救民无权，惟留此一腔热血漾胸，感触先生电争之事，而此心怦怦然，直欲排帝阙而诉真宰也。间尝纵论中国之大患，固不在于喜新，亦不在于守旧，独患其不新不旧，可新可旧。非但新旧相攻，抑且新旧自为攻。积弱不振之原因，实由此辈乡愿行同鬼蜮所酿成，遂有如今之一日也。悲夫！仆与公异流同源，故不禁忧愤交加，忘其言之急烈。公今虽下台，然尚未克自由。兹有致港督洋文书，译成华文，附呈台阁。想善人天佑，定即化险为夷也。阂载拜。辛丑七月初二日。

附录：容君致港督书

卜礼克大人阁下：经莲山君下台一事，全仗阁下与尊夫人两位合力，但仍不许远越澳门一步，岂非放犹不放，几同画饼者耶？在经君身世漂零，何居不可，无如囊羁大炮台，为日甚久，年老之人，水土不服，欲早得自由舒怀，藉可调摄，以娱哀年。乃澳督对人说，谓即离澳，尚恐有祸害，辜负其保护，代为隐忧，故不肯任其即离等云。澳督如此好义，用心周到，固为难得，阁下何不力助澳督之义，修函致意，派印度兵数名，命一武弁管带赴澳，将莲山君护送来港，即可免使澳督耽忧，而经君得以迁地为良，复其元气。一举两善，想可无却。容阂拜上。

香海问答纪略

辛丑八月廿三日，元善由澳到港之半月，辅政司文案区君凤墀来云，奉督宪传谕，请君入见。元善即具小束，以便服往，谈一点余钟之久，制军送至门外，亲视升舆。自念逋逃小臣，叠蒙外邦显官达人优礼相待，亦复何修得此。受宠之余，弥怀惊惧。兹将问答大略，波、区两君所笔述者，稍加删节，寄呈亲知，藉慰远注。上虞经元善谨识。

卜制军云：阁下脱离樊笼，惠然肯来，幸甚。

元善云：善得瓦全，皆大人与太太庇荫之功也。

制军云：想在澳门炮台上，待阁下甚好。

元善云：诸承爱屋及乌而优待。

制军云：本督及夫人甚重阁下，因作女学等维新中国各事，为愚伉俪所乐闻也。

元善云：善素仰贵国文明政教，妄思效法振兴，无如力小任重，位卑言高，徒滋罪戾耳。

制军云：作此等文明思想之人，今日比从前增胜如何？即人心改变之谓也。

元善云：言之泪下，仍是瞻前顾后，谁则国而忘家。慈帏业已倦勤，为今之计，惟有望各大邦翊赞吾华，非得光绪大皇帝亲政有权，总难蒸蒸日上也。

制军云：光绪皇帝能迳返北京否？

元善云：皇上举动不能自由，有甚于善之在葡国炮台者，能返北京与否，实非小臣之愚所能逆料。

元善又云：譬如全副大机器，总轮不能旋转，其余各轮均成无用，而各轮不能合力，则总轮亦不能旋转。李、刘、张、陶、袁诸大帅，皆为敝国第一流人物，若肯与枢臣内外合力，庶几有望乎！

制军云：阁下产业被封者，将来尚可取回否？

元善云：善于身家性命早看得轻，譬如大海行舟，遇有波浪，须先求全船平安，乃可顾自己行李。故虽已倾家，现所急者，尚不在一己之产业。

制军云：此刻决计欲回上海否？

元善云：行止未敢自主，不过衰朽病躯，归思殊切，求指示遵行可耳。

制军云：阁下行止，难代借箸，愿凡是小心为要而已。尚阁下肯住在港，无论久暂，定必始终保护。

元善云：自当格外小心，现拟遣属先回，查察情形，倘蒙中朝弃置度外，万妥无虑，然后再辞回国，不敢轻率冒昧，辜负厚意。

制军以元善所呈印字小柬，命亲笔签名字于上，云当寄与英京夫人收藏之留作纪念。元善感谢，写毕兴辞，制军握手送别。

副按抚司英国波、辅政文案顺德区全笔述。

卷 三

复甬江沈竹亭劝赈书（戊寅四月）

承询劝募赈款一节，弟自去岁随苏、扬、沪三处同人襄办以来，蒙四方仁人君子从善如流，除晋省逐批集解外，河南两起，办济源、获嘉数县之饥，前后陆续解过十余万金。近日接豫中诸友来函，该省之南鄙，虽均得雨，西北与邻省陕西错壤之处，其灾尤甚，有欲罢不能之势。又冯竹如观察从关外回，目睹陕西灾象，与河南一式。观察途中受病，抵沪次日身故，遗言竭宦囊所有千金为倡，并云有愿募捐亲往者，九泉之下，感激靡涯。此直有宗留守大呼过河者三光景，不禁怦怦心动。窃思我辈亦百万生灵中之一，生长南方，丰衣足食，恐未必长有此种福气。况富贵轮流，即君子之泽，亦必五世而衰，故自古无不败之家。读此数语，知公自立之道。嗟乎！中国能人人存此心，何至凌夷至此哉！倚剑生注。现在决计添办秦赈，唯刻下赈捐，罗雀掘鼠，势属万难。虽诸同志心雄若虎，无如力轻于蝉，均各质衣典产，竭凑万余金，尚觉杯水车薪，无能补救。缘是不惮再三，拟即恭疏公启，哀恳劝募，或能闻风慕义，聚沙成塔。宁郡不乏殷商巨室，尚未慷慨解囊，意者经办未能取信欤？因思能开甬上弥漫之善气，为饥民请命者，舍阁下其谁与归？正欲趋叩崇墀，效秦庭之泣，忽承朵云飞递，实获我心，秦豫饥民，或者有来苏之望乎！弟准于廿二日由沪动身，风雨不更，特先布悃。寄来捐洋四十元，照收入册，挈奉收条两纸，祈察收。书不尽言，言随泪下。再者，本然之良，人所同具，特为物欲所蔽，将此一念善心，如云掩月，但能渐渐露出清光，如俗语所云，良心发现，日日向上，自能透出泥丸宫而升天堂；日日向下，即从谷道泻出而落地狱。奇语至理。倚剑生注。所贵有国手名医，不惮烦言，以猛剂进之，未有不可起死者。曾参杀人，告之三次，其母尚投杼而起。若说动一二强有力者，慨然出其所蓄三分之一，十分之二，以为之倡，集成十万、数十万、百万，或者不难。果能如愿，不啻有八千子弟渡江，可以纵横无敌矣。惟是苦心劝导之人，初时甚难开口，必厌人听闻，但只要老着面皮，只管说去，再三再四，再五再六，逢人渎告，未有不病根渐去，可复其本然之良者。世上逢迎钻刺之流，亦具此手段，惜不移于正用之。倚剑生注。老兄有才有学，有胆有识，昨承殷殷不耻下问，定然方寸间怦怦已动。天赐麟儿，想离头上不远。沈年五旬，乏嗣，作此语激勉之。元善自注。区区之意，宜存一强盗攫财之心，武士擒敌之法，置死生于不顾，一往直前，莫可壅遏，所谓当仁不让，见义勇为也。或偶一转念，我辈人微言轻，恐贻画虎不成，为他人笑。当即更转一念，纵使人笑，不过笑我迂，笑我愚，笑我呆，不至于有人骂我下流，骂我不肖，骂我作恶者也，则又何惮而不为乎！至论至理。倚剑生注。幸高明察之。

创建经氏宗祠碑记（庚辰五月）

吾经氏自琦八公始迁上虞，分新、耀、汝、元四支，迄今二十余世。户口繁衍，世以耕读为生，潜德不耀，宗祠家塾阙如也。道光乙巳，先府君资政公，于象山之麓，始建汝房本支十一世祖英七公祠，傍盖卷石山房一楹，延师课族子弟。屋小如舟，仅堪容膝。咸丰丙辰，复于祠后建敬修家塾，扩充规模，分设四馆，并增设赡老、恤嫠月粮，岁有常例，置产定章，厘然毕备，而大宗祠则仍留以有待。辛酉之变，避地沪城。资政公旋奉今侯相中丞左公委办海宁土备塘，工竣积劳病故，临殁遗言，以宗祠未成为念。元善谨志之，不敢忘，爰约诸弟及新房堂兄锡圭，五人省日用之余，积铢累寸，越十二载，始卜基于凤山之阳。鸠工庀材，为享堂五间，拜厅一座，门楼、廊庑、厨房及管丁住屋，都凡二十五楹。迤东重构英七公祠三楹，奉安栗主，而以旧祠为家塾讲堂。自是蒸尝弦诵，位著有常，神人不黩。先府君艰难肇造未竟之贻谋，庶几少慰。兴工于光绪丁丑二月，落成于己卯十月。其间耀房堂叔天申，新房堂兄仓林，堂侄惠星、鸿泉，各出资捐助，共麇制钱一万二千贯。先儒有言，祖宗虽远，祭祀不可不诚；子孙虽愚，经书不可不读。继自今我宗人岁时瞻拜，登斯堂者，其宝此两言，继继绳绳，永守勿替，则所以妥先灵而启后昆者，其不在兹乎哉！其不在兹乎哉！谨记其实，以告我后人。

答友人论沪市情形之关系（壬午八月）

暨阳令陈钧堂同乡，函询各股票虚实，及商务大局情形，条答如左：

一曰轮船之关系。轮局之设，由朱云甫观察提倡，名曰招商，始仅藉官款数十万，购轮船四五艘。合肥爵相破格求才，于阛阓中得唐景星、徐雨之两观察，畀以专权。维时风气未开，招股不易，二君力任其艰，兼并旗昌公司，增至三十余艘，黄浦江边要隘码头三分有二，怡和、太古降心立约，局中存本之厚，至四五百万。光绪戊寅、己卯间，除股本百万外，官中存项二百余万，庄款一百七八十万，官利存息不短丝毫，二君洵杰出之才矣。唐、徐声望素著，非因北洋增重。唐之坚忍卓绝，尤非后来貌为办洋务者可比。旧岁股分涨后，招足股本二百万，又设仁济和保险公司。阅本年帐略，除每船减折成本，并分派官利一分外，余银七万有奇。虹口北栈原本二十五万，得价四十万让与洋商尚不在内。且存项陆续拨还，官款仅九十余万，庄款仅七十余万，蒸蒸日上，莫知究极。南北大吏，所当郑重保护。此中国已成之大公司也。

一曰电报之关系。电报开创，自津沪起点，现已展至浙、闽、粤、汉。浙江工程，王副将荣和经办。福建工程，陈参将友定经办。广东工程，余太守昌宇经办。汉口工程，姚参将靖戎经办。明年三四月间，可以一律告竣。就现在集股八十万元而论，其已成通报之局，津沪旧线而外，仅浙省数处。业已开机售报者，统计全局，只有十分之四。然逐月所收报费，除去开支，已有官利可望。此局在中国，如萌芽勃发，且为寰中独擅之业，将来自必畅行。鄙人刊有《电报要略》一书，阅之可知底蕴。此中国将成之大公司也。

一曰织布之关系。织布办法章程，前系英国工师所拟。原定招股四十万，去春因附股者多，又加收十万。龚仲人〔仁〕观察管官务，郑陶斋观察管商务，股票亦二君签名。鉴于前失，倍加谨细。所聘美国工师丹科，事必躬亲，光绪七年九月间，携各种华花赴欧美试织，觉非掺用洋花，不能以机器成纱织布，殚精竭力，阅十四月之久，改机至八九次，竟能全用华花。当即定造机器，于本年七月起，已陆续运机回华，大约极速须明年开织。又因去岁沪上有人托名洋商，欲办纺纱机局，以相倾轧，幸得南洋大臣禁止。局中复添专办纺纱机器，计机器价值，共需廿八九万，购基造屋，共需廿三四万，以及此数年中，洋人薪水、往返川资并局中费用，综全局告成，须下本五十七八万。加以购花织布之需，照所集股本，尚缺十余万。若在市面平顺之时，以郑君之闻望，不难周转，适值如此市面，全赖主持商政者保护之也。至于美工师之措置，与英工师稍有区别，究竟将来有利几何，须待出布一年后，方有把握。但布帛菽粟，为人生必需之物，此局成后，苟每日所出布匹，仍能如英工师所拟之约，则利息犹属可观，而其事之平稳，实较胜于各项公司，且可用男女佣工数百名。一年出布总在数十万，每年数十万金，不再漏出外洋，又能养活多人，于中国大局，不为无补。此将成未成之公司也。

一曰开矿之关系。开矿求宝于地，收效迟速，难以悬揣。就各省禀办，已收股分之开平、徐州、峄县、金州、荆门、池州、贵池煤铁矿，平泉、顺德、施宜、长乐、鹤峰铜矿，承德、三山银矿，此十余处中，开平、峄县两处业已见煤。开平股本一百二十万，用机器照西法开挖，现在日可出煤五百余吨。每天官利、局用经费，约需八百金，有煤二百五十吨，即可抵每日之费。峄县股本十万，照中法用人工开挖，现在日出煤二百吨。每天官利、局用经费，约需四百千文，有煤一百六十吨，即可抵每日之费。此外各矿，须待开成以后，方能核计利息。并闻长乐、荆门、施宜、顺德数处，已有停办散股之议。中国于矿务，尚未探骊得珠，盖将有待，待而得其人，则地不爱宝，实为无穷之大利。此有成有未成之公司也。

一曰保险之关系。保险一端，平安无事，则无往不利。倘遇意外赔偿，则股本亦可全倾。但某公司有无赔项，以及数之多寡，旁观不易尽知，非遍阅各公司帐略，未能了然于胸。且不测之风波，来日情形，今日难料。保险公司，利害捐〔损〕益，大有出入。此翊卫各公司之公司也。

一曰联群之关系。中国行商坐贾，远不及外国公司之力量充足。非有铁路、轮船、电报，万万不能与外人争强。非开采五金煤铁等矿，万万不能与外人竞富。西商巨本贸易，无不裒成集腋，国家又实力保护之，是以上下相维。譬如行军，华人店铺行栈，是一乡一邑之团练；西商集股公司，则练成节制之师也。若以乡邑团众，而与节制之师较，胜负之数，岂待蓍龟。即如上海一埠，向推沙船为大宗，全盛之世，何止二三千号，自有轮船夹板后，沙船日见消亡，今已寥寥无几矣，则整与散不敌之明证。是故联群成公司者，乃商战之要策也。

一曰股票之关系。市面之有股票，犹钞币也。商埠广开，则现银匀散，渐觉其少。所赖钞币并用，得以市面流通。况现在边防多故，各省灾祲，目前要政，莫重于开利源，裕财力。然欲裕财力，非保全商务不可。欲保全商务，全在流通股票。藏钞于家，还输于市，挹注周转，利赖无穷。乃去年股票骤涨，今年大落，均出情理之外。抑思现银收回，其能永远窖藏，不复出而权子母耶？度亦静观事变，待时而动耳。有志经营者，所当急急焉致意也。至于致富之法，不外人弃我取。如已成之轮船、电报、保险、开平各股票，照原本跌贱十仅五六，大可及时收买。如明年派息一分，已得利二分矣。派息分半，已得利三分矣。且此几项已成公司，皆为商务之大者也，必无不能悠久之理，较之田房租息，其利倍厚。如海疆有事，恐遭不测，则虽窖金，岂能长保？此则为众人告者也。惟中国能办公司之人才，尚不多见，然亦未尝无小具规模，可资法守者。惟有决择稳妥股票，多为收存，以维持已成之公司，并整顿未成之公司，而为保商善后，俾公司股票，永无大涨大跌之弊，如是则大信立矣。

一曰存款之关系。昔年票号萃于苏垣，设分号于沪者，只有数家，亦无此时之巨，专以汇兑交易，而不放长期。军兴以来，藏富于官，官场无不与票号往还，是以存资日富。东南底定以后，上海票号，多至二十四家，其放银于钱庄，多至三五百万。银行始仅通洋商，与外洋往来，以先令汇票为宗，存银概不放息。自余姚王某为汇丰通事，导银行放息于钱庄，岁以数百万计。银根偶紧，通事即乘间居奇，于是市上拆息，遂有忽涨忽落之弊。十余年来，银行获利无算，王亦骤富，同乡中名之为快发财。考从前创开钱庄，管事者自揣居停存本丰厚，始敢多放帐面，盖必量力而行也。自有票号银行，可恃为不竭之源，于是日开日多，庄伙认识银行票号，不必仗东人存本，即可指挥自如，尾大不掉，职此之由。不知票号银行之款，可暂援而不可久持，一遇风波，立时瓦解，于是拆银便，则放帐滥，二者相为终始。故凡市上行号之声名洋溢者，钱庄不察虚实，而惟视其招牌，招牌愈好，存款益多。然亦无论虚若何，断无窖藏于家之理，一旦提回，四面受挤，奚能咄嗟立应？势如破竹，倒若狂澜，此必至之势也。

一曰倒帐之关系。法越构衅以来，存资于人者，咸思载宝而归，市面为之一紧。山西票号留银不放，市面为之更紧。迨泰西银行不通借折〔拆〕票，而市面遂决裂矣。况夫好利之徒，银钱到手，专事铺张，本重利微，暗中亏蚀，外强中干。如羸瘵之人，感冒风邪，自更委顿，病在千日，死在一旦。倒帐之案，遂日出而不穷。夫朝廷特简大臣主持商务，市廛宜有生色，乃近岁以来，几有江河日下之势。致病良非一端，而钱债案件，官不能认真办理，竟若倒帐无科罪之条，此则原因之最大者也。

筹赈通论（戊子九月）

高昌寒食生见天灾流行，迄无宁止，关系时局，日切隐忧，乃造居易子寓庐而告之曰：今岁各省被灾之广，子之所知也，将何以应？居易子曰：有说乎？曰：有，正欲就质高明。居易子曰：善哉，请闻其说。生曰：顺直、山东、河南、奉天、云南，皖之沿江，苏之丹阳、句容等邑，水旱蝗灾，几半天下。顺直为众星拱辰之地，山东有黄河巨工，帝心眷顾，自可想见。其余偏灾，或不甚巨，今之所当注意者，其惟豫省乎？豫当天下冲，毗连皖鄂秦晋，会匪、红胡子出没。此次遭灾，较丁丑、戊寅尤为可虞。至于邻近旱蝗，则燃眉之急，难置不理。近虽严佑之自齐返里，力筹梓桑，但其地历年歉收，且滨临大江，会匪亦多潜踪，不可不思患预防也。夫朝廷截漕发帑，亦既屡矣，然而泽不逮下，海内成为风气，一若非义赈不得实惠，其故何也？居易子曰：善哉问。微子无可与言。北省饥民，惯吃赈久矣。凡遇官赈，不服细查。有司虑激生变，只可普赈。以中国四百兆计之，每县三十余万，倘阖邑全灾，发款至二万金，已不为菲，而按口分摊，人得银五六分，其何能济？义赈则不然，饥民知为同胞援救，感而且愧，不能不服查剔。人性本善，中国官场做事，不能令人生感愧心，于此可见。老佣氏注。查户严，则去其不应赈者，而应赈者自得实惠矣。金茗人观察从豫晋办义赈，至直服官，只愿办河工。前者山东水灾，张勤果奏调赴东，观察仍办义赈，不办官赈，真阅历有得者也。粤自丙子、丁丑，李秋亭太守创办沭阳、青州义赈以来，遂开千古未有之风气，迄今十余载矣。然已车殆马烦，散放者且见其少。即驻沪筹款之同志，亦复瘏口焦思，见之者不足动容，言之者辄多自沮。夫大兵之后，必有凶年，则凶年之后，当更何如！前明流贼，尽是饥民，殷鉴不远，可为寒心。然则安饥民，即所以遏乱萌，实为目前汲汲〔岌岌〕之势矣。然而戊寅晋豫巨灾，苏、扬、沪设立协赈公所，筹募义捐甚旺，今则日渐寥落。核其原因，一则近来遇灾省分，官中亦驰书告籴，仿效义赈办法，印册劝募，又立可请奖，招徕较易，富室巨款，悉归官捐。一则从前各省协赈，凡有巨款，发交义赈公所，今则大吏以应被灾省分告籴之请，一迳直解矣。夫为善不同，同归于济，何必自我出之，所患者，官赈不能如义赈之细查户口耳。现在山东水灾，汤方伯亟亟欲办义赈，可为洞悉民隐。惟是义赈来源，半被官捐遨截，虽有巧妇，无米可炊。所愿各省官绅善长，不惟其名，惟其实，欲酬心愿，悉入义赈，功德倍蓰。但义赈查户，人手亦少，且各省大宪，有不能不顾被灾省分乞籴之请者。愚见或即择诚笃好善、能耐辛苦之贤员，前往被灾之省，就款多寡，任办一县或两县。此省人员到彼省，即可名曰义赈。委员选带朴诚司事，均照义赈章程，严查户口，躬亲散放，不假胥吏之手。如是办法，若二十州县，各直省协济，每省认办一县，则通力合作，举重若轻矣。或曰：被灾本省大吏，恩非己出，有损体面。不知封疆大吏不能使其民出水火而等衽席，此乃大不体面也。公忠体国者，方以民病为亟，何暇争此虚名？前岁浙省灾赈，崧振帅奏派在籍绅士会同办理，官义合而为一，可谓意美法良矣。生听至此，不禁击节曰：通人之论，吾为子登于报，名之曰筹赈通论，可乎？

金观察办赈获墓记（己丑三月）

古之所谓求仁得仁者，其愉快有非功名富贵所可比拟也，故造物亦必郑重畀之，非艰辛备历，积累甚深者，不足语此，诚以仁之为道大也。历观史乘所纪，孝子寻亲夥矣，或生或死，类克偿愿，然必跋履山川，蒙犯霜露，极生人罕尝之苦趣，如苦行修持者，厚其积累，坚其志节，而后为圆满。至若不求自得，则惟至圣能之，五父之衢是也，求仁之难如是。呜呼！吾得援引古义，以证吾乡观察金君矣。观察名福曾，字茗人，浙之秀水人也。封翁小岱君，尝官广文。咸丰庚辛间，发逆扰吾浙，封翁在籍办团练，浙抚王壮愍公檄委守独松关，迨会垣陷，封翁殉焉。观察投笔请缨，入今合肥相国李公戎幕。东南底定，数往杭邑，求父骸骨不可得。旋以丁雨生中丞、张靖达公疏荐，三为令于江苏，有政声。已而退居当湖，为再求骸骨计，迄无获，具衣冠葬之。观察每对人言，引为终天恨也。光绪戊寅，直、豫、秦、晋四省洊饥，苏、扬、沪倡设协赈，募义捐。余请观察任散放，而先赴中州赎妇女，由豫而晋而直，从此与赈相终始矣。合肥相国多其劳，以道员奏留直隶，专办畿辅水利，仍兼赈，署永定河道者再。嗣以苏、浙水灾甚重，观察已乞疾归，壹意救桑梓，条列救灾事宜，上之当道。浙抚崧公为之专折奏请，会办全省赈务，筹款至百余万，活人无算。于是穷闾漏屋，山陬海澨间，无不知有观察金公。一日诣余杭、临安等邑，勘南湖水利，为以工代赈计，有乡人白事马前，语次叩观察，从前殉节独松关金广文，公家何人？观察瞿然曰：是吾父也，何以识之？乡人曰：吾侪小人，哀其殁于王事，卜葬于此。观察喜出望外，亟令乡人导墓前，佳城郁葱，马鬣屹然，展拜之下，感继以泣。乡〔向〕之所谓终天恨者，至是而天下之乐蔑以加于此矣，自是观察不复出山。说者谓观察昔尝求之者数矣，不可得，岂非造物者巧为位置，必俟功行圆满，而后慨然与之乎？虽然，求仁得仁，史乘昭然，天之待孝子仁人，固无有或爽者也。则夫观察之所得，岂非贤于功名富贵什伯哉？而观察尚精神矍铄，大年可卜，有子有孙，喆嗣且登贤书。知天之福观察者未有艾，洵足为乡之乐善者劝矣。爰喜而记之。

募修余姚曹墅桥碑记（庚寅葭月）

梁简文帝咏坏桥诗云："虹飞亘林际，星渡断山隅。斜梁悬水迹，画柱脱轻朱。"每读一过，令人生秋草夕阳之感。姚江城西有曹墅桥焉，宁波、绍兴二郡人士，水舟陆车，胥假是道。遥溯其朔，非不仙圣来往，风云路通。无如桥之上游，西北诸水，万派汇流，皆从陡壁下注斯桥，以直达于蛟门。而下游潮汐盛涨，激湍惊涛，淙啮崖岸，历岁久远，桥不能支，莫负横空之霓，几平就浅之水，欹斜倾侧，行旅苦之。光绪戊子秋，里人宋君子岩书来，以修桥请。侨寓上海之上虞屠君云峰、陈君春澜，余姚王君蕢生、陈君笙郊等，属有同志劝募得金，商诸姚绅韩勉夫广文，徐莲峰、张益斋两大令，会同村中衿耆施元书、莫引川、胡贞祥、韩梓、韩彩庭、韩开富、韩增富、韩明煜、韩明耀，联名呈请邑侯，涓吉于己丑四月兴工，越明年庚寅五月藏〔蒇〕事。并于桥之东北隅购田四分，增筑土地祠，衣冠穆然，须髯苍然，过此桥者，仿佛坭上遇黄石公也。毗连马渚镇之锁澜桥，亦以余力修整。计縻洋银五千三百五十元。董斯役者，沈竹亭司马、邵水樵茂才。司其事者，陆君鉴堂、茅君文敷、俞君翰香。程工三月，竹亭以积劳病故，公举胡小松通守竟其成。工既竣，辄又诵杜工部"顾我老非题柱客，知君才是济川功"之句，而为之低徊不置也。至乐输赤仄者，于例亦得备书。爰为勒石如左。

致清节堂董王介眉都转书（辛卯八月）

兹肃者：节妇魏罗氏嗣侄求入贵堂抚育一事，函恳吟香丈，当荷赐复，兹将原函抄呈德鉴。大凡妇人守节，最难最苦，而有子与无子有别，嗣褓褓之子，与已长成者尤有别。魏罗氏以夫弟之子承继大宗，礼也。但家无遗产，夫弟之子又幼不相亲，是以该节妇愿抱在堂，教之诲之，自是不得已之苦衷。堂中本可携带子女，该节妇以未先注册，不合堂章。惟查该节妇入堂时，其夫弟尚未娶室，此情应求曲谅。事有常有变，而立法之初，亦断难推阐无遗，如算法然，愈演而愈精密。此所望于董其事者，体贴入微，俾无遗憾，不以例之一字，为敷衍门面计耳。国家之坏，正在死守一例字，贤如执事，岂肯效之？况善堂尤贵以实心行实事乎！据鄙见，在堂节妇，除螟蛉异姓渎宗者不议外，其余本支服侄应继者，允宜推广章程，一概收纳。此举不过稍增经费耳，兴灭继绝，当亦仁人之所乐为者也。弟身在局外，本不应越俎，夙仰吾兄虚怀若谷，吟丈来函又殷殷下问，且系两世交谊，故不揣冒昧，谨摅愚者之一得。倘蒙采纳，俯赐转商，谅吟丈善善从长，或者有取。敬为穷民顿首代吁。

致绍郡伯时蓬仙太尊书（壬辰五月）

昨在沪北仁济善堂，见司事王少兰接其族叔上虞梁湖绅士王霞栖司马来函，谓闰月初三四日，该镇大赛总管神会，时当酷暑，深恐人聚过稠，触发暑疫，拟向沪上各善堂乞取痧药，以备不虞。函中盛称赛会之热闹，为从来所罕见。各堂董以此举近于自扰，不愿给药，并怂元善设法劝止。窃思春祈秋报，礼亦宜之，惟踵事增华，遂至变本加厉，其害有不可胜言者。综其大概，厥有五端。值此春畴有事，而辍耕以嬉，男女空巷，废事失时，其害一。烟火为会中必需，当此恒旸物燥，一星之火，可以燎原，倘肇焚如，厥灾非细，其害二。张皇过甚，炫珍赛宝，海盗堪虞，其害三。函中称观者数万人，假如毗连会稽、余姚、诸暨、嵊县邻邑之人，竞来瞻眺，数倍之，或再倍之，此十余万人，弃数日农工之业可惜，竭终岁勤动之资尤可惜，正苦瘠贫，何堪遭此剥损，其害四。四明大兰山，离上虞南乡数十里，开地淘沙棚民，大半客籍，难保无会匪混迹，乘机猝发，亦在意中，其害五。元善与王绅虽曾相识，而为时已迫，且群情汹涌，亦非婉言劝导之所能为力，驻沪敝同乡拟具公禀。窃思大公祖来守我郡，卓著循声，元善并承青睐，不揣冒昧，据情沥陈，不复端渎。屈指此书廿四可到，伏求遴委干员，星夜驰往，檄饬上虞令君，于左近各镇集，大张告示，只准以旗罗伞扇数十人循行故事，此外一概屏除。设各乡社或虑诚意未伸，则虞城新创积善堂，现在经费未裕，不妨将所节之费，移助善堂，则神人共悦，与会者必更受福，一举而数善备，当亦贤父母所乐为者也。

致亲家葛蕃甫同转书（癸巳四月）

昨阅沪报所登审案宜养妇女廉耻一论，于贵公堂判牍，似有贬词。悠悠之口，可不必计，惟前月廿八日，见台从自捕房公旋，形神劳瘁，云及会讯之案甚多，精力疲乏，半途而歇，其发落未完者，只好听其多押几天。别后细绎斯语，有不能已于言者，请详陈之。大凡出仕临民，以折狱为最难之事。尝谓虞廷五臣，禹、稷、契、益，皆后先为帝王，独皋陶子孙，至春秋时已灭，《传》所称庭坚不祀是也。淑问如皋陶，尚因此而抱缺憾，可不畏哉！今英法公廨，虽无定谳之权，而终日从事于会审裁判。租界地广人稠，政教风俗，几同化外，公廨举措，隐然系转移风化之责，张弛或有未当，所关非浅。吾公秉性朴诚，租界向以捕探为耳目，此中岂多君子？全神贯注，犹惧为所蒙蔽。吾公既非机警明敏一流，又患夜寐不宁之恙，竭蹶从事，精神难期周到。忠告责善，真有古人之风，时贤中那有此等忠直之人。纵使见得到，亦不肯轻言以得罪朋友，惟腹诽而已。嗟乎！此世风之所以不古也。剑子华注。去岁屡劝力辞此差，其时尚为保养玉体起见，深恐精力不继。近悉一事，愈觉可怕。敝友谢绥之，端人也，其亲家黄梅仙，本同志之友，为人可想而见。黄君曾任鄂令，囊无余财，不可谓非浊世之良吏。嗣办襄阳电局，卒于差次。其长子亦既成立，接办电差，即谢婿也。前月中旬，忽在局病故，而昨岁黄君次子已先卒，两媳均无所出，一门萎颓，可为浩叹。以黄君为人，如此结果，令人疑天道之无凭。今细探其服官之地，金称人太忠厚，胥差之权略重。然则黄君不过才不逮耳，无心之过，天谴已如此。弟感伤此怀，亟劝执事力辞此差，既葆精神，又免阙失。银钱与性命、阴德孰重乎？目前少此一差，淡泊自甘，亦不致兴在陈之叹。且以公之老成笃实，熟谙洋务，上孚下彻，当此才难之际，迨调摄精神复旧，不患无事做，届时必有迫之使出者。迂愚之忱，倘蒙见采，但宜果决，不可谋及幕友家人，世俗浅识，恐不能见到此也。辱在至戚至好，又承公有愿闻己过之语，不自觉言之戆直。

致次婿袁春洲书（癸巳五月）

兄弟天合，只可原情，难以讲理。一以至诚动之，潜移默化，舍是而参权术，终难克谐雍睦也。昆季不睦，总谓待我不是，积嫌成隙。古来焚廪掩井，难于我百倍。孟子所谓"舜何人也，予何人也"，言念及此，忿气自平。诸弟欠恭，良由少读圣经贤传所致。薄责于人，尽其在我，他人且可诚格，况一本乎？手足之间肯吃亏，则无不昌者。史书具在，非一人之私言也。

附治家经营浅说八则

家眷住栈，不知中馈，大非所宜，须亟亟搬出。刻苦勤俭，以身作则，每岁限定家用若干为额。由俭入奢易，由奢入俭难，可深懔焉。

主客往还，全在交道接礼，似不必专以花天酒地为周旋。且外孙年已总角，身教尤亟，屏除应酬，则既省费用，又葆精神。令弟辈相形之下，亦自渐渐收敛，一举而数善备也。

非公共者，勿摒搭，以示坦白。古贤一钱尺帛，不入私房，卒成大业。小富靠勤，大富靠天，必不靠乖巧。循乎天理，富在其中矣。

朱先生治家格言，开口第一句，即曰黎明即起。凡观人家气象，主人早起，即是朝气；主人晏起，即是暮气。关系兴衰，历历不爽。夜不忘寝，晨自可兴。气象光昌，有如旭日矣。

夙兴夜寐，先求遗业可久，再求可大。逢礼拜归家休息，余则从事栈中。盖婿年正盛，当学陶士行运甓习劳，他日尚有一番事业也。

数年之后，兄弟既翕，择尤付托，洁身去位，出山以图功名，屈指未逾强仕耳。孔子云"惟孝友于兄弟",是亦为政。他日者,本家修以为廷献,加人一等,有断然者矣。

愚幼而寡学,家庭间亦未能无憾。马齿渐长,阅历稍深,常觉今是昨非。承请教,不可不以自勉者勉婿。王道外无近功,愈操切,愈乖太和,不至覆家不止。贤昆玉惟婿采芹,乃马氏白眉也。倘酿阋墙,春秋之义,责备贤者,届时其又奚辞。

我辈学识浅薄,未能德性坚定,全赖取先哲格言至论,常置案头,时时翻阅,与古为友,德业自进。二十四悌图,宜悬座右,阅闭户自挞一则,亦可知所从事矣。再,古香阁新印《治家良言汇编》,亦善书也,不可不看。

复某姻世兄书（甲午仲夏）

自维寡学不文,未敢以先觉自居。兹承虚衷咨询,不敢不竭撮愚忧,以效忠告之义,条复于左:

过勿惮改,此周孝侯立除三害手段也。从来圣狂之判,全在一念之罔克。世兄春秋已十有八,经书读未过半,夜以继日,犹恐不及,岂可悠忽再误。

箪食瓢饮,故能成闻一知十之圣功。断齑划粥,方能立先忧后乐之相业。士志于道,而耻恶衣恶食者,未足与议也。此何以故?内重者外自轻也。

经曰:民生于三,事之如一。父生、君食、师教,古人与天地而并重。门外雪深,犹然侍立,居门下三年,始得进见。古人待师,如此其忠且敬,所以能有成。轻薄之子,目无师长,虽有美才,无足取已,嗣后须当痛改。

学西法者,当学其通商惠工、富国强兵之实学,不在学其饮食服御、靡丽纷华之末节。如彼洋行管事舌人西崽等,本非学人,岂足师法!吾辈当移俗,而不可为俗移。晏婴之御,拥盖策驷,洋洋自得,其妻见之,遂欲下堂求去。自好妇女,犹以为耻,而谓士君子可为之乎?

《论语》首篇,即及于入孝出弟,不弟即不孝,故长幼有序,列为五教。弟不可以先兄,小加大,少陵长,此谓之逆。孝者未有不弟,二十四悌图中,严溪亭尚书敬兄一帧,可玩也。夫弟道亦非一端,而要必自有序始,此三代之古谊也。

履厚席丰者，须知持盈保泰，祖宗勤苦而得之，子孙佚乐而失之，何以对先人！且有财正易勤学，无内顾之嗟，无分心之患，不惜脩脯以资鼓箧，其事必较寒士为易。西铭云"富贵福泽，皆厚我之生也"，尤须常懔此意，而富亦可长守其富也。

复味莼园主人书（甲午八月）

培植子弟之要，全赖外有严师，又贵内有严父，故曰人乐有贤父兄也，而尤在贤母之闰教。欧母画荻，陶母翦发，一番孤诣，天亦鉴怜。然犹是寡母，如吕正献公、申国夫人、焦先生内外夹持，尤可师法。犹忆弟当舞勺之年，遭红巾之乱，就婿乡负笈。师为劳先生芥园，外舅氏之姊夫也。从学年余，时遭夏楚，将《四书》全部从新温理，当时亦甚苦之。迨十五岁归里，母氏爱子情深，谕令在家肄业，而师长宽和圆通，当境甚乐。岂知耽延蹉跎，卒以无成。然自十七岁学贾后，至今《四书》正文细注，临事握管，犹能触发几句，律身处事，奉为准绳，皆芥园先生之功也。谚云：四书熟，秀才足。岂止秀才足耶，定天下有余矣。夫外重则内轻，窃见世兄衣服丽都，且闻时有膏粱之味送馆，稍不适即召回休息，此非爱之，实以害之。范希文先忧后乐之相业，都从断齑划粥中来。年轻子弟，当使之习勤、嗜苦、耐劳。在昔执事遭万年青轮船之险，而能耸身桅上，得避于厄，岂非功基于少岁，其效略可睹乎？是则弟所言，即执事之身教也。因承不弃，折节订交，又凤钦如夫人贤德，推立达之怀，不惮贡其药石，屡渎左右，尚其鉴之。

复津门佩卿侄二书

复津门佩卿宗侄函（乙未八月）

春夏叠接函电，风中之烛，势将见跋，懒于握管，遂稽削答。一昨又得巧月下旬手书，欣悉贤阮见重上峰，可望送引。谚云"邻舍做官，大家喜欢"，况一本乎！惟做官必先认定民之父母四字，直任不辞。若如俗云，千里做官只为财，误矣误矣！俗不又云乎，一代为官九代贫，可为寒心。想贤阮必不以余言为不近人情也。筹赈之役，现在劝办不乏其人，南中仅此物力，多自树帜，未免骛虚名而鲜实效。一息尚存，为宗族乡党尽亲亲之义可矣。

又（戊戌三月）

接正月初八手书，知侄去腊入觐天颜，领凭到省，从此为百里侯，宗党增辉矣。大凡为政临民，不难在上峰眷注，而难在下民爱戴。愚寡学未仕，何敢自诩识途，特寄赠《陆子全书》一部，计十册。清献公为吾浙大贤，又是直隶循吏，正学清操，为世宗仰。侄肯笃守此编，不愧民之父母，而可免子孙覆亡之悲矣。

致杨子萱太守书（乙未十二月）

旧岁力辞花红一节，既顾大局，即不能顾众友之怨而自为谋，固亦甚拙也。今阅册载沪局六友，暨弟与各司事，所派花红将及三千。但司事十人，连已往之宋、张计之，半千实嫌太少，若再请益，则各局必有后言。不获已，只得将弟一分辞去，以求加于众人，庶昭大公，兼释前怨。而犹不止于是，自念戚族故旧，待以举火者，不自弟始。近年所入既菲，故自奉甚约，而不敢改父之道。督办津贴，仅资敷衍。若今所派花红一千元，除去旧贴之项，所余不过四百余元，徒有虚名而无实济，转以增累，殊非所以为己也。岂有见孔方兄，而肯不受者耶？未免视弟太高矣。既承指教，弟不敢再说辞谢，以博美名矣。另笺陈某一事，尝记先君子言，子弟十五岁学贾，到二十岁积有百金，以后可无虞其倾覆，如亏百金，此人终身必无了局。故弟用人，别有秘钥，得之趋庭。陈某初来，月辛六元，能顾事蓄，今已累增至廿元，尚有在正款外者，反致亏空。揆厥所由，无非用于应酬津要。弟屡次规说，岂知直道不宜今世，彼固自有妙用。前闻忽委帮办，加薪水，弟觉骇然。陈某系弟用人，贤否须由弟请。假如弟越督办而径趋南北洋，得奉特札，试问督办愿乎不愿。然此犹小节也，果能勤俭持之，余三余九，玉成人美，弟亦乐为。无如入愈多，出愈不敷，是督办爱之，适以害之矣。弟所用各友，类皆就我范围，勤俭相尚。自陈某加薪后，风气渐渐转移。譬诸一桶福橘，一橘出水，势必余橘皆烂，此即去害马之说也。弟与督办道义相交，故不敢阿谀曲从，以坏大局。每慨督办所用之人，赤心者寡，而局面如此之大，若不以求贤才为亟，而专喜逢迎，吾知其危若冰山矣。已曾三上书，又有保国驳辨一禀，吾兄阅之，当知其一片天真，绝无客气参其间也。

按：陈君数年不见，辛丑十一月，鄙人尚在澳门时，忽接陈岸步电局来函，称久拟叩谒，日前自省抵港，闻大驾不在此，殊深怅怅。今日束装趁轮，由北海回岸，同船友人述及老伯公馆住处，方知昨者之误。因北海轮一月不及数次，急欲回岸，不及亲叩，特肃寸禀云云。又于昨岁正月贻书，有愿来送别之语。其不以鄙人前日相待为怨，而或反以为德，可知矣。然则纯乎公心，不参私见，人之为怨为德，置之不问。其人苟为君子，则亦何怨之有？因陈君频讯，喜而志之。癸卯首夏，元善自记。

同仁公济堂纪事（丁酉孟秋）

甲午中东衅起，制造局左近贫民麇集。余寄迹密迩，惧其为奸细勾引，思有以噢咻而安集之。正踌躇间，适局员谭丽生、钟鹤笙二君顾访，欲于其地，联约同志，募设善堂。谭君，仁济旧侣也，勇于为善，而性阔疏。钟君则尝同往徐州勘矿，稔其才可办事。因谓钟君，如肯驻堂肩其任，余当竭诚赞襄。钟以添谋薪水为言，乃商之盛观察，援贴仁济刘君例，在备赈余息内，月贴三十两。钟君又以仰食于堂有惭色，余曰：同归于善，仁济刘君亦介士也，君与刘何别乎？钟允之，命名公济，曰凡事由不公致弊，我辈宜以公为怀也，遇事集同人公之，仿西人立议事簿。遂以五千元购杨军门之屋址，军门以二千首倡捐助，计同志二十四人，公呈关道暨制造局、有司衙门，承邑令黄侯立案给示，于丙申正月开堂试办。一切用人行政，归钟君总理，而借用电局钤记，收支帐目，月一登报。同人谭丽生、赵静涵、曹豫才、刘竹溪、周航笙、张泽如诸君，一星期内到两次。又议以义塾改公塾，酌收学生节捐，贴补书籍、纸笔、硃墨。规划既定，佥为是堂庆得人矣。二月十三日，邀南北同人，大会于四明公所。钟君忽言，施医归赵君，施棺归谭君，义冢归曹君，给药归刘君，自认专办公塾。余谓分任诚是，而五脏之官，必以心为君主，未可高言不动心，自驰其责任也。钟君笑而诺之。会余病不能兴，同人互有意见，余屡作书调停之。虽诸君子亦或不合，而余不能不引春秋之义，责之钟君也。讵意钟君于四月初七来函云，叠奉惠书，加以药石，亦渐心平气和。昨赵君因义塾事，言语之间，令人难受，故弟告退之志益坚。十七来函云，望公极力排解，一挥降魔杵，作护法韦陀，庶不致弟一人受困于群魔。赵之端谨率真，人所共知，钟与有旧交，与曹亦两世通家，何至举世皆浊，我独清乎？但既如此决绝，势不可以强。赵、谭、曹诸君，避嫌不肯接手，公议请寓北同人石君驻堂，王君心存司出纳。延至腊月，石亦再三固辞。因思天下事，得人则理，徒务虚名，无当也，乃议停止，时关道黄观察助洋银五百元，亦未收。从此徽惠于堂者，失所依赖。谭君丽生病之，立愿接办，赵静涵、王柳生、曹豫才三君助之。又得制造局王、刘诸君，暨巡防局鲁二尹，同兴恻隐之念，相与有成。爰再联名公恳盛京卿拨助公款，倘蒙当路巨公，垂念此堂，关系要区，抚弦动操，四山皆应，则继长增高，有举莫废矣。钟君创办擘画之精心，诚未可没，四君子勉为其难之苦衷，尤为堂务盛衰所关。惟是屈长才于短驭，此则余之罪也夫。愿天常生好人，愿好人常行好事，愿诸同仁继自今和衷共济，底斯堂于必成，愿钟君泯人我之见，身处局外，心系局中，以山中宰相自居，将来果能步武仁济，南北对峙，萧何第一之功，终非钟君莫属也。钟君其勉之，诸同仁共勉之。

致旭初宗长二书

致旭初宗长书（丁酉十二月）

前月罗舍亲之大世兄某茂才来局，帮司书启，见其面有烟色，谊关世交至戚，力劝戒除，已承追悔。因念两弟均沉湎于此，施由亲始，何忍缄默。仲氏自去岁起，颇肯听言，近得来信，云已减半，誓必力除。叔氏少通鲤讯，未知志愿何如。国家征收洋药税厘，非复从前之厉禁。但此嗜好，他人则可，吾弟兄蹈此，即为不孝。溯咸丰五年秋，先君子回里，有曹娥过塘行，朱姓老者顾访，馈送盘松鹿鹤四盆，度非泛交，留饭后欲借榻吸烟，先君子即勃然变色曰：我家中不能放此物，君请自便。朱翁恶然而去。因谕善等曰：道光壬寅以前犹可恕，壬寅后，国家受此大辱，再嗜此物，可谓全无肺肝。故善中年病危，屡有人劝我吸烟，当时生死一关，未能如今时之看破，姑试尝之，忽忆庭训，汗流脊背，决计宁死不食。今幸不为所困，得免违训。以某茂才之谨慎，顾犹未能免俗，况诸弟后辈，尚非茂才比耶？附上戒烟题名册望转送，并祈劝戒兼施，殁存均感。正恐留此烟派，继继承承，无以见先人于地下也。

又（戊戌二月）

去秋阁下在沪，云及欲我提携两侄，此我心中固有之念。丙申正月，命大侄来沪读书，看其举动，沾染浮滑习气。上馆不逾旬日，肆无忌惮，致被书院教习斥逐。同时有魏氏堂内侄懒学，我曾痛施夏楚。岂谓我不能威之，于我心当加重焉。无如人已长大，且不知自己内疚。即欲力辞回里，倘责之而不服，我病中如何受得，必至触动肝阳，只好付之一叹而已。至二侄曾在尊处习业，长者教诲有方，必已知家计艰难。乃去春随其母出来，举止亦甚轻浮，真是难兄难弟，并喜与下流之阿耀为伍，回里动身并不告辞，亦不照顾其母，先偕阿耀朝北游荡。五月间我付其一示，并无只字之复。此种情形，其心目中，尚有可畏之长辈耶？照此两侄行为，就是我之子，严则逐出家门，或送官禁，慈则付诸不闻不问。此皆乃父在日，不听良言，以身为教，乃致如此，可悲也夫！今大侄屡次来禀，求我提拨谋事，我与其约，必将陈文恭公《五种遗规》、汪龙庄先生《双节堂庸训》两书看熟，能变化气质，我决不膜视，否则断不必来。此我教训大侄，勉励上进之情形也。若二侄，我亦欲使其苦到极处，待其自知向上，亦如乃兄苦苦来求，再与之约法三章也。望阁下以此意密告其母：第一为二侄完姻，愈俭愈好；平日看待，愈严愈好；若在家中，须责其做种种苦工，并每日清晨读《太上感应篇》，或者启发良知，真诚悔过，此便有转机可望。余已批详大侄禀矣。

上楚督张制府书（戊戌四月）

窃元善电局襄事，廿载于兹，虽保举至府道之职，而无丝毫富贵利达之念。以历办民捐义赈，得蒙传旨嘉奖十一次。平居尚论古人，系怀时局，愿得胡文忠、曾文正其人，追随鞭镫。顾数十年市隐海滨，所交游者，不出乡里好善之士，公卿大夫之贤者，未有能知元善者也。自庚寅岁，蒙宪台电传赴鄂，两次进见，不愆约期，倒屣之雅，度越寻常，较司道之在官厅守候者，相距甚远，元善何人，蒙兹礼遇。嗣奉宪谕拟纺织办法，因即缮陈八事。旋又奉传谕，委充织布局提调。驽马而逢伯乐之顾，自应感激驰驱，然元善终不敢奉札者，非高尚上之节也。宪台抱匡时之略，礼贤下士，天下贤才，宜无不奔走恐后，而深察左右，轶群超伦之人不概见，何欤？及议织布购花，元善以为不拘何地采购，但求合用，而宪台则谓，身为楚督，须为楚民兴利，即使鄂花逊于江南，不过织出之布，稍粗已耳，于是叹宪衷有畛域之见存。往者胡文忠、曾文正削平大难，皆以天下为己任，岂拘拘于一方？则与元善所学，以公普为量者异矣。进见之次日，有人传谕，谓沈守嵩龄系知府班委提调，元善直牧亦委提调，宜以为荣，于是叹宪衷又有阶级之见存。彼在官言官，所谓今之从政者，原不足异，岂谓宪台亦计较及此，入赀数千，即可与监司为伍。时至今日，尚计官阶，则两湖官厅听鼓者，何可胜用，宜贤才之不乐景附也。布局开创，收回利权，求臻富强，事何如大，假如一蹶不振，前覆后鉴，风气遂为之窒，其所关系，岂曰戋戋。窃观鄂中织布、铁政两局基地，皆不合宜，读光绪乙未总署议复御史王鹏运奏请讲求商务一折，奏者议者，皆于商务隔十重帘幕。耕问奴，织问婢，岂有非身为商者，而可言商务？此孔子所以自谓不如老农老圃也。武汉为古今用兵之地，布局贴近城垣，一遇风鹤，岂能瓦全？至于炼铁一举，煤铁相连，方能便利。是故泰西办法，或以铁就煤，或以煤就铁。今两矿与炼铁炉厂，隔省搬运，越国鄙远，吾知其难，是其亏折可以豫料。因小失大，全局皆输，与其身入局中，自问收效莫必，曷若洁身而去，让于能者为之。元善所以于进退之际，审慎踌躇，而不欲轻于奉命者，此皆其原因也。惟是感恩知己，别无图报，不敢不一进忠告。虽有阻之者，谓元善新进，且委差而不奉札，必非宪意所喜，何复哓哓，然区区之心，终不敢目宪台为不能受尽言，是以虽决然舍去，而仍不能释然于怀。追溯前因，不觉倾筐倒箧而出之，绝无隐讳也。

迩者天时人事，内忧外侮，迭起环生，环顾天下，仍不能不于我宪台是望。月前内召旨下，元善闻之，距跃起曰，天其或者欲存中国乎！注盼北行，惟日为岁。不揣愚陋，忘其见弃已久，而为天下计，犹欲以壤流之细，仰补高深。今天下深识之士，皆知铁路、矿产、武备、制造、格致、学堂、机器皆在所当办。然或已奉明诏，而封疆大员不以为事，朝廷无一语责问。勤者无功，怠者无过，此非大明赏罚，无以振动人心。今虽有经济特科之设，然人才恐亦难必得。本根不固，枝叶徒繁，痿痹不仁，针砭宜痛。故元善所欲言者，首在明罚，其次曰伸气，又其次曰保富。何谓明罚？甲午失律，丧师辱国之文武，死有余辜，尚邀宽典，何警将来！至于中日战后，自光绪二十年起，所奉特旨，及军机处、六部、总署议行中外臣工各条陈，直省将军督抚视为弁髦，不复奏者，十人而五。宜查取职名，严加议处。不痛不痒，见笑邻邦，欲其强国，不亦难哉！何谓伸气？中国之大，时务通达、体用兼备之士，未尝无人，特以资格限之，科举阻之，身家累之，虽有贤才，莫能自兴，此豪杰所以去而他顾也。时事危迫，非豪杰无可为计，宜立招贤馆于冲要，苟有一长，即为保奏，千金市骨，良骥纷来。昔胡文忠、曾文正，其幕府贤者何其多，岂生才之天，不属于今乎？此必非无故矣。何谓保富？甲午以后，铁路、银行，特设专官，斯为大举。然于自保利权之法，仍未能有把握也。内地遍开商埠，外国舟车，任意游行，利权尽为所夺。保富以周急，诚为今日要图。宜选深明商务之大员，在上海起点，督办商务，如铁路总公司故事，部颁印信，准其专折奏事，位在各省司道之上，庶可通中外之气，而渐以收复利权。统铁路、银行、轮船、电报、税务、邮政诸大事，辅相其成，补救其敝，此最切于目前者也。今日枢机甫动，宪台言之于密勿，皇上断之于深宫，如是而已。元善不求闻达，永矢初心。古人云"请自隗始"，即使宪台果以为可用，举而加之众人之上，则其报国之心，不分显晦。然而难进易退，仍与昔者无殊，岂有自私自利之心存其间哉？知有天下而已。虽明知言之无补，然不敢不以此望宪台。迂愚性成，伏乞原鉴。

致徐仲凡太守书（戊戌六月）

手示敬悉。弟聋聩如于陵仲子。去秋创兴女学一事，不自度量，冒昧躁妄，现在如困重围。初念颇悔，继思人生如块垒登场，终有下场之日。诸葛武侯五十八而终，王文成公五十七而终，以两公天赋之厚，尚不克享遐龄。希长生即是贪，为佛氏三戒之一。惟有趁未死之时，俯焉日有孳孳而已。文成全集，扼要在万物一体，泯人我之见。张子民胞物与四字，存诸心犹易，见诸实践真难。现弟想得浅显一法，将顾恋身家，渐渐看淡，亲亲仁民，渐渐看浓，循序渐进，久而久之，不知能跂望先贤万一否？霍故太尊麦助款项，弟处于二月望日，存放南市同乡开设北货行，长年一分计息，此项归弟保险可也。

附录：霍郡伯故后公致感情志略

霍子方太尊讳顺武，八旗富察氏，由农曹出守绍郡一十七载，清勤之称，碑在民口。光绪丁酉七月三十日卒于任，两袖清风，几无以为敛，郡绅马春旸传煦、钟厚堂念祖、鲍敦甫临、徐仲凡树兰、任秋田塍、徐馥卿䰄兰、谢葵畦凤书、张诒庭嘉谋，八君子既集赀为之赙，并驰书郡之远近缙绅，共筹麦助。元善于霍公闻其名，故未识也，因念斯世多能吏，至于一钱太守，茫茫宇宙，孰克继之？乃近在咫尺，即为我之父母。古人于凡民之丧，且匍匐救，况为我所心服之贤长官耶？爰偕徐叔蓓部郎，暨吾郡之懋迁于沪者，各自解囊，并呼将伯。计截至己亥八月止，共得银一千七百九元有奇。于是年八月二十日，与在籍鲍敦甫翰讲、徐仲凡太守，联名公致都门乡先生葛正卿侍郎宝华，请其将款转交霍太尊公子纳之。同人尚拟为钱清续录以纪其事，会余踪迹播越，一时恐不及就，用志其略，以见廉吏之感情如此。癸卯夏五，元善自识。

致某侄书（戊戌十二月）

汝在此间耽搁数日，见汝湎酒多言，如老年人唠叨，气象大损于前，余颇忧之。汝归家已逾匝月，何无只字告平安也？懒耶，抑心目中竟无长上耶？吾知汝自命跨灶，不特视母如赘疣，即视父亦如刘邦之太公，在家中称霸，此岂为人子者所应尔耶？汝夫妇亦将不惑，到双亲现在年纪转瞬耳。且汝对兄长，亦倨傲不弟，是大不可者。汝叔眼明心辣，未尝非美才，上代诸兄皆所勿及。然而性天最宜培养，祸福无门，惟人自召也。古人云，其父杀人报仇，其子必将行劫，可不畏哉！汝独不欲自作兄父耶？曹娥郭某不孝父母，后其子尤甚。一日诸子群起欧〔殴〕父，郭由楼窗逸，其子以铁叉叉之。郭向友诉苦，友曰：君试扪心自问，待双亲如何？郭曰：我不过谩骂而已，岂若诸畜生以兵刃相加耶？友曰：娶妻图子，放债图利，天曹算此等帐，利息极重，今已数十年利上滚利，而尚未叉死，汝已便宜矣。郭大悔，至父母坟前号恸，然而已无及矣。念及此，能不懔然？余呕心诲汝，回头是岸也。余待子侄一视同仁，岂以汝而忍缄默耶！

姚江折柳序（己亥三月二十一日，
在余姚舟次与二弟话别，书此以赠）

自天子以至于庶人，壹是皆以修身为本。身修而后家齐，家齐而后国治，国治而后天下平。行远必自迩，登高必自卑。若但看时务书籍，而不从《学》、《庸》、《论》、《孟》入手，无异方寸之木，高于岑楼。先淑己而后淑人，若但看持〔时〕务书籍，是知有人，不知有己，昧乎立达之义矣。老佣注。

如将《王文成公全书》一部，朝夕咀嚼，必然津津有味。再能进窥《朱子全书》，必愈觉津津有味。老佣注。

学问之道，入手是一个诚字，欲寻诚字门径，当从不妄语始。诚求诚应，诚之至，金石能开，不应不开，诚未笃也。诚者，其实无妄之谓也。昨弟云，现讲维新学问，戒烟恐人疑为耶教，此掩不善而著其善也。何不师某大帅之奏对，直截痛快曰，吸烟上瘾年久，实在难戒。即不妄语之起点，违道不远矣。诚要如李广射石，不参他念。老佣注。

大凡看一卷书，必须反身而诚，有为者亦如是，无则加勉焉，庶不致书自书而我自我。古之学者为己，今之学者为人，斯言宜三复。

血气用事，到老必衰。如酒后逞强，醉时勇，醒时惫矣。必也学而不厌，与年俱进，自然薑桂之性，老而弥笃。程子云，不学则老而衰。老佣注。

以身教者从，以言教者讼。谚云：儿子上腰，跪了讨饶。世间岂有父畏子之理，只是己之所为未正，被子看在眼里，亦步亦趋，难矣哉！故教子必先自修始，种瓜得瓜，种豆得豆，此理万古不磨。如此说便不杂于因果。老佣注。

人非圣人，孰能无过。万般愆尤晦吝，只要一个悔字，所谓放下屠刀，立地成佛也。孔子不拒互乡童子，即佛经回头是岸之意。以前种种，譬如昨日死，以后种种，譬如今日生。

曾文正公家书中，不忮不求两诗，苟能熟读悟澈，则非道必不进矣。

兄少无严师，又远违严亲。壮岁以前，愆尤丛积，三十岁得外症，天降之罚，遇盲医，几至不起。时尚乏嗣，病中痛自追悔。先看王文成、熊襄愍、张杨园集，继看三鱼堂、求阙斋集、陆宣公奏议，渐渐志气卓越，病寻愈。三十八岁，默邀神佑，创办义赈后，连举四子。甲午行成，痛时事之日非，欲谢绝世务，从事内典，忽又一病几殆。病中复将阳明全书，潜心研究，灼知乡先贤一生得力，在勘破生死一关，惟以物我胞与为志，心理大通，病亦霍然。

一阛阓庸夫，而得与宇内贤士大夫往还，全在先府君遗墨，格言数篇，资为圭臬。今弟若能师父之心以师兄，吹埙吹篪，相求相应，自然进矣。吾弟昆皆两鬓斑白，离多会少，此后未知何日再图良晤，不可无一言以赠。临歧分袂，握管惘然。

附录：先府君手书座右铭

人知言语足以彰吾德，而不知慎言语，乃所以养吾德。人知饮食足以益吾身，而不知节饮食，乃所以养吾身。

衰后罪孽，都是盛时作的。老来疾病，都是壮年招的。

败德之事非一，而酗酒者德必败。伤生之事非一，而好色者生必伤。

为善如负重登山，为恶如乘骏走坂。

天下纵有难处之事，若顺理处之，不计较利害，则本心亦自泰然。若不以义理为主，则遇难处之事，越难处矣。

凡为善畏人非笑而止，只是为善之心未诚。若诚自止不得，且如世间贪财好色之徒，不独不畏人非笑，甚至冒刑戮而为之。此其故何哉？只因于贪财好色上诚耳。吾辈为善，须有此样心，乃能日进。嘉平念二日，友人夜谈有感，节录杨西堂先生语以自勖。

荣辱不惊，肝木乃宁。动静以敬，心火斯定。接物寡言，肺金乃全。恬淡无欲，肾水自足。饮食有度，脾土乃固。此吕心吾先生《呻吟语》，按五行而使五脏相养滋生，诚修道之入门决也。

大抵事只有一个是非。是非既定，却拣一个是处行将去，必欲回互得人人道好，岂有此理。然事之是非，久却自定。时下须是在我者无慊，仰不愧，俯不怍，别人道好道恶管他。录朱子语。

读此笺，令人友于之念，不觉油然而生。会稽徐树兰识。

劝女子读书说（己亥仲秋）

两仪之大，乾坤对待；五伦之中，夫妇同体。是以文章有奇偶，神智有园方，均是戴高履厚，负阴抱阳。必以男子读书为有用，女子读书为无用，不亦异哉！上古无不读书之女子也。三百篇，闾巷妇人之作居半也。是以中垒列传，有取于静女；兰台续史，特进乎大家。前徽不沫，可按而稽。自后世以文章取士，乃谓无女状元科，遂至沉痼之疾，无自砭箴。迄于今日，民志日愚，国势日蹙，以欧美相比例，亦可以憬然悟矣。然而持是说也，疑者多，信者少，或目笑而心非之，甚至力排而痛辟之。谓女子当务之急，不过主持中馈，酒食是议已耳；针黹缝纫，料量琐屑已耳，安用读书。不知人字两划，具左右阴阳之义，非男子名人，而女子不得名人也。男女既同为人，即可以同参天地，同立三才。何以男子束发之后，即令读书，虽贩夫牧竖，亦恐以不识一丁，为终身累。至于女子，惟知洞其耳，楛其足，涂饰其面目，一若仅供天地间好玩之用。揆诸一视同仁之旨，当不其然。而世之论者，且曰女子无才便是德。假令女子尽能读书，不将智识日深，灵明日辟，凿破混沌，愈引其邪僻之心，而肆其无等之欲，非大可畏之事乎？嗟乎！圣贤之言，诗书之教，岂长人邪僻之具耶？且即谓女之治内，然其当尽之道，当为之事，何减男子？相夫教子，迎宾送舅，在在皆有学问焉。考之乎忠孝节烈之本原，著之于日用行为之事实，斯身修而家齐矣。《易》曰：夫夫妇妇而家道正，正家而天下定。天下者，家之积。家者，夫妇之积。吾未见家道不正，天下可得而治也。世徒知男子不读书为无学，不可以齐家，而乌知女子关系为尤重耶？世之为是言者多矣，余特为此浅显之说，举其涉于世道人心之大者，著于篇。知言君子，当不以为河汉也。

　　书莲山先生劝女子读书说后

　　女子不可不读书，自是不磨之论。惟愚尝以今世男子作比例，四书五经，家弦户诵，高才博学，日异月新，而贤达之士，卒不多见，何耶？先生为中国昌言女学，特举数千年已废之典，毅然行之，事虽不成，志则伟矣。虽然，吾尚虑有读书之名，无读书之实，徒为世间添许多女学士，其无用与男子等，此则辨之不可不早也。先生痛恨时文，或者以为女子不学时文，自不与男子一例。此则得之矣，而犹不尽然也，主持风教者，自能言之，余无庸赘。辛丑夏五，北市老佣校读谨识。

上海重开经正书院启（己亥八月）

　　本书院于癸巳岁，度地建屋于沪南。延请名师，招致俊秀，分授中西各学。于时四方学子，负笈云集，至房舍不能容。嗣于丙申夏，督办铁路大臣盛京卿，欲以其地开设南洋公学堂，遂以全院并之，而别设女塾于桂墅里。今岁之秋，又并女学于城之分塾，空出此舍，以作男塾，仍名经正，犹前志也。迩来时局艰危，需才愈亟，然而义理、考据、词章，桐城姚氏所云，三者缺一不可。曾文正益以经济，则明体达用，无余思矣。至于策论、掌故、算数、舆图，旁及西文、西学，皆其节目之大者，尤在在关切时势。要之以涵养性情，变化气质，则又先器识后文艺之旨也。世事有变迁，斯义要与河岳并寿也。诸生有志全学者，体具用周，蔚为不器，本书院固所深愿。而或才力有限，志趣各殊，本书院多其途以相待，故分数塾，延数师，有句读之师，有制举之师，有古学之师，有新学之师。西文先备英、法、东、俄，西学先讲积微、格致。又设温书一塾，以数师合为而多寡无定焉。塾师之外，复请中西各学之名于时者，管理其事。诸生或专一学，或兼数学，可于报名时指明，亦可入塾后更易，悉听自便。一洗向者计晷课功，迫束拘牵之病。韩子有言，孔子之道，大而能博。群弟子不能遍观而尽识，学焉而各得其性之所近。盖以其近者扩之进之，则因邱而为高，因泽而为下，自然事半功倍。强之以不能，囿之以定式，屈梧竹而横斜，引桃李而直上，其得成焉者寡矣。本书院具此深衷，用便来学，而尤拳拳于寒灯攻苦、有志无力之徒，故脩资从其廉，教术求其广，立心既非杨子为我，入手则同胡氏分斋。至于功课严而心志适，规模肃而气体舒，藏修息游无偏胜，起居饮食必以时，犹为余事。故凡他塾所有之美，本书院皆有之，他塾未有之美，本书院独有之。犹恐徒托空言，毫无实效，爰拟先收一节脩膳，诸生谓为善则留，谓为不善则去，去留既听自便，锱铢更不较量。凡以致其鼓舞兴起，而自符乎经正之情而已。名虽由旧，实则更新。四方君子，尚其鉴诸。章程列后。章程繁琐，兹故不录。

经正书院，与各处书院学堂，办法小异。所云一洗向者计晷课功，迫束拘牵之病，最为有道者称赏，而学者亦多便之。办未数月，负笈云集。事虽不成，而章程为蜀中某大书院采取，则亦何必功自己出哉！不佞承乏讲席，与太守实表同情。故劝太守传刻此启，海内教育家，或有取焉。癸卯首夏，老佣附识。

上署南洋大臣鹿论彩票公牍（己亥十二月）

窃以百度维贞，大贤之新政；一得自诩，下士之微忱。伏见前者上海善堂绅董王维泰等，以粤商郑殿勋等禀请接充江南义赈彩票公司，改为江南善后冬赈彩票，酌提十中之一，以充本邑各堂善举。具禀督辕，仰蒙刘大臣嘉奖。旋经原办商人张襄杰等复控督辕，依旧承办，亦奉刘大臣照准。查王绅所禀，与卑府意见不合，而仍虱名其间者，该绅等实未知照订明，只以事关善举，无庸遽为别白。而人心不同，一如其面，若不自伸微志，转非以君子之道待人，而卑府之用情亦不出。彩票本非应为，善堂实虞力绌。王维泰等原无不合，惟卑府管见，则谓承办者不问何人，均当泯专利之私，存大公之见，庶此心可白于中外，而不为人所诋淇。其道有三，曰正其谊焉、保其利焉、普其惠焉，试为我宪台缕晰陈之。

曷言乎正其谊也？伏思泰西各国，有专利之条以劝能者，谓其创未经见之事，能人之所不能，又足以利赖无穷，故其苦心不容泯没，特予以专利之权限。专利者，使之自食其利，亦即我国重禄以劝百工之意也。至于我国亦有专利二字，见于古经，乃圣贤之所痛戒者，放利取怨，何可专乎？即谓步武西法，有此获报。但彩票行销中国，数十年矣，依样葫芦，何人不能，况借他人之利以为利，而欲专之，安有是情？该公司非以广济为名乎，循名责实，既在乎济人，复求其能广。是则为善之人，故不厌其过多；为善之量，更不辞其太广。何为惟利是专，情同垄断，宁可使各堂竭蹶，而不可使该公司淡漠，此岂刘大臣之用心？譬如有人设一救生船，可救十人，其一人踵而行之，可救十五人，曰只准许先设者救十人，不准踵行者救十五人，谓恐先设者失利也。利为主耶，义为主耶？吾知刘大臣必不其然。前者卑府曾以女学续办禀请拨款，蒙刘大臣批云：江南义赈彩票，本系权宜之举，暂资众力，以澹沉灾，不得已而请续办，以为贫民卒岁之谋。该绅等劝捐办赈，义闻昭著，续办女学，希仍自行筹措，若节灾黎之衣食，以供女士之弦歌，度该绅亦所不忍也等因。纯臣志事，亦既情见乎词，乃该商等挟其片语，善自为谋，俾刘大臣清风亮节，成白璧之微瑕，是该商等为辜恩负义之尤者矣。且阅该商等禀词，有资财千百万之语，果尔则为中土之财神，国家之重宝，更不宜孳孳为利，自即于愆。允宜效李京卿故事，慨然出资廿万助赈，庶不同为富不仁，区区彩票余利，又何足云。国家厚待富人，中西同意，以其能救贫人也。苟斤斤于什一之谋，借公以行其私，则亦曷贵有此富人？积财于子孙，子孙未必能守，不如积德于冥冥之中，使子孙长享其福，此古名贤之精语。该商等苟能深维此意，则无利之非义矣。人情既悦，谁嗣兴歌，尚何患纷纷者起而争乎？此为该商等正其谊者一也。

曷言乎保其利也？彩票肇于小吕宋，为欧洲各国所曲谅，以其利溥于公，不私诸己也。今吾国以操奇计赢之妙手，吐粲花之莲舌，朦禀上台，更不惜假道马璧，以成扑满之功。但使获有身符，即可饱其欲壑，不恤人言，不顾天理。斟酌乎孟子鸡鸣之章，掩饰乎《史记》货殖之传，为中外绅商所齿冷，所以租界中有禁止华人买票之文。绎刘大臣批词，谓争办纷纭，不成事体。然而利之所在，人必争之，后者何罪，前者何功？同处宇下，孰亲孰疏？如果彩票获利，除一切开销外，所入仅如昭信股票长年七厘，虽招之亦不来矣。犹忆曾文正公督两江，合肥李公督畿辅，会有水灾，集两淮盐商，募捐廿万，验资掣签，远近趋之若鹜。有山陕商人某，辇金而来，问此项生意获利若何，或告之曰有二分，其人不顾而去，谓人曰，利厚则不耐久，我不愿为也。不谓此君，居然见道。今该商张襄杰等禀称，创业甫成，无故停办，情何能甘。亦知函人矢人，择术原宜详慎，慢藏海盗，奚止于争。虽曰事属为义，然清夜扪心，果为义乎？抑不免有几微利之心乎？枵腹原不可以从公，取其重禄可也。据为利薮，则多藏者厚亡，悖入者悖出，天之道也。试问彩票者何物？一赌场之抽头而已矣。业奉刘大臣批准，此时惟有劝该商，用六味丸之补泻兼施，不可用十全大补丸之猛补，庶几平淡无奇，而成君子之汤，否则壅滞肠胃，不至不纳不已矣。查每票售洋五元，以七成半派彩，以一成提缴赈捐，以五厘归分售者回用，以一成作公司开销。就目下售二万五千张论，每票收洋五元，共十二万五千元。提缴赈捐一万二千五百元。迩来分售者加价七角，公司中必不肯再加回用，即使仍旧，每月亦可余一万二千五百元，统长年计共余十五万元。公司开销，必无庸如是之巨。至所垫按厘及购机等一切冗费，业经开过十会，以第一次一万张，与今二万五千张匀算，获利奚啻六七万元，以之抵销预垫各款，当已有盈无绌。况按厘至末年，仍可扣还，藏诸外府而已。郭商既故，宜恤其家，张、李、庞三总理，应得至厚之薪水，四家均照制造局总办薪水，每人每月二百两，约一千一百元，此外司事等一切开支，极丰极腴，综计约一千五百元，合共二千六百元。再益以当路苞苴，人情酬酢，约一千四百元，则每月尚可赢八千五百元。将若何而可以长有之乎？曰至味本无味，大音声正希。博施外更无息争之方，知足中乃有善全之策。此为该商等保其利者二也。

曷言乎普其惠也？彩票虽为淮徐海而设，然上海之无告者，独非穷民乎？何厚于彼，何薄于此？况公司开在上海，受其害者上海，享其利者他邦，于情尤为不恕。或曰上海各善堂有常年经费，然有者自有，无者自无。处兹百物价昂，待泽者愈众，施惠者愈难，是以各善堂无不拮据万状，借曰从容，而福田不嫌其广辟，心谷尤妙于多储。与其商人饱橐，要路抽丰，何若寒者絮而饥者饪乎？何若老有所养而死有所归乎？何若夏水冬汤以疗贫病，埋胔掩骼以惠重泉乎？更何若万间广厦，遍地青毡以福喁喁乎？《论语》称，老者安之，少者怀之。西铭言，民我同胞，物我同与。苟其界限綦严，即使真心为善，已为公中之私。华人做事，分别民官，计较尔我，成见不融，为丛驱雀。今日贫弱不振之患，实由于此。故卑府管见，凡本境城厢内外大小各善堂各善局，除辅元堂为卑府先父置有恒产、无待求助外，余应核其善举多寡，官商会议，秉公匀派，利益均沾。内惟租界善堂，有租界彩票公司，可另设法劝办。至于普济堂，每月有清道局拨助七百千，马路工程局为国家公事，与租界工程局一例，欲资彩票羡余，恐于政体稍碍，为邻人窃笑。至卑府女学，已奉教于刘大臣矣。续办之经正书院，虽极万分支绌，犹未敢遽作染指之想。因曾有友诤规，谓受赌规而讲正学，所谓名不雅驯，缙绅难言之也。大抵鳏寡孤独废病，与灾民初无异情，譬之病，一则伤寒传变，一则劳疾浸衰，有缓急，无轻重，设谓施医药者，专于伤寒，不及劳疾，岂有是情？此为该商等普其惠者三也。

抑卑府更有进者，欲其有利无弊，莫若用官督商办之法，归商务司道监督，以上海城厢内外各大善堂绅耆为董事，而无庸开支薪水。至该公司原办商人张、李、庞三姓，仍可令其总理。提缴官赈一成，及各项应开支者外，以其余款，施于沪上应办各善举之用。官绅会商，秉公酌派。如是不特张、李、庞三商义闻仁声，襮著于大江南北，即始事之郭商，亦得俎豆各堂，而租界西商闻之，必能略迹原心，谓其迹虽诡而心实正，不同寻常之赌博，有害无利。此上策也。抑或该商等泥乎专利之见，未肯出以大公，则惟听其开支，按月登报，由官绅稽核，将所赢悉以助各善堂，此中策也。再不然，以所多之一成，分半以助善举，官绅概不过问，则去义已远，然犹差强人意，此下策也。倘若藉口于所费甚巨，提半后开销不敷，应令该商辞退，即归各善堂合众承办。其始事之郭、张、李、庞四商，准其支领干薪，按月各得百元，与公司为始终，虽其子孙亦得永享，所以酬其创业之劳，而无庸与问其事。公司中由善堂绅董公举廉明好善之人以为总理，或一年二年一更易，此在该商等犹为无策之策。万一胶柱不解，利令智昏，胸中惟有刘大臣三字，窃恐批禀非带砺之盟，时局如弈棋无定。刘大臣为南服召公，为中国司马，专利二字，形于批牍，不可谓非千虑之一失，而无庸为之曲讳。然而义利何常，利而能义，虽利亦义，利而不义，虽义亦利。有义之名，得利之实，欲其长守，危矣。故特为该公司设策，亦即为刘大臣效忠，挽五洲藐视之心，息百族纷争之念，计诚无逾于此。

卑府受廛为氓，实未占籍，亦非善堂董事，本可安金人之三缄，只因王绅等以贱名填列，上渎宪聪，殊非本意，不敢不为出位之思，以自表见。又因兴办女学，蒙刘大臣殷怀提倡，始终不渝，既感激于知已，欲报之以令名。又恭遇大贤莅止，治具毕张。因念古之仁人，苟利天下，踵顶可捐，况仅烦区区言说，不敢蹈失言之愆，亦颇怀失人之惧。故所言皆天下之公言，可以质鬼神，可以告中外，成败得失，皆所不计，知我罪我，听之公评。伏惟宪台详审而择其中，上海幸甚，中国幸甚！所有广济公司彩票羡余，应请宪台俯赐鉴核，谕饬该商缴局，发交上海各善堂匀派之处，及其他办法各缘由，理合肃禀。恭叩钧安，伏祈垂鉴。

桂墅里放生池记（庚子五月）

沪南旧有放生局，在大南门外，但放牛马犬羊鸡鸭等，而不及鳞介，同人以为憾。顾其地未能扩充，乃拟改卜桂墅之里，而特凿一池。购得廿五保十四图恀字圩民田十亩八分零，又租赁二十余亩，共费洋银约四千元，在电报沪局元善所寡取之历届花红项下拨垫。布置粗定，乃请吴门王君九、姚务本两君，详绘工程图，复请虞山王君敬安序之。已亥葭月廿四日，破土祀神，主祭者前后知上海县事同乡王君欣甫、三湘蓝君云峰，保甲局员马君午桥。三君主张斯事尤力，而同乡汪君穰卿、罗君叔韫诸同志，欲就其中建藏书楼，供人翻阅，以开民智。王君敬安欲立放生社，藉收合群之益。自为社规，不袭旧说，群策群力，勇猛精进。爰命长男享沐，随放生局首董张雪堂老辈，会同辅元、果育、普育、仁济、元济、保安、复善、广益、保婴、公济十堂董，合词呈县备案。正募款兴工间，而元善待罪来海外矣。虽然，元善不过同志之一，尚冀诸善长努力为之，他日倘邀宽典，优游里门，尚愿作校人以答诸善长也。兹将王君放生池序，暨蓝明府告示，附录于后，而为之记。

放生池序（己亥仲秋，常熟王庆长撰）

辟佛者曰，放生，佛说也。援儒者曰，放生，儒说也。二说将何从？曰鸟兽鱼鳖咸若闻之矣，不闻放生也。陶唐以前，弗可考已。尧仁如天，帝德好生。大禹蛇龙放菹，成汤三面解网。文武之政，以近古特详，鱼不满尺，市不得鬻，人不得食。夫既不得鬻，不得食，则未尝轻捉，何待于放？既无妄杀，何伤于生？此二帝三王，必无放生之政也。去圣既远，人且不生，奚有于物。陵夷至战国，商君、韩公子之徒，务惨礉少恩，海内成一大杀场。故孟子力言不嗜杀，而以恩及禽兽为可王，救世苦心，卒莫能谅。自时厥后，帝王之道，不复循环，官礼之精，遂成虚器。问有鲲鲕之禁者乎？无有矣。问有数罟之禁者乎？无有矣。问有刳胎杀夭、覆巢破卵之禁者乎？无有矣。而佛氏适生其间，以寂灭为体，以慈悲为用，于是放生之说出，遂相沿以迄于今。是故放生者，于古无之，于今有之。古不必有，今不可无。援儒者陋也，辟佛者疏也。时哉！时哉！依乎中庸，厥惟君子。海上为五洲冲要，俗尚侈靡，人恣口腹。筵宴之盛，食前方丈不为豪；饕餮之常，箸下万钱不少惜。一元大武，生受剥肤，径寸小鲜，灼成没骨。机器宰牛新法，机动皮脱，极惨酷。罐中贮油灼小鱼，皆伤生之尤者。过屠门则大嚼，见鼎烹辄动指。戒不胜戒，劝无从劝。计惟徐为引机，俾之动念，以不忍杀之心，行求其生之事。减我杖头，脱之釜底。爰于望达港南，高昌庙东，桂墅里前，购地若干亩，将大门外放生局蓄禽鸟之苑，改建于此，名曰同仁放生院。即其中浚池蓄鱼，为放生池。池畔建屋，略有园亭楼阁之胜。窗棂洞启，阑槛倚流，便同人小憩，兼觞客焉。盖热闹场中，不可无此清净所。譬之暑气方张，进以清凉之散，纵无解于暑，而心目一爽焉。夜行不已，警以钟漏之音，纵莫止其行，而神魂一悚焉。杀者自杀，生者自生。杀者听人，生者由我。谓我之生，可以敌人杀，其词支。谓人之杀，奚取我之生，其情忍。杀者万，生者一，片鳞亦圣世余生。杀在彼，生在此，尺土即黄农古壤。每当春秋佳日，风月良辰，携朋偕来，列坐其次，可以驻高轩，可以停芳躅，可以商正学，可以讲元经。想其水波不兴，荇藻交拂，释彼柳贯，遂其蒲依。或囿囿焉，则始放也；或洋洋焉，则放而少休也；或悠悠然而逝焉，则放而得所，不啻逋臣之逍遥海外也。于是相与欢喜而赞叹曰：善哉！善哉！莲叶东，莲叶西，莲叶南，莲叶北，自今而后，任君游戏。嗟乎！世事澜翻，人情钓饵。同悲罗网之撄，转眼烟云之过。是故行乐莫如为善，为善尤贵及时。如欲我生，宜令物生。若能广生，自然长生。善不在大，惟其诚；天不可知，必之理。况是池也，居夕阳村落之间，具秋水濠梁之趣。吾辈名缰利锁，终岁束缚，偶一戾止，夷如旷如。夫珍错餍则蔬菜腴矣，绚烂极则平淡胜矣。问水滨之风景，忘尘世之荃蹄。俯而察，仰而思，此身自觉诩诩然。鱼知我否，大家是活泼泼地。我其鱼乎，不德不功。譬若水流花放，言心言性，无非景见情生。

告示（知上海县事湘乡蓝采锦云峰）

为给事晓谕事：案据同仁放生院绅董张韦承、韦华国、唐荣俊、施则敬、韦勋廷、陈维翰、唐赞方、朱佩珍、王恩溥、周子龄、马毓和、沈嵩龄、曹基善、赵元益、盛传镳、秦本幹、姚文枬、顾铭照、张仁敏、周绍贤、瞿开桐、姚式沂、柳志和、曹骧、王维泰、刘芬、瞿诒孙、叶瀚、王季烈、王庆长、曹成达、陶如增、周藻、卫家寿、钟镜寰、经亨沐等联名呈称，绅等于同治初元，在治下大南门外，募设放生局，保全物命，恩及禽兽，已经三十余载。惟因该处地小，未能及于麟介，现于望达港南岸，新老高昌庙东隅，置地数十亩，拟即浚池蓄鱼。而以大南门外放生局，移而就此，颜其额曰同仁放生院。并将公济堂亦迁附于内，其局中原有之苑囿，改添殡房，专作寄柩丙舍。前月十八日，恭迓宪驾，偕王公祖亲临履勘，当蒙转属保甲局马参军，劝谕各乡民地户，援照前黄县尊任内购置三等学堂地，给发官价。由马参军斟情办理，断令买价，每亩给制钱二百千文，租价每亩每年给洋六元。凡租地内所有坟茔，概不掘动迁徙，并为表立石阡，培土种树，以资保护。给与地主对牌一块，准其后裔持牌入院祭扫。现当冬令，天晴水涸，亟需鸠工赶办，俾得早观厥成，惟恐无知乡愚，藉端阻挠，奸猾生心，于中掣肘。为特联名呈请，俯念地方善举，恩准立案，给示张挂，俾众周知等情前来。据此查放生为利物起见，今则并利于人，非特利于生者，更兼利于死者。诸绅董如此仁心仁术，该地业户人等，宜如何向风慕义，感激从公。若再观望不前，甚至欲冀地价腾涨，情甘迁坟待沽，似此居心行事，不特为名教所不容，宜何以自对其宗祖，岂无天理，亦有后昆，倘一深思，必有悚然惧而怳然悟者。本县以激发尔等良知为首务，为特出示晓谕，仰各该业户及诸色人等，一体知悉遵照，是所厚望。如果冥顽不灵，律贵诛心，则三尺具在，亦不任尔等为所欲为，以长浮薄之风，而阻公善之举也。各宜懔遵，切切特示。十一月十八日。

经节妇罗安人家传（庚子七月）

安人罗氏，季弟元勇聘妻也。祖讳振裕，与先府君资政公，同贾于沪，有断金之谊，详见余《趋庭记述》轶事中。父致堂君，讳宝堃。咸丰癸丑，先资政办上海各善堂事，会小禁子作乱，困围城中。致堂君高先资政风义，且以为卜诸天理，必无恙，欲以女许字余季弟，先资政欣感，遂以忘年交，而结朱陈之好焉。辛酉，发匪陷浙东，两家避地沪上，赁屋同居。讵季弟一病不起，时壬戌夏五月二十日也。安人尚未来归，号恸几绝，欲循未昏守节之礼。先姑杨太夫人，垂泪慰之曰：姑缓，汝且依双亲膝下，吾必玉成汝柏舟操也。追议以亨豫为元勇后，娶妇有日，将行馈姑礼，杨太夫人乃具书币，遗媒氏迎安人归。安人早茹素，服终身丧，至是始一吉服云。安人略通书史，上侍迈姑，下抚儿媳，送死事生，仪无或愆，意无不挚，食贫执苦，垂十八载，于光诸十六年八月十八日疾卒。乃与季弟同穴，葬于本邑二都五癸山黄泥岗。安人以亨豫入赀奖州同衔，例封六品。孙三人，利晋、利栋、利宾。孙女二人。曾孙一人，利晋出。光绪十七年，邑绅具事实，公呈大府，请旌如例，名载邑志，安人似亦可无恨。爰书梗概，俾当代立言君子发潜阐幽，有所采择，兼示我后之人。

书莲山先生罗安人传后

未昏守节，考之礼经，未尝有也。熙甫归氏之言辩矣，顾自熙甫后，张其说者甚鲜。守节之事，既数数见，而儒者百计以求其通，亦复名言日出。不佞承父师之训，先府君文村公《鱼雅堂集》，暨先桐城方京卿《师柏堂集》，皆载有未昏守节之传，不敢自行其意，故曾撰《梁溪章定安刺史安州杨节妇传书后》，亦颇为之疏通证明，然实非称心而出也。二十年中研求中外哲学，终于此义未能确乎有以自得。迨近岁言新学者，张自由之帜，余乃憬然悟，跃然起曰，是可以伸吾说矣。自由者，何谓也？谓不与人相涉也。不与人相涉，故可不由人而自由，命之曰自由。我孔子亦尝言之，曰为仁由己，而由人乎哉。此九字，真自由之铁板注脚，天然证据。苟昧斯义，而以一切惟我所欲为当之，则必一步不可行。中外古今，安能容此不通之论哉？然则自由者，精之如为仁之道，粗之如饮食男女之欲。今夫日食万钱，与并日而食，我自欲之，于人何涉？万钱耶，自由可也，而欲人供我，则不必得矣。并食耶，自由可也，而欲人从我，亦不必得矣。供我从我，即是与人相涉，不可云自由矣。饮食男女，既为一例，男女之情，独不可自由乎？亦岂有异于饮食乎？则亦何是何非，谁毁谁誉？熙甫斥之，过矣。至诸君子推阐不遗余力，独非费辞乎？是又不然，若此自由，实所难能，故亦可贵。且斟之骨未寒而背之者，不有间乎？但君子高其节，而不必例之人人，斯乃合乎礼经之正，协乎人情之宜。而还其饮食男女之自由，即是为仁由己之自由，夫如是乃谓之大通。千虑之愚，未知可云一得否？因读此传而附记之，欲以新旧疑义，遍质之海内外通人。癸卯夏五，北市老佣附识。

致陈予觉茂才书（辛丑二月）

　　昨前两次戾〔莅〕止，因有他故，未暇延见，非如段泄之逾垣闭门也。溯去年正月邂逅于此，均因仗义遭祸，惺惺惜惺惺，当时颇有携同回沪暂避之意。迨仆被逮幽羁，足下亦陷于梧圉。后闻得西人力保释出，意必豹隐邱园，事亲从兄，以其余力，学成报国，为世间不可少之人。孔子引《尚书》曰，孝乎维孝，友于兄弟，以为是亦为政。又申之曰，奚其为为政，可知求忠臣，必于孝子之门。又曾子言，可以托六尺之孤，可以寄百里之命，临大节而不可夺，方算君子。两可字中，便有许多学问。非以此身作孤注，即可为君子，所谓一死不足以塞责也。仆之所望于足下者，高堂健在，来日方长，今日先为孝子，异时为才全德备之君子。至不得已而成仁取义，非吉祥善事也。今足下大名已立，更当求副其实，以慰众人，不得以墓木已拱如仆者，为比例也。荐馆一节，仆与伯君仅戊戌一面，渠之企重乎仆，亦如天下人企重足下，非为其故旧深交而然也。今足下欲强之作介，揆诸人情事理，均属不应为者。况足下此时，系进德修业之时，非抱璞求献之时。子张干禄，夫子诏之以寡尤悔，谓禄在其中，其义不可不深思而致力焉。仆对他人，以敬谢不敏四字了之。足下乃质美非常，将来尚有一番事业，务自尊贵。为家珍，为国宝，物伤其类，不忍不推诚布公，质直相告。今足下如肯珂旋，闭户自修，鼓箧入学，则前者笔谈中所称，缺少旅资盘费五十元，仆即无力，当代向贵同人说项借给，聊尽区区愚诚。惟望足下以务实为体，以养晦为用，读书十年，本其家修，以作廷献，此时问世，必有可观者矣，无使外人笑支那义士盗虚声也。足下身居庠序，兼承家学，得名师益友之助，当不至河汉斯言。

　　按：陈君名自任，广西苍梧县生员，即去春广西士民电请归政，为领袖者也。元善又识。

追记乙丑代先赠君重修土备塘工程事（辛丑暮春）

　　同治甲子，先府君资政公奉前抚浙使者左文襄檄，募修海宁土备塘。筑新塘四千余丈，修旧塘一千余丈，縻制钱二十五万缗，民捐民办，不邀奖叙，其详具载《趋庭记述》矣。时府君年迈，回沪后精力疲乏。乙丑夏，忽接海宁汛弁折报，塘身被雨损成洞，亟须培土修补，工长六千丈，估计土方，需费制钱一万八千缗。府君即拟扶病趋工，戚友劝止，乃命元善代，余杭史吉人佐之，而族叔霞占从行。五月二十日，在辅元堂禀辞登程，时当炎暑，府君披长褂送之，元善依依膝下，悲从中来，盖此别竟成千古恨矣。痛哉！痛哉！即日乘轮赴甬，廿三抵里门，廿五渡钱江抵省，将所携汇票银五千元存钱庄，廿六过乔司镇抵塘上。沿塘自柴石各工倒塌后，江潮内灌，遍地沙积，高与屋齐。离塘四五里，方有低小茅屋，权赁止宿。廿八日开工，鸡鸣而兴，冷水洗面，以茶水冲剩饭，饭毕赶赴塘上。元善与史君均穿短衿，各于肩上承袋，袋内装笔墨、算盘、麻线之属。一手持伞，伞骨挂拭面巾，一手提茶壶，肋下夹皮垫。霞占挑钱廿千，一头加小篮一、小锣一，一头加皮垫一、面盆一、大秤锤一，扁担上加大秤一，头戴麦秆凉帽。到塘上，东方才放光。各挥汗如雨，而将小锣敲之，做工者与卖茅柴、挑泥担者，闻声集。乃购茅柴数堆，加皮垫于上，以作坐磴。又以铁叉插地，将洋伞柄傍于叉上，麻线扎住，聊以蔽日。霞占解串钱散储篮中，泥一担，发钱一文二文不等。元善与吉人，或秤茅柴，或记斤数，仍照料做工。午膳由寓主送出，即于烈日下饱餐，日入工散始返。厥土质松，名香灰沙，天晴飞扬，尘积遍体，日就村前潭中浴之，以为常。夜饭后，写帐结数，既毕，乃克就门外乘凉，而有铁嘴苍蝇，啮人甚猛。维时石塘外扫工官局，督办段镜湖廉访、杭道苏介堂观察、中防吴春泉司马，过必停舆慰劳，目击艰苦情形，嘉叹不置。段公笑谓元善曰：官局亦照此办事，塘工差使，皆视为畏途矣。工将竣，忽范家埠被大沙冲坍塘身廿余丈。复回初寓，向官局借用梗柴桩木，重加坚筑。正深焦灼，讵八月初旬得沪急报，府君病重。先是，元善已禀请假旋省视，府君批饬，工不竣，不准回。昼夜催赶，初九始竣。次日晋省禀报各宪，照原估外，加筑险工二十丈，共支经费三千九百缗。十二早戴星东渡，坐桨划船，夜半过高埠，村众搭河台唱戏，演目莲傅襄归天，满堂雪白，心恶之。次晨到曹江登义渡，舟子拨篙不起，一客曰船勿活矣，更觉怅触于怀。至家即缮疏一通，祷于朱侍中庙，愿减己算延亲。岂知祷时，已为府君易箦时矣。迨抵沪，则已盖棺之第二日矣。先是，全工告竣后，抚部马端敏公拟奏请给奖，府君坚辞，而上官以全案有劳者，未便因之尽掩，案延半载，迨府君归道山，乃蒙奏请从优赐恤，得旨赠知府，荫一子。元善谨承父志，不列保。是役虽曰功成，不获视含，其得失岂足相易。或曰元善承父志，尽力于公，得承优恤，虽不视含，九原有余欣焉。虽然，在府君诚如是，而元善之抱恨终天，有穷期耶？爰追记其概，以爰告我子孙。

送何子回里序（辛丑三月）

桂林何子剑泉庆寿，南海门下之士，而保皇会侣也，来游濠镜。以余建言获罪，幽羁大炮台，于庚子葭月，偕郑君谷诒顾访。操不律纵谈时事，知其少岁曾习计然，弱冠以后，颇知向学，盖吾两人所处之境同也。语及流血宗旨，则恻焉若有不慊于怀者，与余见解亦复相洽。转询余为学大概，私淑何人。余曰：髫年失学，服贾后，先读《熊襄愍集》，虽觉志气卓越，而近于任侠。复读《张杨园集》，喜其平实，笃信以为正宗。后又涉于乡先贤王文成公之学，近贤则于曾文正公，亦所向慕。平生最重心得，故于王学更为潜心，生死一关，早已勘破。至于认是非不计利害，此服膺庭训，亦秉乎先天者也。何子闻之，欣然有悟，假阳明集去，客邸研究，不时登台讨论，欲执贽就弟子列。余曰：人之患在好为人师，肤浅如不佞，安敢抗颜受北面礼乎？遂坚辞之。今何子将返珂里，丐余一言为赠。余曰：君子素其位而行，子为保皇会侣，则信其师说，而壹于保皇也可矣。虽然，保非可徒手为也，亦非保之而即为无余事也。孔子云，如或知尔，则何以哉？子既不以流血为宗旨，则必另有其安身立命者，以备他日佐圣天子，保四百兆人民之用，而非仅腾为口说已也。余老矣，德不加进，学不加长矣。后生可畏，得不于吾子望之哉。子之侣尚多，盍以吾言遍质之。爰附《阴骘文说证》一编，小影一帧，为后日相见之券。

聋叟入梦记（辛丑五月）

光绪辛丑，清和之望。阅香海中外新报，截查病人一论，仰见英官勤政爱民，虽不便于华人，然其以实心行实事，有足令人起敬者。而吾华置一切于不问，相形见绌，又不禁掩卷太息。一昨龙君积之自省贻书有云，广仁堂大建醮坛，以消疫疠，若得公主坛，必有灵应。考武林有温元帅庙，故老相传，帅本白晰书生，读书寺中，夜阑人静，忽闻墙外喁喁，谛听知为疫鬼，在井内下药。帅乃危坐井栏，遇有汲水者，告之故。后有人勿信，强欲汲水。帅以身遮井，忽失足坠井死，尸中毒变青色，故今凌霄四天将，温帅青面。此盖言帅能舍身救人，生有功德于民者，故祀之也。聋叟居大炮台，策杖林下，纳朝爽，已而石磴少憩，神倦入黑甜乡。梦一道者谓之曰：若知省中疫重之故乎？今岁时疫，本港重于省，奈港官锐意讲求，认真设法，邪不敌正，疫鬼遁去，见省官以无为宗，乘间施技，畅所欲为。幸二老者福厚，夺其卑幼，然而止境尚难言也。此疫名杨癫瘟。又自解之曰：杨字从木从易，治此疾，只有一味良药，饮墨汁可愈。墨须从顶磨起，磨尽为度，若不由顶至尽，则不效。言毕，道者飘然径去。聋叟醒后，追忆梦境，以为有合于温帅舍身之义，知非可徒事祈祷，聊以塞责也。何物梦神，而托之于叟耶？奚操不律，以告斯世之长民者。

书莲山先生纪梦后

西人不信妖妄之说，中人信之，遇有眚灾，率事禳免。如今粤中鼠疫，而广仁堂善士，募巨资，集羽流，广建道场，费至三四千金，列名者八万人，执香者不胜纪。夫信与不信，各行其意，岂有关系于其间耶？王子曰：生于其心，害于其事；发于其事，害于其政。其关系何如重耶？试请中外格致家、理化哲学家，细加考察，果于病者有丝毫利益，犹之可也，否则贫者极力摒挡，富者移有用之财，置无用之地，斯已悖矣。乃众人心中，则谓我囊既解，我首既泥，譬如房屋财产，一经保险，不复容心，坐以待毙，绝无少顾。害事若此，非生心之故乎？由是而害于其政。夫至害于其政，而善士之罪，不可逭矣。为民上者，日见其民之纷纷就木，即使无能挽救，自问此心，亦必不安。而善士者偏为之文过，曰灾祲因衅而作，鬼神为之疵厉，于上之人何与哉，亦惟使我民自求之冥漠而已。彼为民上者，方内顾不胜愧歉，一闻斯语，如奉温纶，乃得托于民之所好好之例，且因民之愚而愚焉。甚者香火以旌之，奖勉以报之。其长厚者仁而无学，若不胜诚恳悲悯，能令蚩氓鉴怜，叹为好官。举凡应为之事一切扫除，上下一心，牢不可破。夫虚者可以实之，则必实者可以虚之。惟西人不信虚，信实，于彼乎，于此乎，多方以求之，不止其流，不忍也，不浚其源，仍不忍也，先生所谓实心行实事者是也。是故中国政教之衰，关系于时文者，人共见之，关系于善举者，人不得而见之。善士之罪，浮于文士，更无人能知之。而世之为善士者，且诩诩然自以为功，且群焉尊之曰善士善士，恶知厥罪已上通于天耶？仆言至此，是时龙君积之在侧，起而争曰：子所言者，吾知之矣。为其关系于政事，而非谓鬼神之不可信也。汤有桑林之文，周公有金縢之册，子路有请祷之言，岂皆非欤？曰：微子言，吾亦将辨之。殷人尚鬼，汤特借祷以安众志，而以六事自责，是实事而非虚文，则祷如不祷。周公求之祖宗，以身自代，乃不得已而为此无聊之思，则亦祷如不祷。至于子路愚诚，孔子斥之曰，某之祷久，以平日之实事为祷，则仍未祷也。试问今之言祷者，于三圣有一似耶！盖祷之所以无益者，可以情理求，可以智虑测，而非有难明不可思议之隐也。谓天降灾，禳之可免，则何如不降，而必多此曲折。谓疫为鬼为邪，将吁正神以为抵制，苟可抵制，何待于人？谓人不求，则神不应，是神非真心福民，乃徇民之私耳。或神是器小之流，苟非人求之，则虽死亡枕藉，而亦置不理耳？又或谓不求而应，嫌于自卑，以千万人之命，而显一己之尊，将正直之谓何矣？又或谓吾之诚，不足以格之，则神不应。夫神者，正直而又聪明者也，岂如州县办灾，小民不报，无麦无禾，视若无睹耶？天道福善祸淫，古有是言矣。福求而祸不求者，吾未之闻也。又况黄冠缁流，以其陈羹土饭之语，再三渎告，而谓可上通帝天，吾乌能信之。乃士大夫犹复侈谈之，相哗以为善举，一若真可弭灾捍患者，安得不为地球智者轻耶？观于香港华民染疫，竟居百分之九十九，苟无西人比较，吾知中国此梦永不醒矣。先生以梦唤梦，所愿为善士者，继自今不复自居善士，舍天而言人，舍虚而言实也。为民上者，具磨顶之情，为舍身之举，相与救此非常眚灾，以不负先生入梦也。诗云：伐柯伐柯，其则不远。盍以邻邦良法，已效者仿行之，未效者进求之。光绪辛丑六月，北市老佣校读竟识。

魏君积德延龄记（辛丑六月）

魏君勉斋，讳昌寿，余姚人，先外舅慎斋公异母弟也。长余五龄，幼共研席，比长各守先业，远出服贾，余处沪上，君处京口。同治辛未、壬申间，余薄游扬镇，考察商务，下榻魏君所业之钱庄。其地濒大江，每遇江中巨浪掀天，野渡划艇，辄遭风覆溺，毙于水者，岁以千百计，尸流至焦山下必停止，故其地名曰留人滩。善堂收而埋之，登于册，故可稽也。向虽设有救生红船，而激湍势猛，望见渡划失事，逆流往援，诞登彼岸者，殆如缘木求鱼。余见而骇之，不觉恻然。时魏君全族侄梧轩，与亲友严奎元诸寓公，有创办义渡之议，而虑常年经费不易筹，闻余动此念，群来问讯，且求方策。余曰：诸君皆远客经商，集款造舟工成，若以常川管理，归本地绅士，则心安理得，不言经费，而经费在其中矣。众以为善，是夕即在严君中和洋行定议。魏君与梧轩各输三百金，严君捐二百金，此外称是，余亦附骥，旬日间凑成三千金，计可造六艘，仿大号红船式，双桅布帆，每次可载数十人，从此放乎中流，无虞拦江石尤矣。爰代诸君拟具公呈，余未附名。适鄞县赵粹甫京卿守是邦，即批准立案。讵本郡绅士，以魏、严诸君皆寄客，占其面，乃袖手作壁上观。时江督曾文正公大阅，莅京口，赵公以此事上陈，文正大嘉许，谓长江各处红船，所救者无非死尸，如此曲突徙薪，方足弥造物之憾。因谓运使方子箴都转、榷使沈仲复观察曰：诸君皆地方长吏，商民等有此义举，宜善视之。未几文正去位，代者为张靖达公，其幕府虎林方兰楼太守，与魏君善，嘱其速递公禀。奉督盐宪批准，两淮外销项下，每岁拨助义渡青蚨三千贯，著为令。于是绅等见有大宗挹注，遂亦出而相助，并募各业常捐，及六七濠口米厘。经费充裕，积渐推广，现闻各要隘均已添设慈航，多至数十艘矣。当六舟落成开渡后，善堂收埋浮尸，岁仅数十具，较之前时，十减八九。是举也，几不克成矣，魏君力任艰难，不避劳怨，志在必成，而功德遂与机遇相乘。世之办事者，往往一不遂，即自堕其志，闻魏君之风可以兴矣。光绪甲戌，魏君庄业败坏，忧思郁结，遂成臁疽，并发腰疽，殆甚，名医束手，又负逋涉讼，未克回籍，栖身客邸，愁苦无聊，自维待死之外，无他事矣。忽有人扣关入，自言我为阴差，赍有牌票，君名在内，不久当来逮，忽奉东岳急符，魏某创义渡有功，增寿两纪，特报君知。魏言医已束手，奈何？其人云，我不明医，自有神助。魏君给以钱票一纸，弗受，曰我非图赏来也，言毕径去。越数日，有游方医摇铎过，招之入，出刀圭治之，不旬日即愈，时魏年三十九耳，自后康强逢吉，儿孙满堂。戊戌冬，余闻其病耗，因曰屈指延寿之数，业已期满，恐当羽化矣。未几，讣音果至，考终里第，享年六十有三。今孙枝辈习计然术，类皆循谨自立，继继承承，方兴未艾，可为魏君卜也。余昔曾撰次其事，登诸日报矣，今稿已失，客窗无事，就所记忆，录之如左。《易》曰：作善降之百祥。不必言报而报自不爽，以余亲见者不少矣，若魏君事尤显著，余故乐为好善者告焉。

余既表魏君之修德获报，因念善者从之，不善者改之，皆吾师也。《春秋》之义，褒贬并著，《诗》三百篇，劝戒备焉，岂曰讦以为直乎？

使为恶而不扬，则恶者何惧，又何从资为殷鉴？余不敢以乡愿为怀也。韩子侨侍御培森，亦余姚人也，少年科第，供职谏垣。己亥之春，余以事旋里，二三戚友，谈及闾阎疾苦之最剧者，盐商雇盐枭缉私，以为以毒攻毒，不知既号为枭，则亦盗贼等矣，其行事自可想见。贩盐者皆其党，岂肯伤之，惟鱼肉小民而已。诈钱不遂，则阴以盐置其室，诬为赃证，民不聊生，已非一日。爰合两邑绅士，具呈场县，并请侍御之父勉甫封翁，函致侍御上其事。讵意侍御竟拒不允，虽父命亦姑置之。斯事也，余甚疑之，侍御为言官，何难以数行白简为乡民请命。古人折节改行，虽蛟虎之猛，尚不惜身命除之，名谱无双，庙食至今。侍御读书尚友，岂不知之，何竟靳而不为，恐致不禄，果于去秋京师陷后，逃至固安客死。古人云，哀莫大于心死，而身死亦次之。盖心死则身无不死矣。见善不为，生机已绝，故谓之心死。韩君之殁，年仅四十余，不亦大可哀哉。侍御噩耗到家，封翁一恸亦卒。善恶之报，如影随形，可不惧哉，可不以为鉴哉！

　　书莲山先生《积德延龄记》后

　　孔子于石椁不成，载宝而朝，诅其速朽速贫。孟子于盆成括决，其将见杀。锱衣好贤，巷伯疾恶，直道而行，谁毁谁誉？惟世人中多私见，外顾世而恐生怨尤，内抚己而或伤阴骘，于是种种邪说因之以出，而举世皆为乡愿。风俗由之坏，人才由之绌，皆以乡愿故，皆以不能直道而行故。先生本其先天，不参以人，于善善从长之中，而劝惩不偏废，是足以为乡愿示之程，有功于世不浅矣。癸卯首夏，北市老佣附识。

拟设上虞选报馆启（辛丑夏作于濠境大炮台）

　　今者中外和局将成，虽金汤无恙，井里依然，而赔款如是之巨，不取于民，将焉取之。脂膏既竭，仰屋无聊，道尽游民，林多豪客。于斯时也，虽欲安耕凿之常，守衡泌之素，窃恐高枕而卧，岌岌危哉。夫穷则变，变则通，通则久，是必有道以处此矣。今朝廷亦既悔祸，锐意维新，而事有万端，几难一蹴。苟可以吾民自为之者，则无文犹兴，乃为豪杰，愚故欲于梓桑敬止之邦，为先路之道焉。凡事非智不立，故泰西最重开民智。有出于学问者，则以学堂为大宗；有出于见闻者，则以报馆为大宗。学堂为根本，报馆为树叶，二者不可偏废。然而论轻重，则学堂重；论缓急，则报馆急。且学堂以培英才，其收效在十年以后。报馆则虽华颠黄发，随览而皆有进境焉。惟是报馆之设，每在繁盛商埠，吾色〔邑〕褊小，势难自树一帜。至如寄购各报，事既繁难，而仅恃一二报之所述，犹觉拘墟。惜费者且以日费数十文，久而生厌矣。盖尝借箸而筹，拟于县中设一选报之所，萃各报之所长，具于一纸。一展卷而恍如身列津沪之地，与通人名士游，名曰选报，以之开智，非所谓一夕话胜十年书哉。智既开，则人各有自立之术，世乱而吾心自治，人魘而吾身自舒。向之所谓安耕凿而守衡泌者，皆将有新机之可启，而不至坐困毕其生矣。夫天下者，州县之积，物竞者，天下志士之所同。元善，虞产也，姑就钧游所见闻者，筹拟办法十条，质诸故乡先后进之有志求新者。章程列左：

一、吾邑僻处山陬，消息迟钝，明日黄花，不嫌过时。宇内新闻，即越旬日半月，而一纸传观，如白头宫女说天宝遗事，听之者犹娓娓不倦焉。是以选报之设，不必自延访事，但购外埠有名各报，采其英华，门分类别，汇而刊之，既可省费，兼集众思，拟名曰虞邑选报馆。旬出一册，月凡三册，册凡三十页。首列谕旨奏折，次本省辕门抄，次平正论说，次中外新闻，次开智之学，中分士农工商。如有人以近处新闻告者，苟无伤于忠厚，而有资于见闻，亦隶焉。至于系乎风俗民情之诗文杂录，皆可登报。余页酌刊告白。至报律宜于开馆时另详，此特言其大概而已。

二、此报不冀驰远，专销本邑四乡，不妨尚质，无取美观。纸用赛连或毛太，面用包钉，如无锡白话报式，惟天地头须切光，庶几长短阔狭截齐。统年出报三十二册，正月下旬起，腊月上旬止。共收报资洋三元，如销数少，不妨酌增。于正月第一次全行收足。报则按期派送，遇闰多三册，加洋三角。

三、吾虞城乡各村镇，聚族而居者多，议凡一姓有三十家，派合族阅报一册，一村而两姓，各有十五家，共合派阅一册。每家分计，轻而易举。倘以按名分派为烦，可在清明祭祀用帐内，提出此项，节减支销。一转移间，为益甚大。族有百家派两册，二百家派三册，三百家派四册，递增至十册而止。凡城乡大店铺，每家派阅一册。中小店铺，听其自来购取。

四、吾虞合邑分廿三都，以烟户多寡匀扯，连城镇店铺并计，每都约可报一百六十册，都举公正董事两位。廿三都得四十六君子，将来国家如设议院，即一邑中可膺其选举议员者，舍诸君子莫属矣。俟禀详立案后，由邑尊派左右堂厅尹，分头会全董事，挨查族户、市镇店铺，写认注册。开首必藉官力者，譬如吾辈初入塾时，不能不借援师长之尊严也。每岁送第一期报时，即由董事经手，先收全年报费，由报馆掣给收条。

五、公举邑中名贤四位，值理报馆事务。内两位专司采择润色，即为主笔；一位与各乡董交换一切，即为主局；一位专司度支出入，即为主计。均为众所信服者，方可推荐。计每位每月开支薪水洋十元，饭食在外，舟车自备。

六、报馆即设于城中经正书院之内，不必另出赁租，开销自可从省。浙属纸价较廉，合之墨油暨印工等，每订一册，计洋三分，大约可不至支绌矣。

七、每旬派售三千六百八十册，又当道官长暨四十六位都董，各赠送一册，加印百册，共约三千七百八十册，统年十二万九百六十册，每册三分，共计洋三千六百廿八元八角。四位值理薪水，每年约四百八十元。茶房一名辛工，每年约二十四元。排印钉工匠三名，工资已在每册成本之内。连值理、茶房，八人饭食，每年约二百八十八元。纸张、笔墨、油烛、茶叶、零用，月作六元，每年约七十二元。每月四乡分投，送报三次，每人每次饭食四角，每年约六十元。各都董转派，犒工四元，每年约九十二元。左右两厅尹，每位每年送舆费二十四元。岁购各埠日报约四十分，二百元。统年大约出款四千九百余元，以售出三千六百八十册，每年收入报费一万一千四十元，除过约可余洋六千余元，如每都统扯只能派阅百册，连赠送官绅每期两千四百册，全年七万六千八百册，计成本二千三百四元，照原约出款可减一千三百元，共派售二千三百册，每册收价四元，每年入洋九千二百元，除过亦尚可余五千五百元。都派百册，计三千户，合县共约六万九千户，浙江为东南繁庶省分，上虞一邑何止十万户，此必可得之数矣。以三十家派一册，每家岁费一角三分三厘，微乎其微，似倘可行。犹忆戊寅岁在沪创募义赈，曾有乞丐送捐百文者。风气既开，信从自众，可以不劳而获也。即以拨充城内四乡，开设五处学堂经费。凡报馆零星用款，或有未计入内者，则正月全收报费，放存当铺，亦可收回三四厘子金，及登告白之费，以此两项藉资挹注。如果顺手，则踵事增华，改良进步，无庸豫拟。

八、每期报印成，专足送交各都，两董事就近分派，辛劳暂不议酬。俟开设学堂后，每位董事准送一子或侄入塾肄业，免缴修膳。以本邑人而开本邑之智，将来人才辈出，安知非即诸君子之象贤哉！天道好还，利人者还而利己，可操左券焉。

九、报馆以排印机器与铅字为最要之件，此项成本，或先另募邑中富绅捐助，或即将所收报费动支，随时斟酌办理。惟勿贪价廉，而盘人家旧器，以致字迹模糊，老眼难于谛视。至于鲁鱼亥豕，尤须校勘精详。

十、吾华事事落人后者，全坏在无信不立一句，以致风气不开，或开而仍闭。诸君子果有志斯举，必先力矫此弊。所收报费，存于何处，呈明县案。逐月需用约应若干，由四位值理，公同签名支取。出入清帐，报中每月或每季一登，至年终总结，以昭大信。日后学堂由此类推。清操自矢，始终如一，行见人皆仰之，四方为则矣。

附致王寄虞、糜容甫、徐焕庭、陈级三诸邑绅书

不佞投荒万里，屈指十八阅月矣。自问此身，已如辽左之鹤，不知何日得还，重睹故乡城郭。所幸乘舆无恙，回跸有期，或者赐环可几，得与诸君子把酒话桑麻。此情此景，时悬于心目也。客窗无聊，言念宗邦，不能无所发愤，爰成选报馆一启，并附章程十则，录寄诸君子均览。此时兴办此事，真智慧者乘势得为，水到渠成之时也。前接阆仙舍侄函称，新任邑尊张公，兴废举坠，无愧循良，官绅合志，必能大有造于梓桑。时不可失，机不可迟。元善老矣，无能为矣，然未尝不乐观诸君子之德业日新也。苟于吾邑树之先声，海内仿行，则诸君子之功岂不伟哉。回首里门，无任跂祷。

上外务部王大臣禀（辛丑十月）

敬禀者：窃卑府前于光绪二十五年十二月廿五日，接北京电报，钦悉圣躬不豫，将有禅位之举。卑府自以市井微臣，中心感戴，愧无折槛当熊之责，俾竭倾葵慕蚁之诚，闻报惊疑，莫知所措。次晨各日报已刊登此事，更极危言耸论。于是各省绅商之寓沪者，麇集于卑局，佥谓莫非臣子，岂忍漠然。且自维新以来，樵夫牧竖，皆得上言，兹者大局攸系，丞应合词吁请皇上力疾视事，俾安薄海臣民之心。以卑府职司电务，怂令领衔，爰遵例电达总理各国事务衙门，呈请代奏。其词曰：昨日卑局奉到二十四日电旨，沪上人心鼎沸，探闻各国有调兵干预之说，务求奏请圣上，力疾临御，勿存退位之思。上以慰太后之忧勤，下以弭中外之反侧，宗社幸甚，天下幸甚。当即公凑电资，用三等急报发出。廿八日奉督办宪撤去卑府差使，并饬远离，不准逗留，遂来南服，在澳门戚友家小住。忽被葡官拘入狱中，三日后送上炮台，禁其出入。卑府以聋聩之人，兼之言语不通，莫悉底蕴，一切听之。嗣有电局旧人，自沪来澳，上台相见。知系奉委控卑府于澳门臬司，指为挟资逃遁。卑府在局几二十年，丝毫不苟，公论在人。幸赖葡官悉心研鞫，而所来原告，亦以未忍昧良，不俟对质，遽尔返沪，案成悬宕，今夏始蒙省释，仍令寓澳。甫于前月来港，本拟即行遄返，乃接亲友函称，家产早被地方官查封，衔职亦经斥革。伏念卑府幽羁异域，一载有余，而阅抄未见钦奉上谕，亦未接奉地方官行知。询之沪友，又复言人人殊，虽君父之命，未敢逃避，顾念圣人在上，卑府之心，犹未分明。兹幸六飞在道，庶政维新，卑府虽残废，尚愿扶杖以观王化之成。倘荷皇上如天之仁，怜其愚戆，则卑府平日居心行事，惟致力于各项善举，计奉传旨嘉奖者，十有一次。而尤所惓惓，则在女学，曾蒙南洋大臣两江督部堂刘迭次奖勉在案。此次来游港澳，所接东西贤士大夫，实繁有徒，纵谈政教，益知女学关系，更重于男学。私心祷祝，一愿两宫早日回銮，一愿身虽无用，犹不遽填沟壑，苟一息之尚存，即此志之不懈。旧日所办善堂学堂暨女学等，及今尚可补苴。此卑府所以犹恋犬马残生，而将以此报答圣明者也。中堂、王爷、大人，公忠体国，虽为时未久，而举措已见施行。犹忆编修沈鹏，并今举人邱炜菱，或早蒙开释，或并沐恩荣。如卑府自问，既无沈狂直之言语，更无邱顺逆之影响，徒以蹇蹇刍衷，昧死上渎。洪维圣朝宽大，自开国以来，凡越职言事者，类无不曲邀宽典，况际此悬鼗设铎之时乎！只以草莽小臣，逊荒于远，不能遽沾湛露。仰乞中堂王爷大人于入告之时，代达微忱，则卑府虽死之日，犹生之年。感荷鸿慈，永永无既。临禀无任激切悚惶待命之至，肃禀，恭叩崇安，伏乞垂鉴。

此禀由香港总督卜公，转托英公使萨公带京代陈，是否得达，尚未查悉。癸卯夏日自记。

复余姚二弟书（辛丑十一月）

所商一节，岁底必寄，此兄本心，弟如能谅兄为难，今年即照此数，待明岁增益，倘果万分拮据，兄亦不辞。左手痒，右手必搔，右手痛，左手必抚，此天地间自然之公理。斑白雁行，来日无多，兄能岁岁助弟，即积至廿载，不过数千而已。但得天从人愿，此乐何极。乞醮之举，深怕讨人厌耳。我们一家，全靠上天祖宗默佑。来函所云，未尝非见到之言，惟是上天祖宗，决无偏憎偏爱，故人杨静之兄所言，不可不深长思也。弟屡言兄于名利二字，不算吃亏，吾何弟居心，无非在名利上计较耶？且欲兄助，而以此为引绪，便是不诚，待他人且不可，况同怀耶！又引庄子为证，更属支离。至敬无文，父党无容，充其类必至父子夫妇天性渐漓。

先府君在沪寓归道山后，余杭褚子方丈执拂同归驿亭，在穿珠河边，指杨柳一株问，譬如此树，同根分干，菀枯异情，何耶？意谓虽出一本，各自向荣，祖宗积累，未可恃也。兄谨记之，终身不忘，故能有今日，平生得力，实在于此。

我前在局，应取花红，及购材料可得回用，综计约有五六万金。辞而不取，原欲储为公用，故于男女学堂等善举，仅费去二万三千。即使自取，亦不为过，况为善举用耶，况事事明告盛公，允许而后为耶？乃盛公反诬我挟赀以遁，其居心何如也。虽然，人各有天，我无畏焉。

盛公电迫我远行，不可谓非好意。后以不得已，倘仍密电召我，我不返，而后设计逮我，方不为过。今乃以小人之心度我，施其操懿手段，羁囚两年，枉费累万。兄非真有力者，挖肉补疮，敷衍至今。局薪既停，花红无着，一出一入，为数甚大。债台百级，全赖亲友，甚至海外邱、何二君，素昧平生，皆有通财之惠，否则何能摆脱樊笼若此，此亦可见天意矣。

无论境遇若何，兄只是不忧不惧。以上天穷我之境遇，未穷我以志气，况即境遇，亦不至终穷我也。我未尝得罪于天，天何为罪我。前腊之电，行乎其所不得不行，亦只任天而动耳，故不谋及家人。孟子云，二者不可兼，舍鱼而取熊掌。何有吃亏不吃亏之见扰于中？吾弟此言，抑何浅哉！此不学之过也。人而能学，胸襟自异。

先府君癸甲之际，拖欠税饷官款，至五六万金，今尚不逮。所苦者，无陈三洲姻丈其人为银号当手，否则此区区者，何足计耶。

盛公患病颇重，兄今助伊早占勿药。倘竟不测，则余不宿怨之心，难表白于天下后世矣。

不问人如何待我，只计我如何待人。拂逆骤遭，当境即难不愠。迨阅久之，自渐融化。宁人负我，无我负人，能存此心，有何难忍。

平生用功，只在不惮改，必自反，愿与吾弟共勉。

分人以财谓之惠，教人以善谓之忠，况兄弟间耶！忠更要于惠，此兄所以不惮许子之烦也。大要总在致力良知，而务以至诚待人，脱尽世俗后天功夫，而壹意于先天，失之东隅，收之桑榆。此兄之愚忧，所切望于弟者也。

题潘兰史遗世独立图（壬寅仲夏）

岁庚子，余以逊荒至濠镜，被奸人构陷，幽羁大炮台。兀坐无聊，阅港报有新出《说剑堂诗文集》，购而读之，知为潘君兰史所撰。君番禺风雅士，有声黉序，曾膺德国学部之聘，掌教柏林书院者也，今为香港《华字日报》馆主笔，于是心藏之不忘。迨辛丑秋，蒙西官义释下台，由澳过港，遂得与君接迹。方余初被逮，港中华洋义士〔士〕，公愤联名，致书港督，又电吁英政府援救，君与馆主人陈斗垣君与焉。则余始固未之知，感铭高义，更无日能忘矣。旅港半载，余愧不能诗，亦不能酒，虽欲附庸风雅而不得。然与君踪迹颇密，往往欷歔谈世事，发为狂言，君即携去弁报端。盖君虽匿迹海外，以诗酒自晦，而浣花一集，黄帕一杯，其不忘宗国，有情斯世之意，未始不于是见之。则君固非枯槁之士，遁世之流也。一日，君出其遗世独立图见示，曰愿有言。余以不文辞，则再三请。迨余回至沪，则又致书余友老佣氏，必欲得一言以为快。余将何以言哉，不得已，则请君去其遗世，而存其独立。盖至于遗世，则不言独立而自独立，然此畸人之为，虽可矫奄然媚世之乡愿，而君子高其节，不欲效其人。惟身处众人之中，了不殊于林总，而自有其迈往不屑之概。同乎俗而不流，合乎世而不污，斯真能独立矣。礼称强立，又称中立，非是之谓耶？今君居阛阓，初未尝遗世也。日以其所闻告人，实不忍遗世也。抑且将待诏公车，陈书魏阙，更自有遗世不得者。是则余之言，皆君之行。君殆神游梦想，而不必真有其事也。然余不能不为君鳃鳃虑矣。君非欲新中国乎？浮湛其际，不可也。澹漠相遭，又奚可哉！如欲立人，不可不立己，如欲立己，又不可不立人。

答新科孝廉前报馆主笔同乡某君书（壬寅冬月）

己亥之事，上之所欲得而甘心者，不佞一人而已，于他人无与。其依然笑傲于沪上者，不知凡几，君又何容逃避也。然君因是去而远适，过黄河，瞻帝阙，益以增长其识见，而摩砺其精神，恭遇新政变科举，遂得抒写平昔蕴蓄，自致力于青云之上，亦何必非计之得者哉。若鄙人者，如螳拒辙，多见其不知量。古人所谓头童齿豁，竟死奚裨者，诚有是情。去国三年，筑台百级，资生乏策，避债无方。非特与君显晦殊科，抑亦知愚异用矣。顷承手诏，欲鄙人代发硃卷，广为说项，而有资乎商务中主权诸君。此则鄙人实所不能，亦所不愿，兼为足下不取。以鄙人逋逃余生，无论戚友避之若浼，即同乡某君，虽尝走访，未答一刺，尚有何说。而返躬循省，亦本不应轻与人接迹，忘其为待死之壶邱也。况君干云直上，且将赴风虎云龙之会。而如老朽，杞忧无已，恍若置身十二万年之后。以此对勘，正如牛女二星之相望不相涉，不知何日方可会合。捧君佳卷，则又未展读而不知涕泗之何从矣。道不同，不相谋，又况循俗所为，藉博途费，以君报笔论之，是耶非耶，应亦爽然。国家方欲改革敝政，而士子仍不能改革敝俗，则亦曷贵变法，而所变者究何在也？夫上之所变者迹，下之所变者神，故曰豪杰之士，无文犹兴，能自拔俗，乃为勇耳。然鄙人所为，则自服贾时已如是，不愿有人以素昧平生者，强我以所不欲，则亦不敢以之加于人。初非因君而然，特非君不足发我之狂言耳。叨居世好，故不以颂而以规。敬具菲敬一函，聊资刍秣。鹏程万里，跂足而已。不宣。

跋　尾

伏读大著，洋洋洒洒，议论明通，大气盘旋。笔力精锐，非呫哔之儒所能望其肩背也。丙戌仲春，张豫立。

大著以济人利物为本，故善与人同之意，流露毫端。朗诵一过，善念顿生。至康济经猷，尚其余事。钦佩钦佩。甲午季冬，王恭寿。

大著仁心伟论，左右逢源。古云：仁人之言，其利溥哉。伏读数过，无任钦佩。乙未季春，张焕纶。

拜读大著，嘉言懿行，仰企甚深，爰赋短歌，录呈哂政。

天地有正气，浩乎充九畴。钟物物超类，钟人人出俦。

公独得乎此，是以迥不侔。统观生平事，有美不胜收。

继述造尽善，抗志希武周。孝为忠之本，祖庙特创修。

教养不偏废，水旱殷预谋。耕读课闾里，补助行春秋。

驿亭复石堰，砥柱支中流。居乡怀胞与，淑世显谟猷。

济众劝助赈，惠泽流荒陬。和战驳妄议，浩气吞群酋。

藏善非所愿，烈女光阐幽。利害益明辨，堤工劳运筹。

立言本立德，裕后垂箕裘。具此大手笔，亘古光斗牛。

乙未仲春，邵黼荣。

煌煌巨制，逐篇捧读。议论切挚，擘画周详。其间抽思骋词，俱从心苗上细细熨贴出来，理足情足，才足气足，真所谓仁义之人，其言蔼如也。乙未仲秋，石绍闻。

实心经事，直言劝友，不避嫌疑，不加文饰。非仁者推立达之志，而无间人己者，曷克臻此。至论及织布、矿务诸篇，尤能审择利弊，巨细不遗，了如指掌，何以未闻获效，能无为大局惜哉。丙申元旦，敬读一过，时同寓桂墅里。张常惺。

大著拜读一过，其教人为善之殷，不惮再三忠告，字字出于至诚。凡属有心人，能不为之感动乎！所以闻风慕义者，源源而来也。条陈时务诸篇，确有见地，坐而言，可起而行，可当经世文读。家书数篇，准情酌理，委婉周详，置之曾文正家书中，几无以辨。置案头兼旬，今将奉缴，不忍释手。丙申孟夏，赵元益。

本之以至诚，则惠人以德，不嫌切直。国朝学派，如陈文恭五种遗规，专就日用饮食、人伦起居用力，乃真是修身齐家正法。其余虽高妙，不过七宝塔相轮而已。若此种笔札，皆可选入训俗遗规者也。丁酉冬月，康有为。

忠厚质直，如闻古名贤语。使其立朝，庶几殿上虎乎？无任钦佩。义仓章程，已仿行于寓居之乡矣。丁酉之冬，张謇。

读大著，精粹明快，佩甚。如能早日刊行，俾海内有志修身齐家者，人手一编，为益何可涯量。丁酉葭月，曾广钧。

莲山太守，品高学茂。拜读所著居易集，字字真挚，语语恳切，人所不能言，而公独能言。识力兼到，颇有古君子风。非本之以至诚者，不能道只字。惟冀早日刊行，俾有志者以是为法，则世道人心大有转机。伏读数过，不胜钦佩。丁酉长至后一日，赘叟沈毓桂，时年九十。

大著上合天纪，下洞人情。如布帛菽麦之不可暂废，如丰玉荒谷之各有所宜。措辞既通达而无碍，养气复浑含而不佻。挽末俗之颓风，回狂澜于既倒。诚所谓仁人之言，其利溥也。复诵数过，钦佩无已。丁酉冬月，吴剑华。

事非能言之为难，能行之为难。公于赈务电务，固非徒托空言者，宜其思艰图易，凿凿然有以自见也。夫中国之善举莫如赈，而兴利之举莫如电，二者皆以民办商办得之，循是以推自强之计，不可一言决哉。读公此集，因附鄙见如此。至修词之诚，公为文得力之处，诸君子已详言之，不赘述云。丁酉嘉平，洪述祖。

有体有用，立德立言。此布帛菽粟之文，兼直谅中和之致，洵可养志修身，非骋奇骛远者比也。所论电务大局，保固非善策情形，尤为详晰，譬喻切当，雒诵再过，钦佩靡涯。戊戌正月，罗浮待鹤山人。

悟天道之无常，然后能百折不回，办人生当尽之事。历世变之多故，然后悔当前自误，有虚生无益之惭。人之知不知，境之裕不裕，遇之显不显，吾无与焉尔。读经先生居易集，不过藉觇先生生平行事之一二而已。戊戌三月，叶瀚。

修辞立其诚，乃文章得力处也。振济见饥溺之切，铁布见擘画之精，电务始终以介然之节持之，尤为难能而可贵。公羊子所谓不畏强御、义形于色者，先生有焉。时事方棘，需才孔殷，先生不好名，何妨早日刊行，以之激劝学者。戊戌仲春，陈涛。

连读大著，所谓公则明，明则诚。铁肩担道义，辣手著文章。钦佩钦佩。时戊戌暮春之初，未还、常惶同识。

先生能读无字之书，能作无文之字。读无字之书者，诚是也。作无字之文者，行是也。大言高论多矣，能如先生之能行者，有几人耶。戊戌仲夏，陈荣衮。

大集敬读一过，字字从性真流出，刻刻以利物为心，洵当代第一等文字。后生小子，若得日诵此编，则成德不难矣。昨议余上农工，颇有不易就绪之势，然天下事，以宁武之愚行之，终当大偿所愿也。戊戌仲夏，罗振玉。

君生平以诚字自励，凡一言一动，必存诚去伪。故其为文，字字从心坎上流露，处处从人情物理上体出，无所顾忌，无所粉饰。盖不求文字之工，而自有独至之处，所谓修词立其诚也。此为有道之言，此谓有用之文。戊戌七月，陶浚宣。

拜读大著，具见民胞物与之量，悲时悯俗之心。经济文章，宜家宜国，固此日富贵寿考之铁券，亦他年生天成佛之阶梯也。丁丑、戊寅之际，各省灾荒，诸大善士己溺己饥，拯救不遗余力，常谓当是菩萨临凡，不意公即其一。集中劝赈之篇，廿年前已见过，其时家父在湘助呼将伯，亦曾集款不少。仁人之言，其利溥哉。浣薇雒诵，无任服膺。戊戌之秋，女公学教习、归延陵宁乡女士远香周莲。

文之有根柢者，乃足以感人，然所谓根柢者，非经经纬史而已也。必其先行后言，字字从身体力行中推勘出来，然后亲切有味。先生躬行不倦，余力学文，落落数十篇，皆人人欲说，而人人说不到者。顽廉懦立，其在斯乎。戊戌仲秋，陈范。

坐而言，不能起而行，此古今之通病。君注定一诚字，诚则金石为开，何患言之不能行耶？集中布铁煤矿诸条议，宏才擘画，洋洋巨制，好山行恐尽，读之不厌冗长。电局分红，力顾大局，尤非邀誉者比，余皆类是。赈务诸则，弟处旧有存稿，早奉为格言。敬代无数哀鸿，馨香捧祷久矣。佛口婆心，广喻曲譬，洵是渊源家学。此种文字最有根柢，其佳处岂仅于行间字里中求之。盍付手民，俾后学备作程式。戊戌菊秋，张弥强识，时年七十有一。

经先生迩以女学城塾委襄办，得备聆教益，真诚恳挚，可爱可畏。承示尊著，拜读一过，如入宝山，美不胜采。修词立意之简易和平，有不禁耐人咀嚼，动人观感。所谓信格豚鱼，诚开金石。每见公持躬处事，力任艰巨，不避谤怨。今味此券，益服公言无不能行，行无不获效，迥非好高骛远，徒作纸上谈者比也。戊戌九月，刘锡祉。

莲山先生，当今质直好义君子也。倾耳盛名，已非一日，深以未见颜色为恨。昨过松生谱仲，见案头留大著一卷，雒诵再三，快慰倾倒。益以叹公素所树立，固自有真也。古来蓄道德者必能文章，公向不以文名著，而此编法言巽语，硕画宏谟，无一不从肝胆血性中吐出。以视了无根柢，大言不怍者，判然若泾渭焉。公以如许抱负，因不慕荣利之故，未得大展壮猷。然而事功襮著，已争望如斗山矣。戊戌孟冬，汪永思。

笃斐忠贞，此古大臣之风。使公立朝，必有可观。大著雒诵一过。言赈、言电、言商，无不本真诚而发。世以经济自负、义理自命者，无此劈实，逊此精核。而其惓惓于风俗人心，默参乎天道盈虚消息，尤征鞭逼近里功夫，仁义之言蔼如也。戊戌嘉平，秦世铨。

莲山先生，见义勇为，淡于仕进，以同里而兼姻娅，故知其详。其为文不惟其华惟其实，兰仰之素矣。沪上创兴女学，愈亲教益。今虽女学仅存硕果，而先生之言在。他日时局转机，风行海内，必将于此取法。则是先生之学，不能行于一隅一时，而可行于天下后世。兰虽无学，犹将引领望之。己亥正月，女公学教习、归彭城上虞女士畹芳蒋兰。

孔曰质直而好义，孟曰好善优于天下。公之待人也以直，公之济人也以善。然非矢以毅然决然之诚心，安能不知不觉，流露于楮墨间，而成此扑扑〔朴朴〕实实，不可磨灭之文字？昨闻公之妙论，今读公之大著，文如其人，人如其文。吾师乎！吾师乎！吾畏之，吾尤爱之。己亥三月，沈颂清。

夙耳义闻，卅年于兹。天不靳缘，一见如故。并读大著，弥见言行并顾，不翅〔啻〕照相留声。於戏！一片赤心，一片冰心，二者未易得兼，先生其无愧乎！己亥三月，叶秉钧。

承示大著，见真学问，亦见真经济。非夙有善根，安得实心实力，与物为终始若此。君心甚厚，君量甚宏。上接先贤，下启后哲，可谓积善之家，必有余庆。钦佩靡已。己亥暮春，韩昌圻。

言顾行，行顾言，非纸上谈，非口头禅。愧一词之莫赞，卜斯文之必传。己亥三月，谢蕃。

萨菩〔菩萨〕心肠，卓荦胸襟。作为文章，惟石与金。如诗所云，实获我心。置之座右，奉为规箴。当今之世，古道不明。唤醒后进，幸有老成。种种设施，廉直公清。一言以蔽，夫亦曰诚。己亥暮春，陈寿嵩。

大著言言金玉，处处至诚。于齐家持躬接物之要，尤阐发无遗，可师可法。拜读数过，钦佩靡涯。己亥仲秋，女公学监院董事、归吴兴皖江女士浣芗章兰。

公勇于为义，淡于趋利，闻名遐迩，树立有素矣。今读大著，论事精详，析理透辟，心术既厚，学术又深，合经济、道德、文章而为一。吾谓公不可多得焉。己亥之秋，周藻。

综以精心，粲然条理，任事才也。而论议亦了如指掌，诚意溢出。摇笔挥洒，斯为有裨实用之文。缀后数语，以志钦佩。己亥九月，李兴锐。

一腔热血，一片慈心，识见既极正大，故议论弥觉俊伟。其浩然之气，湛然于心，固自有大者远者，岂必驰骋笔墨，计较于区区文字间乎？然即以文字论，亦非呫哔小儒所能望其项背也。己亥仲秋，孙凤彩。

公之气宇宏且深，公之言论真且诚，公之行事勇且勤，公之文字，则纯一无伪，博大而精明。子舆氏曰，大人者，为能不失其赤子之心。倘以斯文寿诸梨枣，俾后之诵读者，得以论世而知人，实足立三不朽之业，而补救末俗于无形。己亥冬月，王维泰。

大著洞达窾要，经纬缜密。视近日谈时务家，摇笔訾人，浮嚣满纸，相去何啻霄壤。其与人书，皆能忠告直言，无丝毫势分情面在其胸中。此先生学问事业之根本，故能为己亥岁抄〔钞〕惊天动地之举。其余殷殷劝善，无非布帛菽粟之言。统观全集，不求工于文字，自令人展玩不忍释手。世人慕先生义侠，当先学先生之忠信笃敬，而后处牢愁幽郁之境，身泰气和。不然，溃败决裂，不可收拾矣。壬寅春孟〔孟春〕，唐景崧。

守旧者无当，喜新者少诚。合体用而兼赅，综华实而并懋。读先生书，可以想见其为人矣。校读一过，钦佩万分。壬寅九秋，南沙织云女史孙锦裳，志于虞椒北市。

拜读大著，字字挟风霜，句句贯烈日。忠诚之情，慷慨之气，发露楮表，使顽夫廉，懦夫立，诚为今代有用之大文字。当局者苟备此篇于座右，则经世时务，可立而办矣。壬寅仲夏，熊本辻武雄。

邱序二集

余处海外南洋，与经君所处国内南洋，相去万余里，不相识也。己亥腊抄，都下有事，人心汹汹，崇朝数惊。余方倡电诤之议，而君总上海电报局事，先一日得信，首率东南绅耆士商千余人，联名以达。海外洋报，视为创举，盛传其语，而君之名因以震荡吾脑筋，是初耳治矣。追君于履端始，航海为澳门居，其去吾南洋也，仍数千里。余甚愿多晤君，而骤不可得。越时久之，微闻君有文稿之刊，思从容借读，加一评注，以路远莫致〔至〕而止。今夏君忽执讯来，并副〔附〕以两巨册，开编视之，则所为居易集刊本上下卷者。议论朴实，一种诚意贯注行间，恰如其为人，是再目治矣。嗟乎！吾与君虽至今尚未识面，而耳得其所行，目得其所言，口之熟之，心之写之，三年以来，亦不可谓非神交之深，而相需之殷者矣。君于孟秋复贻吾书，谓将有居易二集之刻，君盍为我序之？余得挂姓名于简端，愿也，亦幸也。我思古人，则又有说。古人著书，皆有所不得已而后为之，与后世标榜争名者大异。故史公历叙先圣先贤，以及屈原、孙子、韩子、吕氏之徒，谓为发愤而作。迄今观其所著，信然。故古人皆自寓本意于原书之中，或即急于表襮，如太史公以自序鸣，亦不别求人序也。文之迷离惝恍，不可猝释者，莫如庄子，而其天下篇一文，实挈全书之脑，不啻自序。东汉杨雄，乃以所著就商桓谭，始有求工文字之心。去古寖远，而真意亦不及前人矣。由是递降，愈近愈文。而孝穆皇甫义山等，咸啧啧焉以工为他人作序闻于后世。世之著书者，亦毋不欲得一能文之士，为之引端发喤，相沿成例，床床屋屋，贤者不免。盖先有争名之心，而后为标榜之举。此其道，经君耻之，余亦耻之也。夫经君，至性过人，行必则古，因不得已而著书，污不至以标榜之习期余。顾余谫陋，原不足当能文之名，且平日应友人请，亦尝勉强制序，其例自不为今日开，而必迂回郑重而为此言者，诚以兹集中言言达理，不尚藻饰，称心而为，随举一篇，皆足为经君自序之文。而其聱叟入梦记之章，寓言宏括，迨则南华全书所为天下篇者。千秋百世后，人读经君之书，遗文究义，犹可想见其为人。以为是发愤而作者，皆不外忠爱仁侠，至诚无伪之言，非若争名文士，掇拾浮华，徒足为取悦一时之具而已。然则应命序君，吾言其有加耶？此吾所以望古遥集，而忻幸其不远也。光绪辛丑小春之月，澄海邱炜萲菽园甫序，时客南洋星洲。

余幽羁濠镜炮台，据郑君菊簃云，何君穗田曾托星洲邱君，以三千金购钻石，为君代馈葡署。维时余正为湘累，未暇知也。其后星洲林君来濠，述邱君意慰问，余心感之。迨辛丑仲夏，余下炮台，驰书星洲，以答其意，自是屡荷损鳞。一日邱君来书，偶及钻石之事，知何君尚未缴价，余正欲筹还何君承垫之款，钻石款亦在内，尚缺三千元。悉索计穷，念莫如商之邱君，勿向何君索逋，冀异日迳还邱君，复书承允诺，并言君将来宽裕，代余捐助女学、义赈等善举可矣。而何君亦言，区区欠款，何足置念。诸君子高谊隆情，可铭肺腑。自问何缘得此，不觉感且愧矣。时余有拙稿之刻，遍馈友好，而邱君欲加评语于上，不克应命。既承二集加墨，并书来谆令勿忘。回沪以后，俗尘坌集，二集之成，未知何日。会初集重印，乃以邱君二集序，姑先借刻，附列卷尾，以副其意。邱君序中，极言古书不用他人序，而古书之序，多在卷尾，此则邱君未之言。邱君以古义自居，故以古义待之。他日识面，论古至此，当掀髯一笑耳。癸卯首夏，元善自识。

郑菊簃跋

吾国近廿年来，学派多歧，新旧交哄，旧固不图远大，新亦流弊滋多。因之国事日危，识者恫之。上虞莲山经先生，私淑阳明致良知之旨，其为学但论是非，无分新旧，认定理之所在，则并力以赴之。凡举措荦荦，共闻共见，如筹义赈、兴女学诸事，艰苦之所不避。其大最者，犹在电请今上力疾临御，勿萌退位一举。虽因是撄执政之怒，转徙播越，曾不少悔。盖当时谗臣离间两宫，天日为阍，除江督刘忠诚外，其余朝野上下，惟默足以容而已。先生以疏逖孤臣，独能一电回天，挽狂澜于将倒，今日国势虽危，尚不至绝无补苴。先生之功，实匪浅鲜也。方先生被逮葡狱之一日，出片纸，索取《王文成公全书》，不及其他，纯臣志士，略见一斑矣。嗣贼臣祖拳构衅，八国联军，翠华西狩，屡濒于险。此时先生犹羁濠境，北向涕泣曰：圣躬设有不测，小臣誓必舆尸下台。日夜哭不止，左目遂为失明。此皆不佞所目击亲闻者也。溯先生自逊荒以迄回国，不佞共处一方，时相过从，每与先生讨论时事，无不本以至诚，见及微窈，始终以崇圣、尊王、信天为主义，历三载如一日。于以叹先生之言行并顾，体用兼赅，为不可及也。一昨道出沪滨，谒先生于直园，适大集再版告藏，爰缀数语，以志景仰，盖不惟存一时之鸿雪已也。光绪二十九年六月，后学香山郑仲贤菊簃甫谨跋。

朋僚函稿

经元善、沈嵩龄致盛宣怀函[*]
(1880 年 5 月 2 日)

杏荪仁兄观察大人阁下：津门晋谒，快挹清芬，聆麈教以铭心，饫郇膏而饱德。临行复承锡以多珍，倾盖论交，不耻下问，曷胜钦佩。弟等别后次日，正遇顶风，舟行七八里，即在西沽停泊，始于昨午过文安苏桥，会见严佑之，知渠于文安小保定业已查楚，三五日内文安放毕，即放保定，核计所余拨办雄县之款，仅一万三千余，合之弟等随带五千金，大约雄县所缺无几。霸州于文安毗连之处，佑翁已查放十六庄，昨霸州牧亦至苏桥请赈，佑翁因无款可余，未敢遽应，人手则尚可勉力从事。弟等汇商，准于保定竣事，佑翁接查霸州，一体放给。至赈款俟任方伯处第二批浙款五千金，在苏解一万二千两之内。与前日执事拨发未领浙款到来，先为济急，不敷再行设法。停舟片刻，即开往雄县，今日始抵。当见邑令汪静涵，查阅地图，知该县被灾村庄偏于东南，拟明日往史阁庄设局，钱则援文安办法，交县中发各铺户派换。佑翁于文安、保定，大口每名放京钱两吊，今霸州、雄县亦照一例给放，敢乞执事即将浙款五千两，饬炮船迳送霸州牧署，转交佑之收领，较为妥便。先泐寸缄，藉慰宪麈，并鸣□忱，敬请勋安，伏乞垂鉴不庄。教、乡弟制经元善、沈嵩龄顿。三月廿四日。

附致上海公所一函，乞饬信馆即寄，拜托拜托。

（《盛宣怀档案》，上海图书馆藏，编号 00050584）

经元善、沈嵩龄致盛宣怀函[**]
(1880 年 5 月 6 日)

杏荪仁兄观察大人阁下：廿五日在雄邑泐奉寸缄，托炮船陈都戎带

---

[*] 该信有封，上款为"要函敬祈赍呈〔筹赈〕总局前署天津道宪盛大人钧启"，落款为"江浙协赈局自雄邑发，三月二十五日"，旁注"经莲珊，三月廿九到，廿九并复"。——编者注

[**] 该信有封，上款为"内赈务要函敬祈雄县衙门加封专送天津筹赈总局布政使衔前署天津道宪盛大人安启"，落款为"史各庄江浙协赈局缄，三月二十八日午刻发"，旁注"光绪六年三月廿九日到"。——编者注

呈，谅投铃阙。辰下敬维筹祉延鸣，勋猷莽庥，为颂无量。弟等于次日至史各庄设局，部署略定，昨即分路查户。顷严佑之来书云，霸州准拟往办，专候款项。适奉到方伯谕函称，前次浙款五千金，正欲起解，接筹赈局咨，以蔡家桥工程需款，嘱拨往津局，复行函商再发等云。弟在津时，执事面谕，前批浙款在万二千两之内者，已回明中堂，发交佑之，或者此函尚未接□？敬乞迅咨方伯速拨，俾可□先换钱，庶春抚早放一日，灾黎早沾实惠也。切祷切祷。至后批浙款，想已饬炮船送解在途矣。专此肃布，无任翘企，顺请德安，诸惟垂鉴，并求赐福不庄。教、乡弟制经元善、沈嵩龄顿。三月廿八日。

（《盛宣怀档案》，编号 00050585）

经元善致盛宣怀函[*]
(1880 年 5 月 19 日)

　　杏荪仁兄观察大人阁下：日前接奉由雄邑转递手教，正拟作复，今日又奉专足致严佑翁之书，适佑翁尚在文安，差由霸州探至史庄口，代为启诵，拜悉一一。上海公信及汇票，均已收到，藉稔筹祉百福，深符臆颂。佑翁一函，明日由弟处专人送去。雄邑户口，史庄一边于初八查齐，昨日开放，明日将次放完，计一万三千余口。城西一带尚未查毕，拟十五六日移往城中给放。霸州现亦开查，弟前日往苏桥，与佑翁商确一切，渠意中亦深以开河为急务，谓贴洼边数州县均已放过一赈，似可敷衍数月，此外涸出之区、灾不甚重者，势难遍给。大约俟霸州了篇，拟偕弟仝至津门，禀见中堂，再定行止。前示嘱开名单，兹特抄奉。第恐南中捐款势难起色，未免辜负宪廑，或请或止，尚乞执事酌定。接苏、沪来函，知金荅人观察于四月初一日在洛阳动身，望前后必可抵津。此君经济素优，而办事耐劳，不逊佑之，执事若能禀请中堂留办河工事务，定胜其任，实为当今不可多得之人才。附致荅翁一缄，到后乞转交为感。肃此泐复，敬请勋安，统惟雅鉴不宣。愚弟制经元善顿。十一日灯次。

　　附名单一纸。

---

　　* 该信有封，上款为"内赈务复函原差赍还天津筹赈总局前署天津道宪盛大人官印宣怀升启"，落款为"史各庄江浙协赈局寄，四月十二日"，旁注"四月十三到，十六复。来使照给回津盘川京钱三吊"。——编者注

再，弟于月初曾抽空入都一行，相约熊菊孙太史名祖诒、徐仲凡孝廉二君，一俟会榜、一俟散馆后，再定行止。如金若翁能得奏留在直，则熊菊翁西来，菊翁任使朴素，年富力强，处事实心而经济，正吴京卿一路人物也。再请德安。制愚弟善顿。

（《盛宣怀档案》，编号 00050586）

经元善致盛宣怀函[*]
（1880 年 11 月 18 日）

杏苏仁兄大人阁下：初九日曾肃复缄华洋□信□寄，并附呈苏沪奖册两本、公文禀稿两造，又谦□升汇票一纸，计库平银一百四十两〇九钱三分，想已送抵台鉴。今日若公来津，核奖与织局两事，均托面陈一切，冗次不克细详。疏河之役，未能随若公执鞭，事与愿违，今遣五舍弟元佑全来，尚乞吾兄格外教诲之，感甚幸甚。率此，敬请勋安。小弟□经元善顿。十月十六日。

一、核奖事。直赈必须减至一成六连费，庶可畅销，望拟稿代禀。其二品顶戴□多请几位，实价一成二，加直赈现银二千两，共作三千二百两，至多至贵矣。禀稿望抄示。扬沪列名同人□后：扬沪筹赈核奖公所绅士王承基、郑官应、李□松、经元善、柳昕、李培桢、林嵩华、郭□、毛凤音、张辰巽、曹如华、靳文泰。

一、织局事。中堂如见问时，望代陈股分不患其难集，将来照所拟之数，实事做去，必可望有盈无绌。最怕事权庞杂，官气胜于商气，则虽成亦难收效，□商务之大忌也。

盛杏翁处不另发信，晤时乞转述所托。织局基地事，必将从前缪辖早了为妙。如开正尚未过割，后局股份已齐，机器已定，恐难延缓，以招物议。总之认亏完结是大便宜，若舍此用场，以后搁□更难矣。

一、舍弟耕阳名元佑，系先君督办海宁塘工，照军营立功后身故例荫□入监读书，肄业六个月，以州判铨选。衔名是否写荫袭州判某某，抑候选州判荫生某某，祈裁定。前年到灵宝，涂中丞奏先慈建坊案内，已蒙提及。此番随侍宇下，务求如亲子侄看待，耳提面命，俾代侄稍效驰

---

* 该信有封，上款为"敬乞若人仁丈大人面致杏苏仁兄大人惠启"，落款为"小侄□元善谨□"，旁注"十月廿一到"。——编者注

驱。侄深望舍弟陶镕成器，到津后，敢求带领一见中堂，他日工竣，或可推情邀一优保。宋吉堂太守与侄同乡而兼姻谊，虽洋务出身，而性情亢爽，遇事望□切之。

（《盛宣怀档案》，编号 00009476）

盛宣怀致戴恒、龚寿图、郑观应、
李培松、蔡鸿仪、经元善函
（1881 年 5 月 16 日）

子辉先生、仲人太公祖、陶斋尊兄、云亭尊兄、枚卿尊兄、莲珊尊兄大人阁下：前复公函，计登签掌，迭奉惠函，敬念茝筹备至，局务渐有端绪，可见非常事必待非常人出而任之，乃得措置裕如，岂仅弟一人钦服已耶？基地一节，仰蒙俯允，通融留用，实深感泐。弟前函恳请贵局先行估价，似应由前局开缮清单，酌量估计。昨念器之观察已抵申江，弟本拟即日起程来沪会商，但恐开单估计尚须时日，而弟回沪只能旬日为期。兹值傅相初回金津辕，应办之事较繁，未便即整行装，特已专函商请器翁，先将该基地工程原价详细开单，径送尊处，并可邀同阁下前往观看，此第一层办法也。该帐送到之后，敬求尊处迅速酌核估计，从实还价，此第二层办法也。至新旧交替，价目未必一言可定。然由前局先开清单说一价目，再由贵局酌估还价，自系一定层次。弟一俟奉到复示，即当禀明傅相，克日回沪，与诸公三面商定，从中撮合，此第三层办法也。肃承挚爱，用敢渎恳，除函致器翁酌办外，专此敬请台安不一。愚弟□□□顿首。十九。

（陈旭麓、顾廷龙、汪熙主编：《上海机器织布局——盛宣怀档案资料选辑之六》，31～32 页，上海，上海人民出版社，2001）

经元善致史兆霖函
（1881 年 6 月 9 日）

花翁司马大人阁下：昨两次失迓，歉甚歉甚！地基一事，昨知清帐业已估出，数在四万以外，惟此件系韵亭兄主政，执事与韵翁接头．必知其详也。肃复。顺致升安。经元善顿首。十三。

（《上海机器织布局——盛宣怀档案资料选辑之六》，34 页）

戴恒、郑观应、龚寿图、李培松、
蔡鸿仪、经元善致盛宣怀函
(1881 年 6 月 16 日到)

杏荪仁兄大人阁下：日前奉到公函，备悉一切，藉稔勋祺丕著，升祉增绥，式符颂私，以欣以慰。弟等才惭袜线，妄意斲轮，绩愧经纶，敢希制锦，所幸庇及，诸事枚平。外间股分，来尚源源，局中诸事件稍有眉目，差堪告慰耳。承嘱一节，史华兄开到公估价值计七万余金，弟等复核在四万左右，业经弟培面复史兄，惟在尊事，断无不尽心竭力，以图报命。现集同人公同商议，一切当再由弟寿另函缕复。因恐绮注，先此布陈。敬请勋安。诸祈惠照不备。愚弟戴恒、郑官应、龚寿图、李培松、蔡鸿仪、经元善同顿首。

(《上海机器织布局——盛宣怀档案资料选辑之六》，35 页)

经元善致盛宣怀函
(1881 年 10 月 10 日)

杏翁仁兄大人阁下：初八日曾肃一缄，想邀伟鉴。辰下敬维，节祉时和，允孚忭颂。兹启者：苏局刘季眉大令前月下旬因事来沪，初未曾到过敝处，苏局日常来信，仍系刘、谢联名，故弟等均不得而知。及至节前在家患病，着人来敝处寄报，始悉其由。讵料昨晚十点钟，竟尔身故，年方少壮，赍志以殁，且在旅次，举目无亲，良深浩叹。但苏垣一局，尊处必须委员办理，此局事务较简于沪，弟想绥翁病体渐愈，正欲回苏调养，渠本寒士景况，历年来筹办赈务，赔累甚多，今岁大病，药饵之费，家计更为艰窘，可否即以苏局禀请札委绥翁接办。在绥之既可藉资补苴，而电局创始之际，佩孜均其乃叔提调一切，相得益彰，即绥翁明年襄佐织局，苏、镇、沪贯通一气，仍可兼顾其事。弟非受绥之所托，实系自献刍荛，陶翁因许星翁方伯之乃郎，早经托其推毂，许君本在金陵洋务局，欲求电报一席，指明苏垣，想此次陶翁不便列名上达乎。想吾公爱惜人才，谅不嫌其越俎，倘蒙俯采下情，即宜早赐裁夺，出诸上意，迟恐旧属叠至，转使吾公左右为难也。承嘱织局基地一事，洋匠丹科到后看过，据云做四百张机，二三十亩地，已可安置，即加至八百张，亦有四十余亩足矣，此基地大费多，恐不划算。弟等答以多余之地亦有用处，且将来扩充，又要添买，岂不受人居奇？丹科谓只要赚钱以后，至添买时，贵些亦属不妨等云。因之大众犹豫，盖陶翁于此中亦有应收之款，新旧交涉，声明不置一辞。戴子翁泰兴事了，已返泰兴，公中人普庆情浓，日在普庆。唐景翁受人之托，心尽则已皆非切己之事。彭岊之脱卖之后，转多无穷债累，不如以不卖为得计，反可搪塞各欠户。总之彭处非他人能催紧，非若新泰兴事，戴子翁日在此间，自关痛痒，现在新泰兴处光景，认还其廿五万数之中用一万二千五百两，收回七千五百两，可以完结，机器听凭另购，解开一结矣。前见执事致陶翁函，中秋节后傅相进京，台从可以拨冗南返等语。照弟鄙见，此事非吾公亲来不了，然尤贵从速周迤，即颇有来召地者，久则众口铄金，局中人更难设措。辱荷惠爱，用敢密陈，未审高明以为然否？江常通泰赈事，连接杨殿翁诸君江常来书，大约查放普遍，不过万金，集款已有成数，可以敷衍。严佑之通泰冬赈，得盐务钱万串巨款，亦所缺无几。弟处则从此亦可藉手告止，以仰慰吾公南服厪忧矣。专此泐布，不尽缕缕，敬请升安，诸惟垂照不既。愚弟经元善顿。八月十八。

（王尔敏、陈善伟编：《近代名人手札真迹——盛宣怀珍藏书牍初编》，480～485 页，香港，香港中文大学出版社，1987）

郑观应、经元善致盛宣怀函
（1881 年 10 月 30 日）

杏翁仁兄大人阁下：昨晚肃复一函，谅邀惠览。若公信即寄往平湖矣。苏局机器有旧而坏，弟见寄来一副，并未逐件拆开，且苏局尚无洋匠，亦无能修机器之人，何以即知其旧而坏者？查大北公司所用机器与我局不同，已嘱唐心存拆开细看，与沪局所装用者一式，实非旧货也。如其旧坏，系外洋购来旧货，并非该公司即在此处以旧货搪塞。大北人虽刁滑，亦不可持论失乎。至机器先后共购卅九副，已到廿七副，尚有十二副未到。计中间五局，每局至多五副，津沪两处每局三副，共所需不过卅一副，其余八副，足敷学堂之用。盖各分局两期接应，理当四副，或机器有坏，亦可移作两副，今再多添一副，已有三副备用矣。津沪每局两副，如机器有坏，亦可移合一副，今再多添一副，已有两副备用矣。

昨所晤电气机造者卑涉，官名毕雪坡，知其深通电气诸法，惜制造局请定,而彼甚愿就我局之聘,惟恐李勉翁不允。今早弟应亲往制造局,适李、蔡二公均外出未晤,容会见勉翁商酌后再行布。

闻优学生一节,早经留心招徕,无如甚少出色者,都为大北订定,须先告假三个月后,方可出来另就。昨从香港招到一位余柳堂,现拟派往镇局,将来或可再招二三位,亦未可定。必当尽力为之,大北南京修机匠人可出来,须俟我局离开后方可。各巡房修理器具尚非急事,俟南北两工余剩之物分派后再说。另外洋人尚未找定,此次急急欲购,必不能不托大北公司也。

电报新书后加添七门,弟善今日细细复看,似宜另刻,专为本局自用则可,若并入新书,人人可以买看,则不甚相宜。盖招商局所编一本,伊为自己各局通信,取其简便而又省字。今我局则不然,欲来打报者字愈多,则费亦多,若将缩字缩句之法,明明刻出,岂不导人以取巧之蹊径?且此书或通行各国,布裁或有未合,而各门名物亦岂能齐,终觉挂一漏万。据鄙见新书仍专取每号一字,拣字典内通用字画,凑成万号或八九千号亦可,冠以卖报章程,使人人可以买看,即曰《电报新书》。此外,各门索性再搜求数门或数十门,亦由一号起另编万号或八九千号,只为本局公务电音所用。未知有当高见否?

再,地基事,弟连日与器之接谈,所议之法已允缄托弟与大有豫经理,而不肯写信与执事。兹将其来函抄录,附呈台览。遍峰文章且做做看,成否尚难逆料,尽其心力而已。此布,顺请大安。并祈示复为盼。弟官应、元善顿首。九月初八日。老伯大人处叩安。

(《上海机器织布局——盛宣怀档案资料选辑之六》,58~59页)

经元善致盛宣怀函 *
(1882 年 1 月 18 日)

杏公鉴:戟翁回信刻尚未到,故先将禀稿及菭翁函送上,其数已并津奖统算矣。此请大安。小弟善顿。廿九。

【附件 1】金福曾致郑观应、经元善函 **
陶斋、莲珊仁兄大人阁下:到津曾泐数行,并致绥翁信,想已到

---

* 该信有封,上款为“送观音阁码头呈”,落款为“电报沪局缄,廿九”,旁注“守取回片”。——编者注

** 该信有封,上款为“陶斋、莲珊仁兄大人台启”,旁注“十一月十一到”。——编者注

矣。辰惟筹祉，均绥为慰。绥翁道体已渐痊否？驰念无既。今日谒傅相，提及上海核奖之事，有人招摇，云姚伯庸观察处，在赈奖案内报捐同知，并议价多少。原信旁注：伯兄亦断无此举，别人托名耳。相意此事约托竹鸥方伯及诸公经理，断无他弊，而外间以讹传讹，亦不可不为防范。昨已有公牍行知等谕。弟叨在爱末，既有此言，不敢不密陈左右，想执事自能洞察，或即抄奉公牍出示，如何？杏翁何日北上，现在何处？此时寄信，想不无一定之处，徒深驰系。外汉口信一件，即祈饬寄为祷。专肃，即请台安不尽。小弟福曾顿。

再，伯兄处似亦无须提及，恐徒多议论耳，祈密密。竹丈前请安。外信三件，祈分别饬寄为感。

【附件2】禀陈奉饬访查情形并遵示清理由

敬禀者：窃绅等于本月初七日接奉宪札，前因直隶工赈需款，分饬官绅随宜劝募，其捐生应得奖叙，照章核给虚衔、封典等项。自举办以来，皆能力顾邻灾，同心协助。惟近闻沪局劝捐各员，颇有在外招摇者，殊非为善急公之意，应由王绅等及上海刘道认真查访，果有情弊，严行禁止，勿任挂名局董招摇渔利，致坏该局历年声名。现在直赈将次截止，所有沪上收捐核奖事宜，应即妥速清理，分别详办等因。奉此伏查南中协赈捐数核奖，原因直隶工赈需款尚巨，南省民捐难继，经盛道宣怀、金道福曾会商各公所，筹劝续捐，并行核奖，由筹赈总局暨各公所分别禀奉批示遵办在案。事关救灾，本非得已，且节次伏读大部议复直隶捐赈暨核奖各案，因捐例甫停，察核綦严，宪台再疏吁陈，为民请命，情词恳切，几费苦筹。绅等仰体宪怀，敢不倍加谨懔，是以开办以来，并不特设公所，原冀免招摇而省费用。其初在绅元善寓次核办，嗣附织布局，现附电报局，除绅元善、官应每日到局外，只属该局帐友谨司实收，核收捐款。其核计官阶例银等事，须资熟手，现用一人，系松海防厅书吏，历办官捐奖案，金称无误。每报捐一名，必将应捐实数交到帐房，然后填给实收，从无丝毫假借。绅等各有本务，实亦未能在外劝捐，即当时协赈同事，亦都不与闻奖事。卑所本无劝捐员董名目，更无所谓挂名局董，兹乃有招摇渔利情弊，上达钧听，绅等智虑本短，耳目难周，谤不虚生，应非无自。既奉札饬，当即密访严查。惟上海游客最多，品类猥杂，平日借事造端，影射讹耀等事，时时有之，踪迹飘忽无定，此事又尚无实在主名，连日托人在外密探，茫无踪绪，总缘绅等近在一隅，不能早为觉察，殊自惭恨。现在惟有一面懔遵宪谕，将核奖事宜妥速清理，一面仍密加查访。惟统计卑所共解过直奖实银三批，计二万九千八百两有零，又晋奖实银三批，计银四千一百两有零，统计不过三万四千余两，为时不为不久，而仅有此数。当时金谓上海劝捐较易，故将扬所并归合办，今捐数并无生色，而处此聚污集垢之区，徒多事端，转辗思维，弥弥后虑，可否仰祈中堂恩鉴，准将现办核奖，以本月底为断，一律截止，或移归天津筹赈总局办理，拔本塞源，弊将自绝。至上海协募直赈，早于上年十月底裁撤公所，一律截止，当时即刊报遍告。稍有限外交来捐款，统归果育堂经收，近亦早经歇绝。一切收解款目，均详载所刻征信录中，并咨明天津筹赈总局折报在案。所有捐册早已收回，有转辗分散、无从收回者，亦早刊报，作为废纸，谅亦无人能为弊混。缘奉札饬，理合先行具复，除会商上海刘道遵饬转行厅县，一体认真访查外，肃泐恭叩福绥，伏乞垂鉴。绅承基等谨禀。

（《盛宣怀档案》，编号 00035050）

经元善致盛宣怀函
(1882 年 5 月 15 日)

杏荪尊兄大人阁下：奉到十七日手告，谨悉一切。奖事通融办理，本出苦心，弟等忠信未孚，不能不藉一纸官书剖发群疑。至执事之持躬清白，早为当世所共喻。绥之亦云，即无信录刊布，亦足征信也。移文早发，是所切祷。杨仁山中翰来书，并电报通语一册，敬呈台鉴，是否可行，即请裁示。布局廿五股，计票两纸，藉上电报股票，如数照收，渎神感谢之至。江线投禀时稍欠斟酌，现尚无信。绥之俟少愚丧事告竣后，稍俟驾旋，或图一晤，即拟回苏。知公劳甚，不敢书渎，附笔奉闻，余不尽意，敬请台安。弟善顿。三月廿八日。

计呈股票两纸、杨信一纸、洋书一本。

（《近代名人手札真迹——盛宣怀珍藏书牍初编》，463～464 页）

经元善致盛宣怀函
(1882 年 5 月 17 日)

杏荪仁兄大人阁下：奉到廿三日两次手示，并傅相委札，一一拜悉。又奉颁到股票一百二十纸，照收无误。煤矿事，子萱颇能领会，当与酌商，以副台委。绥之处股票七十五纸，亦经亲自点收。不尽之言，统俟台驾南来，一一面罄。股息折板，倘蒙寄下，俾可随时换付，尤感。肃复，即请台安。弟元善顿。绥之附笔请安。四月初一日。

（《近代名人手札真迹——盛宣怀珍藏书牍初编》，465 页）

郑观应、经元善致盛宣怀函
(1882 年 7 月 28 日)

杏荪仁兄大人阁下：初八日寄上寸缄，谅芜青鉴。顷奉初十日赐示，拜悉。广仁堂一节，已亲往报馆告说矣。此间筹赈恐成弩末，傍思侧想，欲于无可设法之中，特开生面两事。因思买吕宋票得彩，而骤获大彩者，实属得之意外，劝其分捐什一作为赈需，真惠而不费。又目今股票大兴，每一公司出，群焉争趋，以得派股分为幸。事尚未办，而已有增价买卖之举，则各公司创行分票之时，每股中加以一二金，在得票者无不乐于从事。以上两项，虽曾极力说劝，尚未定局，倘能可行，则集腋成裘，数已可观。兹将上各公司□办函稿、募启二纸，抄呈台鉴，质之高明，未审以为可行与否？绥公属转一函，亦附呈之，并乞鉴荐为幸。此请台安。愚弟官应、元善顿。六月十四日。

附函稿、募启各一纸，绥翁函一件。

再启者：令兄、菊翁刺史处交来戒烟说一纸，属弟代送《申报》馆照登，弟因前读惠函中，有欲开设戒烟局善举一节，菊翁稿内，似有类于招徕□局之意，今将原稿附呈台鉴，是否可以照登，抑尚须斟酌，均乞迅速示知，以便转致令兄。因菊翁云，在上海尚守此事，必须将此件登《申报》后，方可启程赴豫章也。鹄候环福，再叩勋安。弟善又顿。

附稿一纸。

【附件 1】劝抽彩助赈启

敬启者：读六月初七日《申报》所载"论筹捐助赈之难"一则，因安徽潜、太一带水灾甚重，奉劝买吕宋票获彩诸君，譬如少得一二成，以之助赈，亦可集腋成裘云云。善哉仁人之言，其意良，其法美，其利溥矣。夫买票之人，均□得彩，究之得者什一，不能得者什九，一旦侥幸能中，无论多寡，有福命存乎其间，倘蒙发善提愿，存利济心，分作赈需，谚云"明中去，暗中来"，吾知存此心者，此次得一小彩，可卜下次即得大彩。天佑善人，良不诬也。现拟公恳各售票宝号，于客人买票时，广为劝告，除小彩各随自愿外，自头彩数万元至一百元为止，将所得之彩，酌捐十分之一，即以此款递交电报局，转解灾区，当掣收照为据，将见聚米为山，积流成海，鸿泽嗷嗷，尽成衽席，积功累德，莫此为甚。其有得到大彩，情愿格外布施者，不敢请耳，固所愿也。

上海协赈同人公启

【附件2】同人公致唐廷桂函

茂枝仁兄观察大人阁下：公私纷然，连日少晤，至念至念。敬启者：敝处迭接严佑之助教及安徽各友来函，详述安徽与江右接壤之区，十余州邑，蛟患频仍，水涨盈丈，淹毙人畜无数，室庐禾稼，荡然无存，恳为赶筹赈款，词旨哀痛，不忍卒读。南省自历年筹办齐、豫、晋、直赈务以来，至再至三，罗掘殆尽，又值各行业连年清淡，启齿为难，不得已，苏□□□处各勉力措垫五千金，俾严佑翁星速成行，以为先路之导。而灾区既广，一杯之水，何济车薪？窃思现在沪上股分风气大开，一公司起，千百人争购之，以得股为幸。同人汇商，拟奉劝各公司于派股分时，每票劝捐一二金，在输捐者为数细微，轻而易举，积而成巨，颇亦可观。除已成之局，票散在外者，已难按图索骥，将成未成之局，如造纸公司、江浙电线公司、贵池矿务公司、保火险公□□尊处玻璃公司，统计二百余，每股捐银一二两，可得三四万之款，即可救数万人之命。且此捐系□诸初创公司，会逢其适，施当于厄。若公司既成之后，别项捐输，亦断不能援以为例。今盛观察创议江浙电线公司，曹子翁倡办造纸公司，均谓□□□事先于我，如贵公司首肯，无不追随。因思执事历办赈务，仁声卓著，贤元季又实为贵帮领袖，执事一慨允而贵帮闻风而起，关系綦重，仰望匪轻。安省灾民出沉溺而登衽席，全赖诸大君子一动念。闻□□手，行道有福，王氏三槐，窦家五桂，今将于□山见之矣。肃泐公函，上芜清听，翘首延伫，不尽百一。敬请德安，伏惟垂鉴，祗候环示不既。愚弟李朝觐、方德骥、王承基、郑官应、钱徵、李麟策、葛绳孝、曹善谦、王尧阶、经元善全顿首。

（《盛宣怀档案》，编号 00035152）

郑观应、经元善致盛康函 *
(1882 年 10 月 24 日)

旭翁老伯大人阁下：拜读环章，弥增感篆。荷藻词之宠饰，抚蓬悃以滋惭。敬惟德与时俱，福随日懋，引詹吉蔼，曷馨颂忱。承寄省局赈捐印册一本，拜诵再三，仰见诸大君子乐善为怀，情殷饥溺，钦佩曷胜。理宜遵照代为劝募，惟敝处自皖省水灾，勉为冯妇，悉索之方，无微不至。若更以邻省印簿出为劝输，恐时已弩末，为数不多，亦属无济。兹与同人商酌，即将沪上经募之款，拨解规银三千两汇奉，敬乞检收，犟赐收条寄下为荷。此间所募之项，本系江、浙、皖三省赈需，无分畛域，曾解过同善堂五千两，转缴藩辕，此批或交同善堂，或迳解中峰，伏候钧裁。附缴印册一本，并望查存是祷。肃复，敬请台安。愚侄郑官应、经元善顿首。

附规银三千两、原来印册一本。

(《盛宣怀档案》，编号 00043710)

经元善、王承基、郑观应、金福曾致盛宣怀函 **
(约 1883 年 9 月初)

杏翁尊兄大人执事：初三日接奉手畬，拜悉种种。并谂筹祺迪吉，为慰无量。弟福曾在此小住，十一日即拟启行，俟抵粤如何，再陈壹是。前闻以赈款移作炮台等用，尊处前函所云，并无其事，而此间传说纷纷，旬日间竟无助捐之人，又无寄到之款。浙、苏二处向喜登诸《申报》，发挥议论，于大局殊多可虑。弟等反复斟酌，必须一禀爵揆，奉一批示登报，方可息浮言而易劝募。顷已缮禀专发，录稿呈览。如阁下谒相时，尚祈切实代陈。近日俄事如何，炮台等究竟建设与否？《申报》所云和议，有无其事？均祈赐示为荷。专此，敬请勋安，并贺节礼，诸

---

* 该信有封，上款为"内函附印册一本、规银三千两，敬求附入竹报，寄至杭州盛大人旭人次印台启"，落款为"电报沪局书东，九月十三"，旁注"壬午九月二十到，十月初三复"。——编者注

** 该信有封，上款为"直隶候补道台盛大人台启"，旁注"苏沪劝赈公所，八月十四到"。——编者注

维荃照不尽。乡愚弟经元善、王承基、郑官应、金福曾顿。

【附件】王承基等禀李鸿章稿

敬禀者：窃绅福曾前奉饬赴粤省劝捐，以济赈抚河工之用，现拟即日由沪航海启行，俟谒见张督、裕抚宪后，即将筹办情形驰禀宪鉴。苏、沪、浙、扬各堂局绅董咸知畿疆凋敝，是以叠奉谆饬，不敢因捐务已成弩末，坐视而不复尽心。惟是夏秋以来，劝募愈难措词，盖有南下人士，辄谓直隶今岁不荒，伏汛无甚漫决之处，文、大、霸、保低洼瘠苦，自昔已然，纷纷传布，解囊者日少一日。初闻千里堤工动支赈款，因非十分急切之用，各堂局均不为然。继闻堤工所用，皆藩库另筹，人言始息。迨绅福曾回南，传述兴办河工之谕，并告以中堂已饬赈局将官商捐款储备二十万金，只须由南再筹十万，即可将紧要各河次第开挑，各堂局金谓南中助捐只能为异常亟切起见，若开河等事，虽有益于民生，究非如灾重者可比，众意均若可缓。绅等以救人必当救彻，治病尤须探源，数年来灾患无已者，实由胸腹受病，尾闾不畅，以致多水则淹，稍旱则槁。与其赈抚于事后，仍非长治之策，何如消患于未然，尤为无量之功。频函商榷，各堂局始晓然于河工之实关紧要，勉允再行设法。惟谓今岁边防、海防亦须经费，恐南中捐款到后，以赈抚河工略可缓图，遂移此就彼，虽缓急如何，大宪自有定衡，然万一竟作他用，与南中劝募之言全不相符，此后复遇灾荒，欲再募捐，人皆不敢信奉尽力。绅等以边防、海防需数百十万巨款，断不动及区区，何庸鳃鳃过虑，当以各堂局所言为迂阔，未敢渎陈。乃两月以来，自津回南者，皆云北塘、山海关一带须造炮台濠墙，估计银两甚巨，并须将赈抚开河之款拨充兴筑之用，各堂局闻之，纷纷函询，金谓不出以前所料，并云俄事亟则南省亦有修筑之事，何必复以行善恤邻之虚愿，而为舍己芸人之豪举。申江传说，众论哗然，旬日间，本地无助捐之人，堂局无寄到之款。学士文人喜动笔墨，如谬以无稽之言，遽登新报，于筹捐大局殊多妨碍。绅等再四斟酌，不能不据实禀明，可否仰乞中堂鉴核，俯赐剀切批谕，俾绅等传示各堂局绅董，咸知赈局所存官捐民捐之款，本以办赈，如赈可缓，断不为他项工程所用，从此浮言可息，尚冀群相劝募，不致上负委任。是否有当，伏候宪裁，绅等不胜战慄屏营之至。肃丹虔叩爵祺，仰维垂鉴。绅承基等谨禀。

（《盛宣怀档案》，编号 00034481）

经元善致谢家福函
（1884 年 2 月 15 日）

绥之仁兄大人阁下：别久思深，弟于元夕到此，得读手翰，敬谂献岁发春，侍下康娱，潭庭增胜，慰荷下颂。顷闻阁下以直隶春赈、堤工需才孔亟，已允佑之之请，前往畿境，此真可为灾民称庆，吾党数人亦预有光耀。尚恐尊意或有游移，拟专肃一函，力为劝驾，不意昨日示来，幡然中止，妄人败事，乃至于此。弟等自读佑翁书，胸中作恶，更何能再劝阁下强与同群。致佑公书，当即加函寄直，佑公亦有知难而退语，以后捐款无论久已绝望，即有可解，必且分拨为难。弟等惟当劝佑公各行其是，佑翁强毅，当不至灰心撒手耳。寄上魏烈女征诗文启十纸，求椽笔锡以铭诔。烈女为元善妻女弟，节行甚高，而请旌费巨，其家力不足办，故先求立言。君子为之表彰，他日或能由言官具疏，倘能代求，不拘诗文乐府，均所深感。弟在此小住，二十后须至扬州，二月中旬当偕韵亭昆仲来此。彼时台从或能来，幸甚幸甚。昨见李秋翁复陶兄信云，阁下已允北行，为之喜而不寐。伯相禀中已即陈明其然，则行计中止，又须善词婉谢。秋翁此行，事重而难，嘤鸣之求甚切，苟可勉为一行，仍望以公谊救灾为重，日后退全吾素，执事自有妙□。如何？敬请侍安，并颂岁禧。佩孜兄均候。小弟制元善稽首。正月十九日。

（谢行惠编：《谢氏家藏同光诸老尺牍》卷五，民国间石印本）

蔡鸿仪、李培松、经元善致盛宣怀函
（1884 年 2 月 25 日）

杏翁仁兄方伯大人阁下：顷由陶翁出示台函，织局事荷蒙垂爱，筹策周详，读之感佩无既。查织局同人前奉伯相札委办理，斯时公司风气未开，集股不易。弟等各竭心力，招股始得满额，嗣恐事权不一，于辛巳年夏间续立合同，凡局中银钱出入，议归陶翁一手经理，并禀明伯相在案。局中公牍随时由陶翁主稿，弟等不过随例画诺，一应局务，概未得闻。不意上年市面大坏，陶翁于银钱出入，措置失当，以致目前情形濒于决裂。陶翁已无可弥缝，弟等亦爱莫能助，无从补救。今既承台端慨念大局，许以维持，公谊私情，同深庆幸，应如何设法挽回，果能不废半途，免为非族所笑，弟等无不乐观厥成也。专此肃布，恭请勋安，统惟惠照不既。愚小弟蔡鸿仪、李培松、经元善顿首。

（《上海机器织布局——盛宣怀档案资料选辑之六》，68～69 页）

经元善致盛宣怀函
(1884 年 5 月 5 日)

杏公再鉴：扬州盐事，接山苞信，老票尚可看好，不患无人收受，但眷眷于汉口银号，恐有震动。昨曾电达，兹将叶抄呈台览，得公复后，即嘱其专顾计论价值一节也。王辉远事，弟前函语多过激，想蒙曲谅。龚仰翁处并无信来，昨日已将公意关照杨稚翁再切实致函龚处，但仰翁非公电函并催，必不着紧也。布局事，仲忌人按虽闻函商蔼方伯，素稔伯不信仲，恐未能成。机器定款到期屡催，若竟置之不问，英美洋厂必至禀追使臣，咨请总署，弄到大失国体而后已。陶翁此局坏到如此，亦关系气数也，奈何，奈何。再请台安。弟善又顿首。十一。

（《上海机器织布局——盛宣怀档案资料选辑之六》，76 页）

经元善致盛宣怀函
(1884 年 6 月 7 日)

杏翁仁兄大人阁下：前奉电传喜报，敬讠耑吉座允升，新猷丕著，真除在即，忭颂良殷。兹启者：布局一事，吾公肫肫见嘱，并蒙禀奉商宪，特札委弟会同邵筱翁观察清理追欠，结束前帐，何敢畏难推诿？遵即会商筱翁，一面驰函郑氏昆季，催收欠款，而头绪繁多，棼如乱丝。又所欠各户，无不与陶翁另有缪辖，不得不将欠户数目据实声明，先行禀复，并统筹结束前帐大略情形，另拟清折一扣，呈商左右，是否有当，伏乞指示。更祈密陈中堂，务请将批禀格外严厉，火烈民畏，庶易转行。惟最难者，目前局中已无分文，一切洋辛局用，万不容已，弟暂为设法支持，而月内汇丰机器□应付汇票一万四千余金。当时陶翁以招商局出名签字，唐景翁与陈辉庭频催，无款可应，尚不知月内能收得起六七千金，商付一半否？甚为着急。如其缓不济急，可否求函致子萱兄，在金州局通挪数竿，到收即提前归还。再，陶翁移交帐上，有存公处布股四百六十股，询之绥翁，据云是陶翁以所得彭姓旧局基地三分之一，价二万金，抵押公处，订明以布票百股、现银一万，俟唐景翁代押银两后，即以现银收买三百六十股，合成四百六十股等云。亦乞赐函绥翁、子萱兄，将此项布票照付，交局销帐。又有帐上布郎名下一款，据马俊厓云，系旧布局某某粮税管丁各项所用。弟现将此款归入陶翁名下，未审应否陶翁独认，抑与公对认之处，抄呈清单一纸，统候示遵，至以为祷。专此肃布，敬请勋安，伫候环示不既。愚小弟经元善顿。五月十四日。

　　附禀牍一件，乞转呈。又抄帐一纸。

　　　　（《近代名人手札真迹——盛宣怀珍藏书牍初编》，456～460 页）

经元善禀李鸿章文并批
（1884 年 6 月 3 日）

　　敬禀者：窃司员于五月初六日接奉宪札，据盛宣怀禀，遵饬妥议机器织布局事宜，请饬司员暂为整理，先将郑道官应所禀押款及存放期票银，赶紧按户催收，以备付还外洋定造机器之款。洋款甚急，索帐甚难，应请札饬上海邵道会同催缴，一面将所押各物照市变价，迅速禀报，庶几旧商之事皆可结束，俟市面转移，再招新股等因，并准盛道录批咨同前由。奉此伏思织局筹办多年，中外属目，机器已定，势难中辍，只以郑道措置失当，值此商市凋敝，濒于溃决。又上烦钧虑，特饬司员暂为整理，何敢稍有推诿，惟查各欠情形，略有区别，似不能不酌分等差，以求实济。郑道名下尚欠彦记、陶记两户银一万三千余两，又经手伯记、莼记、布郎三户欠银三千余两，郑道之兄思齐宝记户下欠银二万一千余两，其弟思贤慎和典户下欠银五千余两，其叔郑秀记户下欠银五百余两，此数户自应全数追还实银。现郑道奉差赴粤，郑思齐服贾九江，郑思贤需次湖北，当即分别函催，往返恐尚需时。此外如龚道寿图八千余两，李道培松一万二千两，恒吉钱庄二万两，均系当时入股较多之户，至今受耗颇重，若以原有本局股票挽搭抵缴，全拒似不近情，收之又少实济，此各欠情形也。

　　押入各项股票，原有十五万余两，郑道在局时，将各票出押他处，临行留交在局者，除本局股票外，只存造纸、沙岔、电报、贵池等共三百九十五股，照市竭力售变，不过值银四五千两，急切尚难脱手，此押存各物之情形也。

　　现在局中日用亦且无着，外间绝无可通，而外洋期款急迫，本月内即有一万四千两到期，收欠应付，尚恐缓不济急，后期尚多，为数尤巨。此时更无从悬虑，惟有遵饬尽力追理，以期早日结束。局中司事，昨已酌量删并，房屋分半出租，以节烦费。工师丹科晤谈数次，情甚着急，当属其安心静俟，从容图成。司员曩奉宪委襄办局事，创议之初，复先经郑道等议订驻局，窃尝反复推究此事，稳慎经理，开利源以敌洋产，似非漫无把握，是以核订章程，刊布远近，遵饬认招股分，亦复不少。嗣蒙恩慈委襄电报沪局，又即于是时公订合同，专归郑道一手经理，织局事遂不复置念。今垂成复蹶，重蒙钧睐，饬暂料理，盛道又肫肫相勉，不敢轻言后效，不敢不凛鉴前车。昨与邵道面商，并告以一切情形，如各欠户函催不应，拟即行移各行该处，或派员守提．一面检齐各帐据，逐细复核，并与丹科查看基地、马头、机器、栈房等，及详询美英两国定货分期各情，除随时会商邵道，函商盛道外，合将遵查梗概，缕晰具陈，是否有当，尚求训示。肃禀，恭叩起居，伏乞垂鉴。司员谨禀。五月十四日。

五月二十八日奉北洋大臣李批：禀悉。机器织布局虽系郑道经理，该员曾同创局务，会订章程条规，一切情形尚能透澈，责无旁贷。郑道所禀欠款押款及存放期票银两，务须会商邵道，尽力追理，并将洋款按期应付，俟市面转移，再行续招新股。该员现将局中司事、房屋分别裁减出租，并与洋匠丹科查看基地、马头、机器、栈房，商询美英两国定货，徐图举办，仰即殚竭心力，勉为其难，庶此事克底于成，不至为外人讪笑，致贻讼累，是为切要。仍将续后情形随时详细据实具报。缴。

（《上海机器织布局——盛宣怀档案资料选辑之六》，77～79 页）

经元善致盛宣怀函
(1884 年 6 月 11 日)

杏翁仁兄方伯大人阁下：自违教范，瞬将匝月。藉谂勋履筹祉，馨无不宜，慰符下颂。日前接奉电示，属将织局案卷检寄津门，兹特另抄一分递呈，伏乞察存。此局实在情形，公已深知，而傅相前尚无有剀切沥陈者，一线生机，惟公是赖。倘蒙鼎力挽救有成，岂弟同人私衷感佩，即于商务政务，亦所全匪细也。丹科合同，待崔〔鹤〕并无交出，卷中所钞者系从丹科处一纸录出，理合附陈。弟别后又患目疾，近已渐好，足抒廑系。专肃，仔臆。敬请夏安。愚弟制经元善顿首。五月十八日。

（《上海机器织布局——盛宣怀档案资料选辑之六》，92～93 页）

经元善致盛宣怀函
（1884 年 6 月 14 日）

杏公大人鉴：丹科原约帐检出一折，送呈台览，照伊帐四百张机日夜工可得一分六厘，但查出款中尚有不及开齐者，如机器之皮带、刷浆之棕帚等，琐屑积聚，亦成茊数，故鄙意利息宁说微薄，不蹈虚张也。肃此，敬请晨安。愚小弟善顿首。二十一。附抄折一扣。

（《上海机器织布局——盛宣怀档案资料选辑之六》，93 页）

经元善致盛宣怀函
（1884 年 6 月 15 日）

杏翁仁兄方伯大人阁下：十八日寄奉寸缄并布局卷宗钞册，即日计当彻览，敬维起居，曼福为颂。发信翌日，丹科来言，将随其公使赴津门，并至京师。名不便挽止，转似怕其涉讼。但询其作何行止，据云拟仍前议各条办法，请公使转商中堂照准，余无他语。已于二十日趁海晏船行矣。

窃思织事原属无可救药之病，而苦于尚无究竟下落。丹科自停给月薪，酌贴旅费，在伊一无所利而依然株守，断无不图出路之理。美国机厂及雇定散工，愈久而贴费愈积，皆属伊经手不了之事。此行如得如愿，自无他说。然事经其国公使商准，则转见郑重，而所谓利权外移，前后矛盾之处，痕迹更显，似傅相必不便允许，或一时未便坚拒，姑允饬议，恐仍必待公而决。公于此时既不能透谢，又不便迁就，若竟议撤局停办，复欲其不讼，则归偿外洋厂匠各款及西例议罚，为数甚巨，所有地基、存机即拍卖，得价亦恐不敷。龚、郑二公均未必能赔款，将何如种种，似皆为难云。甚津门倘仍无究竟，即恐不免向总署饶舌。目前美为土人虐逐华人事，正在强词夺理，我使臣亦正在执理诘问之际，若以此彼理方长，我势多屈之，商务细故遽渎，总署亦觉外间办事不善消融，或滋不悦。凡此不得不虑之处，在咎无可辞之。陶翁固无足惜，名所鳏鳏过计者，傅相初意期在免滋讼端，贻笑远人，今支持两年余，仍不免仰累宪怀，而公当时奉饬筹议，猥以相属，亦必以免滋后虑，上抒宪注为望。现在丹科此行虽尚莫测，而以情势度之，未必如前次之废然而返。名反复无策，不敢不尽有危必告之义。如上云云，公固早已熟察，不揣烦琐，特再详陈，统祈钧裁审酌，禀商予筹，妥为因应，是所企幸。手肃，叩请台安，不尽愿陈。小弟制经元善顿首。五月二十二日。旁注：五月二十八日到。

再，正在缮函间，绥翁出示手札，敬悉一一。吴君另办，即以机器转售，丹科转荐，果如公策，岂非至妙。乃为人言所扼，闻之殊闷。或者前途料沪局存机必售，欲以贱价得以巧宗，而故阳为拒却，则即不荐丹科，亦复甚好，尚乞随时留意。丹科薪水早停，百元之旅费，伊实仅资身口，并此裁之，恐所省有限，情面全失，而激其竟出下策，大抵此番必见分晓，贴费似亦不久也。抄电早寄上，收到仍祈赐复。再叩台安。名又顿首。旁注：五月二十八日到。

（《上海机器织布局——盛宣怀档案资料选辑之六》，93～94 页）

经元善、仁寿、宗福致盛宣怀函
（1884 年 8 月 3 日）

杏公大人台鉴：顷接初九日手示，谨悉种种。王锦翁闰五月帐、胡庆翁水脚帐、汕头运帐此件前次寄去。均于昨日寄奉，此外应支者上海商董薪水一分，似宜归入其中，西四局帐，尊处已齐否？乞查催可也。澂翁工程实堪钦佩，惟工头等之闹事，似非无因，然只能与澂翁商量，免致工程掣肘，且保澂翁令名□□少长一堂，实不尽然也。前日福致澂翁密函，略云广东官场有人述及，云葛大老爷大谬不然，盖即阿良也。请酌看情形，应否撤回，免致干碍执事令名等语，俟复函再行奉闻。天下事只要望其太甚，惩一儆百，自可有济。长卿断非专办之才，弟前函已切实言之，想荷垂察，然此时去接手，一片模糊帐，不知能否清理也。香港开局至今，帐目一字未见，广东旬报、帐亦屡催不来。局中支款，善当与子萱随时斟酌，将邗款用所当用也。闽款八千汇去后，现又需六千，暂可就地挪用，节录来电奉阅。眉叔信已送去矣。专此奉复，即请台安。元善、仁寿、宗福顿首。十三日。第五十八号。

附上马眉叔信一封，又密信一封，附摘抄闽电局来函一纸。

（《上海机器织布局——盛宣怀档案资料选辑之六》，94～95 页）

经元善禀李鸿章文
(1884 年 8 月 30 日)

敬禀者：窃司员前禀遵查织局大概情形，于五月二十八日奉到批谕，饬以殚竭心力，勉为其难，克底于成，不至为外人讪笑，致贻讼累，仍将续后情形随时详细具报等因。捧诵兢凛，感而弥奋，兹自两月以来，催收各欠，恒吉庄、李韵记两户已收八成，余二均订定期分，郑宝记一户已收五成余，现仍加紧催缴。慎和典一户，分文未缴，已由沪关邵道派员至九江守提。共计已收实银若干，另开清折附呈。郑道官应欠款，连次函催未缴，该道在本局尚未销差，若即由局严催，恐不得力。又有龚道寿图一款，司员亦不便函催，应否札行该道等饬令速缴。售变押件一节，查押存各项股票，除郑道先已转押与人外，存局只三百九十五股，内贵池、沙岩、电报共二十五股，业已售出，尚有造纸公司三百七十股。此事系粤商曹守善谦禀奉创办，现知该公司机器工匠已备，中秋后可以开造，而曹姓前在织局附股最多，闻尚留未售。曹守赴粤未回，拟俟回沪，商令各将本局股票如数互换，稍轻成本，似亦两便。此现办收束事宜收款情形也。所有应行付出款项，洋款期票规银一万四千六百五十余两，为数最巨最急，已予先设法，于闰五月二十日如数付讫。栈房、马头找款及栈租、局用薪工等共付出规银三千九百余两，除收款支销不敷外，现由司员向电报总局挪垫，亦于另呈清折内开明。此出款情形也。司员于奉札后，查点已到机器及地基、马头、栈房等项，核计已用成本可值银二十余万两，前此各项经费，局用一切在内。因通筹结束办法，大意以现在收入之数应付必不可已之款外，尚有盈余，拟即以此暗收本股。如能连前局收存共收回二千五百股，则外间所有之二千五百股核诸现有成本，已不相上下，而后来接办诸事，简易真捷，此固不得已权宜之计，然舍此似无善策。当即拟开略节，商之邵道，并函商盛道宣怀，均谓妥洽，而未敢遽呈宪鉴。今筹办已逾两月，各欠户处函牍力催，并各令其亲友，切实开导，邵道亦时时会商严追之法，无如物力实艰，又未敢操之过蹙，约计一二月内，未必遽能收足，而阅时过久，机缄难秘，外间知本局欲收股票，相率观望，或竟乘贱抢收，势必收无可收。外间存股不减，而成本止值此数，后来接手者，若将旧股折减，必致大拂群情，种种窒碍矣。司员早夜焦思，坐待收款，恐失事机，又苦无挪展之处，迫不得已，欲求恩施，于津沪两关各拨借规银一万两，共两万两，由司员承领，仍交存沪关道库，为专备收票之用。一面密速购收，随时交库，一面严催各欠，储备归款，为时稍宽，筹办不至两妨，庶几收束事宜可以早蒇。工师丹科常常晤语，前局底蕴，向所未悉，经此盘错之余，察其居心，颇关休戚，而要体面，又绝无嗜好，并烟酒亦不沾唇。郑道访聘此人，差强人意。美厂所定机器，据言早已造齐，因付款不能如期，曾与郑道议定，认贴利息。又洋匠四名，郑道所属早经雇定，因迟久不令来华，议给半薪，即此两项核计，目下应付又须银一万三千两，此又初核出款中所未及而续后方知者也。要知此事之难，不患收束之无术，而患机势之太紧。即接办一层，亦有不容过缓之处。司员仰荷委任，恨无速效。兹将两月来遵办情形，据实禀报。收付各款，另缮清折。所有前拟收束办法及丹科来信帐目，亦另折缮呈。当此宸勤方殷，机务丛集，本不敢琐琐渎陈，惟思前事漫漫，皆坐欠详欠实，致上下无从稽考。欲挽残局，宜鉴前车，谨分晰缕陈，是否有当，伏候训示。肃禀，恭叩勋绥，伏乞钧鉴。司员谨禀。七月初十日。

计呈结束大略收支帐项清折两扣，又译呈洋工师函帐抄折一扣。

敬再禀者：司员屡与丹科详核，除前局成本不计外，必须再集银五十万两，方可观成。值此官商交困，集款谭何容易，惟洋厂后期付款尚有二十三四万两，络绎而来，势难延缓，不得不早筹措置，以俟机缘。司员不揣冒昧，谨拟接办章程十四条，除已就商邵道、盛道外，合即开折附呈，上备采择。司员襄事电务，正值军报络绎，自揣力难兼顾，伏乞中堂早选贤员接手筹办，庶几克底于成，否则因循迁延，恐贻讼累而误大局。是否有当，仍候宪裁。肃丹，再叩勋绥。司员谨又禀。

谨将织布局收支银钱帐目开呈宪鉴：
计自正月底起至五月十二日止：
一、收郑宝记还规银一千两。
一、收招商局往来规银一千两。
一、收利息户招商局算还规银一千两。
一、收出售金州七十六股规银三千三百四十四两。
共收规银六千三百四十四两。

一、支洋工师丹科薪水规银一千三百九十九两。

一、支栈房监工洋人薪水规银一百三十一两。

一、支司事十二位、下人六名薪水规银八百四十两。

一、支机器入口税规银三百八十三两。

一、支机器上公和祥栈栈租规银六百六两。

一、支派息癸未年未支，今来支取。规银二百八十二两。

一、支火食规银一百八十二两。

一、支什用还香港招商局癸未年代支讼师费在内规银四百七十五两。

一、支房租正二两月规银一百四十两。

一、支地栈房驳船规银七十两。

一、支码头造价连铁器规银二百八十二两。

一、支押款赎回息规银八十六两九钱四分六厘。

一、支郑陶记支宕规银八百四十五两五分四厘。

一、支龚仲记支宕规银五百四十两。

一、支盛杏记代旧局地费用规银八十二两。

共支规银六千三百四十四两。以上收支各款仍系郑道交帐房经手，理合登明。

计自五月十三日起至七月初十日止：

一、收李韵记还归银五千二百两。

一、收李韵记还股本六千两，计本局股票六十股。

一、收恒吉庄还规银一千五百两。

一、收恒吉庄还股本一万六千两，计本局股票一百六十股。

一、收郑宝记还规银一万九百五十两。

一、收郑秀记还规银一百七十七两。

一、收售出沙岙、电报、自来水股分规银四百七十二两五钱六分。

共收规银一万八千二百九十九两五钱六分，又收回本局股票二百二十股。

一、支洋匠丹科三个月薪水规银一千二百十八两七钱五分。

一、支监工洋人三个月薪水规银一百三十二两六钱。

一、支司事五人、下人三名薪工规银五百六十两六钱二分五厘。

一、支火食规银一百二十三两四钱五分二厘。

一、支什用连催款电报费在内规银一百八十三两七钱六分。

一、支房租三至六，五个月。规银三百五十两。

一、支机器款解汇丰汇票连息银一万四千六百五十九两三分。

一、支机器公和祥栈租规银五百五十一两九钱七分二厘。

一、支建码头尾找规银四百五十六两二钱八分。

一、支建栈房尾找规银三百三十两五钱。

一、支栈房加添木竹笆规银一百八十五两五钱七厘。

一、支搬机器由公和祥入本栈规银二百三十六两七钱六分五厘。

一、支傅森记木作、木料、砖瓦规银一千两。

一、支派息癸未年未支，今来支去。规银一百两五分钱三分二厘。

一、支元甡庄往来尾找规银七两七钱二分八厘。

一、支还暂记存户规银一百六十五两二钱四分。

一、支电报局往出票庄票贴规银十二两四钱七分。

一、支龚仲记支宕取去自来水两股价规银二百三十二两。

一、支赎股贴息规银三十六两九钱四分六厘。

一、支盛杏记旧局基地看守费规银二十五两七钱一分八厘。

共支规银二万五百六十九两八钱七分五厘，除收过不敷银二千二百七十两三钱一分五厘，暂向电报总局挪垫，以上收支各款由司员经手，合并登明。

谨将织布局清理追欠结束前帐办法大略情形开呈宪鉴：

计开：

追欠售票入款项下：

一、郑宝记一户欠规银二万一千余两。查宝记即郑道官应胞兄，名思齐，九江有茶栈事业，扬州有盐场，及西鄂运票七八张，上海有房产家私不下数十万，且此款系放存该号长期会票，理应本利全数归还现银。

一、慎和典当一户欠规银五千余两。查此典开设九江，系郑道胞弟名思贤股开，思贤亦有股在内，资本甚巨，此款亦系长期会票，现应本利全数归还现银。

一、郑秀记一户欠规银五百余两，查此户系郑道之叔郑江，家私甚殷，亦应本利归还现银。

一、郑陶记、彦记欠规银一万三千余两，此两户系郑道自欠。又李伯记、王纯记、布郎欠规银三千余两，此三户亦郑道经手情借，共计一万六千余两。查郑道亏空局款七万余两，先以贱价收买本局股票十五万冲抵外，此款理应本利全数归还现银。

一、龚仲记欠规银八千三百两。查仲记即龚道寿图，乃当时入股巨户，现在局事败坏，所附股本已吃亏不少，此款又系陆续支用，衡情酌理，只好以本局股票抵交。

一、李韵记欠规银一万二千两。查韵记即李道培松，当时亦入股不少，局事全不经手，兹李道胞弟培桢再四商恳，愿还现银一半，余以所入本局股票抵缴，尚属急公平允。

一、恒吉钱庄欠存项规银二万两。查恒吉当时入股有四五万之多，其店之亏本闭歇，实受损于此。两店东又力不能支，再四商恳，愿还现银四千两，其余以所入本局股票抵缴，酌量亦只好如此为止。

一、押入股票总数虽有十五万之多，查当时郑道因局中需款急用，曾以本局五百股、施宜七十股、鹤峰三十五股、电灯四十五股、公平缫丝四十股，转押与同发号规银二万两，约算现在市价，只值银一万五千余两，售无人要，断无备价再向赎还之理。又售出开平股票一百股、金州股票七十六股，又龚道取去售出自来水股票两股。现在所存帐箱内，造纸局之股票三百七十股，查该纸局系曹守善谦禀办。曹守曾附本局股五六百股，拟即以造纸局三百七十股向曹守调还本局股票。此外只有贵池股票十股、沙岙股票十股、电报股票五股，现价变售，约计值银三百余两。

以上除抵交本局股票外，约可收回银五万二千余两。

现在急需出款项下：

一、应解付汇丰银行月内到期机器价汇票约规银一万四千余两。

一、应找付栈房、码头款约规银一千二百两。

一、应付局基搭架木料款约规银一千八百两。

一、应付旧岁支息未付款约规银一千四百两。

一、应付郑道行后局用等借欠款约规银三千两。

一、应还招商局借款规银七千五百两。

一、应还公和祥栈租及搬机器入局栈、添置篱笆等款约需银二千两。

一、约需三个月内局用洋辛等款约规银三千两。

以上约需出款规银三万四千余两。

收回本局股票项下：

一、盛道移交来存箱内七百零七股。

一、移交帐上郑道存盛道处四百六十股。

一、拟以造纸局股票向曹守调回三百七十股。

一、龚道寿图应缴还八十三股。

一、李道培松应缴还六十六股。

一、恒吉钱庄应缴还一百六十股。

以上共约收回本局股票一千八百四十六股。

再以收入之款除去用款外，约余银一万八千余两，照市价约可买回本局股票六百五十四股，共收回二千五百股，则净作股本二十五万两，合之已付机器价值、地基、码头、造驳岸、造栈房、局用等各款之数，已不相上下，庶几后此接办与前首股商均可不致吃亏矣。

译洋工师丹科来书

敬禀者：日前蒙询及织布局一切事务，丹再三考查，今将情形、费用录呈电览，倘有识见不周之处，尚希训示，以行查考，务必以钧意相洽而后已。帐目内有数款不过大略，虽已细心，究难核实，即如水脚高低，全视市面之起迭，不能予先算定也。帐内另呈一纸，言及每日做工二十点钟之久，其费用若干，利息若干等事。按人常言，一厂做工每日二十点钟，较之他厂每日做十点钟者，其利息必应加倍，惟老于机务者不然其说，盖以天时地气各处不同，所以夜间工作，难抵昼日之工作，即夜间之利息，亦难抵昼日之利息也。唯看其某货销售极广，商人争购极多，则厂中日夜赶办，其利息必巨。以丹之愚见，要俟织布局中诸事办理妥善，人手熟习，市面销路宽阔，然后试行夜工。现在各洋厂夜间工作较向时便易，因用电灯不用煤火之故，一则无火烛之虞，二则佣工人等不至呼吸煤毒，少染疾病，兼于精神无损。

前又蒙询及设立织机器二百座一节，丹昔受郑陶翁嘱定购织机四百座，设立起工，赶紧勿误等因，所以四百座织机、应需之火轮机器具、汽锅等件，均已齐备，抵沪存栈。一俟房厂告竣，即行装置。如此巨款，用去不复收回。

至英国织机二百座，丹因不知何时需用，故与洋厂约定，由沪致书关照，然后定夺。刻已修函通知，嘱其俟有的音，方可装运来华，所以此项尚不必挂虑。至美国所定织机则不然。丹受郑陶翁之命，催洋厂速造，均已告成，即可装运来申。嗣郑陶翁又嘱丹致书吩咐各洋厂将织机存栈，栈费归本局出，并商议将应付之银照算起息，按长年六厘，又允以先付定银三分之一四万两，以明本局暂时不取货之故，非因资本不敷不能购买也。郑陶翁又言如此办理之由，实系房厂不能及时造就，故尔迟迟。丹今者始知其中另有隐情。以上等项，郑陶翁虽一一允许，从未给予分文前付美国，以符信实。

至丹所雇安置机器之西人，郑陶翁嘱丹许给一半薪水，暂行留美。该西人等俱有家室，费用日不可少。丹以为开工有日，该匠等又有许多作用，俱不可少，况在美已经教习有时，彼等亦各谙练，来沪自能胜任，一旦辞歇，于本局实有妨碍。再，外国洋厂用人规例，能做长工者方雇。该匠等已于本局订定合同，各洋厂均已知悉，不肯雇用，现在置闲投散，日俟本局佳音，种种难处，阁下可知丹之位置实处非易。为今之计，只得尽心办理，设词掩饰，以全本局声名。想阁下精明强干，才识兼优，俟局务稍有头绪之日，谅不难给丹昔日允许三分之一之定银及诸匠之薪水息银，至少需银四五万两寄往美国，使洋厂洋匠各无嫌疑怨悔之意，则今日万难之处，经阁下办理之后，直可一洗而尽，局事成就可翘首以待，此则丹之所愿望者耳。否则再若迟延，恐洋厂生疑，致涉讼端，则本局声名大有关碍也。谨呈微忱，并颂日佳。织布局洋总管丹科书。中五月十三日，西六月初六日。

日前蒙询及诸事，谨对条例于后：

第一条：已经付给各洋厂若干银两？共付讫上海规银十二万七百四十三两一钱六分，此项乃丹亲手付讫，但水脚关税不在其内，悉本沪局帐房所付，丹故不知其数。想水脚关税扯计统算，可符阁下日前所言用去购货之款一十三万三千二百八十二两二钱三分之数也。又汇票一纸，上海规银一万四千三百二十五两一钱六分，在上所开十二万七千余两之内，该款系在外国用去，期票在本年西六月十三日付银。

第二条：再需付银若干，方可由美英两处运齐织机四百座以及他项机器到沪？除付过十二万余两外，再需上海规银三十四万七千二百三十两九钱六分，连水脚关税，装置机器入厂房及洋厂利息，已雇洋匠薪水算至此日为止，皆在其内。

第三条：建造房厂以置四百座织机需银若干？计需上海规银一十四万五千两。

第四条：除已用去银两，尚需银若干，方可设置四百座织机开工织布？计再需上海规银四十九万二千二百三十两另九钱六分。

第五条：现在用去资本以〔已〕二十五万，再加资本四十万两或五十万两，起工织布，每年可出利息若干？以机器四百座、资本七十五万两而言，不除官利，每年可得利息一分一厘半有余。此仅做日工，若添做夜工，可得一分六厘利息。

第六条：若只设置织机二百座，需费用若干？暂设织机二百座，日后可随时加二百座，计应省上海规银十七万五千两。

第七条：照设二百座织机，每年有无利息？七十五万资本，除十七万五千两，尚需资本五十七万五千两，不除官利，不做夜工，每年可得六厘利息，算官利一分，本局需断折四厘。洋工师丹科约准织布局开工织布，织机四百座机，计二万二千三百另四枚，一年以三百日计，每日做工二十点钟。

核计出款：

一、棉花三万八千担，每担十一两五钱算，计银四十三万七千两。

一、油六千四百加伦，每加伦约五钱九分半，计银三千八百两。

一、浆六百担，每担七两五钱算，计银四千五百两。

一、打包一万包，每包六钱算，计银六千两。

一、煤五千墩〔吨〕，每墩〔吨〕五两算，计银二万五千两。

一、电气灯三千六百点钟，每点钟二两算，计银七千二百两。

一、华人辛资，计银二万五千五百两。

一、西人辛资，计银二万两。

一、小工六百日，每日一百十两算，计银六万六千两。

一、杂用计银八千两。

一、修理机器费，计银二万两。

一、保险计银九千两。

共计每年需用出款规银六十三万二千两。

核计入款：

一、每年可出一四/三斜纹布二十四万匹，每匹二两八钱，计银六十七万二千两。

一、每年可出一二/二四棉纱四千担，每担二十两算，计银八万两。

共计每年出货入款规银七十五万二千两，除费用六十三万二千两，尚余规银十二万两，以七十五万两成本计息，长年一分六厘，有盈无绌，确有把握。

拟接办机器织布局条议十四条：

一、现与洋工师丹科统计成本，就已定机器到齐，厂屋完备，织机四百张及纺纱另机装设停当，开工织造，照末条丹科约帐，共需银七十五万两。就现有地基、马头、栈房及已到机器，并收还欠款、变售押件，核实股本银止有二十五万两，应添本五十万两。拟请领官本十万，再招存本十大股，每股三万两，合共得四十万两，尚少十万两，由总、会办筹措。官本长年七厘起息，存本长年一分二厘起息，均按周年支付，不问盈亏。

一、此局承大溃积毁之余，接办更难，其人必得才识兼长、精力过人、坚忍负重者一人为总办，精练商务、条理详密者一人为会办，更得敦笃直谅、守正不阿者一人为监局。总、会办仍请札委，监局则由津沪两监督关聘，拟请津沪两关道为本局监督，说见第四条。均须终年驻局，所有执事各友由总、会办延订，不得泛受荐托。凡公牍，总、会办、监局三人会衔，不得推诿，更不准兼办他局及另营与本局交涉之生意，庶几专精壹志，相与有成。

一、请领官本，由总、会办具领，交存沪关道库，自拨用之日起息，其十大股存本由本人自行交存银行，收入织布局某记存本项下，银行之息仍归本人收取，局中亦以拨用之日起息。拨时十股匀支。凡局中至道库银行拨用，须凭支票，必须总、会办、监局三人，大股存本董事一人，拟请大股存本为董事，说见第五条。四人签名，票内注明何款，方可照付。至局成开工后，往来钱庄，亦须凭前式支票，总、会办、监局三人签名，始可照付，不得仅凭手折。

一、本局既领官本，拟请宪委津沪两关道为监督，以符官督商办体制。官款分期缴清后，或仍酌量发领生息，或全归商办，届时公议，禀候宪裁。

一、十大股绅商及前局创始之各会办，拟仿西例，均应延请为局外董事，每年公推一二位为值年董事。局未成时，应议之事较多，每月或会议一二次、三五次不定，即局成开工以后，每月总须会议一次，以期常常接洽，每次将本月出入银款及月结清帐公同阅看，并照录二分送两监督备案。周年结帐必登报布闻，邀齐众董大议，并将统年结帐呈送北南洋通商大宪鉴核。各董中有不常在沪者，可托素有名望亲友代到，但须先期函知本局，以便送单邀请。各董每次议事亦仿西例，每位致送舆金银十两。

一、旧股二千五百股，应由接手总、会办签字，换给新票，仍作五千股，以一股换两票，作为先收，前五成股本五十两，如开工出货后，每年能有二分利息，即找收后五成，以昭同甘共苦，先尽旧商之义。如旧股不愿加找，即招新股，所收后五成二十五万两，即可全还官本，并还十大股存本之半。倘大股意欲长存，亦可改作股本，一律填给股票。本银既多，应如何扩充利源，届时集众大议，公禀请示办理。至十大股董事，即存本还清后亦仍旧延请，以期终始维持。

一、第一届周年结帐之期，如有盈余，先付官本及十大股存本息银外，再照十四股分派，以十股归股商，以两股归办事花红，以二股提还官本。俟官本还清，提还十大股存本，存本还清，作为公积，以厚基址而善永图。

一、总、会办既不准兼营他事，理当厚其薪水，使无内顾而励专精。拟总、会办照洋工师减半，月支二百两，监局月支一百两。其各执事、司事，量材任为厚薄。全局薪水、饭食等用项，除机厂小工外，不得逾约帐年支二万五千五百两之数。惟遇闰应可酌加。

一、本局在杨树坡〔浦〕地方，距城北且十余里，总、会办既终年不准离局，兼顾家室，未免旷功分心，拟仿照洋公司例，于局厂隙地造屋一所，为总、会办、监局住宅，体恤既周，任事自更勤奋，造屋费至多以四千两为限。

一、此局两次颠蹶，久遭疑谤，持危定倾，大非易易。果能观成收效，渐图扩充，实为收回利权之一大端。商政攸关，功不可泯，兹拟总、会办、监局年力就衰，举贤告退之后，仍准支给半薪，至本人去世十年为止。后来替人果有功能卓著、众论交孚者，亦可援以为例，既酬积劳，亦防恋栈。此项薪银，即在公积项下开支。

一、本局执事各友人不宜多，俸宁从厚，其经手银钱者，须有人耽〔担〕保赔银，出具保单。营私作弊、惰废游荡者，即行辞歇。倘有尽心本分之外，更能留心全局，事事筹措合宜，功效众著，则其人必才识兼长，可以大受，舆论亦必孚洽，总、会办告退时，即为公推接办之选。

一、此局确系工商之事，与电报局事理迥异，亦不得与轮船局之兼办海运相提并论。目前请领官本，无非为提倡维持起见，衡情度势，应略如盐政规制，拟总办称为总办董事，会办称为会办董事，监局称为监局董事。凡上行公牍，即自称董事或职董，不用本职官称。两关道行文局董，亦略如盐场官与总商之式。惟北南洋通商大宪，局董遇事经禀，不须申转，盖既官督商办，钤制不得不周。近来覆辙，未始不因名分轻假，以至气体移而志意肆，贻害无穷，前鉴不远，非故为迂论也。

一、总办、会办蒙大宪委任，经大众推举，执公司巨万利权，复受厚捐、安宅之奉，恩谊情分亦备至矣。夫劝功既从其重，则议过岂得从轻，万一其人改节易行，欺侵贪诈，贻误大局，确有指证，是彼与天理人情固已绝远，决无自新之日。拟除公禀大宪从严究惩外，即于各报纸中备列劣迹，播告远近，衣冠之俦屏弃不与，齿数世风日下，君子怀刑防闲之峻，盖非得已。

一、仿织洋布之利，前局刊送章程，亦经周咨博访，核算明晰。兹复与洋工师丹科反复考究，照七十五万成本开办，日夜作工，每年可织出斜文布、花旗粗布二十四万匹，纺出洋棉纱四千担，计开支花本及一切费用外，并据丹科云，即使初织人工未必纯熟，暂时不作夜工，亦可得一分一厘半利息，长年可得一分六厘利息，另有细帐，有盈无绌。丹科来华已阅三年，性情质直，甚顾大局，要体面。中国棉花时价，约帐照每担十一两五钱算，如遇年成歉收，亦有涨至十四五两者，然十年统扯，终不逾十两左右也。花布销场均已熟悉。据云所算利息，实是再三苛减之数，似尚可信。闻久居东瀛之人，言日本自用机器纺织，初时不过用机一二百张，且未织阔布，止织现在来华通行之狭布及绒毯、手巾等类，销行甫通西商之业，此者洋布滞销，即停歇数家，足知此事实实能塞漏卮，明有成效，可睹往不可悔，来犹可追，今且势在必行，先贵得人而理后来任事，幸深念之。

（《上海机器织布局——盛宣怀档案资料选辑之六》，79～92 页）

经元善咨盛宣怀文
（1884 年 8 月 30 日）

会办机器织布局四品顶戴候选主事经为咨请事：光绪十年四月二十八日准贵道台咨开案于二月二十日准候选道郑移开敝局，机器织布事宜，前经禀奉北洋大臣李电批饬请贵道入局办理，并经分别备函奉请在案。兹复具禀李爵相，备陈局务现在情形，即请札行贵道，即日接办，以维大局。除俟奉批照录移会外，合将禀稿先行录送，并检齐各项契据、股票、汇票等件，开具清簿一册，封送电报总局查照察收，并希示复等因。三月初二日又奉北洋商宪李札同前由并饬妥筹具复各等因。奉此敝道当于光绪十年四月十七日禀复，除俟奉批再行咨会外，相应照录禀稿，备文咨会贵主政，请烦查照等因。嗣于五月初六日又准贵道台咨开：敝道禀为遵札议复织布局应先整理旧款，再行招徕新商续办缘由。兹奉北洋商宪李批开"据禀筹议织布局事宜，拟将旧款先行整理，俟市面转移，再招新股续办，只可如此办理。仰候分札上海邵道及经主事元善会同妥筹酌办具报，交"等因，奉此合即咨会并将郑道台原送帐册两本附交贵主政，请烦查照，克日遵札会同妥筹酌办各等因，当于五月初六日奉到北洋商宪李札同前由先后到局。奉此遵即会同邵观察商办整理收束之法。两月以来，虽欠款稍有收到，而一时尚难收清，谨将现办情形，并收付各款及现拟收束办法略节，又工师函帐及筹拟接办章程十四条，各缮清折，禀报北洋商宪李察核批示，合将以上缘由，前后禀批各稿，抄单备文，咨请贵道台即烦察照施行。须至咨者。计粘单。

右咨钦命布政使衔署直隶津海关道盛。光绪十年七月初十日咨。

（《上海机器织布局——盛宣怀档案资料选辑之六》，95～96 页）

经元善致盛宣怀函
(1884 年 10 月 27 日)

杏翁仁兄大人阁下：接奉八月二十五、九月初三所发手教，拜悉一一，条复于左。

一、荆门事，非敢断公多多吃亏，深悉公之大局正在要紧关键之际，虽此事在公本理直气壮，而多费涉讼口舌，权衡轻重，殊不值得，终是了清葛藤为上上，故斗胆擅专，此是弟之粗率本性，谅邀洞鉴。惟前途专候款到，具呈息案，曾约期昨日，因子萱处一无所有，不得已再四相商，展期十五日交割。绥翁恐尊处骤需万金出款，不甚易易，拟先有七千金，合到十四两六钱，收还股票，余以他物抵押，随后赎付，想必另有函达。但此节须备好此一注现银，方可再与熟商。十五之约，七千之数，千万赶到，至盼至要。

一、布局事遵吾公来谕，面商筱翁，渠允且不提马帐房到案，将宪札转移，候弟处检齐证据，移覆后即将弟之一节先行查明禀复。至陶翁一节，俟其由粤回沪再查，分作两截办理。示中有关系弟之声名，陶翁身家，中堂体面，布局成败，不可再行轻率之训。兹将弟拟据实移复道署及禀北洋剖晰大略，此是句句实话，如有迷心虚言，神明殛之，候你示缮发。先行录呈台览，伏乞详悉指示。此事系吾公保举见委，弟诚知挽回残局，仅收欠项，难免劳怨。至奉追龚欠一节，为题中应发之义，不得不尔。惟附呈清折，内揭陶亏空七万余金，以贱价收买股票冲抵一句，弟抄移邵小翁卷上，系郑道为公订合同，银钱归其一手经理，伊自己所欠应本利全还现银之句。系书启缮禀之误，心窃悔之。今被渤海如此一闹，不知如何了结，且郑济东、曜东欠款，万分苍滑为难，筱翁嘱函致李委员抄禀近日得来及复信稿。据实禀来转详北洋，弟又将为怨府矣。但现在已欠电局三千金，洋匠薪水、局费用款尤难刻缓。今弟在嫌疑之地，何能再为办理，只得禀退交还吾公，谅不责弟畏难规避也。

一、施宜事，前函已详陈左右，此事若当时外间无发可搔之际，仰翁密以帮款交弟，权可独操，早已完结。今仰翁与债主已当面，彼等有恃无恐，急而求彼，断难说话。现在唯有宕延一清，俟彼性急而求我，方易了解。此事所难者，庄款与押款，若外间散股，现以二十五两定价收回者，业已不少，尚继续有来。此局了清，因无人可以出名登报，故不得不渐渐收买。荆门之上控不休者，正因与沈、盛至熟，深知底蕴，又依沪关衙门举动灵便，又有沈庶常之清贵，签名票上，一经咨浙，则其书院书局各项席面均有窒碍，而沈必控公，公又值多事之秋，不能不如洋务办理和约，委曲迁就，施则股票仅是一个不值分文之王辉远，舍此无缝可入，十八公无凭在外，不怕也。与荆大有区别，不必相提并论，毋毋过虑。弟受人之托，刻刻在心，特苦才识短浅，遇此不如意事迭迭逼来，难以肆应，然向不肯取巧诿卸，其处世招怨在此，而本来血性亦在此。谅公下处有素，必能鉴及在远耳。冗次不尽欲言。敬请台安。伫候惠福不既。弟经元善顿首。重九日。

再，布事大意应否如此，复请能先由电赐示一二，尤为盼切。

【附件】布案驳议

一、龚道禀称入股五万四千两，查账上只有四万两。名自己入股连所招亲戚弟兄共数亦有四万七千两，付银交局，有局中换发股票薄〔簿〕据可证。

一、莲记押款一万两，系名经手，亲戚本家所入股份欠缴后五成之款，帐房以名经手，遂将此款付入名之户下，即以所入荥阳稣记、荥阳榭记、荥阳赓记、敦谊堂、醉六书屋各记号，本局股分一百股作抵，所有后五成未缴齐者，不独名一人而已。二月间郑道赴粤禀报时，将此款作为未曾收到股分剔除，故移交盛道帐上不列此帐。

一、恒吉庄与布局往来已逾三载，进出多时，何止十余万，此二万金系提用以后揭存该庄之款，有该庄存折可凭。名自光绪七年奉委会办电报局后，即于是年六月间公订第二次合同，银钱出入皆归郑道一手经理。六月十五日奉中堂札，布局归龚道、郑道驻局管理官商事物，嗣后除重要事件由官总、商总知照同人会议外，其余各事概勿搀越等因。股票上亦龚道、郑道签名，岂有名再能经手存放银钱之理。至恒吉当手系胡小松、名培基，名何尝充过恒吉店伙，众所共闻共见。

一、龚道禀称现来机器及地皮造屋仅止十万两一节，名自奉委接管后，当细查洋匠，据丹科开呈洋文清帐，机器及地皮、栈房、码头共实付银十七万二千九百三十三两三钱八分，合之关税、水脚、寄洋棉花、洋匠出洋往返盘川费用及四年以来局用华洋薪水、生财、伙食等项，总计实有二十二三万，以奏定十年独造之招牌作二十五万，毫不吃亏于后局。帐据确凿可凭，岂龚道从前驻局，竟毫无见闻耶？名前禀有不得已权宜之计，以现在收入之款应付必不可已之款外，尚有盈余，能收回至二千五百股，则外间所有二千五百股，核诸现在成本，不相上下等云，则所亏者是业经卖出之股份，而股商现藏股票尚可挽回，得保原本，曾经禀明在案，为大局斡旋，非为郑道弥亏空也。

一、龚道禀名谄附阿私，希图侵蚀，又将觊觎其后，不知所指名谄附者何人？若谓谄附郑道，则名方且禀请严札饬催。至希图侵蚀，则现在局事败坏至此，郑道赴粤后，同人曾公推龚道接办，龚道畏难不肯涉手。名奉盛道禀请，暂为整理，明知催收欠项必招怨府，迨奉宪批有勉为其难之谕，故不敢推诿，任劳任怨，清理结束，并非奉委总办局务，尚有何事可以觊觎哉？

一、龚道所欠八千余金，系开局时至今陆续支用，有帐可稽，今特抄呈。至其股本利息，去年五月底与大众股分一概支取，不知此外所付者何项之利息？

一、龚道除支用户下所欠八千余金外，尚有押款一户，亦欠银至二万有奇，抄帐呈览。簿上有龚道亲笔，阅过盖印。其所付款项，皆是以布局之银收买金州、沙岕、贵池、电报、自来水等股分，抵押局中，现在核计所值不过四五折。宪谕内载其日押款即是向外间收买股票，迨至市面艰难，银根吃紧，所收股票终无涨价之日，只得借押款名目归之于公等因。查局中办事各员措置荒谬，如郑道者尚仅受押他人股票，以至公中吃亏，大局决裂。至于移借局款贩买股票，龚道实躬自蹈之。

（《上海机器织布局——盛宣怀档案资料选辑之六》，97～100 页）

经元善禀李鸿章文
(1884 年 11 月 6 日)

敬禀者：窃司员于本月十四日接准江海关邵道移知奉宪台札开，据龚道寿图禀复，郑道官应营私罔利，溃败于前，司员诇附阿私，希图侵蚀，又将觊觎于后，侵挪至三万余金，请饬澈底查究，遵饬移查各等因，并准津海关盛署道移同前由。奉此当即据实逐条详复，并检齐织布局卷宗、帐据，由邵道友濂亲自来局，详细查核。司员自合听候邵道复加澈究，禀候裁处，无庸汲汲置办。惟先有下情不能不沥陈者。司员仰蒙札委整理收束，虽系已败之局，亦有银钱出入，责任綦重。催追各欠，最易招怨，售变押件亦易滋疑谤。自揣本难胜任，只以仰奉明谕，勿避劳怨。盛道宣怀亦连函敦勉，是以不敢固辞。今逾限未能蒇事，催缴各欠，动多棘手，一切尚无把握，焦灼方深，所恃以仰副委任，勉自策励者，惟此精白一心，不存丝毫私利。窃意怨谤即不能尽泯，终当见谅于人，不至受玷。不意龚道乃诬以侵挪，指为诇附，竟与偾事之郑道并论，巧为构陷。所禀侵挪一节，幸有帐目，证据凿凿俱在，不难立时辨雪。而数月来，所筹收束事宜，如迭次开报拟呈办法，酌量欠户缴款，或票或银，分别等差，及亟收股票以轻成本等事，本皆不得已权宜之计。局中前帐，但求早日结束，亦有未便尽情厘剔之处，凡如此类，无非为曲全大局起见。迭经禀蒙宪鉴，乃龚道非不深知，而偏欲据此为罪状，外间闻之，必且谤讟沸腾，司员必将无解于浮言，而局事亦必无可收拾。司员以廛市细民，蒙中堂采听下及，假以名称，屡加驱策，此次委理织局收束事宜，又以其前曾究心，重荷训勉，兹尚未有寸效，岂敢藉词诿卸，半途而废，惟念任事办事，先宜顾惜声名，如此横被谗诬，竟至不分皂白。且龚道系久在局中之人，闻者不疑其妄。虽现据所禀，如机器成本价目等，即已不符甚多，然局外岂能深察，而局事机缄泄露，既不可仍前议以实谗口，又不能执途人而与明心，触处荆棘，从无措手，局事现正岌岌之际，一误岂堪再误，亟须有人接手。邵道查讯详复，或尚稍需时日，势难延待，为敢披沥直陈，仰祈中堂俯垂鉴察，恩准撤销织局差事，另委员绅接办，俾得稍安愚分，感祷无极。

至司员被龚道诬禀侵挪诇附各情，现已备文移复邵道，逐节辨晰，均有确凿证据，应由邵道澈底复查转详，不敢径陈，重干冒渎之咎。如所辨有一字虚假，愿甘加等治罪，以为既肆贪欺复逞刁狡者戒。临禀无任激切，专肃，恭叩勋绥，伏乞恩鉴。司员元□谨禀。

谨再禀者：司员自庚辰年春夏间预议织事，创立议单，核订招商章程，即于是年冬初，蒙委会办局务。驻局未及半年，龚道即每事龃龉，司员自揣不能和衷，事必无济，故于次年二月即移寓离局，除招徕股份外，概不置议。五月间，蒙委会办电报沪局。六月间，由同事公订合同，禀定一切银钱、用人，均归郑道官应一手经理，自是遂绝不顾问。郑道决裂情形，上年岁底始露，今年始着急屡邀会商，同事无不骇出意外。维时龚道自苏来沪，亦自谓久在局中，却未觉察。今以司员之离局年久，而忽指为谄附阿私，实不知其何据。司员自奉札后，查阅各帐，见龚道名下有仲记、寿记两户，寿记户下结欠银二万一千余两，大半皆系买各项股票之用，开明在帐。所买各项股票，郑道交来帐内已列入局中受押款内。若照正办理，应请其归还原银，将各票收回。当以该道股分较多，已受暗耗，故不复根究，仅将其仲记户结欠之八千三百金列入欠款，现又不责现银，但索本局股票，在各欠户中最为便宜。司员方以不能据实举发，迹近避嫌为愧。即此次禀请札催，亦因日久无归，既追郑道，不能置之不问，且知其存票不少，绝非苦以所难，初不料其全不自反，暴怒诬诋，遽至于此。更不料其竟称所用为利钱，饰词朦赖，而不思大众无利，总办独有之，无以对人也。今司员既奉查办，难再容隐，谨将龚寿记户清帐及仲记户结欠总数一并钞呈宪鉴。此原帐上有该道亲笔印记，邵道亦经寓目。司委于移复邵道公牍中，本可藉以自辨，然未敢显然列入，致成互讦，结怨已深，忧谗无已，不复能坚持一节遵守任怨之训，俯仰兢惶，惟求矜宥，肃丹，再叩勋祺。司员元□谨又禀。

附呈清折一扣。右夹单禀北洋通商大臣李。光绪十年九月十九日。

谨将龚道寿图寿记户帐并仲记户结欠总数录呈宪鉴：

计开收数：寿记户

一、收癸未四月十八日金州息规银四百二十两。

一、收五月二十六日售出荆门股规银四百三十二两半。

一、收六月初十日布股息规银五百十三两五钱四分五厘。

共计收规银一千三百六十六两四分五厘。

计开支数：

一、支壬午九月三十日金州股规银一万一百两。

一、支十月初二日还恒吉庄规银三千九百三十九两九分七厘。

一、支六月二十日造纸股规银一千五百两。

一、支五月二十九日织布股规银一千两。

一、支六月十五日又规银一千五百两。

一、支九月十五日汇苏规银一千七十九两九钱一分四厘。

一、支十月初五日沙峇股规银二百五十两。

一、支十月初七日荆门股规银五百两。

一、支九月初一日自来水股规银二百七十二两六钱一分六厘。

一、支癸未三月三十日止息规银九百五十四两四分。

一、支四月十四日电报股规银一百三十三两一钱三分三厘。

一、支五月十五日自来水加股规银八两。

一、支五月十七日自来水股酬劳规银八两零九分。

一、支六月初一日电报股规银一百九十六两六钱九分五厘。

一、支九月三十日止息规银八百五十一两六钱五分八厘。

共计支规银二万二千五百四十三两二钱四分三厘。

除收净欠规银二万一千一百七十七两一钱九分八厘。甲申八月十二日仲阅盖印。此系龚道亲笔。

押局股票计开：

金州一百股，原本一万两。沙峇十股，原本二百五十两。贵池十股，原本二百五十两。电报五股，原本三百六十五两。自来水二股，原本一百六十两。织布二十五股，原本二千五百两。

共计原本规银一万三千五百二十五两，已浮押银七千六百余两。现在除织布二十五股作原本抵还本局外，其余各项股票变售值银五千一百两。寿记一户，局中实亏耗银一万三千余两。

计开：仲记户

龚仲记户结至本年五月中旬，连蔼记、季记支宕，共欠规银八千三百八十五两三分九厘。查仲记一户，自庚辰年至今，全帐极繁，不及备录。

（《上海机器织布局——盛宣怀档案资料选辑之六》，101～105 页）

经元善致盛宣怀函
(1884 年 11 月 8 日)

杏翁方伯大人阁下：本月初三日接奉大移，渤海挟催欠之嫌，因讦康成而诬及下走，读之不禁失笑。其语影响模糊，竟无端委。原禀又未蒙钞发，只得逐节逐句分条具复。昨已于接筱丈来文后，备文复请转详，理合录稿移送冰案。善但求自明以全颜面，即以保此残局，断不欲蹈互讦陋习。况如此不根之谈，实无足怒，故复文中自然无急疾语，想公必能鉴及。至织局差事，实在势难再任，非敢畏难藉口，负公期许，尤不敢于傅相前谬为悴悴，其无可搓手情形，具详禀牍，兹亦钞稿呈览，敬乞以此苦情，善达宪辕，务求必得所请，至感至叩。又夹单禀一件，亦钞奉。本欲并此不发，既思现正查办，仍不实陈，则又蹈容隐之罪，而康成亦必反唇相讥，实亦有不得已处，更望婉曲代陈，求傅相姑存勿究。禀中末后数语，已含此意也。专肃，敬请勋安，惟祈蔼照不庄。经元善谨上。九月二十一日。

（《上海机器织布局——盛宣怀档案资料选辑之六》，100～101 页）

经元善致盛宣怀函
(1884 年 11 月 10 日)

杏翁仁兄方伯大人阁下：远隔芝辉，时引葭系，敬维福曜东临，瞬逾匝月。凡观吏察人、兴利剔弊诸大端，引詹新政，必有可观，至以为颂。兹启者：昨据前办材料所同事胡钦馥来局面称，春间丁忧，事在仓卒，因劳成疾，惟恐贻误公务，正在筹思，适奉督办宪檄委盛荔翁综理一切，是以趁此请假，藉可调养。现经数月，托庇复元，因思光绪七年自到电局以来，诸承优待，贱恙已痊，何敢自耽暇逸，已具禀函，求请督办宪赏委差使，以图报效等情前来。窃思总材料所自荔翁办理后，条理精详，廉明公正，远驾乎钦馥之上，固已众口一词。第滇蜀工程正在举办，报关寄料，劳瘁弥深，虽荔翁年力正强，尽堪胜任，究之善用马者，不使尽千里之力，既欲综其纲领，又令疲于奔命，似乎可暂而不宜常。以鄙见论之，钦馥略通洋语，于装船报关等事，颇属相宜，若令供其奔走，而事事仍听荔翁调度，有正有副，相得益彰。且钦馥在局数载，正各处工程络绎开办之时，不无微劳呈录，与其另委差事，不若仍令进局帮办材料所事宜，以收驾轻就熟之效，在荔翁亦可藉分心力，即可持久不疲。昨与荔翁、绥翁面商各节，亦以为然，只因胡钦馥辞差在前，未便擅令到局，用特缕晰具函，敬请钧裁示遵，不胜盼祷之至。绥翁于廿一晚旋苏，子萱因向未了事回里，大约月内可返，并以附闻。专肃，祇请升安，惟鉴不既。
愚弟制经元善顿。九月廿三日。

（《近代名人手札真迹——盛宣怀珍藏书牍初编》，497～500 页）

经元善致盛宣怀函
（1884 年 11 月 13 日）

杏翁仁兄大人阁下：二十一日曾肃寸缄，并布局移复一件，度邀台览。昨奉十九日手示，敬悉一一。条复如下：

一、荆门事：于二十日已将股票四百七十五股收回，先付现银五千九百二十五两。布股五十股，作一千两，合每股十四两六钱之数，尚少银三千零四十两，系弟代出字据，俟控案详销后找结，兹嘱□□□开呈清帐，祈察览。

一、施宜事：弟并不打退堂鼓，特苦于不能挑急三枪耳。昨往见仰翁，将尊意转达。渠云接公两函，已复一信。然照目下情形，除仰翁急急脉缓受之外，实无另外办法。幸股票陆续收回者不少，现在外间仅剩二百余股矣。移步换形，非目睹不详要领，请公放心，勿过急急。至申沪两馆，弟屡次谆托，但告白非新闻之比，主笔者无权，不能禁其勿刊，真无法也。

一、织局事：二十一日寄尘各稿，均经筱翁阅过。前日筱翁到局，将华洋各帐细细查过，并传丹科逐一讯问后，谓弟曰：此事仲控之案，不过瞎闹，而难在外洋之定货久已过期，听认利息，恐不能常常搪塞，倘一旦发作，真是关系中堂名声、陶斋性命。我当于据实详复外，另将此局有行无止，即须统筹，赶紧兴办之意禀陈傅相云云。弟于此事发轫之初，原拟勉为其难，得能明效大脸，庶可维系中国商务之风气。当时中堂看得渤海诸位禀认招股者何等郑重，而在弟鄙见，不难于集股，而难于任事之得人，所以不肯敷衍迁就，事事欲从脚跟做起，致与渤海不合，洁身而退。殊不料康成债事，事一至于此。乃奉宪委挽此残局，意谓此时此际有明公之庇翼，承上启下，必可实事求是，以报知遇。更不料渤海诬诋至于如此，弟夙志不肯虚与委蛇，所谓江山好改，本性难移。诚如公示，少涵养工夫，的是确论。夫而后知国家大事，决非涉世不深、粗率轻浅之人所能肩任，故辞差一禀，言出由衷，尚乞吾公曲为成全，务求得请而后已，至祷至感。……①愚小弟经元善顿首。九月二十六日。第一百四十四号。

（《上海机器织布局——盛宣怀档案资料选辑之六》，106～107 页）

经元善致盛宣怀函
(1884 年 12 月 29 日)

杏翁仁兄大人阁下：初十日接奉前月二十九所发台翰，敬承壹是。大冬严寒，一阳来复，恭惟勋履苌猷，馨宜笃祜，定洽颂忱。

承询织局事究竟能否续办，而以速筹轷股，勿任久散为谕。仰见惩前毖后，再三审重之意。此局溃败枯竭，又值此市道极敝之时，若竟有以能成自任者，可决其非欺却妄。惟是事以谋成，尤以权济。善谬蒙信任，禀请暂理结束事宜，澈底通筹，非将现有物业与股商票本两相核实，则即将各欠收齐，亦不过就此宕局多延时日，而一切续办事宜，仍无从说起。收股一策，明知不是正理，然舍此无他法。蒙公印可，傅相亦不斥为非，故数月来，尽力催欠，笔舌交敝。又设暂请官款、暂借洋债二策，以权道图转机，盖此等事如兔起鹘落，稍纵即逝，机势一滞，即无下手处也。无如欠款之不应者，既无权力以制驭之，而他策又概不得施。尚幸所谋未尽泄露，犹可姑待。不意渤海观察又忽发奇想，横风吹断，使之蒙垢负衅，吞声束手，徒受召怨召尤之实，转足以快各欠户幸灾乐祸之私。而丹科之忧急，局用之窘迫，又无以解慰。而应付之情势如此，尚不知难而退，亦可见其大愚不灵，而决不能以有为矣。至万一竟能结束，应筹续办之法，则前有预拟十四条寄呈台鉴，管蠡所及，不过如是。此时既说不到，此更可无庸置议矣。

洋厂已定机器之价银，万不能不付，无可通融假借。丹科之急，屡次之禀，皆系实情，此是局事最棘手之大病根。否则此等时局市面，方应缓俟机缘，奚必皇皇如此哉。

旗昌之议，昨日士米德抵沪，已招丹科往谈，伊意要责令丹科包定有利，方肯干预。丹科现拟节略未竣，俟再晤士后，始有端倪，是否容

---

① 《上海机器织布局》一书录此稿时，有节略之处，因未找到原函，故此处从其旧。——编者注

即电闻。手此肃复。敬请炉安。愚弟经元善顿首。冬月十三日。第一百六十号。

（《上海机器织布局——盛宣怀档案资料选辑之六》，108~109页）

经元善致盛宣怀函
（约 1884 年间）

再启者：前日奉初八日赐示，拜悉。扬州盐事，实因市面所致，非叶不力。弟在扬亦目睹情形，现遵电示，叶暂回沪，一面仍嘱其托出元升与魏、李各处，以通消息。兹将叠接山苞及勉翁来信三缄，附呈台览。此事之去留机括，龙茂生多年老手，究竟情形较熟，闻昨日奉召赴津，乞面讯酌夺。至津门谣传一节，弟生平从未有人相信无所亏空，今不幸而得此阔绰之名，尚是恭逢其盛。仔细想来，或因平□之事，耳食者从而牵涉。然平□非弟所开，亦非弟经手，弟仅附股两竿，即使蚀本完了，亦不过二十万中百分之一也，付之一笑。金州局迁移楼下，子萱兄因不谨慎，与绥翁商在布局二层楼上，让出三间。布局本欲追减□□之租，总是电局所出，电、金难分家，一举两得。照□之公事房一间，现在宋榆翁所住，舍此亦无处安置耳。弟善再顿。

附叶、魏信三缄。

（《近代名人手札真迹——盛宣怀珍藏书牍初编》，461~462页）

经元善致盛宣怀函
（约 1884 年间）

再，昨奉两电敬悉。查江少翁八月廿一日趁三菱公司轮舟动身，廿三抵长崎。接其九月初二由崎所发致子萱函称，因乏船之故，逗留等候，顷已先行电达。兹将原函抄录呈鉴。甘□加薪二百廿元，蝉联两年，已转电博怡生，俟其复到再达。倘甘愿就续订合同，应否由沪缮就，寄烟签名，伏候电示。弟制善又顿。

（《近代名人手札真迹——盛宣怀珍藏书牍初编》，501页）

经元善致盛宣怀函
(1885 年 2 月 16 日)

杏翁仁兄大人阁下：前奉复缄，计当徽鉴，辰下敬维福履勋茂，罄无不宜为颂。

织局事，昨由邵筱丈录示傅相批示，知已咨催转饬陶翁回沪，自是正办。善得释仔肩，尤切忻幸。惟以情势揆之，陶翁必仍不来。而事久不定，丹科必愈发急。竭蹶半年，倘终不免洋人之讼，则负公委托，上廑宪虑，善将何以自安？正在拟具禀复，适奉电示，亦即以丹科不能久耐为虑。茂筹四照，真可谓无远勿届，不胜心佩。善思此时绝续之交，陶翁既未必来，来亦无济，不如请饬仲翁昆季驻局经理，可以稍慰丹科之心。而仲翁本系大股，不能不管，情势似亦两得。兹已缮具禀件，先奉台览。禀词稍繁，然事绪本多，下情不能不达，亦藉省公口述之烦。如无甚疵，乞即转呈为感。倘宪意必欲陶回，则须令其不得不来方妙，或可请于彭帅处加一切实之缄否？诸乞裁夺。

善自绥翁辞差后，电局事已觉才力不及，王心如兄又有漕务事，不能不分身兼办，而更形支绌。因之肝阳上升，目疾已匝月未愈。据医者云，必须静养，拟日内请假往云间就医。倘织局事再不赶快交出，必致两误。公综揽庶务，必能鉴及微忧也。冗次不尽欲言，敬请年安，伏惟亮察不既。愚弟经元善顿首。嘉平月初二日。第一百六十四号。附禀件一扣。

（《上海机器织布局——盛宣怀档案资料选辑之六》，112 页）

经元善致盛宣怀函
(1885 年 3 月 1 日)

杏翁仁兄大人阁下：十三日接奉电示，织局各语当于次日电复，大意想已邀鉴。即辰敬维勋履茂筹，百凡戬穀为颂。

织局棘手情形，非止一端，催收各欠，为结束正文要务。弟自接手以来，所以不敢稍有懈怠，稍避嫌怨者，盖非收有现银，前事无从结束，则空有拟办之法，无可措手。而安慰丹科以止洋讼，尤非空言所能济事。今余户皆已清了，所收之款早已入不敷出，而郑氏三昆季尚有三万左右，任催罔应，济东除已收尚欠九千余两，陶斋连经手欠一万六千余两，曜东欠五千两，共约三万两。济则谓缴已过半，陶处有帐五千两划抵，其余要将自入股分数十股冲销。陶则自认只有四千余，皆经手转属局中代催。曜东则始终推赖，云已交还陶手。弟于此三户，久已笔舌交敝，即被渤海诬禀后，求退已决，且明知济、曜诸公闻此风声，必更观望，然仍未稍稍放松，总因丹科处付款实难再缓，不得不然。十一月内，特属叶山苞赴九江坐催济款，并详告以洋讼将兴急迫情事，年底回来，仅收到四百余金。有回信一函，阅之直可发笑。陶处自频频力催后，去冬来书，曾有年内措汇三四千，无论如何誓不食言等语。乃直至年底，寄来股票四十股，属为收帐，如何能收？曜款经筱丈由道委员赍咨守提，候至三月之久，仍持复文股票回沪销差。弟以明系会票借款，禀明应收实银，断难含糊迁就，仍请筱丈将票咨回发还追缴。曜东近日来信，仍持前说。弟曾以曜说函询陶翁，复称尽可据票向收。昨又书来，提及则已作回护之词。此三户情形，至此直令人无计可施。而局中可收之款，惟此三项。电局挪借二千有零，亦指此归款，奈何奈何。

丹科为人，弟看来总算极肯耐性，十一月下旬，电示属加意安慰，弟并以公语告之。然至今又两月余，并所欠三月薪工千二百金，亦不能付。每与相见，实觉汗颜。现渠定欲赴津，弟愈留则彼愈疑，惟仍切属安心勿躁而已。

旗昌合办之说，士米德要先运机张若干来当面装设试织。询之丹科，须先花费五万两，此时自无暇议及。

去腊龚仲翁在沪托卓子和向汇丰姑商借款，却可相允，但须傅相俯为担保还期。弟亦询过卓君，系是有恒洋人金世美居间，如能邀允，即可算数。开来票据款式一纸，兹特另纸译录奉览，或可姑备一说，即使照办，弟亦担当不起如此重任也。禀批已奉到，弟二次辞禀，于种种为难，不敢多说取厌。当此海氛甚恶，即我公前亦岂不思再自坚耐。慰留丹科，徐俟可议之时。

宪批已饬陶回局，并知彭帅已允饬销差。陶如能来，善亦尚当暂守，无如陶之必不能来，不但弟明知之，即丹科亦已料及，且谓陶即能来，亦必无益于我。现在陶为太古阑入香港捕房，沪市已经遍传，是以丹科之行，更无可以暂止之说。

弟蒙公推毂，傅相札委，勉力竭蹶，已十更月瑄矣。当此苞筹极烦之时，岂转不能少安毋躁，忍以不急之谈哓哓上渎？实缘力难再支，深恐洋讼终不能阻，枉费一向心力，用特缕陈近状，专候开冻驰布，务祈速选能手接办。丹科到日晋谒，尤望有以切实安慰之。无任祷切。肃泐，敬请勋安，并贺春禧百益。愚弟经元善顿首。元宵日泐于海上。附钞件一纸。

【附件】上海机器织布局借据草稿

今借到股本银三千股，每股计上海规银一百两正，周年一分起息，蒙现任直隶总督俯赐作保，于西历一千八百九十年□月□日原本归清。此据，□字第□□号股分。

今收到□□记交到上海规银一百两正，凭汇丰银行划归上海机器织布局帐下，准于西历一千八百九十年□月□日原本归清，周年一分起息，半年一交不误。总董□□，董事□□。

照得现任直隶总督奉总理衙门俯准本局借股本银三十万两，周年一分起息，于西历一千八百九十年□月□日尽数归还，凭汇丰银行经手。凡在股诸君，照上注明日期收利收本，均以汇丰银行是认，股分均可随时交易。惟换手时须来汇丰银行，于挂号簿中更改姓名，以便取本利也。挂号另取小费钱□两□钱。

（《上海机器织布局——盛宣怀档案资料选辑之六》，113～115 页）

经元善致盛宣怀函
(1885 年 3 月 5 日)

杏翁仁兄大人阁下：元宵日专肃一缄，详述织局情形，已交信局由头班轮船递上。刻又由电奉复十六日电示，想已达到。

织局目前要务，惟有力追欠款，而三郑情形如此，具详前函。除非再禀傅相分别咨饬严提，然亦恐仍是宕局，此外绝无生法。是以丹科之行，无可再留。

旗昌士米德一说，须先费五万金试织与看，方可与议，系断做不到之事。汇丰之说，又必须傅相俯为作保，认定还期，为数既巨，似亦难冒昧上请。此二说即使能行，弟自问力量亦担当不起。而目前又妙手早空，一筹莫展，是以前禀只得据实力辞，务望于傅相前代陈苦情，速派接手之人。倘我公不为力辞，弟亦惟有坐听决裂，明知必将任咎，亦避无可避也。

电示询弟能否来津，如只为织事，则一切已详前函，余实无可再商，仍不必多此一行。倘尚有他事见谕，当即附轮趋叩。仍乞示复为盼。肃泐，敬请勋安。愚弟经元善顿首。正月十九。

（《上海机器织布局——盛宣怀档案资料选辑之六》，115～116 页）

经元善致盛宣怀函
（1885 年 3 月 13 日）

杏翁仁兄大人阁下：元宵、十九两日连发二信，备述织局情形，并先由电复大略，想均达台览矣。春寒未已，敬惟履茞曼福，潭邸亿和，允符企颂。

敬专启者：工师丹科来华多年，其廉正勤慎，毫无习气，久在我公鉴中。弟近与相处，更觉其持论和平，深有涵养，尤为难得。郑陶翁综理此局，惟此访延得人，差强人意。弟前者条议中曾特为表明，非虚语也。自前事棘手后，丹科株守经年，虽忧虑时形而静穆如故。上年冬间，我公特传电示，属为加意安慰，事必有成，渠感此惓惓，亦颇悦服。惟是自冬徂春，倏又三月，外洋机厂期款重迭，贴息日增，积欠更巨，所订散工，例不他就，枵腹引领，怨愤日深。丹科受逼已久，实有再难守候之势。弟尝告以际此海氛不靖，日不暇给，即傅相与我公亦无余力筹及于此，此局势在必成，只可仍守办大事须耐性之谕，安心坚守。丹科谓时事为难，亦所深知。然外洋之催款者，转恐因此军务，概束高阁，是以近日来信愈加着急，实难再以空言相答云云。此说亦情势所必有，设身代处，诚难再为延约。

弟处除力追欠款外，绝无他法，而所有三户情形，具详前函，即筱丈观察亦谓无可如何。丹科于此类情形，亦有所闻。应付薪工已欠至三个月，颇尚相谅，不甚催索，尤觉抱歉。现丹科定欲赴津面陈细情，公已允其来晤，甚为感慰。窃思欲筹成局，如旗昌合办、汇丰借银二说亦似在可采之列。而旗昌先须试织，断不能有此垫款。汇丰商借，又须傅相俯作保任。二说孰为近情，弟不能悬揣，尚乞我公衡量一决。倘此二说势均难行，或丹科此来另贡他策，渠必面陈，想公必有以曲全而深慰之，无待烦渎也。弟因返局后未能静养，目疾久难脱体，故拟再往就医，以收全功。往返不过二旬，明日开行。肃此，留交丹科面呈，敬请勋安，统惟亮照不既。愚小弟经元善顿首。正月二十七日。

（《上海机器织布局——盛宣怀档案资料选辑之六》，118～119 页）

经元善致盛宣怀函
(1889 年 4 月 22 日)

杏翁仁兄大人阁下：十一日曾肃寸缄，嗣后叠奉电示，随时由电具复，谅一一均邀台鉴。青齐乞命启，属鸿文局照印，岂知印好送来，启后已无余地，据云因石板无此之长，多余空纸，拖在石外，断不能印。不得已又缩写底稿，收小重印，现已印齐六百零两本。遵示留一百零一号起三百本，分寄轮电各局各船外，兹寄上元号至一百号、四百零一号至六百零二号，三百零两本，至祈察收。严佑之明日可到，陆馨吾与之偕来，谢佩孜已转电去催，如赶得及，亦全陆、严赴烟。捐款就沪本地论，实已数见不鲜，施者皆有倦意，只得驰书四出，苦于鞭长莫及。施少翁处收数之多，大半系画符治病招致，原非他人所能学步。陈与翁三千，廿一已寄出汇票。皖抚万金，佑带恐不及，到后即划交严芝楣，已与接头，先将弟等所借及丝业允垫万金，共二万，装现交佑翁带上。梁资卿本肯赴东，因妻多病反复，佑之行时，能来与否未定。施子英奉傅相札调，朗帅函牍又益以吾公加灌桑梓之意，已允徒阳告藏后来，其乃尊犹有三分公道，与弟甚合得拢。即其乃郎不至，尚不至于袖手坐视也。近日奉天亦叠催款，今日又悉索借垫，各所合解去万金五千金。势分力薄，筹更不易耳。冗次肃布，敬请德安。弟元善顿。三月廿三日。

外附捐启三百零两本。

（《盛宣怀档案》，编号 00024509）

经元善致盛宣怀函
(1889 年 5 月 4 日)

杏翁仁兄大人阁下：前月杪奉到廿六、七日所发手示，并委札一件，护照四纸，沪关道公文一角，均祗收拜悉。次日往见仰翁，面递公文，即允照办。因商局漕米紧要，尚未能赶装。曾商唐凤翁，据云三公司水脚一体均派，尽可另装别船，庶能迅速。大约一二日内，利泰昌号先有大米、小麦、包米合共五千石，由太古通州轮船运烟。沪上捐数，近日虽稍有起色，而奉天、山东均关紧要，两边分解，实在不敷肆应。此第三批除陈与昌来规银二千两外，余皆文报所凑，然非有河南三千及道署九千元□不克臻此。丝业会馆约须月望后，子英来时再解矣。历次劝赈，从《申报》中夹送捐折，人皆视为故套，此次弟所印捐册，订成本子，合各所同人联名公禀公函，四出告募，兹附上十本，呈祈察览。如用得着，候示再行寄上。乞命启印费，此间已付，可毋庸寄还。惟沪所杂用经费，向系另筹，并不开报，豫皖事毕，业已不敷，今加东赈，添司事、印捐册、信力纸张等等，所费尤多，倘将来另筹不足，缺少数百金，欲恳请尊处帮补。沪上留一不开支费用名声，日后逮有赈事，或再能取信于人也。沪北虹口一带，地面日广，同人等兴创元济善堂，以补仁济之鞭长莫及。首事者为高易公所陈咏南，拉弟等相助为理，事属善举，义不容辞，究竟多一善堂，人之善心固聚，隐培元气，地方之福。现值赈务不继，募款匪易，附呈六十二号捐簿一册，意欲代求吾公设法倡助千金，以后电局中亦请照仁济壹式，常年捐洋百元，以作恒久经费，伏乞俯允，功德无量。南洋拨款，昨徐子静先交到万三千两，今日不函忽又取去，未知何故。此次已不及装，如再交来，只好明后日轮开运烟矣。专此肃布，敬请德安。弟善顿。四月初五。

附捐册十一本。

（《盛宣怀档案》，编号 00024510）

经元善致盛宣怀函
（1889 年 5 月 9 日）

杏翁仁兄大人阁下：前日奉到初五日赐函，拜悉种切。仁济和保险局董韦文圃兄因病辞退，辱承见爱，推荐弟充补此缺，闻命之余，感佩奚似。在吾公笃念故旧，多方吸引，但弟质鲁才疏，轮船保险等事，又属外行，诚恐于公司中无所裨益耳。俟晤朱静山观察接头后，再行肃达。先此复□，敬请台安。弟经元善顿。四月初十。

敬再恳者：舍弟璞山前为顺德局事，以致家业荡尽，年来事蓄之需，皆弟兼顾分济。弟亦外强中干，实难为计，惟有于侄辈中勉力提携，以图自立。兹有胞侄亨亿，即璞山之子，曾捐指分福建县丞，今春摒挡赴都验看，适闽省请停分发，匆促改发广东，但该省弟无一至好亲友，而抱关击柝，大不易易。万不得已，冒昧上渎，仰乞吾公推爱及乌，能于广州轮电两局中，位置一帮办小席，得有十余金薪水，俾可敷衍听鼓之资，则感激私衷，更逾身受。舍侄曾在成都电局司事两年，于电报一道稍稍熟悉。除另肃专函，嘱舍侄出京时，顺道烟台，叩谒铃辕外，肃此渎恳，再请台安。弟善又顿。

（《盛宣怀档案》，编号00024511）

经元善致盛宣怀函
(1889 年 5 月 14 日)

杏翁仁兄方伯大人阁下：日昨公所肃奉三号公函，起解第四批库平银二万两，又药丸六箱，度邀台鉴。启者：前月间，豫省朱曼伯观察、孙海岑太守汇来，交文报、丝业两处苏皖赈捐汴平银八千两，适值尊处告急，故即移解来东。文报局经收三千，业已函达，丝业会馆五千，亦在严佑之带上第二批之内。现因豫省闻苏皖奖捐已将截止，专派委员至宁，禀请曾宫保照章核奖，而金陵支应局尚无案据，除分别禀报外，恐移东之款未蒙准给，特照录禀稿呈览。如果将来山东亦援苏皖章程办理，则或宁或东，先后终是一样。倘仅只衔封，不及苏皖之优，请公电求宫保，将此豫款八千两，作为收支，俯准由宁给奖，以慰豫省捐户之望。是否有当，统祈察酌。再，沪上近有善士闻东省饥民草根掘尽，拟集资收买饭干锅巴，装运来东，请尊处转发灾区，原本平粜。弟细加考订，此二物以四两用开水冲泡，即涨满大海碗，可果壮士一餐之腹，费钱三文，实属一举兼善，但轮船水脚必须捐免，方可合算。拟分开每船带运百包，太古、怡和托人说项，均可应允。前晚晤马眉翁，谈及似乎不蒙首肯，若商局不装，何以对得外人？兹将登报启稿亦抄呈德鉴。并闻眉翁近日将赴津门，道经芝罘，乞公婉言妥商，玉成其事，至以为祷。专此肃布，敬请勋安，伏候环示为盼。愚弟经元善顿。四月望日。

附抄件四纸。

【附件 1】上海文报局协赈公所禀两江总督曾国荃稿

上海文报局协赈公所绅士经元善、王松森、谢家福、杨廷杲等谨禀宫太保大人爵前。敬禀者：窃绅等于三月上浣，叠接山东官绅函电，谓青州等五府所属廿二州县，积困之后，元气未复，上年又春旱秋潦，酿成巨灾，地广人众，属为代筹赈款协济等因。□□等会商，即在文报局内设立东省赈捐收解公所，于三月廿八日接河南朱道寿镛函开，接谢佩孜兄来电，以镇江饥民甚多，嗷嗷待哺，嘱即接济赈需，刻将豫省所募之捐筹拨银三千两，由合盛元票号汇上等情。该款到时，适谢令佩孜已奉东海关盛道电调，前赴烟台放赈，而镇江春抚又经施绅则敬查放将竣，是以移缓就急，将朱道汇来汴平银三千两，合上海规银三千二百十九两，汇解山东，交盛道宣怀转发散放，以济要需。现接朱道来电，已由豫省派员来宁，禀请宪台核奖，合将所收豫省筹解苏皖赈银三千两移解山东施放缘由，缕晰禀陈，以备察核给奖，或俟将来归入东省赈案核奖之处，出自钧裁，实为公便。专肃，禀叩钧安。绅士松森等谨禀。

【附件2】上海丝业会馆协赈公所禀曾国荃稿

上海丝业会馆协赈公所绅士施善昌谨禀宫太保大人爵前。敬禀者：窃绅在上海丝业会馆设立公所，收解赈捐，历有年所，于光绪十五年三月上浣叠接山东官绅函电，谓该省青州等五府所属廿二州县荒灾甚重，属为筹募协赈等因。适接河南孙守云锦函开，汇到苏皖赈款汴平银五千两，合上海规银五千三百六十五两。其时扬镇等各府属春抚查放将竣，因东灾亟盼急赈，即将孙守汇来银五千两汇解山东，交登莱青道盛宣怀转发散放，以济急需。刻接该省来电，已由豫委员到宁，禀请宪台核奖，所有绅所经收河南孙守云锦汇来苏皖赈捐银五千两移解山东施放缘由，理合缕晰禀陈备案，以备察核给奖，或此项赈银应俟东赈时归案办理之处，伏候钧裁批示祗遵，实为公便。专肃寸禀，恭叩宪安。绅士善昌谨禀。

【附件3】收买饭干饭镬焦济赈启

谨启者：山左奇灾，至五府廿二州县，申、沪两报中乞赈之书，无日无之。甚至鬻女卖男，逃亡饿死，草根掘尽，生机望绝。揆诸惨状，有郑监门流民图所不能形容万一者。虽皇恩拨帑截漕，大宪百计抚恤，沪上义赈各所力筹协济，奈地广款少，惠难遍施，筹捐之策，无缝不搜，无待刍荛之献矣。窃有一端，可行善举，既与彼处饥民有益，并为此邦人士惜福。查沪上烟户亿兆，每日两餐之饭镬焦，又名锅巴者，皆置而勿食。稍勤之庖人，犹肯收积以售钱，惰者即倾倒于泔缸。统盘约核，每日暴殄米谷，何止数百千斤！又有江海各轮舟中余剩客饭，糟蹋倾弃，不可胜计。曾见《申报》会稽陶心云孝廉一启，苦劝水手人等晒干带回，施给乞丐等语。哀念东民草根尚难觅食，若以饭干镬焦济彼之饥，不啻金波玉液。且大祲之后，饿极胃肠，骤啖米饭麦面，必生疾病。惟饭干镬焦质松易消，最为相宜。今有善士诸君凑集捐资，在六马路仁济堂粥厂内设局收买，运往灾区。议定收价饭镬焦每斤十二文，饭干每斤九文，未晒干之剩饭每斤六文。每日以午后一点钟起，至三四点钟为止。敬求本埠公馆、行号、店铺、住户，以及轮船帐房，谆嘱庖人厨娘，焙干晒燥，提挈而来，照斤给价。如愿捐助，尤为无量功德。此外如茶食、南货各宝号，有宿坏不能出售之糕饼枣果等，凡可充肠之物，均可乐助代寄。此事不独有裨于灾赈，即此日日惜谷之心，已邀天佑，况庖人等又可藉获微资，一举而三善备焉。专肃刊布，伏惟公鉴。仁济堂司事代启。

(《盛宣怀档案》，编号 00024512)

经元善致盛宣怀函
(1889 年 5 月 16 日)

杏翁仁兄方伯大人阁下：十四日王永年兄来烟，带呈三号公信，并第四批库平银二万两，镇局划来米款规银一千五百五十两，又药丸六箱。十五日弟善专肃一函并钞件，谅已先后均邀台览。昨奉初十日赐复公函，拜悉一一。道署解款六千另七十五两一项，当遵照指示，向其索还赈所收票，以免重复也。今有韦守廉、张鲁生二位，系谢绥翁邀来，往佩孜兄处襄办查户者，至祈赐派前赴灾区，至以为祷。专此肃布，敬请德安。愚小弟经元善顿首。四月十七日。

(《盛宣怀档案》，编号 00024513)

经元善致盛宣怀函
(1889 年 5 月 20 日)

杏翁仁兄方伯大人阁下：十七日韦守廉、张鲁生二位来烟，曾肃寸缄，亮邀惠鉴。昨奉电示，接孙、刘两位来函，皖解山东三万，除已收一万外，余二万可否交孙、刘带来，往赈潍县等因。奉此查皖省拨解山东仅只一万，其余系收回皖北义赈余款，均已逐次凑解，并两次分解奉赈三万两。因杨殿臣叠来电函告急，其草根掘尽光景，与山左灾况如出一辙。殿臣舍沪之外，一无奥援，据云各县春赈放遍，尚需银十五万两，而该省军、尹各宪视义赈如同秦越，军宪电请中堂向曾宫保借款二万两，尚欲义赈筹还归款，殊属令人气闷。兹将往复电稿钞呈台览，想执事阅之，亦必可发一噱也。此间陈竹丈作古，各公所中又少一肯出心力之人矣。弟惟有竭其愚虑，尽心力而为之，以仰副吾公己饥己溺之至意。除解款详公函外，专此肃布，敬请德安。愚小弟经元善顿首。四月廿一日。

再肃者：昨接京局电，知薛叔耘大公祖简放出使英俄大臣。弟欲求吾公转求薛星使，委一驻沪文报局差。从前张星使添委马湘伯，刘星使添委徐子静，洪星使添委王念劬，每月薪水三十两。大约薛星使亦必可添委一人。弟非顿改旧操，希荣干进，实因在沪支持局面，入不敷出，且王心翁已得道员，沈小园已得知府，弟久列宇下，亦欲窃冀一阶之进，为汲引光。文报一差，保举可靠，又不致分心电务，吾公与薛星使至戚，倘得鼎言，谅无不允。如蒙关爱，以速为贵，迟恐捷足者多。至祷至叩，再请台安。弟又顿。

【附件】奉赈往复电文

照录四月十八日奉天来电

少、绥、莲诸公鉴：顷军尹宪接中堂昨商曾九帅复电，协济无款，惟谭文帅借给苏省赈银内，尚可通融移借二万，以济赈需，仍须奏明由奉归还。现军尹宪谕培商之诸公，可否缓三四月，由沪各公所筹募归款。培思此法甚妥，请即会商速复，以便转禀办理。培叩，图代。

〈四月十八日奉天来电〉又

少、绥、莲诸公鉴：顷四十四号电求移借苏款二万，实因牛、海、盖、辽地广灾重，青黄不接，目睹灾民饿殍，叩求诸公俯念灾黎，准如所请，俾亿万生灵同沾德泽，不胜叩祷。培，图千叩。

四月十九日复奉省电

晋翁：译送杨殿翁两电均悉。军尹宪谕，欲苏借奉款二万两，由沪上各所筹集归还，当即会商同人，金云如现在协赈奉款，军尹宪迅照苏皖奖章奏准，速发空白实收来沪，核办移奖，此款可以认还。否则毫无抵补，将来劝募不成，奈何。但核奖亦须速，迟恐山东先奏准，招徕较难矣。沪同人善电。

四月廿一日奉省来电

少、绥、莲诸公鉴：电悉。奖事不肯再奏。顷军尹宪电复中堂，转达九帅，借款作无庸议矣。培。

（《盛宣怀档案》，编号 00024514）

经元善致盛宣怀函
(1889 年 5 月 22 日)

　　杏翁仁兄方伯大人阁下：廿一日肃奉寸缄，计达典签。顷接十九日所发公函，敬悉种切。当即传观各公所，东灾如斯之重，稍具不忍人之心者，岂不欲救人救彻，而蹈为德不卒之谴？只有尽心竭力而为之，做到那里是那里耳。俟下批解款时，再行公复。迳启者：皖北春赈业已告藏，共用义捐十六万数千两。承钱、彭二公来书，悯念东省灾广，需款甚巨，劝令照昔年晋奖济直办法，以助东赈。弟等金以为然，函商绥翁，深虑从前各路经募之人，必有后言，致碍目前捐数而遭诽谤。同人公同商酌，拟由现在东省查放诸君公禀东、安两抚帅，檄饬弟等从权劝办，庶将来有人哓舌，藉此可以托词也。兹抄录皖来电函，并拟就公禀稿一纸，附呈察鉴。如高见亦以为可，敢请吾公将来稿推敲稳妥，东禀迳由烟发，皖禀亦祈缮正，借印寄沪。此间当专致钱、彭二公一函附去，俾易接洽而期迅速。是否有当，先乞电复，以便电皖二公，禀乞六帅于奏疏中预为声明。再，核奖公所拟设在金利源，与去年电报、今年文报两赈所略远，可稍泯嫌疑之迹。并恳致商局，于金利源借房一二间，以资办公之地为祷。敬请德安，伏候环示。愚弟善顿。四月廿三。

　　附抄件四纸。

【附件 1】两江总督曾国荃批文
　　两江督宪曾批：已于孙守禀内批示，兹将前批抄发，仰即查照。缴。廿二。

　　批开封府孙云锦禀汇解捐募苏皖赈捐银两：阅禀，具征好义急公，不分畛域，慰佩良深。惟此间核奖，全以支应局收银为凭，此次张委员带呈履历，请发实收，当查该省汇解捐银一万八千二百两，金陵支应局未经收到。即经电致上海，询问协赈绅士施善昌等，据称当时接到该守及朱道寿镛来函，未经叙明须解金陵支应局，是以随时移解山东及散放镇扬等处，容即开数具禀等语。兹据丝业会馆绅士施善昌禀，河南汇到苏皖赈款汴平银五千两，合规银五千三百六十五两，因东灾亟盼急赈，即将该守汇来银五千两汇解山东，交登莱青盛道散放。又据文报局协赈公所绅士王松森等禀，河南朱道由合盛元票号汇来汴平银三千两，合规银三千二百十九两，移缓就急，汇解烟台，交盛道散放。均称俟将来归入东省赈案核奖各等情。查苏皖给奖章程，本系仿照直东办理，此两款既解山东，自应拨归山东核奖，于捐户并无出入。仰候咨明山东抚部院，并札盛道遵办。又据电报总局协赈公所陈煦元等禀，该局所解苏省各县赈款内，有河南省朱道、孙守先后捐募汇来汴平银一万五千二百两等情。查河南共计汇到一万八千二百两，除两处移解山东八千两外，只剩银一万二百两，此项虽未解金陵支应局，而检阅清折，无非在镇江、扬州、江阴、丹阳等处散放，若不由金陵核奖，则孙守无以对捐户，并候札支应局核作收放，会同核奖处郭道、王守等填发实收，以示奖励。其张令赍呈银六千八百两，暨部饭公费银两，一俟解到支应局，即一并由核奖处填发实收。至咨部请奖，业经本爵部堂奏明，非五六个月不能藏事，毋庸先将银数咨部，并即知照。缴折存发，施绅等三禀抄发。

【附件2】 照录皖省钱晓岚、彭受臣两观察电函呈请察鉴

四月十六来电

东赈收解处诸公鉴：山左灾广，接济非易。闻协皖之款，大致不要奖叙，刻与屿翁、兰翁商量，何弗办移奖，照金陵式，大约可得银七万之谱。如以为可，当请六帅于疏中声明，苏沪协皖赈款，准由该绅等陆续查开捐名履历送皖，照章咨奖，以昭激劝云。至收捐一切，仍由善友经理，皖为缮册咨奖。如有人来皖收捐，亦必力为招徕，所谓贫者出力也。乞速复。曾、禄。四月初六。名保十五转。

四月廿一日到函

竹坪、少钦、蕃甫、咏南、心如、莲山、绥之、子萱诸位仁兄善长大人阁下：初二日奉前月二十一日公函，并东省告灾书两纸，当即电复。初六日又发一电，计将先后鉴及。山东灾象如此，赈济乌可稍缓。诸善长救灾恤邻，历久弥笃，凡有血气，皆当感发善心，矧我皖迭蒙仁慈普济者乎！昨奉抚宪分饬各府州县剀切劝谕，力筹解济，绅商士庶追念前施，敢不勉力图报。第皖省地方瘠苦，且值灾祲之后，元气未复，深恐所集无多耳。屿、兰两君现于初十日由颍扬帆，抵镇江后，趁轮至安庆，进谒六帅，屈计端节前后必可抵里。弟等伏思，自晋豫大灾以后，十余年来，各省之纷纷告灾，捐输已成弩末。我诸善长仁施远被，久为各省官绅所信服，第值此时艰，集款亦复不易。因思皖北此次灾赈，先后蒙贵公所筹济库平银二十一万有奇，除解还三万四千余两及拨

充地方善举外，实归赈用、应由皖赈项下报部之款，有十六万数千两，照章减五成请奖，计可奖例银三十三万两。以之变通移奖，再按例银酌收二成或三成，即使不能收齐，总可得银数万两，以之接济东赈，实非小补。虽与尊处初意未符，然值此灾黎朝不保暮，死亡相继，所谓穷则变，变则通，弟等故敢以变通之说进。至将来收银给奖一切，仍由尊处经理，皖中只照册核转。如有贵友来皖收集，亦必竭力帮同招徕，以期从速集成。如诸善长亦以为然，即希见复，当禀乞六帅于奏疏中声明，协赈捐款准由贵绅等查开捐名、银数、履历，陆续送皖咨奖，以昭激劝云云。有此根脚，将来易以办理。专此奉复，祗请善安，惟希均照不庄。愚弟钱禄曾、彭禄顿首。

（《盛宣怀档案》，编号 00024515）

经元善致盛宣怀函
(1889 年 5 月 28 日)

杏翁仁兄方伯大人阁下：前日奉到廿三日所发赐示，敬悉种切。陆馨翁家书转寄抄函，即录送两报馆刊登矣。豫捐苏皖移解东赈汴平银八千两，已奉曾宫保批示，抄呈台鉴。饭干镀焦，俟收有若干运烟，遵当作为捐给南市德隆彰号汤少谷兄，系王夔石中丞之亲戚，性好施与，其捐米一千石，指助潍县粥厂。明日先由太古台湾轮船装上五百石，其余俟商局轮船允装何船，即行搭运来烟也。舍侄亨亿南旋时，未及绕道芝罘，抵沪后知山左巨灾，办赈襄理人手，不厌其多，而到省凭限日期尚宽，启请于弟，愿赴东效力，稍积阴功。因思前日电达吾公，请潘振翁先办潍县，振翁驰驱出京，未必多带人手，舍侄尚能耐劳，特嘱其趋前恭候差遣，或即派往振翁处，随全帮办，并乞推情训示一切，俾有遵循，无任感仰。再，此次解上各药，纯阳正气丸、万应灵丹两种是仁济堂坛方，最与灾区时症相宜，系弟处自行虔制者，如若适用，此间尚在添合，候电示再行寄奉。正气丸每包均有药方，惟万应丹匣内，匆匆尚无仿单，另于每箱总附一百张，分寄时乞每匣加入两张为祷。另药三箱，丝业会馆募集，临时送来，匆匆不及请免报关，故交舍侄随身带呈也。专此肃布，敬请德安，惟鉴不尽。愚小弟经元善顿首。四月廿九日。

附抄件一纸。

（《盛宣怀档案》，编号 00024519）

经元善致盛宣怀函
(1889 年 5 月 29 日)

杏翁仁兄方伯大人阁下：昨布五号公信，并解六批赈款、药丸等，又弟另肃寸函，交舍侄带呈，谅邀台鉴。今日太古台湾轮船装上汤君捐助潍赈籼米五百石，附提单一纸，至祈察收，转拨灾区。此米归入第七批解款公信中一起也。初三日商局丰顺轮船装后五百石时，有药丸九箱，一并寄上。专此，敬请德安，光候电示。愚弟经元善顿首。四月三十日。

(《盛宣怀档案》，编号 00024517)

经元善致盛宣怀函
(1889 年 5 月 29 日)

杏翁仁兄大人阁下：顷间提单之函已发，刻汤君处又交来米包外墨戳印记单一纸，用特照录，专函附呈，即祈察核验收，至以为祷。专此再布，敬请德安。愚弟经元善顿。四月杪日晚十二点。

附单一纸。

(《盛宣怀档案》，编号 00024518)

经元善致盛宣怀函
(1889 年 6 月 1 日)

杏翁仁兄方伯大人阁下：四月三十日肃呈两缄，附提单一纸、墨头印模一纸，由太古台湾轮船运烟籼米五百石，想邀台鉴察收矣。昨接台北沈吉田方伯来电云，台省已勉筹万金，迳由电汇尊处，曾经电达，未审已收到否？因沈方伯处沪所寄去捐册，恳其饬募，须肃禀谢也。今交商局镇东轮船续装汤君捐助米粮五百石，又药丸九箱，附奉提单两纸，并墨头印模一纸，至乞验收。汤君笃信坛谕，注意潍灾，现又另刻捐册，在德隆彰号设所，专募潍邑赈粮，大约随后尚有粮食可以接济耳。顷据培卿舍侄从周村来电云，齐东赈毕，由津初六趁轮，绕烟回沪。查潍县待赈需才，孙、刘至今未到，亦杳无音信，培卿手下同人，皆扬镇夙办赈务好手，鄙见伊抵烟晋谒时，何勿即饬令往赈潍邑？至应交孙、刘带上专款二万两，候台端定夺电示，必当会同各所竭力设法筹措解上也。余容再布。肃此，敬请德安。愚小弟经元善顿首。五月初三日。

附提单两纸、米包墨头印模一纸、药丸清单二纸、何寿朋一函。

今将装镇东船米粮五百石墨头印模开呈钧电。

（《盛宣怀档案》，编号 00024520）

经元善致盛宣怀函
(1889 年 6 月 17 日)

杏翁仁兄方伯大人阁下：别后于十二日抵沪，曾由电音报闻，谅邀钧鉴。嗣奉十二日赐示，并皖抚公禀一件，又接十三日所发公函，藉谂驺从即于是日起节青州，顺道晋省，一一拜悉。皖禀，弟一准明日趁轮赴安庆，叩谒六帅，亲递禀商壹是。大约此行往返十日，公事如何，届时由电详报奉禀，回沪后改拟缮就，必得有一人亲去，面见军、尹二宪，方能妥帖。辗转思维，实无相当之人，适晤张叔和兄，与之谈及，伊告奋勇，愿为一行。因思叔和言辞应对，尚能随机乘势，商诸同人，公请前往，已于今晚坐大沽轮船赴营往谂矣。兹附上东抚宪奉奖公禀一件，乞代呈，另钞禀稿一扣，以便公处存卷备查。又钞奉前托荫翁观察函恳其胞兄许星叔大司马节略一扣，或公处再加函托孙莱山大司寇，尤为面面周到。是否，请酌之。天津张筱传观察劝募合规银一千零五十三两一钱五分，已嘱沪所转册登报，擎奉收票十六纸，即祈察转。此项捐银，连嘱解沪关道库平银一万七千六百四十两，一并归入下批解款抵除矣。明日通州船续有运烟粮食五百石，甘露茶八箱，计二万服，遵示函致王伯敏、徐馨斋二兄接洽也。冗次肃布，敬请德安。愚小弟经元善顿首。五月十九日。

附折子两扣、收票十六张，外公禀一件。

再启者：迭接叶山苞工程来电，前日已电由周村局转呈，未审已荷台鉴否？顷又接山苞详函，用特附陈，候钧裁电示山苞遵办。弟亦坚信博怡生办事可靠，主修线不能惜费之见，照山苞信中所云，竟无可参赞一词耳。肃此，再请勋安。弟善又顿。

附叶山苞原信一缄。

（《盛宣怀档案》，编号 00024521）

经元善致盛宣怀函
(1889 年 6 月 29 日)

杏翁仁兄方伯大人阁下：前月十九日肃呈寸缄，附上东抚宪奉赈核奖公禀一件，另钞折二扣，度已早邀台鉴。弟于次日趁轮赴皖，廿七日回沪，先由安庆局电达。此次承陈六舟中丞逾格关垂，求无不允，惟皖省赈务已竣，向章并无翎枝，若欲援照金陵苏皖奖章办理，据云须专折片奏。弟思一经片奏，必发钞刊报，于现在募捐不无窒碍。悉安庆今春代办苏皖奖捐，三月之间，上兑现银七万余两，而请翎枝者甚少。彭新三云此案为数无多，即无翎枝，亦不患招徕之难，故不欲中丞专奏也。皖中实收向由赈抚局刊发，倘必欲藩司实收，六帅云，多一道衙门，未免多一番转折，不若赈抚局之一鼻孔出气。探知阿方伯于赈事不甚在意，只得用司局实收矣。又闻皖库中秦督拨借银十五万两，存而未动，弟顺便面禀，设或核奖加捐迟缓，东灾需款孔亟，可否先求借垫五万两。六帅云，只要东海关盛道来一公牍，并致藩公一函，无不通融济急，或由加奖之款归还皖省，或迳由东省归还甘肃，均无不可。临行时，又蒙拟就批稿，先行送示，兹抄录一纸，附呈察鉴。如欲借款须速，趁陈中丞手里较便也。再，矿务学堂招生一节，钟鹤笙抵沪后，续奉电示，俟奉到傅相批准，再为举行，故遵示暂不登报，且待后命耳。专此肃布，敬请升安，并候环示。愚小弟经元善顿首。六月初二日。

附钞批一纸。

再，正缄函间，适接到盛京局张叔和兄来电，用特钞呈。大约尹宪之意，奉奖不愿归山东代办也。原电录后：经莲翁鉴：军宪病，奉尹宪谕，即日会奏，由奉锦道印发实收开办，并蒙谕取同人衔名，乞电禄等云。肃此，再请德安。弟善又顿。

（《盛宣怀档案》，编号 00024526）

经元善致盛宣怀函
(1889 年 7 月 9 日)

杏翁仁兄方伯大人阁下：昨闻驺从于初九日旋节燕台，此次冒暑巡行，想必辛劳倍万。敬惟政祉潭祺，均绥为颂。启者：初二日解上第八批赈款公信，并弟另函，由丰顺船递烟，谅邀台鉴。奉省核奖一事，日昨张叔和兄回沪，据云定军宪于前月二十七日起患病，至今未愈，不能见客，禀亦未曾批出。裕尹宪之意，欲归奉自办，并据面谕云，奉省之苦，实不减于东省，闻南中于奉东赈捐，尚在竭力筹募，如加成核奖之款全归奉省，不妨于所募赈捐多解山左，酌盈剂虚，南绅仍可自操其柄等云。兹照钞禀批一纸呈览，应否录批禀报山东抚宪之处，伏候电示遵办。附上湖北荆宜施道方观察致公一函，请察收。外有赈捐沙平银五百两，系从票号寄来，要沪上赈所收票，刊登申报，其银即由沪所收帐，收票亦按开来花名填掣，仍交票号先行带去矣。顷接严佑翁济南转来电音，谓青城一县，移民需银五万两等语。除电复严佑翁，沪款总解烟台，酌量分济外，一面会商三公所，当尽力设法凑解。惟数之多寡，现尚未能定耳。冗次肃布，敬请德安，伏候环示。愚小弟经元善顿首。六月十二日。

　　附钞件一纸、方信一缄。

（《盛宣怀档案》，编号 00024527）

经元善致盛宣怀函
(1889 年 7 月 16 日)

　　杏翁仁兄方伯大人阁下：前、昨、今三日叠奉十一所发公函，十四、十六致弟专函，均一一拜悉。迁民之举，为一劳永逸计，赈抚之功，莫善于此，沪上各所同人，无不钦佩硕画。惟需款较巨，实无把握，然弟等决不畏难退缩，惟有振刷精神，尽力筹募。现与各所筹商，拟凑集三万，或难如愿，至少必有二万五千，准于廿一日海定轮船运上。此批已须各为竭力借垫，以后非再过一月，恐难凑得钜款续解也。倘实在待用孔亟，前函所陈皖省肯垫借五万，以核奖加捐抵还一策，可试行否？嘱钞戊寅年豫省涂朗帅为家慈奏请建坊一案，此事历岁已久，弟早经留置绍兴舍下，而放在何处，一时竟记忆不起，须俟下月中旬，弟返里后细细检查，寻到再行报命。附上沪关道公文一件、解批一纸，托代解赈款库平银三百廿五两三钱九分二厘二毫，此项亦俟廿一日一全附解。收到后复文回照，仍请寄掷弟处转交，以清经手也。兹交普济轮船运上第二批饭锅焦干、杂粮等一百七十五袋，名数录后，附奉提单一纸，至祈提取，转发灾区散放，并候示复，至以为祷。专此，敬请德安。愚小弟经元善顿首。六月十九日。

附公文解批一件、提单一纸。

计开：饭锅焦干一百廿五袋，山芋干三十八袋，麻饼三袋，面头二袋，糖糕二袋，外国馒首二袋，宿糕一袋，宿油卷一袋，霉饭干一袋。以上共计一百七十五袋。

（《盛宣怀档案》，编号 00024543）

经元善致盛宣怀函
(1889 年 7 月 18 日)

杏翁仁兄大人阁下：十六日赐示，属向大北公司补出代购材料收据一纸。日昨面晤恒宁生，照伊查帐数目，小有不符，尚不十分悬殊，但伊写来，只肯签今年补出日期，不肯高抬一千八百八十四年七月初一日期。与之再四相商，今换得一纸不填日期者附上，或请黄子元兄仿其笔法补填可也。劝其来烟一层，云须再缓三四日回音。并据云，烟台之约，只要中朝总理衙门批准，彼总公司断无有不遵依之理，我亦情愿烟约早行，此系贵督办太觉拘泥小心等云。专此肃布，敬请勋安。愚小弟经元善顿首。六月廿一日。

附大北洋文收据一纸。

（《盛宣怀档案》，编号 00024529）

经元善致盛宣怀函 [*]
(1889 年 7 月 18 日)

再肃者：奉十四日赐函，另示大北事，敬悉一一。前在烟时，承面交俄线交接钞折四扣，弟返沪后，匆促赴皖，回来又值恒宁生有恙，迟迟未尝与彼接□。兹奉示后，现约定恒宁生明日面谈，俟晤后如何，再行报命。钞折四件，先行附上，祈察收示复为盼。专此，再请勋安。弟善又顿。

（《盛宣怀档案》，编号 00024528）

---

* 此件当与《盛宣怀档案》00024529 号相连。——编者注

经元善致盛宣怀函[*]
(1889 年 7 月 31 日)

　　杏翁仁兄方伯大人阁下：前日奉到廿八日赐复赈所公函，暨致弟另函，均一一拜悉。章邱决堤，实出意外，何东民厄运，一至于斯耶？皖省借款，前六帅业已面允，只须尊处具禀，并咨商皖藩，必可照办，特恐现在禀去，已在六帅交卸以后耳。舍侄培卿电商添邀扬州熟手赈友，接李维之复电，已约定六七人，准初六来沪，一到即行。沪上必当凑解一批，随人带上。兹有荆南道方公续来赈捐五百两，须擎发收票，并登《申报》，其银已由沪所收帐，来函附呈，即祈迳答。又有道署嘱解规银一千八百七十五两五钱，附上文批一件，请察收。此项俟数日内扬友动身，起解第十批时，一全运烟也。顷由太古武昌轮船装上高粱五百六十石，此即第九批公信内未及装之二百石，又有浙帮善士添助三百六十石，附奉提单一纸，至乞验收，转发灾区散放。因今日装船，于午后始定，提单刻才交到，冗次不克详陈。专肃，敬请德安。愚弟经元善顿。七月初四晚十二点钟。

　　附公文解批一件、提单一纸、方公信一缄。

（《盛宣怀档案》，编号 00024532）

经元善致盛宣怀函
(1889 年 8 月 5 日)

　　杏翁仁兄方伯大人阁下：初四日肃奉寸缄，附提单一纸，由太古武昌轮船运上高粱五百六十石，度已早蒙察收，赐复在途矣。顷奉电示，佘澄翁电商，将各局译费助赈半年，尊意如何等因。奉此弟职在募赈，极愿多辟一筹款门径，初闻欣然，继而仔细思之，于赈捐裨益甚少，于电局遗患甚重，且难期实济，请为吾公详陈之。就沪局论，收报房专司挂号、填票、收费、缄送，司事已增至六人，刻无暇晷。若来去报一概

---

　　* 该信有封，上款为"内赈务要函并附公文提单敬祈寄燕台东海关道宪盛大人台启"，落款为"上海四马路浦滩文报局山东赈捐收解处缄，七月初四日"，旁注"七月初八到，初九复"。——编者注

由局译码，事多三倍，须添用司事十八人，月加薪饭至少二百元，其有损于局者，一也。通例电码应由发报人译好交来，倘有更改，亦应发报人注明签字，以昭郑重。现在偶为代译，系出于发报人主意，译费既不归局，设有错误，局中可不任咎。今彰明较著，一概取费，由局代译，译多则错误亦多，有等要报，错一字而关系重大者，必来与局中费唇舌，从此大坏电局声名，其有损于局者，二也。若仍照旧章，不嘱译者，不准强为代译，沪局一年收报费十万，译费不过五六百元，只一百分中之半分耳。综全局报费四十万，译费亦不过二千元，半年仅止一千元，惊动天下各局，仅得此区区之数，殊不值得，其无裨于赈捐，一也。电局包费本极枯薄，藉此些许译费，以为贴补司事等出息，富者挥手千金而不觉，贫者骤少一文而即窘，既非一律代译，仍听发报者之便，各局可推说本月并无译费，亦无从查考，连此千元尚非稳当，其无裨于赈捐，二也。以鄙见揣之，捐译费不如加报费。五月间，武昌局殷君斗南曾有此议，兹将来函、劝启、复函录呈台鉴，如若准办，只须刊登中西新闻告白，函咨东、北两司，即可照办，无添司事之烦费，于收照上盖印小戳"奉宪加收山东赈捐一成"字样，在发报人蒙此助赈美名，必不靳此区区。一年为度，就商局论，可得四万元。若电禀北洋、两广、台湾官局一体准办尤妙。照旬单册核收，可无遗漏之弊。一俟电报加捐办成后，再推广劝轮船三公司照旧加捐，以此律彼，谅亦无说可辞，所获更多，不可谓非一宗巨款，裨益赈需，实非浅鲜。是否有当，仍候钧裁。扬州赈友明日可到，赈款只有道署托解一千八百余金带上，其余遵奉电示，换钱起解也。附上培卿、子愉舍侄两函，敬乞饬递为叩。专肃，敬请德安。愚小弟经元善顿首。七月初九日。

附钞件三纸、另函两缄。

（《盛宣怀档案》，编号 00024533）

经元善致盛宣怀函
（1889 年 8 月 7 日）

杏翁仁兄方伯大人阁下：初九日肃具寸缄，详陈加收报费助赈一事，谅邀钧鉴。昨日扬州李维翁代邀赈友郭子春、吴植斋、朱炳如、王润之、朱炳南、谈霭堂、石宸恩七位抵沪，预与招商局说好，明日新盛船来，随带第十批赈款钱五千千、银五千两，曾宫保拨助代赎款二千两，道署托解规银一千八百七十五两五钱，饭锅焦干二百五十袋，高梁、大麦五百石。适今日有普济船开，郭君诸位急欲成行，先趁普济来烟。自扬抵沪赴烟盘川已发给，由烟往青州，请尊处酌给。所有赈款、杂粮等，普济不能加载，只得明日新盛、海定运上矣。换钱一节，沪上本可办一万千，价系规银每两一千三百九十文，内中只有五千是槽坊足串好钱，其余一半，南市门肆钱凑数，有小钱而难免缺串者。适接汉口施紫卿复电，该处兑价每千规银七钱，约合规银每两一千四百二十五文，钱色又好。有此便宜之路，所以将上海门肆钱退去不收，故此次只能先解五千千，一面已电函致施紫卿，托其代办三万千，分次装沪。昨又接复云，汉市禁钱出境，前年冬，张廉泉放皖赈时，曾赴汉办钱，系由皖省备公文去，始能照办，现在必须请杏宪咨移汉黄德道，方可出口。并云轮船水脚，前年照章减半，每千五厘，不知现在杏宪已商明总局全免否等语。昨已电陈大略，想蒙台察，分别酌示。附上皖北钱晓岚观察致孙屿翁一函，乞饬交。又弟拟上江浙督抚宪动拨积谷存息协济东灾节略一扣，钞呈亮鉴。此间已由许荫庭观察星叔大司马之胞弟函商督抚幕府，及浙藩许星台方伯，公意如为然，请加函两面商恳，得蒙上台俯允，然后纠约两省荐绅具禀。再，弟俟明后日第十批解款装出后，有要事须回里一行，大约月内必迅速遄返也。专此，敬请德安。愚小弟经元善顿首。七月十一日。

附孙屿芝一函、钞件一扣。

（《盛宣怀档案》，编号 00024534）

经元善致盛宣怀函
(1889 年 8 月 9 日)

杏翁仁兄方伯大人阁下：昨肃第九号公函，由新盛船运烟赈银八箱、赈钱二百五十包、饭干杂粮二百五十包，附奉提单三纸，码单、印模各一纸，孙屿芝一函，谅可早邀台鉴。今由海定船装上麦子三百石、高粱一百三十三石，即昨船未及装载者。本有五百石，因出栈时高粱微有热蒸，剔退六十七石，所以仅只此数也。附呈提单二纸，至祈察收。弟准明日返绍一行，约定两礼拜必回沪，假期内倘有急要电示，请迳致施少钦、王心如、杨子萱三君是荷。专此，敬请德安，惟鉴不备。愚小弟经元善顿首。七月十三日。

附提单二纸。

(《盛宣怀档案》，编号 00024535)

经元善致盛宣怀函
(1889 年 8 月 10 日)

杏翁仁兄方伯大人阁下：昨由海定船运上麦子、高粱四百三十三石，谅可投到。旋奉初九日赐示，敬悉壹是。电报三纸，遵即钞送两报馆刊登。汉口托施紫卿兄先办钱三万千，已函托其包捆坚固，分每次一万，报关时迳报烟台，抵沪后即行转口运上。顷又将尊示加函，切实嘱托矣。弟因舍下有事，今日返里，约两礼拜必回沪，此十天中，尚可抽空一行，再迟至月底边，皖省实收可来，以后更不能走也。如汉口第一次钱到，已托施少丈、王心翁、杨子翁经手速装。行色倥偬，冗次不尽肃复，敬请德安。愚弟经元善顿首。七月十四日。

(《盛宣怀档案》，编号 00024536)

经元善致盛宣怀函
(1889 年 8 月 22 日)

杏翁仁兄方伯大人阁下：弟于今晨由里回沪，卸装倥偬，壹是各节，未克即复，容再详达。兹有敝同乡冯少农兄，系王永年兄邀其来东帮助放赈者，今趁海定船至烟，晋谒崇阶，诸祈指教，并请转送至王处，一仝办理，较为合手。昨过甬时，晤令叔朴人丈，云及济宁州城内有一家极大钱铺，常有存钱十余万串，多而且好，其店号朴丈一时记忆不起，属为转陈。如欲办钱，何不向济宁一询□云。用特附闻。肃此，敬请德安。愚小弟经元善顿首。七月二十六日。

(《盛宣怀档案》，编号 00024544)

经元善致盛宣怀函
(1889 年 8 月 23 日)

杏翁仁兄方伯大人阁下：昨日冯少农兄赴燕，曾肃寸缄，谅麈台鉴。弟因此次返里，往来匆促，轮船感受热蒸，因之目疾稍发。今晨清理积牍，见台湾来致朗帅公牍一件，托解赈款库平银九千零零八两零四分六厘。又阅灾区各电，知待款万分紧急，当即会商施少翁，除购钱外，先凑第十一批库平银一万两，又附解台湾九千余两，赶紧装箱。今日不及报关，准于明日由商局日新轮船备公信运上。兹先附奉东抚公文一件、孙峄之一缄，乞即转递。汉口之钱，接紫卿函电，大约须月初可到，到即转运来燕。昨函所陈济宁州存钱一节，想蒙采纳，倘该处可办，较之别省远道购运，得便多矣。是否？望示。知丰顺船受湿洋布，皆系洋标绒布、粗布等居多，托大丰洋货号熟友同往看拍，只有原布十八件，计九百五十匹，合做施衣之用，每匹一两五钱零二厘九毫，计银一千四百二十七两七钱五分，由沪所垫付。其余即使贬价，亦不合算。据云此布即须发染，多搁恐致闷烂，现已托号家代染矣。照来示拟做棉袄裤五万套，查去年沪上做过奉赈□□□□□七寸，袖长二尺六寸，原布一匹，面里裁六件半，裤长二尺六寸，原布一匹，面里裁九条，两共约需原布一万三千余匹。棉絮衣重二斤，裤重一斤半，连缝工在内，衣约每件六角半，裤约每条五角，大致如此，可省之处，再行极力挖算。如准须做，速候电示，现在克日动手，为期已不早也。余容续布。专肃，敬请德安。愚小弟经元善顿首。七月二十七日。

附台抚致东抚公文一件、孙峄芝信一缄。

再启者：另示嘱曹润甫一节，当即往访，未晤。又专函去询，顷接复音，大致难以远出。兹将原函附呈，伏祈台鉴。肃此，再请勋安。善又顿首。

经元善致盛宣怀函
(1889 年 9 月 19 日)

杏翁仁兄方伯大人阁下：七月廿六、七日曾肃两函，并附台帅咨东抚宪公文一件，曹润甫原函一缄，谅已早尘钧览。八月初四日奉到廿七日赐示，并迭奉津京电示，均一一拜悉。棉衣事，诚如尊论，头绪繁琐，但分办更难兼顾。今公托奉赈公所陈春澜兄专管，就春记栈房及陈家木桥总局洋房开厂，自办花布，自雇弹工，遴派司事，监督翻絮，仅衣壳包于成衣，发女工缝做。该栈与沪局衡宇相近，弟偕心、萱二兄，两地均可照顾。凡可撙节之处，无不竭力挖算，大约每套不至逾洋一元以外也。惟数目太多，恐难如期赶齐，不得已，现由杨丽卿兄保荐一成衣，连料包做，承揽出一万套，每套洋一元零五分。据云此人颇有善心，极靠得住。所难者，面里之好歹可看，而中间花絮，要件件不搀旧花，为最难稽察，俟交货时，自当格外顶真验收也。至拍卖丰顺湿布，大上其当，扯价并不便宜，染出后，颜色花而不匀，尚属小事，岂知其中霉蒸破碎者不少，赖大丰洋货号东推诚关照，犹幸拍得不多耳。皖奖实收已到，弟等再三反复思维，公所自办核奖，毕竟诸多不妥。在局外乐输者，难免无私行卖奖，有违收捐初议，致损目前筹募之路。在局内各处同人，又必疑弟等包揽经手，可取公费盈余之利以自肥。接奉手示后，谓胡芸台兄欲办，可托之，爰即公同商酌，将此事全归芸翁承办，订立合同，除公费提贴沪上公所筹赈经费一两二钱五分外，其余一切交接，禀明皖抚，概由芸翁一手经理，以专责成。总之名利之见，人岂能无，惟现时筹办赈务，此心刻刻以济人救急为念，断不于天理中夹杂人欲，此事弟等立誓不于从中沾染分毫，如违天厌。兹抄录合同、禀稿呈鉴。至嘱照东捐切勿跌价一层，其间大有为难之处，敬为一一详陈。查部饭费东省须三两，皖省仅一两五钱，加捐二成四成，早已禀定有案，今皖省亦照东捐多收一两五钱，无非加增经手好处，于饥民无益也。东捐赈务方殷，可以绵绵缓办，皖奖则赈事业已告蒇，接院幕顾纶翁来函，谆嘱奉谕迅速核办，不可迟迟之语，将来必克期限。倘一旦奉部截止，是徒有其名而无其实，岂不辜负陈六帅与钱、彭二公一片美意？且现在金陵苏皖二六成例一案，又奏展两月，扬州商捐买票核奖，只合二成二三。不第此也，即东捐收价亦纷纷不一。京城来信，东捐仅收公码银二六二成，津门又减收公码二五七成。更有东省委员陈耕渔赴鄂，道出沪上，亦广为招揽，只要收二六成，尚可酌扣回用。故此间皖奖酌中定议，悉照苏皖章程办理，好得有一皖字搭着，藉以影戤招徕。开办以后，各路捐生有愿皖捐者，亦有指明东捐、愿稍贵者，询其所以，因东灾方亟，可救民命，报捐者半为功名半积德之意，故于东捐亦无所窒碍也。耑此函布，不尽欲言，敬请德安，惟鉴不既。愚小弟经元善顿首。八月廿四日。

附抄件两纸。

（《盛宣怀档案》，编号 00024538）

经元善致盛宣怀函
(1889 年 9 月 23 日)

杏翁仁兄方伯大人阁下：廿四日曾具第十三号公函寄燕，汇解第十三批赈款库平银一万五千两，代赎专款规银五千两，皖奖垫解库平银一万两，并附公文、解批、东抚宪公禀各一件，及弟另函，谅邀台鉴。廿七日早晨奉到台示，悉旌节已抵析津，嘱将已成棉衣迅速解津等因。查所制新棉衣已成约二万件，又有善士助来旧棉衣五千七百件、被胎一百条，当即商诸招商局，据云秋令货旺船满，只好分次装运。今日海定船开，只肯先装旧棉衣五千七百件、旧棉被胎一百条，附上提单一纸，至祈察收。其新棉衣须候下船再运。弟于廿七即日，曾电请吾公须电嘱唐凤墀赶装，想亦达鉴，如此方可得力，否则欲速未能耳。专此肃布，敬请德安。愚小弟经元善顿首。八月十九日。

附提单一纸，计开：旧棉衣一百廿五包每四十件计五千件、旧棉衣十四包每五十件计七百件、旧棉被胎五包每二十条计一百条。

（《盛宣怀档案》，编号 00024539）

经元善致盛宣怀函
(1889 年 9 月 26 日)

杏翁仁兄方伯大人阁下：前月廿九日曾肃寸缄，附提单一纸，由海定船运津旧棉衣一百三十九包，计五千七百件，棉被胎五包，计一百条，谅早送投钧鉴。今由丰顺、通州两船各装上新制棉衣袄裤，每船一百包，每包计三十五套，共计七千套，附上提单两纸，至祈查收提取。因局船货旺，不能多装，由唐凤墀兄设法转商太古、怡和，三公司分运，随后遇船，当陆续装运也。收到后，统乞赐复。再，新棉衣应运津若干套、运烟若干套，亦候电示为盼。专此肃布，敬请德安。愚小弟经元善顿首。九月初二日。

附提单两纸。

（《盛宣怀档案》，编号 00024540）

经元善致盛宣怀函
（1889 年 9 月 28 日）

　　杏翁仁兄方伯大人阁下：初二日肃布寸缄，由丰顺、通州两船全日运津新棉袄裤各一百包，每包三十五套，两共计一万四千件，谅可送投台鉴。昨奉电示敬悉，赈款照划杨子萱兄处经汇规银二万两，其余礼拜一船开，装现解烟。今由怡和益生轮船运津新棉衣一百包，计三千五百套，遵示将提单另致黄花农兄附交，请其提取转运也。专此泐肃，敬请德安。愚小弟经元善顿首。九月初四日。

　　　　　　　　　　　　　　　（《盛宣怀档案》，编号 00024541）

经元善致盛宣怀函
（1889 年 10 月 4 日）

　　杏翁仁兄方伯大人阁下：初四日益生轮船运津新棉衣一百包，致黄花翁函，曾附奉寸缄。初六日永清轮船解烟第十四批赈款库平银三万四千两、代赎规银一千两，并饭干杂粮等，肃具十四号公函，谅先后均邀钧览。昨接烟、津公电，敬知节麾由海晏荣旋，想已安抵。今日又由海定船装津新棉衣一百包，计袄裤三千五百套，仍遵电示，将提单函寄黄花翁转运矣。兹有启者：浙省于七月下旬猛雨狂风，十一府同时发蛟，被害颇广。故乡亲友迭次来函，欲求协助抚恤。弟以两浙究属膏沃之区，一年偶遇偏灾，就本籍殷富挹注本地穷民，当不致求助他山，遽呼将伯。一昨接邹渭清观察书，详述全省情形，殊为可惨，竟有不能坐视之势。施少翁救灾心切，弟亦谊关桑梓，不得已相助发棠，兹将邹公来函及沪上拟办浙赈大略，录呈德鉴。前接舍侄培卿电云，曾禀奉恩允准其急赈毕后回南一次，乞饬令速返。杨殿翁奉事初竣，东赈尚未接手，务祈调派分顾浙江。吾公以天下为己任，且敝省为老伯大公祖大人甘棠旧荫，必蒙一视同仁，援之以手也。棉衣新旧已运津三万三千七百件，应否再运，抑改运烟台，伏候速示，至以为盼。南中多雨，连绵半月，苏省木棉，除收过三成余外，均霉烂无遗，稻亦间有萌芽。幸今日晴霁，得能从此兼旬不雨，尚可望秋收小有，如前昨气象，则可危可怕之极矣。专此，敬请升安，惟鉴不既。愚小弟经元善顿首。九月初十日。

附严佑翁竹报一缄、抄件一扣。

【附件 1】邹仁溥致施善昌、经元善函

少钦、莲珊仁兄大人阁下：一昨于役沪渎，诸承关爱，念隆情之稠叠，实感篆以靡涯。近维福基日积，善气愈浓，奚如仰羡。弟之江需次，乏□可陈。今岁浙省收成本极丰稔，讵料七月廿六日以后，四日大风雨，昕宵不绝。最可□者，十一府同时蛟发，不可以数计，冲毙人畜，倒塌庐墓，无地蔑有。所伤人口，约计各处称述，总在十数万之谱。近日尚是阴雨不晴，余杭等处仍报发蛟。如此奇灾，不亚河南、山东，谅两公亦必早有闻知。弟意非亟筹赈抚，则劫余之民，恐有他变，不特人命至重，且地方亦属至要。静探当道之意，尚未有办赈的信。如此岌岌可危之灾，又值天气渐寒，温、台等府且素号强悍，愚见抚恤之举，真有刻不容缓之势。伏念两公情关桑梓，又素具饥溺之衷，其迫切呼吁之忱，必较不才为十倍，务求速派多人，携带巨款，飞速来浙。杭省诸绅，弟亦已暗为切恳，劝其出资办赈矣，以便分头往赈。早救一日则早活一日，亦多活一命，不胜拜祷之至。不才在此，不比办他省之赈务，可以一人出头，毫无顾忌，今则只可暗为募资招人，以补两公万一，恐招当道忌怪也。所呈节略，如须刊报，万不可提及不才所送，至祷至嘱。手此尚恳，恭请同安，不尽百一。小弟邹仁溥顿首。初五日午刻。

【附件 2】浙赈公启稿

迳启者：浙省于七月廿六、七、八、九等日，猛雨狂风，连宵达旦，且十一府各处发蛟，共数百条，以致同被水患。湖、绍、宁、台四府，及杭之海宁、严之桐庐、分水、温之玉环等处为最重。一州报灾之呈，共收六万四千数百张，亦罕闻之事。冲毙人畜，倒塌庐舍，不计其数，而滨湖滨海之处，受灾尤重。台属太平县之松门地方，向称巨镇，烟户数万家，竟至全数漂没，陷入大海。余如临海县白山洋及各府县被灾大小村落，有全成泽国者，有半被冲没者。此次淹毙人口，约计有十余万之多，见者惨目，闻者伤心。小民荡析离居，风餐雨宿，不堪其苦。当此秋禾将熟之际，陡遭冲洗净尽，空费一年钱力，情景殊属可怜。迩来又大雨如注，连日不休，灾患犹恐未已。转瞬冬令，将来啼饥号寒，待哺甚急。若不亟加赈恤，饥民既无生路，势必别酿事端。为此沥情布告诸大善长大人，速筹巨款，并派妥人赶即来浙，分投查明散放，以救灾黎而卫地方，功德无量，不胜急切待命之至。浙江省十一府属被灾饥民百叩公禀。

【附件3】酌拟浙赈办法

浙江七月廿六、七、八、九等日，风雨四昼夜，十一郡同时发蛟，被淹甚广。在浙戚友乞赈之书，络绎而来。意谓江浙沃野之区，尚不至求助他山，遽呼将伯。昨接杭垣邹渭清观察紧急告灾详函，读竟曷胜悯恻。查湖、绍、宁、台、温等府属遭灾极重，综计死亡至十数万人，有岌岌可危之势。但各公所奉赈虽已息肩，东赈尚难歇手，肆应太久，三鼓而竭。第善昌等于浙省情关桑梓，谊难坐视，伏祈各公所同人振刷奋兴，城成众志。谨拟办法数条呈鉴，公同酌议指示为幸。

一、历年各省放赈，以皖北之官赈义赈合办，最为妥善。现在山东盛杏荪观察以登莱道兼办南绅义赈，亦师此意。拟即由同人合禀浙垣大府，仿照办理。适金苕人观察暂假南旋，今拟请苕翁先往杭省，会商丁松生明府，即以省城同善堂为义赈总汇之地，以便赈款、棉衣等拨解转运，遇事亦可各处函商，不致隔阂。惟苕翁但能往来联络，仍须恳乞中丞酌派一实心好善、历办赈务之大员，总司其事，不特在事诸绅有所依恃，地方官更必合力同心，共求实济。

一、筹款须刊印捐册二万五千扣，另募浙赈，除随《申报》夹送约一万五千外，余由各公所分头致函，附寄托募，加盖"募集寄交上海六马路仁济堂、盆汤衖丝业会馆、四马路高易公馆、文报局，均可一体照收"戳印。现在发轫之初，只好各所先为借垫。

一、义赈散放员友，至少亦须集四路赴浙。但本籍人查本地赈，极难办理，今拟嘱子英四小儿邀友七八位，随带赈款二三万两，先赴台郡一带开手，再商调杨殿臣、经培卿，闻严佑翁亦将南返，一仝请往，如此约可分作四路矣。

一、拟公致都门浙省京官，如许星叔大司马、孙子授少司农、徐小云少司马、汪柳门少司空、黄漱兰大银台、钱子宓副宪，乞其公函各省大宪，集款协助。

一、各公所收捐户名登报，旬单于山东下加添浙江字样，嗣后并收捐款，两处酌量分解。惟皖奖加收捐银，专解山东，以符原案。

（《盛宣怀档案》，编号00024542）

经元善致盛宣怀函
(1889 年 10 月 5 日)

杏翁仁兄方伯大人阁下：昨肃寸缄，谅邀台鉴。顷奉初五、六由津门所发手示，敬悉一一。潘振翁电，已抄送报馆矣。棉衣因久雨半月，弹絮积压，九月内断不能齐，因弹花匠皆浦东西种田农人，均亟亟赶回，犀出水救田稻也。惟有尽力催赶。遵示除解烟一万套外，余皆陆续装津，交黄花翁转运。皖奖大不起色，因京都被津门张筱传观察之山东捐减至公码二五成，各处大为窒碍。另示一节，已密嘱心如兄探询，弟与马角不相熟也。再，前后由丰顺、通州、益生、海定四船运津新棉衣四百包，本系每包三十五套，共一万四千套，惟内中有一号至十三号，又三十、三十一号，十五包，只有每包三十套，因初打包时捆不紧之故，应除七十五套，现在运津者只一万三千九百二十五套，用特陈明。南中昨晚又雨，今日虽晴而天气燠热，深为可虑。浙赈既势不容已，倘苏省再有意外，为之奈何？专肃，敬请德安，惟祈蔼照。愚小弟经元善顿首。九月十一日。

（《盛宣怀档案》，编号 00024545）

经元善致盛宣怀函
(1889 年 10 月 7 日)

杏翁仁兄方伯大人阁下：初十、十一日曾两肃寸缄，度均邀鉴。兹者：今日又由丰顺轮船装津新棉衣一百包，计三千五百套，除遵示将提单函寄黄花翁验收转运外，特此详布，敬祈台察，列作收支为祷。专此，敬请德安。愚弟经元善顿首。九月十三日。

（《盛宣怀档案》，编号 00024546）

经元善致盛宣怀函
(1889 年 10 月 10 日)

杏翁仁兄方伯大人阁下：十三日肃布寸缄，内陈由丰顺船运津新棉衣一百包，谅邀台览。兹又由海晏轮船装津新棉衣一百包，计三千五百套，除将提单函寄黄花翁验收转运外，特此奉闻。再，施子英兄仍来东省，浙赈请杨殿臣兄为第一队，渠如过烟晋谒，望转催速来。经培卿亦乞即饬南返，回顾桑梓。此外如实在人手不敷，只得再求吾公处酌调熟手一二位，以作统领。莒翁昨晚由青浦、平湖赴浙省矣。专此，敬请德安。愚弟经元善顿首。九月十六日。

（《盛宣怀档案》，编号 00024547）

经元善致盛宣怀函
（1889 年 10 月 12 日）

杏翁仁兄方伯大人阁下：十六日肃呈寸缄，内详由海晏轮船运津新棉衣一百包，计三千五百套，以上运津新棉衣已六百包矣。谅邀台鉴。昨奉电示，青州棉衣裤五千套速寄烟，望添做二千套，十月半寄烟等云，祗承壹是。今由怡和益生轮船先装上新棉衣一百包，计三千五百套，附上提单一纸，至祈察收提取。尚有三千五百套，月内亦即运上。前后奉谕嘱做棉衣五万套，今加添二千套，是否五万二千套？沪上有莒翁托运山东旧棉衣一万件，安节局旧棉衣五千件，是否运烟，抑均运津？再，顷接朱叔梧函，抄呈钧览，可否即在金、安两项旧棉衣内拨解营口万件？该处亦为留养东民，仍请尊处列作收支。以上各节，是否统候函电并示，以使遵循，至为盼祷。专此肃布，敬请德安，鹄候环云不尽。愚小弟经元善顿首。九月十八日。

附提单一纸，孙屿芝、张纯溪函二纸，抄函一纸。

【附件】朱福春致经元善函
莲珊仁兄大人阁下：顷奉手函并禀稿一件，当经照收。即维秋祺迪吉，升祉增绥为颂。核奖部文于日昨收到。阁下所拟禀底，理明词爽，言简意该，颇能中肯，弟阅后即送道幕，照尊意另缮一稿，祈酌夺缮寄为要。山东灾民来营，日聚日多，本拟会同地方官查办资遣，因接杏宪来电，嘱在营安置，恐遣回仍无生路，现与殿兄筹商，拟借空营盘留养。幸今年粮食便宜，可以安置，惟北地天寒，转瞬即交冬令，东民虽不饿死，仍要冻死，尚求阁下大发慈悲，筹募棉衣裤大小万件，以济急需，不胜叩祷。兹将禀稿一件并另录部文一纸附呈。专此奉复，敬请升安，余维荃照不备。乡愚弟朱福春顿首。

（《盛宣怀档案》，编号 00024548）

经元善致盛宣怀函
(1889 年 10 月 15 日)

杏翁仁兄方伯大人阁下：十八日肃呈寸笺，并附提单一纸，由益生船运烟新棉衣一百包，谅邀察鉴。顷奉十七日所赐公函，敬悉壹是，传示同人，容再公复。沪上至今雨水未已，各路人心惶惶，赈捐亦骤然减色，若再不晴霁，将来不知作何了解。虽江浙财赋之邦，一年偶灾，决不至如山左之甚，但浙省民风浇漓，加以客民丛集，近日余姚等处来函，饥民已千百成群，挤食富户，恐有意外激变，亦大为可虑。嗣后赈款，当遵示东、浙各半分解。奉奖能否拨浙，俟禀奉省再看光景。营口棉衣，电示拨解六千，因朱叔梧来函须要一万，旧棉衣价甚廉，且恐牛庄封河较早，续运较难，故将苕公办寄万件，一齐由富有船装赴营口。敝所致朱叔梧信，嘱其收尊处拨解之项，张鸿诏解商河儒学曹平五百两，只好请尊处作为拨捐列支，如补行续解，则与此间已收作捐户之款又不合符耳。兹有芜湖梁委员募来锅巴一千觔，计二十篓，芜关免税护照算至山东，今亦交富有船装烟。附上提单、护照各一纸，至祈提收示复，至以为祷。冗次肃布，敬请德安。愚小弟经元善顿首。九月廿一日。

附提单、护照各一纸。

（《盛宣怀档案》，编号 00024549）

经元善致盛宣怀函
(1889 年 10 月 17 日)

杏翁仁兄方伯大人阁下：廿一日肃呈寸笺，并附提单，由富有船运上饭干二十篓，谅可投到。昨今两奉电示拜悉，嘱运烟棉衣，今日丰顺不及装，凤墀兄允明日拱北装来。营口旧棉衣万件，已从富有运去矣。顷由丰顺船运津新棉衣一千件，此系苏葆昇兄捐助，非沪上代做者。又旧棉衣五千件，苏城安节局来，提单遵寄黄花农兄矣。再，电示嘱拨旧棉衣运烟一千件，因运津免单请好，业已报关，难以更改，谅旧棉衣以后尚有得来，当照数运烟也。冗次不尽，专此，敬请德安。愚小弟经元善顿首。九月廿三日。

（《盛宣怀档案》，编号 00024550）

经元善致盛宣怀函
(1889 年 10 月 18 日)

　　杏翁仁兄方伯大人阁下：日昨肃泐寸缄，详报丰顺船运津新棉衣一千件、旧棉衣五千件，谅尘钧览。今由拱北轮船运烟新棉衣一百包，计三千五百套。又苏垣老伯大人寄来棉衣九包，计大棉袄裤五十套、帽五十只，二尺长棉袄裤八十套、帽八十只，一尺八寸长棉袄裤一百二十套、帽一百二十只，一尺六寸长棕色棉袄一百件，一尺四寸长红棉袄一百件、帽一百只。以上共计一百另九包，附上竹报一缄、提单一纸，至祈察收赐复是盼。南中至今雨仍未已，灾象日甚一日，为之奈何。培卿务求饬其速返，至为感祷。专肃，敬请德安。愚小弟经元善顿首。九月廿四日。

　　附竹报一缄、提单一纸。

　　　　　　　　　　　　　　　　（《盛宣怀档案》，编号 00024551）

经元善致盛宣怀函
(1889 年 10 月 22 日)

　　杏翁仁兄方伯大人阁下：廿四日肃贡寸笺，附提单一纸，由拱北轮船运烟新棉衣一百包，计三千五百套。又老伯大人嘱解棉衣等九包，谅早邀台鉴验收矣。今日由新盛、永清两船装津新棉衣二百包，计七千五百套内一百包系每包四十套者，提单遵寄黄花翁，请其查收转运。施子英兄闻明后日动身来烟，并以附闻。南中霪霖至今仍未晴霁，不特浙灾既重且广，无从了局，且江苏亦已岌岌可危，奈何奈何！专此肃布，敬请德安，伏候环示。愚弟经元善顿首。九月廿八日。

　　　　　　　　　　　　　　　　（《盛宣怀档案》，编号 00024552）

经元善致盛宣怀函
(1889 年 10 月 26 日)

　　杏翁仁兄方伯大人阁下：初一日奉到廿七所发赐示，拜悉，即日由电略复，谅邀台鉴。南中自浙江全省遭灾后，至今仍霪霖不止，江苏亦纷纷报荒，赈捐顿形寂寥。胡芸翁处皖捐核奖亦大不起色，开办至今，所收不过数千，看来年内不能办了也。此间各所收解，仍照吾公酌议，东、浙各半分解。明日施子英兄赴烟，凑解第十五批一万五千两，交其带上。浙赈四路往办，开手极少四五万两，尚无一半着落，只有不顾冒险，先行借垫而已。今日由普济船运津新棉衣一百包，内六十包每包三十五套，四十包每包四十套，共计三千七百套，除将提单寄黄花翁外，用特奉闻。以上解津新棉衣，连苏葆生一千件在内，共六万五千二百五十件，旧棉衣一万七百件，被絮一百条。解烟新棉衣一万四千件另九包，照代做新衣五万套，尚少二万一千七百五十件，即当赶紧分别续运。惟现因雨水不已，弹花匠皆回乡不肯出来，欲速不能，浙赈又须做一二万套，至后添之二千套，恐赶不及耳。敬请德安不既。愚小弟经元善顿首。十月初三日。

附抄单一纸。

【附件】运过棉衣数目清单
八月廿九日，海定运津旧棉衣五千七百件、被絮一百条。
九月初三日，丰顺、通州运津新棉衣裤二百包，计七千套。
九月初四日，益生运津新棉衣裤一百包，计三千五百套。
九月初十日，海定运津新棉衣裤一百包，计三千五百套。
九月十三日，丰顺运津新棉衣裤一百包，计三千五百套。
以上内有十五包系每包三十套，须除一百五十套。
九月十六日，海晏运津新棉衣裤一百包，计三千五百套。
九月十八日，益生运烟新棉衣裤一百包，计三千五百套。
九月廿一日，富有运营旧棉衣裤一万件。
九月廿三日，丰顺运津新、旧棉衣裤一千件、五千件。
九月廿四日，拱北运烟新棉衣裤一百包，计三千五百套；又七十五套，九包。
九月廿八日，永清运津新棉衣裤一百包，计三千五百套；新盛运津新棉衣裤一百包，计三千套。
十月初三日，普济运津新棉衣裤六十、四十包，计二千一百套、一千六百套。

（《盛宣怀档案》，编号 00024553）

经元善致盛宣怀函
(1889 年 11 月 4 日)

　　杏翁仁兄方伯大人阁下：初三日曾肃寸缄，详报普济轮船运津棉衣一百包。初五日施子英兄来烟，又肃公函，并解第十五批东赈库平银一万四千两，代赎专款规银一千两，先后谅邀台鉴。昨奉初六赐示，拜悉一一。棉衣此间已将次做好，而商轮只能逐渐带装，以致稍迟时日。顷与唐凤墀再四相商，今日由拱北船运津新棉衣二百包，每包四十套者四十包，每包三十五套者一百六十包，共一万四千四百件。照此计算，代做新棉衣十万件，又苏葆昇捐助一千件，汤少谷善士集捐四百件，只少七千七百五十件，下次一齐运烟，即可完结，细帐俟核明寄呈，找款遵示统由解款划清也。浙赈事，七月杪初次蛟洪为患后，鄙见浙省究属上腴之域，苟本地力量足以自济，断不欲求助他山，深鉴夫北数省年年吃赈，则岁岁被灾，故复家乡戚友各函，谆劝其委心任运，不可吃苦即要人帮，宜哀多益寡而同受天罚。九月下旬，申、沪报刊载寓沪思求阙斋主人复余上同乡乞赈书，即系弟之本意。迨八月廿四起，霪雨四十天，竟至全省颗粒无收，莫可挽救，诚如尊谕，助赈之邦，一变而为待赈之区，不得不呼吁发棠，而固国家根本，所以举动著著皆落马后炮。然弟等办浙赈，命意仍以本地殷富筹捐为大宗，以沪上协助作偏师，请苕翁赴杭，面见中丞，将义赈激动官赈，陈明此意，蒙崧帅深以为然，俯准照办。兹钞录沪所禀浙抚宪刍议六条，及抚宪檄委苕翁、苕翁禀复各稿，并募册十本，附呈德鉴。奉赈核奖事，此间奉所同人不懂公事，稍有龃龉，现在诚果泉观察委朱叔梧兄来沪调停，俟复请顶奏翎枝禀出，领取实收后，再申求拨济浙之禀，届时寿帅处必须全仗吾公大力。封河伊迩，并乞电饬朱令迅速南来，尤为感祷。嗣后沪上所收捐数，必当东、浙分解。苟浙中本省募捐能旺，仍思注重东赈。窃念天道忌盈而恶贪，宁多救人而少求人救之为愈，待桑梓更宜爱人以德，未审高明以为然否？培卿抵烟，速令来沪，至恳至叩。专此肃复，敬请德安。愚小弟经元善顿首。十月十二日。

　　附钞件七纸、施子英兄一函，乞转交。

　　附捐册十本，一千七百九十一号至一千八百号止。

（《盛宣怀档案》，编号 00024554）

经元善致盛宣怀函
(1889 年 11 月 8 日)

杏翁仁兄方伯大人阁下：顷奉电示，知十二肃呈寸笺，已邀台鉴。棉衣，弟处开厂自制者，早已完竣运津，另包出做万套，尚有几百件，明后亦齐。所缺新棉衣七千七百五十件，准礼拜一运津。又有丝业会馆收下一千件，安节局来旧棉衣五千件、被絮一千条，是否一并运津？顷已电达候示矣。经培卿、杨殿翁均到，浙赈地广款绌，而加以江苏亦万万不能坐视，筹款真难上加难，为之奈何！兹前有张樵野星使在美国电汇来山东赈美银一万一千元，已于十四批中汇解尊处，今奉到星使札文，用特咨呈备案，并禀朗帅一件，乞为转递是祷。专此，肃请德安。愚小弟经元善顿首。十月十六日。

附咨呈一件、朗帅公禀一件，施子英、孙屿芝函牍各一件。

（《盛宣怀档案》，编号 00024555）

经元善致盛宣怀函
(1889 年 11 月 11 日)

杏翁仁兄方伯大人阁下：十六日肃呈寸笺，附咨呈一件、朗帅公禀一件，施子英、孙屿芝函两缄，度已邀鉴。昨奉电示，嘱将有余不尽棉衣火速运津等因，今由海定船装津新棉衣一百零五包，内七十包每包四十套，三十包每包三十五套，一包五十件，共计七千七百五十件，即敝处代做十万件之找数也。又有张廉泉寄来托为代解新棉衣大小廿八捆，计一千一百六十八件，又苏垣安节局来旧棉衣一百廿五捆，计五千件，旧被絮五十捆，计一千条。沪上所有东赈棉衣，均已完竣运讫矣。提单遵寄黄花翁察收，提取转运，用特具陈。严佑翁何日可旋？苏灾亦不轻浅，亟盼其回南援手耳。专此肃布，敬请德安。愚小弟经元善顿首。十月十九日。

（《盛宣怀档案》，编号 00024556）

经元善致盛宣怀函
（1889 年 11 月 12 日）

杏翁仁兄方伯大人阁下：昨肃寸缄，具报海定船装津棉衣，沪上业已运讫，谅邀台鉴。今日又有富顺轮船寄到广东运署捐助东赈棉衣十包，计二百套，即过船由海晏运烟，附上提单一纸，至祈察收提取。再，昨运津棉衣内，有张廉泉来一千一百六十八件，内中一千件，来函嘱指明交施子英散放，须禀请建坊者，用特附陈，并乞转致子英兄为祷。专此，敬请德安，惟鉴不备。愚小弟经元善顿首。十月二十日。

附提单一纸。

（《盛宣怀档案》，编号 00024557）

经元善致盛宣怀函
（1889 年 11 月 18 日）

杏翁仁兄方伯大人阁下：二十日肃呈寸笺，并附提单一纸，由海晏船解上两广运署来棉衣十包，计二百套，谅邀台收。嗣奉十七、十八赐函，二十、廿四电示，均一一拜悉。苏赈承吾公垫银二万两，士气为之一振，莫名钦佩。沪上同人本系浙苏统筹，因屡接绥翁来函，苏省大府尚未以办赈为然，嘱勿刊册登报，所以觉得寞寞无闻，声希味淡耳。刻定议，严佑翁到来，先办江震入手，沪苏必通力合作，尽心力而为之，请纾厪系。东赈原无停解之意，皖奖款照案专解，决无二议，不料自浙苏赈起，各省协苏巨款，绝不收支，随时解苏。浙赈，函恳都门许、孙、徐、汪、黄、钱六巨公电乞各省，来电云已请指交杭垣朱茗生少司马接收，亦不经沪所收转，仅靠捐册上来些些小数，日渐式微。文报局此十日中，每日不过数十元，廿三日一天竟至脱白，真正强弩之末。皖奖亦不兴旺，前日胡云翁移知第一批册报仅收实银八千余两，前垫尚未满额等云。渠在扬，月底可以回沪，当向其竭力商垫。此间解出苏赈一批后，尽先凑解东赈，只好头痛救头，不能限五成两成半之数矣。代做棉衣业已运竣，开呈清帐一纸，计察核。除划收规银三万二千二百五十两外，尚垫规银五千七百五十九两二钱，俟解款时扣还归垫。张星使一款，已于十四批内注明。张廉泉兄之款，来时并未提及奖捐，历次均由此间出去收票，归入旬单登报，故随时已汇批并解。本月初十日，接其来文内开，奉登莱青道电谕，饬将敝所募解山东情齐等处赈捐迅速移知沪所，专解来烟，勿归大批汇解，值此冬赈紧急，立等散放勿延等因，亦未叙明奖捐。故复其四月初二日起，九月十三日止，计十一次，共合库平五千一百三十六两一分七厘四毫，数目相符，均已随时汇入大批，转解烟台。嗣后如有属解银两，可否贵局备就公牒，以便到沪即行另解等云。如以前之款必须提开，亦请于十四批内划除，如何？杭垣寄来筹赈章程十二条，钞呈德鉴。诚如来示，此次浙赈，官绅一气，井井有条，浙患可以稍纾也。专此肃布，敬请钧安。愚小弟经元善顿首。十月廿六日。

附钞件、清单。

【附件】浙江筹赈章程

谨将浙江筹振局开办章程公同酌议十二条，呈请宪核。

一、省城同善堂向办善举，现奉饬作为筹振总局，官赈义赈相辅而行，应请遴委驻局一员，总司文案收支，遇事会商防军、厘捐两局提调，或有应行禀请示遵之处，即由委员面禀，俾得速办。

一、奉发浙江筹赈总局关防，所有上下文移及收捐联票，均应盖用，应请檄饬驻局委员管理，随时行用，以昭信守。

一、总局收支款目，由沪绅会同遴派公正董事二三人，随时登记。某县应发某款，由提调与驻局委员禀候司道酌定，饬令如数动拨，按月开折呈报各衙门查考，以昭核实。

一、名为官振义振合办，仍当稍存区别。开办之始，自不能不先动官款，惟为数较多，善堂既无库储，应请以十万两饬寄藩、运外库，如有应发之款，不拘卯期，随请随发，以免稽延。其余银洋及协济捐输款项，收到后即由局核发收照，即将银洋公同发交省城殷实钱铺，易成洋元现钱，立折随时提取，或即令汇寄，以期便捷。每届月底总结一次，分别呈报。

一、办赈应先查户口，或就各州县已查之册，按册抽查，或逐细核查，量分上灾中灾、极贫次贫，得有户口实数，彼时协济捐输亦略有大数可稽，按口约派，各就地方情形，或平粜，或散给米谷，或携带银洋，就地易钱放给。大致以年内振一次，明年仲春季春再各赈一次，俾得均匀沾惠。

一、杭、嘉、湖、绍各府属幅员甚广，势难普振。就地方而论，湖州最重，杭、嘉次之，绍又次之，宁则蛟水早退，且彼处物力较丰，尚足自振，不必省局为之筹画。就民情而论，客民重于土民，滨河之民急于腹里及山乡之民。此种斟酌损益，全□地方官会同公正绅士，认真厘剔，庶不至漫无收束。至此次被水淹□塘堤堰闸桥跳，有关农田衢路之处，散赈之时，并准随便察看，酌量拨款修筑，以工代赈，于地方受利尤深。

一、本届灾振，荷蒙抚宪率属倡捐，所有各府城乡绅富各业，自应量力捐输，以全梓谊。即以沪局所来募册，由局盖用关防，加具简要启词，照历届成章，分行各府州县暨各局各学，妥为谆劝，务期多多益善，以资补助。

一、请饬下厘捐总局，分行湖州、宁波各府局，按照沪局所请，洋丝每包捐洋四元，洋药每箱捐洋四元，以十一月初一日为始，务令劝谕各商遵照捐输，一俟赈务办竣，即行出示停止。

一、请饬下运司衙门，谕饬四所甲商，每盐一引捐银□□。惟所定捐数，已较前次海防、郑工诸捐酌减，不得再有推诿，以保桑梓。

一、在局办事绅士，均系自备资斧，不支薪水。惟司帐及收发银钱各董事，应酌给茶膳，分赴各属办赈绅董，应酌给盘费等项，均俟沪绅到省，查照奉直等省办赈章程，会商禀办。至总局费用，亦应公同商定，撙节开支，以杜糜费。

一、除奏拨库款外，所有邻省协济及本省募捐银洋，均请奏请照历届振捐章程，准予请奖封典、虚衔、贡监，并援照晋豫推广章程，准捐从一品封典三品衔。其原有三品衔之道员，准捐二品顶戴翎枝一项，现在山东振捐业已奉准，应一体奏请准捐，俾得踊跃乐输。再，封典、虚衔、贡监三项振捐，本系奉准通行，拟请由藩司先颁空白实收，发交各府，遇有捐生报捐，即由府就近填给实收，以期迅速观感。事竣后，所有在事地方官及委员，分别劳绩，量以内外奖叙，绅士则无庸给奖。

一、各郡邑贤守令及好义绅富，有先其所急，业经查户筹赈之处，应饬令将办理情形禀明，即无庸再查。所用经费，亦会县查明报局，准列收支款目，以备核奖。其有已经放赈，而力有不足、未能续赈之乡村，应由放赈绅士查明报放，俾收救灾救澈之效。

以上十二条，谨就现在情形，粗拟条目，所有未尽事宜，统容随时禀候示遵，合并声明。

（《盛宣怀档案》，编号 00024558）

经元善致盛宣怀函
(1889 年 11 月 19 日)

　　杏翁仁兄方伯大人阁下：昨肃寸缄，附制棉衣帐、春成德会票各一纸，及浙省筹赈局章程，度邀台电。谨密启者：顷由杨子萱兄传述尊谕，于局中分润项下，派弟四百金，深荷吾公躬恤艰窘，感激莫名。而欢欣之余，不禁愁从中来，区区下衷，有不得已，上陈左右，乞垂鉴焉。弟生性轻财，不长于居积，辱逮宇下以来，电局薪水所入，并不为菲，惟处此四通八达之地，不能无世途应酬，年年非特无余，且常匮乏。前数载事务清闲，间或遇有意外进益，可以牵扯敷衍，近为筹赈冗烦，心神思虑，终日专注于斯，尚恐不胜，何暇另谋计然？且更多因赈贴补。今年腊底，正短少五六百金，幸得此款格外之锡及保险董薪，可以勉强过去。自顾韶华，已届知命，此后可用精神，至多不过十余稔。弟本志澹于荣利，原不期妄求利达。自线布、电报两种股分受亏四万金后，以致囊倾为洗。年来又嗣息渐多，食指浩繁，后顾茫茫，真有不堪设想者。近有戚友劝弟，时不可失，宜趁此时图出山，为耕九余三之计。因忆吾公癸未元旦有共苦同甘之谕，乙酉夏季劝弟"若终于电局，仍名利两空"之箴，思欲仰遵德意，加捐知府，分发指省，自知少肆应之才，不能做州县也。约计连捐免保举印结，须库银六千余金，戚友中有一二人亦肯帮凑两竿，再自竭力摒挡，仅可凑到得半之数。窃照今番皖赈核奖，如自手经办公费之余，连移文领照，极少可得四五千金。为募赈孔亟，恐碍义捐来路，惟有顾全大局，荐贤自代，不取丝毫。所有加收捐奖六万金解东以后，仍可核奖，能否于此数内，乞吾公商拨归弟请核一万五，照五成核出，除部饭公费应缴外，可获库平三竿，即可就此功名。弟戊寅至今，历次赈务，并未邀求保奖，今不得已而作此非非之想，实非得已而不已，第不知揆诸天理人情，有不协不安之处否？质之吾公，如以为非求，□论以训诫之；如以为可求，设法以曲全之。但此款不远济急，更求吾公借垫以玉成之，从此得有寸进，庶晚景得免饥寒。图报私忱，盟诸神明。即或补缺良难，吾公柏薇开府，指顾目前，能于电案中得保过班，将来倘蒙栽植，调派稍优任巨之差，于体制亦觉相当，皆出自荫庇之恩，子子孙孙，永铭勿谖也。壹不尽言，肃此，敬请升安，鹄候惠福不庄。愚弟经元善顿。十月廿七日晚。

（《盛宣怀档案》，编号 00024559）

经元善致盛宣怀函
(1889 年 11 月 21 日)

　　杏翁仁兄方伯大人阁下：廿六、廿七两肃寸缄，亮邀惠鉴。顷奉电示：经：眉翁电，前由经、王二公催致远自芜装米到申，又不运出，以致该船不能租往营口，计亏水脚四五千两，请电饬两公速运云，如令招商局受亏，恐须补偿，速酌等因。奉此即先电复，而从中情节，敬为逐节详陈，伏祈裁判焉。浙省水灾，金茗翁赴杭后，来电谆嘱买米，以备平粜，各公所无款，力难照办。嗣因邹渭清观察奉崧帅札委，赴无锡购米，正值九月杪，天雨不停，米价日涨，由锡来电，托办五万石。沪不合算，电芜代购，买定三万后，讵渭翁电复不要，不得已退去万石，此二万石只好自受，以备江浙两处散放，此购米之情形也。托招商局装运，初云日新，后接唐凤墀兄来函，谓须改换致远，可以一次装竣。弟亲往与其接头，伊云致远由粤来，十六可到，即晚放芜，十八装米，二十回沪，尚可往营，坚嘱弟米须预备，不能多耽搁也。芜湖来电，米于十五日早经备齐，岂知致远直至二十由粤始来，往芜装米而回，已迟至廿六。其船到，米即上栈，并未停顿船中，以致该船不能租往营口。至于船之迟到早到，局中人知之，局外人未知，且敝处并非必要致远去装也。此米因非东赈，不敢再烦渎台端，只好江浙饥民晦气，亦出水脚。昨马眉翁在心如兄处，说致远为赈所要装米，误失营口生意，并嘱年内必须运清出栈等语。弟思此必系唐凤墀调度失机，将赈米推托，何必与之对穿，准将此米年内运出完了，付之一叹。今奉下询，用特缕晰上陈，并钞呈凤墀来函，统祈详察为幸。专此肃布，敬请德安。愚小弟经元善顿首。十月廿九日。

　　再，严佑翁昨到沪，即晚乘船赴苏矣。

【附件】唐凤墀致经元善函

　　莲翁仁兄大人阁下：顷奉手示，备悉种切。王心翁前日向弟商及装运芜湖赈米来申，弟曾答以日新十三四即可派往不错。查日新昨晚已由厦开行，十二可到沪，正拟奉商于尊处，此项米子共总有多少担，何时齐备，如果月半准可齐备，其数或有二万余至三万担者，弟拟改派别船，如致远为最大者，可归一次装竣更妙。但要从速装载，到芜断不能多耽搁也。缘敝处现已租出五六船，与客号均订明月内放至牛庄装货，往港、粤、汕头等埠，致远亦在租出之内，如果放芜，则拟提前先装米子来申，尚可商办。至于日新一船，只能装一万六七千担耳。此指每百斤者之一担也。若米数较多，而一时未能齐备者，则非分两次两船不可。用特详为奉告，候示下再定派某船前去可也。此请升安。小弟唐德熙顿首。初九日。

（《盛宣怀档案》，编号 00024560）

经元善致盛宣怀函
（1889 年 11 月 23 日）

杏翁仁兄方伯大人阁下：廿八日肃呈寸缄，谅达典签。顷奉新法电示，拜悉一一。奉、营两处，遵即分别电请，兹将去稿抄呈台鉴。深荷栽成，感仰何极。至弟处派人，未必有熟谙此事者，且填收造册一人，亦不济事，应如何办理之处，伏乞惠示。再，指省以何地为宜？有人云，只捐分发为便，将来掣签不合，仍可再指。若一经指定，如欲更改，又须加添离省一层等云。统求指南，无任感祷。专肃，敬请德安。愚弟经元善顿。十一月初一。

附抄电稿一纸。

再，沈任棉衣系伊自经手装运，询云今晚海定装出。粤来棉衣尚未到。

【附件】奉天、营口去电稿

（营口）诚观察鉴：奉赈核奖加捐，蒙军尹宪拨助江浙灾赈，实收请发交烟台山东捐奖局兼办，以资熟手而期速集。除电禀军尹宪外，善昌、元善暨奉所同人叩。

（盛京）左军门，爽、高两观察鉴：奉赈核奖加捐，仰蒙拨助江浙，同人欣感。现两省急待赈需，可否转乞军尹宪饬奉锦道将实收发交烟台山东捐奖局兼办，期速集款。因封河后禀牍迟延，除电禀军尹宪外，伏祈垂鉴，灾民戴德无涯，候示。施善昌、经元善暨奉赈同人叩。

（盛京）军督抚尹宪钧鉴：奉赈核奖加捐，蒙拨江浙灾赈，感幸同深。现在两省待振孔殷，恳宪台电饬奉锦道将实收发交烟台山东捐奖局兼办，以资熟手而期速集。东南数百万饥民叩沐鸿慈，恩同再造。施善昌、经元善暨奉赈公所同人禀。

（《盛宣怀档案》，编号 00024561）

经元善致盛宣怀函 *
(1889 年 11 月 25 日)

　　杏翁仁兄方伯大人阁下：初一日肃呈寸笺，并钞录致奉、营各电，谅邀惠鉴。顷接奉省左军门诸君回电，用特附呈。谨启者：三月间东赈初兴，集款急迫，弟曾电恳陈六舟中丞，即蒙电拨万金。五月间，弟赴皖谒见，其时六帅饬属筹募赈款，各州县陆续捐缴省城支应局，提调吴春农司马陪饮，席间请示，各属所来之款，是否抵还垫拨之一万头，六帅面谕，此万金不必要还，捐款竟寄上海公所可也。现在彭受翁来文，要讨还此款。公事是应归还，惟现在东、浙、苏三路均须济急，更难周转。弟兹将春间往复及现在来文、弟之复函，一并抄呈德鉴，或吾公再加函恳，想仲帅与受翁浙苏梓谊攸关，或可免还，设法作为协助也。再，东赈日内拟起解十六批，不过万五可凑。胡芸翁昨到局，催允明日回音，大约至多有一万来，已算好极，俟渠款来，一同解烟也。专此，敬请德安。愚小弟经元善顿首。十一月初三日。

　　附奉电抄件。

【附件 1】盛京来电
　　上海诸大善士鉴：接来电，钦帅、抚尹允将实收分寄上海、烟台代办，以济速赈。左、爽、高顿。印
　　原稿旁注："初三下午二点奉到。"

【附件 2】安徽支应局移文
　　安徽支应局为批解事。奉抚宪札，以山东灾重，饥民待赈，饬局设法暂垫曹平银一万两，即行汇交上海协赈局，以拯大灾而敦公谊，稍定再议归补可也等因。奉此遵拨曹平银一万两，发交皖商吕信孚号汇解，除申报外，相应备批移解。为此合移贵所，请烦查收，希即钤掣批回，

---

　　* 该信有封，上款为"内函烦寄燕台督办电报事东海关道台盛大人台启"，落款为"上海四马路浦滩文报局山东浙江赈捐收解处缄，十一月"。——编者注

备案施行。须至移者。

计移解奉拨山东赈款曹平银一万两、解批一纸。

右移上海协赈公所，光绪十五年三月廿二日。

【附件3】上海文报总局山东赈捐收解处咨文

上海文报总局山东赈捐收解处为咨复事。光绪十五年三月廿五日，准贵总局移开，奉抚宪札，以山东灾重云云，全叙至希即钤掣批回，备案施行。计移解奉拨山东赈款曹平银一万两、解批一纸各等因到所。准将原来曹平银合规银一万零七百四十两零八钱，遵即照收汇解灾区外，相应钤掣回照，备文咨复。为此合咨贵总局，请烦察照，备案施行。须至咨者。计缴回照一张。

右咨安徽支应总局，光绪十五年三月廿五日。

【附件4】安徽支应局彭禄移文

办理安徽支应局即补道彭为移请事。案查前奉前安抚院陈札开，准上海协赈绅士谢家福等电，山东灾重，饥民二百万，沪所筹募不及，蒙曾宫保、豫省大宪各拨五万两。闻皖赈已藏，仰求酌拨数万金，移缓就急等因。即经电复，无论如何，即日拨解一万两，交严绅解济。嗣准续电称，严佑之二十四抵沪即赴烟，蒙拨万金，求即汇沪，交严带去，轮运较速等因前来。查东省之灾又复奇重，该协赈绅士前在皖省放赈，至十数万之多，既有急需，断难恝置。为此特札，札到仰即设法暂垫曹平银一万两整，即行汇交上海协赈局，以拯大灾而敦公谊，稍定再议归补可也等因。奉此遵即暂行垫拨曹平银一万两，于本年三月下旬交招商轮船解交贵公所兑收，接准复文回照在案。惟前项垫拨银两，原应一时之急，并非筹有闲款，嗣经赈捐局移送司印实收，以资请奖，集款约可得银五六万金，闻现已办有成效，所有前项垫拨银两，应请归款。为此合移贵公所，请烦查照，迅将敝局垫拨曹平银一万两如数解还，望切祷切。须至移者。

右移上海协赈公所，光绪十五年十月廿七日。

【附件5】又十月廿八日来信

诸善长大人阁下：皖中同人所捐山东赈款，交尊处转解者，约有二万，容汇开单送请查核。续又径解烟台五千金，刻尚可再解数千金到烟，因须分半解济南也。惟三月间暂行垫拨万金，系挪动他项正款，另具公牍，奉恳查照，如数拨还，以清款目，临楮无任引企之至，实缘敝处急迫待用也。泐此奉恳，敬请篆安。愚小弟彭禄顿首。

再启者：黄溜为灾，承诸善长筹济吾皖，实有加无已，感激亦无涯津。所有三月间垫款，本不应启齿，惟此间支绌异常，用是备具函牍，奉恳拨还，务希诸君原谅是幸。杏翁处容再专函驰恳。再请台安。弟禄又顿首。

【附件6】经元善复彭禄函

受翁观察大人阁下：久疏音敬，时深仰止。日昨徐幼农司马莅沪，接奉手翰大牍，一一拜悉。藉谂升祉筹祺，均绥如颂。徐君由龚观察借拨炮船，护送往浙矣。春间承贵总局解垫东赈曹平银一万两。五月下旬，弟因公来省，谒见六帅，当蒙赐饮，席间面谕，此款由皖自行筹补，无庸贵公所归还等因。其时顾纶翁、吴春翁在座，均同聆斯谕。归语同人，无不代东省灾民望云顶祝。今因贵处支绌异常，嘱敝处筹款拨还，极应遵照，惟据严佑之诸君回南，金称东民万分困苦，冬赈断不可停。讵苏浙两省又大遭水患，待赈孔亟，势不能不先援邻近，仅以皖赈核奖加捐专济东省。又值胡芸翁处收数极滞，以致顾此失彼。不揣冒昧，谨为苏浙灾民请命，仰恳吾公可否转求中丞，即以此款作为协助山左，甦东省之力，即裕苏浙之赈。想中丞与吾公谊关桑梓，必蒙俯鉴下情，不责以无厌之渎也。是否有当，伏候示知，再行备牍呈复，无任感祷之至。再，顷奉电示，张廉访捐浙赈款，遵俟开示捐户细数，然后登报。专此肃复，敬请德安。教小弟经元善顿首。十一月初五日。

（《盛宣怀档案》，编号00025227）

经元善致盛宣怀函
(1889 年 12 月 26 日)

杏翁仁兄方伯大人阁下：月前旌麾遄返，弟因目疾，未克亲趋江干恭送为歉。昨奉电示，欣谂一帆风顺，旋节燕台，慰如下颂。培卿廿三函称，东赈报销已于二十寄出，而迄未收到，想由信局所误。已一面电查信局，并嘱其补钞一分，赶速妥寄，一俟递到，即当转呈。兹交普济轮船运烟棉被絮五包，计一百条，又原当棉衣一百二十五捆，计五千件，附上提单一纸，至祈察收。此项棉衣，即苕翁募解山东、转拨浙赈者，现因浙省已足敷衍，仍运还东赈，嘱为代达原委，伏祈鉴核。弟目恙未愈，总由不能偷闲静养所致。利国勘矿，如年内须行，恐难效奔走之役，谨保举一人钟鹤生，长于西学，又精会计，倘委同张倅偕往，必能相得益彰。是否有当，仍候钧裁。东赈年内尚可汇解一批，连皖奖加捐，大约可凑两万，在望前后起解，应否汇交收支所，候示遵行。第二三批皖奖解款，求赐批回，至以为祷。外附呈徐园公照一幅，奚钱生篆对一副，伏乞哂存。专肃，敬请德安。愚小弟经元善顿首。十二月初五日。

附提单一纸，外镜一面，对一副。

（《盛宣怀档案》，编号 00024562）

经元善致盛宣怀函
(1890 年 1 月 8 日)

杏翁仁兄方伯大人阁下：前月两奉赐示，适弟又患目疾，未即肃复为歉。现虽渐瘥，仍未能复原，据医者云，心血大亏，水不养木之所致也。昨接潍局公电，欣谂吾公旆节荣旋，此行勘视小清河，缵禹之绪，功德无量。沪上各赈所收数愈寥，自严佑翁携款赴东后，仅解过还直赈借款万金，已悉索无余，年内再拟竭力凑解东赈一批，候苕翁五千两来，一并汇上。钟鹤生处，日前已遵示函询，俟复到再行奉达。淞局屋事，开正遵照办理。长利租房尚欲居奇，将来非加其一二十金月租不可，然核之旧贯，还是便宜，且看数月后酌察情形，再请钧示。韦姓会项二百金，已由子萱兄照付。博怡生来电，须二十后往沙市，葛启良已于十四日趁轮赴鄂矣。圣教序曾函询王介眉兄，迄未得复，大约千金必不肯脱手也。专此肃布，敬请岁安。愚小弟经元善顿首。十二月十八日。

（《盛宣怀档案》，编号 00024039）

经元善致盛宣怀函 *
(1890 年 2 月 27 日)

杏翁仁兄方伯大人阁下：一昨接奉电示，知申呈文册已达典签。利国水道总图，初由曹载三摹仿，因未惬心贵当，故弟复详细考订，今道

---

* 该信有封，上款为"杏翁仁兄方伯大人台启"，旁注"莲珊，矿务，二月十三"。——编者注

里方向均已校准无讹。定稿后，嘱袁长坤重绘，致稍稽延，兹寄上两幅，一备呈送海署，一备公自留览。倘再须呈送鄂督，弟处有底本，候电示即可添绘，甚便。去腊自镇赴徐，倥偬未曾探察，以致小轮不能过扬，行程殊属濡滞。归途时周咨博访，始悉邵伯湖以下，从窑湾镇石洋泾出沙头镇口，入长江，为盐船重载所经之路，水道较瓜洲大为深畅也。前呈说略第六条浚运河一条内，缺少两字，因舟中无字典，未尝查明，抵沪匆促封寄，漏未填写，此系罳字，伏祈补入。此次往返盘费，时届岁暮，各项昂贵，共用规银二百七十七两一钱三分八厘，除领过二百两外，尚垫规银七十七两一钱三分八厘，附呈帐单一纸，候电示子萱兄找拨为祷。专此肃布，敬请升安。愚小弟经元善顿首。二月初九日。

附帐单一纸。

再肃恳者：舍侄亨亿上年奉委在东，随谢佩玫兄襄办赈务，差竣南旋，现拟赴省禀到，而粤中毫无故旧，又家况清贫，万难枵腹抱关。弟去夏面求赏派广州电局帮办小席，仰蒙吾公推情俯允，今舍侄因凭限已迫，即须赴粤，谨缮呈名条一纸，宪札乞寄弟处转给，并乞函致荔荪兄关垂指教，则感激私衷，不啻身受也。弟返沪后，接戟门兄函，谓保案履历不宜烦琐，代拟一稿来，一并录呈钧察。电案曾否上详，伏求赐示，至为祷幸。专肃，再请台安。愚弟善又顿。

附名条两纸、清折一扣。

【附件1】名条
湖北补用直隶州知州经元善请奏保请以知府仍留原省补用

【附件2】经元善履历单
湖北补用直隶州知州经元善，现年五十二岁，浙江上虞县人。同治三年，在江苏上海商船第十五次捐输案内报捐监生，以主事双月选用，并免保举，加员外郎升衔，赴部补缴监生四成银两，均奉部监各照收执。因历年创办各省电线案内出力，蒙直隶阁爵部堂李奏保，光绪十一年八月十七日奉旨，着以直隶州知州不论双单月选用，奉部覆准，奉到行知。又在直隶海防捐输案内报销，请以直隶州知州分发，指省湖北补用。光绪十五年十二月初六日奉给执照各在案。

【附件3】利国勘矿往返费用清单
谨将往返利国舟车盘费一切杂用抄呈宪鉴

计开：

一支镇、沪往返轮船八位，洋十九元二角。

一支又茶房酒费，洋二元。

一支又镇商局下人以及趸船水手搬物送力酒赏，洋一元四角。

一支由镇至清江大号南湾十一只，洋二十元。

一支又八人十天饭食及开船神福、茶水、酒赏等，洋九元五角。

一支由清江至韩庄黄□子船两只，洋二十九元。

一支又十人九天饭食及开船神福、茶水、酒赏等，洋十元二角。

一支运河加添纤夫，洋三元六角。

一支除夕、元旦下人舟子叩岁赏封，洋二元四角。

一支利国青山泉及往徐州等处察勘矿山河道轿马车力，洋八十元。

一支给犒利国青山泉局勇下人等，洋二十元。

一支由韩庄至清江黄□子船两只，洋二十元。

一支又十人五天饭食、神福、茶水、酒赏，洋八元。

一支由清江走洪泽湖回镇大南湾子一只，洋二十一元。

一支又十人九天饭食神福茶水酒赏，洋十元五角。

一支小轮船自镇送至扬州赏犒，洋二元。

一支清江借马勇送至韩庄仍送回过淮关赏犒，洋十二元。

一支随去下人三名给一个月半辛工，洋十八元。

一支钞胥一名给一个月半辛赀，洋十二元。

一支四人酌给添置御寒衣被各五元，洋二十元。

一支制造局借木工一名给一个月半辛工，洋十二元。

一支号旗灯、灯笼、灯烛、纸张及一切杂用，洋十一元七角。

一支往返船上伙食菜蔬等，洋二十三元九角。

一支沪上落轮船驳船两次，洋一元六角。

共支用洋合规元二百二十二两一钱三分八厘。

一支曹载三薪水一个月半，规元三十五两。

一支钟二尹支用，规元二十两。

总共用规元二百七十七两一钱三分八厘，除收过规元二百两，该找规元七十七两一钱三分八厘。

（《盛宣怀档案》，编号 00035166）

经元善致盛宣怀函
(1890 年 4 月 12 日)

杏翁仁兄方伯大人阁下：弟廿一日回沪到局，迭奉手谕，敬悉种切。承开示东赈解款清单，核对无误，惟内中程增祥禀请建坊一千两未除。兹敝处拟再凑解第十九批库平银一万五千两，顷已电达，一俟惠复，当加具公信，即行汇解。既尊处汇造报销，自应一并汇入，特另开清单一纸，附呈察核。所有备赈存款章程及询查赈所司帐两事，客至烟面陈壹是，冗次不赘。专此肃布，敬请德安。愚小弟经元善顿首。闰二月廿三日。

附呈清帐一纸、另函一缄。

谨将解过东赈自上年三月起至本年闰二月止数目，开呈钧鉴。计开：

第一批库平银五千两；

第二批烟平估银三千两，又库平银二万两；

第三批曹平银一万两系安徽陈中丞拨款，又库平银一万二千两内有旧金山华商续捐洋九千元，合库平银六千零七十五两，河南朱曼伯汴平三千两；

第四批库平银二万两；

第五批库平银一万两；

第六批库平银一万一千两；

第七批库平银一万五千两；

第八批库平银三万两；

第九批库平银三万两；

第十批库平银五千两，又钱五千千文，计规元三千六百二十六两四钱一分，合库平银三千三百零八两七钱六分八厘；

第十一批库平银一万两；

第十二批钱三万千文，计规元二万一千三百十五两二钱一分，合库平银一万九千四百四十八两一钱八分四厘；

第十三批库平银一万五千两；

第十四批库平银三万四千两；

第十五批库平银一万四千两；

第十六批库平银一万五千两内有台湾抚台七千两；

第十七批库平银一万两；

第十八批库平银二万两；

第十九批库平银一万五千两。

以上共解银三十二万六千七百五十六两九钱五分二厘。

内应除代解安徽陈中丞拨款一万两；

又除旧金山华商续捐英洋九千元，合银六千零七十五两；

又除河南朱曼翁银三千两；

又除台湾抚台捐银七千两；

又除滇省捐银四千八百四十二两；

又除新加坡各埠捐银一万另五百五十两；

又除美国捐银九千七百三十五两四钱；

又除张廉泉翁经捐自行请奖银五千一百三十六两零一分七厘四毫；

又除程增祥禀请建坊银一千两。

除以上九项另款外，实解银二十六万九千四百十八两五钱三分四厘六毫。

东海关赈捐转运处台核。

闰二月念三日抄单。

（《盛宣怀档案》，编号 00042839）

经元善致杨廷杲函[*]
(1890 年 7 月 10 日)

子萱仁兄大人阁下：别后于廿二日午前抵汉，一路顺平，足抒系念。轮舟到埠，赵竹君府已放江船遣价来迓，即渡江晋省，下榻赵公馆。昨晨上院，香帅立传单见，畅谈两点余钟，宪恩优渥，谓此间创兴布局有乏才之叹，凤谂吾兄曾研究此事，熟谙底蕴，务望惠然肯来助余臂指，且钦佩品谊已非一日，抱此经济才华，正当为国家出力，振兴商务，收回利权。弟答以大人公忠体国，卑职心向往之，因寓沪年远，加

---

[*] 该信原件藏于《盛宣怀档案》，然本人未曾得见，转引自夏东元编著的《盛宣怀年谱长编》（上册，354~355 页，上海，上海交通大学出版社，2004）。其间缺略处乃夏先生原抄省略。另，夏东元先生判断此信日期为光绪十七年。然经元善本人在《中国创兴纺织记》一文（见《居易初集》卷二）中称，其应召赴鄂乃是庚寅年即光绪十六年夏，故此信当作于此时。——编者注

以连岁筹募各省协赈，一时结束非易，拟俟一二年后料理清楚，引见到省，侍候大人差遣。而宪意殷拳，谓即因沪事难以速了，可以往来两间，轮船一水可达，兼顾甚便，余当函商盛道等云，大有恋恋不舍之意。一种推诚布公、礼贤下士之真诚，草茅新进获如斯知遇，实觉可感之至。出来后晚间又嘱赵竹翁回公馆极力劝驾，云帅意断不以寻常属吏相待，将来事权归一，决无稍有掣肘，一切工程布置，用人行政，以及恒久局章，均请一手订定。并云香帅先见两次复电及所呈折，业已心服，面见后声声口口说今幸得人之庆，实在万分企重，挽留之意，诚而且坚，即弟追随多〈年〉，为从来所罕见。鄂省此局能独当肩任无有如吾兄者，切勿辜负盛意。明日弟随宪节往荆州看堤，月内可返，吾兄务必多留几日，乞先将应如何建厂、如何用人、如何买花、如何销布、大略规模，拟出说帖几条，以备节旋请教。弟又托竹翁于途中再为婉陈云，人非草木，岂不知感？在他人求之不得，奈与盛杏翁始以道议〔义〕订交，后来共办电报，至今十稔，略分言情布衣昆弟之亲，计电局同招商股者五人，郑陶斋、王锦堂均因事因病走开，谢绥之亦因病后丁艰不能出来，仅剩不佞一人为之襄佐。又因利国煤矿招集商股甫经定议，责在藐躬，即欲舍此就彼，亦须诸事筹妥，荐贤以代，非仓卒可以交替。不特人生出处之际固当如此，且闻声招致，一面之后即予重任，在上者似乎轻率信用，在下者不免希荣幸进，此等人香帅亦何取此。况外间不察，必谓弟虚声邀誉，热中躁进，钻得两湖总督门径，即背东海关道而不顾。虽百喙奚辞，何以解于人言？千万代禀下情，万勿骤加札委，俟回去商妥后再行奉达等语。今日黎明香帅启节，只得在此多耽搁几日，挥汗执笔，草拟条陈，约计极早须下月初旬方可归棹。现在弄得进退维谷，究竟决绝力辞，势将怪及杏公，深悔多此一行也。烟台冗次不暇另肃，即将以上情形先为代达杏公。……弟善顿首。五月廿四日。

经元善致盛宣怀函
(1890 年 9 月 21 日)

杏翁仁兄方伯大人阁下：月朔奉到手示并抄折两扣，拜悉一一。敬谂德祉升祺，均吉如颂。弟返沪以来，觉得四肢软弱，握管维艰，现在服药调治，幸已痊可，以致肃复稽迟，歉甚。楚行虽香帅尚冰青目，弟终俟帅有函达，吾公郑重相商，然后赴召，否则仍不愿往也。沪布弟前亦力劝严、谢二公，谓得人而理，实有把握。今读抄示眉公条陈，大致不离，惟获利似乎说得太好。就设齐五百张线机，日夜开工，每年出布卅万匹，至多有一分官息，已算上上。悉马仍与杨、龚会办，杨不深知，若龚岂可一日共事哉！虽闻相札有龚只许会衔、不许妄出主意之谕，日久月长，将后必难免龃龉。目前轮船亦非无事之秋，真不解眉公闲情逸致，再肯肩此布局，大才盘盘，不可及也。利国开河一事，木干□复虽非无因，而言之太过，伊早存五日京兆之念，落得传此□□，现已奉开缺来京、另候简用之命。惟愿后任是桂芗翁接手，日后诸事易于浃洽。韩庄十八里旧有河形，开掘经费，有万余金足敷，究竟造铁路贵不止一倍。鄙见不如待矿师到来，去扦探时，再行详细测量，以定重违。闻徐仲凡兄往来两间，不长留鄂，或仍可请其指授机宜，未知当否？绥之、陶翁能合办甚好，倘望炊不肯出，仅待鹤一人，恐孤立寡助。电线全图，候示办理，并请另札博怡生、袁长坤二人，以专责成而期迅速。赈捐已成弩末，今岁顺直新灾，李中堂、潘宫保电函四出，凡沪上从前冱款所来之处，均被招往直顺，于是收数愈形寂寥。此间各公所悉照绥翁酌议，山左、顺直三处匀解，决勿置东于膜视，但势分力薄，无可如何。至廿三批规银五千两，已竭蹶摒挡，一俟集数，发交子萱兄划抵汇票也。专此肃复，敬请台安，诸维察照不既。愚弟经元善顿。八月初八日。

附再启两纸、履历一纸、密函一缄。

（《盛宣怀档案》，编号 00008787）

经元善致盛宣怀函
（1891 年 2 月 17 日）

杏翁仁兄方伯大人阁下：新岁以来，敬惟鼎祉升恒，千祥萃集，为颂无量。昨奉二日手示，拜悉种切。严佑翁亦曾接其公函电音，深悉东省饥民苦况尤甚。无奈沪上各所捐数寥寥，年内解奉廿八批一万后，均已悉索罄尽。开正迭接施子英来电，宝坻极少尚要二万。少翁为其乃郎在彼，难免微有偏向。现在因款无存积，昨日共议电请津门胡云翁借垫顺银二万两，电恳尊处借垫东赈银二万两。此四万借款，不知正、二、三月内能否一体凑还。弟之鄙见，子英为潘宫保招致而赴顺天，今宫保已归道山，吾公曷勿禀请朗帅，咨调来东。渠于河工较熟，且子英到东，则丝业赈捐必可舍顺而就东。缘各所收数，以彼处为最旺，有画符治病独行生意故也，文报局不能及彼之半，此外《申报》、高易则更微乎其微。此一节，未知有当尊意否？圣教序帖请缓寄，新正晤王介眉，听其口气，似乎肯竭力劝前途迁就脱手，以成此一宗善举。澳门设线，知不能成，并据朱子文谈及该处情形，吾局亦以不设为妙也。沪局房屋本系今岁十月满期，长利洋行之屋尚居奇未定，顷大北关照该公司，已与旗昌说通，可以展限一年，询吾局如何主见。弟意亦姑且接租一年，以作缓图。伏候电示遵行，以复大北，至为盼祷。再，弟贱恙虽愈，而目光昏花，仍难复原。据医者云，非药力所能疗，必须用艾灸肝俞穴。乘新正稍暇，拟明日返里访医一行，二十后即回沪，并以附陈。专此肃布，敬请勋安，恭贺春祺。愚小弟经元善顿首。正月初九日。

　　再，示询秦姨太太借洋二百元，转询小妾，云有其事，合并陈明。

（《盛宣怀档案》，编号 00005175）

郑观应致经元善函
(1891 年 4 月 3 日)

　　莲珊仁兄大人阁下：昨奉手示，敬悉苍祉增绥为慰。弟病体尚未复，昨就医羊城，得晤旧好，谓此间造纸局办理不前，愿集股合办，公请弟入局总理。弟以才力俱绌，恐滋陨越，已即辞之。旋蒙唐景翁禀请傅相札委弟在粤代理开平煤事，因粤中官轮船及钱局销煤不少，弟驾轻就熟，既以事关大局，且蒙不弃，藉得薪水稍帮家费，以慰亲心。惟精神日减，心力日衰，家累愈重，债务愈多，陈雁初与各欠款不归，视无其事，吾兄爱我，将何以教之。利国煤铁矿非废员可办，须大才大力方可为之。惟两广电报局或可试办，昨闻荔翁有返沪之说，未悉何如？去而复回即不必说，倘荔翁别有高路，祈代恳杏翁禀请札弟接办，俾公事之外，事亲养病，犹得两全，质诸高明，当以为是，还乞代我致意一切为感。忝叨爱末，用敢缕陈。谨此奉复，敬请勋安，诸维朗照不具。如弟官应顿首。二月廿五日。

（《上海机器织布局——盛宣怀档案资料选辑之六》，157 页）

经元善致盛宣怀函 *
(1891 年 5 月 6 日)

杏翁仁兄方伯大人阁下：月前接奉惠翰，并备赈折稿一扣，祗收拜悉。回环雒诵，具仰吾公好善不倦，有志竟成，莫名钦佩。从此各省遇有灾赈，可不至落马后之炮矣。嘱拟妥细章程，兹特勉拟六条，录呈德鉴，是否有当，仍候钧裁核夺为祷。肃此布复，敬请升安。愚小弟经元善顿首。三月廿八日。

附抄折一扣。

【附件 1】备赈节略稿之一

窃为治之道，莫贵于先事预防，而于救荒尤为第一义。自光绪初年创办义赈，迄今十数年，非不闻灾驰救，而转辗劝募，待款稍集，然后往援，死者已不可复生，不过为善后之计。每与经放义绅兴言及此，未尝不恨缓〈不〉济急，不能真救民命也。□□劝令招商局商人报效十万两，详请中堂奏明在案，发上海协赈公所义绅□□□等公同具领，存汇丰银行生息。遇有各省水旱大灾，作为垫款，先行驰赈，然后筹还，或由各省大吏电请借拨，限期劝捐缴还公所，仍存银行归垫生息，永远为备赈之用。□□以为有此十万备赈，将来陆续劝筹，集成巨款，庶义赈不致中辍，而灾民亦可救急。正筹办间，顺直大水，山东各省又复告急，因思区区十万之数，难敷借垫，同是灾民，何分厚薄？设此省借拨，他省同时告急，无以应之，似与备救急之心，终有缺陷，非筹集巨款五六十万，不足以为备赈之根柢。查近来协赈公所捐数寥寥，已属强弩之末，□□拟认筹若干，可否乞恩协济若干，汇存银行生息，设备省遇有大灾，由该省督抚电奏借拨，限期归还，协赈公所非奉旨不准动拨。另拟备赈章程六条呈电，倘蒙俯如所请，天下幸甚！□□幸甚！

一、办赈首在得人，从前义赈初创，均实心实力，乐善不倦者居多，恐日久疲玩，人品不齐。各公所如有光明磊落、任劳任怨之人，遇有水旱大灾，即电请中堂核准，电奏借拨驰救，仍由各公所筹还。无其人，则俟各省借拨，勿徒贪办赈之美名。

一、此款专为备赈救荒而设，无论何项紧急公事，不准借拨。即使

一隅偏灾，就地可以设法补救者，不得借拨。

一、各省突遇水灾，仓卒不能集款，由该省督抚电商中堂核准□奏借拨，以半年筹还公所，仍存原处生息。

一、借款数目，一省不得过存款十分之五。天灾流行，何处蔑有，一省多借，他省无以应之。

一、此款发协赈公所义绅公同具领，存汇丰银行生息，息折存义绅处，轮流值年。每届年终，由值年者持折至银行，付息滚存结算若干，移交下次值年之人，并禀报中堂存案备查。至所存本银，非奉旨不准动拨。

一、原议生息项下培养善士十数人，略给薪水，庶人款俱齐，可以克期速救。特其人颇不易得，有心为善者，不愿糜虚赈款之余利；无心向善者，恐转视为利薮。义绅散处四方，并不常在上海。今议由值年者自派一人，常住协赈公所，以便各事接洽，此人准在生息项下开支薪水，每年□□两，其余概不开支。

【附件2】备赈章程稿之二

谨将遵拟备赈章程六条录呈钧鉴：

一、蒙北洋大臣李傅相拨交招商局认缴官款息银十万两，以备各省水旱灾荒，一时募捐不及，作为义赈开办垫款之用，其银发存汇丰银行，长年□厘生息。

二、银行存券簿据，应仍交招商总局收藏。对年算息时，由协赈公所义绅谢家福、严作霖、施善昌等至招商局取券，会全招商局总办，向汇丰银行核结，逐年禀报。

三、一闻各省灾信，协赈公所访确后，倘款难猝集，即由谢、严、施三义绅电禀北洋大臣，电示遵行，并候分饬招商局、汇丰银行凭电照付，以期迅速，然后补禀北洋大臣，据情入奏。

四、各省官吏或公正义绅，如遇地方急赈，欲借此款者，亦须电禀北洋大臣，候电饬谢、严、施三义绅议覆奉准后，再电饬招商局、汇丰银行照付。该省官绅除补禀北洋大臣外，并须备具公牍、印领，派员赴沪向领，其领纸存招商局归卷。

五、此项备振银两只可暂借应急，无论上海协赈公所及各省官绅领借后，亟须募捐归还，至迟不得逾三个月，俾利息不致久耗。

六、培养查赈善士，须择夙有善念、勤敏耐劳之才。欲求历久不渝者，颇难其选，应由谢、严、施三义绅随时随地物色访求，延请定后，应将衔名禀明北洋大臣存记。救灾如救焚，一遇各省灾赈，即须立刻成行，庶可多救民命。每位每月酌送薪膳洋六元，以十位为率，此款可在次一年息金生息项下支给。

（《盛宣怀档案》，编号 00042855）

经元善致盛宣怀函*
(1891 年 9 月 4 日)

杏翁仁兄方伯大人阁下：前日接奉七月廿四所发第一号手示，敬聆一是，藉谂侍祉康娱，升祺嘉邕，慰符下颂。二马路房屋，以十九幢仍旧出租，以正宅一所专做沪局，非不敷用，而实不合用。电局以打报收报房为要地，打报房必须设在楼上，收报房设在楼下，方可接洽而昭慎密。查是屋只有东西两厅楼尚觉宽敞，但装修太好，楼上下一做打报房与收报房，势必遭蹋，深为可惜。若以前面朝北两所小楼翻造，做打报房、收报房，则进衖之路太长，主客不便，且改造工程亦非三千金不可。即使改造，亦不过目前报房之局面，将来添线加栈，仍难容纳，似非一劳永逸之图。转辗思维，殊乏布置妥法，因此事久未接奉钧复，弟本拟趁新裕来烟，面为禀商，今诵台谕，如实在不合用，可仍接租旗昌房屋数年，俟宪驾回南，再定久远之计等因，故弟止而不行，竟遵照此示办理。惟旗昌之屋情形，较前又觉稍异，缘该行倒后，大北接租未定，闻其将来亦只租自己一所，此屋须自向另租。又闻此屋及招商局房，皆非该行己产，系另有洋商托其管理者。现下接管之人尚在未定，俟其定妥后，方可商议接租。至如何租法情形，一有端倪，再当肃函请示。二马路住宅由子萱兄招租，另有函复矣。书启张静斋兄于前月廿一告假，赴宁乡试，并以附陈。专此肃复，敬请升安。愚弟经元善顿首。八月初二日。

敬再肃者：文报局赈所已于七月底停止，因收数实在寂寥，竟难起色。多设公所，徒致靡费，已与施少翁商妥，所有东省尚须劝募小清河工赈，归并仁济堂收解，弟亦在堂相助为理。附上告白启一纸，又文报局历解东赈批数银数清折一扣，伏乞察鉴核对示复，以便编刊征信录

---

* 该信有封，上款为"内要函寄烟台督办电报事宜东海关道台盛大人台启"，落款为"上海电报局经缄，八月初二日"，旁注"八月初六，房屋事"。——编者注

也。肃此，再请台安，恭候环示。愚弟善又顿首。八月初二日。

附清折一扣、告启一纸。

（《盛宣怀档案》，编号 00024453）

盛宣怀致施善昌、经元善等函
(1891 年 11 月 30 日)

少钦仁兄亲家、莲珊仁兄、诸位仁兄大人阁下：昨肃公函，并图说三张，计蒙公览。小清河下游，今春经弟与严佑翁督夫五万名，开挖深通，使漫溢十年之水，得以顺流出海，今年山东无灾，已见成效。惟上游淤塞，大水年分，仍必溢出沟槽，不能归槽导赴尾闾，则水灾仍见。现与佑翁商挖全河，估工约需银四十万两。此间勉力设法劝捐之外，少银十五万两。日前商之严佑翁，若非借助鼎力，势必因循中止。接佑之复电云，已接沪电，每月五竿。就目前情形约之，皖北、日本皆在此内，若专顾东，十五万须两年半为期，以后年丰岁歉，专以东河题目，能否可召将来，未能逆料等语。具仰仁心始终如一，感激万分。青州十余年水灾，已费赈款数百万两，救人断宜救彻，但此工虽能救山东永远沉灾，糜费一万，可省数十万；辛苦一年，可保数十年。而愚夫愚妇，未必能尽人知之，所望诸公登报时说得透澈，且未有分开工赈二字，只可并合一处。如蒙俯允代筹十万两，分两年为期，弟当托子萱兄筹借银行之款，息由弟认。此事原无把握，但能仰荷诸公首允，少钦亲家至诚所感，符录大行，目前皖北、日本虽略须佽助，究非大灾，可否议定章程，平时以三分之二助山东青州工赈，以三分之一助他省偏灾。如遇各省有重灾，以三分之二助各省重灾，以三分之一助青州工赈。若得如此定议，弟即可放心借款矣。如不能定，则无此十万义赈之款，势必中止。即使力求中丞发公款，亦必成官样文章，工程断不能核实，必旋挖而旋淤。必得严佑翁带同南绅前来，悉如今年办法，无一钱不到穷民身上，无一工不到河身实处，方能久远获利。佑翁之行止，即以尊处筹款能否定夺为行止。数十年、数十万生灵，成败利钝，系乎诸公一言为定，敬求迅赐示复。图说石印工价，示知奉缴。此请公安。愚弟□□顿。十月廿四。

（《盛宣怀档案》，编号 00035716）

经元善、唐廷桂、施善昌、席裕祺、杨廷杲
致盛宣怀函（小清河工赈第一号）
（1891 年 12 月 6 日）

　　杏翁仁兄方伯大人阁下：月之朔日接奉公函，并小清河绘图三幅，抄折两扣，均一一拜悉。藉谂筹祉时恒，作德日休，慰如下颂。承示开办小清河，以工代赈，为东省拯救灾民，釜底抽薪，一劳永逸之良法，估计经费需银四十万两。济南府所属一半，禀请中丞另筹。青州府属一半，约需二十万两，烟地可筹一半，尚缺十万两，吾公先行息借，欲沪上各所于两年内竭力筹集等云。孤诣苦心，莫名钦佩，敢不黾勉以从，共襄斯役。但是举题目粘连河工，发棠召募后，能否各处声应气求，此时实无把握。若两年以内，苟各省无另出新灾，全神贯注，或者能如愿以偿，亦难逆料。现在皖北旱荒，沈中丞尚未入告，不妨缓图。日本只好舍远就近，置诸不议。今各所先行悉索，勉凑第一批工赈规银一万两，交托电报总局收支所汇上，另附解批一纸，至祈察收印复。此后惟当尽心力而为之，做到那里是那里。图说俟印成后，遵即寄奉三百张，一面广为分送，且看机缘如何耳。专此肃布，敬请德安，鹄候环示。愚弟经元善、唐廷桂、施善昌、席裕祺、杨廷杲顿首。十一月初六日。

　　附解批一纸，计规银一万两。

　　　　　　　　　　　　　　　　　（《盛宣怀档案》，编号 00024443）

经元善、唐廷桂、施善昌、
席裕祺、杨廷杲致盛宣怀函
（1892 年 2 月 2 日）

　　杏翁仁兄方伯大人阁下：献岁发春，恭惟政躬曼福，惠泽罩敷，引睇卿云，倾心祝露。敬启者：上年接奉公函，嘱为劝募小清河工赈捐款，已于十一月初六日解呈第一批规银一万两在案。兹又筹集规银五千

---

　　* 该信有封，上款为"内赈务要函外规银一万两敬烦递寄烟台东海关道台盛大人台启"，落款为"上海仁济堂赈所缄"。——编者注
　　** 该信有封，上款为"内函并解批外捐册五百本附寄燕台东海关道宪盛大人台启"，落款为"上海协赈公所谨缄，正月初四日"。——编者注

两，作为第二批，仍由电局总收支所廷杲处汇解，附上解批一纸，敬祈察核兑收，印掣回照，以便备案。小清河图劝捐册启，已交鸿文书局石印八千本，兹特附上五百本，乞赐察收。《申报》馆内可以随报分送六千余本，亦准即日送去，知关麈注，并以附陈。专肃，敬请德安，恭贺新禧百益。愚弟经元善、唐廷桂、施善昌、席裕祺、杨廷杲仝顿首。新正月初四日。

附解批一纸，捐册五百本，第一号起至五百号。

【附件】盛宣怀复经元善、唐廷桂、施善昌、席裕祺、杨廷杲函底稿

莲珊、茂枝、少卿、子美、子萱仁兄大人阁下：日前奉复寸缄，计邀惠览。正月十二日接奉初四日公函，敬谂新履增祥，德猷懋著，为颂为慰。小清河工赈捐款，兹收到电局收支所汇来第二批规银五千两，此款于奉到少翁电报之日，即由关库垫付，解交严佑翁赶紧易钱备用矣。回照一纸，附呈察收。去年秋闱之前，严佑翁来函，为小儿昌颐许愿，如中举人，捐助小清河工赈银五千两。幸蒙神佑，得中顺天第　名举人，谨书元号捐册一本，如数还愿，捐规银五千两，作为第三批，列入尊处转解之账，搭解严佑翁查收放赈，并祈将此段情由登报，以为读书人劝。承代石印劝捐图册八千本，随报分送，并寄下五百本，甚为精细，当于各省官场往来函内附送，并属将捐款悉寄尊处汇解，以归一律。现在严佑翁来电，已编得本地灾民年壮者三万余名，以三十名为一棚，每名先给大钱一千文，一面勘度洼地，俟水□冰解，即可开工。惟是开工之后，即有不可中止之势，约计款项，除敝处筹垫十万两，尊处筹解二万两之外，目前尚短八九万两之谱，尚求大菩萨迅赐筹解第四批万金，以济眉急，是所至祷。朝阳，傅相已派知州刘竺保、秦奎良等携带公款前往抚恤矣。①

（《盛宣怀档案》，编号00024442）

经元善致盛宣怀函*
(1892 年 8 月 30 日)

杏翁仁兄方伯大人阁下：闰六月初四日奉公电内开，金荅翁作古，

---

① 原稿下残。——编者注

* 该信有封，上款为"内要函附寄天津送呈钦命头品顶戴直隶津海关道台盛大人钧启"，落款为"上海电局经谨缄"。——编者注

应具禀傅相与东、浙抚会奏请恤，请绥翁主稿等因。旋接绥翁来电，因吐血不能构思，嘱弟拟稿，当即函致其世兄金箴孙孝廉，将苕翁宦迹事实抄寄，昨已寄到节略一卷。正在踌躇此稿动笔不易，适阅箴孙致陈沁泉兄书，曾接胡仲山信，有我公已嘱袁敬翁拟稿，赶将苕翁江苏作宰时宦迹抄寄等语。敬翁笔墨极好，素所钦佩，谨将苕翁生平事实节略一卷寄呈台察，敬乞俯赐采择。惟箴孙兄来函称，述去岁苕翁病中，见傅□奏请李秋亭观察漠河病故恤案，将生平事实宣付史馆立传一节，万分歆羡之至。箴孙仰体先志，欲求具禀诸公援例吁恳，则存殁均深衔感，此外亦不敢渎求等云，并以附陈。想我公与苕翁金兰至好，深知其在直十余年，为国为民，勤劳不亚于秋翁，必能鉴斯隐衷，力请傅相，以慰故友于九京也。诸乞卓裁行之，同深感祷。专肃奉布，敬请钧安。愚小弟经元善顿首。七月初九日。

　　附呈节略一卷。

　　再肃者：谨将沪上协赈所同人公禀列名各衔录呈钧鉴：

　　二品封职施善昌；

　　三品衔浙江即补道王松森；

　　三品衔道员用候选知府经元善；

　　三品衔直隶候补直隶州知州谢家福；

　　知府用江苏补用同知直隶州葛绳孝；

　　河南即补直隶州知州杨廷杲。

【附件】金苕人观察事略

　　敬略者：观察咸丰季年随侍王父温州府教授任所。九年，粤逆窜陷处州，温、处相距一水，观察乃集士绅与团练，危城赖以安堵。王壮愍公奇其才，檄令协守独松诸关，论功以诸生保训导。傅相视师上海，见观察论事牍，物色得之，檄令随军。克苏州，委办善后各事，遣散降虏，抚恤流亡，劳绩始著，保知县，留江苏补用。时张靖达公备兵徐海，招观察出赞军事，先后奉委粮台储运局、营务处文案及署内文案、发审诸事。观察身兼数器，部分如流，靖达公倚之如左右手。会迁直隶臬使，观察从行，乃请于刘武慎公，奏留直隶，时为同治五年。是冬，捻匪北窜，观察从靖达公出驻大名，会靖达公病匝月，一以营中事委付观察，筹防转饷，悉中机宜。旋闻讣，知赠君殉难确耗，力请回籍，访求葬所，遂以明年南还。此观察军营立功之大略也。

　　观察服阕需次，江苏丁雨生中丞檄赴高邮、宝应等处，密察官吏贤否，民间利病。观察微行详访，纤悉不遗，中丞甚见称赏，委任繁多。同治七年，署娄县，观察奉檄，挈一老仆赴官，至则撤除屏蔽，公门洞然，民有讼者，皆直诣堂皇。既受理，即令持朱票，呼所讼者至，立剖曲直，不事吏胥，亦无阍隶。时方兵后，士风未振，观察捐廉集款，创设小课，课以训诂词章，使渐以趋学，吏事暇日，进诸生，从容讲艺。其有以私事相干者，辄拒绝，勿复通。民不知桑，乃购种分给，重刻至元官书《蚕桑辑要》，分散四乡，使知艺植，又雇浙西蚕妇，教之育蚕，兼及缫织。娄之东北乡，恶丐群聚，有死者，即移尸村中，百端挟索。观察立石申禁，丐病毙，官给钱，令掩埋，不得讹扰，丐始敛迹，民赖以安。治娄两年，士民翕服。十年受代，遮道攀辕走送，有泣下者。十二年，署南汇县。南汇地滨海，夙号膏腴，观察自守介节，俸入之外，无所多取。县有渔课科派，征敛久为民害，观察捐集巨款，岁取息入，如其额赋，代民应课。海滨沙田饶沃，顾未尽耕，耕者率供吏胥中饱，观察清丈劝垦，得熟田万余亩，分拨善堂、书院。他政如课桑、储谷、恤嫠、修志、举乡饮酒礼，皆卓卓当时，而此尤其大者。有钱氏子自贼中脱归，有叔利其产，指为通贼朱甲，前邑宰已定谳矣。观察到官阅因，见之以为良善，非作贼者，廉知朱有妻在，呼来使相见，不能识，由是得平反，所治狱皆类是。俗多溺女，观察示谕禁绝，又念乡愚不通文告，乃为歌谣图画，多方劝谕，捐俸设会，专育女婴，女婴赖以得全者甚众，久之，其俗亦渐革。十三年，调署吴江，修志书、浚河道、兴书院，孜孜日昃，顾以在官日浅，未得竟其所为。此观察江苏服官之大略也。

光绪四年，河南灾，观察偕苏、浙诸绅往赈，规模区画，皆观察参与审定者为多。观察分赈新安、渑池、洛阳、登封、嵩县、偃师、宜阳、孟津、汜水、陕州、灵宝、阌乡，凡十二州县。冬、春两赈，简阅户口，放给钱米，皆躬亲其事，艰苦备尝。新安、渑池两县被灾最重，观察创立善堂，举恤嫠、收埋等事，又以其地当孔道，徭役繁多，为集资购存车两〔辆〕马匹，代应诸役，并存款生息，为修理添补之用，自是役不及民，官无废事，论者谓杜科派、培主聚，此举所裨实多。又以两县为涧水所经，可兴水利，开渠凿井数十区所，并购南省戽水之具，以便灌溉。每开一渠，灌田数顷，收获倍蓰，利赖甚宏。新、渑渠井工竟，又以洛阳、宜阳界中旧有废渠，贯通伊、洛，两岸可灌田二十万亩，遂因其遗址，集款浚复。先是，饥民无食，率鬻妻孥，奸民因以为利，辗转掠贩。观察于开封、陈州、归德三府设局，收赎留养，其有家可归者，资遣回籍，所赎妇幼以百千计，全节存嗣，厥功尤多。此观察河南办赈之大略也。

河南赈将竣，而山西灾未已，络绎来告。观察驰归集款，五年夏赴晋，分赈虞乡、永济、芮城、平陆、垣曲、沁水、阳城、石楼、永和、蒲县，凡十县。先定查户、散票、放款章程，事事核实。贫生节妇，旧族名门，周恤尤从优厚。大祲之后，地广人稀，重以山路险阻，攀崖越涧，踏雪履冰，按户清查，无遗无滥，实赈灾民都凡七万口。桥渡圮坏，为之修治；道路芜废，为之疏通。开粥厂以济孑遗，立义冢以收骸骼。一一董理，不遗余力。又于平陆、垣曲两县筹备骡马，代应差徭，拨款生息，定章勒石，使遗民永无追呼之扰。时疫疠盛行，钱米之外，兼及药饵。婴孩发痘，夭折尤多，乃拨款在蒲州、解州等处设牛痘局，为之施种，以全灾后之婴。此观察山西办赈之大略也。

是时，畿辅连年水旱，晋赈既毕，诸绅移局北行。观察谒傅相于津门，复南还劝募，集资驰赴，议援古人成法，以工代赈。往来各河，详细查勘，穷究受病之源，熟筹施治之法。七年，委办大清河工，自文安左各庄至台头数十里，并浚中亭河，培十里堤，使饥民就役，因以授食。文、大、霸、保频年水患，自后得以稍苏。七月，傅相奏请调赴直隶差委，疏言：晋豫散赈，全活甚众。赴直襄办工赈，实心任事，廉惠公明。再疏上陈，得旨俞允，旋派总办筹赈局。观察以淀池淤塞为清河受病之源，是冬，清丈文、大、霸、静东淀无粮地亩，厘定苇租，规复堡船旧制，将以疏淤导滞，使水有所归。八年，委办文安县台头以下、天津县韩家墅以上东淀河道，年久淤垫，丛芦深水，畚筑难施，观察躬亲督率，费节工坚。天津县三河头村堤坝本为障遏永定河下游，不使灌注大清河而设，亦于是年委办修复。工竣，张靖达公奏请奖叙，疏言：任怨耐劳，循名核实，各工皆著成效。九年，委办子牙河堤工，减桥以下，东至文、静，段落绵长，克期蒇事，复于王家口另开支河，使子牙下流得以疏畅。十年，委办蓟、香、宝、宁等处以工代抚，傅相奏报，观察所办各工，以东引河下段为最要，其下有七里海者，受青龙湾诸河之水，由此归蓟运河，以出北塘海口，足以分泄津沽水势。又修筐儿港减河，分销北运河盛涨，下注塌河淀，散归七里海、金钟河，同出北塘。又开沥水诸河，以泄武清、宝坻境内洼区之水。十一年，委办饶阳县境内滹沱河工，滹沱即子牙上游。时河间献县以下堤埝，屡有溃溢，累年防筑，乃议疏浚来源，庶承流通畅，不至易于横决。十三年，委办四女寺南运减河。始自恩县四女寺分流，终至海丰埕子口入海，历直、东两省九州县境，首尾三百余里。观察先于十二年冬间往勘，巡行风雪寒冱之中，遇病几殆，力疾自励，毕勘而返。及期兴工，往来上下游，巡阅数周，工事大小，必出亲裁。五月工竣，适永定河南岸溃决，观察奉檄署永定河道，督筹堵筑。十四年四月合龙，五月再署永定河道，七月山水骤发，南岸复报漫溢，观察趱工集役，即于是年十二月抢堵合龙。当水发时，房山县被灾最重，淹注田舍，山中运煤道路及桥梁均被冲断，观察集捐巨款，邀同南绅协力修办。综计观察在直隶几及十年，初治大清河，因及东淀，次治子牙河，次治筐儿港、北运减河，次治四女寺、南运减河，次治永定河。盖畿辅五河施治殆遍而主持筹赈局事，顺属东、南两厅，直属天津、河间两府，数十州县连年被灾，岁一再赈，遴员拨款，必协其宜，或亲赴灾区查放。观察尝谓赈事首重查户，户必亲历，票必手填，里正吏胥勿使假手。又谓办赈当严于核户，宽于放钱，核户严赈款不至虚縻，放钱宽则穷民多沾实惠。观察历赈各省，所至有声。在直隶久，凡所亲历施赈之处，闾阎称颂，虽远勿渝。此观察直隶工赈之大略也。

十二年，山东水灾，傅相檄观察驰赴，主持义赈。行抵齐河，适值河水漫溢，齐河东北乡尤洼下，黄流淹灌最久，观察即往勘视，散给粱粟菁席，暂作栖止。横流湍悍，观察乘小舟往来遍历，屡濒危覆，终勿为阻，饥民二十余万，实惠均沾。又在堤外建造土屋，使饥民就地迁居，以资经久，嗣即查放济阳、惠民、章邱、齐东、滨州、蒲台、利津及历城、禹城等处。又因开州黄河漫溢，寿张、东阿等县均被淹灌，复携资驰往散放急赈。十五年，又因青州、武定两府灾重，张勤果公咨商傅相，檄观察再赴办赈。观察复集款赴肥城、平阴、东平、邹平、长清、历城、章邱、新城、潍县、长山、滨州等处，以次查放。勤果公陈奏称为耐劳任怨，认真异常。时观察已病，手指僵木，殚心竭力尚如此。此观察山东办赈之大略也。

十五年夏，山东赈毕，勤果公议移齐东各县濒河被水村庄，迁之堤外，檄令观察南还募款，旋因病乞假，回籍就医。适值浙江大水成灾，崧中丞奏派观察在籍办赈，观察以桑梓灾重，不敢以疾辞，议官赈、义赈相辅而行，遴择绅士分赴各州县，查户、给票、放款，一如前赈晋豫旧章，兼及施粥、平粜，因地而施，以补赈之所不及。仍举以工代赈之议，圩堤圮坏，塘河淤塞，皆筹款兴作，使饥民从事畚筑，于是海宁备塘河，杭州长安镇以上塘河，嘉湖各属经流支港，凡淤浅壅塞，皆次第浚复。会谕饬疏浚余杭南湖，中丞勘议兴工，复奏派观察会办。观察亲赴勘估，规画工役，事未竟而病已作，力疾强起，凡工事琐屑，无不悉心筹度，以底于成。此观察浙江办赈之大略也。

十六年，顺直复大灾。观察以浙赈方亟，未及躬赴，乃为募集巨款，前后共得十数万金。又与浙省司多方筹画，复得十数万金，源源接济，赈需攸赖。山东告灾，经劝捐款，又得巨万。此又观察办赈之余事也。敬陈梗概，伏维采择。

（《盛宣怀档案》，编号 00024109）

经元善致盛宣怀函[*]
（1892 年 9 月 7 日）

杏翁仁兄方伯大人阁下：前肃贺函，又另缄附呈金苕翁事实节略一本，先后由文报局递津，谅已均邀台鉴矣。辰惟勋祺笃祜，筹□凝釐，为颂无量。敬肃者：皖奖协东一案，业已告竣，尚有规银七千九百三十三两七钱五分，遵奉电示，已送交收支所汇兑。昨又接钧电，嘱装现银解津，兹装作四箱，每箱均附码单，交商局丰顺船运上，另备公文解批，伏祈察收批回，至以为祷。胡芸台观察经办此事，因皖省所发系筹赈局实收，中间句语似涉含混，适值同时苏浙筹赈，均用曾宫保紫花印收，相形见绌，以致在沪竟无人问津。伊不得已，远托京粤两处跌价招徕，探悉至少者连饭照只京松、粤平两成。花费电资既巨，又被其亲戚委员虞渔平干没数千金，禀追无着。按其底细，却有赔累，故伊禀扣办公经费一层，托彭受臣观察先商帅仲，亦出于不得已之苦情也。并以附陈。专肃，敬请钧安。愚小弟经元善顿首。七月十七日。

附呈码单一纸、提单一纸。

敬再肃者：弟自去冬起时有小恙。今春商局账房司事经仲卿返自燕台，传述钧谕，念沪局事繁，关系冲要，嘱为分派司事，各专责成，俾得寓繁于简，并收报洋账曹吉甫兼就威金生译席不宜再用，应即更换等

---

　　* 该信有封，上款为"内赈务要函附提单寄呈天津津海关道台盛大人台启"，落款为"上海电局经缄，七月十七日"。——编者注

因。提命谆谆，莫名衔感。本拟趋燕禀商，面陈壹是，乃因台旌出巡河工，嗣闻节旋荣调津关，有先莅沪之音，以致迟徊未果。现交夏秋以来，弟精神更颓，尤逊于旧，两耳重听，每一思虑用心，即有肝阳上扰，夜寐不宁，脾虚泄泻等症，故轮船风波，视若畏途，一时不敢远涉。施少翁见此困乏情形，尝谓子英在沪筹捐，未即北行，赈所可以照顾，力劝弟出门就医，藉资调理。谨拟于八月朔日起，请假两月，往青浦、武林等处访医诊治。今将局务、赈务禀商各事条列于左：

一、收洋报房曹吉甫，此人非学堂出生，旧岁伊兼就威金生馆后，弟即以为非宜。惟收洋报一缺人才，颇难其选。去冬预在中西书院访得有一肄业生宋彩章，浙江人，西文已优，西语口才亦号，惟电务交涉公法未谙，先招之来局，帮同历练。今正曾婉辞曹吉甫，约定以六月底为止。现在宋生业已熟谙，于闰六月起，收洋报一节，归孙新甫、宋彩章两人轮值，曹已回复矣。孙薪向系三十元，今加五元，宋薪二十五元，两人薪水照旧支可余洋十元。因收报房抄旬册及新章按旬报稽核所，人手实在不敷，又添用额外司事一人，每月薪水七元。打报房常开夜班，茶房一名，昼夜力不能支，添用额外茶房一名，每月辛工三元。此两人辛工，即以收洋报薪余十元抵销，并不另外开支，理合申明。

一、沪局地当冲道，毗连洋公司，凡内地推广一路线道，沪即加添数局交涉，比较初涉津沪线时，繁剧不啻十余倍。从前绥翁酌定包费，沪局司事管银钱、收华报，仅止两额，近已用至五人，除张达卿另行开支外，余两人薪饭皆不开报。现就五人从事，仍十分竭蹶，既无轮班，又无礼拜。善用马者不尽马力，今再添用一人，实不得已也。幸所用各司事皆朴诚可靠，凡帐房收支出入、南北洋与各省大宪洋公司报费交涉、各局银钱往来，及稽核收发报旬册、照管门户火烛，向本责成冯莘臣名佐廷、宋夏善名禹良二司事，此二人皆老练精细、笃实勤慎，十余年来毫无贻误，为荔荪、子萱二兄稔知，今拟遵传示，禀请赐加札委，或名沪局银钱所，或名沪局提调，以冯正、宋副合一札。然银钱所题狭，尤不若提调之巨细皆应照管为宜。是否有当，伏候钧裁。

一、陈沁泉兄在局有年，人极稳慎谙练，和衷共济，即弟此次请假就医，局务请其兼代，亦甚可托。至打报房各事，向以归其督率，毫无贻误。惟职仅帮办，伊不免自存挹谦，且华总管牛尚周亦委帮办，似乎稍应区别，而会办既有柏翁在前，可否加札改委襄办，以合体制。是否有当，伏候钧裁。

一、大北淞沪过线报费，纠葛多年，尚未清算，但千文麻绳，总宜一结，若日后恒宁生与弟两人，或各换一人，必更多口舌。弟此次就医而返，须在十月，恐近封河，可否明正开河后，派博来南来，邀请公正，三面结清，以了葛藤，伏候钧裁。

一、沪局因转递洋报，与内地各局有交涉者居多。从前萧静翁为总管账时，线道未广，凡至月底，各局有该沪之款，两面电咨总帐房，数准即行划帐，故沪局月报向能月清月款，并无欠解也。迨杨子翁立收支所后，局数已多，凡各局该沪洋报费，均须归自催收，不能划抵。既无统辖各局之权，常有久欠不清，如燕台、武昌等局者，只得巽言函催，无法可施。现除各局欠款摘属粘册外，余当悉数解清，恪遵新章，以慰宪廑。

一、新章按旬报稽核所次数字数电报，为杜弊而设，立法极臻周密。查沪局每旬多时四百余字，即照奉饬章程，各局通扯一百五十字，合官商线将近二百局，每月已有九万字，每年统计有一百余万字，复查复答尚不在内。现值线少报挤之候，占搁商报，实一大宗。且第一旬十一日发报之局，设有初十发来未收到之报，中间为线断或轮寄马递交下局发来者，至十一二始到，常有之事。自十一发旬报之电，难期针孔相符也。至于字数，则必不能对。但旧岁曾有清江假报之弊，此举亦断不可废。愚昧之见，旬报中可否删减"字数"两字，每年已可省字四十万，再以第一旬改迟至十三日起报，或次数稍可符合。曾与廖绲诚兄面为讨论，意见相同，谨献刍荛，以备采择。

一、从来天下无无弊之政。沪上设所劝筹义赈以来，已阅十有五载。始初同人皆秉救灾济急之一念，积而久焉，渐不免着攀援当路之迹，故高蹈者深恐被飞来飞去宰相家之讥，洁身退隐。但于行道恤邻，究属不无裨益也。弟虽欲避斯名，而一息尚存，此心未忍恝置。自去秋文报局赈所停止后，犹幸施少翁孜孜不倦，仁济、丝业仍旧照收，凡属赈务堂务可以襄佐之事，弟无不尽其心力，因之于局事外多添此一宗劳顿，心气之亏，半由于此。近与施少翁相处渐稔，深知其好善性诚而少条理，驭下亦乏冰鉴，又因篆符及市人求其事者太忙，到堂已须傍晚，堂中司事诚笃者寡，难期事事核实。六月十七日天相示警，堂内坛宇五楹，白昼忽被火劫，殊为可畏。但仁济堂为沪上巨擘，每岁经费出款至三万余之多，且少翁与此堂名满天下，若不亟为整顿，浸假而至虫生自腐，必灰天下乐施之心，阻塞善机，不独沪上一隅，关系实匪浅鲜。弟深切杞忧，又未能全神贯注，舍身庖代，不得已邀集同人会议，公请如皋优贡生刘兰阶名芬来沪驻堂董理，每月致送薪水三十金。此君品学兼优，诚心好善，向曾办过豫皖顺直苏灾赈务，严佑翁与谢绥翁均极企重。前年杨艺芳观察愿出巨金重修，欲留其在通佐治，刘君因亲老不能远离辞之。惟家本寒素，势难枵腹从公。渠不愿领堂中薪水，侪于司事，且堂中亦未便开支如许多薪。今施少翁商恳聂、钱两观察，于洋务厘局两处挂名各十两，尚短三分之一，欲责成弟设法捐注。弟实力与心违，转辗思维，据情上达，并附呈名条一纸，仰求我公可否于商局漕务中挂名，每月给薪十两，玉成斯举。盖保全仁济声名，即所以保全赈所来源，我公痌瘝胞与，无远勿届，谅必蒙俯如所请也。为堂呼叩，无任祷祈。

一、前接李维之兄来书，云及我公赐函，谓顺直被灾，筹款尚非难，而查赈得人为尤难。弟因之代为留心物色，近有武进人章秉彝名定勋，向在李秋亭、杨殿臣二君手下办过查赈，来局晤及，云年已四旬，尚未得子，倘有赈务，愿竭力报效，以冀自积阴德等语。弟未深知其人，惟年前浙赈，伊随殿臣兄办理湖州各属，金苕翁书来不多殿臣，而称许秉彝之能，谓可当一小统领。又有杭州褚敦伯广文，伊系苕翁姨甥，前直隶邢台褚令维垕之子。褚令到直十余年，久办河工，伊亦情形熟悉。浙江水灾时，适在永嘉教谕任内，温属查赈，苕翁即禀请其专办，稳慎熨贴。去春丁内艰家居，曾有书来，谓津门系随宦旧游之地，遇有灾赈，愿效驰驱等云。此人品端学粹，弟所深知。以上二员，麾下如需才差遣，候电示即可邀其北上也。又有张筱衫大令，扬州人，前年在直办赈，今春佐施子英出关查放朝阳，蒙保分发安徽。入都引见时，道出沪上，与弟谈及，倘直赈需人，仍愿在津效力等云。此人季士翁、吴赞翁深知底蕴，过津必趋谒铃辕，如欲留用，彼亦乐于从事也。合并附陈。肃此，再请德安。愚小弟善又顿首。

附呈名条一纸。

又再肃者：从前王心翁初入电局，亦是帮办，薪水四十元。其时绥翁与弟两人同在局中，心翁可兼文报局差，事简职轻。现在弟只一人，陈沁泉终日驻局，有时尚托其代摄，事烦责重，较心翁时倍蓰。且沪系四达之冲，名列局员，有不能免之礼尚酬酢，月薪而立之数，实觉□□清苦，可否仰乞宪恩，俯赐添加十元，以复心翁旧额。在沁泉有不自言，而弟体察情形，不忍壅于上闻，非为恩好同僚起见也。但恩出自上，弟乘中并不敢声请，伏候钧裁。至冯、宋二员加札后，亦须酌增薪水，则仍在包费内腾挪支给，不敢额外求益耳。肃此，又请台安。善又顿。七月十七。

（《盛宣怀档案》，编号 00024110）

经元善、施善昌、席裕祺、杨廷杲致盛宣怀函[*]（1893 年 3 月 11 日）

杏荪亲家、方伯大人阁下：元宵日弟昌肃具寸函，交招商局附寄，度邀察鉴。敬惟德躬康祜，筹祉崇闳，至为心祝。弟等前奉手示，并由贝清来兄带到晋省公函，知该省关外七厅及大同、朔平两属灾重款微，嘱即设法筹济，当因时届岁阑，急切未能集数。嗣奉电示，拟令弟等随同执事，各垫五万金，即将备赈银两照数借支，并令电邀褚敦伯广文迅速赴津，及时商办。弟等仰承德意，复经电商，此项解款准限年底归还二万，其余请连热河解款核奖备抵，业蒙阁下允准，详请督宪咨由晋省颁发实收核办在案。现在敦翁于十九日带同查户友人褚茂才成模、邵从九成德行抵沪上，即遵今日电示，于晚上乘坐普济轮船赴津，到时趋谒台端，尚祈分别指示，俾有遵循，是所至感。敦翁为百约侍郎之堂兄，品学兼优，极耐苦劳。十五年间，金苕翁邀请总办温州府属义赈，核实认真，同深敬佩，此次力任其难，必不上辜期□。惟同人薪水、川资、局用，敦翁势难筹垫，应否另行拨给，抑或在正项内撙节开支，请即就近商定为感。阅晋省来电，知文郎夔臣姻世兄及潘振声、袁敬孙两刺史，均蒙督宪札派前往，应否一并详请续派，以归一律之处，伏候酌裁。至借用备赈银五万两，知已照数解津，是否作为二批，迳交敦翁携去，抑由票号汇兑？便乞示知。敝处函复晋省，已声明垫解五万，交请尊处转解矣。肃泐，祗请勋安，诸希□□。愚弟经元善、施善昌、席裕祺、杨廷杲顿首。正月廿三日。晋字第元号。

（《盛宣怀档案》，编号 00024967）

---

* 该信有封，上款为"津海关道查大人勋启"，旁注"施少翁，正月廿八到。□已复，潘绅函稿附寄协馆公所。"——编者注

经元善致盛宣怀函
(1895 年 10 月 1 日)

杏翁仁兄方伯大人阁下：猥以豚儿授室之喜，藻辞遥赍，华幛宠颁，分棨戟之辉，饰蓬茅之陋。对缄拜领，荣幸何如。所尤可喜而慰者，升祉云蒸，□心秋动，以识时之俊杰，作福地之神仙。它昔衣锦荣旋，恰好向庭椿而舞彩，且共看丛桂之争芳，此境此情，得未曾有。锦帆翘企，颂祷弥殷。弟年未周乎甲子，守幸共夫庚申，而素乏阮修之钱，其急欲了向平之愿者，非切望含饴之乐，聊以尽人事之常耳。专肃驰谢，敬请勋安，伏惟垂察。愚弟期经元善顿首。八月十三日。

附呈谢柬。

（《近代名人手札真迹——盛宣怀珍藏书牍初编》，486～487 页）

经元善致盛宣怀函
(1895 年 10 月 1 日)

再肃者：弟患病至今，已将五载。心旌摇摇，握管维艰，以致久疏音敬。去夏中东衅起，更增杞人之忧，危疑郁缴，而贱体愈觉不支。冬月接钟鹤生兄附檄文稿，奉公命于义赈之外，嘱筹义饷义军，虽未敢惟口轻谈，而一腔将涸热血，正欲藉此倾洒。仿戊寅初办豫赈时，□用密地，驰书四达，并编集义字电码密本，志愿事成，为国家伸士气，不成，拼赴东海而死，同一死也，不较如老死牖下，轻于鸿毛。岂知有意栽花，花不发心，因望炊主人以枢府之和战未定，不肯躁妄兴戎，又遇沈谷成谱兄苦口规箴，谓一世乱而吾国自治，一国乱而吾家自治，一家乱而吾身自治，明哲见机，如太王、泰伯，古之人有行之者，极力阻止，事不果行。今春闻款局成，伤财辱国，今而后果能上下一心，卧薪尝胆，此屈尚有可伸之日，特恐事过境迁，相安若忘耳。为欧亚各洲所空前绝后。冀天之愤量泄，病体更不可为矣。自省呼吸出多入少，一息仅存，逆知夏至可过，冬至难逃，必不能久于尘世，如苏长公云，符到便行，亦毫无依恋挂碍，静心待毙而已。讵闻五月上旬，接元济善堂首董邓君善初手笺云，有高行道人，具却病延年仁术，凡遇忠厚笃实之侣，肯指示传授，遂导往访谒。弟告以如不背孔孟之道者，当坚信遵行，否则死生亦命也。师曰：善哉问，此道即《中庸》率性之谓道，修道之谓教。开宗明义，先授弟主静主敬、默生内观之法，并不持斋吃素，亦不烧香念经。渐渐将心猿意马，圈入方寸苑围之中，即吾儒知止有定，佛氏明心见性，道家凝神结气，除齐治平为吾儒独立人道之极外，其入手至修身功夫，三教本同原也。始初每日坐子、午、卯、酉四次，每次一点余钟，所以不得示诸假者因此。两月以后，渐渐纯熟，行住坐卧，能不离乎心目，不知不觉，非特视浮云富贵、妻孥室家为身外之物，即自视四体百骸，亦如心外之物矣。现在饭量照从前壮盛时尚能加增，夜眠无梦，寂寂常惺，滋补药饵，一扫而空。带过四十年近视眼镜已除去，目光可视五丈以外。吸过四十年水旱烟皆戒除，饮食极易消化，并且无痰。惟两耳照师授之法，十日可聪，试行两日果效。据云病非先天生成者，跛一足能伸，眇一目，珠不爆出者，亦能后明也。而弟转念自知心肠太热，无论为人为己之事，必过求妥贴，操心虑患，人一己卅，所以未秋先零，职是之故。若耳无闻，则六贼之害去其一，四勿之功省其一，且四勿中视言动如国家内政，有自主之权，惟听字如外部文涉，权操诸人，今天心仁爱，使我闭关绝市，勤修内政，何幸如之！如欲求其后聪，则是自寻烦恼而开边衅矣，故决计祷告神祇，愿永为七曲宫左侍之徒，自号曰人聋居士。或者天不绝人，若或使之令我温养精气神三宝，得以返性乾健，追随明公，一如海外刘将军，再与外人商战一场，为国家补偏救弊，固所愿也。现先专心致力于中西实学书院，以培养人才为始基，节后即有公禀上呈。弟推己及人，念明公肩任艰巨，又势处争逐之场，物欲之害，尤甚于弟，衰败之象，不卜可知，今示及有急流勇退之意，闻之喜而不寐，特先寄呈修养本原、唱道真言书两部，以供消遣玩索。德门世多上寿，想祖墓官鬼，翕曜四际之间，定有南极峰拱照。况祖老大人山阴令君积厚流光，明公夙根不凡，于斯道必如针著之投，非如无硫焰之自来火，划完而不着者。如肯于个中求真消息，则枯阳来复，可操左券焉。小子四人西学，两习英文，两习法文，从前所请经师张欣木孝廉业已作古，现请两师通力合作，一褚守愚孝廉，即张欣木先生东床，褚伯约给谏之胞侄。长于经古金石，一金和仲茂才，即前在幕下金右丞兄之乃郎。长于讲解书义政时文试帖。大小子亨沐亦恭习主静主敬之功，苟能庄敬日强，或者可望造就，得以仰副明公求才若渴之至意。只因向平了愿，蒙慨假千金，一俟囊中稍裕，当归赵璧，感佩私衷，匪言可喻，盼望南旋，以日为岁。再，钟鹤生为有用之才，不易多得，渠因在津应酬多，难副事畜，愿留沪小就，望明公予以一席调剂之。倘遇因疾求药之际，此乃笼中参苓珍品，可以如取如携，无俟外求也。意念所及，合并附陈。专肃□□，敬请健安，惟鉴不庄。愚小弟经元善顿。八月十三日。

外书两部，又尺素两束，伴函附呈，统求哂存为祷。

（《近代名人手札真迹——盛宣怀珍藏书牍初编》，488～496 页）

经元善致盛宣怀函[*]
(1896 年 1 月 9 日)

杏公大人有道：既望曾肃寸缄，附书一册，度呈台鉴。近日德躬略健否？至念至念。台旌南返，深慰下祝，所以初次晋见，不谈他务而哑哑先讲保身延年者，谚云"留得青山在，方可长松柏"，泰山其颓兮，松柏何赖焉？若此身难保，尚有何事可为？想到此际，岂不寒心？弟承吾公订交以来，屈指已逾十六载，似亦可谓耐□朋，非比庚辰春在津门始遇时，须顾忌交浅言深之迹，因推立达之怀，不敢不言出由衷。夫医学推尊岐黄为鼻祖，此打坐工夫，即《灵枢》、《素问》中治病首贵运气，次则针砭，及至用草木无情之品，已为下着。运气如讲求吏治，草木则征诛矣。人谓吏治王道无近功，其宝德之流行，速于置邮而传命。三教同源，弟有一譬喻，儒教水谷，释道药品。释如药中参苓，滋补气分，性缓；道如药中附桂，引火归原，性速。或难之曰：尼山至圣，何仅用水谷而不□药？我对曰：上古三代，天下有道，如人在三十岁以前，无病不必用药，有水谷足以养生。且水谷，自断乳婴孩至老年，人人可吃，苟饮食有节，亦可延年，此即而立至从心所欲之学问是也。设或有病，则水谷不能医治矣。秦汉以后，大道废，有仁义，如已过四十岁，病来寻人，不得不用药饵。春秋之世曰圣贤，战国曰诸子，汉曰大儒，宋曰道学。周元公得希夷老祖密钥，程、邵、张、朱衣钵相传，无不从此入手，不过讳言药店，仍挂米铺招牌。朱注中有一句，至于用力之久，而一旦豁然贯通，已露银河一角，非注水谷之原□。有明王姚江，直捷爽快，说出良知良能，致被本朝陆、张大儒痛驳。盖驳者驳参

苓、附桂非人人可服，且价贵多假货，不能为日用饮食之常道故也。今弟得授心法，至中至正，却病之效，不可思议。吾公德门世泽，前因根本，必较弟深厚，伏望坚忍卓绝，鼓勇力行，自有如响斯应之妙谛耳。石公现往秣陵，月底月初可返。天、地、人为三才，无人则不成天地。智、仁、勇为达德，无勇则难成智仁。语云：道高一丈，魔高十丈。驱除魔障，全赖外功。《感应篇》曰：欲求□仙者，当立一千三百善；欲求地仙者，当立三百善。吾公廿年拯灾，善功果多，而得名既著，官禄丰亨，如药力之因多泡制，不无轻减。最好阴德耳鸣，不使人知，则功莫与京，且善善从长，愈积愈厚。《易》曰：积善之家，必有余庆。冯谖为孟尝市义，今弟为德门求仁，目前有两件至要善举，非赝本而的真者。一如纸白颁新之书画，高昌乡新设同仁公济堂是也。此堂落成以后，常年经费可出诸制造局及市面店铺月捐，附奉募启一册、清折三扣呈鉴，乐助多寡，请公自发心愿。弟肯以一半心血兼理堂务，以为各善堂之榜样而挽颓风。但现在购基建造约须万余金，欲求吾公先借垫五千金，即可开手，既为穷民请命，兼为尊府种德。凤谂吾公秉节之邦，皆创兴大善，如津门、烟台之广仁堂是也。沪上虽非服官之地，而轮、电、纺织，德业林立，且历来直东赈务，取资于沪上者无限，似不可不创成此堂，以尽报施之道。想吾公方寸间善念，已油然如黄芽之滋萌，必一触即发，而莫之能遏也。一如商盘周鼎之金石，南海普陀佛顶山观音殿是也。《阴骘文》曰：创修庙宇，印造经文。天下庙宇，多不胜计，独南海普陀，为中国四大圣景之一，四川峨眉山，普贤菩萨成真之地，中秋后即白雪满山，曰银色世界。山西五台山，文殊菩萨成真之地，满山泥土黄金色，曰金色世界。安徽九华山，地藏王菩萨成真之地，地分阴阳，曰幽冥世界。普陀为观音大士成真之地，居南海中，曰琉璃世界。今岁忽然被焚，此无异祈年殿灾。郑工决口，国家特开人爵事例，或者我佛菩萨特开天爵事例，以渡世间有缘人耳。月前住持者僧源皓大师来沪，晤见白眉过颊，竟像一尊活佛。谈及年八十八岁，俗家黄姓，扬州仪征人，与阮太傅文达公亲戚，道光年间，随文达公浙抚任所，同往南海拈香，见佛顶山景致，爱不忍舍，遂祝发出家，迄今不下山者将五十载。据称全功告竣，需洋三万元。抵沪后，先谒定海柳君亦长斋修道者，为其在宁波帮中，劝集五六千元，此外将江浙稍有声望人姓名，缮单在佛前拈阄，只拈着杭州丁松生及弟两人，特来投托募缘。弟接捐册后，亦供在自己佛堂观音大士前，此佛堂先君子所设，已四十年。焚香祷告，弟子与此殿工程，不知能有缘可以劝募集事否？隔一日夜，再叩拜，丢爻竟得圣爻，先想着陈春澜、沈启渭、黄小舫三人，皆年逾知命而无子者，祷告神前，此三处往劝有缘法否？岂知初丢阳爻，复占成阴爻，后始想着吾公今春重病几殆，又祷神前，弟子往劝有缘法否？盛某某肯助成此工，可保益寿延年否？一丢竟得圣爻，故特将募启呈鉴。日前源皓大师回山时，弟与其说，有一位巨公有病，如劝募得成，大师肯为佛前祷求消灾延寿否？伊满口答应，当终身代为祷告云。查此殿自宋朝启建至今，真是千载难遇，不可当面错过。我公魄力宏大，以鄙意度之，最好独修此殿，其次乐助万元，如报捐郑工，不可不拣尽先前花样，所费究不算多，岂不是极大一桩无量功德耶？专诚肃布，敬请健安，鹄候德音不尽。弟期经元善拜手上言。十一月廿五日。因冬不藏阳□同仁□不能多作壹丙，倩西席代缮。

附清折三扣，外募启两册。

【附件1】高昌乡拟设善堂说帖

高昌司庙一乡，在上海南郭门外，距城五里，昔固荒烟蔓草之区也。自机器制造局由虹口移建于此，蕲荆棘，辟草莱，经营缔造者三十余年，榛墟变为沃壤，至今工匠麇集，市廛鳞次，居然有成聚成邑之象。稽核户口，已不下三四千家，实较边省州邑有过之无不及。但地窄人稠，即疾疫时作，凡养生□死之具，救灾弭患之方，均未全备，与城中各善堂相距既远，□邻为难，其势不可无一善堂，以经理而噢咻之。况工匠夫役五方杂处，类多客籍贫苦之人，弃婴需收养，嫠妇需保全，童蒙需设塾教诲之，老疾需抚恤留养之，伤病则需医药，死亡则需棺衾，暂则寄厝殡房，久则掩埋义冢，种种善举，迄未举办。虽蒙历任局宪置备水龙，设立医局、保甲、路灯、清扫等事，但善缘未广，缺陷尚多，必须就地筹捐，俾款项有着，挹注于不竭之源，庶善政能垂诸久远。拟先设善堂一区，举行惜字、接婴、恤嫠、义塾、施医、施药、赊棺、乡约等事，俟捐款稍裕，其余逐渐扩充。此事全赖当世名公巨卿、地方贤良官宰，作登高之呼，为众擎之倡，庶几乡曲共沐仁风，穷黎均登衽席，是尤馨香祷祝以求之者耳。元善寄寓桂墅里，与局为邻，亦无异此乡之人也，不揣□陋，愿为诸君子前驱，抛砖引玉，勉力先捐鹰蚨五百翼，如□金诺，请列冰衔。光绪二十一年九月□日，古虞人耸居士经元善谨启。

【附件2】创设同仁公济堂禀稿

具禀绅董唐廷桂、叶成忠、郑官应、王松森、经元善、施则敬、何恭寿、杨廷杲、唐赞方、周士培、朱佩珍、唐文善、石绍闻、王槐荫、赵元益、钟天纬、潘锡春、曹基善、王恭寿、谭显昆、王维泰、张□□、曹成达、刘世昌、□□等谨禀。

大人阁下：敬禀者：窃绅等见高昌庙一乡，坐落①图，昔固荒烟蔓草之区，虽有村落，亦仅寥寥数家。自机器□造局由虹口迁移于此，工匠麇集，市廛鳞次，侨寓既久，无不挈养以来，至今生聚日繁，寄籍日众，地势亦日辟，稽核户口，已不下三四千家，居然有成聚成邑之象，实较边省州邑有过之无不及。但地窄人稠，即不免疾疫时作，五方杂处，更不免风俗浇漓。凡养生送死之具，救灾弭患之方，以及化民成俗之矩，均阙焉未讲。纵城中租界②，但相距既远，乞邻为难，阻隔城闉，鞭长莫及，其势不可无③礼而噢咻之。况工匠夫役，类多外来贫苦之人，□□需收□，嫠妇需保全，童蒙需设塾教诲之，老疾需抚恤留养之，伤病则需医药，死亡则需棺衾，暂则寄厝殡房，久则掩埋义冢，种种善举，迄未举办。虽蒙历任局宪置备水龙，设立医局、保甲、路灯、清埽等事，但善缘未广，缺陷尚多，必须就地筹捐，俾款项有着，挹注于不竭之源，庶善政能垂诸久远。拟设善堂一区，名曰同仁公济堂，先行举办惜字、义塾、乡约、义渡、接婴、恤嫠、施医、给药、施赊棺木等□，俟捐款稍裕，其余逐渐扩充。此事全赖当代长吏巨公、地④，作登高之呼，为众擎之倡，庶几乡曲共沐仁风，穷黎咸登衽席，是则馨香□□以□之者耳。绅等拟邀志同道合之侣，劝募集腋，诚恐无知匪徒藉端生事，阻挠善举，为特联名公禀，并拟呈开办总章六条，环求宪台批准施行，给谕开办。除公呈上海县外，伏乞大人俯鉴舆情，维持善举。倘蒙惠分廉泉，为众善之倡，尤深感泐。专肃寸禀，恭请钧安。绅董唐廷桂等谨禀。

谨将同仁公济堂开办总章六条拟呈宪鉴：

一、本堂开办之始，允宜慎厥初基，颜其额曰同仁公济堂，必须明定章程，有条不紊，积小至大，庶能垂诸久远。议于众董之中，公举二位常川驻堂，一为全局之主宰，总理大纲，一为全局之筦钥，躬亲细务，每月均支舆夫□从费洋八元。一切善举，随时会商核办。再于岁首拈

---

①②③④　原件此处残破。——编者注

派值季董事四位，各轮一季，逢星期到堂一永日，每期支车费洋□角。互相稽察，均不开支薪水，诸凡应酬礼仪，皆自备资斧。□各司事则酌送辛俸，堂役发给工①每人包定八十文。除在堂董司夫役外，非公事来堂②。

一、本堂遇有公事，应因应革，宜集思广益，邀请众董一齐到堂会议。须立议事簿一册，先由书启记室将所议事件详列于右，诸同人务当推诚布公，直抒己见，或从或违，分晰注簿，归挡〔档〕存查，善善从长，三占从二，俾得折衷一是，至于尽善。所有来堂各董舆随，亦不开支分文。

一、本堂现先开办惜字、义塾、乡约、接婴、恤嫠、施医、给药、施赊棺木、救生义渡各善举，经费统收分支，年终汇册刊报③驻堂总董与各司事复于神前具疏焚④存欺昧念，全家立见败亡时，以明不愧屋漏⑤。

一、本堂所入捐项，皆出自善姓乐输，理宜格外撙节，实事求是，不得丝毫浪费。除堂中照章应办善举外，其他无论何项公事，不准通融动支，以昭郑重。至岁终，或款有赢余，交存稳妥银行、钱庄生息。倘董事、司事等如有私自挪移，察出加倍议罚，庶几经久不敝。

一、堂中银钱出入，司事记载帐簿⑥凡有善举用款，须开单送请驻堂董事核准加戳后，方可支⑦无驻堂董事过戳，又非应销之项，即责成经手司事分别赔缴，以重公款。但帐目务须条分缕晰，按月清结，再由董事复核无误，签名盖戳。倘有短缺亏宕、搀和小钱、虚抬洋价及购买各物、私取后手回用等弊，察出后将经手司事送官究惩，追款充公，以惬人心而孚舆望。

一、自古无治法，全赖有治人。各处善举，往往开办未□，非侵吞舞弊，即有名无实，辜负创始者一片苦心。今⑧惟慎选司事，厚其禄糈，使无内顾忧，庶几⑨臻。曾文正公曰：足以养彼之军，始能行我之法⑩三复。今本堂所延各司事，虽辛赀略丰，欲使之专心奉公，盖款无虚靡，暗中仍系撙节也。应用之友，均由董事秉公审择精勤廉正之人，不得调剂亲友应酬情面，致招物议而造孽障。且众恶必察，物必腐而虫生，与其养痈贻患，毋宁进退维严，一家哭何如一路哭也。

---

①②③④⑤⑥⑦⑧⑨⑩ 原件此处残破。——编者注

【附件 3】经元善禀张之洞稿

谨将禀两江督宪夹单稿录呈钧鉴。

敬禀者：窃卑府昨以康主事承命至上海开设强学书局，乃荷大帅谬加见信，任以经理董事。奉谕之下，感悚莫名，虽病耳无闻，惟有竭尽愚诚，谨司出纳，和衷共济，悉心规画，俾康主事得以励精壹志，次第从速举行，庶几蔚成中国公会，造端于自强之机，幸甚幸甚！伏思沪地高昌庙一乡，僻在南鄙，自机器制造局移建以来，迄今三十余载，生齿日众，穷命之无告者亦多，约计户口，不下四五千家，蕃衍生息，已成聚落。卑府住近该局，深悉为佣者初时有男丁壮汉，可得工资，自食其力，其后或因病故，或为机器所伤而死，妻孥流落，无力还乡者，实繁有徒。一遇风鹤之警，此辈贫苦无聊，居徒无策，而更近制造军火重地，易受奸细勾引，去冬慄慄危惧，前车可鉴。辗转思之，诚非细故。《书》曰：民为邦本，本固邦宁。哀此茕独，似不可不道德齐礼而噢咻之。查上海城内租界虽善堂林立，而相隔既远，鞭长莫及。卑府仰体宪仁，不自度量，纠约同志，拟设一善堂，小试其端，盈科后进，但久病耳聋，与世途诸多隔阂，且时事维艰，集赀不易，除勉力摒挡，自捐五百元外，惟有仰求大帅，授意制造局总办暨道宪、县尹，就近设法劝捐，自克创成善举。倘蒙特沛廉泉，量加提倡，于筹募尤为裨益。论设立善堂，事甚细微，本不应上渎尊严，惟此堂既为制造局工匠穷而无告者而设，亦自强固本之一端，关系中外观瞻，较他处善堂尤为要紧。既有此堂积渐拊循，俾此辈家室得以安缉，似属收效无形。除将公禀道、县、局宪外，用特冒昧上渎，不胜呼吁待命之至。专肃寸禀，恭敬钧安，伏乞垂鉴。卑府谨禀。

【附件 4】代种福田

昨接寓沪古虞人聋居士函，称此次为长子亨沐授室，初念拟实做朱柏庐先生家训两句，笺商坤宅，未蒙俯允，转念亲翁乃先君故交，分属世长，今屈就未陈，不得不勉力仰副。略一松意，非特未能返璞还淳，且更踵事增华，大违始愿，可见由俭入奢之易。夫人生如傀儡登场，及至满台袍笏通红，是一曲将阑，大非吉兆。自愧少定识定力，诚又不足以格亲翁，慄慄危惧者累日，苦思力索，得一挽救补过之法，将收下贺仪暨喜幛等物，尽数变价，抛砖引玉，拟创兴一件烧冷灶小善举。但承亲友惠赐厚礼，谊应设筵酬报，窃维天下苦人多，凤钦贵堂办事实心，经费支绌，爰解己囊，竭凑席资库平银一百两，移助贵厂施粥之需，既可为亲友代种福田，或冀免儿媳折福减禄，以志我过，诸祈亲友曲谅等因。本堂祗领之余，莫名敬佩，惟有一瓣心香，虔晋五福三多之颂。倘人人能以居士之心为心，则易俗移风，庶有豸乎？上海虹口元济善堂董事唐廷桂等谨启。以上录九月初五日《申报》附张。

（《盛宣怀档案》，编号 00043122）

经元善致盛宣怀函*
（1896 年 2 月 2 日）

　　杏公大人有道：日前旌旆返自秣陵，弟不克负弩郊迎，歉甚。连日叠奉钧批及驿店委札，均蒙俯采允准。弟不羡轮局总办之重俸厚禄，而深幸主臣之同德同心，且不责以狂瞽，逾恒奖饰，抚衷内省，感惭交并。饬议派红照会，业已会同禀复矣。至电局整顿用人各节，俟开正春日融和，顽躯稍健，遵当逐项分别条陈，知无不言，言无不尽，任劳招怨，在所不计，以仰副我公殷殷求治之盛意。兹先有两事，关系善政枢纽，为吾公所义不容已，不得不代为吁求者。一，褚敦伯广文与寒家患难故交，其尊甫与吾公亦有同僚寅谊，凤知敦伯迂拘古方，昔年同金苕翁筹办浙赈，因瓯无熟人，时敦伯任永嘉教谕，即托其就近查户散放，竟能实心孜孜，条理秩然。渠丁内艰回里，与弟言年尚未老，犹可勉为世用，又因家况清贫，亦难闭户韬晦。弟思北地办赈人才日寥，因力劝伊出而北渡，到直后之一切措施，想已早邀亮鉴，无待赘陈。不幸今夏客死他乡，数千里孤魂，舆榇归来，妻孥无一面之诀别，我虽不杀伯仁，伯仁由我而死，言念及此，不禁黯然神伤。其世兄景陆茂才，名德明，迎榇来沪，晤见时诉及母亦久病在床，兄弟姊妹又众多，实在支撑掊据。弟慰其咨翁世伯古道照人，闻今冬南旋度□容当代达窘况，膏泽之润，在意计中也。日前接杭局来电，附呈德鉴。敝意武林为省垣要地，现又通商开埠，巢梧翁本省人员，公务必繁，可否添委褚训导德明为帮办，另支月薪，多则卅数，少或廿四元。魏武帝哭郭奉孝，恤死者正所以激生者，况因赈务积劳，殉于王事者，除河北熊纯叔外，现仅褚敦伯，不数数觏，施恩亦简易也。一，钟鹤笙通守，昔年在东海节辕初

见，同席时聆其议论，言出由衷，颇具血性。后奉查探峄矿之命，禀请同行，深资臂助。今夏回沪，与弟言及公欲委其赴粤办铸钱事，辞而未往，恐有拂宪意等云。弟思吾公大度汪洋，向能容物，且爱才如命，鉴衡公当，决不因此而有芥蒂。伊本倦飞知□，拟即在沪谋差使而吏隐。弟近创办公济善堂，亦甚得其赞画。夫公济堂之议，因英租界办正修惜字局之王植之先生，实心好善，即石公之师兄，亦湖南人。弟拟为之移南扩充起见，迨禀案事定后，植翁来函，因在北有经手事件，深恐迁地弗良，难就公济驻堂董事之任而辞之。弟之办此者，所贵人存政举，务实而不图名，今植翁既辞，爰思其次则柳君馥棠，伊在丰泰洋行为副买办。叩求观音大士前，占爻不合。再思其次，则余莲村先生之女婿秦曙村茂才，伊在吉林省就幕。占爻亦如之。次日再洁诚祷告菩萨曰：公济善堂如在弟子手内能成，求一圣爻，无缘办成，爻或阴或阳。岂知一丢即得圣爻，又触发想着钟鹤笙办此善堂好否？再丢又得圣爻，不禁喜跃如狂，随即商之鹤笙，君能肩任堂务，弟当商恳督办宪，援刘兰阶例，在备赈息款生息项下亦月支贴薪卅两。渠初谓取此赈款之薪，深恐食而不化。弟譬之解之曰：如能赤心真诚办善举，受之何妨？倘实不副名，无论何项所入，均属问心难安。况此刻报效督办，惟有代为求仁积德，保佑其益寿延年，是第一要义也。渠报唯唯，曰惟命是从。此人的是一味药材，吾公已采入笼中，不宜再遗弃于道旁也。以上两端，用特专肃驰恳，伏乞仁言金诺，至祷至祷。肃此，敬请□安，鹄候环示。弟经元善拜手上言。十二月十九日。

附呈杭电一纸。

（《盛宣怀档案》，编号 00042392）

经元善致盛宣怀函 *
(1896 年 2 月 3 日)

杏公大人有道：敬启者：兹有一事，关系善政枢纽，为吾公所义不容已者。弟近在高昌乡创办同仁公济堂，已蒙吾公捐廉名世一□及拨助备赈存款生息之款千金，凡在下风，莫名钦佩。夫公济堂之议，因英租

---

* 该信有封，上款为"送宝源里行辕盛大人钧启"，落款为"桂墅里经谨缄"，旁注"钟鹤笙薪水事，十二月廿二"。——编者注

界办正修惜字局之王植三先生，实心好善，弟拟为之移南扩充起见，迨禀案事定后，植翁来函，因在北有经手事件，深恐迁地弗良，难就公济驻堂董事之任而辞之。弟之办此者，所贵人存政举，务实而不图名，今植翁既辞，爰思其次则柳君馥棠，叩求观音大士前，占爻不合。再思其次则余莲村先生之女婿秦曙村茂才，占爻亦如之。细思如不得人，宁可中止不办。次日再洁诚祷告菩萨曰：公济善堂如在弟子手内能成，求一圣爻，无缘办成，爻象或阴或阳。岂知一丢即得圣爻，又触发想着钟鹤笙办此善堂好否？再丢又得圣爻，不禁喜跃欲狂，随即商之鹤笙，君能肩任堂务，弟当商恳督办宪，援刘兰阶例，在备赈息款生息项下，亦月支贴薪卅两。渠初谓取此赈款之薪，深恐食而不化。弟譬之解之曰：如能赤心真诚办善举，受之何妨？倘实不副名，无论何项所入，均属问心难安。况此刻报效督办，惟有代为求仁积德，保佑其益寿延年，是第一要义。渠始唯唯曰：惟命是从。此次是堂之发端擘画，亦深得其赞襄之力，人地实在相宜，可期实事求是，务乞俯赐允准，支给月薪三十两，以资办公，善堂幸甚，穷民幸甚！专肃，敬请德安。弟经元善顿。立春前一日。

（《盛宣怀档案》，编号 00043120）

经元善致盛宣怀函
（1896 年 2 月 11 日）

杏公大人有道：前日肃呈寸缄，清折一扣，度邀台鉴。弟于纺织局，从前亦偾事之员，赧颜顾问，不甚留意。近始稍稍采访舆论，而人言藉藉，谓其中百弊丛生，虽由荔翁之长寸远离所致，但春间闻荔翁在局，自定办公课程，亦过于棉〔绵〕密，血肉之躯，非钢筋铁骨，断难持久，日后必蹈进锐退速之病，其故由于任己者师劳而功半。从来担挡大事，全在得人才、受尽言，为无上妙谛。舜有臣五人，方能无为而治。禹拜昌言，汤执中。立贤无方，文王望道而未之见。武王不泄迩、不忘远，周公吐哺握发，天下归心。即吾公亦少读孙文定公三习一弊疏，所以夜以继日，未获好整以暇之益也。兹录呈孙疏一篇，又弟今正奉饬筹鄂布匀议一折，呈候钧采，不审有裨细土涓流之助否？新正初二三，何日得暇光临，当扫径以待，作竟日效苏季子抵掌而谈。本应趋前，恐侯门如市，未得尽其词也。肃此，敬请岁安。弟元善拜手上言。

除夕前一日。

附抄折两件。

（《近代名人手札真迹——盛宣怀珍藏书牍初编》，453～455 页）

经元善致汪康年函
（1896 年 2 月 12 日）

穰卿仁兄乡台大人阁下：昨承左顾，有失迎迓，至以为罪。奉读手示，欣悉年祺百益，慰如颂私。弟息机半载，渐有生理，而心液亏极，难再操虑。幸眠食尚可，堪告绮怀。强学会事，诚是当务之急，一唱百和，方期逐渐扩充，以树自强之本，忽然封禁，浩叹殊深。惟康长翁之手段，似长于坐而言，绌于起而行，欲集众人之资以逞一己之见，物议之来，或有由致。弟本为门外汉，又为局外人，早已禀陈香帅，力辞会董之职。盖此会之举，本为天下士民发聋振聩起见，而杂一聋聩如弟者滥竽其间，固自讶其不伦，是更为西国讪笑我中华之无人矣。谨谢不敏，自后勿以此事相告为幸。草复，顺请升安，并贺年禧。乡愚弟经元善顿首。除夕。

（上海图书馆编：《汪康年师友书札（三）》，总第 2425 页，上海，上海古籍出版社，1987）

经元善致盛宣怀函
（1896 年 2 月 21 日）

杏公大人有道：昨日辱蒙左顾，邑聆笔示，如饮醇醪。小除夕奉到赐函，谓纺织局事甚难，如弟有五年前精力，尚堪驱策等云，莫名纫感。但此局昔年奉公禀檄委弟清理前帐后，曾上傅相说帖，拟向北洋借款十万，十关道各借三万，挽回补救，只以人微言轻，未蒙上峰见信。溯始事戴、龚、郑、蔡、李、经六人，明明经手收人本银，若硬将旧股忍心打折，有何面目见浦左父老？此等勋猷，只好让龚仲人盘才为之，迂愚拘谨如弟者，实无此气概魄力，故以后纺线一事，非特不欲顾问，且不愿耳闻也。南皮制帅继创于鄂，奉电传即往，希冀牛刀之一试，岂知官气太浓，不得不知难而退。因思弟命宫缺水，纺线属木火，故遇之不利。电字雨当头，方能合用。五行生克，我中国讲究已数千年，结心造象，不能废也。至吾公督办三公司，最难者电报，其次则轮船，若纺织则以布易银，以银进花，耳目能及，照料能周，只要有砖钱不买瓦之中才，已可胜任，何难之有？荔翁非不励精图治，因进势太锐，不在用人大处落墨，欲以一手一足之烈，经营八表，正坐任己者劳之病。夫用人之道，推心置腹为无上妙谛，三代后惟刘先主为首屈，三顾草庐，无异汤之三聘。赵顺平在长板〔坂〕坡救主后，主回掷之于地，曰：为你一孺子，几伤我一员大将。在白帝城，谓诸葛忠武曰：孺子可辅则辅之，否则君可自为成都之主。此两语并非权术笼络，实从性分中流出，如醍醐灌顶，入人心肺，故卧龙之"鞠躬尽瘁，死而后已"八字，杜绝出卖而无后悔者也。至以赏罚驾驭人才，所谓道政齐刑，已落下乘。若再不公不允，如孙文定公疏云，三习成而一弊生，黑白可以变色，东西可以易位。君子不逐而自离，小人不约而自合。亲小人，远君子，此后汉之所以倾颓也。昨面恳褚世兄位置、杭局金石丞花红两事，务祈立刻见诸施行，即赏不后期、罚不久稽，此是维系人心之枢纽，其机甚微，其力甚大。世庙端拱于养心殿中，环顾宇内各行省，如数掌上螺纹，此无他，即具纯乎天理之至诚，刑赏得中，故能君臣一德，治臻于郅隆也。褚世兄事，公已俯允，不必赘陈。如金石丞之惃愊无华，朴诚敬事，在贤乔梓座宇下，此等人才已不数数觏。从前在公幕府，为王伯翁之佐，尚给月薪廿元，今撼臣兄调委通远机厂，使之独当一面，可见有目共赏，具知人之只眼，而薪膳月仅十六元，已觉太菲，又于花红应得之润，吝不全与，岂不使三公司大小佐辅皆灰心而扫兴耶？闻有人云，大纯厂小工中，时有将自来火放在棉花之内，可怕之至，此不得人心之故也。故昨面陈，如尊府后起，宜访聘名师益友，学将将之学，不必学营哨官之技艺，若弟与望炊、子萱，必过去生中与公有非常之渊源，不可将此情以例大众也。舍侄有常蒙委驿亭子店，特来沪叩谒崇阶，敬聆钧诲。此人为弟侄辈中最谨饬本色，但来自田间，如初出土之旧玉，未经磨洗，少耀眼光华，尚乞晋而教之。弟拟十二三日内，约柳、严、徐三君，恭候驾从莅叙，应否邀荔生兄一仝辱临？伏候示遵，再行具柬，至以为祷。专肃，敬请勋安，伏祈垂鉴，鹄候环谕。弟元善拜手上言。新正初九日。

再肃者：凡担挡大事，全在寓繁于简，任人者逸。譬诸一席中，首座特客于四□小碟，不烦下箸，专们饱唼燕翅烧烤，方能领略烹庖真味。若必巨细不遗，反致大菜亦食而不知其味。子舆氏曰：明足以察秋毫之末，而不见舆薪。此类是也。质诸高明，以为何如？再请勋安。

（《近代名人手札真迹——盛宣怀珍藏书牍初编》，444～452 页）

经元善致汪康年函
(1896 年 6 月 13 日)

穰卿仁兄大人阁下：昨承左顾，馨谈甚畅。兹送上强学会余规银七百两庄票一纸，即祈察收，不必另赐收据，请于送银簿上或盖小戳，签明收到字样可矣。初六日务盼光临一叙。此请节安。乡小弟元善顿首。五月初三。

吴钱翁处代为候安。附柬谢。

（《汪康年师友书札（三）》，总第 2426 页）

经元善致汪康年函
(1896 年 6 月 14 日)

穰卿仁兄大人阁下：昨奉环示，敬悉。兹送上复黄、梁二太史一函，乞转寄。又附上告白稿一纸，祈刊登贵报，并祈登出后，见赐一纸，以证鸿雪为祷。此请节安。乡愚弟元善顿首。初四日。

梁卓翁均此候安。附函一缄、告白稿一纸。

（《汪康年师友书札（三）》，总第 2426 页）

经元善致汪康年函
(1896 年 8 月 16 日)

穰卿仁兄大人阁下：顷奉手示，祗悉。谨查丙申年弟凭黄、梁两公来函，交付强学会余款规银七百两，系五月初三送上初十期怡盛庄票也。复请著安，乡愚弟经元善顿首。七月八夕。初九收。

（《汪康年师友书札（三）》，总第 2427 页）

经元善致盛宣怀函
(约 1898 年初)

再肃者：善自光绪六年春赴雄县放赈，道出析津，始获交于左右。

先仅携待鹤书谒郑玉轩京卿，渠谓筹赈局归公专政，宜访之，答以民捐义赈，何必渎扰官长。时在座有如冠九都转，亦为怂恿，始投刺踵谒，蒙公一见倾盖，虚怀敬礼，有出于寻常万万□。宋吉堂□合肥傅相谕，谓经某到直查灾，何以不来见我。吉堂再三说劝，亦竭诚诣辕趋叩。迨赈毕禀辞，□□□□□□南，佐待鹤兴办纺织，谓能开创利源，其功不下筹赈。后因待鹤未受尽言，傅相又惑于龚蔼人浸润，善遂拂袖而出。倘当时上游能辨别贤愚，得以专精壹志，纺织一局，早收成效，推而广之，可夺回溢利不少也。光绪七年九、十两月中，《申报》刊登织布收本银存钱庄清帐，戴、龚与某之不合皆在此。若照此办法，悬为成例，九、十年份各项招股无如此容易，亦无后之□败。是中国商务不振之病根，实种于此，可为痛心疾□□长太息者也。嗣与公年余鲤来雁往，承频赐浓米汤，如醍醐灌顶，又望炊病重，迳禀北洋荐代，善会办沪电，因之隶公宇下。譬诸青楼弱质，遇着一位善媚恩客，又有好姊妹强作塞修，没奈何只好从良矣。一与之偕，屈指几二十载，曾有一言一事，不出于肝胆相照，从性分中流露否？细详太赘辞，公如遗忘垂询，再当纤悉毕陈。今年未耳顺而望秋先零，亦由人谋太忠、用心太过所致。且善家可温饱，优游自在，本是无心出岫之云，自承乏布、电两役，任事太勇，入布二百七十股，连庄息亏耗三万金，入电二百六十股，法衅起，沪市闭塞，除每股作九十元，抵与公百股外，余不得已，以四十余元脱手，亦亏折万余金。以两款纳粟出山，虽大八成道员例银，不必如许之巨也。今善病聋如废，公则隆隆日上，忘却夙昔患难故旧，摆出俨然京堂体统。人世所得功名富贵，是天曹流水簿中一笔坏帐，付出愈多，恐致亏空。譬诸燃灯，不频添油，而但加芯，光愈焰则膏易竭。在善清操自励，名利本不萦怀，为己事，原可各行其是，断无羡慕富贵之念。今因创兴中国女学一事，公既目为有益，而竟如此分疆划界，从前直东赈务，一电驰来，废寝忘食，力谋接济，让公独成美名。岂不令天下英雄短气，自悔当初之无目，而遇非所遇，黯然神伤？三上书，两面呼，在沪可曰公冗，途次闲暇，何竟惜墨如金，不答只字？高己卑人，未免太甚。既得人爵而弃其天爵，此等浮云富贵，不过如未觉黄粱，吾薄此而不为。万不获已，出而各立旗鼓，匹夫有志，拼此将尽一息残魂，必欲争此一口郁气，故将此次问答电函，辑为娓娓药言一编，布告宇内同群，以明曲直。吾今尚不忍与公遐弃，如公愿割席，当续辑卷二、三、四药言，留诸天壤，以明盛、经两人千秋后之是非。但此一事，尚非善苦衷之全体大用也。合肥功盖吴越，再造元黄，向来感仰，几如佛天。九年，相节莅沪议法事，在宝源里，同望炊晋见。十一年赴津门，同莟翁晋见。两次敬聆宪谕，闻而讶之，何以主宰元辅，如此无仔肩定识耶？后同徐雨之、马眉叔赴芝罘谒公，招商局陈敬亭邀饮，忽来北地胭脂，座中有人语马曰：此女妆面极优，丁雨亭亦退避三舍。闻而更讶之，窃思海军提督关系国家安危，岂可如此烂嫖，精神枯索，胆识何来？及回沪询友，金云丁是超等登徒子，乃喟然叹曰：北洋用人如此，将来必为我华大患。自顾一介草茅，何敢位卑言高，讵意甲午中东交绥，果应所料，悔不先期舍死忘生，一泄下怀之隐，吾之过也。以吾公之才识精力，做好官，吾门外汉，不甚了了，若论商务，仅办轮、电两局，尚未能游刃而有余。轮之可以支持者，得严、陈、唐三董肯谨慎认真，其才均只堪胜司事，奉令承教，幸有官款之利息可免，运漕之水脚以益之，若直臂清拳，无枪替而文必己出，即不能与怡、太抗衡矣。电之亦有今日得过去，生中空王殿下有香火，缘之谢、经两人开创时挖心呕血，而克臻于此。今谢已往矣，电务如卫公子居室，不过苟合苟完境界，若苟美则远之又远。纺织乏人，亏输已见，人存政举，可为殷鉴。今公又肩承银行、学堂、铁政、铁路诸大政，非不仰佩能担挡艰巨，魄力宏毅，所欠者求贤若渴四字耳。银行得陈笙郊，果是钱业中之庸中矫矫，然才识不过晰及锱铢，可为买办，而未足以胜大班，且年逾花甲，继起亦须预为物色。学堂得何、张二君，品诣允称西方参苓，谨慎有余，果敢稍逊，和平调理则对症，振残起废则不足，且举措未免太觉迂缓，欲望培出人才，诚恐河清难俟。此外则未之见。善此次煞费苦心，牵合梁君，又未能推诚率真，实事礼贤，见公复梁书，仍是具文米汤，如果欲隆中对，何妨稍迟一天。若再不汲汲求才，方寸之木高于岑楼，外人莫不恭维巍巍烜赫，以愚拙旁观者清，有必步北洋海军后尘之一日。否则不出期年，亦必有风闻言事之祸患，届时星轺乘传，家国两败，后悔莫追。至于枢府之奥援，寺人之内线，卜之天理，皆可恃而不可恃。造物冥冥，有数存乎其中，一言以尽之，曰惟至诚方能格天，若差以毫厘，即左道矣。此次吾两人意见既大不吻合，明知此等逆耳逆心药言，何必再多饶舌！转念同事将及廿年，此后同驻尘世之光阴有限，不知不觉，仍与公如家人父子，痛痒相关，有怀欲白，无异骨鲠于喉，不吐不休。或者公之祖太翁山阴令君厚德深仁，在天之灵，若或使之者耶？妇姑勃谿，无好声口，其言之真伪良莠，想高明者必能玩索而有得也。再请台安，鹄候环示。元善又顿。

（《盛宣怀档案》，编号 00025800）

经元善致盛宣怀函
(1898 年 4 月 25 日)

杏公大人阁下：前月十七日因接杨子萱函称，沪局去腊册报，有代吾公解付女学堂盛宗夫人创捐洋一千元，应须禀请檄饬该所转帐等因。曾将女学一事，遵照指示，立定章程，可不致流弊缘由，详细禀陈钧座。迄逾二旬，未蒙批示，是是然如秀才之望榜，靡所适从。伏乞不吝赐教，锡以南针，藉资圭臬，无任感祷。肃此上言，虔请台安，鹄候矩诲不庄。弟元善顿首。闰月初五。

（《近代名人手札真迹——盛宣怀珍藏书牍初编》，476～477 页）

经元善致盛宣怀函
(1898 年 6 月 14 日)

杏翁仁兄大人阁下：前日聆教笔谈甚畅，挚爱关恳，莫名感佩。弟亦不可无一言之进，以报知己而尽微忱，望公为国自爱，晚节黄花，切勿自视太卑。孔子诛少正卯，只论是非，不恤人言。诸葛忠武云，我心如权，不能为人轻重。疾风知劲草，板荡识忠臣。挽回气运，伊谁之责？中国之所以致此者，其病上不在君，下不在民，而独坏于上下相维之道耳。当国家难危之日，位居大中大夫，岂犹可存明哲保身之念乎？少康以一成一旅而复邦国，震旦地广民众，苟有□臣十人，如岳武穆云，不爱财，不怕死，尚不能如东瀛三岛之维新富强，吾不信也。所云博通中西学问之友，兹附上《经世文新编》第二十三册一卷，自梁卓如《沈氏音书序》后七篇，即是此君著作。伊自幼从西国教会肄业出身，迨西学成后，翻然变计，潜心于孔孟宗旨，见解处处高人一等，真并世之奇才。吾公将此七篇细细三复，亦不能不降心悦服矣，此意乞诸其邻。共有廿四卷，鉴后仍望掷还。如喜阅此书，弟当另购一部送呈也。肃此，敬请德安，惟鉴不既。弟元善顿。四月廿六日。

附书一卷。

（《近代名人手札真迹——盛宣怀珍藏书牍初编》，466～468 页）

经元善致盛宣怀函
(1898 年 7 月 3 日)

杏翁仁兄大人阁下：数次晋见，屡欲将年前致康函稿及伊晤面笔谈，送阅而忘却，今特专呈台鉴。康之学术虽不近程朱一派，而近似姚江顿法。国初陆清献公奏对圣祖垂询王学，有其人则是、其学则非之语。现在日本极重王学，比文成如孔孟。今我华举世滔滔，皆守杨氏秘钥，目康之好事为放诞怪异，宜也。但此君存心救世，现在朝野之病，为内蕴热毒，症达心窍，非有大承气汤一服，断不足以去邪而退□。天如不亡中国，此人必不能遏阻。若论爵位，总制三楚，自然南皮崇高，而人心之翕从，气势之联合，则张不逮康。大凡君子与小人水火，对症发药，尚属可以调治；君子与君子伐异，化解甚难，大非国家之福。宋代洛、蜀分党，赵、张并相，前车可鉴。知公将有汉皋之行，用布愚摅，望乘间进言，张之与康，无异盛之与经，肯推诚布公，规过劝善，康亦无不倾心悦服也。又附上去冬调和郑、经致梁函稿，及新题五誓斋额注释，并呈教正。今日星期，尔后公能拨冗，候示再当趋谒。因我辈齿渐长而事均冗，良明不可多得也。再，敝友龙积之云，日前席间聆公尘训，仍以女学为不急之务，此则见仁见智，未能强以从同，不必再辩。其急者在农工商兵，用捷法制造书器，使此四项人皆识字，能写信，能看舆图，有补于时局甚大，功德非浅云云。譬诸一株树，女学是土下之根，四项是干枝花果，原属不可偏废。但根下不培壅，此树何能发荣茂盛？龙君现为女学编辑一□新法书，并可教授男学，及农工商兵，较鹤笙之法更便捷数倍，书成拟呈吾公亮鉴，乞赐撰序。抑更有说者，先哲云，任人者逸，任己者劳。有虞氏无为而治，方可称曰大智。兵学，苟善变武科，已得要领。商学，非假势位权力，不能振动务末利商人之脑筋。惟农工两学，可以民劝利导。现在如办农会学堂赵静涵、蒋伯斧，劝工学堂李洛才，以及《蒙学报》馆之叶浩吾，均能实事讲求，而皆苦于筹费之艰难。圣贤学问，第一泯人我之见，凡事但求有补于天地，功不必己成，名不必己出。吾公系怀大局，曷勿特发婆心，三处各拨助千金以为提倡，则任事者更感而思奋，收拾人心则物望自归。是否有当，伏乞俯采刍荛，天下幸甚！肃此，敬请夏安，鹄候传示。愚弟元善顿。五月之望。

附致康函稿、五誓斋额注释，此两件可留不还。致梁卓如函稿、康愚笔谈，此两件仍乞掷完。

（《近代名人手札真迹——盛宣怀珍藏书牍初编》，469～473 页）

经元善致盛宣怀函
(1898 年 7 月 14 日)

杏翁仁兄大人阁下赐鉴：敝乡农工学堂一事，定廿八日邀叙张园集议，昨先属文案友余姚同乡张泽如茂才，往陈笙郊兄处接洽。据聆陈口气，如隔十重帘幕，想吾公谕帖必尚未到。此举譬诸《西游记》，笙郊乃孙悟空也，非得大慈大悲之紧箍咒一卷不为功。特再顶礼吾佛菩萨，速施无边法力，救济众生，青门处亦然。附张友笔谈及排印募资小启，敬呈德鉴。鹄候祥光，如望云霓，虔请暑安。弟元善拜上。五月廿六。

附件。

（《近代名人手札真迹——盛宣怀珍藏书牍初编》，474～475 页）

经元善致盛宣怀函
(1898 年 8 月 7 日)

杏翁仁兄大人阁下：线路欲设电通叫铃，遵示与蔡二源接洽，不分畛域，迅速赶办矣。沪局员司上下人等，求加薪水之禀，一再而三，体察情形，实有万不容已之势。即女学堂经费，诸命妇专助常捐，每年仅六百余元。弟虽认明宗旨，一往无前，岂可只顾天里翻觔斗，而不顾落地着实手。今穷思极想，得一筹款之法，另行具牍禀陈。此款若仿效内地办法，早成本局入息，早可攘为己有，今移以济公，心安理得，名正言顺，然不敢不上尘钧听也。伏候批示后，拟迟至八月间登报举行，专以善言劝募为主，不敢以已奉宪批而勒强人也。则添线工程大半已有眉目，告白措辞较为得体矣。此请□安。愚弟元善顿。六月二十日。

（《近代名人手札真迹——盛宣怀珍藏书牍初编》，478～479 页）

经元善致盛宣怀函
(1898 年 8 月间)

杏公大人钧鉴：昨晚幸叨陪座，知吾公行装戒备，公务丛集，尚能抽间赴汪、梁二君之约，实做礼贤下士，敬佩敬佩。前夕善冒昧上言，不责以无知狂妄，反荷虚衷采纳，名世之数，一诺无辞。改印之议，俯采刍荛，懿欤麻哉，此吾党之幸，亦中国之幸，自强之机即萌兆于此矣。奉笔谈，明日匆匆成行，捐簿只可函托小舫、子萱诸君转致诸人，此中识见未必俱同，兄有熟人，宜善为说辞。祗聆之下，敢不竭我愚诚，仰副德意，但上以诚求，下以诚应，巨室之所慕，一国慕之。公于运腕挥毫时，能出以至诚，如从前在直东，致善告灾书之剀切真挚，岂有不风行草偃？即征诸近事，如日前宪批苏沪线久滞一禀，中间体恤下走之语，感入心髓，几于读之泪下，可见文字之足以动人，如是如是。故日来凡于公处有所赞助，愈不敢不从性分中流出，刻刻防蹈逢长之愆也。兹遵嘱静斋兄趋前，将捐簿、官印更正，以出一手笔迹，又有一句不知进退之赘词，此款切勿责撺臣大兄，自出侧闻，撺兄俭德跨灶，恐滋不悦。且乔梓分门别户，掂斤估两，似乎效西法之太骤，吾华不明洋务之人尚多，恐传诸外，或又不免授人以口实。至于数目，若欲五雀六燕，即更撺兄大名，至少一千金，庶几勉强合有诸己而后求诸人地位。溯前戊寅，善与陶、绥二公创办筹赈，平地为山，亦守此先己后人一法，此真经验良方，谅已早邀洞鉴。然此善不能不言之而不敢请者，恐公转着世途人情之念，必谓经某得步进步，只好拒遇之，反讨没趣矣。但屈指公与善之年齿，欲办此数千年特开生面之创举，想不过一件两件而已，断无渐不可长之虑。且积赀无非为栽培后起，计若于三世兄酬应诸费稍搏节之，挹彼注兹，同一所费，有云泥霄壤之判矣。善有近致赵竹君兄一函，录稿呈政，不审尚可采取否？善为女学堂愿效微劳，仍是为公分劳，断不欲居创办之名。从前东直赈务，接奉一电一函，无不穷思极想，夜以继日，以报台命，曾有丝毫希名邀功之处否？即得邀四品衔直隶州，均沐公不先下问，硬开列保，并有易州、遵化皆数万金之缺，何妨备而不用？倘公不愿居人下，可用原职写入公牍等因。知遇之感，何日忘之！但既受之，何可轻视朝廷名器，过作矫情。然廿一岁时，合肥相国统帅至沪，约金荠人、褚纪常，欲往投营，乃为先君子大骂，谓做民尚未可称良，何得妄希非分，后世子孙，除从正途学优则仕外，趋捷径幸致功名者，非孝。出山一层，未能仰副属望者，遵遗训也。此善不欲务名之情形，谅蒙洞鉴。女学堂而无益也，公示以不必办，善即缩身而退矣。若云应办，此刻覆翼而成，公岂能辞？然善断不肯不谅而黏戤于公也。苟叨天地祖宗之荫，不使患病，虽聋于耳，尚不聋于心，必仍如前创办义赈，尽愚诚以号召。倘托福四方风动，或竟可挹注难以募捐之男学堂，分道扩充。前明姚江阳明先生云，平山中贼易，平胸中贼难。善当力师乡先达遗徽，无畛域之分，泯人我之见，征诸往事，想亦可蒙公见信者也。不敢多赘，以扰茝览，言虽卤莽，意秉至诚，想宽容大度如公，必蒙曲鉴也。肃此，敬请程安。弟元善拜上。小春七月。

附抄函一缄。

（《盛宣怀档案》，编号 00005174）

经元善致汪康年、汪诒年函
（1898 年 9 月 10 日）

穰卿、颂阁二兄大人阁下：迳启者：女公学城塾，弟再四劝勉蒋、王两女史勿尽堕前功，已允竭力续兴，而经费万难，诸事不能不藉众善长扶持。登报告白已承《同文沪报》免费从十七刊起，继恳《新闻》馆，后则贵馆与《苏报》，均各登七天，庶可接连一个月。《新闻》馆系托舍亲袁春洲往说，云须商之洋东，不知今日已排登与否？弟未看该报，无从知悉，今特附上告白稿一纸，如《新闻》已登出，请尊处于初二日接登，倘《新闻》馆未登，则恳贵报即日排刊，多登一礼拜，至初八为止。女学系贤元季最关心之要务，谅必俯如所请也。至祷至祷。再，穰翁日前左顾委事，尚未能查得确因，容徐图之。手上，敬请均安。乡愚弟元善顿首。七月廿五。

附告白稿一纸。

（《汪康年师友书札（三）》，总第 2432 页）

经元善致盛宣怀函*
(1899 年 3 月 28 日)

杏公大人阁下：昨承□饮，雨雪交作，翔风澈骨。拜读收饭焦一篇，始知为徐海沉灾急赈起见。弟聋废无闻，虽陪座终席，未详悉筹谋梗概，返局后，据家人笔述，始知蔡观察允捐三千金，垫解七千，吾公自垫解两万金等因。弟为女学一役，衰朽余生，已如当车之螳臂。前奉钧批，有人之性情，如水就下，须设法防范之谕，关垂綦切，莫名佩仰。阅严佑翁先后三电，目不忍睹，值此告急情况，易地以观，虽珍错杂陈，觉有心不能安之处，如公仁厚，定有同情。女学是治本之原，急赈乃治标之要，且徐属毗连山左，丰、沛、萧、砀又为自古草泽萌蘖之地，设有意外，殊堪杞忧。如有使令效力之事，伏候环示大略，亦不敢不勉竭愚忱，与众共之也。肃此，敬请德安。弟元善拜上。二月十七日。

（《盛宣怀档案》，编号 00009856）

经元善致汪康年函
(1900 年 1 月 17 日)

穰卿仁兄大人阁下：昨示附书藏章程敬悉。弟近日公私忙极，且遇拂逆，心绪十分不宁，致多健忘，稽答为歉。日前面商一节，弟今年因捉衿见肘，无论亲友之通挪，因力不逮心，一概婉辞。钦佩颂阁兄学问品节耿介绝俗，故一诺无吝。至浩吾兄处、高质之等，自问情意兼尽，如令弟年内能归璧甚感，否则欲迟至开正，何日见还？讯确示复，此则不难不从命也。贱性质直，不肯心非而面是。书藏稍迟奉复，弟甚怕出名，如必欲使之追随，亦无不可。郑陶翁于斯举蓄念久，兄请约必欣然。此外则道合志同者，不妨以多为贵也。复请炉安。愚弟元善顿首。十七日。己十二月十九收。

（《汪康年师友书札（三）》，总第 2427 页）

---

* 该信有封，上款为"内函送呈行辕盛大人勋启"，落款为"电局经谨缄"。——编者注

经元善致汪康年函
（1900 年 1 月 22 日）

穰卿仁兄大人阁下：前复书藏一节后，弟即在尊拟稿上僭改若干字，质之于王敬安兄，渠有书后一篇，一并见完，特附上，统候察夺。此事弟不专政，往来条议，亦不留卷，皆归吾兄处一线到底可也。敬安兄又有经正书院公启一稿，欲借重大名，连笔谈并呈台鉴，倘荷许可，乞转送令弟颂阁兄，明晚排入，后天见报，恳多登时日，尤征善与人同之雅也。此请晡安，愚弟元善顿首，廿二灯下。己十二月廿三收。

（《汪康年师友书札（三）》，总第 2428 页）

经元善致汪康年函
（1900 年 4 月 21 日）

穰卿仁兄大人阁下：日前由大小儿处附下手示拜悉，诸承逾恒关垂，莫名纫感。弟虽羁此间，而方寸弥觉有主，听命于天，悉凭造物如何安排，不着一后天之念也。抱膝无聊，偶成迂言一稿，为友人之见爱者摄去排印，兹附上二十纸呈政。只说访事人来，不必言弟寄，尤盼。可否刊入《中外日报》，并代寄津、汉两报，更能寄与都门王中堂及杭垣同善堂诸公为盼。女学事，倘吾兄与静涵兄能支持数月，弟苟获倖免，此志决不稍懈也。此请著安。弟名心叩。十七。庚三月廿二到。

颂阁、浩吾二兄与诸同志均代候安。

（《汪康年师友书札（三）》，总第 2428～2429 页）

经元善致汪康年函
（1900 年 8 月 27 日）

穰卿仁兄大人阁下：久疏音问，至念至念。近阅各处日报，知神京沦陷，翠华蒙尘，北望燕云，无涕可挥。堂堂中国政府，惑邪肇衅，无事自扰，以致宗社为墟，此上下五千年历史所未有。逆藩权奸之肉，其足食乎？此后欲望支那自立图存，全在国民联群壹志，并胆同心，舍此外无可救药之仙丹。执事高旷远瞩，谅必烛照机先。上月廿二肃奉公函时，尚未悉北耗，迨到沪已如明日黄花耳。昨接刘松生来书云，女学城塾全赖吾兄一人挹注，而伊仍万难敷衍，欲过中秋节歇手等云。弟复以新政之硕果仅存，只此女学一线棉〔绵〕延，万不可停而中断。弟拟先汇济洋五十元，因春洲处拖欠不菲，今又嘱筹借，此间讼费巨数，不欲再以琐琐强其为难，敢乞吾兄代弟措垫五十元交与松生，返沪即行归璧，至祷至恳。再，此间案虽批断了结，而久羁不释，一味以葡京回电未到诿约。月前接沪友函称，此系原告恐虎兕出押〔柙〕，用搏狮全力设法软禁。体察情形，此言竟确。但弟自闻北边恶耗后，更万念俱空。欲联四万万人之群，岂尚可同室操戈，决无再与前途修旧怨之心，已见于上合肥傅相书再禀之中。稿刊一百廿五册《知新报》内。此事可否执事仗义执言，约议会诸同仁公禀英、美、日三国，请其电葡京澳督速速省释，在弟为一身打算，譬诸牧羊苏武，藉此藏拙，未尝非计。惟尚存半腔热血，此时正可随诸君子挥洒也。余不缕缕，临颖惘然。专此，祗请台安。乡愚弟经无为原名元善顿首。八月三日。

浩翁暨诸会长同仁均此候安。

（《汪康年师友书札（三）》，总第 2429～2430 页）

经元善致汪康年函
（1900 年 10 月 7 日）

再，某公之鳃鳃过虑者，必四月中旬周、张返后，知万办不到解省，恐名出后，露腊月廿八劝我出避之密电，被野蛮政府新闻为大惧耳，仍是处处以小人之心度君子，今已被一拳打破，可以无患矣。闰月十四日。

（《汪康年师友书札（三）》，总第 2430 页）

经元善致汪康年函
（日期不详）

昨奉手示，晨承左顾失迓，留笺均一一聆悉。现既改为合办，章程似须重订，本应两造面议，庶几情投意合，兹因续禀稍改花样，曾致信在籍列名同人。昨接回函，又生出名正言顺枝节，故已驰书宗君，速其来沪晤商，一俟到后，再行邀叙。昨示中城北云最少须一半，此事好得，弟但为公义，毫无私利，断不致再变而成鼎足也。复请穰卿仁兄大人著安。愚弟元善顿首。初三。

（《汪康年师友书札（三）》，总第 2430～2431 页）

经元善致汪康年函
（日期不详）

再，敝处桂墅新造楼房有五幢四厢，另有门房、轿房，局面宽大，房租亦廉。李勉林方伯赁居此屋后，放广西藩台。伊将行时，向子振观察甫租定，即补镇江府，真可谓大利吉房矣。牧九兄局在西门外，颇近便，且此间地气极旺，弟卜居以来，所住房客，十年中添丁已六七十。闻牧九兄常抱小恙，曷勿劝其移居旺地，以乘生气，必能身安，或亦早步李、向二公之后尘乎？得暇时来一观何如？再颂双安。弟元善顿首。

（《汪康年师友书札（三）》，总第 2431 页）

经元善致汪康年函
（日期不详）

穰卿仁兄大人阁下：陪才馆事，敝友□第俟华人公众书院成而后再议，一事未成而又起炉灶，恐蹈好博不专、事无一成之讥云。知关雅望，手此，敬颂撰安。名具肃。十九。

（《汪康年师友书札（三）》，总第 2431 页）

附录：追缉电局委员经元善案各电
（皆为 1900 年初，具体日期不详）

盛宣怀至德寿电

粤督署：已蒙派刘、卢赴澳拘解，深为感慰。经元善腊二十六联名寓沪绅民电总署云：奉到二十四电旨，人心沸腾，探闻各国有调兵干预之说。求王大臣公忠体国，奏请圣上力疾临御，勿存退位之思，上慰太后忧劳，下弭中外反侧等语。总署函属南洋严参治罪，并无廷寄。闻政府以立储喜庆，不欲杀人，似系充发牌子。数日间，洋电之外，尚有湖南联名公电，亦未发动。宣因经系电员，即请署电沪道看管。经家属先报病回籍，嗣闻赴港，即电钧处。廷意初不甚重，因余诚格奏参电员聚众妄为，危词挟制，请严旨勒交，以伸国宪。即奉寄谕，有责成宣怀认真设法购拏，毋任远飏，致干重咎之语。已复奏将该员革职查抄，一面严密购拏。昨询郑道，据闻往来港澳踪迹，与钧电甚符合。港澳非藉鼎力，何能拘获？如罪人斯得，先求电示，以便与荣相商酌办法，电禀定拟。宣叩。马。一等，密，急，二十二亥刻。

（《盛宣怀实业函电稿》，上册，402～403 页）

盛宣怀致德寿电

粤督署：抄密本。昨王爵帅向荣相言，经系善人，办电局亦无过，聋聩废人，无能为患。又有人函称，公电系日报馆主笔，因欲免出报费，乃首列其名，经系聋疯，受人之愚等语。现已革职查抄，如照原议请充发，与澳督公文骗拐之罪相当。若到案后另科重罪，澳督执有骗拐凭据，未免失信，以后若向港澳拏人，恐不复灵。顷商总署竹箦诸公，属即密达钧处，拟请到案后先电宣怀，俟与荣相面商，再请钧处讯供电奏。宣叩。勘亥。一等，密，抄本，二十八。

（《盛宣怀实业函电稿》，上册，403～404 页）

盛宣怀致杨廷杲电

沪子萱：经元善办赈，传旨嘉奖十二次，即向家属查看案据确否，速复。补。一等，密，初二。

（《盛宣怀实业函电稿》，上册，404 页）

盛宣怀致德寿电

粤督署：冬电谨悉。顷沪局电称，经家属请哈华托，闻经在澳已认欠公款三万八千余元，谓官已封其产值二万七千元，余欠可缴清云。原电删：经家属疑心甚重，均以欠款为题，万不肯劝经赴粤。澳友均西籍，必力阻。唐少川由粤到，谓港澳新闻报均传中堂奉密旨，到粤即就地正法等词，沪亦如此纷传，恐赴英、葡两领处徒生枝节等语。刘所虑中肯，即电沪员与葡律师商办，但欠数我虽不提，彼律师、领事必持相抵。大约洋官总不愿重办，请即令刘告澳督，照会公文，必不办重辟，或可交解。宣叩。江。一等，密，初三。

（《盛宣怀实业函电稿》，上册，404 页）

盛宣怀致德寿电

粤督署：齐电谨悉。周万鹏电：经供十款，大约以潜逃为谏废立，封产即难追欠，澳督袒经，断不交解。现商政府，上已不提，可暂听之。初次钧电"洋界难获，彼何能为"，竟是定论。加税已交各省查复。宣日内出京，另有详禀。文。一等，密，十二。

（《盛宣怀实业函电稿》，上册，405 页）

盛宣怀致郑观应电

沪郑陶翁：昨请训，聋事已有法可救澈。到沪面商，请密告静候勿乱。补。一等，密，十二。

（《盛宣怀实业函电稿》，上册，405 页）

盛宣怀致德寿电

粤督署：阅葡官讯供多袒护，电局控欠款，经已认，如对质必涉国犯。应如律师意，饬周万鹏赴粤，谒见后即令回沪，余俟澳督咨复，随时电示。都中无复问经事，仁和云：冷搁为贵。芜局被毁，当心照。补叩。翰。一等，密，十四。

（《盛宣怀实业函电稿》，上册，405 页）

文告公启

襄赈河南劝捐续启
(1878 年 2 月 26 日)

河南灾祲非常，道殣相望，赖吴中诸君慨成助赈之举，复绘流民之图，捐集巨款，驰往拯济。去冬曾接河南来书，备述荒灾情形，几遍全省，朝不保暮，闻之惨心。来书前已登报，兹不琐赘。荷蒙诸善信急公好义，先已陆续捐银三百余两，曷胜铭感。惟念河南□灾既广，经办艰难，待赈孔殷，尤资接济。今承经君连山、屠君云峰、王君冀生在沪广为劝捐，林君阁奎首输银五百两为倡，所谓登高一呼，众山皆应，先声所树，万善攸归，现下募集赈资已有成数。复荷李君玉书好施不倦，见义勇为，历来任事真诚，久为同人钦佩，今愿自备资斧，不避辛劳，准于二月初驰往河南，同吴门诸君襄办赈事。惟集款既求其多，而乐输尤望其早，用再代呼将伯，敬劝仁人，务望急救燃眉，速为援手，各尽心力，慨解囊金，庶冀集款有成，多多益善，行见普沾实惠，滴滴□源，共广莫大之善缘，真是无量之功德也。敝堂区区之诚，直与豫省亿万生灵同深叩祷。上海果育堂司事启。

（《申报》，第 12 册，170 页）

豫赈记事
(1878 年 3 月 14 日)

吴郡袁君子鹏于客冬赴豫，兹因经费支绌，难于挨户查赈，亲自回南催募赈款，于二月初七日抵苏，具言河南灾况，首推济源。地居山瘠，向乏生机，现在老弱残废不能出境□食者，尚有十万人，若每人给三百文，一次已须三万千文。近日银价，每两一千一百余文，米价每担八千文，非先备银三万两，不能遍给济源。然一经查赈，逃亡者必归故土，至少须加一倍，非先备六万金，断不能挨户查赈、按口均给。然仅每人三百文，不过延十日之命耳。本年既前后解去二万六千余金，必须赶筹三万金，方可应手，否则查赈未遍，银款已尽，必致鼓噪。至济源灾况，甚于青州之临朐、海州之沭阳，不啻十倍。灾况稍愈于济源者，共有二十州县，然亦甚于临、沭，其与临、沭相仿者尚有三十余州县云云。现经同人与袁君订定，一俟续筹赈款，即请解赴豫省，帮同凌君查赈云。又闻吴江凌砺生、熊纯叔，上海李玉书、瞿星五，安徽程福田，常州陈兰生，苏州江清卿，吴江潘少安诸君，均于本月初十日在镇江取齐，前赴豫省，携带赈银共有二万□千余两，此款专赈济源。计赈银内，苏州桃花坞谢氏经收上海经连山诸君劝募共银一万两，杭州邹君劝募洋二千元，常州李君秋亭筹拨银三千两，灾区林、熊、沈君倡捐劝募洋□千余元，苏州及各处捐银二千两，又苏州徐君子春经收各处捐银一千两。在各善士多方筹劝，业已不遗余力，惟赈给豫灾，正如火焰山上滴水耳。然自三月至八月，每人得三千六百文即可度日，今去二万余金，究可救活万人，输财行义者，功德已难限量矣。

（《申报》，第 12 册，225～226 页）

劝赈豫饥
(1878 年 3 月 15 日)

河南灾祲非常，死亡枕藉，叠经录报。兹闻吴中善士又集资驰往赈济，此实无量功德。但灾区甚广，赈款无多，为日尚长，端赖接济。前由经君莲珊、屠君云峰、王君赓生、李君玉书创立上海公济同人会，集捐往赈，已于正月二十五由果育堂登明布告。现在李君玉书携带万金，会同吴门协助豫赈局诸公前往散放，急公好义，钦佩良深。然集资不厌其多，而乐输尤望其早。沪上仁人荟萃，向多乐善好施，倘蒙悯念穷黎，解囊相助，有宝善街仁元钱庄之经君在，交彼经收，汇解豫省，以拯倒悬，诚至便至妥也。

（《申报》，第 12 册，229 页）

助赈
(上海公济同人启，1878 年 3 月 16 日)

水旱遍灾，世所或有，然未有如今日河南之为特甚者也。遍省告荒，饥馑载道，人已相食，饿鬼夜号。某等闻此奇荒，实深悯恻，曾经私集同志数人，劝捐助赈。正自愧车薪杯水，未敢遍告同人，而两承果育善堂列入《申报》，滋愧良多。初次所集捐款，业由李君玉书星驰赴豫，赍往散给。但哀鸿遍野，待赈极殷，为日方长，苦难为继，尤望仁人君子存救灾恤邻之谊，分席丰履厚之余，大发慈悲，解囊相助。某等与闻其事，自当竭尽心力，代沛仁人之厚泽。所有先经捐过各台名，胪列于左。此后续捐各户，亦当随收随列，以彰盛德。谨启。

计开：隐名氏捐规银四千两，尚德堂顾捐规银一千两，崇庆堂捐规银一千两，思树堂李捐规银五百两，心梅书屋捐规银五百两，桂陵书屋捐规银五百两，天香书屋捐规银一百五十两，知止居捐规银一百五十两，顺记公捐规银一百两，金粟山房顾捐规银一百两，扶风氏捐规银一百两，仁人堂捐规银一百两，众善居捐规银一百两，隐名氏捐规银八十两，建德堂捐规银五十两，隐名氏捐规银五十两，王禹功捐规银三十两，贻燕堂捐规银二十两，果育堂拨来规银一千两，浙绍田惇记捐英洋一千元，心矩书屋捐英洋一百元，唐锦文捐英洋一百元，李秋屏捐英洋五十元，吴经善堂捐英洋五十元，陈贻善堂捐英洋五十元，陆子记捐英洋五十元，叶小村捐英洋十元。

（《申报》，第 12 册，235 页）

乞赈秦饥
(1878 年 3 月 22 日)

窃以仁人饥溺为怀，岂因秦越而异视。灾民仳离载道，何堪困苦之独深。虽待赈非止一区，而集资还期众力。从来荒灾之迭降，全凭行善以弥缝，故不厌干渎之再三，冀稍可补救于万一也。去年齐晋被灾既广，望救孔殷，荷诸善士见义必为，好施不倦，体上天好生之德，存博施济众之心，踊跃输捐，驰往散赈。复悉河南亦旱魃为灾，道殣相望，敝堂又具捐启，广劝同人，承经君莲珊、李君玉书等协力募集万余金，而李君复自备资斧，于二月初偕吴中善士星驰赴豫赈济，无分畛域，不避辛劳，可谓一视同仁，万民甦困矣。是以江浙等省善气充塞，感召天和，大力斡旋，尚称岁稔。回念灾区之鸿嗷中泽，鸟集荒郊，衣食无资，风霜莫御者，相较为何如也。今据陕省荒灾，实与晋豫仿佛。缘秦地境连晋豫，田尽歉收，加以过往流民，多如蜂拥，凄清寒日，困顿蚕僵。如榆林之怀远、葭州，绥德之米脂、清涧等县，俱十室九空，远寻粥厂，一望千里，已罄草根，野无炊烟，人皆菜色，奄奄垂毙，残喘难延，处处成灾，谋生无计，朝不保夕，闻之伤心。敝堂不忍令其向隅，是以亟为筹策，伏乞仁人君子、仕商绅富，推胞与之怀，宏慈悲之愿，速为周济，早解囊资，泽润关中，仁施格外。敝堂现已倡劝百金以为发轫，嗣有善信乐输者，乞交敝堂代收，或交大南门内奏设甘黔皖饷统捐沪局，均给收票为凭。所望仁声广被，闻风而兴，吉人为善，惟日不足，庶冀上天之潜消灾沴，普降阳和，岂仅近地之大有书年、永膺多福而已哉。戊寅二月中浣，上海果育堂稿。

（《申报》，第 12 册，254 页）

豫赈类记
(1878 年 3 月 28 日)

豫省奇灾，待赈甚急，各处善堂及好善之士，无不踊跃集募，积少成多。闻苏省自本月初八日起解第一批后，截至二十日为止，上海诸君承收各处捐银四千余两，垫解银四千两；苏州桃花坞一处承收吴江凌氏、熊氏经募银一千两；浙江邹君经募洋二千元；湖州仁济堂经募洋二千元；各处捐洋九百余元；苏州募洋五百余元，垫解银四千五百两，均于二月二十二、二十五日分途起解，并由李君秋亭延友押解汴省，交凌君砺生诸公亲自查放云。又闻凌君、熊君、李君及诸善士初八日自苏起程后，初十日抵常州，陈君少兰于十一日辰刻登舟，带有救饥丸两箱，以备诸君赴乡查户充饥之用。花朝日泊丹徒，瞿君星五于是日上船；十三日晚抵扬州，近计已驱车过徐矣。又上海经理赈捐事务者，皆著名绅商，老成可靠。前此经收赈银，在城内交淘沙场果育堂，城外交宝善街仁元钱庄收，皆当给收据。城外经收者，向用公济同人经募收照字样，现于本月二十一日起亦改用果育堂收票，惟另加宝善街仁元钱庄经收戳记，以冀事归一例云。刻下豫省待赈情形既如此艰窘，须诸善士迅速输将，俾得源源接济，诚不啻救民于水火中也。

（《申报》，第 12 册，273 页）

拟办河南保婴劝捐启
(1878 年 4 月 9 日)

天灾流行，至今为极。豫省奇荒，至人将相食，饿莩载道，莫可名言，此袁君子鹏之《铁泪图》，不啻大声疾呼，代为乞命也。现蒙诸善士筹款往赈，某等因思往查户口，而婴孩必难惠及。但在无以为生之际，大孩尚思变卖，甚至易子而食，何况初生之男女，则产十儿必毙十儿也。不知呱呱堕地，无非人命，赤子无辜，同遭此劫。拟推保婴之法，又可补赈之不及，给费半年，则秋成有望，或因小命而得留太命，救一时而得保一人。倘若宗祀有关，则此中之保留者更复不少。爰请同志诸君随愿乐助，多多益善，救他人必死之小儿，天必报汝必生之男子，富贵寿考，如愿而偿。虽好善者未尝望报，而天道好还，其理断无或爽，则即以此举为获子之奇方也可，积福之左券也亦可。

一、议每婴初产，给费钱二百文，月费四百文，按月持牌领钱四百文，以半年为限。

一、此举即附在赈局内，即请办赈诸公于查户口时查办，以节费用。

一、河南最荒之县，莫如济源，照办赈诸公函称，约民十万，悬而揣之，其孕妇于半年之中，至少约有二三千名，每婴给费钱二千六百文，以三千婴核数，需钱七千八百千文。观拟随缘劝募，自一婴以至千婴，多多益善，功高七级，福报百男，天道好还，拭目俟之。

一、除婴儿以外之费，均由经手自填，并无分文浮费。倘或经手侵染，愿得绝嗣报。劝成赶迅寄银，并将乐助芳名、经手姓氏具疏焚化邑主城隍殿内，以昭信实。

（《申报》，第 12 册，314 页）

设桶劝助晋豫赈捐启
(1878 年 5 月 8 日)

易子而食，析骸以爨，此楚宋交兵围城中惨状也，岂意水旱饥荒而亦有人相食之事。如上年晋豫旱灾，赤地数千里，草根树皮，掘剥殆尽，渐至易子析骸，奇惨万状，延今数月之久。闻朝廷发帑截漕，官绅劝捐助赈，已上下力竭，公私义尽，而仍饿莩载道，千百万哀鸿犹嗷嗷延颈者，实以灾区较广，为日甚长，恤怜之心未已，劝募之术已穷。即备捐簿数万本，亦不能执途人而尽劝之也。因拟仿缸桶随意变通劝捐之法，制备木桶百具，择城内外聚市街道各设一桶，劝道路行人随愿投钱，自数文以至数百文，或钱或洋，多多益善。统计百桶能日得钱百千，可延残喘四五千人，积少成多，不无小补。愿往来过客，见此捐桶，如见晋豫饥民之垂毙道路，急施一饭之赏以救之，所费无多，厥功非小。并祈推广同志，转相告劝，自一家以至各家，一邑以至各邑，俾妇稚皆知，感动恻隐，具在人心，此以不劝之劝，补赈局所不及劝，为两省饥民乞命耳。所有分设捐桶章程及附劝各条开列于左，或有未尽善之处，尚祈留心赈务者随时惠教焉。

一、制木桶百具，编立号数，上刻一孔，比腰园式略长，约可二百文并贯而入，外加封锁，并书四言劝捐小启于桶面，使行人过目即知。

一、择城内外聚市地方，托公正店铺将捐桶置其门外，就柱上加钉羊眼，将桶锁住。晚间即烦店铺携桶入内，开锁盘点，见捐钱若干，由堂发一号簿，逐日登记，明晨仍烦加锁移置原处。此外如有可以设桶之处，闻见未周，尚祈好善者随时随地留心察看，到堂关照。

一、每桶立一手折，书明几号、设在某处，堂中司事每日持折向各店铺，将昨日盘见钱数登折，饬使凭折挑取，或间数日一挑，以钱数多寡为定。堂中立一总册，将挑回捐钱按桶逐日登记。

一、每桶每日能得钱一千文或数百文，以百桶计之，每月可得钱二三千千，或半月、或一月汇缴赈局，由局分解晋豫。

一、将所拟捐启及劝捐章程抄呈道宪邑尊备案，传谕各铺地甲随时照料外，并将捐启刊刻分送张挂，并列《申报》、《新报》，以广善缘。

一、租界市廛较广，人烟稠密，往来商贾不惜小费，更可多设几桶。惟虑或有阻挠，所望照管得人。幸西商救灾恤邻，不分畛域，有从数万里外寄银助赈者，有集资远赴灾区设法施济者，不独饥民为之感泣也。今租界所设捐桶，犹赖工部局巡捕房一视同仁，以杜阻挠而全善捐。

一、衣食日用一切浮费有可节省者，悉以分济饥民。日舍一二十文，已活人一命。缓步当车，晚食当肉，何损于我。

一、喜庆宴会固不可少，然回想灾区，草根树皮甘于山珍海味，何不少分余沥，以润饥肠。

一、歌台舞榭，酒池肉林，多逢场作戏之人，试一念两省饥民易子析骸之惨，必情兴为之少减。况彼饥民何罪，降此凶灾，我侪何福，享此安乐？自问应亦难信，盍稍撙节以救风餐露宿、奄奄待毙之人。

一、庵观烧香点烛，兼焚楮镪，或助灯油，以沪地南北统计之，每日不下数百金。如往天竺、普陀、茅山、龙华等处，所费尤巨。倘移此款以赈饥，则心香一瓣，化为几缕炊烟，神佛有知，必喜其能先其所急，获福更倍。

一、妇女最易感发善心，试以《山西饥民单》、《河南铁泪图》示阅，或为讲解，无不恻然动于中，其发心施舍，每有过于男子之真诚。

一、此举为晋豫饥民待赈孔亟，官绅劝捐之术已穷，故设此变通之法。本堂司事及所托照管之各店铺，俱公正可靠，不受薪水。事竣当刊附征信录，以照核实。如有丝毫染指，雷殛火烧，子孙绝灭。幸乐善诸君共谅焉。

同仁辅元堂谨启。

（《申报》，第 12 册，414 页）

录沪滨呆子致友劝捐书
（1878 年 5 月 25 日）

阔别半载，驰念甚殷。今奉教言，慰符所颂。承询劝募赈款一节，弟自去岁追随苏、申、扬三处同人襄办以来，蒙四方仁人君子从善如流，除晋省未派人往、逐批集解外，河南两起，往办济源、获嘉数县之饥，前后陆续解过十余万金。近日接豫中诸友来函，该省之南鄙虽均得雨，西北贴邻陕省之处，其灾尤甚，令人阅之泪下，不忍卒读，有欲罢不能之势。又日前冯竹如观察从关外回来，目睹陕西灾象，凄惨之状，与河南一式。不料观察途中受病，抵沪一日，即已身故，遗言竭宦囊之所有，搜括二千金首创，并云有大发慈悲募捐、亲自往办者，九原之下，感激靡涯，有宗留守大呼过河者三光景，不禁怦怦心动。窃思我辈亦百万生灵中之一物，生长南方，丰衣足食，恐未必竟有此种福气。况富贵轮流做，百年无不死，即君子之泽，亦五世而衰，故自古无不败之家。昨读邸抄，见张侍御应诏陈言一疏，言天象甚凶，时世必有大变，凡属身外之物，恐不能常为我有。积德胜遗金，桃源在方寸，尽人而知。现在决计欲添办秦赈，但此刻各捐，罗雀掘鼠，已成强弩之末，其势实属万难。虽诸同志心雄若虎，无如力薄于绵，均各质衣典产，竭凑万余金，杯水车薪，奚能补救。缘是不惮再三之渎，拟即日恭疏公启，哀恳捐募，或能闻风慕义而来，聚沙成塔，亦未可知。宁郡不乏殷商巨室，尚未肯慷慨解囊。想人之初、性本善，或者见闻未深、经办未信之故。弟人微言轻，正苦无门可入，于事于地，于人于才，能开甬上弥漫之善气，为南服生灵造福、为北省饥民请命者，舍阁下其谁可任。历观史册及因果各书，凡遇灾荒赈务，能呕心挖肉，竭其力之所尽，不转瞬间而大富贵逼人来，天道好还，丝毫不爽。弟辗转筹思，彷徨中夜，将驰赴故乡，除家人糊口外，拟悉索敝赋以从事，正欲顺道勾东，趋叩崇墀，效秦庭之泣，今承朵云飞来，先得我心，秦豫饥民，或有来苏之望，不胜额首称庆。弟准于念二日由沪动身，一定诣前，风雨无阻，特先布下忱，伏乞台览。嘘气可以成云，星火可以燎原，是所望于仁人君子也。寄来捐洋四十元，照收入册，掣奉收条两纸，祈察收。书不尽言，言随泪下。

再者，大凡天之生人，无不各具本然之良，即《三字经》开篇人之初、性本善二句也。特入世渐深，为物欲所蔽，或利令智昏，或色令智昏，以为永远逍遥，长生不死，重重遮掩，积压日深，将此一念之善心，沉于尾闾之间。善心即良心，圣人无不死，日日向上，即是俗语云良心发现，日后透出泥丸宫而升天堂矣；日日向下，即是琢伤元气，日后从谷道泻出而落地狱矣。所贵有国手名医，不惮烦言，勤加劝导，耳濡目染，未有不可动者。曾参杀人，告之三次，其母尚投杼而起。甬江生成招宝山之门户，虎蹲山之杀水口，财源之旺，地势使然。鄞水慈溪，人多善念，如本地修桥铺路、义庄义塾各善举，争夺而为，已略见一斑，特患无人化导耳。然说得动一二位巨富强有力者，一旦豁然出其积蓄三分之一、十分之二，率先首倡，必有慕义响应。以地势、人事、物力而论，集成十万、数十万、百万亦可妄想而成，出而普济苍生，不啻八千子弟渡江来，可以纵横无敌，为天下善气之冠，一切灾难，必潜移默化于无形，做成宇宙间一隅桃源福地，燮理阴阳，当不外是。然而苦心劝导之人，起初甚难开口，必厌人听闻，但只要老着面皮只管说去，再三再四，再五再六，逢人渎告，未有不病根渐去，可复其本然之良者。老兄有才有胆，有学有识，昨来一缄，殷殷不耻下问，一定方寸间怦怦已动，天赐麟儿，相离头上不远。区区之意，宜存一强盗攫财之心，置死生于不顾，大富贵亦寿考，皆可抢得到手。或偶一转思，曰我辈人微言轻，恐贻画虎不成，为他人笑。然即使人笑，不过笑我迂，笑我愚，笑我呆，断断乎无人骂我下流，骂我不肖，骂我作恶者也。弟举一物以譬之，机器局修造轮船，工竣出坞之时，有四个东西垫于船下，名曰压勿杀。其形不过栲栳之大，中间鼓动机气，可将轮船托起，送之出坞。可见为圣为贤，成仙成佛，皆仗此一点浩然之气，卷之退藏于密，放之则弥六合。谨上高明，俯采盲瞽。

急劝助赈启
(1878 年 5 月 27 日)

直豫秦晋四省奇灾，为旷古所未有。天旱两三载，地赤数千里，死亡枕藉，人已相食。目睹者固属伤心，耳闻者亦必挥泪。虽曰气运使然，实乃人心浇薄有以酿成之也。然荒者已荒矣，其余未荒各省之人，无不惴惴焉默祝苍天，不可如直豫秦晋之再荒。试问有何所恃而无恐？或者曰兴修水利，则仓卒恐不及也。祈晴祷雨，则诚敬恐难必也。想来想去，实无妙法。一言道破，曰救人之荒必可免己之荒，即闵子马所谓祸福无门，惟人自招。善恶报应，一定之理。现在通都大邑之人，耳濡目染，见闻已深，挥手千金而助者有之，质衣典产而助者有之，变卖古玩而助者有之，甚至妇女脱珥拔簪而助者亦有之，好义者实繁有徒，不可谓不多矣。然而未也，此不过通商口岸，信息灵便之区耳。他如离省较远之州县，山乡僻壤之编氓，非特目未曾睹，抑且耳未曾闻，一旦执途人而语之，必曰断无此事也。言之不足以信，于是乎《铁泪图》出矣。或者曰，据此图说，果有其事，如此大荒，杯水车薪，何能救得许多？则请举一数以算之。中国舆图十八省，全荒者四省，各处偏灾折作两省，尚有未荒者十二省。每省扯六十州县，每县扯人十万，每人每日省钱一文，每日可得钱七万二千千文，通年可省钱二千五百九十二万千文。国家之发帑不计也，殷富之输将不计也，邻国之移粟不计也，果能滴滴归公，有何救不得许多？或者曰，人世吃惯用惯，骤然何能减省？不知九重尚且节用减膳，王侯可减至卿贰，卿贰可减至士夫，士夫可减至庶民。步步向前，日见其不足，回头退后，即见其有余，有何不可减省？更有迎神赛会、敬神演戏、烧香寄库，核计消耗物力十分之一二，均可停省一年，移作赈济。或者曰，迎神赛会，所以保年丰而逐疫也，一傅众咻，岂不大难？则请首事者焚疏庙中，卜之于神，聪明正直者，必欣欣然首肯也。代祖先助赈，阴阳无二理，上天亦必有以奖赏也。至锭帛寄库一事，与及其老也戒之在得者说法，必须细道其详。夫阴间之用场有限，一年只吃后嗣三节羹饭，无后嗣则鬼其馁而，可见不日日吃饭也明矣。衣服亦须阳世以纸做成焚送。既无衣食之需，不知要钱何用？非若生人为自己衣食，为儿孙衣食，一钱如命，犹可言也。锭帛而果可当银子用也，人世三节之焚化，源源而来，已觉取之不尽，用之无竭，岂营营于生前者，更急急于死后修成功一个守钱奴，纯一不二，至死不变乎？请自三思，不禁恍然。或者曰，要劝天下人个个减省出钱，谈何容易？然每每见破落户子弟向人借钱乞钱，呼蹴之所不避，唾骂之所不辞，问其为何肯受此委曲，必要借到手、乞到手而后已，实因别无门路，其心专也。倘人人存一个不救荒不能保不荒，不能弭祸患，舍此别无门路之心，你劝我，我劝你，结成一团善气，蓬蓬勃勃，充塞乎宇宙之间，夫然后已荒者可救其不荒，未荒者可保其不荒，必能感召祥和，五风十雨，作一太平百姓，安安逸逸，免得担惊受怕，诸君何乐而不为？仆也俚鄙不文，只可为侪辈苦劝。至于礼，与其奢也宁俭；丧，与其易也宁戚。缙绅巨室，上智者早见及之，无俟呆人琐琐矣。沪滨数呆子公启。

（《申报》，第 12 册，478 页）

省费助赈说
（1878 年 5 月 31 日）

晋豫奇荒，人所共知，而陕豫交界之处，凄惨尤甚。前冯竹如观察自关外回，路经此处，目击心伤，愿竭宦囊二千金创始劝赈，不幸抵沪病故，遗命必须遵办，并谓有劝助往赈者，即在九原下亦深感激。又据豫赈局诸君来函，亦谓秦豫之交宜另设一厂赈济，则被灾情形自可概见。窃思江浙好义之士，虽尽心筹办，捐数已多，而灾区甚广，终忧难继。惟多设一法，即可多延数日，听夕筹思，苦无善策。昨悉钱业及各友省端节席费助赈一千一百余元，凡在同人，又广为设劝，是既救人命又惜物命，以戒杀放生之念，行民胞物与之仁，仙佛心肠，圣贤事业，两得之矣。法之善，事之便，莫此为甚，若各业能推广此法，为数必巨。惟愿各董事向各业委曲劝导，将端午、中秋两节席资助赈，省无益之费以成善举，想必人人乐从。且乐善好施，人有同心，尤愿各处城镇码头仿行此法，或自往赈，或汇寄上海城内果育堂赈办，总期各尽心力，盼甚祷甚。嗟乎！救灾恤邻，分所当然。邻省奇荒而犹笙歌宴赏，本所不忍，且九重尊贵，尚因灾撤乐减膳，何况士庶！今节浮费而积阴功，人亦何乐而不为哉。鄙见如此，敢献刍荛，同志诸君谅不汉河斯言也。苦口婆心人稿。

（《申报》，第 12 册，494 页）

劝省席费以助赈说
(1878 年 6 月 3 日)

　　窃思天灾流行，国家代有，救灾恤邻，道也。如今晋豫之荒，沿及三省，其地方之广，饿莩之多，亘古未有，而各省筹捐良策，无美不臻，无微不至，可谓筹之熟而思之切矣。各省之捐，络绎解往者，已难数计，其如杯水车薪，仍属无济。然增一善款，即沾一实惠，盖多得千文，即可延数人一日之命，不得谓区区之见，无足道也。维吾同人，虽非目睹，终觉心寒，感覆被之鸿恩，宜踟躇于旦夕，爰议一策，用告乐善同人，尚祈采纳菲葑，以三省饥民为念。目下节届端阳，凡大小行号，必肆筵设席，以酬伙友之劳。然申地夙尚浮华，大者非数十元，小者亦须十余元或数元不等。吾知仁人之心，念及饥民食草根而又食树皮，谁不怆然？于酒食之间，猝难下咽，请以一半作赈捐，以一半少置数肴，聊酬佳节，暂分口腹之余，以造无穷之福，统计城厢内外，以及租界各商，节此一日之费，可得数十元，各交各行司董，转托善堂寄去，想亦不无小补。未识有当同人之意否？如他省能仿而行之，即三省饥民之福，亦同人之愿也。有心世道者，盍共襄之？

　　按：此系觉悟氏来稿，特嘱本馆排印万张，在沪上及苏州、宁波三处各行号中分送。前日沪上钱业已议定，大者节费二十元，次者节费十元，小者节费五元，共衰洋一千一百余元，汇交善堂。觉悟氏之功可谓巨矣。惟恐各业有未尽周知者，又嘱本馆登报，本馆亦乐得而登之。

（《申报》，第 12 册，502 页）

开办秦赈
(1878 年 6 月 12 日)

　　昨接闽广江浙同人来信云，自凌砺生、李玉书、严佑之、侯敬文诸君先后赴豫，分办济源、获嘉两邑外，时虞接济不继，日夜虔祷普沛甘霖，庶几早可息肩。盖欲救北方之灾黎，更当惜南省之物力。但秦豫毗连，秦灾不救，饥民势必窜入豫境，而豫之赈务更办无了期。前月冯竹儒观察从关外来，目睹该省奇荒，与晋豫仿佛。窃思我等同处宇内，有分地无分民，业既悉此情形，便有怦怦不能自已者。爰拟不揣棉〔绵〕

薄，兼筹秦赈。今得胡君小松、袁君子鹏、经君璞山、耕阳随带司事数人，不惮驰驱，前往筹办。一俟人手齐集，本月中旬即当就道，迅赴灵宝、阌乡一带，截留秦省灾民，使勿流入豫省。此行也，皆自备资斧，不取公中分文，非特不敢喻利，抑且不敢沾名，无非代好善长者耕耘福田，灌溉善果。惟是集资尚不满数万，终属杯水车薪。明知乐施者已捐而又捐，不遗余力，何用再三之渎，第念有已发婆心及经劝诸公积存款项，务请速送仁元庄，以便趁此一批随带前去，既可省后来汇寄之费，并得仁浆义粟早到灾区一日，即可早救亿万垂毙之饥民耳。

（《申报》，第 12 册，533 页）

筹赈公启
（1878 年 12 月 2 日）

公启者：前因筹解河南冬赈，恳请经募诸君子于十一月十五日前，赶将捐款捐册悉数交下。近日各处来信，均言为期太促，远处催收不易。又接河南各局来书，河北大雨经旬，复罹水厄，赈款仅存三千金，断难接济。催款之书，络绎而来，揆度事势，万难中止，且凌、熊、严、赵诸公均愿在豫度岁，完成南中乐施善士宏愿。同人等义难膜视，现请自十一月十五以前□收捐款，先行截数，编刊征信录报销，自十一月十六日起，凡自敝三处所分捐册募到捐款，悉行汇解豫省，务望慈悲君子从速加惠，经劝诸公赶将捐款捐册随募随交，以应急需而请交代。至所收捐款，当自豫中协赈撤局，续编征信，分别开报，或编入豫中赈局解收款内，届时再当酌定布告。苏州桃花坞、扬州东关街、上海宝善街筹赈同人谨启。

（《申报》，第 13 册，531 页）

定期停收赈捐
（1878 年 12 月 26 日）

公启者：前因展期筹募豫赈，曾于前月初九日合苏扬同人续布公启列报，想蒙照鉴。惟两旬以来，收数愈微，且年关近逼，同人各有本务，株收日久，公私两无所益，现定于十二月十五日一概停收，如有远道寄来捐款、在十五日以后者，可否送交果育、辅元两堂，归入本地善举，或请寄交浙江同善堂及苏州、扬州豫赈收捐处，俾敝所得早息肩，清理经手，感甚幸甚。所有分劝捐册，过期不凭。敝处编刊征信录，以绝止收到捐数为准。此启。上海协赈同人公启。

（《申报》，第 13 册，615 页）

《河北卫辉、获嘉、代赎、慈幼四局诸君
十二月二十六日来函》附后
（1879 年 2 月 15 日）

河南灾后，承各处善士源源筹济，几已竭忠尽欢。敝同人经理收解，何敢为无厌之求，是以于客腊小作收束，先编征信，并于《申报》中刊登公启声明，以后捐款，除上海宝善街公所业已移并果育堂、辅元堂承收外，苏、扬、浙三处如旧代为收解，想蒙垂鉴。兹接前函，知赈事尚难截止，惟豫赈之进止，总视捐款之盈绌，敝同人业既无款可筹，在豫者亦难日久坐待。各处好善君子如有慨然乐助者，务祈于二月内赶交浙、苏、申、扬四处，以便代解，合尖七级，功德无量。筹赈同人识。

（《申报》，第 14 册，137 页）

录上海劝办民捐绅士禀苏抚宪稿
（1879 年 4 月 8 日）

敬禀者：窃绅等自前年冬间，会合各善堂局，并续约外省府州县绅士善堂，筹募助赈，议设公所以来，截至本年二月底止，款目丛杂，捐户尤繁，远近经劝之人亦难悉数，且又辗转相托，莫可指名。公所收帐时，只能就汇总交来之处，分别各户。如善堂局，则上海果育堂、辅元堂、保婴局、保安堂、苏州安节局、松江辅德堂、全节堂、福州普安堂、金陵同善堂分局等。绅商官幕，则如绍兴徐树兰、福建莫廷芬、宁波沈文莹、蔡冕端、嘉兴训导王震元、钱塘教谕姚浚常、汉口郑桂良、安徽庄元植、慈溪冯伟才、烟台周葆孙、松江张祁杰、九江郑思贤等。官商之在外洋者，则如日本横滨理事范锡朋、中华会馆郑文饶、长崎理事余巂、美国旧金山理事陈树棠等。又有宣讲乡约司董，携带灾图捐册，分布四乡，并由内江外海轮船设桶劝募。各路凑集，通共计收捐赈规银二十四万四千五百九十六两六分一厘，节经汇解豫省、专司转运绅董李麟策统收，分拨河南北各协局散放，由各绅在豫具报，并经分别禀解汇交直、秦、晋三省各在案。现在一面编录征信，理合先将收解总数开具清折，禀报宪辕，听候分别奏咨。惟据赴豫各绅回称，河南抚宪以此次民捐助赈事竣，拟即奏请核奖。又前读邸抄，上年七月间，宪台片奏，江苏民捐助赈，所捐款项暨在事绅董，应俟事竣，由河南查核奖叙等因。伏思此次民捐，实以灾区需赈迫切，绅民同心感发，早以概不请奖互相传告。在募捐放赈之人，具有羞恶天良，固万无滥冒之理，即大小捐户，数多者往往不著姓氏，数少者零星攒集，本无合奖之格，亦无望奖之心。悃款愚诚，早蒙洞鉴，可否仰乞大人俯顺众志，咨明河南抚宪，并照咨直隶、山西、陕西督抚宪，于奏报民捐收数中，转据下情，陈明难以核奖情形，并请免造报销，俾捐户得遂乐输之诚，绅等均免攘窃之耻，感戴裁成，实无涯涘。除俟征信录刻成禀送，并苏扬助赈绅士另禀外，合肃禀呈。再，另有果育堂经收规银二万五千两，解由本道转解天津晋赈转运局；又辅元堂经收规银二千四百三两五钱九分，解上海豫赈局；又禀奉札委提到广东周姓欠项充赈规银四千九百七十四两七钱五分四厘，另由委员遵解藩司转发苏绅解豫，当由苏绅具报，均不入此次折开收解数内。合并声明，恭请福安。

计开收数：

一、上海筹赈公所经收规银八万一千八百三十九两四钱一厘。

一、上海果育堂经收规银五万二千三百二十五两九钱六分六厘。

一、上海辅元堂经收规银一万三千五百十八两六钱四厘。

一、上海保婴局经收规银一万三千五百八十七两八钱九分七厘。

一、上海保安堂经收规银一千二百六十七两七钱二分九厘。

一、苏州安节局经收规银四千两。

一、松江辅德堂经收规银三千五百八十两一钱七分三厘。

一、松江全节堂经收规银二千三百四十二两六钱七分二厘。

一、金陵同善堂分局经收规银一千二百八十九两六钱九分七厘。

一、绍兴徐树兰等经收规银一万九千七百十九两六钱五分八厘。

一、福州莫廷芬、普安堂等经收规银九千七百十九两八钱六分七厘。

一、宁波沈文莹等经收规银六千七十二两六钱八分一厘。

一、日本横滨理事范锡朋、中华会馆郑文饶等经收规银五千二百八十九两六厘。

一、宁波蔡冕端等经收规银四千四十二两一钱二分。

一、嘉兴训导王震元等经收规银三千六百五十二两三钱九分八厘。

一、汉口郑桂良等经收规银三千一百五十六两八钱四厘。

一、安徽庄元植等经收规银二千八百两五钱六分八厘。

一、钱塘教谕姚浚常等经收规银二千六百九十四两四钱二分二厘。

一、慈溪冯伟才等经收规银二千二百五十九两五钱一分六厘。

一、烟台周葆孙等经收规银一千九百两九钱二分九厘。

一、美国旧金山理事陈树棠等经收规银一千六百四十两。

一、日本长崎理事余寓等经收规银一千三百七十九两八钱五分三厘。

一、松江张礽杰等经收规银九百八十八两一钱一分二厘。

一、九江郑思贤等经收规银九百六十四两四钱二分九厘。

一、内江外海轮船设桶经收规银二千七百六十三两一钱三分八厘。

一、乡约劝募经收规银一千八百两四钱一分一厘。

共收规银二十四万四千五百九十六两六分一厘。

计开解数:

一、解直赈规银一万九千二百二十两。

一、解豫赈规银十六万四千四百二十二两七钱三分四厘。

一、解秦赈规银一万三千两。

一、解晋赈规银四万五千一百六十四两九分四厘。

一、支刻印捐册图张、制合丸散药料、木桶、刻印征信录等,共规银二千六百八十九两二钱三分三厘。

共解支规银二十四万四千五百九十六两六分一厘。

三月十三日奉到苏抚宪吴批:已照录禀折,分咨直隶、山西、陕西、河南督抚院查照汇核奏咨矣。仰即知照。缴折存。

(《申报》,第 14 册,326 页)

【附】河督李等奏为江浙集捐赈款拟请由豫各发善局堂匾额折子
(1879 年 7 月 29 日)

头品顶戴河东河道总督臣李鹤年、河南巡抚臣涂宗瀛跪奏,为江浙绅士集捐赈款,据称不敢邀奖,拟请由豫各发匾额,以彰慕义而顺舆情,恭折仰祈圣鉴事。窃照河南灾荒,幸赖各省官绅士庶集捐助赈,全活生民不可胜算。综核捐数,以江苏为最巨,承办赈务绅士均各视如己事,不恤劳瘁,尽心办理;浙江捐数较次,而办赈绅士,其出力亦与苏省无异,节经奉旨准照赈章给奖。除浙江捐款内有愿膺奖叙之户,业已由浙省照章核办,其江苏捐款,核计先后咨报赈放共银四十余万两在案。经臣等与江苏抚臣吴元炳往返咨商,饬令开单请奖。迭准吴元炳咨,据各局绅禀陈,并据江苏绅士前河南学政翰林院编修费延釐、候选郎中凌淦径递豫省函禀,均各声称,集捐助赈,系属合资众力,出自悃忱,不敢仰邀奖叙等因。复经臣等再三劝谕,始据将各善局堂名目开呈,情愿领奖匾额。察其言辞激切,意念肫诚,自不可不曲从所请。现经酌商,就此查开各善局堂共二十处,由豫撰字,各发匾额一方。其未经开送者,仍一面饬查,陆续撰发,以期推广皇仁,昭兹来许。据赈抚局司道详请具奏前来,臣等伏查此次集捐助赈绅士,如苏州编修费延釐、郎中凌淦二员,始终身任其事,尤为乡里之望,其次如内阁中书王伟桢、安徽候补知县姚岳钟、知县吴保祥、举人潘良〔民〕表、候选训导熊其英、生员谢家树、严作霖、县丞赵翰、从九品周康泰、监生李麟策、职员袁涛,浙江绅士如主事经元善、职员胡培基、经元仁、经元猷等,以及各局各路襄办董事,尚有数十余人,或在籍设堂劝捐,或来豫协同散放,奔驰数千里,辛苦一二年,甚至积劳身故,其勇于为善,洵属不可多觏,并据声明不敢邀叙,尤为慕义可风。惟此外尚有来豫较久,协同赈济,办理栖流所、留养局、慈幼局暨〈资〉遣代赎一切善举,劳绩卓著人员,应请容臣等查明,归于本省外省官绅保奖案内,一并择尤请奖,以示鼓励,出自逾格鸿施。所有此次发给江浙各善局堂匾额缘由,□会同江苏抚臣吴元炳合词具奏,伏乞皇太后、皇上圣鉴训示。谨奏。

军机大臣奉旨:该部知道。钦此。

(《申报》,第 15 册,114 页)

急筹晋赈启
(1879 年 6 月 27 日)

前接潘君振声绛州来函,所述晋灾,伤心惨目,恤邻之谊,义不容辞。惟助赈一举,非寻常善举可比,苟捐款不敷一邑之赈,断难贸然从事。统计山西户口,向来每县约有三十万人,今以三折计之,每县亦剩十万人，每人给银三钱，亦须三万金，方可下手。浙、沪、扬、苏四处，现在竭蹶经营，百方凑借，仅得万金。金、严诸君现拟分作两起，先后起程。然捐款一日未足，行期一日难定，深恐三晋遗黎嗷嗷待哺，旷日持久，死伤愈多。所望各处善士急速解囊，各处同人争相凑集，庶几晋赈一举，不致徒托空言，灾民幸甚。如蒙大惠，请交浙江同善堂，上海同仁辅元堂、果育堂、王诒谷堂、太古郑氏，扬州东关街李氏，镇江吉泰和，苏州桃花坞公寓，汇合起解。或交上年经收筹赈之上海城隍庙罗神殿内之上海保婴局，杭州钱塘姚氏，绍兴府水城巷徐氏，宁波东渡门外瑞康钱庄沈氏，余姚城内泰生钱庄朱氏，上虞小越镇回春堂袁氏，松江全节堂、辅德堂，福州裕昌洋行莫氏，汉口德兴洋行帐房，九江慎和质郑氏，苏州安节局，湖州仁济堂，常州保婴保节总局，昆山正心崇善局，常熟水齐堂，江阴保婴局，吴江凌氏，震泽保赤局，无锡丽生钱庄，嘉兴学王氏，苏州崇真宫桥陆氏，黎里众善堂，烟台公估局，盛泽斜桥施氏，新市厘局查氏，扬州教场五巷王氏，香港东华医院，横滨三十三□行郑氏，汇收转交，亦无不妥，临池不胜急切待命之至。同人公启。

（《申报》，第 14 册，644 页）

催收赈捐续启
(1879 年 7 月 6 日)

晋赈款项，现在扬州收有万金，浙江五千，苏城一千，昨已汇交来沪，而沪上仅得七千。统计浙、苏、扬、沪四处，尚不满三万。山西道远灾广，严佑之明经早约定同人不避炎暑，立待启程，赴绛州、曲沃一带，会合潘振声孝廉同办。然非五万金不能成行，所望各处大善士广筹速劝，俾早赴援。其交捐处所备详前报，亮蒙照鉴。协筹晋赈同人谨启。

（《申报》，第 15 册，22 页）

上海协助晋赈公所同人启
(1879 年 7 月 15 日)

沪上前筹四省赈捐，本兼晋省，今晋灾独久且酷，浙、苏、扬三处豫赈既毕，合谋助晋，沪上更谊不容辞。潘振声孝廉已先赴绛州一带，频书告急。严佑之明经、金苕人太守，现定六月中续往，万难再迟。当此再三悉索之余，筹措愈难，关系愈重，理宜特设公所，联合远近，所拟大略，开列于后：

一、设立公所，仍照上年仁元庄旧章，以重收解而专责成。上年四省赈捐，辅元、果育两堂及保婴局、王诒谷堂、新太古郑寓、保婴堂等，各自经收，而汇总解款，统归公所。故现刻征信录，亦由公所挈众分户合编，不致舛错。此必宜循照旧章者也。至公所捐票，现宜另刻，使融洽中更见分明。上年匆遽集事，借用善堂各票，今春编录征信，核对甚费时日。此旧章之不必尽照者也。

一、公所议设于法租界浦滩新太古轮船公司内，倘蒙远道经募高贤惠赐书函，或解囊善士寄交捐款，均由公所同人奉答，以便接洽。

一、公所银钱收解，公议以郑陶斋官应、葛蕃甫绳孝、李玉书麟策、胡小松培基、经莲珊元善、沈昧畲善经、王介眉宗寿七人经手，以重责成。

一、现分捐册，即用苏州新刻福报图册，不复另刻。盖晋省灾象，已图无可图，说无可说，浙、苏、扬、沪本属一气，捐册自宜归一。其分募各处，于册面另加小戳，声明某处某人，以便各归经手。远近同志需用捐册，一经奉示，遵即寄呈。

一、公所日用开销，茶饭、纸张、笔墨、来往信资、司事雇工，皆同人自行出资，概不开支赈捐点滴，悉到灾区，以昭实惠。

（《申报》，第 15 册，58 页）

续解晋赈并声明分济直赈启
（1879 年 10 月 16 日）

启者：敝处会合浙、苏、扬、镇同人收解晋赈，于八月初五日止，前后解过七批，共计银十九万一千三百八十八两八钱九分。近日收款渐稀，本拟将次截止，以慰各处善士七级合尖盛意，讵闻直隶三口决河，文安、武清等十余州县又患水灾，人畜田庐，死亡淹没，不可胜计。矧地当畿辅，更觉难以膜视，但比年来齐、豫、秦、晋叠遭荒歉，悉索已竭。同人往返函商，以晋中得雨后，情形略甦，拟以沪上收款，分救直隶之急，苏、扬两处再拟续行另募。兹于八月二十九日筹解直赈第一批库平银一万两，续解晋赈第八批申公码银一万三千两，计先后共解晋赈银二十万四千三百八十八两八钱九分，直赈银一万两，内由浙、苏解者七万四千五十五两三钱二分七厘，扬、镇解者四万二千五百九十四两六钱七分三厘，沪上解者八万五千五百两，豫局移解者一万二千二百三十八两八钱九分。此八月底止解数也。敝处现定十月初一日截止，编造征信，用敢告恳各处善士，倘有未写捐册、已收款项，务尽九月内速行惠掷，以凭汇解，不胜仰跂之至。上海协助晋赈收解公所。

（《申报》，第 15 册，430 页）

上海协赈公所来函
（1880 年 4 月 14 日）

昨接严佑之先生来书云，二月廿四日抵文安，该县全在水中，极苦者非死即徙，所存者皆是往日大户，近来均变作穷民，困苦情形，万言难尽。弟等助赈，亦不过苟延旦夕，终填沟壑而已，奈何奈何！昨接振翁由保定发来之笺，得悉茗翁、紫翁均未来直，振翁以试期日迫，即由省进京，所带二万一千两汇票，有天津，有京都，其票并未寄来，嘱弟至京面取。弟以人手无多，万难往取，然既有此款项，又不能不设法办理，殊费踌躇。再四思维，请缪启泉兄至都一行。各处待赈灾黎，如婴儿之望乳，弟等因无余款推广，即有款项，亦恐查办不及，有误春抚日期。即如振翁之款，拟留为雄县之用。若候弟等文安、保定办毕，已至三月杪矣。最妙尊处与绥翁商量，邀约二三位来直分办，由轮船来，三月半间即可推广雄县。弟为急救灾黎起见，并非畏难推诿，祈谅之云云。敝公所接读之余，殊深焦急，适经君莲珊自扬返沪，不辞劳瘁，愿与张君雪堂、王君询周同往，订于月之初七日起程。公所先借垫银五千两，想苏、浙、扬、镇公所与四方诸君子闻之，当必踊跃输将，务于即日交下，庶汇数带往，代施大德，济彼孑遗，则感激之私，直与亿万灾黎同深叩祝矣。刊此布阅，尚祈垂鉴。

（《申报》，第 16 册，393 页）

三月十七夜经君莲珊、沈君小园自津门旅次来信
（1880 年 5 月 4 日）

苏申扬镇诸善长大人阁下：迳肃者：弟等别后，于十三日过黑水

洋，波浪大作，卧不能兴。十四日抵烟台，因风雨交迫，势难湾口，停轮一天。十五午后始卸货开行，天亦晴朗。昨晚抵紫竹林上大昌客店，时已十一下钟矣。今晨晋谒郑玉轩观察，知李秋翁已往任邱开办堤工。玉翁嘱弟等往盛杏翁处一晤，缘渠经手赈务，可以悉文安、雄县，取道熟便也。复至广仁堂工艺所，晤章秉翁，悉缪启翁于初五六进都，已接来信云，收取汇款后，就近直抵雄县。查雄县离津郡三百余里，向系水陆皆通，今车不能行，往返极不便，而于文安则必由之途。弟等拟将随带五千金收取携往，先过文安，与佑翁会商分办。明日如现银舒齐，后日即可雇舟动身。至于该处灾况，众口一词，此刻尚未目睹。而出天津南门不及一里，已一片汪洋，淼无涯岸，问之父老，皆称昔年播种之地，今变为泽国，水患情形，略见一斑。特恐到雄县后，推不忍人之心，因邻及邻，赈有万不容已，款则后难为继，至进退失据之际，未能仰副诸善长救人救彻之愿，反不如不来之不见不闻也。匆遽数行，先报平安，容俟抵雄后再行详布一切也。肃此，敬请德安，惟鉴不既。经元善、沈嵩龄顿首。

（《申报》，第 16 册，473～474 页）

经君莲珊雄县来函照登
（1880 年 5 月 17 日）

苏浙扬沪诸善长大人阁下：迳启者：弟等于昨午过文安之苏桥，会见严佑之兄，见其刻苦自励，胼胝辛劳，可敬可佩。文安小保定，业已查楚，三五日内文安放毕，即放保定。核计赈款，连潘振翁携来，所余拨办雄县者，仅一万三千四百两，合之弟等随带五千金，大约雄县所缺无几。霸州于文安毗连之处，佑翁已查放十六庄。昨霸州牧宋君亲至苏桥请赈，佑翁因无余款，未敢遽应。弟等汇商，准于保定竣事后，佑翁接查霸州，所需赈款，即以浙解任方伯之一万两先为济急，如不敷再行计议。停舟两刻，即行鼓棹。承佑翁调派同事仲配之、陈子颜二君，相助为理，今日傍晚始抵雄县，见城内寥寥数十家，满目荒凉。晤邑令汪镜涵明府，山左人也，询悉水患已十年于兹，被淹共有七十庄。详阅地图，悉该县灾区偏于东南，即拟明日往适中之地，名史阁庄，设局查户。钱则援文安办法，交县中分派各铺户兑换。佑翁于任邱、大成〔城〕、安州，大口每名放大钱八百，文安、保定每名一千，今雄县、霸州亦照文安之例。弟等一路而来，历天津、静海、文安、保定而至雄县，沿途见两边堤内，一望巨浸，居民宛在水中，而鹄面鸠形，惨不忍睹。况水不宣泄，则地难种植，日久终至死亡。据云如文安低洼之水，欲其渐涸，非三四年不可。譬如同一病体，晋豫之症如伤寒，患在天时，死生呼吸，诚急于直隶，然得良医诊治之，对症一剂，立可回生。直灾之症如风瘫，患在地理，若不扶土而理湿，即日服参苓亦难奏效。诸君子如欲救人救彻，必兴助水利。无如此事非官民通力合作，断不可办。弟等俟雄县放毕，即日南旋。先陈梗概，容当面详一切，方能尽其底蕴也。敬请德安，不既欲言。弟经元善、沈嵩龄顿首。三月二十四日中，雄县发。

（《申报》，第 16 册，526 页）

录经君莲珊述北直水利书
(1880 年 6 月 11 日)

苏浙扬沪诸善长大人阁下：弟到津后，采诸舆论，稽诸图籍，知直省入水之处广，而出水之处少。如京城以东，一由潮河发源，经滦平县、建昌县、白马关、密云县；一由白河发源，经独石口、赤城县、怀柔县；一由居庸关内发源，经昌平州、大兴县、顺义县。以上三水会合，从北通州、张家湾、香河县、武清县，绵亘六七百里而达天津三岔河，名曰北运河。京城以西，一由东洋河发源，经宣化府；一由西洋河发源，经万全县；一由山西发源，经西宁县、怀安县。以上三水至保安州会合，从怀东县、居庸关、房山县、石景山、良乡县、永清县，绵亘七八百里而达天津三岔河，名曰永定河。一由拒马河发源，经房山县、涿州、雄县；一由涞水发源，经易州、新城州，拒、涞二流合为白沟河；一由黑石岭发源，经蔚州、紫荆关、定兴县、容城县，为北河；一由唐河发源，经倒马关、曲阳县、唐县、望都县；一由沙河发源，经龙泉关、新乐县、定州；一由滋河发源，经行唐县、无极县，合唐、沙、滋三水，过祁州、博野县、蠡县、高阳县、安州，为猪龙河。以上白沟、北河、猪龙三水汇合，从西定、霸州、保定县、东淀，绵亘八九百里而达天津三岔河，名曰大清河。京城西南，一由滹沱河发源，经固关、井陉县、平山县、获鹿县、灵寿县、正定县、晋州、东〔束〕鹿县；一由磁河发源，经成安县、广平府、永年县、曲周县、鸡泽县、南和县、平乡县、唐山县、北泊、新河县。以上两水汇合，从滏河、冀州、衡水县、武邑县、武强县、臧家桥、大成〔城〕、新河口，绵亘千余里而达天津三岔河，名曰子牙河。京城以南，由清河县、临清州、故城县、德州、吴桥县、东光县、南皮县、沧州、青州、静海县，绵亘八九百里而达天津三岔河，名曰南运河。以三岔河众水所归，仅赖大沽口一线为之宣泄。其间惟南运河有几条小港可以入海，如德州海丰县之四女寺、哨马营，沧州盐山县之小西河，青县之兴湾河，今均淤塞。且三岔河以内，五大河咽喉之处，亦淤浅不堪，失其故道。文安、大成〔城〕等十余州县，适当两淀之间，地势低洼，宜乎水患频仍矣。若不将水势导之通畅，蓄积之水未涸，新发之水又来，是负薪而救火，赈无了期。盛杏翁云，李中堂之意，欲俟各省官捐之钱兴办水利，以工代赈，苟能民捐中笃诚耐劳之人帮同办理，真是莫大功德。且非若浙省海塘，钦工经办者，必须保固。观目前直灾景象，不办河工，放赈是无底之壑，久而久之，难以图存。譬如一失业之人，无衣无食，赠之财而得暂时饱暖，果惠矣，财尽则仍冻馁，诚不若代觅生理，使得自食其力之可以长久也。弟思畿辅为天下重地，水利系救灾急务，诸君子具此热肠，能于此时出而建功，亦三达德之一也。弟之此来，承沪上诸君肫劝，勉为一行，自问学术浅薄，既不能久驰于外，断不敢好大希功，竭耳目心思之所及，不忍不贡献刍荛，区区之诚，无非为中泽哀鸿请命耳。率布数言，顺请德安。小弟制经元善顿首。

（《申报》，第 16 册，625～626 页）

【附】阅经君莲珊述北直水利书书后
（1880 年 6 月 14 日）

前日论水灾旱灾轻重，谓现在直隶赈务，较之晋豫二省，因旱办赈者，更属难于蒇事。因旱灾由于天时，而水则天时居其二，而地理居其八，不兴水利，不浚河道，虽使天无淫潦，而灾无已时。盖天降之水，大雨经旬，积而不退，但晴需几日，即便干涸，而田禾淹没者，尚可补种。若因乎地利，则譬如直省滨河州县，河水之发源，远在一二千里之外，由西北而东流，所过之处，或春涨连绵，或夏潦骤发，河流所受，势必猛横。至于归壑之处，陡然溢出，平地皆成巨浸矣，而是处固未有雨也。水灾之甚，大抵由此。非有悉心民事之人，筹出巨款，大兴水利，则连年散赈，安有此愿力哉！愚意初不过揆情度势，以为是言，未尝亲履其地，实睹其情也。乃上海协赈公所接经君莲珊自直隶来书，述水利之亟宜兴修者，条分缕析，朗若列眉。此皆经君目睹情形，知水患频仍，悉由地利。若不图探本之治，而徒救目前之急，则文安、大成〔城〕等十余州县，竟无可种之田。即使水有退时，而一年之中，自桃花涨、黄梅雨、伏汛、秋汛、霜汛，以至冬令冻结、开春融化，凡水势盛时，有此五六七次，或田方苗而洼下不能插，或苗已秀而浸灌不能长，或秀已实而漂没不能收，岂非该十余属常年遭灾，而赈济遂为成例乎？经君身历其境，备悉某县之水道所在，与某河之深浅、某处之淤通。使易赈而工，经费虽繁而工役易集，即不能尽令安流，自此西北无水患，而淤塞之处使之开通，归宿之所令其畅行，则所过境内，或亦虞其汛溢，而究不若现在渟蓄之久与会聚之多也。夫官赈可以报销，民赈皆出乐捐。报销者有限止，乐捐者无穷期，然经办之人不啻手胼足胝之苦，筹劝者已有唇焦舌敝之劳，斯时而欲歇手，既无以对农民，斯时而不歇手，亦难以对善士。盖人情大抵相若，家有多金，即不为后日子孙计，亦当为目前衣食计。若以救灾之故，而先倾其现银，继售其产业，终将典其衣物，分其口食，而自居于不暖不饱之地。此从井救人之见，智者不为也。等而下之，以诸善士之请，亦既勉强应允，一再输将，则其后力虽有余，必难为继。若斶之而至于三、至于五，则口不忍言，而心滋不悦矣。此筹劝者之难于竭力，更甚于经办之人也。故目前若仍于赈济一道，纠人出资，其数必不如前。苟能筹思善策，改办赈为治河，以成一劳永逸之谋，仍照筹捐之法，商劝东南绅富之家，各助重资，种无量之福，其名则有异，而其实则亦为灾民。吾知于数见不鲜之中，改换题目，而输资者又踊跃以起也。书中述盛观察之言，李伯相之意，欲俟各省官捐之钱兴办水利，以工代赈，苟能民捐中笃诚耐劳之人帮同办理，是真莫大功德。吾谓果使河工可兴，则无论官捐民捐之钱，皆为直隶灾民用去，无分彼此。中堂此言，原待官捐之有巨款，其于南中善士，以为历年既竭心力，此后不敢重劳，而其实大有不敢请耳、固所愿也之意。且官捐之钱，不知何时可以解济。若民捐，则绅董协心，赈局未散，但使议定则散簿书捐，各随前所输赈之数，酌其多寡而行之，则银自可先期汇解，以济开工之用，较之官捐，尤为速而且易也。前年豫赈吃紧之际，各处仿照桶捐，闻投钱者或多或少，无济于灾，经事各君创行各法，分立名目，以期其言之动听，而捐数反无起色。乃自有代赎子女、收养弃孩之举，而各处输捐者指名送入此局，其数乃倍蓰于前，于是豫赈得以了手。可知人情厌故喜新，事系倡举，无不乐从，闻其名之异而不思其实之同也。愿筹赈者一变计焉可矣。

（《申报》，第 16 册，637 页）

机器织布招商局章程总叙
（1880 年 10 月 13 日）

　　窃维资生之计，莫急乎衣食，人不可一日乏食，亦岂能片刻无衣？布之为用诚大矣。吾中华向来织布，都藉人工，泰西竞尚机器，工半利倍。英国开创最先，近时各织机约有十三万余张，美国继之，有十五万几千张，近年印度踵而行之，已有一万余张。日增月累，销路仍畅，是其中之有利可图，必无疑义。各国所出之布，行销于中国者，每岁不下三千万两，财源日以外溢，有心世道者患之。考中国仿办机织，其利胜于外洋者有三大端。中国棉花六七分收成，每担不过九两至十二两，英美两国即十分收成，每担亦需十一两至十七两，花本之轻重已及三分，其利一。中国人工，每工不过二三百文，外国自七角半至一元，工价之悬殊，几已过半，其利二。洋布种类甚多，销行无定，中国自造，可随市面相应者，多造速销，外国不能随市转移，又多重洋，水脚保险等费几及三分，其利三。虽然，既计其利，宜思其弊。中国购运机器，价本必加，运费亦重；延请洋人，工资必倍，此二端逊于外洋。然利弊相较，尚属利多弊少，且弊止二三年而已，利则可久可远。况中国棉花已寄英国，织成洋布寄回，考验较洋花所织略加精致。其产业均有保险，成本几何，出布几何，皆可核算，较别种生意尤有把握，又何惮而不为耶？本年四月，奉钦差北洋通商大臣直隶爵阁督宪李札饬筹议，当经查阅旧订节略，金称有利三分。虽考核颇明，然尚未敢遽信，复经详细研究，逐项苛算，除机器价值考订详明、可以照算外，棉花价本则择其中上者为准，洋布售价则就其中下者为准，延请洋匠督教，工资宁计其丰，雇募散工学习，人数宁计其多，一切完纳税饷、股本官利、延请董事司事、购地造厂、保险等项，事事均从宽算，逐条分析附后便览。照现定先办织机四百张计之，每年共需开支规银三十六万八千六百两。其入款则每年织造英产原布、洋标布、美产斜纹布三种，可出二十四万匹，约可售得规银四十四万四千两，抵除本银，可余七万五千四百两，核计将及二分，再加官利，约有二分八厘光景。又经通商大臣批定，嗣后有人仿办，只准附股入局，不准另行开设等因。如果工作纯熟，出布日增，洋匠渐减，节省杂费，即当加添机张，扩充行运，其利更非浅鲜矣。或谓纺织本属女红，恐夺小民之利，不知洋布进口以后，其利早已暗夺，本局专织洋布，是所分者外洋之利，而非小民之利。且局厂既开，需用男女工作，有增无减，于近地小民生计不无少裨。事理灼然，无足疑者。此事由中堂委任，事虽由官发端，一切实由商办，官场浮华习气一概芟除，方能持久。其股分仿照招商章程，每股规银一百两，共集四千股，计银四十万两。除禀明南北洋钦宪酌拨公款外，在局同人共集二千股，尚余二千股，所望海内达官富绅同心集事，自一股至百千股，各从所便，数满而止。将来酌添机张，或需加本，亦必布告周知，先尽旧股。所有股分银两认定后，先交五成，出给收票，本局存稳当钱庄生息，备购地、定机等用。俟机器到有定期，全数交足，掣换股票。官利息折不得迟延，至于请洋匠、定机器、购地基，总以股分集满，收齐五成，然后举办，方免贻误。万一股分不齐，事机中辍，先收之五成银两并息，均由本局如数付还，丝毫不爽。条议节略录后，如有未周，务祈指示。所有议办缘由、禀批等件及开局详细规条，容再刊布。上海机器织布招商局同人启。

（《申报》，第 17 册，417 页）

上海详报晋赈捐数并经募善士禀
（1881 年 6 月 8 日）

上海协赈公所江浙闽粤绅士王承基、经元善、林嵩华、郑官应等谨禀大人阁下：敬禀者：窃绅等前奉苏护抚宪札饬司道行知协助晋赈一案，光绪六年五月念九日，奉山西爵抚院曾咨开办赈出力绅士官阶、姓名饬即详开复晋等因，到本护院，准此札饬遵照等因，转行到绅。奉此伏查解晋赈款，除光绪三年八月分起，五年二月为止，共解银六万七千五十七两八钱四分二厘，先经禀请苏抚宪咨报外，此次自光绪五年四月间，绅等邀同葛绅绳孝、李绅麟策、胡绅培基、沈绅善经等设立公所以来，截至九月分止，共解前爵抚宪曾衙门赈捐银三千两，奉有批回。又先后解交潘绅民表、金绅福曾、严绅作霖等放赈银七万五千七百六十二两八钱五分五厘一毫，除该绅等禀明携拨直赈款内卑所银三万两外，实支晋赈银四万五千七百六十二两八钱五分五厘一毫，此次两共解支银四万八千七百六十二两八钱五分五厘一毫。先后共经捐募银十四万二千八百二十两六钱九分七厘一毫。捐户既极繁多，远近汇收之处亦复不少，如上海除卑所外，尚有果育堂、辅元堂、保婴局、保安堂，外省则澳门、广州、福州、绍兴、安徽、湖州、香港、汉口、烟台、湖北、宁波、牛庄、汕头等处，均有募收绅士，随时汇交起解。各该绅士心切拯灾，大都不求奖叙。兹奉前因，谨就所知各处绅士衔名开具清折，上呈宪鉴，以彰众善而备稽考。此外遗漏尚多，不无缺憾，除浙苏、扬镇两公所先于光绪六年秋间禀请苏浙抚宪咨报外，肃禀虔请崇安。绅士承基等谨禀。

计开：

上海协赈公所方绅德骥、盛绅宣怀、姚绅宝勋、徐绅润、李绅金镛、唐绅廷桂、张绅斯臧、顾绅寿松、沈绅铸、屠绅成杰、王绅尧阶、庄绅兼仁、曹绅思绅、施绅善昌、金绅涵、郑绅世泽、钱绅征、姚绅菜、黄绅镎、倪绅怀清、陈绅承第、周绅锟章、叶绅嘉泰。

上海果育堂王绅镇昌、黄绅燮、唐绅廷枢、沈绅桂荣、刘绅镛、陈绅煦元、姚绅焜、郁绅士桢、朱绅其莼、李绅朝觐、郁绅熙绳、张绅灿、潘绅佩卿、周绅绍贤、干绅云、李绅镛、陈绅企南、黄绅焕清、张绅子祥、王绅子显、王绅宗寿、陆绅焜、朱绅征镕。

上海辅元堂贾绅履上、张绅佳梅、张绅益廷、梅绅益奎、叶绅茂春、姚绅垲、王绅祥国。

上海保婴局顾绅寿臧、严绅锡康、周绅昌炽、顾绅寿乔、汤绅□彰、王绅松森、顾绅秋园、沈绅嵩龄、张绅韦承、卫绅钟骏、徐绅淞涛。

上海保安堂谢绅荣施、冯绅沄、瞿绅开桩、瞿绅开桐。

澳门协赈公所何绅伯贤、冯绅颂请、陈绅兆祥、曹绅应遴、曹绅应贤、沈绅荣煜、何绅其政、龚绅廷章、王绅应昌。

广东爱育堂冯绅世谦、卫绅介堂、陈绅春畋、钟绅觐平、吴绅晴溪、余绅乾初、陈绅瑞南、唐绅应星、陈绅定之、曾绅松杰、潘绅镜波、白绅进贤。

福建福州裕昌行、普安堂、台南、台北协赈公所王绅少樵、雷绅其殷、潘绅彬甫、杨绅雅丞、暨绅怡士、林绅新甫、杨绅敏甫、王绅子芸、陈绅廉叔、王绅甫亭、曾绅伯厚、庄绅郁甫、黄绅孟□、吴绅小帆、谢绅春皋、李绅绚斋、许绅少蓉、彭绅祝三、陆绅自牧、王绅书亭、莫绅澹如、李绅萧斋、林绅保三、莫绅梅峰。

绍兴协赈公所杜绅联、平绅步青、沈绅元泰、马绅传煦、胡绅寿鼎、鲍绅谦、余绅恩照、徐绅树兰。

安徽协赈公所张绅保慈、彭绅钺、庄绅元植。

湖州仁济善堂各绅董。

香港东华医院柯绅敏斋、陈绅□生、李绅玉衡、黄绅筠堂、梁绅鹤巢、郭绅青山、招绅雨田、佘绅饶敏、冯绅明珊、罗绅显门。

汉口协赈公所郑绅桂良、刘绅东山、郑绅思贤、吴绅庆琦。

烟台协赈公所何绅福谦、陶绅颖、刘绅均、何绅彬文、金绅兆镕、蒋绅祝堂、刘绅燻、蒋绅秀峰、谭绅赓尧、周绅葆荪。

湖北协赈公所江绅麟瑞、周绅有全、李绅镜心、吕绅贤笙、徐绅龙云、朱绅桂馨、邱绅奇勋、江绅联蔚。

宁波协赈公所蔡绅鸿仪、崔绅炳辉、沈绅文莹、毛绅清藩、陈绅锦江、曹绅心孚、秦绅君序、蔡绅聆勋。

牛庄协赈公所吴绅之焜、丁绅祥麟、山绅德安、程绅正兴、徐绅士魁、马绅桂荣、宋绅允屏、王绅魁士、姚绅懋谦、徐绅炳炎、李绅征、陈绅承甲、茹绅沛霖、姚绅义明、杨绅□经、何绅曜年。

汕头万年丰会馆各绅董等。

敝所仰蒙众善募集巨款，委为转输，前后起解晋省，数逾十万，除编刊征信录外，特将经募善士姓氏详录禀报，以昭□善。惟所列台衔，敝所系照初次集议邀单登列，故有劝募甚力而始终隐名，未能载入者，亦有筹交他所收解，敝所征信录中采成编列者。至外埠各公所，均照来单开列，或名或字，亦不一律，阅者鉴之。上海原办晋赈同人启。

（《申报》，第 18 册，610 页）

代述江阴常熟沙洲同被风潮待恤情形启
（1881 年 8 月 5 日）

敬启者：同人连年收解赈捐，苦于欲罢不能，内负掠美骛外之愆，外惧斗捷沽名之诮，甫于本年三月将直赈截止，遇有来款，一概退回，一面编录征信。乃昨因扬州严佑之明经来信，通泰各场风潮为患，灾状迫切，不能不代为登报。正在踌躇，又经周筱堂广文述，接江阴家书，谓该处阊门沙一隅亦被风潮，淹毙四十余人，淹伤垂毙尤多，倒坍屋宇八十余家，露处断岸、乏食待毙者七百余口。圩内所种棉豆尽付东流，日蒸水浸，臭烂不堪，疾疫更所不免，余处不暇详述等语。又接江阴、常熟善友公函，言六月十九、二十、二十一等日，风雨大作，江潮陡涨，沿江各沙洲百余处圩岸均被冲溃，居民淹灌，死者无数。幸存者室庐淹没，百物荡尽，老幼男妇，露处无食，急待拯救，而本地劝募甚难，乞筹款前往查恤，并为登报等语。敝处本不敢再渎，然灾民乞命号呼，重以各处善友谆谆委嘱，不为代达，终属不忍。现已函商苏友，先往细察，倘有善士乐输，委令交解，即仍掣奉收条，日后与通泰等属捐款同登《申报》，以资征信。谨启。上海大马路黄浦滩电报局内前办协赈同人启。

（《申报》，第 19 册，141 页）

上海机器织布总局催收后五成股银启
（1882 年 5 月 18 日）

启者：本局所聘美国工师丹科，自去冬出洋后，今春二月又续派翻译梁君子石赴英。叠接电信云，先到机器总会，广为阅看，复至织厂，就华花质性所宜，改机试织，所成之布较前加倍细密，现已定造机张并汽炉各器，已付定银三分之一，各厂均赶速制造，不久告成，陆续装运来华等语。本局基地亦择于三月二十七日兴工填筑。原拟先办织机四百张，集股本规银四十万两，作为四千股。嗣因附股者实多，不得已公议加收一千股，预备扩充机张之用，股数亦已足额，一律截止。所有各埠分出挂号册，自今日为止，如再有新招股分，寄银来局，亦一概不能加入矣。至于业经得股诸君，应交后五成银两，即请于四月十五日以后、五月底以前，交付本局，以便掣换股票息折。特此布闻。

（《申报》，第 20 册，652 页）

沪上同人致各路募赈诸公告灾书
（1882 年 7 月 27 日）

善长大人阁下：弟等曩者襄事协赈，远荷推诚信任，收解捐款，因得时奉翰教，仰挹德辉，公谊久要，私衷尤佩。岁月驰骤，笺敬阔疏，兹复有渎陈者。本年霪潦为患，江河盛涨，如浙江之金华、绍兴府属，江西、湖北滨临江湖各郡县，先后出蛟，居民荡析，曾经各处书来，告灾乞援。弟等以频年来妄为德先，久掠众美，越分违道，负疚在躬，若不自□□，复蹈前失，无论悉索已尽，徒来无厌之讥，而本非寻分之常，大昧知止之戒，问心先馁，措手奚从？是用惴惴相戒，敬谢不敏，亦以前来数书，灾尚不广，情形亦未甚剧，本处官绅当能拯济也。不意皖省怀宁、桐城、潜山、太湖、舒城、合肥、宿松、英山、庐江、无为、巢县各属，同时大雨出蛟，山水暴奔，最涨时至二丈左右，而邻境上下游，处处涨灌，即雨止大晴，水亦不退。当属轮船友往来察探，但就沿江舟行所见，尸骸、棺木、屋材、家具、农器、牲畜，顺流漂淹，收不胜收。近又有从各灾区来至上海、苏、扬，又友人自太湖逃至芜湖，并云太湖西乡伤人已及万余，一路绕道奔走，所见所闻，大抵村无不破之家，家无不亡之口。其存者露栖日炙，无复人形，疾疫流行，前僵后仆，秽恶充塞，骨肉死丧，略不相哀，弱者只垂头以就沟壑，强者或救死而挟刀矛。意外之祸，事后之策，此时奚暇计及？盖水灾之骤，本酷于旱灾，所赖未几即退，亟为补救。今数省并发，水无退路，皖南北乃独罹巨患，是不能仍复膜视矣。官长便宜发粟，倡导捐廉，既以遍及为难，即各处绅富田畴旨蓄，与编氓同归于尽，乡井密迩，理应加厚周恤，亦不能不由亲及疏，由近及远，嗟此亿万待尽灾民，若非众擎速援，安得须臾毋死！现在苏、扬、沪三处同人各垫五千金，请严佑之明经偕友驰往，一面赶制药物，酌运粮食，随后驰赴。此次尚幸电报通信，三处往复定议，成行迅速，较常十倍。然灾民受伤太重，地又太广，赈款所费，恐不赀，区区万五千金，暂济亦难多及，且办事乏人，曩时诸君，或积劳难以相强，或他务不克从心，弟等既司收解，又难远离，人财两绌，不知日来此呼号望救之人，能否多救数人，早救一日。焦灼无奈，惟有仰祈垂荫，复请发棠，尤祈多求干济耐劳之才，各自驰赴，分投勘办，此间捐资能继，必当与严佑翁处一律匀解，不分轩轾。弟等愿任后路，渴望前旌，冯妇之羞，不敢复自顾恤，想大君子必识微烛隐也。至瓜豆因果，感应如响，年来局中局外，习见习闻，确确凿凿，不能枚举，劝之乐施，要必以是为正轨，而不敢不抒诚一颂左右者，非敢云陈义之高，庶以体安仁之素，临颖无任顶祝吁怀之至。除刊报传布外，专此，敬请德安。上海前协赈公所同人谨启。

华兴玻璃公司告白
(1882 年 9 月 5 日)

启者：本公司系哈未洋行纠集股分，请某等出为董事。当时因欲劝募每股赈捐一两，勉事承乏。迨后挂股者日益繁多，即于本月朔日截止，共计八千余股，除先订明必要实数外，其余挂百股者派得十四股，曾经遍告股商，于礼拜一即初八日起，至礼拜六本月十三日止，先收五成银两。某等既已经手，方期俟股分齐后，切实考订购机制造、选沙成料及用场销路诸端，确有余利，然后兴举，以期无负众商信任。现在某等名下经手各户股分九百六十六股，股本已齐，而洋行挂号者尚未见解，特登报申告，再行约期三天。如至礼拜四，各股仍未缴齐，只好将已收股分一概璧还，敬谢不敏焉。再，赈捐一两，欲还与否，亦各随自愿，并不相强，合并登明。袁纯斋、经莲珊同启。

(《申报》，第 21 册，398 页)

告　白
(1882 年 9 月 9 日)

启者：敝处华兴玻璃公司股本，除华商经手已解外，因洋行挂号者未齐，于礼拜二日登明，限礼拜四日为期，逾期不足，将已收者璧还等云。查昨日为止，尚未交齐，此举系洋商发端，敝处本非专门，不敢不慎之又慎，言须必践，以昭公信，特此申告。曾已付股诸君，请于礼拜六日持收票仍向汇丰银行收回原银，伏乞亮鉴。袁纯斋等启。

(《申报》，第 21 册，423 页)

致各善堂各电局山东助赈函
(1883 年 7 月 31 日)

诸贤长先生大人阁下：远违德教，深切依驰，比想台祺，日懋鼎祉咸亨，至以为颂。兹有恳者：月之中旬，得接严佑之明经来函，历述山左被水情形，亟拟赴赈。弟等以南中筹赈七载于兹，竭忠尽欢，君子所戒，揆时度势，敬谢不敏。乃于二十二日复以书来，谆嘱筹垫。适滋大典铺被火不焚，愿垫五千金为倡，因即合垫万金，汇交佑翁挈带赴赈。顷按电函，知已即日就道。又值金州矿局延友赴东，寄汇银两较为顺便，遂请其专司收解。同人中仍公推沪、苏原办郑、谢诸君总核勾稽。凤仰贵都人士乐善好施，久著闻望，如有赈款交到，幸乞代寄上海陈家木桥金州矿局代收，挈付收条，代为汇解，仍登《申报》，以昭凭信。感佩私衷，实与灾黎共之。肃泐，敬请勋安。前办上海协赈公所同人、苏州桃花坞赈寓同人拜启。

（《申报》，第 23 册，182 页）

上海陈家木桥山东赈捐公所同人催收汇解启
（1883 年 8 月 14 日）

　　驰启者：顷接潘振声诸君来函，略言此次灾状，较诸往年直隶，过无不及，待赈者不下百万，所带银两，为数太少，断断不能下手，现在专候尊处飞速先解四五万金，并邀从前豫、晋、直、皖旧同事中查赈好手，如严佑之诸君者数人，星夜来东，庶几人手财力可任两县一月之赈，否则地广人多，万难开查等语，辞意极为急切。惟前此垫解严君万金，虽经同人认定捐募，将来可以有着，现在无须扣还外，原拟十五日垫解潘君万金，现在仅收捐款三千金，为数既属无几，难餍赈友之望。同人心余力绌，势难再垫巨资，转辗筹商，只得改于七月二十日仅前后所收，悉数起解，不扣旧垫，以应急需。惟此旬日之中，欲筹四五万金，断断无此力量，为特刊布公启，务乞仁人君子从速解囊，多方设法，或任劝募，或肯垫借，即日驰交来所，由盛君杏荪、郑君陶斋、经君莲珊、谢君绥之经手汇解，临颖不胜急切祈祷之至。再，敝处承《申报》馆刊布捐单劝募外，另行刊备捐单万纸，如荷领募，请即函索为感。原办上海筹赈公所、扬镇筹赈公所、桃坞筹赈公寓同人拜启。

（《申报》，第 23 册，268 页）

陈家木桥山东赈捐公所同人启
（1883 年 8 月 15 日）

　　启者：潘君振声催取赈款，昨已刊登新闻，恳请发棠。兹又接严君佑之来电，准于十六起程，携款万余，深恐到东后又嫌短少，不能开放，约计时日，立刻电汇扬州，尚可带去。如有输捐善士，或各处经收赈捐公所，本欲解交佑翁者，请于即日速汇扬州，以便携赴。救灾如救火，愈速则功德愈大，想诸君子必有同心也。再，七月十二日《申报》登山东赈捐公所收款，系山东、直隶善士另在怡顺昌内设立山东赈捐公所经收。又丝业会馆山东赈捐，系施君少钦经收。善有同心，极深钦仰。所冀各善堂局所闻风兴起，仿照怡顺昌、丝业会馆办法，另设筹捐公所，分投劝募，或另请善士带银往赈，或迳解山东，或委敝处代解潘、严、缪、严诸君散放，俾灾民早沾实惠，而赈款不致难继。同人力小任重，亦免陨越之虞，此尤私心切祷，不胜仰盼者也。敝处解款电报列后：

七月初一日电禀山东抚宪云，潘绅民表等来东助赈，到后速示，以便解济。严绅作霖携银万两，即日起程。

初八日山东陈中丞来电云，潘绅民表已于初五到东。

十一日扬州严佑翁来电云，万金已到，有款速寄。定于十六日起程，以后续款请电汇陈中丞交下。

十二日同人电禀陈中丞云，苏粮道王鲁芗垫捐八千金，今日汇呈，请先垫发潘绅。

同人电致潘振翁、严紫翁、缪启翁云，赈款已电请陈中丞垫交尊处，灾况乞详示。

十二日同人电复严佑翁云，即行甚慰，解款准请陈中丞垫付。

经理人盛杏荪、郑陶斋、经莲珊、谢绥之公启。

（《申报》，第 23 册，274 页）

山东赈款解数
（1883 年 8 月 21 日）

东省被灾后，国帑官捐，源源济赈，数已不菲。敝所仰承各善士委托汇解，不敢不星驰转运，以冀施当于厄。月之初八日，潘振声诸君到东后，严佑之诸君亦于十六日续往。潘、严诸君本皆赈济河南、山西、直隶同事，此去必联为一气，相与有成。现于二十止，共解潘君银一万八千两，严君银三万两，两共银四万八千两。内计敝公所经解二万八千两，苏州电报局代收者亦在其内；扬州公所经解一万五千两，镇江电报局代收者亦在其内；上海怡顺昌各号经解五千两，祥顺公、谦祥益、瑞林祥代收者亦在其内。惟此区区数万金，仅敷一县之赈，尚望仁人君子驰速解囊，俾可赶紧汇解。要之，水灾非旱灾可比，稍一稽迟，沉灾已澹，赶先捐解者，可以立地救命，续后捐解者，不过善恤其后。同一输捐，以速为贵。敝所尚拟于岁杪，尽所收之数一律电解，所有垫款借款，均俟灾况稍松再行扣还，以尽救灾如救火之意。谨此布闻。上海陈家木桥山东赈捐公所江浙闽粤经劝董事徐雨之、沈谷成、王锦堂、蔡眉〔嵋〕青、吴仲耆、张叔和、顾蓉斋、施少钦、袁纯斋、黄春圃，经理人盛杏荪、郑陶斋、经莲珊、谢绥之同启。

（《申报》，第 23 册，310 页）

上海陈家木桥山东赈捐公所催捐启
（1883 年 8 月 22 日）

启者：东省被灾后，南中善士潘振声诸君前往助赈，于七月初五日到东，严佑之诸君亦于十六日续往。潘、严诸君本皆赈济河南、山西、直隶同事，此去必相与有成。惟所解赈款，截至现在为止，敝公所解过二万八千两，苏州电报局代收者亦在其内；扬州公所解过一万五千两，镇江电报局代收者亦在其内；上海怡顺昌解过五千两，祥顺公、谦祥益、瑞林祥代收者亦在其内。惟此区区四万八千金，仅敷一县之赈，尚望仁人君子驰速解囊，俾可赶紧汇解。要之，水灾非比旱灾，稍一稽迟，沉灾已澹，赶先捐解者，尚可立地救命，续后捐解者，不过善恤其后。同一输捐，以速为贵。各处善士赐助，并可就近交付天津招商电报局黄花翁，燕台招商局陈敬翁，牛庄招商局翁晓翁，清江电报局陈次翁，扬州电报局李韵翁，复茂恒庄，元亨利庄，苏州电报局盛柏翁，谢佩翁，南浔电报局吴仲翁，杭州电报局张既翁，杭州同善堂丁松翁，绍兴电报局经凤翁，宁北招商局谢益翁，电报局华小翁，温州招商局蔡月翁，福州招商局唐英翁，电报局盛衡翁，台湾招商局王修翁，厦门招商局王渊翁，香港招商局张禄翁，广州招商局唐应翁，汕头招商局廖紫翁，镇江招商局吴左翁，电报局王灼翁、张廉翁，芜湖招商局刘吉翁，九江招商局孙楚翁，汉口招商局张寅翁，宜昌招商局李笏翁，代收交下，仍将捐户一律登报，特此布闻。江浙闽粤经募首董徐雨之、沈谷成、王锦堂、蔡嵋青、吴仲耆、张叔和、顾蓉斋、施少钦、曹子扐、袁纯斋、黄春圃，经理人盛杏荪、郑陶斋、经莲珊、谢绥之同启。

（《申报》，第 23 册，316 页）

浙绍水灾协赈募捐启
（1883 年 9 月 26 日）

敬启者：敝乡余姚、上虞、萧山等邑，前月间三次风潮，海塘倒灌，如坎山、夏盖山、倪家路、舜山头、白沙路、坎墩、浒山、历山，以及毗连慈溪鸣鹤桥一带，二百余里间，塘外沿海沙圩尽被冲破，淹毙人口，动以千计，其幸而逃避者，庐舍荡然，行将散之四方。故乡父老叠次书来，告灾乞赈，谊关桑梓，已先集在沪乡人凑借微资，函托上虞归安公局查勘酌办。方今各省水患频仍，同乡苟可自谋，原不欲动四方之听，奈敝地灾亦甚巨，不得不求助于各处仁人，扩一视同仁之量。倘蒙惠助，请交上海三马路官银号汇解，掣发收票，按旬录登《申报》，以昭信实。远省同乡官幕殷商愿取捐册经募者，候示寄奉，尤为感祷。余上同乡邵筱村、罗韵楼、谢景山、翁己兰、谢湛青、屠云峰、沈竹亭、袁九龄、王冀生、宋吉堂、黄芝生、王怀三、赵乐园、陈笙郊、曹远亭、谢绥之、经莲珊、袁阆芗、卢彭□、胡小松、田子华、袁介堂、何书堂、杨秋谷、陈峰青、经璞山、丁春泉、刘杏林、袁承斋、周伯林、□企魏公启，经理人陈月舫、邵右簏、陈乐庭、王若采、张立斋、经佩卿同启。

（《申报》，第 23 册，526 页）

上海陈家木桥江浙闽粤同人、苏州天库前电局内
桃坞同人顺直山东沙洲赈捐公所告启
（1883 年 11 月 14 日）

赐助赈款，当即掣奉收条，按日刊布日报。远处寄款不便，即请就近交托后开各处汇解：苏州抚中参署崔松圃镇军、太湖水师营务处李玉堂观察、颜家巷酱园公所潘君仲溪、东大街复祥庄、中市泰旭庄、德永隆庄、镇江电报局、招商局、扬州电报局、黄家园王公馆、禾嘉巷项公馆项君耕娱、项君诗侣、复茂恒钱庄、元亨利钱庄、都天行宫张君筱衫、庆茂绸号郐君午桥、泰兴包家巷何君月樵、高邮学周君恂卿、泰州桂君子岑、通分司署项书巢分府、如皋署账席华君芹香、兴化吴君星南、江堰吴君幼南、清江电报局、淮扬道署徐君厚余、丹阳宝丰庄间壁周君玉阶、松江西门内耿君恩泉、提署魏盘仲直刺、全节堂、辅德堂闵

君、胡君、沈君，青浦积谷仓谈君，吴江县署周君濂舫，同里厘捐局孙君荫兰，黎里毛大源号，盛泽邵合记绸庄、王永义西庄，江宁花市大街祝善隆箔庄胡君蓉卿、江宁学吴君莲生，常州马山埠保婴局，无锡金匮学署殷君还甫、可园赈寓杨君叔赓、善材局、电报局唐君时常、知仁庄、丽生庄，常熟凝善堂，昆山新阳县署李明甫、正心崇善局盛君巽卿，许浦厘捐局周弼丞明府，东山太湖协署某镇军，福山镇署雷军门，崇明苏松镇署滕军门，浦口新湘中营刘元嶟军门、上海三太码头、太湖新昌营曾道亨镇军，杭州电报局、同善堂、钱塘县学姚君、仁记绸庄沈君凌阁，宁波招商局、电报局、府署、瑞康庄沈竹亭翁，绍兴电报局、水澄巷徐、湖州仁济堂、府经署吴君庆余，嘉兴县学王君、同润酱园，新塍协记朱君尹如，西塘合昌碗号李君容甫，南浔电报局、育婴堂，兰溪电报局，温州招商局，福州华税局、电报局盛衡山观察、裕昌祥行、招商局、普安堂王君、曾君，厦门招商局，台湾招商局，凤山县学王，广州招商局、爱育堂尹仰衡司马，香港招商局、东华医院，汕头招商局、仁裕号陈全德翁，广西詹希伯大宗师，牛庄招商局、仁裕号陈雨亭翁，烟台招商局、德盛号周峻山翁、沙逊洋行谭韶东翁，济宁电报局、京都广仁堂、顺治门外西草厂胡同户部吴君芷林，通州电报局、天津电报局、广仁堂，芜湖招商局，安庆按照磨署庄君子荺、王君子肃，江西省李君洛才、胡君小轩，九江招商局、永昌官银号、新关朱君松云、何君梅阁，汉口招商局、乾裕官银号，宜昌招商局，武昌城内公济益官银号，四川重庆府城打铜街升丰泰王荐之翁，山西省城戒烟局杨君致远，河南抚辕文案委员李君鸁霄，湖南长沙府城军装局刘司马诒樾，云南云南府署邓太守，贵州迤东道署罗方伯，暹罗招商局郑君庆裕，仰江协振号蔡金玉翁，新加坡招商局陈君金钟，槟榔屿招商局胡君紫珊，东京中国使署，横滨永昌和号罗君伟堂，神户怡和号麦君旭初，长崎广裕隆号郭君孟毓，英国伦敦京城肇兴公司梁君星垣，美国华盛顿京城中国使署，德国伯灵京城中国使署。

（《申报》，第 23 册，820 页）

上海城内淘沙场果育堂经收顺直山东赈捐启
(1884 年 2 月 17 日)

陈家木桥赈所来函云，上海协赈一举，实始于果育堂。其时山东西大灾，瞿君董堂事，乃集巨赀，延董往赈，遂为协赈公所之始。光绪四年，李君玉书往赈河南，遂由王君竹鸥、葛君蕃甫、郑君陶斋、经君莲珊、王君介眉集议分设公所于洋泾浜。然远近官商慕果育堂名，因以捐寄赈款者，户穿为限。上年顺直山东灾，沪市甚窘，堂中诸君不愿为鹜速之谋，暂息仔肩，今悯敝所同人力尽计穷，无裨于事，爰议自正月二十日开堂为始，仍前接收汇解，收到赈款，由堂掣付收票，登明《申报》，刊入堂中征信录，以资核实，为特刊布新报，以扬盛德，并为诸善士先路之导云。

（《申报》，第 24 册，242 页）

上海陈家木桥赈所代收湖北赈捐启
（1884 年 2 月 21 日）

顷承咏雪居士来函云，鄂省居长江之中，东通吴会，西连巴蜀，南极潇湘，北控关洛，谭江防者视为中权扼要之区焉。去岁蛟洪为患，无异前岁皖灾，而适当直东告籴，仁人君子遂不及措意。比见□□绅士致书丝业会馆主施少钦封翁，略言鄂省地半滨江，连年被水，堤田庐舍帚荡一空，小民荡析离居，鬻妻卖子，遍野流亡，且闻有生计断绝，一家甘赴波流者，颠连困苦，惨不忍言。又有友人自九江来函，具言湖北灾民，上游拟派二万名至九江留养，无其地、无其财云。又接汉口友人来书，略言沔阳一带灾民至此者几及万人，该处民情素悍等因。见闻所及，窃以为鄂省赈捐有必宜协助之道焉。频年善士捐赈，虽本恻隐之诚，而究其指归，实因世受国恩，冀图报效，故凡指捐赈款，不限远近亲疏，惟视关河扼塞、有关防务之区，施舍独多，盖为国家消患计，不徒为一己造福地也。鄂省关系江防，民风素劲，宜助之道一矣。饥寒盗贼，相因为缘，上年匪棍滋事，曾见鄂省奏报，伏莽未必尽除，可加之以饥馑乎？安辑抚绥，尤宜注重，宜助之道二矣。粤、闽、江、浙上年非无偏灾，然以本邑绅富之力济之犹为有余，湖北则不逮也。粤、闽、江、浙四省，今年若可有秋，分肥补瘠，谊贵恤邻，助赈免灾，理所固有，宜助之道三矣。他省有灾，四省助之，四省有灾，他省亦尝助之，甚至常熟一邑、震泽一乡，稍有偏灾，亦复大声疾呼，欲集天下之粟以赡之，乃湖北水灾无殊东直，叠见奏报，几数十倍于常、震，即频年协赈他省，鄂亦竭其绵薄，独于鄂赈不闻焉，诸君子忍令向隅乎？宜助之道四矣。伏乞垂察情形，于各省赈捐中剖分勺粒，或另筹鄂赈，遍劝各处君子概为接收，集有成数，或请如严、潘善士辈一二人携之以往，或即汇交汉口存仁巷善堂冯价庵先生经收分放等因。同人承此，愧歉万分，自今以往，敬当另设鄂赈名目，告乞四方善士普施大惠，竭力解囊，随时汇解冯公，藉效涓埃之助，想各处同仁亦愿接收代解也。所有鄂赈捐款，敝所亦随收随掣收票，并登新报，以昭核实。谨布公启，伏乞垂鉴。粤闽江浙同人拜启。

（《申报》，第 24 册，264 页）

上海协赈公所禀山东抚宪陈
（1884 年 5 月 8 日）

敬禀者：自山左被灾后，潘绅民表议往助赈，函劝协筹，当经绅等邀同江、浙、粤、闽绅士设立公所，会同苏、扬、镇绅士收解，截至本年四月初二日止，共解十六批，银十一万五千七百两，另棉衣一万件，逐次禀报在案。兹准浙藩司托解英洋一千元，计合规银七百二十六两、公文一件，又苏州公所绅士王瀛等托解银二千五百两，又善商怡顺昌等托解银八百念八两一钱三分一厘，又扬州公所绅士托解银四百两，又闽粤江浙善士托解银九百零七两三钱七分，共计规银五千三百六十一两五钱，合申公码银五千两，计元宝一百只、散封一封，作为第十七批解款，备文解送东海关方道饬派员役解送宪辕查收，理合禀报。闻潘绅民表经放赈款尚不敷用，伏乞宪台酌量拨发济用，实为公便。统计前后汇解十七批赈款，银十二万零七百两，另棉衣一万件，合并声明。肃禀，恭叩钧安，伏惟垂鉴。光绪十年四月初十日。

（《申报》，第 24 册，718 页）

上海陈家木桥振所五月底停撤公启
（1884 年 6 月 16 日）

启者：敝所自上年夏间仰蒙各省善士委解赈捐，瞬及一载，乞邻滋愧，衾□难安，宣惠承流，感激无似。兹幸山东振友潘振声诸君已于五月望告竣，顺天振友严佑之诸君亦于五月十九日回南，收解事宜勉可截止，现准于五月底将公所停撤。各省输捐善士如须核奖者，即请将捐票、履历、部饭公照等银即日掷下，代为造册禀请。劝捐善士应须请匾奖励者，亦请汇收捐款之处赐示遵办。但公所既撤之后，虽留一友在上海电报局中□录征信，然至闰五月中，征信当可造竣，友人亦即辞退。如蒙见委，务乞于期前示知，过此以往，势必有负雅□，特先声明，幸乞原谅。抑又请者，同人襄理转输，已及七年，代解代收，等于票庄信局，较诸筹捐善士苦口劝募者迥然不同，不但功无可居，亦且过无可受，外观不谅，或代骛其虚□，或妄加夫奖许，遂令暗中折福，四顾贻羞。此后永永年代，惟祝人寿年丰，不闻荒政，万一偶遇歉收，务祈待振诸君别相劝勉，输捐善士另托解交，俾同人得免无穷之疚，感甚祷甚。同人公启。

（《申报》，第 24 册，952 页）

上海陈家木桥电报总局内豫赈办事处事略
（1887 年 10 月 17 日）

八月廿九日，敦请陈竹坪、施少钦、葛蕃甫、李秋坪、王心如、经莲珊诸先生到局公议，谨呈说帖一件，仰荷酌定。照录如下：

一、此次豫赈，议出杏翁，委诸家福。接电之时，灾之轻重，事之行止，皆未可知，深恐画饼充饥，故由福单名商办。及遍商各省之后，复信复电必至此局，故借此为公同办事之。

二、公事公办，众擎易举，况此次豫赈要赖诸公之力，澈始澈终，敬请诸公董理其事。凡公信公牍，由陈、施、葛、李、王、经、福七人署名，小事由福拟稿呈商，大事奉邀惠临。惟收到捐款之信，则各归各复。

三、现在东直赈捐均关紧要，未便再由东直捐中垫解豫赈，拟请各公所收捐时，将豫赈一项另行收存，每逢十日尽数交出，汇成一气。每逢初一、十一、廿一日，并请诸公惠临，核给总帐登报，并商议解款等事。

四、此后不论何所分送河南捐册，均加用"陈、施、李、王、经、谢公劝，捐款请交上海丝业、文报、与昌、高易各公所经手"戳子。

五、接严佑之先生廿八日电报，知须重阳动身；张廉泉先生廿七日电报，极快须初一动身。故照盛杏荪先生原议，严、经速行，张后劲之说，改为廉翁九月初一日带捐借各款一万二千两，由镇江起程，为第一起；佑翁初九日带捐借各款一万二千两、又扬州代垫杭州未来银一万两，由扬州起程，为第二起。经莲翁暂驻此间，会筹捐款。

六、前因电报将水至淮河之"河"字，误作"城"字，议请任畹香先生带同第三起人款前往。兹知黄溜夺淮后，至正阳关，水高丈余，余未探实。应请廉、佑两公至正阳关，及入豫界后，均雇专足到清江等处发电，以便酌定第三起人款多少之数。清江及正阳关两处，并请廉、佑两翁托定转解银两之人。

七、廉翁第一起人款较少，应请在皖省近豫之地查赈。佑翁第二起人款稍多，应请在豫省查赈。庶第三起去时，接济人款均可应手。

八、如果灾况极重，第三起去时，畹公不能前往，莲翁必定续去，届时广东一万、盛京二千、贵州三千及他处赈款必已收到，均可尽数带去，以济第一、二起之用。发此三起之后，始可拨还借款。

九、兹托经佩卿兄带银二万四千两至扬镇，佩兄系九年分东赈时，代福经理柜捐，又历办善举，心精力果，福所器重之人，兹特敦请前往，以为第三起先路之导。

十、如界准定廉翁先行，佑翁后行，则佩翁即同廉翁前往，以一万二千交佑翁、一万二千交廉翁。如佑翁行期尚在廉翁之前，则佩翁先同佑翁前往，以二万四千均交佑翁经收。廉翁竟与第三起人款同往。如有移步换影之处，随时酌议。

（《申报》，第 31 册，690 页）

上海陈家木桥电报局内豫皖协赈处拨解河南、皖北、镇江、奉天四省赈银各一万两并停止收解启 (1889 年 3 月 6 日)

启者：敝处自上年十二月朔起解十九批赈银后，因豫、皖、扬、镇等处春赈容有未敷，奉天十七州县灾况尤较各省为重，公议提还下游备赈款项，以资分拨。尚虞车薪杯水，幸于元旦等日连接开封来电云，朱曼伯观察、仓少坪、孙师竹、张子俊三先生各捐一千两，河工等处委员募四千两，抚宪倪捐五百两，藩宪刘、臬宪贾、开归道荫各四百两，粮道钟三百两，学台陈二百两，开封、南阳二府属各六百两，河南、彰德、卫辉、怀庆四府属各五百两，归德、汝宁二府属各四百两，许州、光州二属各三百两，陕州、汝州二属各二百两等因。甘澍特沛，枯草皆荣，惠此三吴，感深再造。适值苏省各属春赈催款甚亟，特即筹赀垫解，以副诸仁宪当厄之施。除顺直助赈委员来苏查放之区，先由丝业会馆支应，另行垫解外，仍由敝处划垫库平一万两，交严佑之先生会同查放徒、阳春赈；又划拨库平一万两，交钱晓岚、孙屿芝、刘兰阶先生查放皖北春赈；又划拨库平一万两，交潘振声、经培卿先生查放河南春赈；又拨解规平银一万两，候奉天公所敦请之杨殿臣、施子英先生携赴奉省查放春赈。统计敝处自前年秋至此日止，共解河南、安徽赈银五十万零九千一百六十八两七钱五分，又解奉天、顺天、直隶、山东、广东、丹徒、丹阳、江阴、扬州赈银四万一千五百三十九两七钱五分，两共五十五万零七百零八两五钱。感荷各省仁人稠叠之施，敝同人乃得应四方之急，上钦高谊，下愧乞邻。兹值郑州合龙，敝处亦于正月杪停止收解，俟秋间刊成征信录，再行送奉台核。此后奉天及各处待赈方殷，仍乞将捐款交至陈春记内、丝业会馆内、文报局内、与昌栈内、高易行内各公所收解为祷。临池九叩，伏乞垂察。正月廿九日，盛宣怀、陈煦元、施善昌、陈德薰、葛绳孝、王松森、经元善、杨廷杲同拜启。

（《申报》，第 34 册，314 页）

上海四马路文报局内协赈公所添设山东
赈捐收解处并汇解第一批赈款启
（1889 年 4 月 13 日）

谨启者：文报局向随各公所后筹募协赈，今正闻郑工合龙，苏皖春抚已有端倪，仅只奉天一省沉灾未淡，方冀集腋掊注，渐可息肩，讵料叠接登莱青道盛杏荪观察电函纷来，谓山左去年春旱秋潦、飞蝗雨雹，青州等处五府十余州县酿成巨灾。因东省历承南绅拯济，旧岁值奉、豫、江、皖同时告急，未敢乞援，致分各处捐力。今则草根树皮行将食尽，饥民百余万，日见死亡，有朝不保暮之势，谆恳各公所筹款速救等语。情词痛切，一字一泪，曾经录登报章，谅邀公鉴。爰商各公所同人，通力合作，仍照前年郑灾办法，属文报局专司汇解，□于本月十三日起解第一批库平银五千两，合规银五千四百八十两。内丝业公所规银三千五百两，高易公所规银一千两，文报公所规银九百八十两，托电报总局汇至烟台，解交东海关转发灾区散放。第各公所积疲之余，收数寥落，猝难衰集巨款，以应燃眉之急。清夜彷徨，万分焦灼，伏求海内达官绅商、仁人君子大发慈悲，不厌不倦，迅赐解囊，以解此倒悬之厄，无任迫切代祷之至。陈煦元、施善昌、陈德薰、王松森、谢家福、经元善、杨廷杲同顿首谨启。

（《申报》，第 34 册，548 页）

上海文报局浙赈收解处会同
各公所起解第一批赈款启
（1889 年 11 月 11 日）

谨启者：敝处自闻浙省水灾后，即会商各公所，发棠兼筹。因查户熟手诸绅皆远在北省，即禀请北洋大臣李傅相，檄调杨君殿臣、戴君延甫、经君培卿、杨君栋卿各位强南，分头查放。兹先有杨栋卿参军邀友曹昆泉、张武封、孙彦如、谢鸿初、李慎之、杨仲卿、范良臣、夏少新、高朗卿诸君第一起抵沪，即于十三日晚换舟赶赴浙垣，随解去第一批浙赈洋银一万元。计此批内，丝业会馆英洋五千元，文报公所英洋五千元，理合陈明。第浙属被灾既重且广，转瞬严寒在迩，待赈甚亟，伏望海内仁人善长不厌不倦，解囊慨助，庶几中泽衷鸿得以出水火而登衽席，无任祷祀以求之至也。同人施少钦、任逢辛、王心如、陈咏南、葛蕃甫、席子眉、经莲山、杨子萱公启。

（《申报》，第 35 册，826 页）

上海文报局苏赈收解处会同
各公所起解第一批苏赈启
（1889 年 11 月 22 日）

谨启者：浙江水患既重且广，苏省被灾亦非轻浅。敝同人籍隶江浙，谊难膜视，爰邀请在东严佑之先生回南办理苏赈，于昨日抵沪，即晚动身赴苏，先行查放江、震、昆、新等邑急赈、冬赈。除佑翁由烟带来振款二万余金外，敝处又凑集规银五千两，作为第一批起解，以资散放。此批内《申报》馆公所规银二千两，高易公所规银一千五百两，文报公所规银一千五百两，理合申明。惟浙、苏并举，需款较巨，且两省为东南上腴之域，本系筹捐之地，今一变而为待赈之邦，募款亦愈难。伏望海内仁人善长大发恻隐，慷慨解囊，源源输助，无任祷切屏营之至。同人施善昌、任锡汾、陈德薰、王松森、葛绳孝、席裕祺、经元善、杨廷杲等同顿首公启。

(《申报》，第 35 册，894 页)

上海文报局协赈公所劝募闽省灾赈启
(1890 年 7 月 4 日)

敬启者：敝处自光绪十一年设立公所以来，承乏收解各省赈捐，蒙海内同仁多方推解，用能肆应裕如，厚泽深仁，民到于今称之。本年入夏后，苏浙渐臻康复，山左溃决无闻，正拟停止收捐，裁撤公所，不谓安澜方庆，闽省又灾。昨接福州同仁善堂来书云，四月廿四大水一次，五月初二，延津一带溪流暴涨，平地水深四丈余尺，西南百万亩尽被漂没，居民皆登垛以避，务祈筹款速寄等因。敝所读悉之余，以闽中如此如此奇灾，势又不能置之膜外，不得已仍就文报公所接办闽省赈捐。伏乞仁人君子不吝解囊，共襄义举，莫使泛舟未逮，致令将伯徒呼，庶闽垣灾黎之深幸，亦敝所同人之翘望也。至此次赈款，由丝业会馆公所汇总起解，爰登报章，合并声明，伏希德鉴。

(《申报》，第 37 册，22 页)

上海文报局顺直赈捐收解处会同
各公所起解第一批赈款启
(1890 年 8 月 15 日)

谨启者：顺天、直隶上月下旬起，霪雨为灾，五大河同时漫溢，屡见报端，谅已早蒙仁人同鉴。敝处迭接京都潘伯寅兼尹宪、陈六舟京兆暨津门胡云楣观察电函，谓顺天、保定、天津、河间四府十余州县，数百里一片汪洋，被灾极重，嘱为筹募协赈等因。闻命之余，莫名焦灼，奈迩来收数渐寥，欲集巨款而未能。兹各公所竭力撺挡，勉为凑解顺天第一批京平松江银六千两，直隶第一批行平化宝银六千两，均由存义公、源丰润两号汇兑。另有治病符、痧暑药等，于本月廿七日交新裕轮船运寄津门，解交天津道宪胡云楣观察汇收后，分别转解顺天府尹堂验收。计此批解顺天款内，丝业公所规银一千五百两，午时茶一万四千服、藿香丸、菩提丸各二千包，痧气丸一千五百瓶；仁济堂规银一千两，治病符四千道；高易公所规银一千两；《申报》公所规银一千两；文报公所规银一千五百九十两。解直隶款内，丝业公所规银一千五百两，宇宙丸八千服，正气丸五千服，驱疫丸一万服，藿香丸一千九百服，纯阳救急丹三千三百六十服，太乙救疫丹二千锭；仁济堂规银一千两，治病符四千道；高易公所规银一千两；《申报》公所规银一千两；文报公所规银一千八百十二两。合并声明。伏望海内仁人善长速赐集募惠助，俾得源源解济。翘首云天，无任祷祀。

（《申报》，第 37 册，297 页）

上海文报局顺赈收解处会同各公所起解第二批赈款启
（1890 年 10 月 4 日）

谨启者：敝处自解出顺赈第一批后，迭接兼尹宪潘宫保、通永道杨观察来函，谓顺属灾重地广，不特需款孔亟，兼乏人手查放，嘱□敦请熟手南绅迅速前往等因。兹敝处公请刘兰阶翁邀同谢啸谷、许道良、孙念劬、吴安卿、汪益斋、蔡少斋诸君，即日由轮船至津，遄赴都门。并凑解第二批京平银八千两，合规银八千一百二十两，又治病符一万道，甘露、午时茶两大篓，神效黄金丹三千服。并附解金荅人观察集募义赈京平银五书两，苏州顺赈公所解棉衣一万三千件，均交刘兰翁带去。计此批内，丝业赈所规银二千两；高易赈所规银一千两；《申报》馆赈所规银一千两；仁济堂赈所规银一千两，治病符一万道，药茶两大篓，黄金丹三千服；文报总局赈所规银二千一百二十两，理合声明。惟顺直灾巨款绌，转瞬严寒，冬赈尤为紧要，务望海内仁人善长解囊惠助，俾敝处得以源源接济，祷祀以求，无任急切待命之至。再，刘兰翁等诸位轮船水脚，承招商总局捐免，合并声明。八月二十日，同人谨志。

（《申报》，第 37 册，614 页）

上海文报局顺赈收解处会同各公所起解第三批赈款启
（1890 年 10 月 24 日）

谨启者：敝处自解出顺赈第二批，交刘兰阶明经解往后，因灾重地广，又奉兼尹宪潘宫保暨陈大京兆奏调施子英刺史，邀同熟手司事六人赴都查放。各公所续凑集第三批津平公砝化宝银一万银，又治病符、药丸、棉衣等，均交施君子英等带去。计此批内，丝业赈所规银五千五百两、新棉衣二千五百件、正气丸一万服、纯阳丸五十勐、太乙丹十勐、混元丹二十两；仁济善堂赈所规银一千两、治病符一万道、救苦丹一千服、辟瘟丹四百五十锭；高易赈所规银一千两；《申报》馆赈所规银一千两；文报局赈所规银一千九百六十两，理合声明。并承招商局捐免轮船客位等水脚，合并附陈。

（《申报》，第 37 册，738 页）

上海文报局顺赈收解处起解第四批赈款启
（1891 年 1 月 18 日）

谨启者：敝处自解出第三批顺赈后，迭接施子英兄宝坻发来电函，谓灾广款绌，速催接济等语。敝处适值孙屿芝、严佑之二君先后携款赴东，业已悉索力尽，未能遽应所求，稍延时日。今各公所勉凑行平化宝银一万两，托新泰厚、协同庆、大德恒、蔚丰厚四家票号汇津，以一零五九申合规银一万零五百九十两。又前子英兄赴津时，于第三批登报之外，另有带往规银三千两，均作为第四批。并核计此批内，丝业会馆、仁济堂两赈所共规银九千五百两；文报局赈所规银二千五百九十两；《申报》馆赈所规银一千两；高易赈所规银五百两，理合声明。此后仍望海内大君子诸善长续解囊金，俾得源源接济，以拯斯民于呼吸，功德莫大焉，敬代顺属灾黎馨香祷祀以求之。

（《申报》，第 38 册，108 页）

上海文报局顺直收解处会同各公所起解第五批赈款启
（1891 年 3 月 27 日）

敬启者：敝处自去腊解出第四批化宝银一万两后，新正迭接刘兰阶、施子英二兄由宝坻、文安发来电函，谓该两县被灾较重，春抚紧要，待款甚急等语。兹会同各公所凑解第五批赈银，计行平化宝银五千两，以一另四七八申规银五千二百三十九两汇交刘兰翁手收；又行平化宝银一万两，以一另四六申规银一万四百六十两汇交施子翁手收，均由中兴和、协和信两票号汇津。计此批内，丝业会馆赈所规元八千六百九十九两，仁济善堂赈所规银二千两，高易行赈所规银一千两，《申报》

馆赈所规银五百两，文报局赈所规银三千五百两，合并声明。惟顺直遭灾地广，需款甚巨，而春赈籽种尤为紧要，吁求海内乐善君子再为慨助，俾得救人救澈，造塔合尖，幸甚祷甚。

（《申报》，第 38 册，446 页）

上海文报局顺直赈捐收解处会同
各公所起解顺天第六批赈款启
（1891 年 6 月 24 日）

敬启者：敝处自二月中旬解出第五批行平化宝银一万五千两后，迭接施子英兄来函，谓宝坻春赈需款孔亟。又有潘振声孝廉因永清已查户口，无资散放，躬自来南吁求赈款。适敝处甫经会解山东第廿九批后，悉索瓶罄，□难应命，乃承镇江公所诸善长募集京曹平银一千五百两，扬州公所诸善长募集京平足银二千七百六十八两六钱五分七厘，先交潘振翁带往后，一面电商津、通胡云楣、杨艺芳两观察，各借银一万两，分应施子翁、潘振翁宝坻、永清两路之急。今各公所并凑行平化宝银二万两，作为第六批，由乾盛亨、蔚盛长、源丰润、志成信、百川通、协盛乾、大德恒七家票号汇津，解交天津、通永两道宪，归还借款，以一零四六申合规元二万另九百二十两。计此批内，丝业赈所规元一万一千两、仁济堂赈所规元三千两、《申报》馆赈所规元一千两、文报局赈所规元五千九百二十两，理合声明。再，月前接山左严佑之广文急电，谓青属春赈万分吃紧，敝处不得已，亦电商东海关权库借拨规元一万两，以济眉急，并以附陈。

（《申报》，第 38 册，985 页）

上海文报局停收赈捐改归各公所收解启
（1891 年 9 月 1 日）

敬启者：敝所自代司收解赈捐以来，已阅八载。现在顺直各属灾赈告竣，山东多年水患□□通小清河，导流入海，则高、乐、博、寿等邑灾害靡有穷期，故目前以工代赈，尤为当务之急。敝所同人理应相助成功，惟或养疴旋里，或从公他□，只□□归仁济堂、丝业会馆、《申报》馆、高易公馆四处经收，敝所即于七月底裁撤停止，一俟编刊征信录成，再行分呈公鉴。远道善长设有已募未集、已□未解之款，请迳寄上海六马路仁济善堂等处归并收解，俾东省尾闾畅□，饥黎乂安，赈务得有息肩之日，是则各公所同人所祷祀以求之者也。

（《申报》，第 39 册，382 页）

上海四马路文报局内协赈公所
经收顺直东赈捐七月份清单
（1891 年 12 月 9 日）

苏□□邓从善堂经收第十六次直赈捐英洋八百八十四元，由本埠百川通票号交来，细户已另登。台北新竹县署周子□募周王氏炉坯洋十元。仙女庙镇王陶庵募四户月捐善士五月份四元、六月份洋四元、七月份四元。本埠□和庄交来扬州福和祥庄□声和翁募五六月分捐规元□七两另钱六分四厘，细户已另登。仙女庙镇恒升行金水居士求家宅人口平安洋九元、铜洋一元。本埠城内萃华堂缴铜洋二元，隆记英洋五元。汉口电局募不留名求母精神康□洋四元。芜湖招商局交来隐名氏洋一元。本埠邑庙保婴局桶捐洋九元八角、银洋五元一角。申福铭洋一元，义桥谢制□翁洋二元。太仓金品□山房主人洋二元。仙女庙镇王陶庵翁募求事平允人洋十元、母亲病愈完愿人洋□元。高邮武庙丁玉轩翁募辛记洋一元、陈善士洋四元、王善□洋二元。招商总局许承之翁为幼子尧年患仙求病速愈永远除根洋十元。汪廷魁善士□洋一元。申江朱姓洋一元。常郡凝善堂徐监之兄募无名字因孙患恙告痊完愿洋十元。汉口无名氏洋一元。嘉定祥泰成号募保安氏洋十三元。扬州复茂恒庄协赈公所募规元一百廿九两五钱□厘，细户已另登。嘉定祥泰成号铜洋三元。仙女庙镇观锡堂募病愈完愿人洋十元。九江电局募求安氏、存□居士合助洋二元。本埠源源庄来无名氏洋一元。扬州余少□□交泰州欧吉卿翁募东邑无名氏洋十元。仙女庙镇王陶庵翁募为故父求冥福洋三元、为止妻求增冥福洋三元，四户月捐善士八月份洋四元。嘉定祥泰成号募求安氏洋一元。

本旬共收英洋一千另廿一元八角计规元七百四十五两九钱一分□厘，规元二百两另另另七分二厘，炉坯洋十元，洋口规元七两一钱，铜洋十一元一角，洋口规元二两四钱三分一厘，四项共合计规元九百五十五两五钱一分七厘。又收戊子年皖北赈余拨东库平银三万四千三百五十三两八钱一分九厘八毫，以一另九六申合规元三万七千六百五十二两七钱八分六厘六毫。又收钱庄往来余息规元六百十一两五钱。连奉天共收规元一百廿四万五千七百五十一两二钱四分四厘六毫。

一、支解顺赈另找规元一百九十六两六钱五分，潘振声先生来函划解还通永道杨艺芳观察收；一、支解己丑年日本佐贺、大分、福冈等县水灾助赈洋五百元，合规元三百六十七两七钱五分，此项与丝业会馆解由驻日出使大臣转交；一、支付己丑年夏间制合万应丹一百料、正气丸一百料、甘露茶四万服解往山东，计洋一千三百元，庚寅夏制合万应丹十料、正气丸一百料解山东，计洋二百三十元，两共合规元一千一百十六两九钱。连前共解支过规元一百廿四万四千六百八十一两三钱四分六厘。揭余规元一千零六十九两八钱九分八厘六毫，作为东赈第三十二批，如数解交烟台东海关，敝所收解两讫，俟刊印征信录成，再行分呈公鉴。

（《申报》，第 39 册，981 页）

奉直筹捐义赈公启
（1895 年 6 月 4 日）

敬启者：直隶连年大水，民鲜盖藏，上年夏秋之交，霪雨为灾，五大河同时泛滥，东南各属固已一片汪洋，而永平、遵化两府州属地居东北，亦以滦、青、蓟、连等河洪水横决，田庐淹没，人畜漂流，灾象尤为特重。虽经迭次设法查放官振、义振，不意今年灾后余生，继之以春深大雪，耕种失时，加之以关外兵荒，客粮禁粜，穷黎重困，饿莩甚多。二月间，滦州属境唐山地方聚集二三万人，露宿求乞，幸矿务局张燕谋、徐雨之观察诸君施粥拯济，嗣是饥民遮道而来，不数日集至四五万人之多，疫气薰蒸，时有路毙。是时启彤奉直督宪命，驰往安抚。宣怀亦邀广仁堂董事盛省三司马集款前往，择尤散放。忽四月初三日四大雨盆倾，狂风虎啸，海水山立，怒潮席卷，淹毙沿海人民无算，屋宇坍塌，盐场浸没。昨褚敦伯广文往芦台、北塘一带查看，民食树叶，面目尽肿。去年积水尚未消涸，经此霪雨，京津附近数十州县又成泽国，春麦本已无收，秋禾又难播种。此关内近日之灾情也。奉天、锦州与永平接壤，去秋大雨四十余日，平地水深数尺，以军务正急，未暇兼筹。去冬吴清帅及锦州转运局周少逸太守电商，集款数万金，略为接济。前日周太守来电，谓麦秋颗粒俱无，节逾小满，尚是赤野千里，草根树皮刨挖殆尽，骨肉离散，道殣相望，虽有官赈，不能遍及。且闻毗连锦州之地，日本先已放赈，我国家以民心为邦本，军旅饥馑，相因而至，亟宜宽筹抚恤，以顾民瘼。昨经邦桢等禀蒙直督宪酌量匀拨款项，请严佑之助教前往查放。此关外近日之灾情也。宝箴等窃念奉直为根本重地，值此奇荒，虽蒙恩旨特赏粟米十万石，大宪力筹赈济，而灾区太广，非有百余万巨款，势难救人救彻。此间库空如洗，筹款维艰，不得不四方呼吁，多集义捐，以助官力之不足。历年晋豫直东之灾，皆赖海内诸善士广募多金，施放义赈，全活无算。今奉直当用兵之后，值此凶年，民不聊生，情尤可悯，务乞仁人君子慷慨解囊，并广为劝募，或寄上海义赈公所转解，或寄天津海关道署义赈收解处转解，庶几杨枝洒润，无殊甘露之施，枯木逢春，尚有来苏之望，是所叩祷。此启。

　　陈宝箴、胡燏芬、季邦桢、李兴锐、盛宣怀、黄建筦、刘启彤、晏振恪、林志道、沈能虎、严信厚、施善昌、谢家福、郑官应、施则敬、经元善、严潆、杨廷杲、席裕祺公启。

（《申报》，第 50 册，224 页）

筹劝湖南义赈公启
（1896 年 3 月 10 日）

　　敬启者：现奉湖南抚宪陈正月初九日来电，湘省连年大旱，甲午秋至今，仅得透雨二次，天地荒芜。去岁九月雨雪，杂粮俱尽。长沙、宝庆、衡州三属十数州县被灾尤重，饥民茹草咽糠，途莩惨目。醴陵一县，极贫灾民共三十余万。自去冬开赈，先粥后谷，每口日给谷三合，月须谷二万七八千石。计至六月早稻登场，为时甚久，湘省各库罗掘已空，不得已为乞邻之举，素仰诸君子饥溺为怀，务望广筹巨款，公请义绅星速来湘，先就极苦州县办起，以苏沟壑，谨率百万灾黎百拜以待。又奉北洋大臣直隶督宪王电告，湘南长、衡、宝三府大荒，佑帅有电告急，似此情形，固非偏灾可比，筹赈局已拨济四万两，南省义赈素著，不可不为尽力赞成。并闻前湘抚宪吴清帅面述，醴陵、茶陵、攸县、浏阳、安仁、衡山为最重，安化、湘潭、湘乡、衡阳、清泉、邵阳、新化次之。该处贫民向来山芋资生，久旱芋槁，遂至无食，语甚凄然。伏思救灾宜从速，查灾宜得人，应即禀明在于招商局前捐备赈项下拨借银五万两，并由家福在善举项下筹垫银二万两，宣怀捐廉银一万两，又筹银四万两，共银十二万两，公请严佑之助教选带放赈熟手十余人，即由镇江起程，坐轮船赴湘。悉照向来义赈成法，先就极苦州县按户查放，剔除次贫，专放极贫。但值此银贱米贵，必须一两白银，方能救人一命，所带银十二万两，仅能救活十二万人，不得不急筹劝募，以资接济。濒〔频〕年直、东、晋、豫迭次告灾，皆由海内诸善士广募施济，不遗余力，非仅全活民命，亦赖维系人心。倘若寻常水旱偏灾，率吁陈言，未免习闻生厌，无如湘中州县，民甚瘠苦而多强悍，兼之散勇归田，无可求食，尤堪恻虑。追思发逆之乱，恢复江浙各省，得力于湘省者最多，此次三郡旱荒，非仅救灾，抑亦以德报德之意。且湖北钟祥等处堤塍漫溢成灾，业经鄂宪奏明开捐，邻省饥馑相望，移粟移民，就近无策。谚云：湖广熟，天下足。江浙连年中稔，而目下米价翔贵，民食维艰，是三湘之荒熟，关系下游匪浅，可为明证。用敢合词环吁，伏祈仁人君子慷慨解囊，迅速广为劝募，寄送上海电报总局或丝业会馆、仁济堂、《申报》馆兑收，按批汇解长沙省城，由陈右铭中丞转发佑之助教，归入义赈挨放。因最重各州县挨次分查，极贫户口约计总在百万以外，所带十二万金，不过先放一县，以后随查随放，全仗源源接济，庶几阳春早被，楚泽同深。此启。

　　叶成忠、严潆、严信厚、经元善、沈能虎、翁熙孙、施善昌、谢家福、盛宣怀、王松森、郑官应、施则敬、黄忠宪、杨廷杲、席裕祺、刘芬公启。

（《申报》，第 52 册，384 页）

经元善年谱简编[*]

道光二十一年（1841 年）　一岁

七月十三日（8 月 29 日），出生于浙江省绍兴府上虞县三都乡驿亭村。

据《古虞驿亭经氏宗谱》所述，上虞经氏世出河北范阳，后从宋高宗南渡金陵，继迁上虞。迁虞始祖为琦八公，分新、耀、汝、元四支，迄经元善已历二十余世。经元善属汝房支。

经元善之父经纬，字庆桂，号芳洲。弱冠前即因家贫而贸迁上海，"性勤慎"，"举司会计日赢"，由是"名愈宏，业愈廓"，先后创设仁元钱庄、茶栈、沙船行等，历数十年而积资达数十万。并热心善举，久主上海同仁、辅元、育婴诸善堂。且与官府交往甚密，多所效力，然"二十余年历办公事善举，例可邀奖而辞不开保者十余次"。

经元善之弟有四，曰元仁（字璞山）、元智（字广文）、元勇（早殇）、元佑（字耕阳）。另有一姊两妹。

道光二十二年至咸丰二年（1842 至 1852 年）　二岁至十二岁

随父迁居上海。

咸丰三年至四年（1853 至 1854 年）　十三岁至十四岁

三年仲秋，上海小刀会起事，克县城。经纬因善堂收养婴孩数百，"不忍弃去，乃誓与共存亡，以全家不避难为孤注之博"，其戚友等私掖经元善及两弟一妹出城，避至余姚外祖父家。经元善在此期间"卧病经年"，病愈后入塾，多年后回忆此时"仅温熟四子书而已"。

＊ 本谱在虞和平先生所编《经元善年表》基础上修订而成，蒙虞先生慨允利用，特此致谢。

咸丰五年（1855 年）　十五岁

春，全家返回上虞故里，"竟得无恙"。

咸丰六年（1856 年）　十六岁

六月（7 月），经纬于宗祠旁兴建敬修义塾，阅三年竣工，期间经元善协助叔父艺庵"监视工役"。

咸丰七年（1857 年）　十七岁

随侍父亲至上海，并奉父命开始学习经商业务，是为"服贾"生涯之始。

同治二年（1863 年）　二十三岁

李鸿章统兵至沪，欲与金福曾等往投，"从戎立功名"，为父所阻。

同治四年（1865 年）　二十五岁

夏，因经纬上年受命兴修之海宁土备塘被水受损，元善奉父命前往工次，主持办理修护工程，至八月初告竣。

八月十三日（10 月 2 日），经纬积劳病故，浙江巡抚马新贻奏请赐恤，得旨赠知府，照军营立功后身故例议恤，荫一子入监读书，期满以州判用。

同治五年（1866 年）　二十六岁

出任上海同仁辅元堂董事。

同治九年（1870 年）　三十岁

因官府将驿亭临夏盖湖土坝改复石堰，族人失车拔之业，乃出资数千贯为之另谋生计。

同治十年（1871 年）　三十一岁

承继世业仁元钱庄。

同治十一年（1872 年）　三十二岁

因事赴扬州，有购买盐票获利之意，然往返沪、扬，操劳半月，一无所获，"心灰意懒，因而得疾，回沪就医"。

协助同乡魏昌寿于镇江筹办义渡。

光绪三年（1877 年）　三十七岁

二月（3 月），与族人在乡里兴工建造经氏宗祠，光绪五年十月（1879 年 11 月）落成，位于凤山之阳，共有"享堂五间，拜厅一座，门楼、廊庑、厨房及管丁住屋，都凡二十五楹"，共糜制钱一万二千贯。

冬，阅报知河南奇荒，始与李麟策商办助赈之事，并得到当时主持上海地区义赈活动的果育堂董事瞿世仁的支持。

光绪四年（1878 年） 三十八岁

正月（2 月）间，与屠云峰等设立"上海公济同人会"，协助果育堂为豫赈募捐，是为经元善加入义赈活动之始。

二月（3 月）间，瞿世仁去世，果育堂难于继续主办筹赈事务，上海同人公推经元善主持，"随即在仁元庄带办"，并开始与全面主持豫赈活动的苏州绅士谢家福发生直接联系。

四月十四日（5 月 15 日），上海义赈同人在果育堂聚议添办秦赈，公推经元善总司后路赈务。元善以"喻义喻利，二者不可得兼"，乃"毅然将先业仁元庄收歇，专设公所，壹志筹赈"，而"沪之有协赈公所，自此始也"。随后又在报刊上多次发表文告、公启，以福报之说广劝江浙社会捐赈。

五月二十二日（6 月 22 日），弟元仁、元佑随袁涛、胡小松等人起程前往河南放赈，元善以办赈办法数条为两弟赠别，得同人称赏。

九月（10 月）间，母杨太夫人病故，因捐银千两助赈，是年底经河南巡抚涂宗瀛入奏，准于建"乐善好施"坊，并将事迹列入志乘。

年底，以豫赈渐近尾声，停撤仁元庄赈所。

光绪五年（1879 年） 三十九岁

三月（4 月），上海赈所向江苏巡抚衙门禀报上年筹赈情况大略。至二月（3 月）底止，该所统共解送直隶、河南、陕西、山西四省赈银二十四万四千五百余两，其中解支河南十六万四千余两。

五月（7 月）间，因苏、扬、浙义赈同人再举晋赈，上海同人复于新太古公司内设立赈所，郑观应、经元善等人被推为主持董事。

夏，在广肇公所集议赈务之际，初识盛宣怀。

光绪六年（1880 年） 四十岁

三月至五月（4 月至 6 月），受同人委托，与沈嵩龄等赴直隶雄县办赈，是为生平唯一亲赴灾区办赈之经历。放赈之余，复对水利多有留心，著有《畿辅水利专事堤工似利实害说》和《述北直水利书》两文，提出应以疏导水道为根治直隶水患的主要办法，得到时论赞许。期间往返津门，与盛宣怀交接益深。

四月十四日（5 月 22 日），长子经亨沐出生。先是，元善于前年果育堂集会时曾默祷求嗣，至是应愿，益信果报之说。

五、六月（6、7 月）间，李金镛奉李鸿章命，劝说元善参与办理上海机器织布局。元善于放赈毕，谒见李鸿章，受札委为该局会办。

七月（8月），为江阴、常熟等地沙洲潮灾发起筹赈活动。

八月至十月（9月至11月），回沪与戴恒、龚寿图、蔡鸿仪、李培松、郑观应六人订立合同，戴、龚、蔡、郑各认集股五万两，公议郑观应总持大纲，经元善驻局专办。元善遂以"筹赈平实宗旨，变而通之"，开展招股事务，"凡所招股本，户名银数，及收款存放何庄，每月清单，登报广告"，是为中国近代企业公开招股活动之先河。一时"颇有近悦远来气象"，"初拟章程招四十万，后竟多至五十万，尚有退还不收"。元善亦自入股分二百股。

光绪七年（1881年）　四十一岁

春，因织布局招股登报一举遭戴恒、龚寿图之忌妒和反对，双方"终难水乳"，元善遂告退，不闻布局之事。

夏，电局会办谢家福因病重，举荐元善办理上海电报局，经李鸿章札委为会办。时郑观应虽为总办，然因他务不克分身，遂对元善"畀以全权"。

光绪八年（1882年）　四十二岁

春，电报局由官办改为官督商办，初期集股八万两，元善被盛宣怀派定入股一万两，为开首股东之一。旋被委为沪局总办，任是职直至光绪二十五年底（1900年初）。

六月（7月），参与筹赈安徽水灾活动。次子亨淦生。

夏，与袁纯斋等出任中外合资华兴玻璃公司董事，代办招股事宜，然因洋商方面招股不齐而停办。

光绪九年（1883年）　四十三岁

年初，电报局添设浙、闽、粤新线，股本添招英洋二十四万元，元善连前共入二百六十股（每股百元）。

春，盛宣怀邀元善兼任金州矿务局董事，婉辞之。

六月（7月）末，参与发起上海陈家木桥金州矿务局赈所，为山东水灾筹赈，不久又兼办顺直筹赈，与盛宣怀、郑观应、谢家福并列为四位经理人之一。此次义赈活动局面宏阔，募捐地域遍及大半个中国，并远至欧美、南洋各地，范围大大超过"丁戊奇荒"时期。

是年，被上海南市钱业公所举为董事。

光绪十年（1884年）　四十四岁

春，机器织布局因郑观应私挪股金作期票投机而亏空股本，郑观应又趁兵部尚书彭玉麟檄调从戎之机南下广西，将局事禀交盛宣怀接办，盛又禀李鸿章札委元善会同上海道邵友濂清理布局旧账。

五月（6月），金州矿务局赈所截止，共计募捐赈款二十余万两。

是年，因上海爆发严重金融风潮，被迫将电局股票二百股四折出售，以致"半生懋迁积累，从此而空"。

是年，曾与谢家福面见李鸿章时，提出自办电线材料厂之议，未获准。

光绪十一年（1885年）　四十五岁

夏，赴天津向李鸿章汇报机器织布局善后事宜并销差。同时，盛宣怀有邀其兼管轮船招商局之议，辞之。

光绪十三年（1887年）　四十七岁

九月（10月），因黄河于郑州决口，在盛宣怀推动下，与谢家福、陈煦元、施善昌、葛绳孝、李朝觐、王松森等人在上海电报总局内设立豫赈办事处，会同当时上海四大赈所即丝业会馆、文报局、陈与昌栈、高易公所，公同主持规划义赈活动。

十一月（12月），因皖赈与豫赈等重，豫赈办事处改称豫皖赈捐处。

光绪十四年（1888年）　四十八岁

四月（5月），谢家福因母病返回苏州，电报局赈所事务多由元善及杨廷杲主持。

六月初一日（7月9日），三子亨杰生。

十一月（12月），因扬州、镇江告灾，豫皖赈捐处又改称豫皖扬镇协赈处。

光绪十五年（1889年）　四十九岁

正月（2月），陈家木桥电报局赈所停撤，共收解赈款合上海规银五十五万余两，其中汇解河南、安徽两省赈款共五十万九千余两。

三月（4月），因盛宣怀急电山东青州等属巨灾，与陈煦元、施善昌、王松森、谢家福、杨廷杲等在上海文报局赈所内专设山东赈捐收解处。

九月初四日（9月28日），四子亨权生。

十月（11月），因浙江东部和江苏南部相继发生较重水灾，与同人在文报局赈所内先后添设浙赈收解处和苏赈收解处，兼办浙江和江苏义赈。

年底，受盛宣怀委托，偕同钟天纬、曹载三等人赴徐州府属利国驿勘矿。

是年，上海北市钱业会馆成立，出任董事。

光绪十六年（1890年）　五十岁

二月（3月），向盛宣怀提交开办利国矿务条陈十则。

五月（6月），奉张之洞电召，又在谢家福劝说下，往武昌参与创办湖北织布局事宜。旋因在原料和用人问题上与张之洞观点不一，认为湖北"官气之浓甚于沪，最是商情所大忌"，故"仅上条陈八则，婉辞而返"。

七月（8月），与葛绳孝、唐廷桂、施善昌、王松森、席裕祺、叶成忠、杨廷杲、陈德薰等人在文报局赈所内设立顺直赈捐收解处，在继续为山东筹赈的同时，兼办顺天、直隶义赈。

光绪十七年（1891年）　五十一岁

三月（4月），受盛宣怀委托，起草义赈备赈章程。

五月（6月），顺直赈捐处结束，向官府禀报收捐情况，共解赈捐银两六批，计京平银一万四千两、京曹平银一千五百两、京平足银二千七百六十八两六钱五分七厘、洋平银一万两、行平化宝银四万五千两、规银三千两。

七月（8月），文报局赈所撤止，共为山东义赈解款三十二批，总计合上海规银一百二十四万五千七百余两。

十一月（12月），应盛宣怀之请，与施善昌等开始为山东小清河工赈募捐。

是年，捐资修建上虞县积善堂。

光绪十八年（1892年）　五十二岁

五月（6月），应沪北仁济堂之请，致书绍兴府太守，请其饬上虞县官府节省迎神赛会之费移作当地积善堂经费。

七月（9月），《申报》主笔高昌寒食生在报上发表《筹赈通论》一文，披露了经元善的"官义合二为一"即官赈仿办义赈的思想。

光绪十九年（1893年）　五十三岁

是年，在上海城南高昌庙附近创办经正书院，"延请名师，招致俊秀，分授中西各学"，"于时四方学子，负笈云集，至房舍不能容"。

光绪二十年（1894年）　五十四岁

仲夏，致某姻世兄书中论及学西法，认为"学西法者，当学其通商惠工、富国强兵之实学，不在学其饮食服御、靡丽纷华之末节"。

十一月（12月），接龙积之寄来康有为著作多种。

同月，试图发起筹集义兵义饷活动，以支援甲午战事。先是，因清军接连败北，形势危急，盛宣怀有练兵之议，经李鸿章允准，委托钟天纬起草《募义饷兴义兵公启》，转寄元善，请其联络义赈旧侣"相助为理"。元善方卧病，接启后，"不避出位之嫌"，驰书四出，然应者寥寥，不久又传来中日将议和之信，其事遂罢。

十二月（1896年1月），致书龙积之，欲请梁启超代替沈善经担任经正书院教习。

同月，制定电报局第一次分派花红方案。先是，按盛宣怀手定分红章程，分红数额以当年报费收数和分红比例为基础，以后每年按同一比例提取花红外，对于报费收数增加部分，加提一个九五扣为局员酬劳，再加提一个九五扣为襄帮办、司事、报生等酬劳，并规定各局分红数额多寡以各该局报费收数为依据。元善则"以电局派花红，断不宜照收数盈绌而分轩轾，顾全大局，一再力辞"，提出盈利中除按年提大修公积一成及应付一分官利外，其余一半归股东余利，一半归在局人员花红；各局分红数额多寡不宜以各该局报费收数为据，应通盘考虑，酌加区别。在元善力争之下，终于使盛宣怀接受其议。以上海电报局而论，该局自第一次分派花红起，至元善离职的光绪二十五年（1899）第五届止，较盛宣怀原定方案实少派出花红洋十六万五千九百余元。

光绪二十一年（1895年）　五十五岁

四月（5月），会同经氏族人及同里李氏族人于驿亭村永丰静修庵内创建义仓，规定"凡附居同村，不论何姓，均得一律出借，以抒农困"。

秋，康有为在上海设强学会，时署理两江总督张之洞饬元善为董事，因与康有为"见仁见智，志道不同"，旋于冬间退董禀辞，另荐汪康年、郑观应来沪协助，并应允由电报局拨款资助会费。

年底，参与筹办《自强报》。

除夕，致书汪康年，称康有为"似长于坐而言，绌于起而行，欲集众人之资以逞一己之见，物议之来，或有由致"。

光绪二十二年（1896年）　五十六岁

正月（2月），元善主持创设的同仁公济堂开堂。先是，元善于上年冬间会同唐廷桂、叶成忠、郑观应、王松森、施则敬、杨廷杲、朱佩珍、赵元益、钟天纬等二十五人，禀请在上海高昌庙附近创设是堂。至是，经上海县官府"立案给示"后开办，以钟天纬为驻堂总董。

同月，致书康有为，一面解释自己辞强学会董事缘由，一面向其指出"采诸舆论，清浊两途，皆有大不满意于吾公之处"，并直言其"尚少阅历"、"又不免偏重好名"，认为其"亟须内省自讼"。

光绪二十三年（1897年）　五十七岁

仲秋，刊行自己编纂、记述其父经纬事迹的《趋庭记述》一书。

十月（11月），会同严信厚、郑观应、施则敬、陈季同、康广仁、袁梅、梁启超等人在上海发起创设中国女学堂之议，并得到许多绅商及西方人士赞成，并吸引大批女界人士参加。是为中国近代开设女学堂之始。

年底，为筹集创建女学堂经费事，向南北洋大臣、总署及楚、湘、皖、浙、苏各省督抚上禀，请饬盛宣怀于备赈生息项下岁拨规银三千两贴常年经费，同时亦向盛宣怀提出此议。然盛宣怀答以此款历年垫办各处义赈，迄未收回，已无可咨拨，事属无成。

年底，担任不缠足会董事。

光绪二十四年（1898年）　五十八岁

仲春，编辑刊行《中国女学集议初编》。

三月（4月），女学堂于沪南高昌乡桂墅里落成。

四月十二日（5月16日），女学堂开塾。首批共得女学生二十余名。

四月（5月），上书张之洞，提出明罚、伸气、保富三策，阐述了有关肃清吏治、选拔人才、发展工商三个方面的变法主张。

五月下旬（7月上旬），与罗振玉有筹设余姚、上虞两县农工学堂之举，并发动两县寓沪同乡集会捐资，并率先倡捐规元一千两。该学堂以"改良农事、振兴工艺"为宗旨，以"兴农开荒"、"课工教艺"二事为主要内容，"为国家渐图富强"。然浙省官府"均无只字批回"，又兼元善卧病、戊戌变法失败，事遂止。

六月初（7月下旬），偕同上海元济堂和农学会诸绅商求雨得雨。

秋，联络汤寿潜、郑观应、沈学、罗振玉、汪康年、赵元益等人，募款重修陈忠愍公祠，并"拟借公祠更新，招集同志，名曰经正集"，以便"课忠责孝，讲道论德，尚躬行而求实践"，试图以此纠正和弥补维新派活动之不足。后因募款无成而中止。

九月十七日（10月31日），女学堂于上海城内淘沙场增设分塾，亦招学生二十余名。

腊月（1899 年 1 月），纠集同志在余姚、上虞两县成立劝善看报会，拟筹款订购善书及《万国公报》、《农学报》、《东亚时报》、《新闻报》、《中外日报》等多种新式报刊，供乡人阅读，"专为开风气、正人心起见"，希望借此使人"识时势亦明义理"。

光绪二十五年（1899 年）　五十九岁

三月二十一日（4 月 30 日），在余姚舟次话别二弟元智时，告以不应"但看时务书籍"，而从阳明学入手，方可"勘破生死一关，惟以物我同胞为志"。

四月（5 月），致书盛宣怀，劝其以阳明学自励。

五月（6 月），因女学堂经费维艰，请郑观应等出面商劝盛宣怀同意从电报局寡取花红之款内拨助，然未得允准。

八月（9 月），重开经正书院。光绪二十二年（1896 年）夏，因盛宣怀欲以该书院原址开设南洋公学，"遂以全院并之，而别设女学于桂墅里"。至是，又将女学并于城内淘沙场分塾，而以其地重开经正书院，其宗旨力图"一洗向者计晷课功、迫束拘牵之病"。

十月（11 月），撰就《中国创兴纺织原始记》，历述上海机器织布局创办经过和成败得失，痛诋洋务派官僚对官督商办企业的艰蹶负有主要责任，指出所谓官督"实侵占商业而为官办"，乃是"挟官以凌商，挟商以朦官"。

十一月二十四日（12 月 26 日），筹资在桂墅里之南破土兴建放生池，然未及完工，即因"己亥立储"之事而被迫逃亡。

十二月二十五日（1900 年 1 月 25 日），得知朝廷立大阿哥之电诏，并闻有元旦改元保庆之说，遂于夜半致电京师某大臣，请其"联合朝士力诤"，未允。

二十六日（26 日），领衔与包括叶瀚、贺良朴、章炳麟、汪诒年、唐才常、经亨颐、经亨沐在内的寓沪各省绅商士民共 1 231 人，向总署发通电，请代奏光绪帝"勿存退位之思"，方可"弭中外之反侧"。

二十八日（28 日）晨，盛宣怀由京师密电郑观应、杨廷杲，告以深宫震怒，请二人设法力劝元善"辞差远离"。

二十九日（29 日），乘英国公司轮船逃离上海。同时，朝廷果下令通缉，并籍其家产。

光绪二十六年（1900 年）　六十岁

正月初二日（2 月 1 日），抵达香港。

初八日（7 日），至澳门。

十五日（14 日），王庆长自沪来书慰问，称"今者天命未改，正朔依然……惟公一电，实发其凡"。

二十六日（25 日），在澳门被葡萄牙官府所拘。旋经同人及中西社会人士多方交涉，澳门总督免其引渡回内地，暂时禁之于澳门大炮台。

二月二十八日（3 月 28 日），梁启超自檀香山来信慰问，赞其通电之事"气贯云霄，声振天地，岁寒松柏，岿然独存。……今年之仍得为光绪二十六年者，皆先生之力也"。

三月二十三日（4 月 24 日），在《中国旬报》上发表《挽救中国本原迂言》，认为洋务派及洋务运动"不根底孔孟忠信笃敬，专以敷衍为因应秘钥，愈明白洋务，愈弄巧成拙"。

六月十一日（7 月 7 日），电禀两江总督、南洋大臣刘坤一，请其带兵进京勤王，"以靖内乱而格外人"。

六月二十一日（7 月 17 日），上书李鸿章，请其起用保皇会人物，再行改良维新之举。

九月（10 月），撰写《沪上协赈公所溯源记》，该文首次较为系统地回顾了上海地区义赈活动的兴起情况。

光绪二十七年（1901 年）　六十一岁

正月，在大炮台编纂《居易初集》两卷本。

夏，得澳门葡萄牙当局释放。是时，致书乡里绅士，建议设立"上虞选报馆"以开民智，并拟定章程十则。

七月初二日（8 月 15 日），容闳来书慰问，内称"他时青史昭垂，传播中外，必谓中国不亡，先生一电之力居多矣"。

八月（9 月），自澳门赴香港，并得港督接见。

十月（11 月），上书外务部，请求朝廷赦免。

光绪二十八年（1902 年）　六十二岁

初夏，由香港返回上海，闭门家居，但仍留心时事，间或参与社会活动。

四月（5 月），送次子亨淦、三子亨杰、四子亨权去日本留学。

五月（6 月），出席上海中国女学会第一次会议，并作演说。

秋，重纂《居易初集》为三卷本，并得蔡元培作序，由上海同文社出版。

光绪二十九年（1903 年）　六十三岁

夏，增订、再版三卷本《居易初集》。

秋，在上海病故。

后　记

　　本书编纂过程中，承蒙虞和平先生关照有加，除慨允对《经元善集》内容多所借鉴外，还给予了许多原始资料的线索，感谢之情难于言表。上海图书馆的冯金牛、王宏先生为本人当年查阅盛档提供了巨大的帮助，从而使本人从盛档中受惠之处，远远不止于编纂这本书。作为合作者的赵丽录入并校对了大量文稿，韩祥、史文峰和马幸子同学协助录入了部分初稿，使本书得以早日完工，在此一并致谢。中国人民大学出版社的策划编辑王琬莹为本书出版付出良多，深表感谢。当然，本书出现错误的最终责任，自应由本人承担，敬请有识者指正。

朱　浒

2012 年 12 月 26 日

中国近代思想家文库

汤寿潜卷	汪林茂　编
辜鸿铭卷	黄兴涛　编
康有为卷	张荣华　编
宋育仁卷	王东杰　编
汪康年卷	汪林茂　编
宋恕卷	邱涛　编
夏曾佑卷	杨琥　编
谭嗣同卷	汤仁泽　编
吴稚晖卷	金以林　编
孙中山卷	张磊、张苹　编
蔡元培卷	欧阳哲生　编
章太炎卷	姜义华　编
吴雷川卷	何建明　编
唐群英、金天翮、秋瑾、吕碧城卷	夏晓虹　编
欧阳竟无卷	何建明　编
杨毓麟、陈天华、邹容卷	严昌洪、何广　编
梁启超卷	汤志钧　编
杜亚泉卷	周月峰　编
吴虞卷	罗志田、赵妍杰　编
张尔田、柳诒徵卷	孙文阁、张笑川　编
杨度卷	左玉河　编
王国维卷	彭林　编
邓实卷	王波　编
黄炎培卷	余子侠　编
胡汉民卷	陈红民、方勇　编
陈独秀卷	萧延中　编
陈撄宁卷	郭武　编
鲁迅卷	孙郁　编
章士钊卷	郭双林　编
宋教仁卷	郭汉民　编
蒋百里、杨杰卷	皮明勇、侯昂妤　编
江亢虎卷	汪佩伟　编
马一浮卷	吴光　编

刘师复卷	唐仕春　编
刘师培卷	李帆　编
朱执信卷	谷小水　编
周作人卷	孙郁　编
高一涵卷	郭双林　编
熊十力卷	郭齐勇　编
任鸿隽卷	樊洪业、潘涛、王勇忠　编
蒋梦麟卷	马勇　编
张东荪卷	左玉河　编
丁文江卷	宋广波　编
钱玄同卷	张荣华　编
张君劢卷	翁贺凯　编
赵紫宸卷	赵晓阳　编
李大钊卷	杨琥　编
太虚卷何	建明　编
李达卷	宋俭、宋镜明　编
张慰慈卷	黄兴涛、李源　编
晏阳初卷	宋恩荣　编
陶行知卷	余子侠　编
戴季陶卷	桑兵　编
胡适卷	耿云志　编
曾琦、李璜卷	田嵩燕　编
郭沫若卷	谢保成、魏红珊、潘素龙　编
卢作孚卷	王果　编
汤用彤卷	汤一介　编
吴耀宗卷	赵晓阳　编
顾颉刚卷	顾潮　编
张申府卷	雷颐　编
梁漱溟卷	王宗昱　编
恽代英卷	刘辉　编
金岳霖卷	王中江　编
冯友兰卷	李中华　编
刘咸炘卷	罗志田　编

图书在版编目（CIP）数据

中国近代思想家文库. 经元善卷/朱浒编. —北京：中国人民大学出版社，2014.1
ISBN 978-7-300-18561-3

Ⅰ.①中… Ⅱ.①朱… Ⅲ.①思想史-研究-中国-近代②经元善（1840～1903）-思想评论 Ⅳ.①B250.5

中国版本图书馆 CIP 数据核字（2013）第 309533 号

中国近代思想家文库

经元善卷

朱 浒 编

Jing Yuanshan Juan

出版发行	中国人民大学出版社	
社　　址	北京中关村大街 31 号	**邮政编码**　100080
电　　话	010 - 62511242（总编室）	010 - 62511770（质管部）
	010 - 82501766（邮购部）	010 - 62514148（门市部）
	010 - 62515195（发行公司）	010 - 62515275（盗版举报）
网　　址	http://www.crup.com.cn	
经　　销	新华书店	
印　　刷	涿州市星河印刷有限公司	
开　　本	720 mm×1000 mm　1/16	**版　　次**　2014 年 1 月第 1 版
印　　张	31.5　插页 1	**印　　次**　2024 年 7 月第 3 次印刷
字　　数	489 000	**定　　价**　99.00 元